BTS CI
1re et 2e années

Étude, veille, prospection, négociation

Toutes les compétences en 27 contextes

Sous la direction de

Martine Massabie-François
Agrégée d'économie-gestion
BTS CI, Académie de Bordeaux

Hélène Adassovsky
Agrégée d'économie-gestion
BTS CI, Lycée international
Jules Guesde, Montpellier

Valérie Bonnet
Certifiée d'anglais
BTS CI, Lycée Jean Condorcet,
Bordeaux

Isabelle Carreau
Agrégée d'allemand
BTS CI, Lycée international Jules Guesde,
Montpellier

Alain Chatain
Certifié d'économie-gestion
BTS CI, Lycée du Parc Impérial, Nice

Christian Dalmasso
Certifié d'italien
BTS CI, Lycée du Parc Impérial, Nice

Emmanuelle Desoutter
Certifiée d'économie-gestion
BTS CI, Lycée du Parc Impérial, Nice

Valérie Khettab
Certifiée d'économie-gestion
BTS CI, Lycée international Jules Guesde,
Montpellier

Valérie Michel
Agrégée d'économie-gestion
BTS CI, Lycée Bristol, Cannes

Rachid Oualhadj
Agrégé d'économie-gestion
BTS CI, Lycée Bristol, Cannes

Sébastien Yde
Certifié d'espagnol
BTS CI, Lycée international Jules Guesde,
Montpellier

DELAGRAVE

À la découverte

DÉCOUVRIR

La place du chapitre dans le référentiel.

Une approche pédagogique basée sur des contextes d'entreprise réels.

Un prolongement numérique pour choisir son entrée dans le chapitre.

La présentation du contexte, la problématique associée et la fiche d'identité de l'entreprise.

OBSERVER

Des définitions et rappels placés en marge pour faciliter la compréhension.

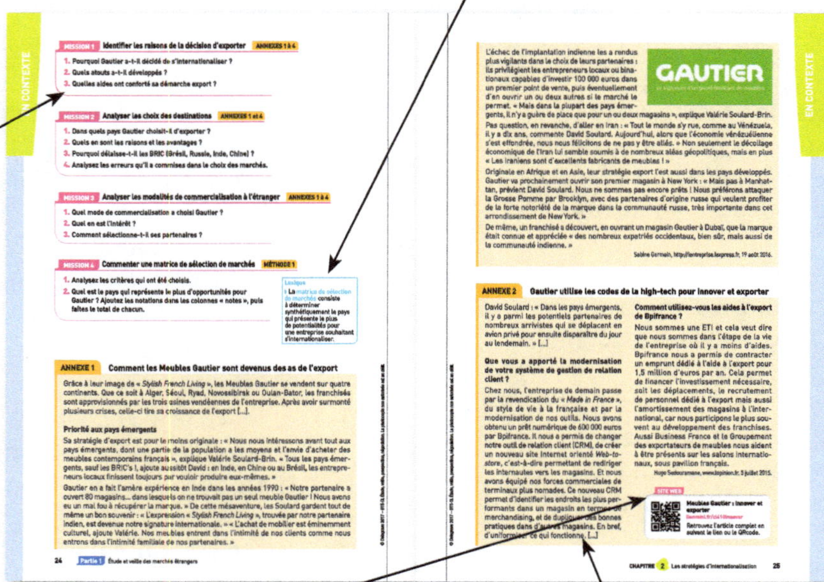

Les missions confiées à l'étudiant et le renvoi au dossier documentaire.

Un accès immédiat à des vidéos ou ressources complémentaires grâce au QRcode ou au lien Web.

En appui du contexte, les annexes proposent des documents permettant de réaliser les missions.

Éditions Delagrave - 5, allée de la 2e D.B. - 75015 Paris
www.editions-delagrave.fr
ISBN : 978-2-206-20410-9

de votre pochette

MOBILISER

Des pages Ressources et Méthode récapitulatives des notions, outils et techniques indispensables, avec schémas et exemples à l'appui.

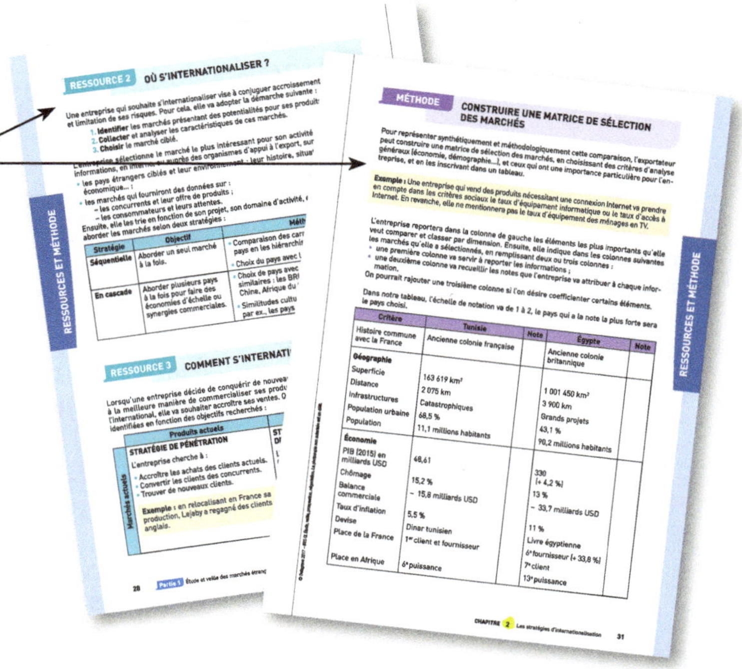

S'ENTRAÎNER

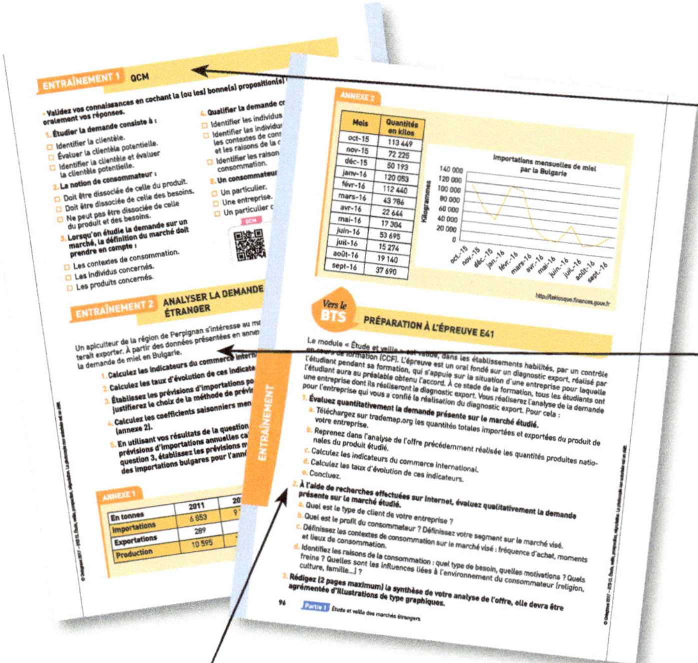

À chaque fin de chapitre, un QCM de validation des connaissances prolongé en numérique grâce au QRcode ou au lien Web.

Des exercices courts pour exercer les compétences acquises dans le chapitre.

À chaque fin de chapitre, une préparation au CCF pour réinvestir les connaissances et compétences acquises. À la fin des parties 1 et 2, des sujets disponibles en numérique pour préparer aux épreuves écrites E41 et E51.

En fin d'ouvrage, un dossier méthode composé de 21 fiches : communication, informatique commerciale, langues, préparation au stage et aux épreuves, pour un ouvrage clés en main.

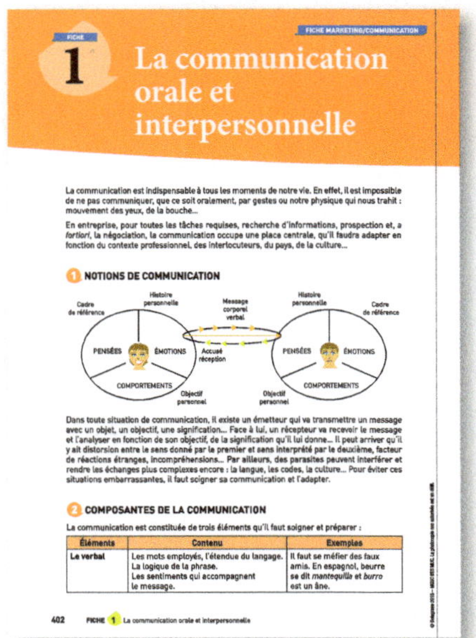

Tableau des compétences et savoirs

	Compétences	Savoirs
CHAPITRE 1 Les concepts de base du marketing p. 13-22	UC41CP1 UC41CP2	**S111 :** La démarche marketing
CHAPITRE 2 Les stratégies d'internationalisation p. 23-34	UC41CP4 UC41CP5	**S117 :** Stratégie d'internationalisation
CHAPITRE 3 Le marketing opérationnel : le plan de marchéage p. 35-44	UC41CP1 UC41CP2 UC41CP3 UC41CP4 UC41CP5	**S113 :** Plan marketing
CHAPITRE 4 La veille p. 45-58	UC41CP1 UC41CP2 UC41CP5	**S114 :** Veille **S118 :** Réseaux de soutien à l'internationalisation
CHAPITRE 5 Les études pays et la sélection des marchés p. 59-72	UC41CP1 UC41CP2 UC41CP3 UC41CP5	**S115 :** Études de marché **S117 :** Stratégie d'internationalisation **S118 :** Réseaux de soutien à l'internationalisation **S121 et S122 :** Environnement géopolitique **S131 :** Statistiques descriptives **S151 :** Approche des différents cadres juridiques internationaux
CHAPITRE 6 L'analyse de l'offre p. 73-82	UC41CP1 UC41CP2 UC41CP5	**S112 :** Structure et fonctionnement d'un marché **S131 :** Statistiques descriptives
CHAPITRE 7 L'analyse de la demande sur un marché étranger p. 83-96	UC41CP1 UC41CP2 UC41CP5	**S112 :** Structure et fonctionnement d'un marché **S131 :** Statistiques descriptives
CHAPITRE 8 Les conditions d'accès au marché étranger p. 97-106	UC41CP1 UC41CP2 UC41CP5	**S112 :** Structure et fonctionnement d'un marché
CHAPITRE 9 Le diagnostic interne p. 107-120	UC41CP1 UC41CP4 UC41CP5	**S116 :** Diagnostic export
CHAPITRE 10 Notions de prospection à l'international p. 127-142	UC51CP1 UC51CP2 UC51CP3 UC51CP4 UC51CP5	**S313 :** Prospection internationale
CHAPITRE 11 Segmentation, ciblage et positionnement p. 143-154	UC51CP1 UC51CP2 UC51CP7	**S312 :** Segmentation, ciblage, positionnement
CHAPITRE 12 La politique d'offre à l'international : le produit p. 155-170	UC51CP3 UC52CP1	**S314 :** Politique d'offre à l'international **S341 :** Protection internationale de la propriété intellectuelle

Sommaire

PARTIE 2 - PROSPECTION ET SUIVI DE CLIENTÈLE

CHAPITRE 10 Notions de prospection à l'international

CHAPITRE 11 Segmentation, ciblage, positionnement

CHAPITRE 12 La politique de l'offre à l'international : le produit

CHAPITRE 13 Politique d'offre à l'international : le prix

CHAPITRE 14 La politique de communication internationale

CHAPITRE 15 Politique de présence à l'étranger

CHAPITRE 16 Le financement de la prospection et les budgets

CHAPITRE 17 Éléments d'appréciation de la valeur d'un partenaire

CHAPITRE 18 Le suivi de la prospection

Ressources numériques

VIDÉOS

AUDIOS

RESSOURCES PDF

SITES WEB

EXERCICES INTERACTIFS

PARTIE 1

Étude et veille des marchés étrangers

PARTIE

1 ÉTUDE ET VEILLE DES MARCHÉS ÉTRANGERS

LA DÉMARCHE D'INTERNATIONALISATION

Le marketing international consiste, pour une entreprise, à trouver des clients dans un pays étranger pour exporter ses produits. Mais auparavant, elle doit connaître les besoins, les spécificités du marché étranger, afin de prendre une décision d'internalisation, puis de faire une offre adaptée. **CHAPITRES 1 À 3**

Cette démarche d'internationalisation va commencer par la réalisation d'une étude de marché progressive, méthodique et minutieuse. Elle va consister en :

- la collecte, grâce à une recherche ciblée ou une veille régulière, d'informations ;
- leur vérification ;
- leur sélection ;
- leur synthèse. **CHAPITRE 4**

L'analyse de ces informations va permettre de :

- Choisir un pays cible : matrice de sélection des pays. **CHAPITRE 5**
- Comprendre comment fonctionne son secteur d'activité dans le pays cible choisi (étude sectorielle) et réaliser une étude de marché du pays cible : analyse de l'offre, de la demande, de la distribution et des conditions d'accessibilité. **CHAPITRES 6 À 8**
- À partir des caractéristiques de l'entreprise, analyser ses forces et faiblesses : le diagnostic interne. **CHAPITRE 9**
- Confronter les résultats de l'étude du marché étranger aux forces et faiblesses de l'entreprise en réalisant la matrice SWOT, outil du diagnostic export.
- Prendre une décision et construire son plan d'action commerciale en fonction des risques du pays, des attentes du marché et des ressources de l'entreprise :
  - adaptation du plan de marchéage : le produit, le prix, choix d'un mode de distribution et de la communication pour réussir sa démarche d'exportation ;
  - préconisations.

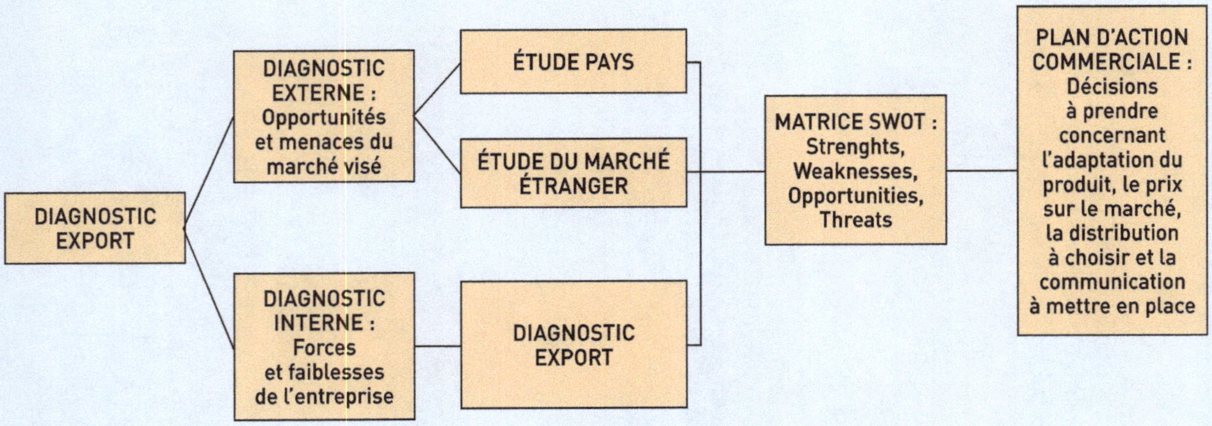

CHAPITRE

1 Les concepts de base du marketing

Compétences

- **UC41CP1 :** Mener une veille commerciale permanente, collecter l'information à l'étranger, s'assurer de sa fiabilité et de sa pertinence au regard de la recherche
- **UC41CP2 :** Analyser et sélectionner l'information commerciale et repérer les contraintes réglementaires sur les marchés étrangers

Savoirs associés

- **S111 :** La démarche marketing

CONTEXTE LE GROUPE BEL

Plus de 90 ans après sa naissance, la marque La Vache qui rit® (1921), fondatrice de la société anonyme des Fromageries Bel, n'a rien perdu de sa vitalité et continue d'être le fer de lance du développement international du groupe. De 1929, date des premières implantations à l'étranger (en Angleterre et en Belgique), à nos jours, le groupe Bel s'est imposé comme un pionnier à l'international. Présentes sur tous les continents, les marques du groupe continuent sans cesse leur expansion.

Quelle est la démarche marketing mise en place par le groupe pour atteindre un tel succès ?

FICHE D'IDENTITÉ

Statut juridique
SA

Slogan
Du sourire à partager

CA 2015
2,9 milliards EUR (en croissance de 5,9 % par rapport à 2014)

Volume
Près de 18 milliards de portions de fromages commercialisées en 2015

Secteur géographique
Distribué dans 130 pays
33 implantations et 30 sites de production

Position concurrentielle
N° 3 mondial des fromages de marque
Leader dans 25 pays

PROLONGEMENT NUMÉRIQUE

Mix marketing : les 4P du marketing en 2 minutes (2'01)
lienmini.fr/ci410mix

1) Qu'est-ce que le mix marketing ?
2) Quelles sont les quatre composantes de base du mix marketing ?

EN CONTEXTE

MISSION 1 **Comprendre l'évolution et la fonction du marketing** ANNEXE 1

1. Quelles ont été les trois grandes périodes qui ont marqué le marketing ?
2. Expliquez les termes de marketing segmenté et individualisé.
3. D'après vous, quelles sont les modifications de l'environnement qui ont transformé la stratégie marketing ?

Lexique
▸ Le **marché** est le lieu de rencontre entre l'offre et la demande.

Lexique
▸ Le **marketing** est la stratégie d'adaptation des organisations à des marchés concurrentiels, pour influencer en leur faveur le comportement des publics dont elles dépendent par une offre dont la valeur perçue est durablement supérieure à celle des concurrents.

MISSION 2 **Analyser les caractéristiques d'une entreprise** ANNEXES 2 et 3

1. Quel est le statut juridique de l'entreprise ? Expliquez ce que cela implique.
2. Réalisez un graphique approprié représentant la part de chaque zone géographique dans le chiffre d'affaires de Bel.
3. Comment expliquer la rapidité de cette internationalisation ?

MISSION 3 **Analyser les stratégies de l'entreprise** ANNEXES 2 et 3

1. Qu'est-ce qu'une stratégie de focalisation ?
2. Expliquez la stratégie de « glocalisation » mise en place par Bel.
3. Quelle est la limite aux initiatives locales ?

Lexique
▸ La **glocalisation** désigne un mode de gestion à la fois global et local dans le cadre d'une économie mondialisée : l'ajustement de l'offre selon la qualité de la clientèle locale.

MISSION 4 **Comprendre une politique de communication** ANNEXE 3

1. Comment Bel a-t-il changé les habitudes de consommation en Ukraine ?
2. Quelles ont été les actions de communication mises en place par le groupe pour faire connaître le produit ?

ANNEXE 1 L'évolution du marketing

Optique de production → Accroître la capacité de production

L'évolution du marketing se développe en trois phases. La première est la période d'avant-guerre (avant 1945). Cette période se caractérise par la croissance des industries manufacturières, la crise économique de 1929, les premières études de marché en 1920 ainsi que la seconde guerre mondiale en 1939-1945. Durant cette époque, les entreprises visaient une optique de production, c'est-à-dire qu'ils cherchaient une façon d'accroître la capacité de production. Le problème n'était pas de vendre les produits, mais plutôt de les fabriquer.

Production → Écoulement

La deuxième phase est celle des 30 Glorieuses. Cette période se caractérise par l'accroissement des revenus des ménages, la popularité des produits de commodité, l'amélioration des structures de distribution, l'intensification de la concurrence, le choc pétrolier de 1973 et la naissance du concept de marketing dans les années 60. C'était une période de prospérité et de forte croissance économique. Les entreprises devaient donc adapter une optique de vente afin d'écouler leurs produits.

Marché → Satisfaction du client

La troisième phase est la naissance du marketing moderne. Cette période se caractérise par la concurrence qui atteint son paroxysme, le passage du marketing de masse à un marketing spécialisé et l'émergence de nouveaux paradigmes tels que le marketing segmenté et individualisé. Les entreprises doivent entreprendre une optique marketing, ce qui signifie développer des objectifs pour atteindre la satisfaction de la clientèle.

www.guidepme.com

VIDÉO

Les concepts de base du marketing
lienmini.fr/ci410concept
Suivez le lien ou le QRcode pour découvrir les concepts de base du marketing.

ANNEXE 2 Internationalisation

Né dans le Jura, Bel ne réalise aujourd'hui que 20 % de ses activités en France. La croissance sur les marchés extérieurs, « c'est l'ADN de notre groupe », insiste Antoine Fievet. Très tôt, le fromager français a pénétré des marchés extérieurs qui lui permettent d'être aujourd'hui un leader en parts de marché sur le fromage de marque dans de nombreux pays. C'est ainsi le cas au Maroc ou en Algérie, voire même au Vietnam...

L'Europe de l'Ouest concentre quelque 40 % du chiffre d'affaires contre 22 % en Europe de l'Est et du Nord, 13 % au Proche et Moyen-Orient, 15 % dans la zone Amérique Asie Pacifique et 10 % pour la « grande Afrique ». Pour Bel, il est important d'équilibrer ses marchés entre pays matures et pays à risque en raison des tensions géopolitiques. Ainsi les événements du Printemps arabe avaient pesé sur les comptes en 2011, tout comme ceux de Syrie en 2012.

Cette internationalisation est, entre autres raisons, permise par la capacité de certains produits maison (comme La vache qui rit) à se passer facilement de la chaîne du froid dans des pays en développement. Mais aussi par les nombreuses innovations et adaptations aux goûts locaux. Les Japonais raffolent ainsi du Kiri à la Fraise et les Proche Orientaux de celui au goût labné (un fromage frais à base de yaourts). Quant à La Vache qui rit, les Américains peuvent l'acheter parfumée... à la cannelle, et les Tchèques à la saveur poivrons ! Depuis deux ans, Bel a sorti près de 60 nouveaux produits, innovant autant sur les saveurs que sur les formats.

À chaque pays ses succès. Ainsi le premier marché de Kiri est désormais l'Arabie Saoudite. Leerdammer trouve, lui, ses principaux débouchés en Allemagne tandis que La vache qui rit a gagné le Maroc et l'Algérie à sa cause. Les principaux consommateurs de Mini Babybel, ce sont les Américains, sans doute parce qu'ils ont été sensibles au message sanitaire et que ces portions permettent aussi de contrôler les apports caloriques...

Bel parie tant sur ce succès qu'il investit près d'une centaine de millions d'euros dans une usine aux États-Unis (ce sera la troisième) dédiée aux Mini Babybel.

« Un produit très difficile à faire », affirme Antoine Fievet, selon lequel le savoir-faire du groupe réside aussi dans sa capacité à la miniaturisation des fromages. « Une alliance entre les traditions fromagère et horlogère du Jura », dit en souriant le PDG.

Si l'internationalisation de Bel est l'un des piliers de sa croissance, « la focalisation » en est une autre selon ses dirigeants. Le groupe se concentre surtout sur ses 5 marques internationales (La Vache qui rit, Kiri, Leerdammer, Mini Babybel et Boursin) qui représentent aujourd'hui 74 % de ses ventes en volumes contre 26 % pour les 25 autres labels (dont Bonbel, Port Salut ou encore Cousteron). Cela permet en outre d'optimiser les budgets publicitaires.

La focalisation, ce sont aussi les trois segments sur lesquels Bel a mis le paquet : les fromages tartinables, en tranches et en « *snacking* » comme ces paquets réunissant biscuits et fromage. Bel en est persuadé : ce sont parmi les segments les plus dynamiques, et plébiscités par les consommateurs.

Michel Waintrop, www.la-croix.com, 3 avril 2014.

EN CONTEXTE

ANNEXE 3 Le groupe Bel à la conquête du monde

Antoine Fiévet, désormais seul maître à bord, espère réaliser 50 % des ventes en dehors de l'Europe en 2015.

Le Vietnam aura l'an prochain un fromage fondu à moins de dix centimes d'euros. Il sera vendu à la pièce dans les rues. Après avoir fait de La Vache qui rit (« con bô cuoi » en vietnamien) la première marque du pays, le groupe Bel innovera avec un produit accessible au plus grand nombre et riche en calcium. L'usine qui le produira est en cours de construction. Bel espère réitérer au Vietnam le succès de la marque d'entrée de gamme « Les Enfants » au Maroc. « Nous essayons d'être présents à tous les niveaux de prix, en particulier dans les pays émergents », explique Antoine Fiévet, PDG du groupe Bel. « Nous développons des produits correspondant à des moments de consommation différents et à des pays aux besoins alimentaires différents», résume-t-il.

Pour Antoine Fiévet, seul maître à bord du groupe Bel depuis un an, les frontières naturelles du groupe n'ont jamais été celles de l'Hexagone. Fondé en 1865 dans le Jura, Bel a investi très tôt à l'international, au Royaume-Uni et en Belgique dès les années 1930. Aujourd'hui, les États-Unis et les pays émergents représentent 35 % des ventes. L'arrière-petit-fils du fondateur Léon Bel, qui a rejoint le groupe il y a neuf ans après une carrière dans la publicité, souhaite porter cette part à 50 % d'ici à 2015.

Après la démission de son prédécesseur, Gérard Boivin, l'homme de l'acquisition de Boursin et de Leerdammer, il a les coudées franches pour poursuivre l'internationalisation du groupe, présent dans 120 pays. « Nous devons profiter de la démographie des pays émergents, aller chercher la croissance à l'international et continuer à soutenir l'Europe, confie-t-il. L'objectif n'est pas de couvrir la carte du monde », ajoute Antoine Fiévet, qui confie regarder de près le continent sud-américain où son groupe est encore peu présent. « L'enjeu, c'est le leadership par marché et par segment ». Numéro un dans 24 pays, Bel figure parmi les trois premiers dans une quarantaine de marchés. Après avoir longtemps exporté ses produits, le groupe a développé une « logique de localisation de la production au plus près des bassins de consommation », qui passe par la création de filiales.

Remontée des cours des matières premières

En France comme à l'international, Antoine Fiévet entend continuer à s'appuyer sur ses « marques cœur » (Vache qui rit, Kiri, mini Babybel, Boursin, etc.) qui représentent 65 % des ventes. La Vache qui rit, qui fêtera l'an prochain ses 90 ans, génère encore le quart des volumes de ventes de Bel. Aux États-Unis – où elle vient d'être lancée en versions tomate-mozzarella, bleu ou aux piments – et en Europe de l'Ouest, ses ventes ont été dopées par de vastes campagnes de publicité. « Avec 8 milliards de portions vendues par an, nous ne touchons pourtant que 5 % de la population mondiale ! », sourit Antoine Fiévet. Le PDG de Bel peut également compter sur le succès de Kiri. Le fromage fondu, célèbre au Japon pour son cheese-cake, a connu la plus forte progression au premier semestre. L'Arabie saoudite reste son premier marché.

Sur Boursin, acheté fin 2007 pour 400 millions d'euros à Unilever, Bel entend accélérer la cadence, même si les volumes ont légèrement crû au premier semestre. « Il faut qu'on s'approprie la marque », estime Antoine Fiévet. Boursin, qui sera lancé en déclinaison apéritive à l'automne, réalise encore 45 % de ses volumes de vente en France. Sur Boursin comme sur l'ensemble des « marques cœur », Bel entend accroître son effort de recherche, qui représente un peu moins de 1 % de son chiffre d'affaires.

D'ici là, Antoine Fiévet se prépare à des mois difficiles. Après avoir maintenu ses ventes l'an passé (2,2 milliards d'euros de chiffre d'affaires), le groupe Bel devrait terminer le second semestre en hausse de 5 à 6 %. Mais la remontée des cours des matières premières pourrait entraîner des augmentations de prix. Ils avaient baissé de 5% en France au cours des trois dernières années.

Keren Lentschner, www.lefigaro.fr, 10 août 2010.

RESSOURCE 1 LE CONCEPT DE MARKETING

Citation

« Le marketing est la stratégie d'adaptation des organisations à des marchés concurrentiels, pour influencer en leur faveur le comportement des publics dont elles dépendent, par une offre dont la valeur perçue est durablement supérieure à celle des concurrents. »

Mercator, 11e édition, 2014.

Depuis la mondialisation de l'économie, les entreprises ne sont plus des entités isolées dans certaines régions du monde, mais des structures interactives internationales ; cela les rend interdépendantes dans une économie mondiale où les consommateurs bénéficient d'une offre chaque fois plus abondante et omniprésente. Le marketing permet alors de différencier son offre parmi la concurrence.

Cela signifie que :

- Le marketing nécessite un **effort constant d'adaptation**, les organisations doivent comprendre les attentes des clients, connaître leurs concurrents, la réglementation et les usages des marchés.
- Le marketing doit **créer une valeur perçue** supérieure à celle des concurrents, c'est-à-dire que les organisations doivent offrir un bien ou service différent afin d'inciter à l'achat.

Exemple : Apple, gage de qualité, vend ses téléphones dans des Apple *stores* et obtient ainsi une meilleure valeur perçue (SAV et applications variées).

- Le marketing est une stratégie qui s'inscrit dans la durée, il ne consiste pas seulement à faire acheter mais aussi à **fidéliser**.

Exemple : Les cartes de fidélité des nombreuses enseignes d'hypermarché permettent de « cagnotter » des euros.

RESSOURCES ET MÉTHODE

RESSOURCE 2 LA DÉMARCHE MARKETING

Le marketing est une attitude personnelle et une culture d'entreprise qui se déclinent en 4 étapes :

Étape 1 - Comprendre le marché

Ex. : En Ukraine, le fromage fondu est utilisé comme du beurre.

↓

Étape 2 - Pour s'y adapter

Choix d'un créneau, définition du produit, fixation des prix et organisation commerciale.	Ex. : Bel modifie l'emballage, la boîte ronde devient carrée.

↓

Étape 3 - Et mieux l'influencer

Politique de vente, publicité et promotion	Ex. : construction d'aire de jeux à l'effigie de la mascotte.

↓

Étape 4 - Contrôler les actions menées (*feedback*)

Ex : Quelles sont les quantités de boîtes de « Vache Joyeuse » vendues ?

RESSOURCES ET MÉTHODE

1 Comprendre le marché

Le **marché** est le lieu de rencontre entre l'offre et la demande. Grâce à la démarche marketing, les entreprises vont pouvoir détecter et susciter des besoins auprès des utilisateurs pour leur offrir des produits adaptés, afin de les satisfaire. Cette étape nécessite d'identifier le(s) besoin(s).

Tout lancement réussi d'une **offre** part d'un besoin. Dans ce cadre, l'étude de l'offre peut englober les fabricants/producteurs, les intermédiaires et les distributeurs.

> **Lexique**
> ▸ Le besoin est un état de tension ou de désir.

> **Lexique**
> ▸ L'offre désigne l'ensemble des acteurs participant à la mise sur le marché d'un produit ou service.

Le **besoin** peut être :

- **Réel** : exprimé et facilement identifiable.

Exemple : je dois changer ma voiture car elle a plus de 170 000 km.

- **Latent** : existe inconsciemment, non clairement exprimé.

Exemple : j'attends du concessionnaire un service de qualité.

- **Créé** : à partir d'un brevet, d'une innovation révolutionnaire

Exemple : je veux le radar de recul pour me garer facilement.

Pour détecter ces besoins, il faut mener une **veille permanente** (→ chapitre 4) :

- connaître la concurrence sur le marché (→ chapitre 6) ;
- connaître son secteur d'activité et son évolution (→ chapitre 7) ;
- connaître le marché de la demande : qui consomme, volume, profils, comportements d'achat (→ chapitre 7) ;
- connaître les forces et faiblesses de son organisation à tous les niveaux de son organisation (commercial, managérial, ressources humaines, logistique) (→ chapitre 9) ;
- connaître les facteurs d'influence de l'environnement (politiques, économiques, légaux, écologiques...) permettant de favoriser ou limiter le développement des activités de l'entreprise. (→ chapitre 5).

La connaissance de son marché permet de déterminer les **facteurs clés de succès**.

> **Lexique**
> ▸ La veille consiste à collecter les informations pour anticiper les évolutions et innovations.

> **Lexique**
> ▸ Les facteurs clés de succès sont les éléments stratégiques qu'une organisation doit maîtriser pour réussir dans un secteur donné et surpasser la concurrence.

2 Mener une réflexion stratégique

1. **Fixer les objectifs** marketing et commerciaux afin de faciliter sa vision à court, moyen et long terme : ils seront mesurables (quantités vendues), atteignables, réalisables et définis dans le temps (sur le semestre ou l'année).
2. **Définir** ce que l'entreprise va produire afin de satisfaire les clients.
3. **Définir les cibles** : qui sont les acheteurs potentiels (particuliers, professionnels) ?
4. **Définir le positionnement** : critères d'image voulus par l'entreprise spécifiques à l'offre proposée en fonction de la cible, de l'univers de consommation, du prix...

Exemple : un produit artisanal, contemporain, sophistiqué ou haut de gamme.

③ Définir un plan d'actions commerciales : le mix marketing

L'entreprise concrétise sa stratégie par un plan d'actions commerciales appelé **plan de marchéage** (→ chapitre 3), mix ou 4P. Il s'agit de définir :

Composantes	Nature des décisions
Le produit (*product*)	Définition et gestion de la gamme, choix des caractéristiques du produit, choix de l'emballage, du conditionnement, de l'étiquetage, choix de la marque, qualité, définition des services attachés au produit...
Le prix (*price*)	Définition du niveau de prix (écrémage, pénétration, alignement sur la concurrence), choix des procédures d'évolution des prix, définition des marges de négociation.
La distribution (*place*)	Choix des canaux de distribution, organisation de la distribution physique, gestion de la force de vente.
La communication (*promotion*)	Décisions concernant la publicité, la promotion (budget, message).

Ces quatre variables, reflet du **positionnement** de l'offre, doivent être cohérentes et adaptées aux capacités de l'entreprise.

Exemple : Zara, créé en 1975, a choisi de démocratiser la mode avec des produits moyens de gamme (H&M est moins cher), mais un renouvellement constant des produits (30 000 références par an) ; la marque ne fait pas de publicité, mais a choisi des emplacements et décors de magasins dignes des produits de luxe.

④ Contrôler les actions (*feedback*)

Évaluer l'efficacité du plan d'actions commerciales nécessite un **contrôle permanent** :

- non seulement les besoins des consommateurs évoluent (apparition de nouveaux produits ou de nouveaux tarifs) ;

Exemple : Free avec son offre à 2 euros a fait baisser les prix du marché de la téléphonie mobile.

- mais l'environnement aussi (apparition de nouveaux concurrents, nouvelles lois...).

MÉTHODE — DISTINGUER MARKETING D'ÉTUDE, STRATÉGIQUE ET OPÉRATIONNEL

Marketing d'étude, stratégique et opérationnel ne sont pas des types différents de marketing mais les composantes de toute politique marketing.

LE MARKETING D'ÉTUDE
Connaître son marché, son environnement, la concurrence
Mesurer l'efficacité des politiques marketing

↓

LE MARKETING STRATÉGIQUE
Définir les objectifs, les cibles et les moyens pour les atteindre

Réflexion à long terme pour orienter l'entreprise vers les activités qui lui offrent de meilleures perspectives de rentabilité.

↓

LE MARKETING OPÉRATIONNEL
Mise en œuvre des décisions

Réflexion à court terme pour définir le plan marketing (*mix marketing*) dont l'objectif est de combiner les moyens d'actions commerciales qui permettront de réaliser la stratégie définie.

Mise en place de la méthode en BTS CI

LE MARKETING D'ÉTUDE
Connaître son marché, son environnement, la concurrence
Mesurer l'efficacité des politiques marketing

→ **CCF : DIAGNOSTIC EXPORT**
PARTIE 1 : Diagnostic externe, étude d'un marché étranger
10 pages maximum (hors annexes)
Synthèse organisée des informations obtenues
Mise en évidence les données pays et données sectorielles
→ ÉTUDE DE MARCHÉ

↓

LE MARKETING STRATÉGIQUE
Définir les objectifs, les cibles et les moyens pour les atteindre

→ **CCF : DIAGNOSTIC EXPORT**
PARTIE II : Diagnostic interne
5 pages maximum (hors annexes)
Comprenant : un diagnostic interne (analyse des forces et faiblesses de l'entreprise au regard des exigences du marché)
Conclusions et recommandations dans le respect de la stratégie de l'entreprise

↓

LE MARKETING OPÉRATIONNEL
Mise en œuvre des décisions

→ **Préparation et mise en œuvre de la prospection**
STAGE ET CCF PROSPECTION

ENTRAÎNEMENT 1 QCM

• **Validez vos connaissances en cochant la (ou les) bonne(s) propositions(s) puis justifiez oralement vos réponses.**

1. Quelles sont les 4 étapes de la démarche marketing ?

- ☐ Comprendre le marché, s'y adapter, l'influencer et le contrôler.
- ☐ Contrôler le marché, s'y adapter, le comprendre.
- ☐ Modifier, comprendre et influencer le marché.

2. Parmi ces trois définitions, quelle est celle qui vous paraît la plus juste ?

- ☐ Le marketing est un ensemble de techniques qui visent à créer des besoins pour développer les marchés et les ventes des entreprises.
- ☐ Le marketing vise à mieux connaître les consommateurs pour mieux les conquérir.
- ☐ Le marketing a pour objet la création de valeur économique pour une entreprise en créant de la valeur perçue par les consommateurs.

3. On appelle mix marketing :

- ☐ Les politiques marketing incohérentes car elles sont un mix d'actions désordonnées.
- ☐ Le mix des programmes marketing à destination des distributeurs et du client final.
- ☐ L'ensemble cohérent des actions marketing sur les 4 leviers que sont le produit, le prix, la distribution et la communication.

4. Quels sont les trois modes opératoires qui constituent les trois composantes de toute politique marketing ?

- ☐ Le marketing d'études, le marketing stratégique et le marketing terrain ou opérationnel.
- ☐ Le marketing d'études, le marketing de conquête et le marketing relationnel.
- ☐ Le marketing d'études, le marketing relationnel et le marketing de fidélisation.

QCM

lienmini.fr/20410qcm01

Accédez à la suite de ce quiz en utilisant le QRcode ou le lien URL.

ENTRAÎNEMENT 2 ANALYSER UNE STRATÉGIE DE COMMUNICATION

À partir de l'annexe ci-après :

1. Comment l'entreprise a-t-elle réussi à accroître son chiffre d'affaires de 20 % entre 2012 et 2013 ?

2. Analysez la stratégie de communication de Puressentiel.

ANNEXE Puressentiel veut devenir leader mondial

Numéro 1 en Europe dix ans après sa création, le laboratoire d'aromathérapie espère conquérir les États-Unis et l'Asie.

On avait laissé Marco Pacchioni, patron de Puressentiel, soufflant les cinq premières bougies de sa jeune société. Déjà satisfait de l'accueil de ses produits à base de plantes, plutôt fier de l'engouement des consommateurs pour son spray assainissant aux 41 huiles essentielles, le blockbuster certifié par des dizaines de tests cliniques. Cinq ans plus tard, l'entrepreneur, qui a fondé la marque avec son épouse Isabelle en 2005, est plus convaincu que jamais : Puressentiel peut devenir l'un des grands succès du secteur de la santé bio et naturelle. La gamme s'est déployée autour de la minceur, du solaire, du sommeil, de l'anti-chute de cheveux...

« Nous avons démocratisé l'usage des huiles essentielles avec des produits prêts à l'emploi, commente Marco Pacchioni. Ils sont arrivés sur le marché à un moment où les gens avaient envie de produits naturels. »

Une percée remarquée chez le distributeur Boots

La présence de Puressentiel dans les rayons des pharmacies et parapharmacies est devenue incontournable. Le chiffre d'affaires devrait atteindre 80 millions d'euros cette année, avec une croissance annuelle de 20 %. Déjà leader français et numéro un en Europe, rien ne semble l'empêcher de devenir bientôt un champion mondial. Déjà distribuée dans 50 pays, l'entreprise familiale indépendante s'est structurée pour conquérir d'autres marchés à l'étranger : elle compte assurer son développement par la création de filiales en propre. En juin, l'ouverture d'une entité au Canada a permis à la marque de prendre pied sur le continent américain avant le grand saut vers les États-Unis programmé pour 2017. En 2014, Rocco Pacchioni, fils des fondateurs, s'est installé au Royaume-Uni pour piloter depuis Londres les projets dans les pays anglo-saxons. Puressentiel, qui s'affichait récemment dans le métro de la capitale britannique, a déjà

fait une percée remarquée chez le distributeur Boots, géant européen du *drugstore*. Aux États-Unis, la marque pourra compter sur son ambassadeur depuis 2013, le basketteur Tony Parker. La famille Pacchioni lorgne déjà le Japon, gros consommateur de cosmétiques *made in France*. Les Japonais devraient apprécier le 100 % naturel de Puressentiel.

La marque s'est donné quatre ans pour conquérir le pays : en 2019 justement, le Japon accueillera la Coupe du monde de rugby, un sport que Marco Pacchioni a pratiqué. L'un des tout premiers partenaires de l'événement sera... Puressentiel.

Sylvie Andreau, *Le Journal du dimanche*, 6 décembre 2015.

Vers le BTS — PRÉPARATION À L'ÉPREUVE E41

En binôme, en salle informatique, réalisez un diaporama que vous présenterez à l'oral (maximum 5 minutes par groupe).

1. **Recherchez une entreprise présente à l'international.**
2. **Présentez cette entreprise (date de création, secteur d'activité, statut juridique, effectif, chiffre d'affaires).**
3. **Recensez les éléments qui ont permis la réussite ou l'échec à l'export de cette entreprise (choix du marché, stratégie développée, facteurs clés de succès).**
4. **Quelle est la démarche marketing adoptée par cette entreprise ?**

CHAPITRE

2 Les stratégies d'internationalisation

Compétences attendues

- → **UC41CP4** : Formuler des recommandations pour établir un plan d'action opérationnel conforme à la politique commerciale de l'entreprise
- → **UC41CP5** : Analyser l'information collectée et en établir la synthèse

Savoirs associés

- → **S117** : Stratégie d'internationalisation

CONTEXTE MEUBLES GAUTIER

Gautier est une entreprise familiale de meubles contemporains installée en Vendée. Elle est actuellement dirigée par le neveu du fondateur, David Soulard. Dans les années 1960, Patrice Gautier, ébéniste vendéen, développe sa petite affaire en rachetant des dizaines de PME. Le baby-boom et l'émergence de la société de consommation aidant, Gautier devient le leader français de la chambre d'enfant. En 1985, Gautier, malmené par la crise, investit lourdement pour industrialiser l'activité et développer l'entreprise. Aujourd'hui, elle compte 57 points de vente en France, 50 à travers le monde et se développe au rythme de dix ouvertures par an. Les dernières inaugurations ont eu lieu à Riyad (Arabie Saoudite), Batumi (Géorgie), Bahreïn, Alger et Oulan-Bator (Mongolie). Gautier est présent directement ou indirectement dans 65 pays et sur quatre continents : la marque y livre chaque jour 8 000 meubles conçus et fabriqués en Vendée. Actuellement, Gautier cible de nouveaux pays, comme l'Éthiopie, le Nicaragua. **Quels sont les choix stratégiques de Gautier face à l'export ? Quels sont ses facteurs de réussite ? Quel pays visé serait le plus prometteur pour cette entreprise ?**

FICHE D'IDENTITÉ

Dénomination sociale
Meubles Gautier

Date de création
1960

Produits
Meubles, chambres d'enfants dont la production est assurée en France

Effectif
950 salariés

CA 2014
142 millions EUR dont 30 % à l'export

Position concurrentielle
Leader en France

Commercialisation
Magasins multimarques et franchises à l'international

PROLONGEMENT NUMÉRIQUE

L'aventure internationale des Meubles Gautier (3'32)
lienmini.fr/ci410gautier

1) Quels sont les atouts de Gautier ?
2) Comment ont-ils réussi à se développer ?
3) Quels sont leurs choix géographiques ?

MISSION 1 Identifier les raisons de la décision d'exporter ANNEXES 1 à 4

1. Pourquoi Gautier a-t-il décidé de s'internationaliser ?
2. Quels atouts a-t-il développés ?
3. Quelles aides ont conforté sa démarche export ?

MISSION 2 Analyser les choix des destinations ANNEXES 1 et 4

1. Dans quels pays Gautier choisit-il d'exporter ?
2. Quels en sont les raisons et les avantages ?
3. Pourquoi délaisse-t-il les BRIC (Brésil, Russie, Inde, Chine) ?
4. Analysez les erreurs qu'il a commises dans le choix des marchés.

MISSION 3 Analyser les modalités de commercialisation à l'étranger ANNEXES 1 à 4

1. Quel mode de commercialisation a choisi Gautier ?
2. Quel en est l'intérêt ?
3. Comment sélectionne-t-il ses partenaires ?

MISSION 4 Commenter une matrice de sélection de marchés MÉTHODE 1

1. Analysez les critères qui ont été choisis.
2. Quel est le pays qui représente le plus d'opportunités pour Gautier ? Ajoutez les notations dans les colonnes « notes », puis faites le total de chacun.

Lexique

- La matrice de sélection de marchés consiste à déterminer synthétiquement le pays qui présente le plus de potentialités pour une entreprise souhaitant s'internationaliser.

ANNEXE 1 Comment les Meubles Gautier sont devenus des as de l'export

Grâce à leur image de « *Stylish French Living* », les Meubles Gautier se vendent sur quatre continents. Que ce soit à Alger, Séoul, Ryad, Novossibirsk ou Oulan-Bator, les franchisés sont approvisionnés par les trois usines vendéennes de l'entreprise. Après avoir surmonté plusieurs crises, celle-ci tire sa croissance de l'export [...].

Priorité aux pays émergents

Sa stratégie d'export est pour le moins originale : « Nous nous intéressons avant tout aux pays émergents, dont une partie de la population a les moyens et l'envie d'acheter des meubles contemporains français », explique Valérie Soulard-Brin. « Tous les pays émergents, sauf les BRIC's !, ajoute aussitôt David : en Inde, en Chine ou au Brésil, les entrepreneurs locaux finissent toujours par vouloir produire eux-mêmes. »

Gautier en a fait l'amère expérience en Inde dans les années 1990 : « Notre partenaire a ouvert 80 magasins... dans lesquels on ne trouvait pas un seul meuble Gautier ! Nous avons eu un mal fou à récupérer la marque. » De cette mésaventure, les Soulard gardent tout de même un bon souvenir : « L'expression « *Stylish French Living* », trouvée par notre partenaire indien, est devenue notre signature internationale. » « L'achat de mobilier est éminemment culturel, ajoute Valérie. Nos meubles entrent dans l'intimité de nos clients comme nous entrons dans l'intimité familiale de nos partenaires. »

L'échec de l'implantation indienne les a rendus plus vigilants dans le choix de leurs partenaires : ils privilégient les entrepreneurs locaux ou binationaux capables d'investir 100 000 euros dans un premier point de vente, puis éventuellement d'en ouvrir un ou deux autres si le marché le permet. « Mais dans la plupart des pays émergents, il n'y a guère de place que pour un ou deux magasins », explique Valérie Soulard-Brin.

Pas question, en revanche, d'aller en Iran : « Tout le monde s'y rue, comme au Vénézuela, il y a dix ans, commente David Soulard. Aujourd'hui, alors que l'économie vénézuélienne s'est effondrée, nous nous félicitons de ne pas y être allés. » Non seulement le décollage économique de l'Iran lui semble soumis à de nombreux aléas géopolitiques, mais en plus « Les Iraniens sont d'excellents fabricants de meubles ! »

Originale en Afrique et en Asie, leur stratégie export l'est aussi dans les pays développés. Gautier va prochainement ouvrir son premier magasin à New York : « Mais pas à Manhattan, prévient David Soulard. Nous ne sommes pas encore prêts ! Nous préférons attaquer la Grosse Pomme par Brooklyn, avec des partenaires d'origine russe qui veulent profiter de la forte notoriété de la marque dans la communauté russe, très importante dans cet arrondissement de New York. »

De même, un franchisé a découvert, en ouvrant un magasin Gautier à Dubaï, que la marque était connue et appréciée « des nombreux expatriés occidentaux, bien sûr, mais aussi de la communauté indienne. »

Sabine Germain, http://lentreprise.lexpress.fr, 19 août 2016.

ANNEXE 2 Gautier utilise les codes de la high-tech pour innover et exporter

David Soulard : « Dans les pays émergents, il y a parmi les potentiels partenaires de nombreux arrivistes qui se déplacent en avion privé pour ensuite disparaître du jour au lendemain. » [...]

Que vous a apporté la modernisation de votre système de gestion de relation client ?

Chez nous, l'entreprise de demain passe par la revendication du « *Made in France* », du style de vie à la française et par la modernisation de nos outils. Nous avons obtenu un prêt numérique de 600 000 euros par Bpifrance. Il nous a permis de changer notre outil de relation client (CRM), de créer un nouveau site Internet orienté *Web-to-store*, c'est-à-dire permettant de rediriger les internautes vers les magasins. Et nous avons équipé nos forces commerciales de terminaux plus nomades. Ce nouveau CRM permet d'identifier les endroits les plus performants dans un magasin en termes de merchandising, et de dupliquer des bonnes pratiques dans d'autres magasins. En bref, d'uniformiser ce qui fonctionne. [...]

Comment utilisez-vous les aides à l'export de Bpifrance ?

Nous sommes une ETI et cela veut dire que nous sommes dans l'étape de la vie de l'entreprise où il y a moins d'aides. Bpifrance nous a permis de contracter un emprunt dédié à l'aide à l'export pour 1,5 million d'euros par an. Cela permet de financer l'investissement nécessaire, soit les déplacements, le recrutement de personnel dédié à l'export mais aussi l'amortissement des magasins à l'international, car nous participons le plus souvent au développement des franchises. Aussi Business France et le Groupement des exportateurs de meubles nous aident à être présents sur les salons internationaux, sous pavillon français.

Hugo Sedouramane, www.lopinion.fr, 5 juillet 2015.

SITE WEB

Meubles Gautier : innover et exporter
lienmini.fr/ci410innover
Retrouvez l'article complet en suivant le lien ou le QRcode.

ANNEXE 3 Gautier investit en Vendée pour rester *made in France*

La crise du meuble français ne semble pas toucher le groupe Gautier. La société familiale va renforcer son outil industriel vendéen, où travaillent 950 salariés.

[...] Plus de 10 millions d'euros vont être investis pour faire muter l'outil industriel et le rendre plus souple face à la très grande fluctuation des commandes. L'entreprise doit parfois répondre à des demandes dans un délai de trois semaines. Le *made in France* reste l'atout maître de Gautier, dont les meubles contemporains se vendent dans 62 pays. D'une année sur l'autre, plus d'un tiers des produits sont remplacés. Récemment, Gautier a intégré un atelier de matériaux souples, travaillant notamment le cuir ou l'alcantara, une façon de mettre à profit les compétences locales héritées de la chaussure. [...] Gautier travaille aussi sur l'intégration de l'électronique, par exemple des enceintes Bluetooth dans les meubles, en travaillant sur chaque meuble pour optimiser la caisse de résonance.

Répartition des risques

Près de 35 pays sont couverts via des franchises, toujours signées avec des entreprises familiales locales. Là où certains craindraient l'éparpillement, David Soulard voit une répartition des risques. « Si nous avions suivi les prévisionnistes qui ne misaient que sur les Brics (Brésil, Russie, Inde, Chine et Afrique du Sud) nous ne serions plus là », explique David Soulard, le directeur général. Sur un marché du meuble moyen-haut de gamme en baisse de 7 %, Gautier s'est maintenu à 140 millions d'euros de chiffre d'affaires en 2014. L'année 2015 semble bien engagée avec des destinations export en pleine reprise comme l'Angleterre, l'Allemagne ou l'Amérique du Nord et le souffle apporté par le nouveau rapport euro-dollar, permettant de gagner d'un coup 15 à 20 % en compétitivité.

Emmanuel Guimard, www.lesechos.fr, 9 avril 2015.

ANNEXE 4 Grâce à la franchise, Gautier meuble les pays émergents

Le fabricant de meubles a décidé de se positionner majoritairement sur des pays à fort potentiel, encore peu prisés des grandes entreprises. « Ces pays, contrairement aux idées reçues, sont très avides de consommation, assure le directeur général. La concurrence y est moins présente, alors que sur des marchés matures comme l'Allemagne ou l'Angleterre, cela se révèle très difficile de se faire une place. »

Un laboratoire interne pour l'innovation

David Soulard s'est attelé au développement d'un réseau de franchisés, aujourd'hui présents dans une quarantaine de pays. « C'est la meilleure façon de donner confiance dans la marque », assure le dirigeant. Chaque ouverture de magasin représente pour l'enseigne un investissement de l'ordre de 70 000 à 100 000 euros – un investissement somme toute raisonnable pour se lancer ou développer un marché. Pour le franchisé, le droit d'entrée est de l'ordre de 20 000 euros, sans prélèvement sur le chiffre d'affaires réalisé. En revanche, « nous leur faisons signer un contrat d'exclusivité pour l'approvisionnement, pour plus de sécurité ».

Pour ne pas lasser sa clientèle, David Soulard s'appuie sur le « *time to market* », autrement dit, sa capacité constante à produire – grâce à ses trois usines vendéennes à 95 % – et à innover. « Nous avons mis en place un laboratoire interne, avec des outils – dont des imprimantes 3D – permettant d'élaborer des prototypes et de contribuer au développement de l'entreprise ». [...]

Exporter un savoir-faire français

Il n'est pas question d'élaborer des collections spécifiques pour les pays dans lesquels sont implantés les magasins Gautier : « Nous ne sommes pas là pour copier un style qu'ils connaissent déjà, insiste le directeur général. Si nous sommes allés à Oulan-Bator (Mongolie), c'est pour montrer notre savoir-faire, et le *stylish french living*. » [...]
Entre quelques mois et un an sont souvent nécessaires pour s'assurer de la stabilité géopolitique du pays avant d'y prendre pied.

Camille Boulate, http://business.lesechos.fr, 15 septembre 2014.

Toute entreprise vise à se développer. L'export est fortement encouragé aujourd'hui par les pouvoirs publics pour relancer la croissance française. Toutefois, l'internationalisation est une stratégie complexe qui requiert des atouts internes, notamment financiers. Elle commence par une réflexion sur ses motivations, l'identification de marchés intéressants et le mode d'accès au marché le plus adapté.

RESSOURCE 1 POURQUOI SE LANCER À L'INTERNATIONAL ?

L'entrepreneur va vouloir s'internationaliser pour plusieurs raisons internes.

Raisons	Raisons de l'internationalisation	Illustrations
Stratégiques	La volonté du dirigeant.	Le lancement de la marque Shangxia en Chine par la maison Hermès a été voulu par ses dirigeants.
	Être présent sur les mêmes marchés que la concurrence.	
	Imposer son image de marque et se faire connaître.	
Commerciales	Écouler sa production excédentaire.	Lorina a commercialisé ses limonades aux États-Unis après qu'un distributeur américain en a rapporté un échantillon d'un salon.
	Répartir ses risques.	
	Contourner les barrières à l'entrée.	
	Mieux connaître et satisfaire ses clients.	
	Se rapprocher de ses clients qui se développent à l'international.	
	Répondre à une demande d'offre.	
Économiques	Optimiser la fonction de production.	En modernisant leur outil de production, les fromages Entremont ont augmenté leurs exportations de 41 %.
	Devenir plus compétitif.	
	Accroître le volume de production.	
Financières	Accroître son chiffre d'affaires.	Arena a délocalisé sa production de maillots de bain en Chine pour réduire les coûts de production.
	Accroître son profit.	

Mais aussi externes :

Liées au pays étranger	• Assouplissement de la réglementation, ouverture commerciale. • Politique d'accueil des investissements étrangers.	Depuis que la Chine a supprimé sa loi sur les sulfites, les viticulteurs peuvent exporter leurs vins moelleux.
Liées au pays de l'entreprise	Le marché national est saturé et ne permet pas d'envisager une croissance significative.	Le marché français n'est pas suffisant pour que Doublet puisse accroître son CA.

RESSOURCE 2 OÙ S'INTERNATIONALISER ?

Une entreprise qui souhaite s'internationaliser vise à conjuguer accroissement de ses ventes et limitation de ses risques. Pour cela, elle va adopter la démarche suivante :

1. **Identifier** les marchés présentant des potentialités pour ses produits.
2. **Collecter** et analyser les caractéristiques de ces marchés.
3. **Choisir** le marché ciblé.

L'entreprise sélectionne le marché le plus intéressant pour son activité en collectant des informations, en interne, ou auprès des organismes d'appui à l'export, sur :

- les pays étrangers ciblés et leur environnement : leur histoire, situation géographique, économique... ;
- les marchés qui fourniront des données sur :
  - les concurrents et leur offre de produits ;
  - les consommateurs et leurs attentes.

Ensuite, elle les trie en fonction de son projet, son domaine d'activité, et les analyse. Elle peut aborder les marchés selon deux stratégies :

Stratégie	Objectif	Méthode
Séquentielle	Aborder un seul marché à la fois.	• Comparaison des caractéristiques de chaque pays en les hiérarchisant • Choix du pays avec le meilleur score
En cascade	Aborder plusieurs pays à la fois pour faire des économies d'échelle ou synergies commerciales.	• Choix de pays avec des opportunités similaires : les BRICAM (Brésil, Russie, Inde, Chine, Afrique du Sud et Mexique). • Similitudes culturelles, géographiques... : par ex., les pays Baltes ou du Maghreb.

RESSOURCE 3 COMMENT S'INTERNATIONALISER ?

Lorsqu'une entreprise décide de conquérir de nouveaux marchés, elle va devoir réfléchir à la meilleure manière de commercialiser ses produits. Lorsqu'elle est déjà présente à l'international, elle va souhaiter accroître ses ventes. Quatre grandes stratégies peuvent être identifiées en fonction des objectifs recherchés :

	Produits actuels	Produits nouveaux
Marchés actuels	**STRATÉGIE DE PÉNÉTRATION** L'entreprise cherche à : • Accroître les achats des clients actuels. • Convertir les clients des concurrents. • Trouver de nouveaux clients. **Exemple :** en relocalisant en France sa production, Lejaby a regagné des clients anglais.	**STRATÉGIE DE DÉVELOPPEMENT DE PRODUITS** L'entreprise cherche à augmenter son CA en introduisant de nouveaux produits sur les marchés sur lesquels elle est déjà présente. **Exemple :** Bénéteau s'est lancé dans les bateaux à moteur pour intensifier sa présence en Asie et aux États-Unis.

	Produits actuels	Produits nouveaux
Marchés nouveaux	**STRATÉGIE D'EXTENSION DE MARCHÉ** L'entreprise cherche à accroître son CA en introduisant ses produits sur de nouveaux marchés. **Exemple :** Delpeyrat a modifié la fabrication de ses conserves pour aborder le marché canadien.	**STRATÉGIE DE DIVERSIFICATION** L'entreprise cherche à accroître son CA en diversifiant à la fois les produits et les marchés. **Exemple :** Guy Degrenne a abandonné les arts de la table, trop concurrencé par les Chinois, pour des stérilisateurs pour dentistes.

RESSOURCE 4 S'INTERNATIONALISER PAR L'EXPORTATION

L'entreprise reste dans son pays et elle souhaite seulement livrer les produits à l'étranger. Elle peut le faire de deux manières :

1 En suivant une logique stratégique relative aux segments de marchés

Pour satisfaire tous les segments de la population ciblée, l'entreprise peut adapter ou non son produit et ses composantes. Ainsi, elle a le choix entre 3 stratégies d'internationalisation :

TROIS TYPES DE STRATÉGIES RELATIVES AUX SEGMENTS		
STRATÉGIE INDIFFÉRENCIÉE OU GLOBALISATION	STRATÉGIE CONCENTRÉE OU MULTIETHNIQUE	STRATÉGIE DIFFÉRENCIÉE OU GLOCALISATION
L'entreprise exporte ses produits sans adapter sa politique commerciale, destinée à tous les segments du marché. Ex. : Les produits de luxe véhiculent la *French Touch*. Les sacs Vuitton sont les mêmes dans tous les pays du monde.	**L'entreprise adapte totalement sa politique commerciale, afin de répondre aux besoins des différents segments de sa clientèle.** Ex. : L'Oréal propose des crèmes pour le visage adaptées à tous les types de peaux : blanchissantes pour les Asiatiques, enrichies pour les Canadiennes...	**L'entreprise n'adapte que certains aspects de sa politique commerciale pour mieux répondre aux attentes locales.** Ex. : La Vache qui Rit conserve le fromage de base, mais peut traduire la marque, changer les goûts...

2 En suivant une logique stratégique relative au moteur de l'action commerciale

Pour développer ses ventes, l'entreprise peut utiliser deux stratégies :

DEUX TYPES DE STRATÉGIES RELATIVES AU MOTEUR DE L'ACTION COMMERCIALE	
STRATÉGIE PULL	STRATÉGIE PUSH
Les stratégies Pull consistent à stimuler la demande grâce aux techniques de communication, comme la publicité. Elles permettent d'attirer le client vers le produit. Ces stratégies sont idéales en cas de lancement de produit ou pour relancer leur engouement.	**Les stratégies Push visent à inciter les distributeurs à mettre en avant une marque déterminée. Elles poussent le produit vers le client. La promotion sur le lieu de vente est un bon moyen de démarquer un produit ou de le valoriser.**

Pour commercialiser ses produits, l'entreprise peut sous-traiter à un intermédiaire commercial étranger qui connaît parfaitement son pays et peut lui ouvrir le marché :

Un agent	Il représente l'entreprise et prospecte pour trouver des clients. Il est rémunéré par une commission sur les ventes.	Cette formule est idéale pour commencer à exporter en maîtrisant son image et son plan de marchéage, pour un investissement réduit.
Un distributeur	Il achète les produits et les revend à ses clients. Il se rémunère avec une marge appliquée sur le prix d'achat.	Ce mode de distribution convient aux entreprises qui ne veulent pas mettre en avant leur image ou celle de la France, ni s'occuper de la politique commerciale.

Mais elle peut aussi expédier directement les commandes depuis son entreprise. La vente en e-commerce a explosé ces dernières années et les entreprises, avec seulement un site marchand traduit et adapté aux besoins des consommateurs étrangers, peut vendre partout dans le monde.

Exemple : aujourd'hui, la majorité des Américains achète ses produits en ligne.

RESSOURCES ET MÉTHODE

RESSOURCE 5 S'INTERNATIONALISER EN S'IMPLANTANT

Une fois que l'entreprise a acquis un certain volume d'affaires à l'export, une expérience des marchés étrangers, des ressources internes suffisantes, en particulier financières, elle peut décider d'instaurer une présence durable.

Avantages	Inconvénients
• Utilisation de la stratégie Push pour maîtriser son image, en acquérir une locale ou être plus près des clients pour mieux les satisfaire. • Contourner la réglementation et éviter les droits de douane, normes... • Réaliser des économies logistiques. • Réduire les risques.	• Investissement financier, technique, lourd. • Nécessité de former la main-d'œuvre locale pour garantir la qualité. • Complexité de certaines implantations.

En fonction de sa capacité d'investissement, de ses moyens, de la réglementation locale, elle peut choisir de s'implanter en toute autonomie ou en s'associant avec une entreprise locale :

Type d'implantation	Avantages	Exemples
• Filiale. • Succursale. • Achat d'une firme locale.	Contrôle de l'activité et de l'image.	Les banques ont des succursales dans de nombreux pays du monde.
En partenariat avec une entreprise étrangère : la *joint-venture*.	• Partage des risques. • Meilleure connaissance du marché. • Image et expérience du partenaire.	Aux Émirats arabes unis, une entreprise étrangère ne peut s'implanter librement. Elle peut donc s'associer avec un Émirien.

Pour réussir sa stratégie d'internationalisation, l'entreprise doit d'abord s'interroger sur ses objectifs et ses capacités de production, financières, commerciales. Ensuite, elle doit choisir un marché ciblé et le mode de vente. Pour cela, elle peut solliciter des aides financières et des conseils de la part des organismes d'appui à l'export.

MÉTHODE — CONSTRUIRE UNE MATRICE DE SÉLECTION DES MARCHÉS

Pour représenter synthétiquement et méthodologiquement cette comparaison, l'exportateur peut construire une matrice de sélection des marchés, en choisissant des critères d'analyse généraux (économie, démographie…), et ceux qui ont une importance particulière pour l'entreprise, et en les inscrivant dans un tableau.

Exemple : Une entreprise qui vend des produits nécessitant une connexion Internet va prendre en compte dans les critères sociaux le taux d'équipement informatique ou le taux d'accès à Internet. En revanche, elle ne mentionnera pas le taux d'équipement des ménages en TV.

L'entreprise reportera dans la colonne de gauche les éléments les plus importants qu'elle veut comparer et classer par dimension. Ensuite, elle indique dans les colonnes suivantes les marchés qu'elle a sélectionnés, en remplissant deux ou trois colonnes :

- une première colonne va servir à reporter les informations ;
- une deuxième colonne va recueillir les notes que l'entreprise va attribuer à chaque information.

On pourrait rajouter une troisième colonne si l'on désire coefficienter certains éléments.

Dans notre tableau, l'échelle de notation va de 1 à 2, le pays qui a la note la plus forte sera le pays choisi.

Critère	Tunisie	Note	Égypte	Note
Histoire commune avec la France	Ancienne colonie française		Ancienne colonie britannique	
Géographie				
Superficie	163 619 km²		1 001 450 km²	
Distance	2 075 km		3 900 km	
Infrastructures	Catastrophiques		Grands projets	
Population urbaine	68,5 %		43,1 %	
Population	11,1 millions habitants		90,2 millions habitants	
Économie				
PIB (2015) en milliards USD	48,61		330 (+ 4,2 %)	
Chômage	15,2 %		13 %	
Balance commerciale	– 15,8 milliards USD		– 33,7 milliards USD	
Taux d'inflation	5,5 %		11 %	
Devise	Dinar tunisien		Livre égyptienne	
Place de la France	1er client et fournisseur		6e fournisseur (+ 33,8 %) 7e client	
Place en Afrique	6e puissance		13e puissance	

RESSOURCES ET MÉTHODE

Critère	Tunisie	Note	Égypte	Note
Socio-culturel				
IDH	0,72 (96e)		0,644 (133e)	
Répartition CSP	0,398		0,348	
Revenu/hab	3 970 USD		3 340 USD	
Salaire moyen/mois	346 USD		250 USD	
Langue	Arabe		Arabe	
Démographie				
Accroissement naturel	1,3 %		2,5 %	
Part des jeunes	39 % (0-24 ans)		39,9 %	
Taux de fécondité	2,2 enfants/femme		3,5 enfants/femme	
Politique et géopolitique				
Accords commerciaux	Partenaire privilégié de l'UE		Oui	
Risque pays	B		C	
Régime politique	République		République islamique (nouvelle constitution)	
Mesures familiales	Protection sociale		Vers l'égalité hommes/femmes	
Total				

La stratégie la plus prudente conduirait l'entreprise à aborder les marchés limitrophes, pour acquérir une expérience, puis se lancer ensuite à l'assaut du grand export.
Toutefois, elle peut adopter d'autres démarches en répondant à des opportunités :

- Les conseils d'organismes d'appui à l'export.

Exemple : les conseillers du Commerce extérieur peuvent repérer une entreprise florissante et lui proposer un accompagnement à l'export.

- La réception d'une demande d'offre de la part d'un client étranger, intéressé par des produits précis ou souhaitant mettre plusieurs entreprises en concurrence.

Exemple : DCNS a remporté l'appel d'offres pour fabriquer des sous-marins destinés à l'Australie devant les industriels allemands et japonais.

- La rencontre d'un distributeur intéressé par la commercialisation de ses produits dans son propre pays.

Exemple : lors d'un salon, un distributeur, séduit par les produits d'une entreprise, peut lui proposer de commercialiser ses produits dans son propre pays.

- L'établissement d'une passerelle ou d'une tête de pont, en abordant un pays, puis en exportant ensuite vers les pays qui sont proches géographiquement et culturellement.

Exemple : une entreprise peut aborder l'un des pays Baltes, qui sont dans l'Union européenne, puis la Russie et d'autres pays de l'Europe de l'Est ou du Nord.

ENTRAÎNEMENT 1 QCM

• **Validez vos connaissances en cochant la (ou les) bonne(s) proposition(s) puis justifiez oralement vos réponses.**

1. Le marketing stratégique c'est :

- ☐ Définir les moyens nécessaires pour atteindre les objectifs fixés par le dirigeant.
- ☐ Définir les objectifs, les cibles et les moyens pour les atteindre.
- ☐ Une réflexion à court terme.

2. Une stratégie dite de pénétration consiste à :

- ☐ Se concentrer sur les marchés actuels en développant de nouveaux produits.
- ☐ Augmenter le CA en se développant sur de nouveaux marchés.
- ☐ Se concentrer sur les marchés actuels en cherchant à augmenter les achats des clients actuels, à convertir les clients des concurrents et à convaincre de nouveaux clients.

3. Les stratégies relatives à la couverture des marchés sont en lien avec :

- ☐ La définition des cibles.
- ☐ La définition des moyens à mettre en œuvre.
- ☐ La définition des objectifs.

4. Les stratégies relatives aux segments de marché sont en lien avec :

- ☐ La définition des cibles.
- ☐ La définition des moyens à mettre en œuvre.
- ☐ La définition des objectifs.

5. Ces critères d'analyse entrent dans le choix d'un marché cible :

- ☐ L'effectif de l'entreprise.
- ☐ La croissance du pays.
- ☐ La population du pays d'accueil.

QCM

lienmini.fr/20410qcm02

Accédez à la suite de ce quiz en utilisant le QRcode ou le lien URL.

ENTRAÎNEMENT 2 IDENTIFIER LA STRATÉGIE D'INTERNATIONALISATION

• **Identifiez la stratégie d'internationalisation en cochant la case adaptée à chaque situation.**

Situation	Globalisation	Multiethnique	Glocalisation
Bel vend son fromage « La Vache qui rit » dans tous les pays du monde.			
Bel focalise ses efforts sur les fromages tartinables, en tranche et en *snacking*.			
Bel commercialise aux USA de La Vache qui rit à la cannelle.			
Le groupe Monin vend les mêmes produits partout en Chine mais change la contre étiquette.			
Gautier se développe à l'international grâce à des franchises.			
Gautier renouvelle chaque année 80 % de ses produits.			
Wiko souhaite conquérir les 15-34 ans.			

Vers le BTS — PRÉPARATION À L'ÉPREUVE E41

1. Relevez les trois principales caractéristiques du marché asiatique.
2. Quelle est la stratégie des entreprises qui sont présentes sur le marché asiatique ? Précisez, identifiez et justifiez la stratégie de Louis Vuitton et du Cognac Rémy-Martin en Chine.
3. Définissez la notion de produit global.
4. Quelle différence l'auteur fait-il entre « occidentalisation » et « modernisation » ?

ANNEXE La culture asiatique et le consommateur mondialisé

Depuis quelques décennies maintenant, l'Asie est devenue l'un des marchés les plus dynamiques du monde. Ce continent représente près de la moitié de la population de la planète et une part significative de l'économie mondiale, malgré la crise économique qu'il traverse.

On peut donc s'étonner de la quasi-inexistence de travaux présentant une théorie du marketing spécifique à l'Asie. La plupart des professionnels y appliquent des concepts manifestement élaborés dans une perspective occidentale, et donc principalement américaine. [...]

Pourtant, l'attitude du consommateur étant fortement influencée par sa culture, et la culture asiatique étant nettement différente de la culture occidentale, on peut s'interroger sur l'existence même d'un consommateur type en Asie. Les liens culturels sont profonds et l'existence de goûts, d'habitudes et de coutumes différents explique que les consommateurs ne seront pas attirés partout par les mêmes produits, les mêmes messages publicitaires, le même emballage ou la même présentation.

La naissance du produit global, il faut le rappeler, n'est pas la conséquence d'une préférence exprimée par le consommateur à l'échelle de la planète. Le produit global lui est bien imposé par des entreprises cherchant toujours à réduire leurs coûts par le biais de la standardisation. L'immense succès des produits de luxe occidentaux auprès des hauts revenus et des jeunes en Asie n'est donc nullement la preuve de leur adhésion à la mondialisation. [...]

Le cognac Rémy-Martin ou le bordeaux Lafitte ne sont peut-être pas choisis par les consommateurs parce qu'ils les préfèrent aux boissons locales, mais parce que la pression de leurs pairs le leur impose. [...]

Modernisation ou occidentalisation ?

Aujourd'hui, lorsqu'on parle de culture mondiale du consommateur, [...] on évoque généralement l'omniprésence de la culture occidentale. Les entreprises occidentales qui lancent des produits en Asie pourraient donc se dire qu'à la longue, les consommateurs asiatiques vont se mettre à ressembler aux consommateurs occidentaux. [...] Ce que les pays asiatiques expérimentent n'est pas « l'occidentalisation » ni la « mondialisation » mais bien la « modernisation ». La modernisation peut être confondue avec l'occidentalisation, car elle se manifeste par une mutation sociale originaire d'Occident. Mais une véritable occidentalisation suppose une assimilation des pays non-occidentaux aux pays occidentaux.

Cela ne saurait être le cas de l'Asie qui, avant toute modernisation, possède ses propres cultures profondément enracinées, qui influencent fortement l'éducation et le comportement de ses populations. Pour elles, en effet, un siècle de modernisation ne saurait effacer une culture millénaire.

Malgré l'implantation de McDonald et des pizzas Domino's en Asie, 98 % des restaurants en Asie servent de la cuisine locale. En Indonésie, le lancement du *teh botol* (thé en bouteille) s'est fait au détriment des ventes de Coke et de Pepsi [...].

Il se pourrait donc bien que « le consommateur mondialisé » ne soit finalement pas si répandu en Asie.

Hellmut Schütte, *Les Échos*, 14 décembre 2008.

ENTRAÎNEMENT

CHAPITRE

3 Le marketing opérationnel : le plan de marchéage

Compétences attendues

- **UC41CP1 :** Mener une veille commerciale permanente (recherche documentaire), collecter l'information à l'étranger, s'assurer de sa fiabilité et de sa pertinence au regard de la recherche
- **UC41CP2 :** Analyser et sélectionner l'information commerciale et repérer les contraintes réglementaires sur les marchés étrangers
- **UC41CP3 :** Élaborer le cahier des charges pour sous-traiter des études et assurer le suivi de sa mise en œuvre sur le marché
- **UC41CP4 :** Formuler des recommandations pour établir un plan d'action opérationnel conforme à la politique commerciale de l'entreprise
- **UC41CP5 :** Analyser l'information collectée et en établir la synthèse

Savoirs associés

- **S113** : Plan marketing

CONTEXTE WIKO

Deuxième marque de smartphones vendue en France, derrière le géant Samsung, Wiko veut jouer dans la cour des grands au plan mondial. Le fabricant franco-chinois (actionnariat majoritairement chinois mais management à l'européenne), installé à Marseille et dirigé par Laurent Dahan, espère vendre 15 millions de téléphones cette année et a loué un énorme stand au Mobile World Congress de Barcelone, juste à côté de Vodafone, pour s'installer sur un plan international et énoncer son ambition pour les années à venir.

Comment être compétitif sur un plan mondial face à des concurrents étrangers qui dominent le marché ? Quel plan de marchéage adopter pour se hisser dans les premières marques mondiales de smartphones ?

FICHE D'IDENTITÉ

Dénomination sociale
Wiko

CA 2015
500 millions EUR

Effectif
500 dont 200 en France

Siège social
Marseille

Actionnariat
- Shenzhen Tinno Mobile Technology Corp. : 97 % des actions
- Laurent Dahan : 3 % des actions

Gamme de produits
- Téléphones mobiles sous Android
- Accessoires pour téléphones

International
- Présence dans 30 pays
- 75 % du CA réalisé en Europe dont 40 % en France.

PROLONGEMENT NUMÉRIQUE

Quel téléphone pour qui ? (5'51)
lienmini.fr/ci410wiko

1) Calculez les parts de marché des marques de smartphones en prenant comme échantillon votre classe.
2) Dressez une liste des avantages et des inconvénients de votre smartphone.
3) Déduisez les caractéristiques du smartphone idéal pour une cible d'étudiants.

MISSION 1 Définir le plan de marchéage ANNEXES 1 et 2

1. Calculez la part de marché mondial en volume de Wiko en 2015. Concluez sur le poids de Wiko à l'international.

2. Repérez les objectifs et les choix stratégiques de Wiko.

3. Présentez les caractéristiques du plan de marchéage de Wiko.

4. Présentez les raisons du succès de la marque Wiko en France.

Lexique

▸ Le **plan de marchéage** regroupe des variables que l'entreprise peut contrôler : le produit, le prix, la distribution, la communication.

MISSION 2 Vérifier la cohérence du plan de marchéage ANNEXE 3

1. À partir de vos connaissances et de l'annexe 3, recopiez et complétez le tableau suivant :

Caractéristiques du plan de marchéage de l'iPhone		
Éléments du mix marketing		**Votre description et votre analyse**
Produit	Design ? Positionnement du produit ? Applications ? Système d'exploitation ?	
Prix	Stratégie de prix ? Réductions ? Soldes ?	
Communication	Publicité ? Lancement de nouveaux produits ?	
Distribution	Stratégie de distribution ? Réseau d'unités commerciales ? Marchandisage (*merchandising*) ?	

2. Comparez puis évaluez la cohérence des plans de marchéage de l'iPhone et de Wiko.

MISSION 3 Intégrer le marketing numérique ANNEXES 1 à 3

1. À partir des documents et de vos connaissances, dressez une liste des outils de marketing numérique (ou digital) utilisés par les marques de smartphones.

2. Choisissez les trois outils qui vous semblent les plus pertinents pour une cible d'étudiants.

Lexique

▸ Le **marketing numérique (ou digital)** est l'ensemble des techniques marketing utilisant des supports numériques.

ANNEXE 1 Samsung, Apple, Huawei, Wiko... qui est le roi du smartphone ?

Apple vient de franchir la barre symbolique du milliard d'iPhones vendus dans le monde. Alors que Samsung, Apple et Huawei animent le marché mondial, une entreprise française (Wiko) réalise une percée dans l'Hexagone.

Environ 1,4 milliard de smartphones (c'est-à-dire des téléphones mobiles qui vont sur Internet) se seraient vendus à travers le monde en 2015 : un marché colossal !

Sur le plan international, le Sud-Coréen Samsung occupe de loin la première place avec environ 22 % de part de marché. L'Américain Apple arrive en seconde position avec 16 % de part de marché tandis que le Chinois Huawei est installé en troisième position avec 8 %. [...]

Wiko, la marque française qui monte !

De son côté, la marque française Wiko fait son trou dans l'Hexagone. Entré sur le marché en 2011 et basé à Marseille, Wiko est aujourd'hui numéro deux sur le marché français, derrière Samsung, en prenant en compte les ventes hors-opérateurs (c'est-à-dire les ventes chez les distributeurs spécialisés, comme Darty, la Fnac, Carrefour, Auchan ou Cdiscount...).

« En 2015, nous avons vendu 8 millions de téléphones à travers le monde, dont environ 3,5 millions en France », explique Hervé Vaillant, responsable des relations presse de Wiko, qui compte 200 salariés en France. Sur ces 8 millions de ventes, 75 % ont été réalisées en Europe (dont 40 % en France) et 25 % dans le reste du monde (dont 10 % en Asie et 15 % en Afrique et au Moyen-Orient).

La firme française, qui utilise le système d'exploitation Android, prévoit d'écouler 15 millions de smartphones en 2016, soit deux fois plus qu'en 2015. « Sur le marché national, nous boxons dans la même catégorie que Samsung et Apple : nous vendons plus de téléphones qu'Apple sur le marché hors-opérateurs », poursuit Hervé Vaillant. Déjà présent chez Free et Bouygues, Wiko prévoit également d'arriver très prochainement chez d'autres opérateurs.

[...] « Notre ADN, c'est de proposer un produit avec un design sympa, pas forcément très compliqué, mais avec une technologie utile et accessible, avec un bon rapport qualité-prix », détaille Hervé Vaillant.

Guillaume Poingt, www.ouest-france.fr, 27 juillet 2016.

EN CONTEXTE

ANNEXE 2 Wiko : allier la juste technologie au meilleur prix possible

Emarketing. fr : En 2016, Wiko fête ses 5 ans : cet anniversaire marque-t-il le renouveau de votre stratégie marketing ?

Françoise Ontino, directrice marketing et communication de Wiko France : En cinq ans, Wiko a réussi à s'imposer comme un acteur clé sur le marché mobile, avec, notamment, une deuxième position en termes de ventes en France. Depuis le commencement, la stratégie de notre marque est d'offrir une large gamme de produits qui puissent satisfaire les consommateurs, tant du point de vue du goût – le design – que des usages et des coûts – les prix des mobiles s'échelonnant entre 59 et 259 euros. Cette stratégie va se poursuivre en 2016. Sur chaque segment, notre credo est donc d'allier haute-technologie et coûts faibles, à l'instar du modèle de téléphone mobile « *U Feel Fingerprint* », embarquant un capteur d'empreintes digitales, à un prix largement inférieur au marché.

Quel est l'atout de la marque Wiko ?

L'entreprise, née à Marseille, possède une forte identité « française » : le design, la conception des éléments du téléphone et la commercialisation se font en France. La fabrication est quant à elle délocalisée en Chine. Le mélange des deux mondes constitue la spécificité – et l'atout – de la marque. Wiko se distingue également par son ambition de tout faire autrement et, donc, de changer les règles du jeu, comme l'indique notre positionnement de « *game changer* ». Ainsi, la marque s'est lancée à une période où le marché des mobiles était dominé par les opérateurs téléphoniques et a su convaincre les enseignes comme Darty, Cdiscount ou encore Carrefour de l'accompagner dans la commercialisation de ses produits.

Wiko est monté en puissance sur la communication : quel a été l'élément déclencheur ?

Quand je suis arrivée chez Wiko, il y a deux ans, j'ai mené une étude de notoriété spontanée/assistée sur la marque. La conclusion a été sans appel : nous étions davantage vendus que connus (7 % de notoriété spontanée). Nous avons donc travaillé notre plate-forme de marque en interne, avec l'aide d'une agence, afin que tous les collaborateurs de l'entreprise connaissent l'histoire de la marque... et puissent la diffuser. C'est essentiel : en 2014, nous étions à 95 % franco-français ; aujourd'hui, nous sommes présents dans quelque 30 pays. Nous diffusons sur les

EN CONTEXTE

réseaux sociaux des campagnes décalées. Nous avons également mis l'accent sur les réseaux sociaux, sur lesquels nous diffusions des campagnes virales décalées et proches des consommateurs, à l'instar de celle imaginée pour la sortie du Wiko « *Fever* », un smartphone phosphorescent – vendu en édition limitée dans les *love-stores* Passage du Désir et les *concept-stores* Lick – accompagné d'un préservatif phosphorescent. Pour l'occasion, une campagne de quatre films a été diffusée sur le digital, en décembre 2015.

La réputation d'une marque « pour les geeks » colle à la peau de Wiko. Est-ce le cas ?

Cette réputation « pour les geeks » vient du fait que nos mobiles ne possèdent pas de surcouche constructrice. Et c'est vrai : ce sont bien les geeks qui ont contribué à la notoriété de Wiko, en créant une communauté dédiée très active, les Wikonautes.

Floriane Salgues, www.e-marketing.fr, 14 mars 2016.

VIDÉO

Agnès b, Club Med, Wiko, PUIG : stratégies marketing et digitales à l'international (de la 6e à la 7e, puis de la 19e à la 27e minute)
lienmini.fr/ci410marketing

ANNEXE 3 Le mix marketing ou les 4P

Généralement, le marketing opérationnel est plutôt identifié par la mise en application des « 4 P » ou le « mix marketing », déclinaison de la stratégie marketing. [...]

C'est quoi les 4P ?

Les 4P correspondent aux termes anglais *Product*, *Price*, *Place* et *Promotion*. En français, ces 4P perdent l'aspect mnémotechnique puisqu'ils correspondent à « Produit, Prix, Distribution et Communication ». On notera aussi qu'en fonction de votre contexte, le nombre de P peut être augmenté.

Donc, tout l'art du mix marketing est de décliner la stratégie marketing en conservant une cohérence entre celle-ci, le ciblage, le positionnement, la segmentation et les 4P entre eux.

Le marketing opérationnel en clair

Prenons un exemple : l'iPhone est un produit de la marque Apple, créée par Steve Jobs et Steve Wozniak.

- Produit : finition irréprochable, utilisation de l'appareil et des applications très accessible, véhicule une image assimilable au luxe et à la mode (estime de soi), innovations (développement d'un système de stockage et d'achat en ligne de musique et d'applications, personnalisation par des applications Apple et tierces), etc.
- Prix : élevé (marketing de luxe - > stratégie de valeur : le prix doit correspondre à la perception du bien (valorisation de l'estime de soi - > produit de luxe et de mode – niveau de technologie et développement/innovation) et du service (plus qu'un téléphone...), uniformisation mondiale du prix.
- Distribution : sélective. La distribution du produit est réalisée via les *Apple stores* (dont le site) et un réseau de partenaires (Fnac, Orange, Carrefour, etc.).
- Promotion : elle est de l'ordre du show et de l'art. Apple crée l'évènement et le buzz (bug lors de la présentation, "fuite" journalistique, etc.) pour chacun de ses produits. Le client doit être prêt à patienter dans une file durant des heures pour avoir le privilège d'être un des premiers équipés, au même titre que les fans de Star Wars campent devant les cinémas pour être les premiers à visionner le film.

http://lisette-mag.com, 23 février 2016.

SITE WEB

Le plan de marchéage de l'iPhone (en anglais)
lienmini.fr/ci410iphone
Suivez le lien ou le QRcode pour retrouver une analyse du plan de marchéage de l'iPhone.

RESSOURCE 1 LES COMPOSANTES DU PLAN DE MARCHÉAGE

Le plan de marchéage regroupe des variables que l'entreprise peut contrôler : le produit, le prix, la distribution, la communication. Il répond aux questions suivantes : quelle offre (produit/service) allons-nous proposer aux clients ? à quels prix ? par quels canaux de distribution ? avec quelle politique de communication ?

Composante	Contenu
Produit (*product*)	• Caractéristiques du produit : design (stylique), packaging, étiquetage... • Stratégie de marques (création d'une marque locale ?) et de gamme... • Services associés au produit : livraison, mise en service, conseil d'utilisation, service après-vente, garantie... • Adaptation du produit à l'export : respect des normes techniques, adaptation culturelle...
Prix (*price*)	• Politique de prix : pénétration du marché, alignement sur les concurrents, écrémage... • Fixation des prix de vente à partir des coûts de revient, des prix des concurrents, de la demande et des conditions de paiement.
Communication (*promotion*)	• Actions publicitaires média (presse, TV, radio, cinéma, affichage, Internet) et hors média (marketing direct, salons, promotion des ventes, relations publiques, parrainage, mécénat...). • Actions promotionnelles et publicité *display* (Internet).
Distribution (*place*)	• Stratégie de distribution : intensive, exclusive, sélective. • Choix des canaux de distribution (direct, court, long). • Stratégie multicanal (unités commerciales virtuelles et physiques). • Marchandisage (*merchandising*).

Pour les biens immatériels (prestations de services), en complément des « 4 P » qui précèdent, on ajoute les « 3 P » suivants :

- **Personnes (*People*) :** les personnes impliquées dans le processus de servuction (production de services) sont essentielles dans la perception de la qualité du service.

Exemples : plan de formation spécifique pour le personnel en contact avec la clientèle, adaptation du management de l'équipe commerciale...

- **Processus (*Process*) :** un processus est une suite d'opérations destinée à produire un service. La définition précise de ces opérations permet la standardisation de la prestation de service. C'est un gage de qualité du service rendu.

Exemple : toutes les agences du réseau Hertz appliquent la même procédure pour la prestation de service de location d'un véhicule.

Rédaction d'une « bible » du franchisé : ensemble des procédures imposées par le franchiseur.

- **Preuve matérielle (*Physical evidence*) :** le client perçoit la qualité d'un service à partir d'éléments matériels qui sont visibles ou tangibles. Par exemple, l'aménagement et l'agencement des locaux participent à la construction de l'image de qualité d'une prestation de service.

À l'export, la commercialisation des produits est fréquemment assurée par des intermédiaires indépendants. Dans ce contexte, l'entreprise exportatrice peut choisir de déléguer une partie de la mise en œuvre du plan de marchéage : politique de prix, politique de communication... Les partenariats sont parfois cités comme un élément constitutif du plan de marchéage.

RESSOURCES ET MÉTHODE

RESSOURCE 2 LES QUALITÉS DU PLAN DE MARCHÉAGE (MIX MARKETING)

Domaine	Justification	Exemples et/ou contenu
La performance	Efficacité : le mix marketing permet d'atteindre les objectifs fixés.	Réussite en termes de croissance, de rentabilité, d'image de marque, de satisfaction client...
	Efficience : il maîtrise et minimise les ressources pour un même résultat.	Maîtrise des dépenses, respect des budgets prévisionnels, respect du planning (temps)...
L'approche client	Le « mix » est conforme aux attentes des clients. Le plan de marchéage est, avant tout, la réponse de l'entreprise à un besoin des consommateurs.	Produit : caractéristiques essentielles attendues du client ? Qualités perçues du produit ? Prix : niveau de prix attendu par le client ? Communication : image perçue du produit ? Types de contacts et de médias souhaités par le client ? Distribution : canaux d'achat utilisés et souhaités par le client ?
La cohérence interne des variables du « mix » entre elles	Chaque décision portant sur un élément peut avoir une influence sur les autres. L'entreprise recherche la combinaison optimale des différents éléments du « mix » (ou dosage).	Les variables du plan de marchéage se complètent et se combinent harmonieusement. Ex. : le réseau de distribution sélectif (*corner* Apple à la FNAC) et exclusif (Apple *store*) est cohérent avec un prix d'écrémage.
La cohérence avec le marketing stratégique	Le « mix » est le prolongement opérationnel du marketing stratégique.	Le positionnement du produit détermine les autres variables. Ex. : la marque de luxe Dior possède 19 magasins en Chine.
La cohérence du plan de marchéage international avec le marché local et le macro-environnement étranger	Le plan de marchéage international tient compte des spécificités du pays : linguistiques, politiques, économiques, religieuses, culturelles, juridiques, éthiques, écologiques, sociologiques.	• La traduction du site Internet dans la langue du pays, la traduction et la prononciation des noms de marque (→ chapitre 12). • Le cycle de vie international du produit. Ex. : les téléphones 3G se vendent bien dans certains pays non encore couverts par la 4G.

Le plan de marchéage s'appuie sur l'utilisation d'outils du marketing numérique : référencement du site Internet (site institutionnel, site vitrine, site marchand), création de contenu en ligne (blogs d'expert, livres blancs, newsletters), réseaux sociaux (Facebook, Twitter, Google+, Viadeo, LinkedIn...), marketing mobile... Le **marketing numérique (ou digital)** est l'ensemble des techniques marketing utilisant des supports numériques.

SITE WEB

Le marketing digital
lienmini.fr/ci410digital
Suivez le lien ou le QRcode pour approfondir la notion de marketing digital.

Conseil de pro
Consultez le livre blanc de Mohamed Khodja
Le marketing digital pour se développer à l'international
lienmini.fr/ci410livreblanc

ENTRAÎNEMENT 1 VRAI OU FAUX ?

• **Validez vos connaissances en cochant la bonne proposition puis justifiez oralement vos réponses.**

1. Le plan de marchéage est destiné uniquement aux grandes entreprises.

☐ Vrai ☐ Faux

2. Le plan de marchéage est le prolongement opérationnel des choix stratégiques.

☐ Vrai ☐ Faux

3. Les 4 P sont le prix, le produit, la publicité, la promotion.

☐ Vrai ☐ Faux

4. Le plan marketing comprend toujours une partie budgétaire.

☐ Vrai ☐ Faux

5. Les services n'ont pas de spécificité en marketing, ils sont considérés comme des produits. Par exemple : les produits bancaires, les produits d'assurances...

☐ Vrai ☐ Faux

QCM

lienmini.fr/20410qcm03
Accédez à la suite de ce quiz en utilisant le QRcode ou le lien URL.

ENTRAÎNEMENT 2 METTRE EN PLACE UN PLAN DE MARCHÉAGE À L'INTERNATIONAL

Renault a inauguré, en 2010, son usine d'assemblage à proximité de Chennai (Madras). Première usine commune de l'Alliance Renault-Nissan, l'usine de Chennai dispose d'une capacité de production de 400 000 unités par an. Le groupe au losange a déjà commercialisé les modèles Fluence (berline), Koleos (SUV), Pulse (citadine), Scala (berline statutaire), Duster ainsi qu'un récent modèle, la Kwid, commercialisé à 3 500 euros (source : Business France).

Vous êtes embauché(e) par Renault à Chennai, en tant que volontaire international en entreprise (VIE). Le responsable commercial vous demande d'analyser le plan marketing de la KWID.

À partir des annexes 1 et 2 :

1. **Expliquez les raisons de l'échec de la Logan en Inde en 2007.**
2. **Présentez les raisons du succès de la KWID en 2016.**
3. **Expliquez les freins à la commercialisation de la KWID en Europe.**
4. **Présentez vos conclusions concernant la mise en œuvre d'un plan de marchéage à l'international.**

ANNEXE 1 Renault : l'appétit insatiable de Carlos Ghosn

La prise de contrôle de Mitsubishi par Nissan confirme les ambitions mondiales de Carlos Ghosn. Elles passent aussi par une série de lancements de Renault de l'Inde au Brésil. [...]

Kwid, Koleos ou Kaptur

Depuis le début de l'année, les lancements et succès commerciaux de Renault à l'international confirment la stratégie globale du constructeur. De l'Inde au Brésil en passant par la Russie, et bien sûr la Chine, la marque française de l'Alliance est passée à l'offensive. Lancée il y a tout juste un an en Inde, la Kwid, petite voiture *low cost*, bat des records de vente et se prépare à attaquer l'Amérique du Sud, avant d'autres territoires. Il y a quinze jours, la Koleos a été l'une des attractions du salon automobile de Pékin. En Russie, le

Renault Kaptur a été présenté fin mars dans un marché en pleine déprime mais avec de grandes ambitions sur le segment des 4x4. « Renault est la première marque automobile française dans le monde. Pour conforter cette position à l'international, nous allons essentiellement nous concentrer dans les prochaines années sur les marchés chinois, indien, brésilien, russe et iranien », a rappelé Carlos Ghosn lors de l'assemblée générale du groupe, le 29 avril à Paris. [...]

Les marchés émergents ne réservent pas toujours de bonnes surprises aux constructeurs. En Inde, Renault est pourtant en train de signer l'un des plus gros succès commerciaux du pays. Les ventes de sa Kwid, lancée il y a tout juste un an, explosent. Elles viennent de passer la barre des 15 000 commandes par mois et le rythme s'accélère. L'usine de Chennai, première plate-forme commune à Renault et Nissan à vocation mondiale, doit tenir la cadence.

« Les Indiens n'étaient pas habitués à ce niveau de qualité, à ce prix »

Depuis décembre, la petite citadine au look de SUV est entrée dans le classement des 10 voitures les plus vendues du pays. « L'acceptation d'un nouveau véhicule sur un marché est toujours une inconnue. Là, dès la présentation en mai 2015, nous avons compris que quelque chose de gros allait se passer », se souvient Gérard Detourbet, le pilote du projet Kwid. Le constructeur français avait promis une voiture à petit prix, à moins de 4 500 euros. Les Indiens s'attendaient à une citadine de type Nano, un modèle lancé à grand bruit, en 2008, par Tata Motors pour 2 000 dollars. La Nano est un échec. Dans un pays où les voitures s'achètent à crédit à 80 %, ses clients potentiels, issus de la classe très moyenne, ont peiné à trouver un organisme prêteur... Les ventes n'ont jamais décollé.

Avec son style novateur, la Kwid vise une clientèle plus « haut de gamme », éligible au crédit. Elle est plus grande que prévue (3,7 m de longueur) et ses qualités de conduite sont inattendues pour de l'entrée de gamme. « Les Indiens n'étaient pas habitués à ce niveau de qualité, à ce prix. C'est un ovni sur son marché », résume Gérard Detourbet. Preuve de l'enthousiasme du public, deux nouveaux modèles de la Kwid, le Racer et le Climber, se sont taillé un franc succès lors du dernier salon auto de New Delhi, en février. Le premier est un tout-terrain, le second, une sportive.

Sylvie Andreau, *Le Journal du Dimanche*, 15 mai 2016.

ENTRAÎNEMENT

ANNEXE 2 Renault Kwid : pourquoi ce succès indien n'est pas près d'arriver en Europe

Depuis son lancement, cette petite voiture à la garde au sol remontée – histoire de lui donner une allure de SUV – a déjà été commandée à près de 150 000 exemplaires. L'arrivée du Kwid, cette petite voiture à 3 500 euros, a permis à Renault de percer sur le marché indien, compensant l'essoufflement des ventes du Duster. [...]

Encore un nouveau succès pour Renault ! Dans le concert de lancements de la marque au losange, il y en a un qui fait naître de grands espoirs... Le Kwid, lancé en Inde en septembre 2015, a permis à Renault de gagner au premier semestre 2,3 points de parts de marché sur ce marché très difficile, pour caresser le seuil des 4 % de parts de marché.

Si le départ a été « canon », le rythme de ventes reste satisfaisant (plus de 56 000 commandes entre janvier et juillet), tant et si bien que la production peine à suivre la demande. Renault signale qu'il faut compter plusieurs mois d'attente pour être livré.

En 2007, Renault avait raté son entrée sur le marché indien

C'est un immense succès pour Renault, lui qui a toujours peiné sur le marché indien. La marque au losange avait totalement raté son arrivée dans cet immense pays de près de 1,2 milliard d'habitants, mais au marché minuscule de moins de 2 millions d'immatriculations par an. En 2007, la Logan badgée Renault était un échec cuisant, alors même qu'elle était configurée pour conquérir les marchés émergents. « Les ingénieurs de l'époque n'avaient même pas pris la peine de changer le sens des balais d'essuie-glaces alors que les Indiens roulent à gauche », lance, ironique, un cadre du groupe, sous couvert d'anonymat.

La marque au losange refuse toutefois d'abandonner et décide de frapper un grand coup en se relançant avec le Duster, son SUV conçu initialement pour sa marque Dacia mais décliné sur les marchés émergents sous le badge Renault. [...]

Sécurité/prix : une équation économique pour l'instant insoluble

La problématique d'internationalisation du Kwid tient justement sur son équilibre économique. Vendu autour de 3 500 euros en Inde, cette petite voiture très low cost n'est pas éligible, en l'état, aux normes de sécurité en vigueur en Europe.

Renault rappelle pourtant qu'il est « particulièrement attentif à la sécurité de ses clients » en insistant sur le fait qu'il a « notablement amélioré » la sécurité du véhicule par rapport aux premiers modèles testés. « Nous apprécions les corrections apportées par Renault et nous attendons de pouvoir tester une nouvelle version améliorée avec airbags », a ainsi déclaré David Ward, secrétaire général de Global NCAP, qui regroupe les différentes instances de tests de sécurité régionales (EuroNcap en Europe). Il n'empêche, l'équation est difficile à résoudre, car il faut équiper la voiture de manière à la rendre « homologable » en Europe, tout en préservant la compétitivité du véhicule. Pour Renault, la question est donc loin d'être tranchée, et il juge tout à fait possible que le Kwid ne soit jamais commercialisé en Europe...

Nabil Bourassi, www.latribune.fr, 19 août 2016.

Vers le **BTS**

PRÉPARATION À L'ÉPREUVE E41

L'entreprise Brazilian Bikini Shop (BBS) a été créée en 2008 par Gian Marco Guatteri à Saint-Laurent-du-Var (Alpes-Maritimes). Elle est spécialisée dans la vente en ligne de bikinis, vêtements et accessoires de plage. BBS vend principalement à des particuliers sur son site marchand traduit en 33 langues. Les produits sont fabriqués au Brésil, où l'entreprise possède une unité de production. La société BBS doit faire face à une forte croissance de son chiffre d'affaires. Vous venez d'être embauché(e) au service commercial de l'entreprise. M. Guateri, le responsable de l'entreprise, vous demande de l'aider à formaliser sa stratégie marketing.

À partir des annexes 1 et 2 :

1. **Présentez les grandes lignes du plan de marchéage de Brazilian Bikini Shop.**
2. **Repérez l'avantage concurrentiel de l'entreprise Brazilian Bikini Shop.**
3. **Listez les avantages de la vente sur Internet à l'exportation.**

ENTRAÎNEMENT

ANNEXE 1 Cinq questions à Gian Marco Guatteri, manager de Brazilian Bikini Shop

Quel est le profil de votre entreprise ?

Brazilian Bikini Shop a été créée il y a six ans pour faire connaître toute la richesse et la diversité des produits brésiliens orientés sur les activités liées à la plage. Le Brésil a une économie émergente qui propose des gammes de produits diversifiées dans de nombreux secteurs, et le secteur du textile, riche et créatif, se développe très vite, avec une vocation forte à l'exportation. Nous importons du Brésil des collections de maillots de bain, de serviettes, de tongs, de bijoux de paréos, de robes de plage, nées de la créativité d'une économie en pleine croissance. Nous importons aussi des produits de qualité venus de pays limitrophes du Brésil, eux aussi en plein développement. L'essentiel de notre activité passe par Internet, qui réalise près de 85 % de notre chiffre d'affaires, mais nous avons aussi deux boutiques à Antibes et à Nice ouvertes pendant l'été. Et nous ouvrons aussi Saint-Laurent-du-Var cet été. Conscients de l'importance du site pour notre développement, il est accessible en 33 langues.

Quelle est votre valeur ajoutée ?

Notre principale valeur ajoutée est la qualité de nos produits et l'unicité de nos marques et produits. Nous proposons aussi des marques en exclusivité. J'ajoute que notre valeur ajoutée réside aussi dans la qualité de service de nos ventes sur Internet. Nous offrons, mieux que beaucoup d'autres entreprises de vente sur le Web, la possibilité pour nos clientes de se tromper. Elles peuvent essayer chez elles et retourner leurs produits dans un délai de 100 jours, ce qui est le triple de la normale. Nous mettons aussi en avant notre réactivité, car une commande passée le matin avant 11 heures en semaine peut être livrée dès le lendemain en Express... et même sur le lieu de vacances de nos clientes. J'ajoute que nous livrons aussi dans les DOM-TOM et dans tous les pays.

Quels sont vos objectifs pour 2014 ?

Le développement des boutiques se fera peut-être en 2016 ou 2017 sous forme de franchise, mais pas en 2014. Nous avons connu une forte croissance en 2013, de 102 % par rapport à 2012. Pour 2014, nous nous préparons à avoir une croissance encore plus forte. Nous devrions nous approcher des 6 millions d'euros de CA. Nous allons nous concentrer sur notre cœur de métier qui est la vente en ligne, et mettre en pause le développement des boutiques, pour mieux le faire plus tard. Notre CA 2013 était fait à 70 % à l'étranger, nous allons continuer dans cette voie et renforcer notre présence sur les principaux pays d'Europe, spécialement l'Allemagne qui est notre 2e pays de vente. Nous allons doubler le nombre de marques sur le site et multiplier par 10 le nombre de références de produits. Nous avons aussi une ambition en termes de diversification de notre offre, car nous souhaitons avoir plus de 150 marques présentes sur notre site, contre 33 actuellement. Nous voulons aussi développer notre clientèle de professionnels.

www.cote-azur.cci.fr

ENTRAÎNEMENT

ANNEXE 2 Brazilian bikini shop sur Internet

- **Unité commerciale virtuelle :** http://www.brazilianbikinishop.com/fr/
- **Facebook :** https://www.facebook.com/brazilianbikinishop
- **LinkedIn :** https://www.linkedin.com/company/brazilian-bikini-shop Fashion brazilian bikini online shop. Since 2009, the BBS is the biggest brazilian swimwear online selection, offering more than 40 brazilian brands : Agua de Coco, Bali Blue, Blue Man, Despi, Gisele Bündchen, Hawaiian Tropic, Havaianas, Hipanema, Ipanema, Larissa Minatto, Lenny Niemeyer, Limonada, Lua Morena, Maaji, Poko Pano, Rio de Sol, Salinas, Venum and more. We can ship and deliver worldwide, and we can guarantee 24-48 hours delivery with the express shipping by FedEx.
- **Le formidable e-commerçant de l'année :** http://www.formidable-ecommercant.com/ecommercant/brazilian-bikini-shop

CHAPITRE

4 La veille

Compétences professionnelles

- **UC41CP1 :** Mener une veille commerciale permanente (recherche documentaire), collecter l'information à l'étranger, s'assurer de sa fiabilité et de sa pertinence au regard de la recherche
- **UC41CP2 :** Analyser et sélectionner l'information commerciale et repérer les contraintes réglementaires sur les marchés étrangers
- **UC41CP5 :** Analyser l'information collecte et en établir la synthèse

Savoirs associés

- **S114 :** Veille
- **S118 :** Réseaux de soutien à l'internationalisation

CONTEXTE FENWICK

Appartenant désormais au groupe Kion, leader européen et numéro 2 mondial, Fenwick-Linde est le numéro 1 français des chariots de magasinage et des chariots frontaux électriques et thermiques. Seul acteur dont le réseau d'agences est triple certifié Qualité-Sécurité-Environnement, l'entreprise propose des solutions sur mesure pour la manutention (du transpalette au porte-conteneurs). Avec plus de 150 ans d'innovation, elle se présente également comme l'expert manutention au service de la satisfaction de ses clients : des solutions de maintenance évolutives, un financement personnalisé grâce à une structure dédiée, un extranet sécurisé pour la gestion de parcs, la location courte durée, des chariots d'occasion reconditionnés, etc. Le réseau Fenwick est le 1er réseau en France avec 73 agences et concessions exclusives. Plus de 2 700 personnes sont dédiées au service du client, dont 1 200 techniciens qui gèrent un parc de plus de 145 000 chariots.

Comment rester le leader dans son domaine d'activité pendant des décennies et être en permanence à la pointe de l'innovation produits et services ?

FICHE D'IDENTITÉ

Dénomination sociale
Fenwick-Linde

CA 2016
5,6 milliards EUR pour Kion

Implantation
Dans plus de 100 pays dont 10 usines de fabrication (une en Chine)

Effectif
2 700 salariés pour Fenwick en 2015,
30 500 salariés dans le monde dans le groupe Kion en 2016

Position concurrentielle
Fenwick leader français
Groupe Kion n° 2 mondial

PROLONGEMENT NUMÉRIQUE

Le style de direction consultatif chez Fenwick (2'31)
lienmini.fr/ci410fenwick

1) Retracez les axes du développement de Fenwick.
2) Pourquoi la direction demande-t-elle des idées aux salariés ?
3) Quels en sont les résultats ?

MISSION 1 Appréhender les enjeux de la veille économique ANNEXE 1

1. Définissez la notion de veille stratégique.
2. Définissez la notion d'intelligence économique.
3. Quels sont les enjeux de la veille stratégique pour Fenwick ?

MISSION 2 Comprendre l'intérêt du SIC ANNEXE 2

1. Pourquoi Fenwick serait-il en danger sans information ?
2. Analysez l'interaction humain/ordinateur.
3. Pourquoi l'homme reste-t-il au cœur du SIC ?

Lexique

▸ Le SIC (système d'information commerciale) représente l'ensemble du dispositif (moyens, procédures, personnes) de collecte, d'analyse, de stockage et de diffusion de l'information commerciale au sein d'une entreprise. Il a pour but de produire un flux d'informations pertinentes issues de sources internes et externes, de manière à servir la prise de décision et les actions commerciales.

MISSION 3 Mener une veille ANNEXES 3 à 7

1. Analysez les raisons de la veille comme enjeu stratégique de Fenwick.
2. Analysez les différents domaines sur lesquels Fenwick doit veiller.
3. Pourquoi l'image est-elle si importante pour une entreprise comme Fenwick ?
4. Pourquoi le métier de veilleur doit-il être reconnu ?
5. Quelle veille Fenwick va-t-il pouvoir mener sur le salon ?
6. Quels apports Fenwick peut-il tirer de l'implantation de l'usine de son concurrent en Chine ?

ANNEXE 1 La veille stratégique : cœur de l'intelligence économique

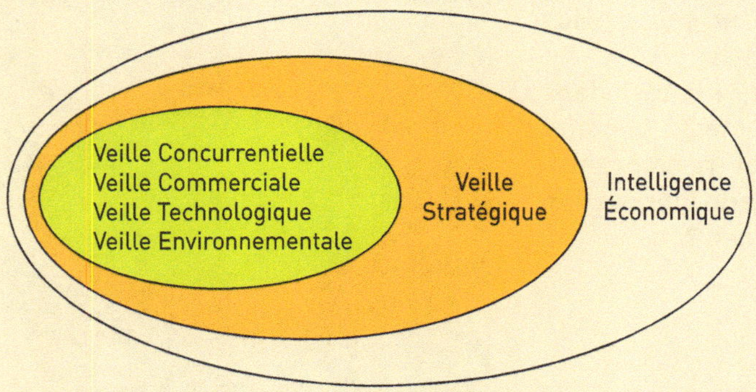

Surveillance des concurrents et décryptage de leur stratégie, consultation des avis de consommateurs, prospection d'un nouveau marché à l'international, suivi des nouvelles normes sectorielles... Être à l'écoute des tendances et des événements de l'environnement n'est plus une option aujourd'hui pour les entreprises. C'est devenu une obligation pour survivre dans une économie de plus en plus mondialisée.

Enjeu de taille pour le développement des entreprises, la veille stratégique est considérée comme le premier pilier d'intelligence économique. Bien déployée, cette veille permet en effet d'identifier rapidement les opportunités des marchés, mais aussi d'anticiper les menaces auxquelles toute entreprise est exposée. Sur le même principe que les stratégies gagnantes au jeu d'échecs, la veille permet d'avoir une longueur d'avance sur la concurrence. Elle présente en ce sens un intérêt compétitif majeur.

Mais veiller ne signifie pas espionner ses concurrents par tous les moyens, au risque d'être lourdement sanctionné. L'objectif n'est pas de copier leurs succès ou d'exploiter leurs failles, mais de comprendre comment ils fonctionnent pour que l'entreprise puisse mieux se positionner. Ce précieux outil de pilotage est encore sous-estimé par nombre de dirigeants d'entreprises qui considèrent souvent la veille comme chronophage, accessoire, voire improductive. Pourtant, différentes méthodes, outils et formations existent pour la mettre en œuvre efficacement, à moindre coût. Et ce, quelle que soit la taille de l'entreprise.

Veille et intelligence économique

Le concept de veille stratégique ne semble pas pouvoir être abordé sans revenir sur le concept d'intelligence économique. Les deux termes ont un lien étroit. La veille s'intègre pleinement dans le concept d'intelligence économique. La veille consiste à rester à l'affût de toute information utile. Mais l'intelligence économique va bien au-delà : c'est une politique. Il s'agit à la fois :

- de détecter les opportunités et les meilleurs moyens de les exploiter ;
- de prévoir et analyser les risques potentiels ;
- de protéger des informations ou des données sensibles ;
- de construire des scénarios intelligents ;
- de comprendre la stratégie des autres, les capacités des divers acteurs.

L'intelligence économique ne se limite donc pas seulement à de la veille, qui consiste à surveiller et à décrypter l'environnement. Elle comporte également d'autres volets : l'expertise, la diffusion en interne, la protection du patrimoine immatériel, de même que les actions d'influence sur l'environnement.

L'environnement économique actuel impose à l'entreprise d'être capable de s'adapter, de façon permanente au changement, et pour cela elle doit faire preuve de flexibilité, de réactivité, d'innovation. Cet environnement lui impose, d'une part, la surveillance des techniques, des concurrents, du marché, et d'autre part, l'exploitation des données recueillies. La veille stratégique est donc une notion primordiale et centrale. Elle doit cependant réussir à devenir une réalité là où, dans beaucoup d'entreprises, elle ne reste qu'un concept difficilement appliqué.

La compétition dans le monde réel trouve de nouvelles ressources dans le monde virtuel, et c'est au cœur de cette compétition que la maîtrise de l'information est stratégique. La problématique de toutes les entreprises est désormais de connaître et de maîtriser au plus près la production, le traitement et la diffusion de cette matière première qu'est l'information, laquelle devient la monnaie du XXIe siècle. Il est vital de surveiller efficacement toutes les évolutions de l'environnement virtuel.

Il faut donc s'intéresser à la « science de la veille », notamment sur Internet, haut lieu de flux et d'échanges d'informations.

Pour réaliser une veille et conduire une politique d'intelligence économique efficace, il est, in fine, primordial de mener à la fois une approche méthodologique et opérationnelle particulière, à laquelle il faut ajouter une dimension humaine qui joue un rôle conséquent dans :

- la remontée d'information pertinente ;
- la créativité ;
- l'innovation.

Lydia Ouedraogo, www.lestratege.net

VIDÉO

Intelligence stratégique : la veille stratégique (5'01)
lienmini.fr/ci410veille
Suivez le lien ou le QRcode pour faire le point sur la veille stratégique, ses enjeux et les outils que l'on peut mettre en place pour l'assurer.

ANNEXE 2 Le système d'information commerciale

Sans information, une entreprise est aveugle et sourde, incapable d'agir avec pertinence, de prendre des décisions cohérentes, sans information, elle est donc en danger. Afin de s'informer, l'entreprise devra se maintenir informée :

- de façon continue par un procédé appelé veille informationnelle ;
- ponctuellement par des études de marché ou enquêtes.

Comme toute action en entreprise, la veille doit être organisée et structurée : c'est le rôle du SIC.

Définition : Le SIC est une somme d'hommes, de ressources, de machines, de logiciels et de procédures ayant pour fonction de collecter, d'interpréter, de traiter, stocker et diffuser des informations commerciales ou facilitant l'action commerciale. [...]

Les ressources d'un système d'information : tout système est consommateur de ressources, la production d'information est très gourmande en ressources dans la mesure où la diversité et l'absence de normes obligent le système à intégrer des interventions humaines :

- l'humain est au cœur d'un système d'information : en particulier, il sélectionne l'information, l'évalue, et crée des modes de classement ;
- l'informatique (matériel et logiciel) facilite le stockage en bases de données, la diffusion inter services via des systèmes collaboratifs (forums, *mailing lists*, intranet, etc.) ;
- la procédure est indispensable, étant donné la densité et la diversité des informations.

Dans l'idéal, l'entreprise apprécierait d'éliminer au maximum l'élément humain du SIC, tant il est consommateur de temps (lecture, tri, sélection, etc.). Mais l'ordinateur est encore bien loin d'avoir toute la capacité d'interprétation, de compréhension et d'appréciation d'informations qui ne sont ni modélisables ni normées. L'homme reste donc au cœur du système d'information, ce qui rend celui-ci très coûteux.

D'après maxime.moulins.free.fr

ANNEXE 3 Pourquoi la veille doit-elle être une priorité pour votre entreprise ?

La veille offre la possibilité à une organisation de gérer au mieux son e-réputation en identifiant les espaces dans lesquels on parle d'elle et en mettant en place des alertes lui permettant de réagir rapidement en cas de besoin. Pour autant, les enjeux de la veille dépassent très largement les problématiques de préservation du capital réputationnel des organisations. Dans un monde où tout va très vite, où les normes s'accumulent et où la concurrence fait rage entre les entreprises, il est devenu vital pour celles-ci de se tenir au courant de l'actualité de la concurrence (veille concurrentielle), de l'évolution du cadre législatif et réglementaire (veille réglementaire) ou encore des mouvements dans l'univers des nouvelles technologies (veille technologique).

Par conséquent, la veille est d'une importance cruciale car elle donne aux entreprises ce qu'elles ont de moins en moins : le temps d'anticiper pour prendre les bonnes décisions au bon moment.

Pourquoi la veille est-elle stratégique pour les entreprises ?

L'exercice de la veille est souvent relégué au niveau des objectifs secondaires des entreprises, en particulier dans les PME. Mais c'est une erreur.

Qu'est-ce qui rend une entreprise performante ? Dans notre monde contemporain, ce qui fait qu'une entreprise arrive à tirer son épingle du jeu, c'est aussi sa capacité à comprendre l'univers dans lequel elle évolue pour anticiper les risques et détecter les opportunités.

La veille oblige donc l'entreprise à être sans cesse à l'écoute de son environnement, et à toujours être dans une posture dynamique pour avoir systématiquement une longueur d'avance.

http://blog.alerti.com, 28 mai 2013.

ANNEXE 4 La veille stratégique : un outil devenu nécessité

Le baromètre Digimind 2012 témoigne de la demande croissante de services de veille concurrentielle et d'e-réputation de la part des entreprises, notamment industrielles.

Pour près de 90 % des entreprises interrogées par Digimind, éditeur de logiciels français spécialisé dans les solutions de veille stratégique, logiciels d'e-réputation et « *competitive intelligence* », la surveillance de la concurrence[1] sur Internet est un enjeu majeur. Un enseignement qui en dit long sur l'évolution d'un outil devenu nécessaire aux industriels. « L'intérêt d'une veille stratégique pour un industriel est multiple : surveiller ce que font ses concurrents directs, se tenir au courant des mutations de son marché[2], anticiper les évolutions de son produit[3], guetter les innovations technologiques[4] ou encore se prémunir des menaces », détaille Christophe Asselin, expert veille Internet chez Digimind.

Et de préciser : « Dans le secteur pharmaceutique, par exemple, il est essentiel de faire de la veille concurrentielle, technologique et R & D pour se mettre à jour sur les innovations des concurrents. La veille sur les brevets, les publications scientifiques, les essais cliniques, les innovations, est primordiale pour anticiper les évolutions ou découvrir des innovations qui peuvent être intéressantes pour l'industriel ».

La veille mutualisée, alternative à la cellule de veille

Touchée de plein fouet par la crise économique, l'industrie a dû mettre un frein à ses dépenses secondaires. Les cellules de veille stratégique ont été les premières victimes des coupes budgétaires.

« Les postes de veille ont été particulièrement touchés ces dernières années, mais cela reste important. On constate que les processus de veille ne sont plus formalisés dans une cellule à proprement parler, mais ils sont mutualisés dans l'entreprise. Plusieurs services (financiers, RH, communication…) et plusieurs collaborateurs prennent tous en charge les besoins de veille », explique Christophe Asselin.

Crise d'image : un impact possible sur les ventes

Avec des clients comme Schneider Electric, Air Liquide ou Alstom, Digimind a pu constater l'importance de la maîtrise de l'e-réputation pour les grands groupes industriels : « Avec les crises d'image et de communication rencontrées par certains groupes auprès du grand public, les industriels ont commencé à appréhender l'impact d'un déficit d'image sur les ventes. Même si c'est complexe à mesurer, ils se sont rendu compte qu'ils ne pouvaient pas rester silencieux face aux menaces sur leur image ».

Exemples parmi d'autres, les affaires Mediator et PIP, la marée noire de BP dans le golfe du Mexique ou l'affaire d'espionnage de Renault ont toutes eu comme conséquence de susciter une nécessité accrue de veille : « l'e-réputation chez les industriels va passer par une maîtrise de l'image globale de l'entreprise, de l'image de la gouvernance (comme le respect de l'éthique), de l'image sociale (avec les conditions de travail, la politique RH…), et surtout l'image des dirigeants, avec les problématiques de rémunération et d'éthique », analyse l'expert.

De quelques dizaines à plusieurs centaines de milliers d'euros, les budgets consacrés à la veille varient selon la taille de l'entreprise… et au gré des crises : « Souvent les industriels viennent nous voir quand il y a eu un souci auprès de leur groupe ou d'un concurrent. Ils commencent alors à se poser des questions et sont prêts à mettre des budgets. Certains types d'entreprises ne travaillent leur réputation qu'en réactif, mais pour la plupart, aujourd'hui, c'est de la veille permanente. Si crise il y a, on met alors en place des processus d'alerte plus sévères ».

Élodie Vallerey, www.usinenouvelle, 6 juillet 2012.

1. Veille concurrentielle.
2. Veille commerciale, veille environnementale et veille juridique.
3. Veille commerciale.
4. Veille technologique.

EN CONTEXTE

EN CONTEXTE

ANNEXE 5 Faire participer les collaborateurs à la veille technologique

GDF Suez a spécialement créé un réseau social d'entreprise (RSE) pour répondre à une problématique : faire en sorte que ses collaborateurs partagent ensemble leur veille technologique. [...] Il est maintenant plus que temps que le métier de veilleur soit une profession à part entière connue et reconnue.

http://blog.alerti.com, 28 mai 2013.

ANNEXE 6 Fenwick fait salon à Francfort

SITE WEB

lienmini.fr/ci410francfort
Suivez le lien et le QRcode pour découvrir ce grand rendez-vous pour le constructeur.

ANNEXE 7 Une nouvelle usine écologique et ultramoderne en Chine

Le 8 août 2013, Jungheinrich a inauguré une nouvelle usine à Qingpu (Shanghai). Elle remplace les ateliers de production utilisés auparavant et situés à proximité. Elle a été construite selon des critères écologiques ultramodernes et a une capacité de production de 10 000 chariots par an. Le développement des produits selon les normes européennes est effectué sur place et assure une fabrication de qualité Jungheinrich. [...]

Sur le plan énergétique, la conception de la nouvelle usine est très spécifique. Le circuit de refroidissement de la climatisation, nécessaire en été, fonctionne principalement avec de l'eau. Les besoins en liquide de refroidissement sont de 90 % inférieurs à ceux de bâtiments comparables et la production en gaz à effet de serre est, par conséquent, nettement réduite. En hiver, l'usine est chauffée par géothermie. La chaleur non utilisée est réinjectée dans le sol. Un système économe en énergie qui réduit en même temps l'humidité de l'air dans tout le bâtiment, et assure une entrée d'air traité et entièrement filtré dans chacun des bureaux. « Ce ne sont là que quelques-unes des nombreuses caractéristiques écologiques prises en considération lors de la réalisation de notre nouvelle usine », indique Reinhild Kühne, qui a été chargé d'assurer toute la mise en œuvre du projet.

Cela a permis à la nouvelle usine Jungheinrich d'obtenir lors de son inauguration la certification *Leed argent*. Il s'agit d'une classification pour la construction écologique qui a été établie par le U.S. Green Building Council, et qui définit une série de normes pour une construction durable, économe en ressources et respectueuse de l'environnement. Reinhild Kühne a ajouté : « Nous sommes très heureux d'avoir obtenu cette certification pour un bâtiment qui est l'un des meilleurs en termes d'efficacité énergétique dans la région de Shanghai. Ainsi, nous mettons un bâtiment "sain" à la disposition de nos collaborateurs très motivés. L'une de ses caractéristiques, et non des moindres, est son aménagement selon les règles du feng shui. »

www.jungheinrich.fr, octobre 2013.

JUNGHEINRICH
Machines. Ideas. Solutions.

RESSOURCE 1 NOTIONS D'INTELLIGENCE ÉCONOMIQUE

Selon Henri Martre, reconnu comme étant un des pères fondateurs de l'IE, « l'intelligence économique peut être définie comme l'ensemble des actions coordonnées de recherche, de traitement et de diffusion, en vue de son exploitation, de l'information utile aux acteurs économiques. Ces diverses actions sont menées légalement avec toutes les garanties de protection nécessaires à la préservation du patrimoine de l'entreprise, dans les meilleures conditions de délais et de coûts. L'information utile est celle dont ont besoin les différents niveaux de décision de l'entreprise, ou de la collectivité, pour élaborer et mettre en œuvre de façon cohérente la stratégie et les tactiques nécessaires à l'atteinte des objectifs définis par l'entreprise dans le but d'améliorer sa position dans son environnement concurrentiel. Ces actions, au sein de l'entreprise, s'ordonnent autour d'un cycle ininterrompu, générateur d'une vision partagée des objectifs de l'entreprise. »

www.portail-ie.fr

L'**intelligence économique** est centrée autour de la maîtrise de l'information stratégique pour :

- **Mener une veille stratégique** : rechercher, traiter et diffuser l'information pour optimiser la prise de décisions stratégiques telles qu'aborder un nouveau marché, intégrer une innovation technologique…
- **Maîtriser l'information stratégique** pour protéger le patrimoine de l'entreprise : les bâtiments, le réseau informatique…
- S'en servir pour **influencer, négocier, séduire**… les États-Unis dépêchent environ 15 000 lobbyistes auprès des instances européennes à Bruxelles pour peser sur l'instauration de normes et de standards internationaux.

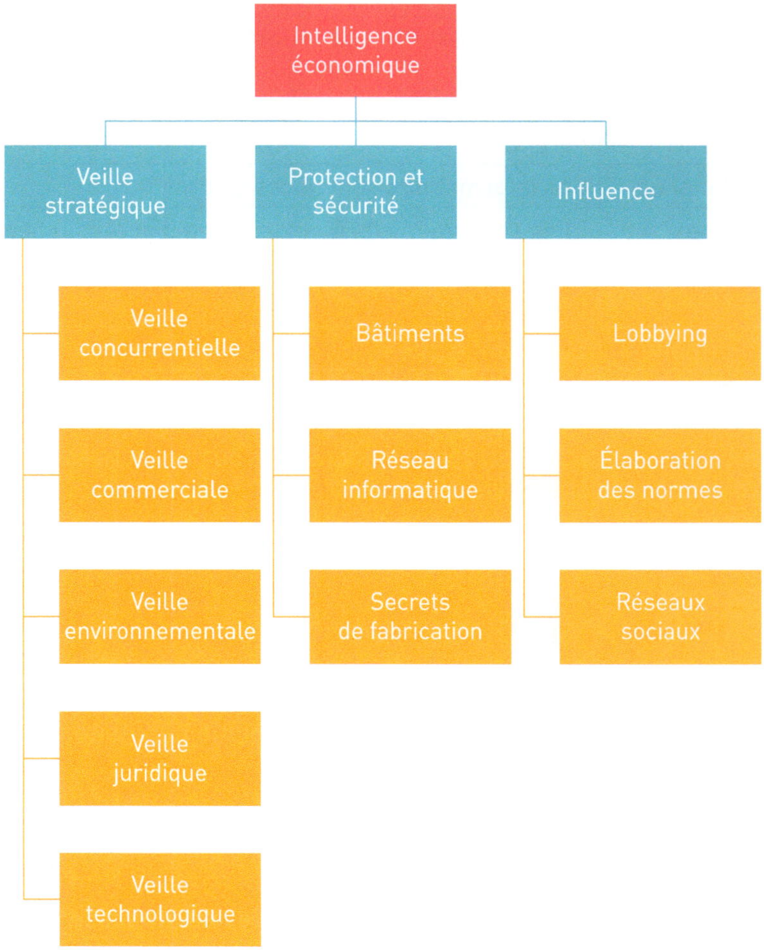

RESSOURCES ET MÉTHODE

La mise en œuvre de l'intelligence économique dans une entreprise fait appel à diverses activités et divers niveaux hiérarchiques :

Activité	Niveau hiérarchique	Exemple
Recherche d'informations	Tous les niveaux **→ Marketing d'étude**	Le directeur export souhaite étudier un nouveau marché. Il va demander à tous ses collaborateurs (commerciaux, secrétaires...) de rechercher ces informations.
Traiter l'information	Niveau intermédiaire **→ Marketing d'étude**	Le directeur export va lui-même réaliser la synthèse des informations collectées par ses collaborateurs.
Prendre des décisions	Niveau supérieur **→ Marketing stratégique**	La synthèse des informations va permettre au dirigeant de l'entreprise de prendre la décision d'aborder ou non ce nouveau marché.
Diffuser l'information	Niveau intermédiaire **→ Marketing opérationnel**	Le directeur export va lui-même diffuser les informations nécessaires pour aborder ce nouveau marché.
Exploiter les informations	Les collaborateurs **→ Marketing opérationnel**	L'ensemble des collaborateurs va utiliser la synthèse des informations afin de mettre en œuvre les décisions stratégiques.

L'entreprise peut collecter tout type d'informations utiles, à condition de pouvoir y accéder librement ou par des autorisations ou abonnements. Tout accès prohibé constitue un vol d'informations, passible de poursuites et condamnations judiciaires.

Les informations se caractérisent selon :

La méthode de collecte	Primaires	Les informations sont collectées pour un usage précis, par enquête.
	Secondaires	Les informations sont mises à la disposition des utilisateurs, librement.
Leur disponibilité	Blanches	Ces informations sont libres de droit.
	Grises	Elles sont soumises à autorisation d'accès ou abonnement.
	Noires	Elles sont confidentielles et insusceptibles d'appropriation privée.
Leur mode de diffusion	Formelles	Elles sont écrites.
	Informelles	Elles émanent de conversations.

L'entreprise peut confier la recherche d'informations à un ou plusieurs salariés, ou encore la sous-traiter à un organisme spécialisé de veille.

RESSOURCE 2 LE SIC OU LE SIM

La mise en place d'un processus d'intelligence économique nécessite celle d'un système d'information marketing (ou mercatique).

Une organisation peut toujours être décomposée en trois sous-systèmes :

- Le **système de pilotage** : à la tête de toute organisation, c'est lui qui fixe les objectifs et prend les décisions.
- Le **système opérant** : à la base de toute organisation, c'est le niveau de production de chaque service.

- Le **système d'information** : au cœur de l'activité de toute entreprise, il apporte les informations opérationnelles nécessaires aux activités et les informations indispensables à la gestion.

Lexique

▸ Le **SIM (système d'information marketing)** regroupe l'ensemble du dispositif de collecte, de traitement, de stockage et de diffusion des informations de nature ou à finalité marketing. Il se situe au plan stratégique de l'analyse et de la prise de décision et il englobe le SIC.

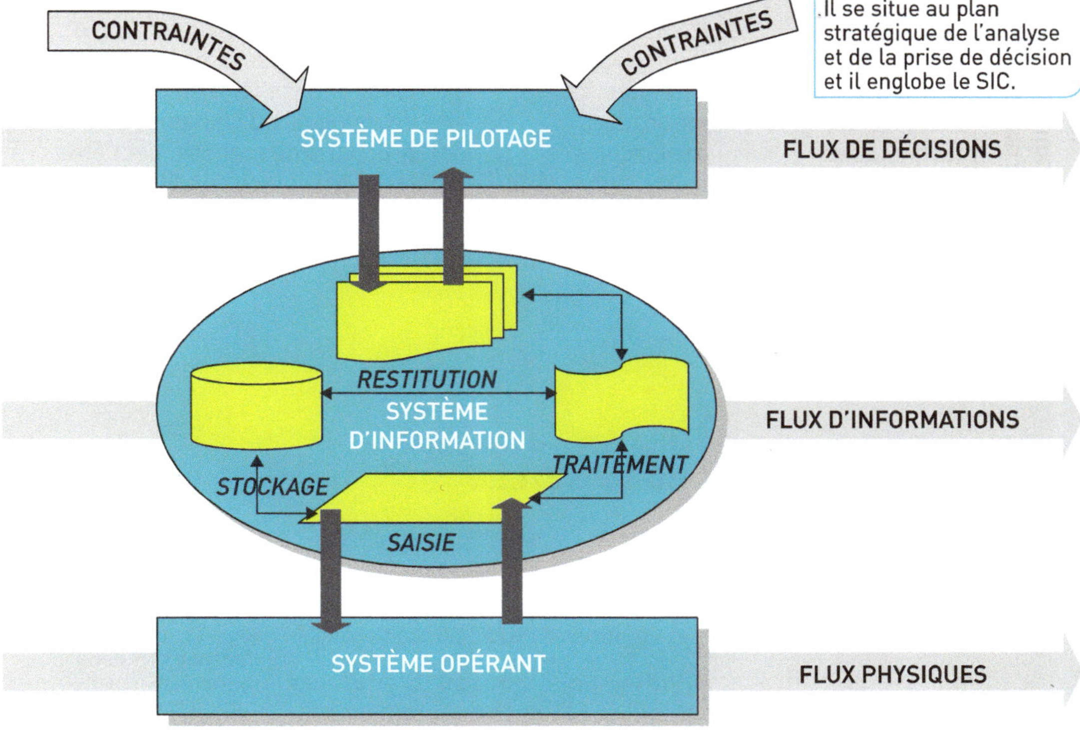

Chaque activité du SIM nécessite donc des moyens techniques.

Activité	Caractéristiques	Outils	Exemple
Saisie des informations	Elle est de plus en plus automatisée.	Scanner, codes à barres, lecteur laser...	Lors du passage en caisse, les lecteurs de codes à barres permettent d'analyser les achats des clients pour ensuite leur proposer des offres promotionnelles adaptées (couches pour bébé, aliments pour chats...).
Stockage des informations	Se pose le problème de l'organisation des informations stockées et de leur sécurité.	Disque dur, DVD, disque dur externe, cloud...	Les données enregistrées par la caisse enregistreuse sont stockées dans le logiciel de CRM (base de données). Des sauvegardes de sécurité sont réalisées régulièrement.
Traiter l'information	Il consiste à créer de nouvelles informations en appliquant des opérations de synthèse, de tris, de calculs, de regroupements...	Ordinateurs, logiciel de base de données, tableurs...	L'ensemble des données enregistrées par la caisse enregistreuse permet de réaliser différents calculs : panier moyen, part du budget consacrée à chaque rayon du magasin...

Activité	Caractéristiques	Outils	Exemple
Restituer l'information	L'information traitée doit être restituée à qui de droit dans un format et une présentation qui soient accessibles à l'utilisateur.	Logiciel de traitement de texte, grapheurs, image... Sur des supports numériques ou physiques.	Ces données pourront ainsi faire l'objet de notes de service à l'attention des chefs de rayon, de présentations PowerPoint lors de réunions de directeurs de magasins... (→ **fiches méthode 1 et 2**)
Transmettre l'information	La transmission des informations mobilise des technologies de plus en plus sophistiquées.	Courriers, ondes, satellites, câbles, infrarouge, messagerie électronique, Wifi, Bluetooth...	La présentation des données analysées peut se faire en présentiel lors de réunions ou bien une réunion des directeurs de magasin peut être organisée à distance en utilisant des outils tels que Skype, Google Hangout, Mikogo, Mindmeister, Gotomeeting...

RESSOURCES ET MÉTHODE

RESSOURCE 3 NOTIONS DE VEILLE

Toute entreprise désirant s'internationaliser ou qui exporte déjà doit rester constamment à l'affût des évolutions de son environnement pour profiter de ses opportunités et se parer contre les menaces.

Cette démarche doit être constante, pour pouvoir traiter les informations sensibles très rapidement et réagir commercialement.

Lexique
La **veille** consiste à collecter, traiter, analyser et stocker les informations dans le système d'informations commerciales afin de prendre une décision ciblée.

1 Les enjeux de la veille pour l'entreprise exportatrice

Stratégiques	Rester compétitive.	• Suivre les évolutions des offres des concurrents. • Suivre les évolutions technologiques.
	Soigner son image.	• Répondre aux besoins et attentes des consommateurs. • Prendre en compte les enjeux environnementaux.
	Surveiller les concurrents.	• Les identifier. • Quantifier le nombre de concurrents. • Déterminer leurs parts de marché. • Évaluer leur offre et leur évolution. • Identifier les produits de substitution...
Commerciaux	Adapter ses produits.	• Aux normes. • Aux règlements.
Financiers	Accroître son CA et son profit.	• Proposer une offre mieux adaptée. • Gagner des parts de marché.

2 Les objectifs de la veille

Objectif	Explication	Exemple
Surveiller les marchés où l'entreprise exporte	L'entreprise doit surveiller l'activité de ses concurrents : évolution de leurs offres, rentabilité de leur activité à l'étranger…	Le distributeur chinois d'un viticulteur du Narbonnais l'a informé que ses produits ne se vendaient pas facilement, en raison d'un prix trop élevé et d'une qualité que ses clients ne percevaient pas. Le viticulteur a jugé que les adaptations lui coûteraient trop cher et décidé de retirer le produit du marché.
Se protéger	Protéger ses innovations, ses secrets de fabrication, ses marques, ses modèles.	Le dépôt d'un brevet ou d'une marque est un enjeu commercial stratégique. Les accessoiristes automobiles sont protégés contre la contrefaçon et peuvent demander des réparations en justice.
Anticiper les évolutions de l'environnement	Arrivée de nouveaux concurrents.	L'arrêté autorisant la commission syndicale de la vallée de Saint-Savin (Hautes-Alpes) à exploiter des eaux minérales naturelles lui a permis d'avoir une longueur d'avance.
S'adapter en permanence	S'adapter aux contraintes douanières, aux contraintes liées aux transports, aux différences culturelles, aux difficultés de paiement…	Pour aborder le marché allemand avec ses confitures, Lucien Georgelin doit prévoir une consistance plus solide, un goût plus sucré et des pots plus grands. Il teste régulièrement de nouvelles saveurs pour séduire ces consommateurs très exigeants.

RESSOURCE 4 LES QUATRE TYPES DE VEILLE

1 Veille stratégique ou concurrentielle

La **veille stratégique ou concurrentielle** consiste à surveiller ses concurrents et leur activité. L'entreprise s'intéresse à tous ses concurrents, même si elle cible d'abord les directs, car un concurrent indirect peut devenir, dans le futur, direct.

Objectifs	Exploitation des informations collectées
Connaître sa position concurrentielle	À partir de la collecte du CA des concurrents, calcul des parts de marché pour connaître sa position : leader, suiveur ou outsider : **(CA de l'entreprise/CA total du secteur) × 100**
Se comparer aux concurrents (*benchmarking*)	• Fiche signalétique actualisée ou créée. • Tableau comparatif. • Calcul des parts de marché relatives : **(CA de l'entreprise/CA du concurrent) × 100**
Découvrir leurs innovations et nouvelles tendances	Fiche produit ou procédé de production.

2 Veille commerciale

La **veille commerciale** consiste à :

- **soigner sa relation clientèle** pour être informé rapidement des besoins et motivations des clients ;
- **découvrir les innovations produits ;**
- **être en contact permanent avec ses partenaires commerciaux.**

RESSOURCES ET MÉTHODE

Objectifs	Exploitation des informations
Obtenir l'avis d'un panel représentatif de consommateurs sur sa propre offre lors d'un sondage.	• Perception du produit. • Perception du prix. • Perception du rapport qualité/produit…
S'adapter aux attentes des clients et réajuster la démarche mercatique.	Modification des composants du plan de marchéage.
S'inspirer de nouveaux produits pour créer, élargir ou renouveler les gammes.	• Nouvelles options. • Nouveaux produits.
Suivre l'activité des distributeurs selon des périodicités établies.	• Calculer le volume des ventes et leur évolution. • Participer à des actions de communication.

3 La veille juridique

Elle consiste à relever toutes les modifications réglementaires et/ou législatives intervenues dans l'environnement des pays dans lesquels l'entreprise est présente ou envisage de l'être :

- pour les intégrer à sa politique commerciale ;
- pour respecter les lois et règlements du pays dans lequel elle est présente ;
- adapter les prix en fonction des évolutions des droits de douane…

4 La veille technologique

Elle consiste à :

- repérer les processus de production innovants ;
- être informée des procédés de protection industrielle ;
- repérer les technologies utilisées par les concurrents.

RESSOURCE 5 LES OUTILS DE LA VEILLE

Type	Outils	Exemples
Internet	• Logiciels de veille • Alertes • Sites des organismes de soutien • Sites des concurrents • Fils RSS • Agrégateurs • Blogs • Certains outils peuvent être spécialisés dans un domaine d'activité particulier.	Google alerts, Website Watcher Pro, Sindnup, Copernic, Corporama, My Twip de Coexel, Strategic Finder, Diane, KeyWatch, Qwam E-content Server, Squido…
Autres	• Magazines et journaux professionnels • Newsletters • Missions individuelles ou collectives • Participation à des salons	Le MOCI, les journaux français et étrangers spécialisés par secteur d'activité…

ENTRAÎNEMENT 1 QCM

• **Validez vos connaissances en cochant la (ou les) bonne(s) proposition(s) puis justifiez oralement vos réponses.**

1. L'intelligence économique a pour but de :

- ☐ Mener une veille stratégique, commerciale et juridique.
- ☐ Mener une veille concurrentielle, commerciale, environnementale, juridique et technologique.
- ☐ Mener une veille stratégique, préserver le patrimoine de l'entreprise et mener des actions d'influence.

2. L'information utile peut être définie comme étant :

- ☐ Nécessaire aux décideurs de l'entreprise pour prendre des décisions.
- ☐ Nécessaire pour élaborer la stratégie de l'entreprise.
- ☐ Nécessaire pour élaborer et mettre en œuvre la stratégie de l'entreprise.

3. La recherche d'informations incombe :

- ☐ À tous les acteurs de l'entreprise, quel que soit leur niveau hiérarchique.
- ☐ Aux acteurs du niveau hiérarchique supérieur.
- ☐ Aux acteurs des niveaux hiérarchiques supérieurs et intermédiaires.

4. Le traitement de l'information concerne :

- ☐ Le marketing stratégique.
- ☐ Le marketing opérationnel.
- ☐ Le marketing d'étude.

5. La diffusion de l'information concerne :

- ☐ Le marketing stratégique.
- ☐ Le marketing opérationnel.
- ☐ Le marketing d'étude.

QCM

lienmini.fr/20410qcm04

Accédez à la suite de ce quiz en utilisant le QRcode ou le lien URL.

ENTRAÎNEMENT 2 IDENTIFIER LES DIFFÉRENTS TYPES DE VEILLE

• **Précisez le type de veille décrit dans chaque situation.**

Situation	Type de veille
Recherche de nouveaux produits.	
Consultation des actualités réglementaires.	
Découverte de procédés facilitant la fabrication de mes produits.	
Recherche d'articles sur mon entreprise dans la presse.	
L'entrée du Vietnam dans l'OMC va me permettre de déposer ma marque.	
Organisation d'un sondage pour recueillir les avis de clients potentiels.	
La Chine a levé certaines barrières agroalimentaires.	
Je pratique régulièrement le *benchmarking*.	

ENTRAÎNEMENT

ENTRAÎNEMENT 3 COMPRENDRE LES BÉNÉFICES DE LA VEILLE

À partir de l'annexe, répondez aux questions suivantes :

1. **Quelles sont les conséquences de cette mésaventure pour Samsung ?**
2. **Quelles démarches de veille aurait dû mener cette entreprise ?**
3. **Quels profits Apple va-t-il tirer de cette mésaventure ?**
4. **Quelles nouvelles actions de veille va mener Apple ?**

ANNEXE Le rappel des Galaxy Note 7 pourrait être bénéfique pour Apple

Plus tôt dans la journée, Samsung a annoncé un programme de rappel pour son dernier smartphone haut de gamme, le Galaxy Note 7. Plusieurs dizaines d'utilisateurs ont annoncé au constructeur que leur smartphone avait pris feu après l'avoir branché pour recharger la batterie. Samsung a donc décidé de rappeler les 2,5 millions de Galaxy Note 7 actuellement dans la nature (ceux vendus + ceux en stock chez les revendeurs) pour les échanger gratuitement contre de nouveaux modèles.

C'est un mauvais coup pour Samsung qui salit son image, d'une certaine façon. Surtout que le smartphone coûte 859 euros, on peut s'attendre à une certaine qualité pour ce prix. Le constructeur a toutefois réagi assez « rapidement » et n'a pas attendu plusieurs semaines. Il a reconnu que la sécurité de ses utilisateurs était sa priorité.

Toute cette mauvaise publicité pour Samsung pourrait être bonne pour Apple. Quand le malheur des uns fait le bonheur des autres. En effet, Apple va annoncer dans quelques jours son iPhone 7 et son iPhone 7 Plus. Ce dernier aura un écran similaire à celui du Galaxy Note 7 en termes de taille, donc une clientèle similaire. Cette dernière pourrait être intéressée par passer chez Apple, au vu de la mésaventure chez Samsung.

Les marchés ont réagi depuis l'annonce de Samsung et l'action a chuté avant de légèrement remonter ces dernières heures. À voir maintenant si les utilisateurs vont réagir à leur tour.

http://iphoneaddict.fr, 2 septembre 2016.

Vers le BTS PRÉPARATION À L'ÉPREUVE E41

1. **À quel type de veille répond le site de la FAO (*Food and Agricultural Organization of the United Nations*) ?**
2. **Quel type d'informations peut-on trouver sur le site ?**
3. **Quelles sont les entreprises, et leur secteur d'activité, qui pourraient être intéressées par les informations diffusées sur ce site ?**
4. **Consultez les sites et répondez aux trois mêmes questions pour chacun des sites consultés :**
   - De UbiFrance : www.ubifrance.fr
   - OSEO-BPI (Banque Française d'Investissements) : www.bpifrance.fr
   - DEEI (Direction des entreprises et de l'économie internationale) : www.diplomatie.gouv.fr

SITE WEB

Site Internet de la FAO
lienmini.fr/ci410FAO
Suivez le lien ou le QRcode pour découvrir le site de la FAO.

ENTRAÎNEMENT

CHAPITRE

5 Les études pays et la sélection des marchés

Compétences attendues

- **UC41CP1 :** Mener une veille commerciale permanente (recherche documentaire), collecter l'information, s'assurer de sa fiabilité et de sa pertinence au regard de la recherche
- **UCP41CP2 :** Analyser et sélectionner l'information commerciale et repérer les contraintes règlementaires sur les marchés étrangers.
- **UC41CP3 :** Élaborer le cahier des charges pour sous-traiter des études et assurer le suivi de sa mise en œuvre sur le marché
- **UCP41CP5 :** Analyser l'information collectée et en établir la synthèse

Savoirs associés

- **S115 :** Études de marché
- **S117 :** Stratégie d'internationalisation
- **S118 :** Réseaux de soutien à l'internationalisation
- **S121 et S122 :** Environnement géopolitique
- **S131 :** Statistiques descriptives
- **S151 :** Approche des différents cadres juridiques internationaux

CONTEXTE SCEA CHAUVIER

Lucien Chauvier est le créateur de l'entreprise Chauvier dont la spécialité à l'origine était la production de légumes et de plants maraîchers. Le fils de Lucien a développé une activité d'horticulture. Aujourd'hui, Sylvain, le petit-fils de Lucien, est avec ses sœurs à la tête de la SCEA Chauvier, créée en mars 2009.
Ils ont installé une pépinière afin d'assurer la production de légumes destinés à la vente aux particuliers. En complément de cette production de plants maraîchers, légumes et fleurs, ils proposent une large gamme d'arbres fruitiers, oliviers et végétaux à des prix très raisonnables et de très bonne qualité. Particuliers ou professionnels peuvent s'adresser à la SCEA Chauvier pour tout aménagement paysager. Toutes ses productions sont en agriculture raisonnée.
Aujourd'hui, Sylvain Chauvier envisage un développement de son activité maraîchère et de vente horticole et arboricole à l'étranger. Sans grande expérience de l'international, il souhaite aborder le marché allemand.
Quel marché choisir et comment s'assurer ?

FICHE D'IDENTITÉ

Dénomination sociale
SCEA Chauvier
Activité
Producteur de plants maraîchers, de fleurs, de légumes et d'arbres fruitiers
Forme juridique
Société Civile d'Exploitation Agricole au capital social de 109 000 EUR
Sites Internet
pepiniere-chauvier.fr, scea-chauvier.com
Effectif
2 salariés
Activité import
Non

PROLONGEMENT NUMÉRIQUE

Présentation de la SCEA Chauvier
lienmini.fr/ci410chauvier

1) Identifiez les stratégies successives de développement de la SCEA Chauvier.
2) Quelles raisons la poussent à aborder le marché allemand ?

EN CONTEXTE

MISSION 1 Commenter la situation géographique de l'Allemagne ANNEXES 1 et 2

1. Repérez l'emplacement géographique de l'Allemagne. Qu'en déduisez-vous ?
2. Comment se répartit la population ?
3. Comment est structuré ce pays ?
4. Recherchez les infrastructures et analysez-les.

MISSION 2 Analyser la situation socio-économique de l'Allemagne

1. Sélectionnez les sites les plus pertinents pour collecter des informations socio-économiques.
2. Identifiez les critères d'analyse et de mesure de la croissance économique de l'Allemagne.
3. Calculez son évolution sur les années représentées.
4. Quelles conclusions en tirez-vous ?

MISSION 3 Commenter la situation démographique de l'Allemagne ANNEXES 2 et 3

1. Quels sont les traits caractéristiques de la démographie allemande ? Analysez la pyramide des âges.
2. D'où viennent les migrants ? Pourquoi immigrent-ils en Allemagne ?

Lexique

La **géopolitique** est issue du grec *gé*, la terre, et du mot politique. Elle étudie l'influence des facteurs géographiques, économiques et culturels sur la politique des États et sur les relations internationales.

MISSION 4 Élaborer l'étude synthétique de l'Allemagne ANNEXES 1 à 4

1. Recopiez et remplissez le tableau ci-dessous et cochez chaque information entre opportunités et menaces.

Dimensions	Informations	Opportunités	Menaces
Historique			
Géographique			
Démographique			
Économique			
Sociale			
Politique			
Géopolitique			

2. Commentez les résultats.

Lexique

Une **étude pays** recouvre la présentation des caractéristiques d'un pays et leur analyse pour en dégager les opportunités et les menaces. Elle aide le dirigeant à prendre la décision de se lancer ou non sur ce marché étranger.

MISSION 5 Évaluer les risques d'un pays ANNEXE 4

1. Identifiez l'évaluation des risques de l'Allemagne selon les deux sites proposés.
2. Comparez l'Allemagne à d'autres pays.
3. Quelle appréciation va en tirer la SCEA Chauvier ?

Lexique

▸ Un **risque pays** recouvre les différents facteurs, notamment politiques, économiques, sociaux, qui peuvent entraîner un risque de sinistre lors d'une opération avec un pays étranger. Par exemple les catastrophes naturelles, les guerres, émeutes, le blocage des fonds, l'interdiction de rapatriement des devises...

ANNEXE 1 La carte de l'Allemagne

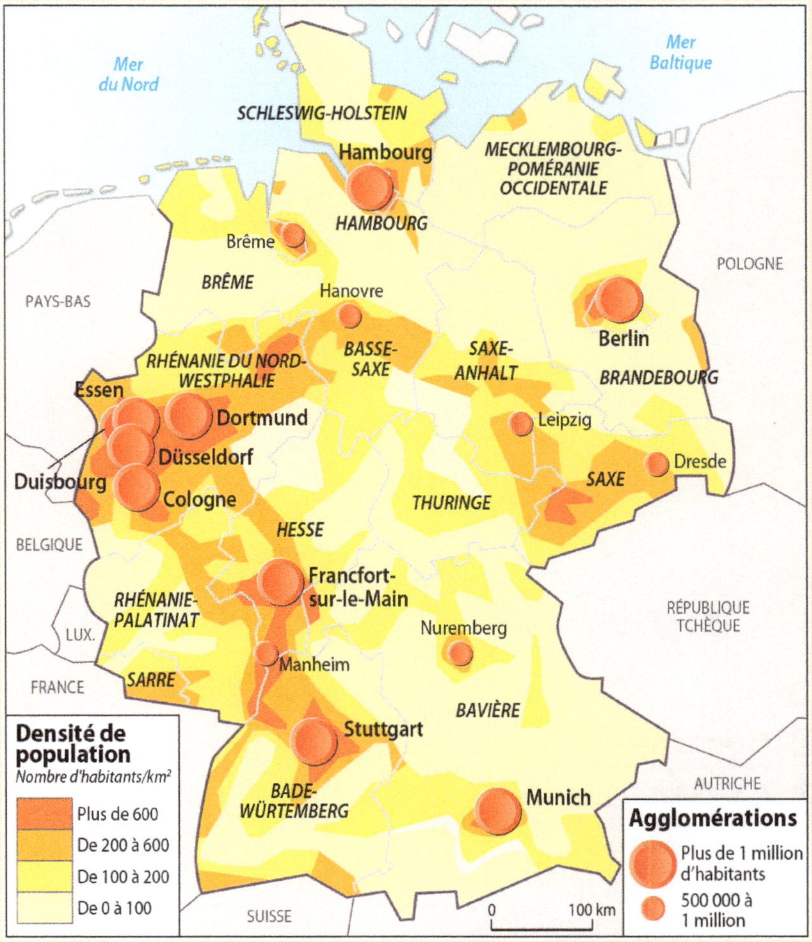

SITE WEB

Carte interactive de l'Allemagne
lienmini.fr/ci410allemagne

Suivez le lien ou le QRcode pour accéder à une carte interactive de l'Allemagne.

ANNEXE 2 La pyramide des âges en Allemagne

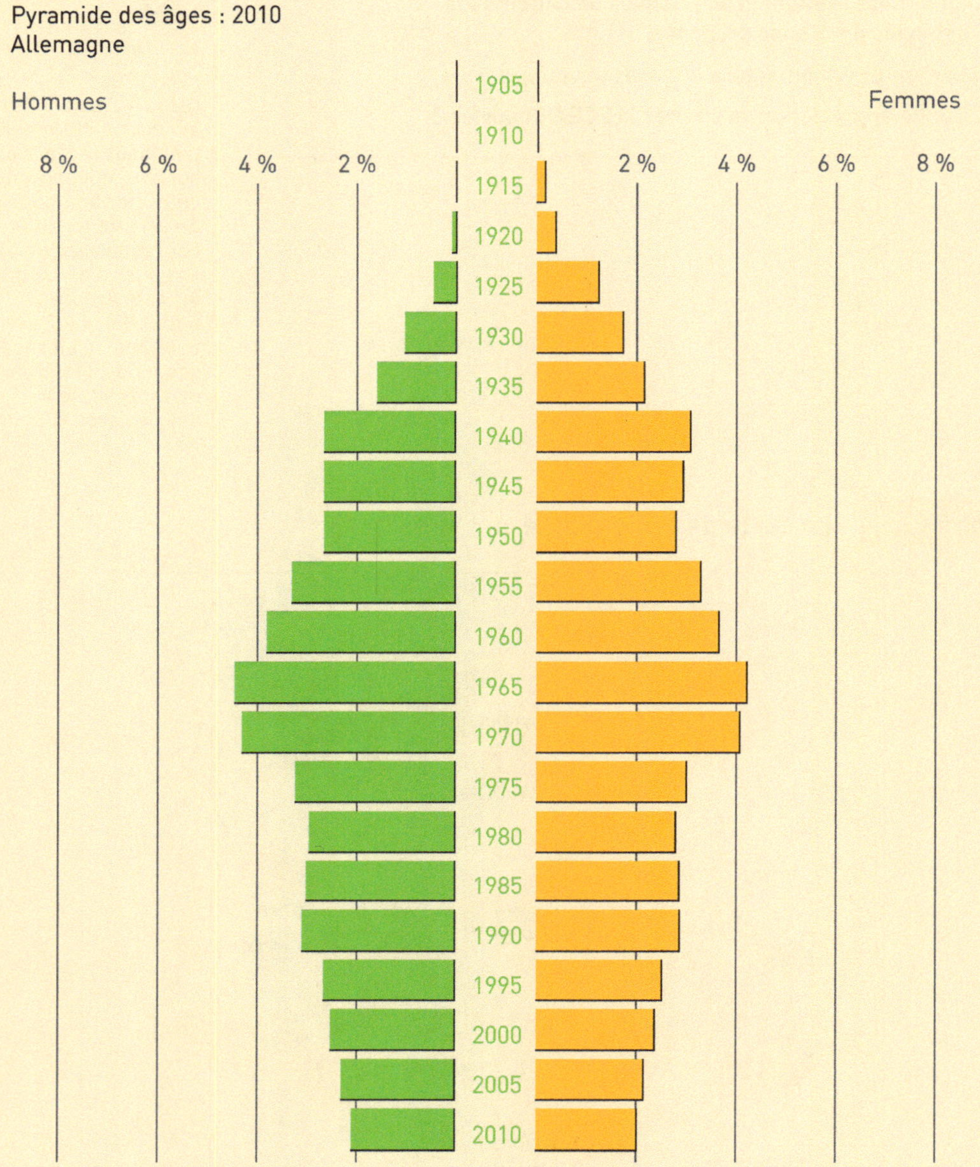

Perspective monde – US Census Bureau, International Data

SITE WEB

Pyramide interactive
lienmini.fr/ci410pyramide
Suivez le lien ou le QRcode pour accéder à une pyramide des âges interactive de l'Allemagne.

VIDÉO

La démographie allemande (12'13)
lienmini.fr/ci410demographie
Suivez le lien ou le QRcode pour retrouver l'émission *Le Dessous des cartes* consacrées à la démographie allemande.

ANNEXE 3 Pourquoi l'Allemagne accueille-t-elle à bras ouverts les migrants ?

Un eldorado pour beaucoup de réfugiés. Une chancelière décrite comme Mère Teresa par certains migrants. L'Allemagne s'apprête à accueillir 800 000 demandeurs d'asile en 2015, quand la France n'en attend que 60 000. La nuit dernière, le pouvoir a débloqué 6 milliards d'euros pour les réfugiés. Pourquoi l'Allemagne se montre-t-elle aussi accueillante ?

Des besoins démographiques

La question démographique s'avère primordiale pour expliquer cette politique d'accueil. La dénatalité allemande pose problème : en 2060, les plus de 65 ans atteindront presque le tiers de la population. « L'Allemagne va avoir un problème de financement des retraites, souligne Sylvain Fontan, économiste. Cette vague de migrants peut être une partie de la solution, *a fortiori* si les personnes qui s'installent sont qualifiées ou qualifiables. »

Une économie favorable

La première économie d'Europe, avec un taux de chômage à 6,2 %, aura peu de difficulté à absorber des centaines de milliers de nouveaux travailleurs. Le marché de l'emploi a même besoin de main-d'œuvre dans certains domaines, comme la santé ou l'hôtellerie. « L'Allemagne est un pays exportateur, notamment dans l'industrie, rappelle Sylvain Fontan. Elle doit se préparer à renouveler les seniors dans la manutention, l'ingénierie. D'ailleurs, elle attire déjà des jeunes Grecs ou Espagnols diplômés depuis 2008. »

Les liens avec la Syrie

« Il existe des liens anciens entre la Syrie, qui était dans l'orbite soviétique, et l'Europe de l'Est, précise l'historien. Il y a d'ailleurs eu des immigrés syriens dès les années 1950 », souligne Serge Cosseron, historien de l'Allemagne. Autre fait marquant : « L'Allemagne n'ayant pas de force militaire, elle ne peut envoyer des troupes en Syrie, analyse l'historien. Elle amplifie donc son rôle civil dans la participation de l'Europe contre le terrorisme djihadiste au Moyen-Orient. »

Des vagues de migrants récentes

Si la repentance collective d'un pays encore marqué par la culpabilité liée au nazisme ne convainc pas Serge Cosseron, il associe cette politique d'accueil à l'histoire plus récente. Les Allemands ont fait face à un important déplacement des populations au moment de la réunification en 1989. « Mais ce pays est également habitué à recevoir des migrants, notamment après les guerres en ex-Yougoslavie. L'Allemagne dispose d'un réseau alternatif, religieux à travers une église protestante forte, qui explique que cette solidarité soit plus visible qu'ailleurs. En France, aucune migration n'a atteint les 100 000 personnes depuis le rapatriement des Français d'Algérie en 1962. »

Une manière de redorer son blason

L'image de ce pays souvent critiqué pour sa rigidité s'est totalement transformée ces dernières semaines. « L'Allemagne veut se démarquer de la politique de la Hongrie qui se rapproche de la discrimination raciale, explique Serge Cosseron. Cette générosité peut être une manière de se dédouaner après la rigidité dont certains l'accusent dans la renégociation de la dette grecque. »

Une moins grande poussée de l'extrême droite

Si des incidents, comme des incendies de foyers de migrants et les manifestations de Pegida dévoilent une ambivalence des Allemands vis-à-vis des migrants, la poussée de l'extrême droite n'a pas la même force qu'en France. « Si on s'appuie sur les chiffres de l'électorat du Front national, entre 25 et 30 % des Français voient l'immigration comme un danger, rappelle Serge Cosseron. En Allemagne, cette proportion ne dépasse pas les 6 %. Les dirigeants français sont plus bloqués par cette poussée de l'extrême droite. »

Et pour Sylvain Fontan, économiste, la politique d'intégration explique aussi les moindres réticences allemandes. « En France, avec le droit du sol, un enfant né en France neuf mois après l'arrivée de ses parents obtiendra de facto la nationalité française, alors qu'en Allemagne, où prévaut le droit du sang, des familles turques

EN CONTEXTE

qui vivent en Allemagne depuis des générations ne sont toujours pas allemandes. La question de l'accès au droit de vote s'avère plus problématique en France qu'en Allemagne. »

Oihana Gabriel, www.20minutes.fr, 7 septembre 2015.

VIDÉO

L'Allemagne, honneur de l'Europe (3'11)
lienmini.fr/ci410migrants
Suivez le lien ou le QRcode pour retrouver une vidéo sur la politique migratoire de l'Allemagne.

ANNEXE 4 Les risques de l'Allemagne

ALLEMAGNE

POPULATION
81,1 MILLIONS
PIB PAR HABITANT
47774 $US

A1 — ÉVALUATION DES RISQUES DANS CE PAYS
A1 — ENVIRONNEMENT DES AFFAIRES
CHANGER DE PAYS
COMPARER LES PAYS

SYNTHÈSE
PAIEMENT ET RECOUVREMENT
COURBE DES FAILLITES
Localiser le pays
Imprimer

PRINCIPAUX INDICATEURS ÉCONOMIQUES

	2013	2014	2015 (p)	2016(p)
Croissance PIB (%)	0,4	1,6	1,5	1,5
Inflation (moyenne annuelle)	1,6	0,8	0,2	1,0
Solde budgétaire / PIB (%)	-0,1	0,3	0,9	0,6
Solde courant / PIB (%)	6,7	7,8	8,3	8,2
Dette publique / PIB (%)	77,2	74,8	71,4	68,0

(p) Prévisions

POINTS FORTS

- Solide base industrielle (1/4 du PIB)
- Faible chômage structurel et apprentissage
- Diversification géographique des exportations
- Importance des PME exportatrices familiales (Mittelstand)
- Intégration de l'Europe centrale et orientale dans le processus productif
- Importance des ports de Hambourg, Bremerhaven et Kiel
- Système institutionnel favorisant la représentativité et le consensus

POINTS FAIBLES

- Vieillissement des infrastructures
- Déclin démographique partiellement compensé par immigration
- Manque d'ingénieurs et de capital-risque
- Forte dépendance aux marchés mondiaux, notamment européens
- Poids majeur des industries automobile et mécanique
- Retard persistant, mais se comblant, des Länder orientaux
- Coût élevé de l'énergie et insuffisance du réseau électrique

Coface

Coface réalise 160 évaluations pays à partir de données macroéconomiques, financières et politiques. Ces évaluations sont en accès libre. Mises à jour régulièrement, elles donnent une estimation du risque de crédit moyen des entreprises d'un pays. C'est un outil précieux qui indique l'influence potentielle d'un pays sur l'engagement financier d'une entreprise.

Nos évaluations se situent sur une échelle de 8 niveaux, A1, A2, A3, A4, B, C, D, E dans l'ordre croissant du risque.

Conseil de pro
Le site Internet www.ducroire.lu fournit également des estimations de risques par pays.

Une entreprise qui souhaite s'internationaliser ou développer sa présence doit d'abord sélectionner un pays cible, puis étudier et analyser ses caractéristiques, de façon à identifier les opportunités et menaces qu'il présente.

RESSOURCE 1 LES ASPECTS HISTORIQUES ET GÉOGRAPHIQUES

L'**histoire** est indispensable pour comprendre le fonctionnement et les structures d'un pays, afin de faciliter la démarche export. La **géographie** permet d'adapter les modalités de transport (itinéraire, emballage, moyen utilisé) et de déterminer la zone de chalandise.

Dimensions	Informations	Illustrations
Histoire	Les événements les plus importants avec les dates correspondantes : relations passées avec la France, date de création du pays, date d'adoption de la première constitution...	Relations commerciales privilégiées avec nos anciennes colonies avec des droits de douane préférentiels, nuls ou amoindris. Cette mesure octroie un avantage sur les prix que l'exportateur va pratiquer à l'étranger pour être plus compétitif, ou sur sa marge.
Géographie	• Géographie physique : emplacement, superficie, frontières, surface maritime, relief... • Climat. • Catastrophes naturelles.	Les pays enclavés doivent prévoir un pré et/ou post-acheminement par un ou plusieurs pays voisins pour accéder à un port, ce qui génère des délais et contraintes supplémentaires.
	Géographie humaine : population, répartition sur le territoire, densité, taux d'urbanisation, capitale, grandes villes...	Au Japon, au Pérou, la majorité de la population réside sur les côtes, ce qui facilite la commercialisation des produits importés.
	Infrastructures : ports et aéroports internationaux, routes et autoroutes en kilomètres et péages, chemin de fer, fleuves...	Shanghai a construit son nouveau port sur une île en pleine mer pour recevoir les plus gros porte-conteneurs et un pont de 36 km pour le relier au continent.

RESSOURCE 2 LES ASPECTS DÉMO-SOCIO-CULTURELS

La **démographie** est l'étude des populations. Une entreprise va identifier les traits caractéristiques de la population actuelle et future qui va acheter ses produits. Les **aspects sociaux** indiquent le potentiel actuel et futur du marché, en termes de niveau de consommation. La **culture** influence la démarche d'exportation.

Démographie	Structure de la population (autochtone, migrations).	Les Latino-Américains vont former en 2025 la population la plus importante.
	Son évolution (taux d'accroissement, de fécondité).	Le taux de natalité est très bas en Espagne, limitant les opportunités de renouvellement de produits.

RESSOURCES ET MÉTHODE

Démographie	Répartition par âges.	50 % de la population vietnamienne a moins de 25 ans et est avide de consommation.
Social	• L'IDH (taux et rang) pour indiquer le niveau de développement. • La structure de la population active : % de la population. • Le taux de chômage (s'il n'apparaît pas dans les aspects économiques). • Le revenu par habitant et son évolution pour mesurer le pouvoir d'achat et son évolution prévisible. • Le coefficient de Gini (écarts de richesse). • Le taux de pauvreté. • Le niveau d'équipement des ménages pour certains biens.	• 50 millions de Chinois accèdent chaque année à la classe moyenne, formant la population achetant les produits importés. • 75 % de la population colombienne n'a pas de couverture sociale et pratique l'automédication : opportunité ou désintérêt du marché des médicaments ? • Un faible niveau d'éducation dans le pays cible, en général corrélé avec un pouvoir d'achat faible, limite l'étendue de la gamme pouvant être distribuée.
Culture	• Les coutumes. • Les religions. • Les langues. • Les relations hommes/femmes. • Les tabous. • La culture des affaires.	• La Roumanie est très francophile, un Roumain sur 5 parle français, les produits français sont très bien accueillis. • Un pays majoritairement musulman ne sera pas favorable à une entreprise qui souhaite exporter des produits à base de porc. • La couleur blanche est symbole de deuil en Asie : l'entreprise devra probablement adapter son emballage.

RESSOURCE 3 LES ASPECTS ÉCONOMIQUES ET FINANCIERS

L'**économie** mesure l'attrait du pays par rapport au produit qu'une entreprise souhaite exporter. Les **aspects financiers** permettent d'évaluer le risque de change et d'adapter les modalités de paiement

Économie	• Les grands agrégats économiques : le PIB (en valeur, % et rang), l'inflation, le taux de chômage (s'il n'est pas noté en social), la balance commerciale. • Les ressources naturelles. • Répartition de la richesse dans les secteurs économiques.	• Le taux d'inflation important en Russie impose à l'entreprise de facturer dans une autre devise. • Le solde de la balance commerciale entre la France et la Roumanie est positif, la France est son 3e partenaire commercial. Cela encourage les échanges entre ces deux pays.

Économie	• Les 5 premiers pays fournisseurs et clients. • Les relations économiques avec la France (échanges en produits et en valeur).	
Financier	• La monnaie locale. • Les moyens et modes de paiement acceptés. • Les habitudes de paiement (échéances...). • Le niveau d'endettement. • La situation des banques. • Les réserves en mois d'importation.	Le niveau d'endettement de l'Argentine reste élevé : 55 % du PIB et les banques demeurent fragiles. La monnaie est le peso, mais la devise internationale de facturation privilégiée est le USD.

RESSOURCE 4 LES ASPECTS POLITIQUES ET GÉOPOLITIQUES ET LES RISQUES

Le **régime politique** d'un pays et l'exercice de ses trois pouvoirs mesurent les orientations qui peuvent en découler. La **géopolitique** aide l'entreprise à préparer sa démarche export efficacement.
Les **risques** permettent d'évaluer le risque de non-paiement, le risque politique (pays) ou le risque commercial (client).

Politique	• Le régime politique : démocratie, monarchie absolue ou constitutionnelle, dictature. • L'exercice du pouvoir exécutif : le type de gouvernement et son chef. • L'exercice du pouvoir législatif : unicaméral ou bicaméral, modalités de vote des lois. • Les orientations politiques internationales, dont les relations politiques avec la France.	• En Corée du Nord, les pouvoirs sont concentrés dans les mains d'une seule personne. • En Russie, le contrôle des capitaux a été levé en 2006. Aujourd'hui, face à la dépréciation du rouble, la Russie envisage de le restaurer, ce qui pourrait pénaliser les importations.
Géopolitique	L'appartenance à une zone de libre échange (l'UE, l'ALENA pour l'Amérique du Nord, l'ASEAN pour les pays asiatiques, le Pacte Andin, les pays du MERCOSUR en Amérique Latine).	Perspective des échanges du pays étranger et des possibilités de têtes de pont vers les pays voisins. Bizac a commercialisé ses foies gras d'abord au Canada pour ensuite aborder les États-Unis.

Géopolitique	• L'appartenance à des organisations internationales (OMC par exemple). • La ratification de conventions internationales (le protocole de Kyoto).	Ces données renseignent sur le degré d'ouverture et de volonté de nouer des liens internationaux.
	• Les relations avec ses pays voisins. • La situation géographique, la surface maritime et la localisation des ports les plus proches.	Les relations avec les autres pays, qu'elles soient amicales ou hostiles, doivent être prises en compte pour éviter des maladresses commerciales. Des listes noires (*black lists*) existent dans les contrats pour éviter certains intervenants.
	Les zones de conflits	Il est très difficile actuellement de commercialiser des produits en Syrie.
Risques	• Risque politique. • Risque commercial.	Des agences de notation, Coface et Ducroire, évaluent très régulièrement le niveau et l'évolution de ces risques pour décider si elles les couvrent ou non. Pour l'Angola par exemple, elles refusent d'assurer et l'exportateur devra adopter un autre mode de paiement.

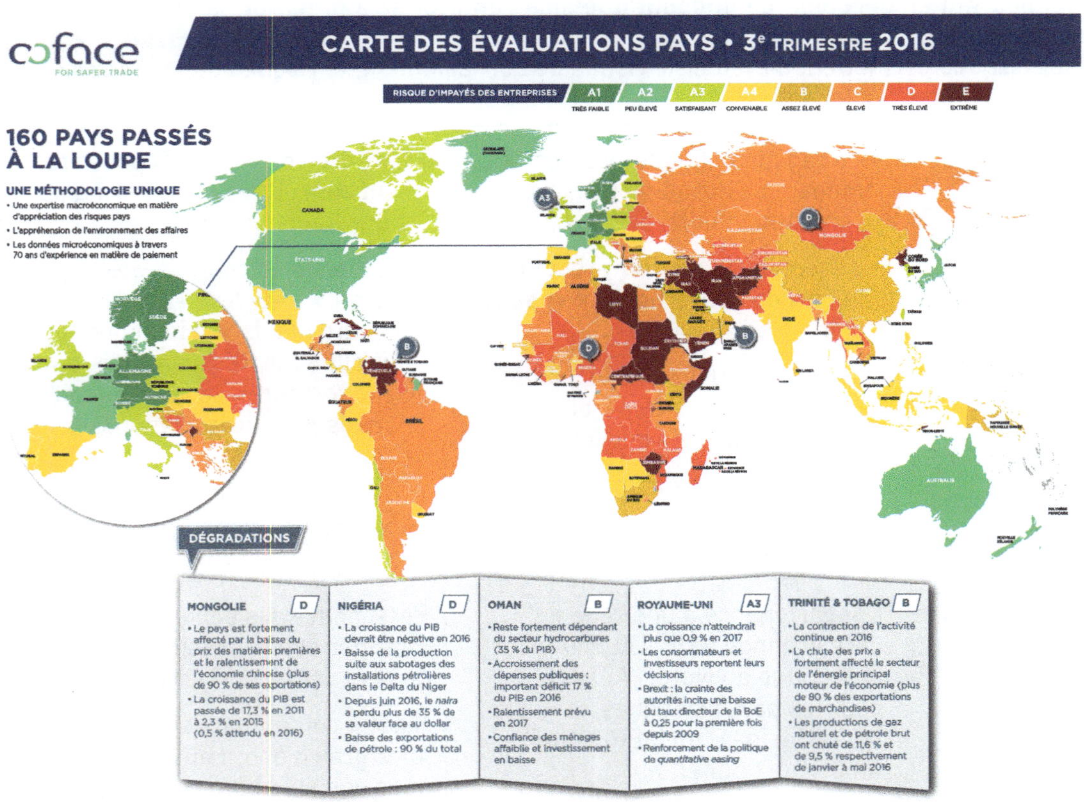

Coface

RESSOURCE 5 LES ASPECTS COMMERCIAUX ET TECHNOLOGIQUES

Le **commerce** du pays permet d'adapter le plan de marchéage et de mieux satisfaire les clients. La **technologie** va estimer les barrières à l'entrée et le niveau de technologie incorporé aux produits.

Commerce	• La structure de distribution (en parts de marché). • Les motivations générales des consommateurs (sensibilité au prix, à la marque, préférence nationale...). • Les agences locales de renseignements commerciaux (Coface, Hermes, Dun and Bradstreet) pour évaluer le risque client. • Les secteurs porteurs.	• Au Pérou, la grande distribution est peu développée. • Les Allemands sont sécuri-maniaques ; ils ont besoin d'être rassurés et sont très attentifs au niveau de qualité et de fiabilité des produits importés. • Le luxe et l'hôtellerie figurent très souvent en tête des secteurs français prisés dans la plupart des pays étrangers.
Technologie	• L'avancée technologique. • Les brevets, la politique d'innovation. • Les secteurs de pointe.	L'entreprise n'abordera pas le pays si ses concurrents directs ont déposé des brevets pour leurs produits, car elle devrait engager des coûts trop importants pour rivaliser avec eux.

RESSOURCE 6 LES ASPECTS JURIDIQUES

L'entreprise doit identifier le niveau de protection dont elle dispose en cas d'exposition aux risques et lors de la résolution de conflits, ainsi que les moyens de les anticiper.

Juridique	La source du droit local : droit latino-germanique, droit codifié où les sanctions sont connues à l'avance, Common Law, droit jurisprudentiel, ou droits d'inspiration religieuse, bouddhiste ou islamique.	Quand elles traitent avec des clients résidant dans les pays du Common Law, les entreprises ne connaissent pas à l'avance le montant des dommages-intérêts qui peuvent être colossaux. En témoignent des millions d'USD de réparation de préjudices mineurs.
	L'existence d'un système de droit : droit commercial, de la distribution.	L'Ouzbékistan n'adhère pas encore à l'OMC et son droit commercial est embryonnaire.
	La propriété industrielle : délivrance de brevets, enregistrement de marques au plan international.	Depuis que la Chine est entrée dans l'OMC, elle se protège contre la contrefaçon car elle en est également victime à présent.
	• L'organisation judiciaire. • La résolution des conflits par l'arbitrage.	Tous les pays ne reconnaissent pas l'arbitrage, comme la Corée du Sud, ce qui impose le recours aux tribunaux pour régler les différends.

Conseil de pro

La connaissance de la culture est cruciale car toute maladresse peut entraîner une fermeture définitive du pays étranger et une image de marque ternie pour l'entreprise. Aucune assurance ne pourra réparer ces désagréments et la liste des erreurs culturelles est longue, même pour des entreprises expérimentées.

MÉTHODE RÉALISER UNE ÉTUDE PAYS

1 Collecte d'informations

De nombreux sites existent, certains sont incontournables, comme les sites de Business France, Coface, Ducroire, perspective-usherbrooke.ca, trademap.org... mais aussi les magazines dédiés au commerce international (*LE MOCI*, *Classe Export*, *Entreprendre à l'étranger – revue des CCE*). Les exportateurs peuvent aussi s'inscrire sur des sites ou auprès d'organismes consulaires ou institutionnels, comme les conseils régionaux, pour recevoir des informations, des newsletters ciblées, assister à des événements consacrés à un pays, des conférences, débats organisés par les organismes d'appui, notamment quand ils reçoivent des délégations commerciales de pays étrangers, conseillers employés à l'étranger, experts internationaux...

2 Analyse des informations

Une fois les informations collectées, elles doivent être :

- Sélectionnées, en lien avec l'entreprise et son produit. Toutes les informations ne sont pas utiles, notamment l'histoire où il ne faut s'attacher qu'aux faits marquants.
- Vérifiées pour éviter les doublons, les incohérences. Cette vérification se fait selon trois critères :
  - pertinence de l'information ;
  - fiabilité de la source d'information ;
  - récence de l'information.

Adresse URL	Pertinence	Récence	Fiabilité

- Exposées synthétiquement et rangées dans des rubriques.
- Classées en opportunités et menaces, sous forme de tableau les recensant sur un recto de page afin d'avoir une vision rapide du nombre et de la nature des dangers ou des éléments positifs.
- Commentées : nature des menaces...

3 Prise de décision

Situation	Décision	Précautions
Opportunités > aux menaces	Marché très intéressant : continuer le projet.	Évaluer si les menaces sont rédhibitoires ou pas. Par ex. : demander une norme impossible à obtenir pour l'entreprise.
Opportunités = menaces	Marché potentiellement intéressant : différer le projet.	• Attendre un peu pour consolider l'entreprise. • Affiner l'étude.
Opportunités < menaces	Marché trop risqué : abandon du projet.	Les menaces peuvent-elles se transformer à court terme en opportunités ? Par ex. : un pays qui entrerait dans l'OMC...

ENTRAÎNEMENT 1 QCM

• **Validez vos connaissances en cochant la (ou les) bonne(s) proposition(s) puis justifiez oralement vos réponses.**

1. Un coup d'État est un risque :

- ☐ Commercial.
- ☐ Naturel.
- ☐ Politique.

2. Une pyramide des âges indique :

- ☐ L'âge du pays.
- ☐ L'âge de la population.
- ☐ L'âge des entreprises.

3. La géopolitique recouvre des informations sur :

- ☐ La géographie.
- ☐ La politique.
- ☐ La culture.

4. Les infrastructures de transport sont :

- ☐ Des moyens de transport.
- ☐ Des points de vente.
- ☐ Des installations destinées à faciliter le transport.

5. Une devise différente de la nôtre amène :

- ☐ Un risque de change.
- ☐ Un risque de devaluation.
- ☐ Une modification des taux d'intérêt.

QCM

lienmini.fr/20410qcm05

Accédez à la suite de ce QCM en utilisant le QRcode ou le lien URL.

ENTRAÎNEMENT 2 ÉTABLIR UN DIAGNOSTIC EXTERNE

• **Indiquez si les éléments proposés représentent une opportunité ou une menace en justifiant votre réponse.**

	Opportunité	Menace	Justification de la réponse
Une économie en pleine croissance.			
Un régime dictatorial.			
Une surface maritime importante.			
Une démographie en baisse.			
Des infrastructures obsolètes.			
Des revenus par habitant élevés.			
Un pays n'appartenant à aucune organisation internationale.			
Une absence de droit commercial.			
Un très faible taux d'importations.			
Un taux d'endettement très faible.			

ENTRAÎNEMENT 3 ÉLABORER UNE ÉTUDE D'UN PAYS ÉTRANGER : L'IRAN

La société Celliose produit les peintures à haute technologie, notamment insecticides, commercialisées sous la marque Artilin (www.artilin.fr). Cette entreprise est située à Pierre-Bénite, près de Lyon, et existe depuis 1932. L'entreprise exporte sur les 5 continents. Elle s'intéresse depuis janvier 2016 au marché iranien. Elle vous confie le soin de lui remettre une étude synthétique commentée du marché iranien.

1. **Listez dans un tableau les sites pertinents, fiables et récents pour collecter les informations utiles.**
2. **Établissez l'étude synthétique de l'Iran.**
3. **Analysez-la et concluez sur les perspectives de ce marché pour Artilin.**

Vers le BTS PRÉPARATION À L'ÉPREUVE E41

Vous préparez un dossier d'opportunités pour le groupe Panther qui fabrique et commercialise des produits d'hygiène corporelle sous la marque Cottage. Cette entreprise, située à Gradignan, a été créée par les frères Madrid en 1945. Elle dispose d'un site Internet : http://fr.cottage.tm.fr. Elle exporte sur le continent américain, dans quelques pays d'Afrique, en Europe et en Asie. Le directeur Export souhaite aborder l'Australie.

Répartissez la classe en sous-groupes, destinés à étudier une dimension du pays :

- histoire/géographie ;
- démographique et sociale ;
- économique et financière ;
- politique/géopolitique/risques ;
- commercial et technologie ;
- culture et juridique.

Les informations utiles seront collectées et vérifiées. Pour cela, vous travaillerez en salle informatique, ou au CDI. Les caractéristiques seront synthétisées dans un tableau collaboratif, qui sera rempli au fur et à mesure. L'analyse sera réalisée par le groupe entier. Le résultat sera présenté à l'oral, sous forme d'exposé.

Le travail sera structuré sous forme de dossier comprenant :

- une présentation (10 lignes maximum) de l'entreprise et de ses objectifs ;
- la synthèse des opportunités/menaces pour chaque dimension, leur analyse, sur deux pages maximum.

L'exposé pourra être présenté avec un diaporama à l'appui.

ENTRAÎNEMENT

CHAPITRE

6 L'analyse de l'offre

Compétences attendues

- **UC41CP1** : Mener une veille commerciale permanente (recherche documentaire), collecter l'information, S'assurer de sa fiabilité et de sa pertinence au regard de la recherche
- **UCP41CP2 :** Analyser et sélectionner l'information commerciale et repérer les contraintes réglementaires sur les marchés étrangers.
- **UCP41CP5 :** Analyser l'information collectée et en établir la synthèse

Savoirs associés

- **S112 :** Structure et fonctionnement d'un marché
- **S131 :** Statistiques descriptives

CONTEXTE PROVENCE TRADITION

Créée en 1987 en Avignon et dirigée par Vincent Mignerat, Provence Tradition commercialise ses herbes de Provence au sein d'une gamme de produits d'épicerie fine.

Face à une concurrence qui importe massivement des pays d'Europe de l'Est, d'Albanie ou du Maghreb et confrontée à la raréfaction des plantes locales, Provence Tradition a choisi d'agir en accompagnant la remise en culture d'espèces sur leur terroir d'origine.

Les aromates qu'elle met sur le marché représentent aujourd'hui près de 75 % de la production provençale et sont d'une qualité incomparable grâce à des plantes aux arômes exceptionnels, un système de production rigoureux et le respect de la sécurité alimentaire.

Provence Tradition s'approvisionne auprès de producteurs regroupés en coopératives. Elle réalise environ 15 % de son CA à l'export, en Allemagne, au Royaume-Uni, au Benelux, en Suède et au Canada. Aujourd'hui, elle s'intéresse au marché des États-Unis.

Quelles informations collecter pour analyser l'offre déjà présente sur un marché étranger ? Comment analyser ces informations ?

FICHE D'IDENTITÉ

Dénomination sociale
Provence Tradition

Forme juridique
SARL

Activité
Commercialisation de gros de café, thé, cacao et épices

Site Internet
www.provence-tradition.com

CA 2014
800 000 EUR dont 15 % à l'export

Effectif
Entre 6 et 9 salariés

PROLONGEMENT NUMÉRIQUE

Comment bien choisir les incontournables herbes de Provence ? (6'34)
lienmini.fr/ci410provence

1. Quelles sont les herbes qui composent « les herbes de Provence » ?
2. Pourquoi parle-t-on d'un produit « herbes de Provence » et non pas de plusieurs produits ?

MISSION 1 Identifier différentes catégories de marchés ANNEXES 1 à 4

1. Caractérisez le produit « herbes de Provence ».
2. Complétez le tableau de l'annexe 3.
3. Précisez les produits concurrents directs et indirects.

Lexique

▸ Les concurrents directs offrent des produits similaires et sont faciles à identifier. L'offre des concurrents indirects n'appartient pas à la même famille de produits mais répond aux mêmes besoins.

Lexique

▸ Les caractéristiques fonctionnelles ou intrinsèques du produit sont les attributs réels, objectifs et observables du produit. Elles peuvent être classées en trois grandes catégories : la formule du produit (description technique des composantes du produit), les performances du produit (performances objectivement observables), le design du produit (aspect visuel extérieur du produit et/ou de son emballage).

MISSION 2 Analyser la concurrence locale ANNEXE 5

1. Identifiez l'offre locale : existe-t-il une production locale dans le pays visé ? Quels sont les produits fabriqués localement ? Qui sont les producteurs ?
2. Qualifiez l'offre locale :
   - ✓ les produits : caractéristiques, niveau de gamme, prix…
   - ✓ les producteurs : établissez une fiche signalétique des producteurs identifiés précédemment. Sont-ils nombreux ? Quelle est leur notoriété ? Leur CA ? Leur taille ? Leur part de marché ? Présentez l'ensemble des éléments de manière très synthétique.
3. Quantifiez l'offre locale : volume de la production nationale, valeur de la production nationale, importations…

Lexique

▸ L'offre locale est matérialisée par la production nationale. L'analyse de cette offre consiste à identifier, qualifier et quantifier la production nationale du produit étudié.

MISSION 3 Analyser la concurrence étrangère

1. Créez un compte sur www.trademap.org.
2. Téléchargez le tableau des importations américaines d'épices (code SH : 091091 Mélanges d'épices).
3. À partir des éléments téléchargés, analysez l'offre étrangère sur le marché américain.

Lexique

▸ L'analyse de l'offre étrangère consiste à identifier l'origine des importations et à la quantifier.

ANNEXE 1 Label Rouge

Le Label Rouge herbes de Provence a été homologué par décret paru au Journal officiel le 13 novembre 2003. L'AIHP, association interprofessionnelle, qui regroupe des entreprises de production, de transformation et de distribution des plantes aromatiques, a créé, avec le Label Rouge herbes de Provence, la première recette pour le mélange herbes de Provence, de qualité supérieure et précisément définie dans sa composition : 27 % d'origan, 27 % de sarriette, 27 % de romarin, 19 % de thym.

http://www.franceagrimer.fr

ANNEXE 2 Les herbes de Provence : des plantes aromatiques, mais pas seulement !

Impossible de s'intéresser à la gastronomie du sud-est de la France sans évoquer les herbes de Provence. Bien plus que des herbes aromatiques, elles représentent l'un des symboles forts de la région. [...]

Les herbes de Provence en chiffres

400 : c'est le nombre d'hectares de cultures dédiés aux herbes de Provence en France.

100 : c'est le nombre de producteurs qui se trouvent en région Provence-Alpes-Côte d'Azur et dans la Drôme.

50 : c'est le pourcentage de la production française exportée.

Un produit précieux et fragile dont on sait prendre soin

Dans le Sud-Est, on prend les herbes de Provence très au sérieux. Les herbes ne doivent pas être humides pour ne pas moisir, sans pour autant être trop sèches, afin de ne pas s'effriter. Complexe, le processus de production apporte encore davantage de saveur au mélange, et l'on se surprend à comparer les herbes à des ingrédients précieux dont il faut prendre grand soin. Car, pour des herbes de Provence de qualité, il faut du temps, de la passion et de la technique, et ce ne sont pas les producteurs français qui vous diront le contraire !

Lexique

▸ La démarche qualité est l'ensemble des actions menées par une entreprise pour améliorer la qualité des produits, proposer de meilleurs produits, services ou prestations aux clients. La mise en place d'une démarche qualité est accompagnée de la reconnaissance d'un organisme certificateur.

Des herbes de Provence aux multiples saveurs

Plus globalement, on appelle herbes de Provence diverses herbes aromatiques. Parmi les plus connues, on trouve le basilic et le persil. Pourtant, dans le Midi, d'autres herbes savent se rendre indispensables. C'est le cas du romarin [...], du thym (blanc, laineux, germandré...), du cerfeuil et de l'estragon.

Moins connue, notamment si l'on ne vit pas dans le Sud, la sarriette occupe une place à part dans le cœur des Provençaux.

www.lepetitmarseillais.com

ANNEXE 3 Tableau d'identification des produits sur le marché

Types de marchés	
Marché générique	
Marché principal	
Marché des produits substituts (ou de substitution)	
Marché des produits complémentaires	

VIDÉO

Quels sont les différents types de concurrents ? (2'07)
lienmini.fr/ci410concurrence
Suivez le lien ou le QRcode pour retrouver une vidéo présentant les différents types de concurrence sur ce marché.

EN CONTEXTE

ANNEXE 4 What's the difference between herbs and spices ?

We often hear the term « herbs and spices ». As any amateur chef knows, herbs and spices are vital ingredients in many dishes. [...] But have you ever stopped for a moment to think what the difference is between the two families of food flavor enhancers ?

Both spices and herbs are parts of plants (fresh or dried) that are used to enhance the flavor of foods. They've also been known to preserve foods, cure illness and enhance cosmetics.

The difference between the two is where they are obtained from a plant.

Herbs come from the leafy and green part of the plant. Spices are parts of the plant other than the leafy bit such as the root, stem, bulb, bark or seeds.

Examples of herbs include basil, oregano, thyme, rosemary, parsley and mint. They are usually grown in more temperate areas than spices and have great medicinal value, and are also used in the preparation of cosmetic products.

Spices are usually dried before being used to season foods. Some examples are cinnamon, cloves, ginger and pepper. Unlike herbs, they are grown in more tropical countries. [...] Despite the above clarification, according to the American Spice Trade Association, spices are defined as "any dried plant product used primarily for seasoning purposes". This really broadens the definition of spices, allowing it to include herbs, dehydrated veggies, spice blends and spice seeds.

www.fooducate.com

ANNEXE 5 Herbs : a small-scale agriculture alternative

The term « herbs » has many meanings. The most accepted one is « plants that are not used solely as vegetables or ornaments." [...]

They include vegetables such as garlic[1], flavoring items such as red peppers or mint, decorative flowers such as roses, various oilseed shrubs[2], ground-cover plants such as lemon thyme or perennial chamomile, edible flowers such as nasturtiums[3], trees such as the linden or bay, and plants such as chrysanthemums that may be intercropped and used as an alternative to pesticides.

Herbal processed products include fresh and dried flowers ; leaves, barks, roots, and seeds-dried, ground, or dissolved powders ; essential oils [...] and oleoresins, naturally occurring mixtures of oil and resin. Some other products are condiments, spices, or food seasonings ; teas ; dyes ; cosmetic products ; and so-called health foods.

The competition is intense in producing and marketing herbs, and producers range from giant corporations to small-scale entrepreneurs and hobbyists. Regardless, there are opportunities for new herb producers as the market expands.

The world market is extremely volatile, with prices ranging from less than $1 a pound for some herbs to more than $100 a pound for others. Political situations in third world countries (where much of the world production is found) causes shortages, and prices fluctuate widely. Increasing commercial herb production in the United States will help maintain some equilibrium in supplies and the stability of sellers' prices.

Consumer and producer interest in herbs is increasing. [...] Increasing consumer interest has created more competition in herb production by growers. [...]

For the small-scale entrepreneur, the best chance of competing may be in plant sales. With interest in gardening at an all-time high and no diminishing of interest in sight, gardeners are searching for a wide variety of herbs for cooking, landscaping, and alternative health needs. A prospective producer might consider starting a mail order business. Many home gardeners and others market herbs that way. Herb plant sales are increasing every year, and the enterprising grower who combines knowledge and service along with plant sales is doing well.

http://sfp.ucdavis.edu

1. *Garlic* : ail.
2. *Oilseed shrubs* : arbuste oléagineux.
3. *Nasturium* : capucines.

Pour se développer à l'international, une entreprise doit analyser l'offre correspondant à son secteur d'activité sur ce marché, de façon à pouvoir se positionner. On appelle offre du marché le nombre et l'origine des produits proposés par les vendeurs. L'offre peut également désigner l'ensemble des acteurs participant à la mise d'un bien et/ou service sur le marché.

- **Produits proposés** : Quels sont ces produits ? Quelles sont leurs caractéristiques ?
- **Nombre** : Quelles sont, en valeur et volume, les quantités de produits commercialisés ? Quelle est leur fourchette de prix ?
- **Type et origine de la concurrence** : Qui sont les concurrents ? Sont-ils directs ? Indirects ? Quel type de concurrence règne sur ce marché ? Quelle est la concurrence nationale, étrangère ?

RESSOURCE 1 L'OFFRE ET LES PRODUITS PROPOSÉS

Le produit est un bien ou un service offert sur le marché de façon à y être remarqué, acquis ou consommé en vue de satisfaire un besoin (Kotler et Dubois, 1997).

On distingue différentes catégories de marchés sur lesquels un client trouvera les produits :

Type de marché	Explications
Générique	Ensemble des produits et services répondant à un même besoin.
Principal	Ensemble des produits techniquement identiques à celui de l'entreprise et directement concurrents.
Des produits substituts (ou de substitution)	Ensemble des produits de nature différente de celui de l'entreprise, mais satisfaisant le même besoin et les mêmes motivations.
Des produits complémentaires	Ensemble des produits nécessaires à l'utilisation du produit considéré.

RESSOURCE 2 LA CONCURRENCE ET LE NOMBRE D'OFFREURS

1 Typologie de situation concurrentielle

Le marché générique se compose d'un ensemble de produits identiques et de produits substituts fabriqués et vendus par des entreprises concurrentes. Toute entreprise qui entre sur un marché est donc confrontée à la concurrence.

La concurrence est constituée de l'ensemble des acteurs (les concurrents) proposant des biens ou services répondant au même besoin que celui auquel cherche à répondre l'entreprise par le biais de son offre commerciale.

On distingue différents types de situations concurrentielles en fonction du nombre d'entreprises concurrentes présentes sur le marché :

- **Monopole** : cas d'une offre constituée d'un seul offreur. Cette situation est rare.
- **Oligopole** : cas très fréquent où l'offre est constituée d'un petit nombre d'offreurs (en général des grandes entreprises) qui se partagent le marché.
- **Concurrence** : l'offre émane d'une multitude d'offreurs de tailles différentes.

2 Le type de concurrence

On distingue plusieurs types de concurrents en fonction de leurs produits ou de leur situation sur le marché :

- **Les concurrents directs** : entreprises commercialisant le même type de biens ou services.
- **Les concurrents indirects** : entreprises commercialisant des produits techniquement différents mais satisfaisant des besoins identiques.
- **Les concurrents potentiels** : entreprises non encore présentes sur le marché, mais qui pourraient y entrer.
- **La concurrence interne** : produits de l'entreprise qui sont en concurrence avec d'autres. Ils risquent de provoquer une cannibalisation.

RESSOURCES ET MÉTHODE

3 L'origine de la concurrence

Les concurrents sur un marché peuvent être nationaux (producteurs locaux) ou étrangers (importations). Aussi l'exportateur potentiel devra-t-il les identifier au moyen d'une signalétique : nom, coordonnées, forme juridique, chiffre d'affaires...
Selon le nombre d'entreprises concurrentes présentes sur le marché, une fiche pour chacune ne peut être créée. Dans ce cas, les produits concurrents seront qualifiés selon leur plan de marchéage (Produits/Prix/Distribution/Communication).

RESSOURCE 3 L'ANALYSE DE L'OFFRE PRÉSENTE SUR UN MARCHÉ ÉTRANGER

L'analyse de l'offre doit être rigoureuse et méthodique, afin d'éviter à l'entreprise de se lancer sur un marché où la concurrence est trop forte, ou dans un secteur présentant une évolution trop faible pour absorber un nouvel entrant. Cette analyse, à la fois qualitative et quantitative, est menée selon l'origine de l'offre à la fois locale (A) et étrangère (B).

1 L'analyse de l'offre locale (ou nationale)

L'analyse de l'offre locale consiste à identifier, qualifier et quantifier la production nationale du produit étudié. Elle va porter sur plusieurs éléments :

Points d'analyse	Objectifs	Questionnement
Identifier l'offre locale	Connaître les produits concurrents fabriqués localement et les entreprises concurrentes nationales.	Existe-t-il une production dans le pays visé ? Quels produits sont fabriqués ? Qui sont les producteurs ? (nom, origine, ancienneté, parts de marché...)
Qualifier l'offre locale	Connaître la qualité des produits locaux.	Les produits : caractéristiques, niveau de gamme, labels.
Quantifier l'offre locale	Évaluer en volume et en valeur la quantité produite nationalement et en prévoir les évolutions.	Quels sont les volumes produits localement ? Quelle valeur représente la production nationale ?

Le niveau de la production nationale peut être nul ou très faible, ou bien au contraire très important. Quelle doit alors être la réaction de l'entreprise ?

- **Production nulle** : le marché peut être une réelle opportunité ou au contraire indiquer qu'il est impossible de commercialiser le produit.
- **Faible** : Existe-t-il des opportunités ?
- **Très importante** : y a-t-il une place sur le marché ou sur un petit segment ?

2 L'analyse de l'offre étrangère

L'objectif est d'identifier l'origine et de quantifier les importations du produit dans le pays visé.

Éléments de l'offre	Objectifs	Questionnements
Les importations	Connaître le degré d'ouverture aux produits étrangers.	• Le pays importe-t-il ? Quelle est la part de ses importations ? • Quelle est leur origine ? (pays) • Quelles quantités sont importées en volume et en valeur ? Totales et par pays ? • Comment évoluent-elles ? • Répondent-elles à une saisonnalité ? • Quels sont les produits importés (concurrence directe/indirecte) ? • Quelle est leur fourchette de prix ?

Éléments de l'offre	Objectifs	Questionnements
Pays concurrents	Connaître les pays concurrents sur le marché ciblé.	• Quels sont les principaux pays concurrents (en général on s'attache à identifier les 5 premiers pays concurrents) ? • Quelle est leur part de marché respective ?
Position concurrentielle et image de la France	Connaître la position de la France sur le marché visé.	• Quelle est la part de marché de la France ? En volume ? En valeur ? • Quelle est sa position concurrentielle ?

Déterminer l'offre sur un marché étranger permet à l'entreprise française de savoir si un marché existe, si elle peut l'aborder et dans quelles conditions. S'il est très concurrentiel, elle peut repérer une niche ou un segment de marché inexploité, grâce à une innovation par exemple. S'il n'existe pas, elle peut le créer en faisant connaître ses produits. Cette décision sera prise après une analyse de l'état de la concurrence, nationale et étrangère, et de sa pression sur le marché visé.

	Offre quantitative	Offre qualitative	Analyse
Production	• En valeur. • En volume.	Origine des concurrents nationaux : • directs ; • indirects.	• Y a-t-il un marché ? • Si oui, quelle est sa structure : concurrentiel ou pas ? • Quel est le niveau de concurrence ?
Importations	• Valeur • Volume • % françaises/UE • % hors UE	• Origine des importateurs. • Caractéristiques.	
Prix	Fourchette.		Mon prix serait-il concurrentiel ?
Produits		• Types de produits (principaux, substituts). • Normes.	Barrières à l'entrée (pression concurrentielle).

MÉTHODE RÉALISER UNE ÉTUDE DE L'OFFRE OU DE LA CONCURRENCE

1 Collecter les informations

Les sources sont nombreuses (→ fiche méthode 8).

Pour l'offre locale : il s'agit d'identifier la production nationale du pays visé. Il est donc impératif de rechercher les informations sur des sites nationaux.

Pour l'offre étrangère : les statistiques d'importations du pays ciblé sont une mine d'informations. Pour vous les procurer, vous pouvez utiliser le site des douanes du pays ciblé ou le site www.trademap.org.

2 Analyser les informations

Sur le site de Trade Map et après avoir déterminé le code SH (cf. ci-après) du produit, il sera possible de télécharger au format Excel les statistiques d'importations du marché visé sur plusieurs années, en valeur, en volume, par pays. Après retraitement et reclassement des informations téléchargées, toutes les analyses pourront être réalisées en volume et en valeur.

- Rang de la France par rapport aux autres pays : si ce rang en volume et en valeur est différent, des conclusions en termes de prix à l'unité et du niveau de gamme des produits exportés par chaque pays peuvent en être tirées. Le rang de la France a-t-il évolué au cours des 5 dernières années ?

- Part de marché de la France et des principaux pays concurrents :

Calcul en valeur : Valeur des importations en provenance d'un pays / Valeur totale des importations du pays importateur

Calcul en volume : Volume des importations en provenance d'un pays / Volume total des importations du pays importateur

Pour améliorer la lisibilité de l'analyse, des graphiques de type « camembert » pourront être réalisés pour représenter les parts de marché (cf. fiches informatiques).

PDM relative : PDM de la France / PDM de son principal concurrent

La part de marché relative permet de comparer la place de la France par rapport au pays principal concurrent. Plus le résultat est grand, plus la France a un avantage concurrentiel important.

Calcul des prix à l'unité : Volume / Valeur

(L'unité est le plus souvent la tonne ou l'hectolitre pour les liquides).

- Le calcul se fera sur le total des importations, ce qui permettra de connaître le prix moyen à l'unité des importations. Il se fera aussi pour les importations en provenance de la France et des principaux pays concurrents.

RESSOURCES ET MÉTHODE

Analyse des évolutions des importations

- Évolutions des importations totales du pays étudié en comparaison avec les importations en provenance de la France et des principaux pays concurrents :
- Des graphiques permettront de mieux visualiser et mieux comparer les différentes tendances (→ **fiche méthode 10**).
- Le calcul des taux d'évolution (en %) permettra d'affiner l'analyse :

En valeur : Taux d'évolution = (Valeur n – Valeur n-1)/Valeur n-1
En volume : Taux d'évolution = (Volume n – Volume n-1)/Volumen-1

Les résultats seront donnés en pourcentage.

- Saisonnalité des importations : le site Trade Map propose les valeurs trimestrielles et mensuelles des importations totales et par pays. La représentation graphique permettra d'identifier si une saisonnalité existe. Si c'est le cas, il est important pour l'entreprise d'identifier cette saisonnalité pour savoir à quel moment dans l'année elle devra intensifier sa prospection et sa communication.

Analyse des exportations françaises

Selon les produits, cette analyse peut s'avérer importante, notamment quand les régions françaises de production sont en concurrence (le vin par exemple).
Le site des douanes françaises (ec.europa.eu) donne les valeurs et volumes d'exportations françaises et régionales, à partir du code SH à 6 chiffres et du code du produit à 9 chiffres.

ENTRAÎNEMENT 1 QCM

• **Validez vos compétences en cochant la (ou les) bonne(s) proposition(s) puis justifiez oralement vos réponses.**

1. On appelle offre du marché :

☐ Les produits proposés par les vendeurs.
☐ L'origine de ces produits.
☐ Leur nombre et leur origine.

2. Le produit est :

☐ Un bien proposé pour satisfaire un besoin.
☐ Un service proposé pour satisfaire un besoin.
☐ Un bien ou un service proposé pour satisfaire un besoin.

3. Le marché générique est le marché sur lequel on trouve l'ensemble des produits :

☐ Techniquement identiques et directement concurrents.
☐ De nature différente mais satisfaisant le même besoin.
☐ Répondant à un même besoin.

4. Le marché principal est le marché sur lequel on trouve l'ensemble des produits :

☐ Techniquement identiques et directement concurrents.
☐ De nature différente mais satisfaisant le même besoin.
☐ Répondant à un même besoin.

5. La concurrence est constituée de l'ensemble des acteurs :

☐ Proposant des produits identiques à ceux de l'entreprise.
☐ Proposant des produits répondant au même besoin que celui visé.
☐ Présents sur le marché générique.

QCM

lienmini.fr/20410qcm06
Accédez à la suite de ce quiz en utilisant le QRcode ou le lien URL.

ENTRAÎNEMENT 2 ANALYSER L'OFFRE SUR UN MARCHÉ ÉTRANGER

La Société des Vins du Jura (S.D.V.J) est une entreprise familiale située à Arbois, dans le Jura. Elle est propriétaire récoltant de vins d'appellation d'origine contrôlée (A.O.C).

La SDVJ commercialise une gamme étendue de cuvées issues de différents cépages. Elle exporte principalement en Europe. La société s'intéresse aujourd'hui au marché américain.

• **À partir de l'annexe ci-dessous, réalisez l'analyse de l'offre américaine et indiquez les informations qu'il vous manque pour la compléter.**

ANNEXE La production de vin aux États-Unis

D'après l'Organisation internationale de la vigne et du vin, le vignoble américain est le 6e vignoble mondial avec 419 000 hectares (OIV, 2016). La superficie totale des vignobles aux USA représentait 5,5 % de la superficie mondiale totale en 2015. En Californie, cette taille est en augmentation récente avec 246 048 ha en 2015 (USDA, 2016). Il existe plus de 8 800 domaines, dont plus de 4 054 en Californie (Statista, 2016) où se concentre 90 % de la production. Les autres États producteurs d'importance sont :

- Washington, 2e, avec plus de 900 domaines pour une superficie supérieure à 20 200 ha (Washington State Wine, 2016) ;
- New York, avec plus de 15 000 ha ;
- L'Oregon, où plus de 10 000 ha de vignoble cultivent du pinot noir et gris ;
- La Virginie.

La principale région viticole des États-Unis est Sonoma County (plus de 24 200 ha pour plus de 350 domaines en 2015). La Napa Valley (+ de 18 200 ha et 400 domaines en 2015) est la plus connue, alors qu'elle ne produit que 4 % du volume total des vins californiens, mais plus de 25 % des ventes, en valeur, suivie de Monterey (plus de 18 300 ha et 175 domaines en 2015), 2e région viticole de Californie.

Évolution des superficies du vignoble	2012	2013	2014
Superficie (1 000 ha)	412,0	421,0	419,0
Part de la superficie du vignoble national dans la superficie du vignoble mondial (%)	n/a	5,7	5,8

Production

En 2015, les USA étaient le 4e producteur de vin au monde derrière l'Italie, la France et l'Espagne (+ 1 % par rapport à 2014) passant à 2 100 millions de litres, soit 8,05 % de la production mondiale (OIV, 2016). La production aura représenté à nouveau environ 70 % de la consommation nationale (71,3 % en 2015), dans les cinq États cités. La Californie a produit 229 millions de caisses de vin en 2015 (Wine Institute, 2016). La production de vin rouge est en très forte augmentation (+ 140 % en 10 ans), quoique moins importante que la production de vin blanc.

Le plus souvent, de petites et moyennes exploitations embouteillent elles-mêmes leur vin. 3 groupes, par ailleurs les 3 leaders au monde, ont vendu la moitié des vins commercialisés aux USA en 2015. Les 5 sociétés les plus importantes sont :

- E.&J. Gallo Winery : leader depuis 2009 avec plus de 22 % de PDM en 2015 (Euromonitor International, 2016).
- The Wine Group : environ 50 millions de caisses vendues aux USA. C'est un expert du Bag-in-Box (plus de 22 millions de caisses vendues par an).
- Constellation Brands : environ 42 millions de caisses vendues aux USA.
- Trinchero : environ 15 millions de caisses vendues aux USA.
- Treasury Wine Estates North America : environ 13 millions de caisses vendues aux USA.

Évolution de la production de vin	2012	2013	2014
Production de vin (milliers d'hectolitres)	29 811,0	31 146,0	30 214,0
Part de la production nationale de vin dans la production mondiale de vin (en %)	10,7	11,6	10,7

ENTRAÎNEMENT

Vers le **BTS**

PRÉPARATION À L'ÉPREUVE E41

Réalisez l'analyse de l'offre du marché étranger pour l'entreprise qui vous a confié la réalisation du diagnostic export, et avec son accord :

1. **Analysez la production nationale : l'offre locale, en quantité, en qualité.**
2. **Déterminez le code TARIC de votre produit avec les sites http://lekiosque.finances.gouv.fr, onglet statistiques, ou le site ec.europa.eu (lienmini.fr/ci410europa) ou www.trademap.org.**
3. **Téléchargez sur le site www.trademap.org au format Excel les importations en volume et en valeur du pays ciblé.**
4. **Analysez ces importations : en volume, en valeur, leur évolution, la PDM de la France, etc.**
5. **Rédigez (2 pages maximum) la synthèse de votre analyse, en l'illustrant de graphiques.**

CHAPITRE

7 L'analyse de la demande sur un marché étranger

Compétences attendues :

- **UC41CP1 :** Mener une veille commerciale permanente, collecter l'information à l'étranger, s'assurer de sa fiabilité et de sa pertinence au regard de la recherche
- **UC41CP2 :** Analyser et sélectionner l'information commerciale
- **UC41CP5 :** Analyser l'information collectée et en établir la synthèse

Savoirs associés :

- **S112 :** Structure et fonctionnement de marché
- **S131 :** Statistiques descriptives

CONTEXTE L'OLI D'OC

La SARL l'Oli d'Oc commercialise les produits de l'Huilerie confiserie coopérative de Clermont-l'Hérault depuis 1981. L'Huilerie de Clermont-l'Hérault est le seul établissement coopératif dans le département de l'Hérault. Il compte plus de 4 200 coopérateurs qui, dans leur grande majorité, sont des agriculteurs. Elle commercialise une large gamme de produits : huiles d'olive, olives, produits d'hygiène à base d'olives et d'huile d'olive... Elle a obtenu en 2013 la médaille d'or au Concours général agricole pour ses olives « Lucques vertes ». Afin de poursuivre son développement, la coopérative s'intéresse au marché américain. **Comment l'Oli d'Oc peut-elle évaluer la demande sur le marché américain ?**

FICHE D'IDENTITÉ

Dénomination sociale
Société coopérative agricole huilerie-confiserie coopérative interdépartementale de Clermont-l'Hérault

Activité
Fabrication d'huiles et graisses brutes (1041A)

Forme juridique
Société coopérative agricole, 21 dirigeants mandataires

Site Internet
http://www.olidoc.com/cooperative

CA 2015
800 000 EUR

Effectif
Entre 6 et 9 salariés

PROLONGEMENT NUMÉRIQUE

Huilerie Coopérative Clermont-l'Hérault Oli d'Oc (1'50)
lienmini.fr/ci410huilerie

1) Quels sont les produits vendus par l'Oli d'Oc ?
2) Quels sont les modes de distribution utilisés par l'Oli d'Oc ?

EN CONTEXTE

MISSION 1 **Quantifier la demande** **ANNEXES 1 à 3**

1. En utilisant les indications de l'annexe 1, complétez le tableau en annexe 2.
2. Calculez les taux d'évolution annuels et globaux pour chacun des indicateurs.

	2012/2013	2013/2014	2014/2015	2012/2015
Solde de la balance commerciale				
Taux de couverture				
Marché intérieur				
Taux de pénétration du marché intérieur				

3. En utilisant les données de l'annexe 4 et le résultat de vos calculs précédents, concluez cette analyse quantitative de la demande aux États-Unis en indiquant les évolutions et tendances dont l'Oli d'Oc devra tenir compte.

MISSION 2 **Qualifier la demande** **ANNEXE 3**

1. Identifiez les consommateurs sur le marché américain qui devront être pris en compte par l'Oli d'Oc : qui sont-ils ? quel est leur profil (âge, sexe, CSP, habitation…) ?
2. Identifiez les contextes et habitudes de consommation des consommateurs américains permettant à l'Oli d'Oc de pouvoir éventuellement adapter son plan de marchéage : fréquence d'achat, lieux et moments de consommation…

ANNEXE 1 Les indicateurs du commerce international

Indicateurs	Calcul	Explications
Solde de la balance commerciale	Exportations – Importations	Évaluation de la dépendance aux importations pour satisfaire sa demande intérieure.
Taux de couverture	Exportations / Importations × 100	Mesure du degré de dépendance du pays pour le produit étudié.
Marché intérieur	Production + Importations – Exportations	Mesure de la demande intérieure d'un pays pour un produit donné.
Taux de pénétration du marché extérieur	Importations / Marché intérieur × 100	Mesure de la dépendance d'un pays vis-à-vis des importations.

EN CONTEXTE

ANNEXE 2 Le calcul des indicateurs du commerce international

	2012	2013	2014	2015
Importations américaines d'olives	10 760	9 177	3 604	3 198
Exportations américaines d'olives	351	272	260	200
Production américaine d'olives	0	0	0	0
Solde de la balance commerciale				
Taux de couverture				
Marché intérieur				
Taux de pénétration du marché intérieur				

Données chiffrées extraites du site trademap.org

ANNEXE 3 Rapport sur les tendances alimentaires américaines

NPD surveille les habitudes et les attitudes des consommateurs américains alimentaires en sondant 5 000 personnes déclarant sur la consommation continue de 14 jours de tous les repas et les collations. Aux fins du présent rapport, sauf indication contraire, « condiments » désigne uniquement les cornichons et les olives.

Lexique
- NPD Group est une société qui élabore des études de marché.

Démographie de la consommation (selon Euromonitor International, juillet 2011)

- En 2011, les produits marinés aux États-Unis (US) ont été évalués à plus de US $ 2,3 milliards. Ce marché devrait voir une croissance positive lente mais constante des ventes en valeur au cours des prochaines années, pour atteindre US $ 2,4 milliards d'ici à 2015.
- En termes de volume, les produits marinés, comme d'autres condiments, sauces et vinaigrettes, devraient voir une baisse, car les consommateurs américains commencent à reprendre leurs habitudes de consommation de la restauration avant le ralentissement (Euromonitor International, novembre 2011). En moyenne, les Américains ont consommé 1,3 kg de produits marinés par habitant chaque année depuis 2008. Cela devrait baisser légèrement à 1,2 kg par habitant de 2013 à 2016.

Marchés de base (consommation au moins 20 % au-dessus du taux moyen)

- Adultes âgés de 55-64 et 64+ (olives et cornichons).
- Ménages ayant un revenu entre $ 40,000 $ et 49,000 (olives), $ 60,000 $ et 69,000 (olives et cornichons), et 70 000 $ et plus (olives).
- Ménages constitués d'une personne, de deux personnes (olives et cornichons), et de quatre personnes (olives).
- Blancs/consommateurs non-hispaniques (olives et cornichons).
- Célibataires aisés (olives) et milieu simple bas revenu (olives et cornichons).
- Personnes âgées actives célibataires et mariées (olives et cornichons).

Marchés sous-développés (consommation au moins 20 % en dessous du taux moyen)

- Enfants (olives et cornichons).
- Adultes âgés de 18-34 (olives et cornichons).
- Ménages ayant un revenu inférieur de 10 000 $ (olives et cornichons), entre 10 000 et 19 999 $, entre 30 000 et 39 999 $, et entre 50 000 et 59 999 $ (olives).
- Ménages de 3 personnes (olives et cornichons) et de 4 personnes (cornichons).
- Consommateurs noirs (olives et cornichons), consommateurs hispaniques (olives) et consommateurs asiatiques (cornichons).
- Ménages à double revenu sans enfant (olives).
- Parents isolés (olives).
- Familles traditionnelles (olives et cornichons).

Consommation locale

Olives et cornichons sont surtout consommés à la maison, les olives lors d'un repas principal à domicile (93 % du temps) ou comme collation à domicile (6,1 % du temps).

Occasions de consommation

Les olives sont consommées principalement en accompagnement d'un plat (43 % de de la consommation totale), mais aussi en apéritif (20,2 %) et dans le cadre d'un repas principal (14,9 %).

Moment de consommation

Les olives ont tendance à être consommées à la fin de la semaine, avec 20,2 %.

Près de la moitié de la consommation d'olives intervient pendant les mois d'hiver (45,6 %). Au printemps, 20,2 % de la consommation totale, et en été 22,8 %. Les olives sont moins consommées en automne (11,4 % de la consommation totale).

Méthodes de préparation

Les olives et les cornichons sont consommés sans l'utilisation d'un appareil ou autre procédé de préparation dans 60 % des cas. Ils sont souvent consommés frais (25,4 % du temps pour les olives et 35,2 % du temps pour les marinades). Les préparations chaudes à base d'olives représentent 2,6 % de la consommation totale d'olives.

Consommation par région

Les cornichons ont tendance à être plus populaires dans la région Est-Nord-Centre, alors que les olives sont plus populaires dans la région du Pacifique.

Consommation par région américaine (%)		
	Olives	**Cornichons**
Est – Nouvelle-Angleterre	2,6	4,0
Est – Mid-Atlantic	8,8	11,2
Central – East North Central	16,7	25,9
Central – West North Central	5,3	14,5
Sud – Atlantique Sud	12,3	14,9
Sud – East South Central	6,1	4,2
Sud – West South Central	7,9	9,9
Ouest – Montagne	17,5	8.0
Ouest – Pacifique	22,8	7,4

NPD Group.

Après avoir analysé l'offre, une entreprise qui souhaite aborder un marché étranger doit connaître et analyser les éléments qui caractérisent la demande.

RESSOURCE 1 LA NOTION DE DEMANDE

Lexique

▸ Selon l'Académie des sciences commerciales, « la demande se définit comme étant l'expression des intentions d'achat d'un bien ou d'un service destiné à satisfaire les besoins solvables des différents agents économiques en qualité de consommateur du bien ou du service. La demande a un caractère collectif et se présente comme une fonction faisant apparaître la quantité globale demandée aux différents produits à un moment donné. »
La demande est donc la traduction économique d'une des façons possibles de répondre à un ou plusieurs besoins.

- **Étudier la demande sur le marché visé** revient à **identifier la clientèle** et à dresser une sorte de portrait robot du client « type ».
- **Étudier la demande** présente sur un marché pour un produit ou un service signifie donc **définir la clientèle potentielle existante** sur ce marché, **définir le profil du consommateur**.

La notion de consommateur ne peut pas être dissociée de celle du produit et des besoins.

Exemple : Le président de Revlon dit : « Dans nos usines, nous fabriquons des cosmétiques. Mais dans nos magasins, nous vendons du rêve. »

→ Le produit représente un concept plus large que le bien ou le service lui-même.
Le produit ou le service est étroitement lié à l'existence d'un besoin à satisfaire chez l'individu consommateur.
→ Partir du besoin auquel répond le produit permet de définir le marché différemment.
Une entreprise qui souhaite mesurer et analyser un marché sur lequel elle est présente, ou sur lequel elle envisage d'entrer, se posera idéalement les questions :

Lexique

▸ Le marché est le lieu de rencontre entre l'offre et la demande relatives à un produit ou un service (→ chapitre 1).

Qui ?	Les individus concernés.
Quand ?	Les consommateurs achètent ou consomment le produit et/ou le service : contexte de consommation.
Pourquoi ?	Les consommateurs achètent le produit et/ou le service : bénéfices recherchés.

La **définition du marché** est ainsi plus large. Elle inclut non seulement les produits directement concurrents des siens mais aussi ceux qui sont susceptibles de s'y substituer et qui répondent aux mêmes besoins dans le même contexte de consommation.

L'analyse de la demande doit donc être conduite selon deux axes :

- un **axe qualitatif** : Qui est le consommateur de mon produit ? Pourquoi et comment consomme-t-il mon produit ?
- un **axe quantitatif** : Combien de consommateurs de mon produit y a-t-il sur le marché ? Combien de consommateurs pourront acheter mon produit et pas celui de mes concurrents ?

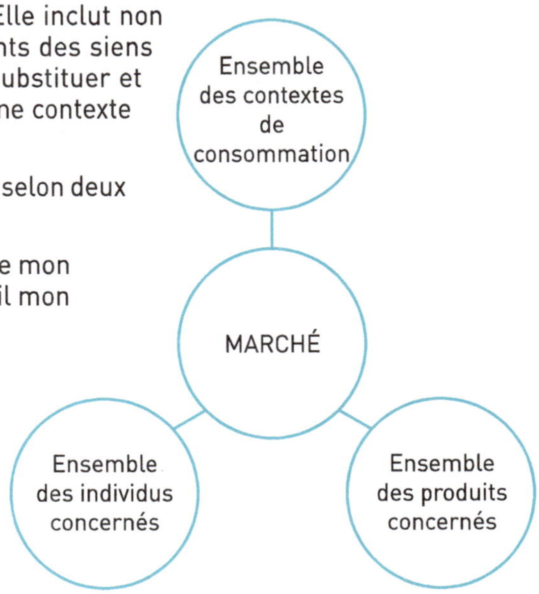

RESSOURCE 2 QUALIFIER LA DEMANDE

Qualifier la demande actuelle consiste à identifier :
- les individus consommateurs ;
- les contextes de consommation ;
- les raisons de la consommation (bénéfices recherchés).

1 Identifier les individus consommateurs

> **Lexique**
> On appelle consommateur toute personne physique ou morale qui acquiert ou utilise à des fins excluant tout caractère professionnel des produits ou des services mis sur le marché.

Le type de client

À partir de la notion du besoin auquel répond le produit ou le service, on va pouvoir définir le type de clients auquel l'entreprise va s'adresser et ainsi répondre à la question « Qui sont les utilisateurs de mon produit/service ? ».

Ainsi le consommateur (utilisateur) peut-il être :
- Une entreprise, une association : relation de BtoB.
- Un particulier : relation de BtoC.

Profil du consommateur

> **Lexique**
> Un segment de marché est un groupe homogène de consommateurs.

Une fois ce premier critère défini, on dresse ensuite la typologie du client (profil du consommateur), de façon à pouvoir identifier un ou des segments de marché sur le(s)quel(s) les efforts mercatiques de l'entreprise porteront.

Qui ?	Critères de segmentation
Particuliers	Sexe, âge, CSP (catégorie socio-professionnelle, lieu de résidence, habitudes de consommation, pouvoir d'achat...).
Entreprises	Secteur d'activité, type d'activité, emplacement géographique, taille, stratégie de développement, présence à l'international...

Les segments de marché identifiés par l'entreprise diffèrent parfois d'un pays à un autre.

Exemple : Le prix d'un produit peut être aligné sur celui du marché dans certains pays, et plus élevé dans d'autres où le pouvoir d'achat est faible. Dans ces derniers, l'entreprise ciblera plutôt des CSP supérieures.

L'acheteur

Le troisième critère à prendre en compte est l'acte d'achat : qui achète le produit ? En effet le consommateur n'est pas forcément l'acheteur.

Exemple : Une maman achète des couches pour son bébé mais ce n'est pas elle qui les utilise.

Qui achète ?	Explications
Particuliers	Homme, femme, le couple, le mari, l'épouse, la maman, le papa, l'enfant... La réponse varie selon les pays, la culture, les habitudes...
Entreprises	Les services achat, RH, commercial, recherche et développement...

Le payeur : celui qui paye n'est pas toujours l'acheteur.

Exemple : un enfant qui va acheter des bonbons.

Cet élément peut avoir des conséquences sur les stratégies marketing mises en place.

2 Identifier les contextes de consommation

Les contextes de la consommation d'un produit varient d'un pays à un autre.

Exemple : en France, le vin est souvent bu à table au cours d'un repas. Aux États-Unis et dans d'autres pays, il est considéré comme un apéritif.

Les éléments qui permettent de définir les contextes de consommations sont divers :
- **La fréquence d'achat** : Combien de fois par mois, par semaine, par an.... le consommateur achète-t-il ou consomme-t-il le produit ou le service ?
- **Le moment de consommation** : À quel moment le produit va-t-il être consommé ?
- **Le lieu de consommation** : Où le produit va-t-il être consommé ? À la maison ? Seul ? En famille ? Sur le lieu de travail ? D'un pays à un autre, les lieux de consommation peuvent être très différents.

3 Identifier les raisons de la consommation/de l'achat

Réponse à un besoin

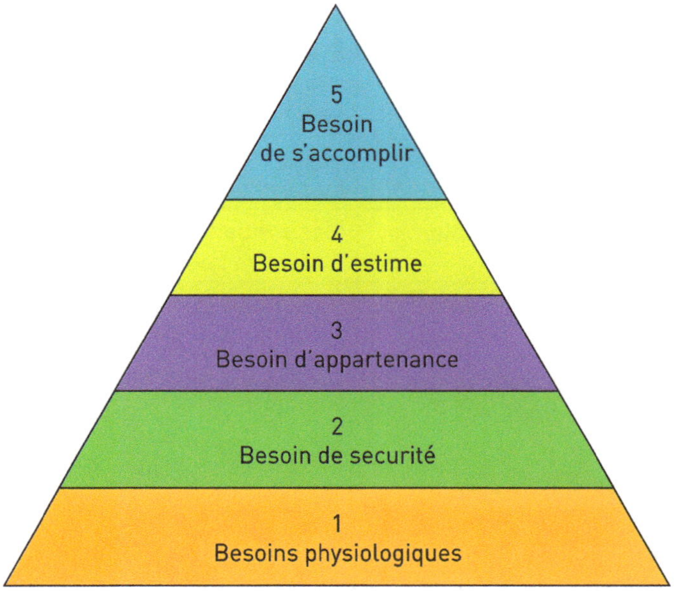

Pyramide de Maslow

> **Lexique**
> Un **besoin** est un manque psychique ou physique qui, non satisfait, se traduit en désir et motive une action. Maslow distingue cinq besoins fondamentaux : physiologiques, de sécurité, d'appartenance, d'estime et d'accomplissement de soi.

Réponse à d'éventuels frein(s) et motivation(s)

Il existe différents types de motivations et freins.

Motivations	Freins
• Psychosociologiques et physiologiques. • Rationnelles et irrationnelles. • Hédonistes/égoïstes (pour se faire plaisir) et oblatives (faire plaisir à autrui). • D'auto-expression : montrer sa réussite.	• Peurs. • Inhibitions : autocensure. • Risques : sécurité. • Tabous : dictés par la culture ou la religion.

> **Lexique**
> Les **motivations** sont des pulsions positives qui poussent le consommateur à l'achat. A contrario, les freins empêchent l'achat.

Réponse à une attente

Les attentes sont essentielles dans l'acte d'achat : elles conditionnent les critères d'évaluation des produits.

> **Lexique**
> Les **attentes** correspondent à des besoins exprimés, c'est une caractéristique dont le consommateur souhaite qu'un produit soit doté.

RESSOURCES ET MÉTHODE

Réponse à des stimuli environnementaux

Trois éléments permettent de définir l'environnement d'un consommateur et influencent le comportement d'achat :

- Le **groupe** : le sentiment d'appartenance à un groupe permet au consommateur de pouvoir s'identifier à ses pairs et joue un rôle de « normalisation ».
- La **famille** : la structure de la famille influence le comportement de consommation, ainsi que les évolutions sociales.
- La **situation au moment de l'achat** : l'atmosphère du magasin, les vendeurs, les quantités de produits disponibles.

RESSOURCE 3 QUANTIFIER LA DEMANDE DU PRODUIT

Différents indicateurs du commerce international permettent de quantifier la demande globale d'un marché étranger :

Indicateurs	Calcul	Explications
Solde de la balance commerciale	Exportations – Importations	Évaluation de la dépendance aux importations pour satisfaire sa demande intérieure.
Taux de couverture	Exportations / Importations × 100	Mesure du degré de dépendance du pays pour le produit étudié.
Marché intérieur	Production + Importations – Exportations	Mesure de la demande intérieure d'un pays pour un produit donné.
Taux de pénétration du marché extérieur	Importations / Marché intérieur × 100	Mesure de la dépendance d'un pays vis-à-vis des importations.

Les chiffres utilisés pour calculer ces indicateurs concernent le produit étudié et se trouvent pour la plupart sur le site www.trademap.org (→ chapitre 6).

Prévoir les évolutions de la demande

Analyse de l'évolution des indicateurs du commerce international

Le calcul des indicateurs sur plusieurs années (les 3 ou 5 dernières années) permet d'anticiper les évolutions futures de la demande.

Indicateurs	Exemple	Explications
Solde de la balance commerciale	Il est négatif et se détériore un peu plus tous les ans.	Les importations augmentent, les exportations diminuent, la demande augmente tous les ans. Il ne semble pas y avoir de raison pour que la tendance s'inverse.
Taux de couverture	Il diminue tous les ans de façon régulière, mais depuis 2 ans la tendance semble s'inverser.	Les exportations augmentent : c'est peut-être parce que la demande intérieure diminue ou que la production nationale augmente.
Marché intérieur	Il peut augmenter ou diminuer en volume et en valeur.	Il indique les tendances de la consommation en quantité. Si le volume stagne alors que le marché intérieur en valeur augmente, cela signifie que la demande se tourne vers des produits plus chers et de meilleure qualité.

Indicateurs	Exemple	Explications
Taux de pénétration du marché extérieur	Tendance à la baisse.	Cela peut signifier : soit que la demande est satisfaite grâce à une production nationale en hausse, soit que le niveau de la demande intérieure baisse.

Les méthodes mathématiques de calcul des prévisions

Lorsque les évolutions suivent une tendance linéaire, la représentation graphique indique une droite ; on utilise alors les méthodes soit de la droite de Mayer, soit de la droite de régression pour calculer les évolutions futures.

Importations allemandes d'huile d'olive en provenance de la France (en milliers de USD)

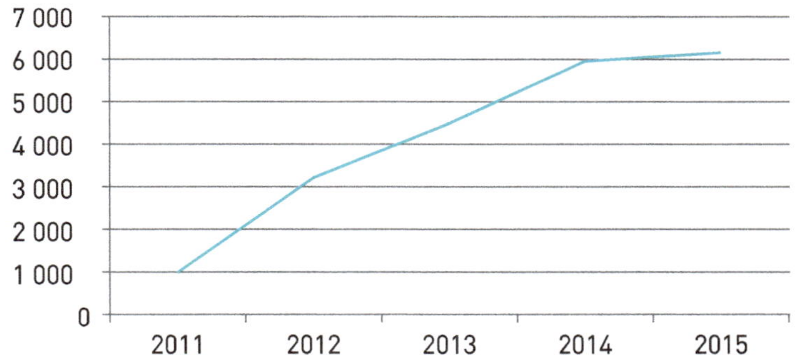

Source graphique : représentation graphique réalisée à partir des chiffres téléchargés sur trademap.org

Lorsqu'elles suivent une tendance saisonnière, la représentation graphique indique des creux et des bosses qui reviennent chaque année de façon identique, la méthode des coefficients saisonniers sera alors utilisée.

Exportations françaises de maillots de bain vers la Chine (en euros)

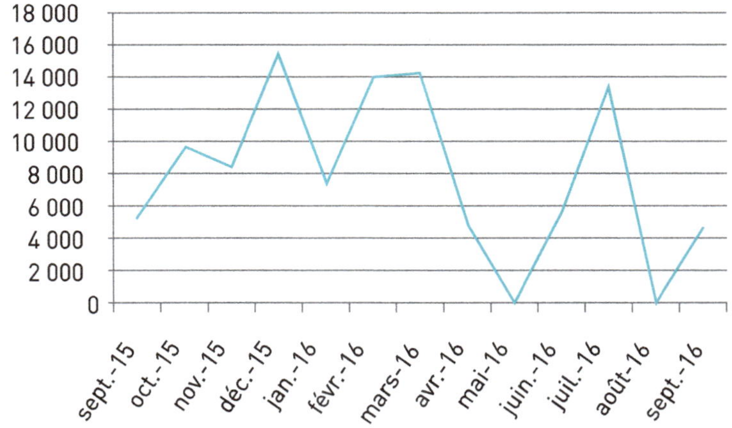

Source graphique : représentation graphique réalisée à partir des chiffres téléchargés sur trademap.org

RESSOURCES ET MÉTHODE

MÉTHODE 1 ÉTABLIR DES PRÉVISIONS QUAND LA TENDANCE EST LINÉAIRE

Deux méthodes sont généralement utilisées pour calculer les prévisions dans le cas d'une tendance linéaire : la méthode de Mayer et la méthode de la régression (ou moindres carrés). La méthode de Mayer est généralement utilisée lorsque la tendance est régulière et linéaire, celle des moindres carrés est préférée lorsque la tendance linéaire est moins régulière.

VIDÉO

La méthode de Mayer (4'22)
lienmini.fr/ci410mayer
Suivez le lien ou le QRcode pour découvrir la méthode de Mayer.

1 La méthode de Mayer ou des points moyens (ou de la double moyenne)

La représentation graphique se rapproche d'une droite. L'équation de toute droite est du type $y = ax + b$.
Cette méthode consiste à calculer les coordonnées de deux points moyens pour, à partir de ces deux points moyens, calculer l'équation de la droite.

Exemple : les importations allemandes d'huile d'olive en milliers de dollars et en provenance de la France

	2011	2012	2013	2014	2015	2016
	1	2	3	4	5	6
France	999	3 226	4 494	5 949	6 150	?

Pour simplifier les calculs, les années seront remplacées par 1, 2, 3...

x représente les années, y le CA, donc nous avons 2 inconnues dans l'équation : a et b.

Par ailleurs, pour calculer les coordonnées des deux points moyens, on isole deux groupes d'années. Comme nous avons le chiffre d'affaires sur 5 années, on va déterminer un premier groupe avec les trois premières années et un deuxième groupe avec les deux restantes.

1. Pour obtenir les 2 points moyens, on calcule la moyenne des années et du CA :
A : (1+2+3)/3 = 2 ; (999+3 223+4 494)/3 = 2 906,33
B : (4+5)/2 = 4,5 : (5 949+6 150)/2 = 6 049,50
On obtient un système d'équations à deux inconnues :

$$\begin{cases} 2\,906.33 = 2a + b \\ 6\,049{,}5 = 4{,}5a + b \end{cases}$$

2. Ensuite on retranche l'équation 1 à l'équation 2 pour trouver la valeur de a :
6 049,5 = 4,5a + b (équation 1 = groupe 1)
– 2 906,33 = – 2 a – b (équation 2 = groupe 2)
→ 6 049,5 – 2 906,3 = (4,5 – 2) a + (b – b)
Donc a = 6 049,5 – 2 906,3/2,5
a = 3 143,17/2,5, soit 1 257,27
Une fois a trouvé, on le remplace dans l'équation et on recherche b :
6 049,5 = 1 257,27 × 4,5 + b
b = 6 049,5 – (1 257,27 × 4,5) = 391,8
L'équation de la droite est donc : y = 1 257,27 x + 391,8
Pour évaluer les importations allemandes en provenance de la France pour 2016, il suffit de remplacer x dans l'équation par 6 : y = 1 257,27 × 6 +391,8 = 7 935,40 milliers USD.

2 La droite de régression ou moindres carrés

Excel dispose d'une fonction qui permet de calculer le coefficient *a* et *b* dans la droite $y = ax + b$:
a est la pente de la droite : sur EXCEL : = pente (sériey ; sériex)

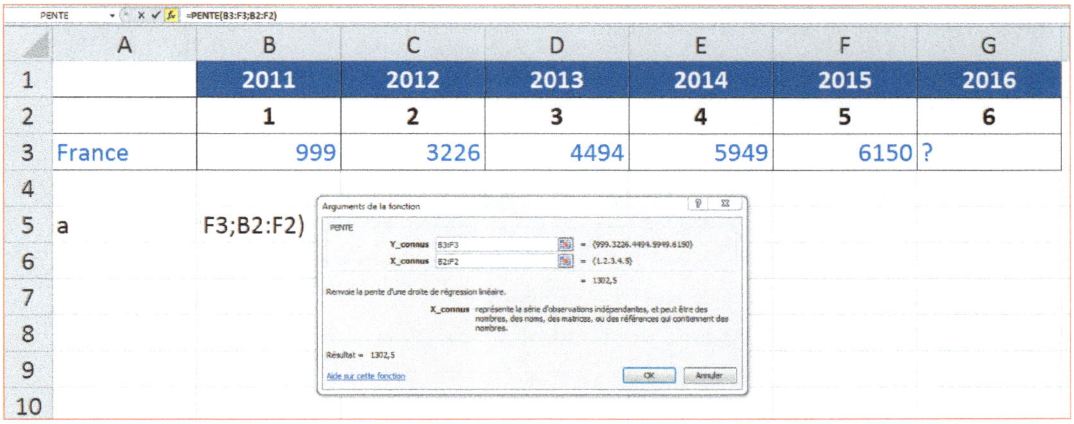

	A	B	C	D	E	F	G
1		2011	2012	2013	2014	2015	2016
2		1	2	3	4	5	6
3	France	999	3226	4494	5949	6150	?
4							
5	a	F3;B2:F2)					
6							
7							
8							
9							
10							

b est l'ordonnée à l'origine (quand $x = 0$) : = ordonnee.origine (sériey ; sériex)

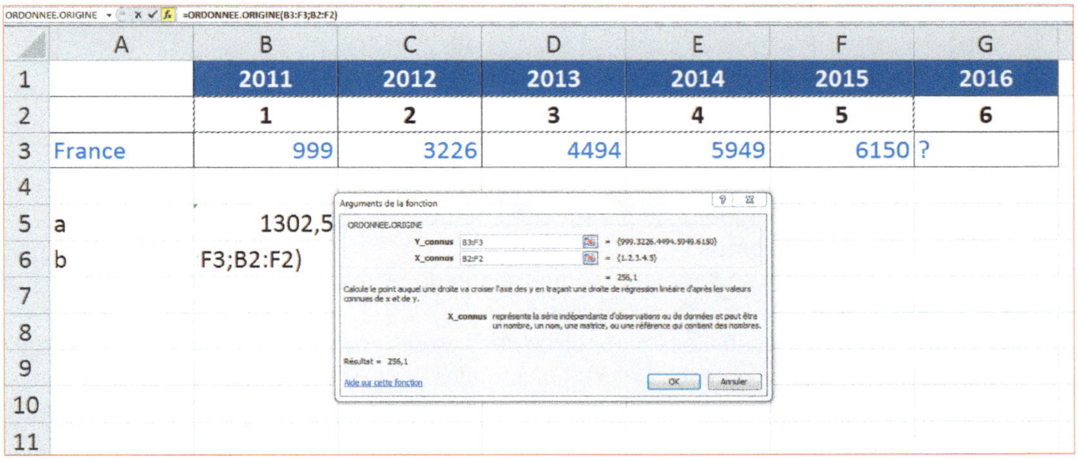

	A	B	C	D	E	F	G
1		2011	2012	2013	2014	2015	2016
2		1	2	3	4	5	6
3	France	999	3226	4494	5949	6150	?
4							
5	a	1302,5					
6	b	F3;B2:F2)					
7							
8							
9							
10							
11							

L'équation de la droite de régression est donc $y = 1\,302{,}5\,x + 256{,}1$
Pour évaluer les importations allemandes en provenance de la France pour 2016, il suffit de remplacer *x* dans l'équation par 6 : $y = 6 \times 1\,302{,}5 + 256{,}1 = 8\,071{,}10$ milliers USD.
Les résultats sont légèrement différents d'une méthode à l'autre.
Il faut garder à l'esprit que des prévisions dans le domaine du marketing doivent toujours être interprétées comme des indications et non comme des valeurs certaines. En effet, des aléas climatiques, une crise économique… peuvent venir bouleverser les tendances.

MÉTHODE 2 ÉTABLIR DES PRÉVISIONS QUAND LA TENDANCE EST SAISONNIÈRE

La représentation graphique des exportations françaises d'huile d'olive vers l'Allemagne ne sont pas régulières ; elles montrent une saisonnalité.

Exportations françaises d'huile d'olive vers l'Allemagne

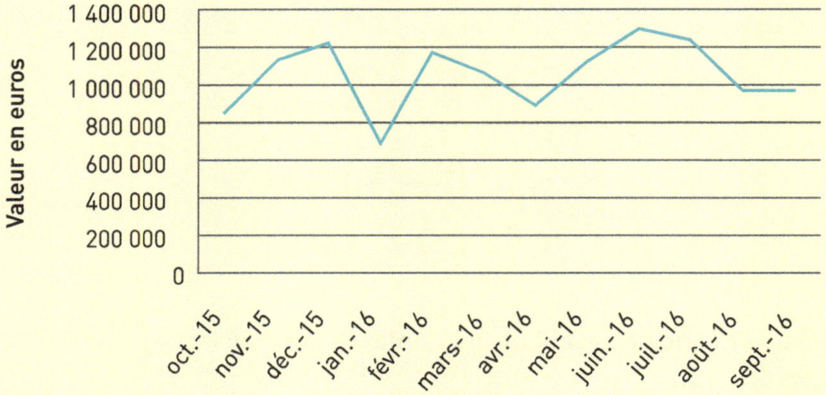

Graphique réalisé à partir des chiffres téléchargés sur www.lekiosque.finances.gouv.fr

Il peut être important pour une entreprise de connaître les tendances saisonnières pour pouvoir programmer des actions de prospection au bon moment.
Le calcul se fait en deux temps :

1. Calcul des coefficients saisonniers (comparaison de la valeur mensuelle par rapport au total annuel × 100).
2. Calcul des prévisions mensuelles à partir de la prévision des exportations totales. Dans l'exemple ci-dessous, il a été prévu que les exportations totales de la France augmentent de 10 %.

Mois	Valeurs en EUR	Coefficients	Explications	Prévisions	Explications
oct-15	857 677	0,068	857 677 / 12605403	943 445	13 865 943 × 0,068
nov-15	1 123 296	0,089	1 123 461 / 12 605 403	1 235 626	13 865 943 × 0,089
déc-15	1 223 461	0,097	1 223 461 / 12 605 403	1 345 807	13 865 943 × 0,097
janv-16	687 022	0,055	....	755 724	...
févr-16	1 172 096	0,093		1 289 306	
mars-16	1 062 547	0,084		1 168 802	
avr-16	884 593	0,070		973 052	
mai-16	1 121 906	0,089		1 234 097	
juin-16	1 294 672	0,103		1 424 139	
juil-16	1 240 838	0,098		1 364 922	
août-16	970 518	0,077		1 067 570	
sept-16	966 777	0,077		1 063 455	
Total	12 605 403	1		13 865 943	12 605 403 × 1,1

ENTRAÎNEMENT 1 QCM

• **Validez vos connaissances en cochant la (ou les) bonne(s) proposition(s) puis justifiez oralement vos réponses.**

1. Étudier la demande consiste à :

- ☐ Identifier la clientèle.
- ☐ Évaluer la clientèle potentielle.
- ☐ Identifier la clientèle et évaluer la clientèle potentielle.

2. La notion de consommateur :

- ☐ Doit être dissociée de celle du produit.
- ☐ Doit être dissociée de celle des besoins.
- ☐ Ne peut pas être dissociée de celle du produit et des besoins.

3. Lorsqu'on étudie la demande sur un marché, la définition du marché doit prendre en compte :

- ☐ Les contextes de consommation.
- ☐ Les individus concernés.
- ☐ Les produits concernés.

4. Qualifier la demande consiste à :

- ☐ Identifier les individus consommateurs.
- ☐ Identifier les individus consommateurs, les contextes de consommation et les raisons de la consommation.
- ☐ Identifier les raisons de la consommation.

5. Un consommateur est :

- ☐ Un particulier.
- ☐ Une entreprise.
- ☐ Un particulier ou une entreprise.

QCM

lienmini.fr/20410qcm07
Accédez à la suite de ce quiz en utilisant le QRcode ou le lien URL.

ENTRAÎNEMENT 2 ANALYSER LA DEMANDE SUR UN MARCHÉ ÉTRANGER

Un apiculteur de la région de Perpignan s'intéresse au marché bulgare, vers lequel il souhaiterait exporter. À partir des données présentées en annexes, vous évaluerez quantitativement la demande de miel en Bulgarie.

1. **Calculez les indicateurs du commerce international (annexe 1).**
2. **Calculez les taux d'évolution de ces indicateurs.**
3. **Établissez les prévisions d'importations pour 2016 et 2017. Vous justifierez le choix de la méthode de prévision (annexe 1).**
4. **Calculez les coefficients saisonniers mensuels (annexe 2).**
5. **En utilisant vos résultats de la question 4 et les prévisions d'importations annuelles calculées en question 3, établissez les prévisions mensuelles des importations bulgares pour l'année 2016.**

ANNEXE 1

En tonnes	2011	2012	2013	2014	2015
Importations	6 853	9 314	12 649	10 133	9 785
Exportations	289	655	1 866	1 146	1 403
Production	10 595	10 458	10 698	10 952	10 865

Trademap.org et www.jacheres-apicoles.fr

ANNEXE 2

Mois	Quantités en kilos
oct-15	113 449
nov-15	72 225
déc-15	50 193
janv-16	120 053
févr-16	112 440
mars-16	43 786
avr-16	22 644
mai-16	17 304
juin-16	53 695
juil-16	15 274
août-16	19 140
sept-16	37 690

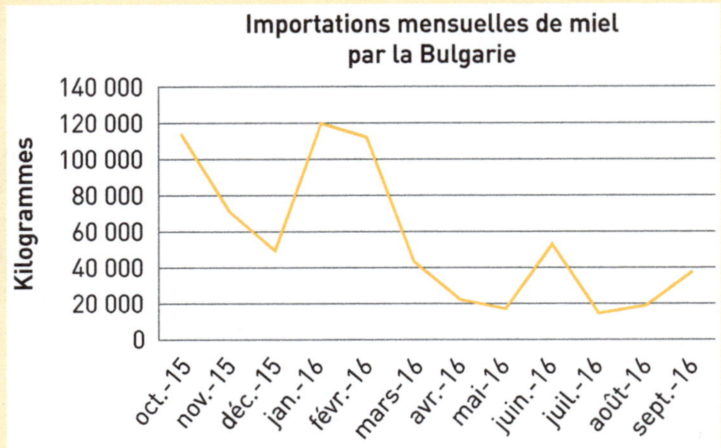

http://lekiosque.finances.gouv.fr

Vers le BTS — PRÉPARATION À L'ÉPREUVE E41

Le module « Étude et veille » est validé, dans les établissements habilités, par un contrôle en cours de formation (CCF). L'épreuve est un oral fondé sur un diagnostic export, réalisé par l'étudiant pendant sa formation, qui s'appuie sur la situation d'une entreprise pour laquelle l'étudiant aura au préalable obtenu l'accord. À ce stade de la formation, tous les étudiants ont une entreprise dont ils réaliseront le diagnostic export. Vous réaliserez l'analyse de la demande pour l'entreprise qui vous a confié la réalisation du diagnostic export. Pour cela :

1. **Évaluez quantitativement la demande présente sur le marché étudié.**
   a. Téléchargez sur trademap.org les quantités totales importées et exportées du produit de votre entreprise.
   b. Reprenez dans l'analyse de l'offre précédemment réalisée les quantités produites nationales du produit étudié.
   c. Calculez les indicateurs du commerce international.
   d. Calculez les taux d'évolution de ces indicateurs.
   e. Concluez.
2. **À l'aide de recherches effectuées sur Internet, évaluez qualitativement la demande présente sur le marché étudié.**
   a. Quel est le type de client de votre entreprise ?
   b. Quel est le profil du consommateur ? Définissez votre segment sur le marché visé.
   c. Définissez les contextes de consommation sur le marché visé : fréquence d'achat, moments et lieux de consommation.
   d. Identifiez les raisons de la consommation : quel type de besoin, quelles motivations ? Quels freins ? Quelles sont les influences liées à l'environnement du consommateur (religion, culture, famille…) ?
3. **Rédigez (2 pages maximum) la synthèse de votre analyse de l'offre, elle devra être agrémentée d'illustrations de type graphiques.**

ENTRAÎNEMENT

CHAPITRE

8 Les conditions d'accès au marché étranger

Compétences attendues

- → **UC41CP1 :** Mener une veille commerciale permanente (recherche documentaire), collecter l'information à l'étranger, s'assurer de sa fiabilité et de sa pertinence au regard de la recherche
- → **UC41CP2 :** Analyser et sélectionner l'information commerciale et repérer les contraintes réglementaires sur les marchés étrangers
- → **UC41CP5 :** Analyser l'information collectée et en établir la synthèse

Savoirs associés

- → **S112 :** Structure et fonctionnement d'un marché

CONTEXTE CIAT

La société CIAT est spécialisée dans la conception, la fabrication et la commercialisation de matériel de génie climatique. Située à Culoz, dans l'Ain, depuis 80 ans, elle est le leader européen de solutions complètes de climatisation : pour les bâtiments de tous secteurs : hôpitaux, hôtels, commerces, immeubles de logements, bureaux, etc. Elle voudrait à présent aborder l'Afrique australe, à commencer par l'Angola où elle a détecté de très fortes opportunités.

Elle voudrait connaître les caractéristiques de distribution de l'Angola et les modalités d'accès à ce marché pour réussir ses exportations.

FICHE D'IDENTITÉ

Dénomination sociale
Compagnie Industrielle d'Applications Thermiques (CIAT)

Forme juridique
SA au capital de 26 728 480 €
Rachetée en 2014 par l'Américain United Technologies Corporation (UTC)

Produits commercialisés
Génie climatique (chauffage, climatisation, traitement d'air) pour les marchés de la santé, de l'industrie, du tertiaire et résidentiel

CA 2014
184 millions EUR dont 54 % à l'export

Effectif
1 000 salariés en France

Exportations
Tous les pays européens, Russie, Turquie, Afrique, Océanie

Position concurrentielle
Un des leaders européens

Présentation vidéo du groupe CIAT
lienmini.fr/ci410ciat

PROLONGEMENT NUMÉRIQUE

Situation géopolitique de l'Angola (11'54)
lienmini.fr/ci410angola

1) Quelles sont les grandes caractéristiques des produits du groupe CIAT ?
2) Pensez-vous que son choix d'exporter en Angola est pertinent ?
3) Identifiez les principaux risques que présente l'Angola.

EN CONTEXTE

MISSION 1 Repérer les modalités d'accès au marché angolais ANNEXES 1 et 2

1. Recensez les contraintes douanières intéressant directement CIAT.
2. Analysez la situation logistique actuelle de l'Angola et ses perspectives futures.

MISSION 2 Identifier les caractéristiques de la distribution en Angola ANNEXES 2 à 4

1. Quelle est la situation actuelle de la distribution en Angola ?
2. Recensez les opportunités futures qui se dessinent pour CIAT.
3. Quels choix de distribution ciblés lui conseilleriez-vous ?
4. Quels services le distributeur pourrait-il rendre à CIAT localement ?

Lexique

Les **canaux de distribution** représentent les intermédiaires qui ont la même fonction et des caractéristiques identiques : les grands magasins, le e-commerce… Les circuits intègrent un nombre variable d'intermédiaires qui permettent la commercialisation du produit vers le client.

ANNEXE 1 Les procédures douanières en Angola

Les barrières non-tarifaires

- Parmi les barrières non tarifaires figurent la lourdeur bureaucratique, la corruption, les longs délais de contrôle des marchandises en douane et la législation sur les produits agricoles et alimentaires.
- Les droits de douane et les taxes à l'importation : 6,95 %. Pour plus de détails sur les tarifs douaniers, voir le site des Douanes (en portugais).
- Retrouvez les droits de douane et les taxes locales qui s'appliquent à votre produit sur notre service Droits de douane et taxes locales.
- La classification douanière : oui.

Les procédures d'importation

Certains produits sont soumis à une inspection avant expédition (PIP). D'autres requièrent l'obtention d'une licence d'importation auprès du ministère du Commerce ou d'une autorisation spécifique auprès du ministère compétent.

Parmi les documents nécessaires figurent le « Documento Unico » (document unique) pour le calcul des droits de douane, une preuve de la propriété du bien, le connaissement, la facture commerciale, la liste de colisage, et les documents d'expédition spécifiques attestant le droit d'importer ou d'exporter le produit. Pour plus de détails, voir le site des Douanes (en portugais).

https://import-export.societegenerale.fr

ANNEXE 2 Angola : le transport de marchandises

Les principaux moyens de transport

Du fait de l'insuffisance et du mauvais état des infrastructures, le transport terrestre des marchandises est long, coûteux et difficile. Les marchandises arrivant aux ports de Luanda et Lobito sont distribuées le long des côtes mais atteignent rarement l'intérieur des terres. Le réseau ferré a été très endommagé par la guerre et ne fonctionne que de façon très limitée sur de courts tronçons. D'importants investissements sont cependant réalisés pour réhabiliter les infrastructures du pays.

Les ports : les principaux moyens de transport

- Les ports : 4 principaux [...]
- Les aéroports : 3 à Luanda, Lubango, Benguela. [...]

www.tradesolutions.bnpparibas.com

ANNEXE 3 Commerce et distribution en Angola

Caractéristiques du secteur de la distribution en Angola

Le secteur de la distribution est marqué par l'existence de deux réseaux bien distincts :

- Un réseau de distribution formelle qui se structure et se modernise sur le modèle des pays du Nord : *malls*, grandes enseignes généralistes, enseignes spécialisées, etc. Environ 20 % de la population s'approvisionne via le commerce formel, essentiellement dans les agglomérations du pays. Cette distribution est structurée autour d'enseignes généralistes (supermarchés, hypermarchés, magasins de proximité) ou spécialisées, qui commercialisent des produits de marques souvent importés ou qui développent leurs propres marques de distributeur. Certaines enseignes disposent de centrales d'achats à l'européenne, d'entrepôts de stockage et peuvent offrir des solutions de crédits à la consommation [...].
- Un réseau de distribution informel qui s'adresse à environ 80 % de la population Cette distribution, peu structurée, est surtout caractérisée par des petites échoppes individuelles, des marchés ou des vendeurs de rue. Les grossistes y jouent un rôle important en matière d'approvisionnement. La croissance du secteur de la distribution est tirée par le développement de la distribution dite formelle (une dizaine de centres commerciaux sont en cours de construction à Luanda).

Un secteur qui se structure et où les parts de marché restent à prendre

[...] La grande distribution se développe en Angola depuis le début des années 2000. Des centres commerciaux sont construits dans les principales agglomérations du pays. Une association a été créée, ECODIMA – Associação de Empresas de Comércio e Distribuição Moderna de Angola – qui regroupe les principales enseignes implantées sur le marché.

L'Angola importe près de 80 % de ses besoins en biens de consommation alimentaires et non-alimentaires. Les statistiques douanières positionnent la France comme le 8e pays fournisseur de l'Angola en 2014. Les produits et le savoir-faire français sont appréciés des importateurs, distributeurs et consommateurs angolais. Le *made in France* se vend très bien.

Les clés d'entrée sur le marché

La principale clé d'entrée du marché angolais est l'identification d'un importateur/distributeur, d'un grossiste/répartiteur ou d'un partenaire investisseur. Les principaux acteurs de la distribution de biens de consommation (alimentaires et/ou non-alimentaires) sont des distributeurs indiens, portugais, libanais ou originaires d'Afrique de l'Est (Érythréens…). Ces différents acteurs approvisionnent à la fois les réseaux de distribution formels et informels. À noter l'émergence de nouveaux acteurs angolais bien introduits auprès des différents canaux de distribution et spécialisés dans les produits moyen/haut de gamme. Certaines centrales d'achats de GMS importent en direct.

- Distribution alimentaire : 80 % des produits alimentaires à ce jour consommés en Angola sont importés. Malgré des droits de douanes souvent élevés pour favoriser une production locale, les marges pratiquées sont parmi les plus élevées au monde. Certaines enseignes internationales (Spar, Continente, Walmart, Massmart) étudient une implantation locale.
- Distribution spécialisée : quasiment aucune production locale (hormis une petite production d'électroménager). Les créneaux porteurs sont nombreux : habitat & décoration, produits de beauté, mode pour enfant, prêt-à-porter pour femme, bijouterie fantaisie…

Le choix de l'emplacement d'une enseigne est stratégique. Les nouveaux centres commerciaux sont à la mode et attirent les consommateurs à fort pouvoir d'achat, au détriment des magasins de quartier, souvent isolés.

À noter enfin que les produits français, appréciés pour leur qualité, bénéficient d'une excellente image en Angola auprès des consommateurs et distributeurs. Les marques françaises de luxe et haut-de-gamme séduisent les consommateurs de classe moyenne et l'élite angolaise qui aiment afficher leur accès à un certain statut social.

http://export.businessfrance.fr

ANNEXE 4 Angola : le pari d'une Afrique moderne

Depuis le retour de la paix en 2002, l'Angola s'est lancé dans un vaste programme de réformes et de reconstruction des infrastructures (transport, hôpitaux, logements, hôtels, bâtiments publics). D'importantes parts de marchés restent à prendre pour les investisseurs qui font le pari d'une Afrique moderne.

Des réformes orientées vers l'investissement et le développement

L'Angola a définitivement adopté le modèle de l'économie de marché ouvert à l'économie internationale, à l'investissement et aux investisseurs étrangers. Le cadre juridique et institutionnel a été progressivement simplifié pour s'adapter à la modernisation de l'économie et aux attentes des entrepreneurs nationaux et étrangers. L'institution du Guichet unique de l'entreprise (GUE) intégré à l'Agence nationale d'investissement privé (ANIP) vise à faciliter les démarches administratives.

Le GUE assure et concentre en un seul lieu toutes les formalités de création, de modification et de dissolution des entreprises et met à disposition des candidats la fiche dite unique de demande d'immatriculation. Il existe des programmes et des mesures incitatives pour investir en Angola, pour les nationaux et les étrangers. À cette fin, l'ANIP donne des incitations, des exonérations fiscales et des régimes plus attrayants aux investisseurs qui soumettent des propositions crédibles et qui encouragent la croissance du pays. L'activité de l'ANIP est de promouvoir l'investissement privé par des ressortissants étrangers et angolais dans les secteurs industriels ciblés et dans les zones de développement.

www.africadiligence.com, 14 novembre 2014.

Après avoir étudié l'offre et la demande sur le marché étranger visé, l'exportateur va s'intéresser aux modalités d'importation et de commercialisation de ses produits. Pour cela, il va collecter, analyser des informations relatives aux contraintes d'entrée, aux modes de vente et adapter sa démarche.

RESSOURCE 1 LES ENJEUX DES MODALITÉS D'ACCÈS AUX MARCHÉS ÉTRANGERS

Une entreprise doit connaître les modalités d'accès au marché ciblé car elles ont une incidence.

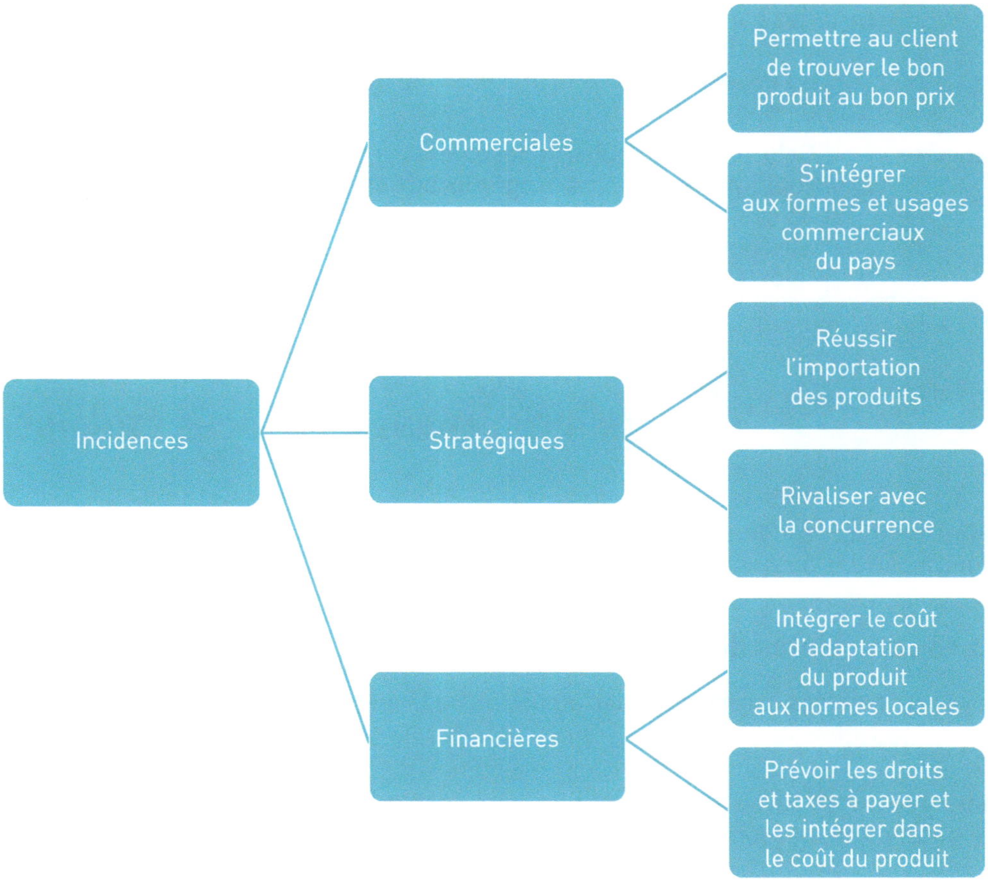

RESSOURCES ET MÉTHODE

RESSOURCE 2 LES CONTRAINTES D'IMPORTATION

Ces restrictions matérialisent la politique d'importation des États, sous forme de mesures protectionnistes, mais elles sont également destinées à protéger la santé et l'hygiène publiques. Ces contraintes peuvent être collectées sur les sites douaniers des pays ciblés, des organismes d'appui, sur le site www.trademap.org. Elles ont une incidence qualitative et quantitative sur la démarche d'exportation d'une entreprise.

Dimensions	Explications
Administrative	Lorsque les marchandises arrivent dans le pays étranger, non débarquées, la douane contrôle leur conformité aux normes locales et la possibilité de leur importation, grâce à la liasse documentaire fournie par l'exportateur.
Logistique	Les marchandises doivent arriver à destination, puis être acheminées vers les clients. L'exportateur doit s'enquérir de l'existence et de l'état des infrastructures.
Douanière	Les restrictions tarifaires ont une incidence sur le prix d'achat du produit. Ainsi, en Égypte, pays musulman, les importations de vins sont soumises au taux prohibitif de 3 000 % de droits de douane. Les barrières non tarifaires peuvent interdire l'importation, en cas d'embargo par exemple, situation qu'a vécue l'Iran jusqu'en janvier 2016 ou imposent parfois la présentation de certificats et de licences d'importation.
Financière	Celui-ci doit en outre se réserver une marge de manœuvre pour se conformer à certains usages locaux où une commission doit être versée discrètement aux douaniers, intermédiaires... pour faciliter les flux logistiques et accélérer les procédures douanières. Ces coûts se rajoutent à tous les autres et doivent être anticipés.

RESSOURCE 3 LA DISTRIBUTION DANS UN MARCHÉ ÉTRANGER

Parallèlement aux conditions d'accès de ses produits au marché étranger, l'exportateur doit se préoccuper des possibilités de leur commercialisation.

1 Les contraintes de distribution

Un pays présente des caractéristiques au niveau de la distribution qui sont liées :

- À la **législation**.

Exemple : dans les pays arabes, il est obligatoire de recourir à un « sponsor », un distributeur local qui commercialisera les produits étrangers.

- Aux **usages**.

Exemple : dans les pays anglo-saxons, on trouve des médicaments dans les drugstores, mais aussi de nombreux autres produits de grande consommation.

- Au **niveau de développement**.

Exemple : au Pérou, une grande partie du commerce est réalisée de manière informelle, sur des marchés.

- À la **stratégie de l'entreprise**.

Exemple : une entreprise commercialisant des produits haut de gamme visera une stratégie de distribution sélective, qui vise à distribuer le produit dans des petites boutiques ou grands magasins.

2 Les modalités de distribution

Les canaux de distribution

L'entreprise a besoin de connaître :

- **L'existence des différents canaux de vente** et leur évolution, pour choisir le canal privilégié en fonction des attentes de la clientèle et du positionnement des produits.

Exemple : les consommateurs scandinaves privilégient le petit commerce, alors que les Nord-Américains préfèrent les immenses *malls*.

- **Leur répartition en termes de parts de marché**, qui donne une idée sur le niveau de développement de certaines formes de distribution.

Exemple : au Mexique, le e-commerce représente à peine 1 % du commerce de détail, mais une croissance exponentielle est déjà prévue.

Les circuits de distribution

Les interventions des intermédiaires (agent, distributeur, partenaires...) génèrent des marges qui doivent être intégrées dans le prix final des produits.

Exemple : aux États-Unis, la commercialisation du vin doit respecter le système du *three-teer*, avec l'obligation de recourir à un importateur, puis un grossiste ou distributeur et un détaillant. Le prix du produit est multiplié par 3,5 entre le prix départ usine et le prix payé par le consommateur final.

La détermination des contraintes d'accès à un marché étranger est :

- **Longue** : il faut collecter, analyser les informations, adapter les produits...
- **Complexe** : les informations ne sont pas toujours simples à trouver, les normes sont souvent très drastiques.
- **Coûteuse** : toutes ces démarches ont une incidence financière difficile à comptabiliser, auxquelles se rajoutent les coûts connus (douane, distribution...).

Mais leur connaissance est absolument indispensable, sinon les marchandises seront rejetées à l'import et renvoyées aux frais de l'exportateur, qui a déjà avancé le coût de fabrication et d'expédition, voire détruites, et l'image de l'entreprise sera ternie durablement.

RESSOURCE 4 L'IMPORTATEUR/DISTRIBUTEUR

L'importateur ou distributeur est un commerçant indépendant étranger qui achète ferme les produits de l'exportateur et qui ensuite les revend à son nom et pour son propre compte, donc à ses risques et profits. Il se rémunère en prélevant une marge bénéficiaire.

1 Fonctionnement

Il organise donc lui-même toutes les activités nécessaires à la vente c'est-à-dire :

- la prospection ;
- la distribution physique et le stockage du produit (organisation d'un réseau de vente, animation de la force de vente...) ;
- les actions de communication destinées à promouvoir les produits (participation à des manifestations commerciales, publicité, actions de promotion....) ;

- le service après-vente et la garantie des produits ;
- la fixation de conditions de vente (prix, réductions...) ;

Ce business model limite le contrôle de l'exportateur sur la politique de commercialisation mise en œuvre par l'importateur/distributeur sur le marché étranger, mais cela est compensé par les économies faites sur les frais à engager pour développer le réseau export de votre entreprise.

2 Avantages

- Simplification des opérations logistiques et administratives (transport marchandises, facturation, recouvrement des créances, dédouanement...) puisqu'elles sont reportées sur le distributeur.
- Réduction du risque de change puisque la vente se fait à l'importateur en devises nationales.
- Report du risque de non-paiement sur l'importateur.
- L'approche du marché nécessite peu d'investissements puisque l'exportateur bénéficie de la structure et de la connaissance du marché de l'importateur.

www.export-in.com

ENTRAÎNEMENT 1 VRAI OU FAUX ?

- **Validez vos connaissances en cochant la bonne proposition puis justifiez oralement vos réponses.**

1. Un canal est la longueur du processus de distribution.

☐ Vrai.

☐ Faux.

2. Une licence délivrée par la douane est nécessaire pour importer des produits sensibles.

☐ Vrai.

☐ Faux.

3. Un embargo est l'impossibilité d'exporter des produits d'un pays ciblé.

☐ Vrai.

☐ Faux.

4. Les droits de douane servent à protéger l'industrie locale de l'importation de produits concurrents.

☐ Vrai.

☐ Faux.

5. Une distribution intense signifie que l'entreprise exporte beaucoup de produits dans un pays.

☐ Vrai.

☐ Faux.

QCM

lienmini.fr/20410qcm08

Accédez à la suite de ce quiz en utilisant le QRcode ou le lien URL.

ENTRAÎNEMENT 2 IDENTIFIER LES CONTRAINTES D'IMPORTATION

Tecinox Échappements est une entreprise située à Labastide Rouairoux, en Midi-Pyrénées. Depuis plus de 18 ans, elle étudie, conçoit et fabrique des lignes d'échappement prêtes à poser pour tous types de 4×4 et tout terrain pour de très nombreuses marques automobiles du monde entier. Elle met au service de ses clients son expérience du métier au plus haut niveau de la compétition automobile et un atelier équipé des outillages les plus perfectionnés. Outre son grand savoir-faire, elle accorde une très grande importance au service après-vente et conseille efficacement les clients. Elle est intéressée par le marché argentin et vous charge d'analyser les contraintes d'importation.

1. Listez les contraintes tarifaires et non-tarifaires de l'importation des pièces automobiles en Argentine.

2. De quelles autres informations aurez-vous besoin pour compléter votre connaissance des contraintes d'entrée sur ce marché ?

3. Quel circuit de distribution allez-vous adopter ? Justifiez votre réponse.

4. Quelles seront les fonctions confiées aux intermédiaires choisis ?

ENTRAÎNEMENT

ANNEXE Réglementations et douanes en Argentine

Certains produits sont protégés comme le sucre, le textile, l'acier, les voitures et pièces de voiture. Ce protectionnisme s'effectue grâce à des contraintes douanières et droits de douane élevés. Les pièces de voitures sont soumises à un système de quotas.

Les droits de douane et les taxes à l'importation
Les tarifs douaniers s'appliquent sur les marchandises d'origine extra Mercosur et sont compris entre 5 % et 14 % dans leur grande majorité. Une réexportation au sein du Mercosur ne donne pas droit à une exemption de droits : ainsi, si vous exportez un produit en Argentine pour le revendre ensuite au Brésil, vous payerez les droits argentins, puis les droits brésiliens.

D'autre part, afin d'éviter que les entreprises ne sous-facturent, les douanes argentines sont en droit d'appliquer une valeur prédéfinie pour le calcul des droits de douane.

Les procédures d'importation
La réglementation en vigueur en Argentine établit que, pour effectuer un acte de commerce international, il est nécessaire d'être enregistré comme importateur ou exportateur auprès des douanes argentines. Cette inscription obligatoire se fait par l'intermédiaire d'une « clé unique d'identification fiscale » à la direction générale des Impôts.

Il existe pour un certain nombre de produits une procédure de licence automatique : « *formulario informativo* » permettant officiellement aux autorités argentines d'identifier des problèmes éventuels lors des importations. Cette licence concerne environ 600 produits de natures diverses. [...] Un formulaire de déclaration des quantités et de la composition doit également être fourni au ministère de l'Industrie 10 jours avant le passage en douane.

Tous les documents présentés aux autorités argentines doivent être rédigés en espagnol ou accompagnés d'une traduction assermentée. Certains produits dans l'industrie automobile peuvent atteindre jusqu'à 35 %. En plus des droits de douane, il existe quelques autres taxes : la TVA (10,5 % ou 21 %) et les frais de statistiques (0,5 % sur CIF).

Les procédures pour importer des marchandises en Argentine ont changé plusieurs fois au cours des dernières années. C'est pourquoi il est conseillé de s'adresser à un courtier en douane local pour démarrer un processus d'importation.

https://import-export.societegenerale.fr

ENTRAÎNEMENT

Vers le BTS PRÉPARATION À L'ÉPREUVE E41

La Tonnellerie de Champagne-Ardenne (http://tonnellerie-artisanale.com), située à Reims, a été créée en 1998 par J. Viard, œnologue et commercial, et D. Saint-Arroman, meilleur ouvrier de France en tonnellerie. Ils disposent d'un savoir-faire d'exception pour produire et réparer des tonneaux artisanaux de très grande qualité, récompensés par le label « Entreprise du Patrimoine Vivant ». Ses 1 000 clients sont répartis sur tous les continents. À présent, elle voudrait aborder le marché japonais.

• **Seul ou par petits groupes, rédigez une fiche synthétique sur les contraintes d'importation (procédures douanières, distribution...) de tonneaux au Japon. Pour cela, une collecte d'informations sera nécessaire, suivie d'une synthèse et de leur analyse. Cette fiche comprendra : une introduction succincte pour rappeler l'objet de la fiche, avec une rapide présentation de l'entreprise ; une synthèse structurée des contraintes ; leur analyse ; une conclusion ciblée comprenant des recommandations.**

CHAPITRE

9 Le diagnostic interne

Compétences attendues

→ **UC41CP1 :** Mener une veille commerciale permanente (recherche documentaire), collecter l'information, s'assurer de sa fiabilité et de sa pertinence au regard de la recherche

→ **UC41CP4 :** Formuler des recommandations pour établir un plan d'action opérationnel conforme à la politique commerciale de l'entreprise

→ **UCP41CP5 :** Analyser l'information collectée et en établir la synthèse

Savoirs associés

→ **S116 :** Diagnostic export

CONTEXTE TRANSGOURMET

Transgourmet Holding a son siège à Bâle et fait partie du groupe COP. Elle emploie actuellement plus de 22 700 personnes dans toute l'Europe et se positionne, en termes de chiffres d'affaires, comme le numéro deux européen de la distribution pour les professionnels de l'alimentaire. Transgourmet Holding compte cinq entités en France et en Europe, dans les domaines de la livraison sous la marque Transgourmet et du *cash and carry*. Le groupe profite d'un rayonnement national et international avec ses 6 filiales. En France, grâce à une forte implantation, Transgourmet France travaille avec plus de 80 000 clients professionnels et est leader sur le secteur des grossistes alimentaires (livraison de produits surgelés, fruits et légumes, produits de la mer et d'hygiène). Les multiples entrepôts du groupe permettent des préparations sur mesure et des livraisons selon des plages horaires personnalisées. Face au succès du groupe, son directeur se demande s'il ne serait pas opportun de s'implanter en Italie, en Belgique ou en Espagne. Il vous demande d'analyser son projet export en commençant par la mise en évidence des forces et faiblesses de l'entreprise.

L'entreprise a-t-elle la capacité de s'implanter sur un nouveau marché ?

FICHE D'IDENTITÉ

Dénomination sociale
Transgourmet
Secteur d'activité
Distribution dans le domaine de la restauration Hors Foyer
Forme juridique
SAS
Société mère
Transgourmet Holding (coop Suisse)
Filiales
Transgourmet, All Fresh logistique, Pro hygiène service et Eurocash
CA France 2015
1,3 milliard EUR
Effectif
3 600 salariés en France
Site Internet
http://www.transgourmet-france.fr/groupe

PROLONGEMENT NUMÉRIQUE

Programme e-quilibre (5'48)
lienmini.fr/ci410transgourmet

1) Quel est le rôle de ce service Internet ?
2) Peut-on considérer ce service comme un facteur clé de succès ?

MISSION 1 Identifier et analyser les caractéristiques de l'entreprise ANNEXES 1 à 3

1. Quel est le statut juridique de l'entreprise ?
   Expliquez ce que cela implique.
2. Quelles sont les caractéristiques des produits (facteurs clés de succès, gamme) ?
3. Quelles sont les caractéristiques commerciales (communication, distribution) ?

MISSION 2 Analyser le fonctionnement de l'entreprise au niveau des ressources humaines, financières et logistiques ANNEXE 1

1. Les ressources humaines vous semblent-elles suffisantes ? Justifiez.
2. La situation financière de l'entreprise vous semble-t-elle saine (chiffre d'affaires, évolution, endettement...) ?
3. Comment l'entreprise achemine-t-elle ses produits chez les restaurateurs ?

Conseil de pro
Le site societe.com peut vous aider à analyser la situation financière d'une entreprise.

MISSION 3 Analyser les forces et faiblesses ANNEXES 1 à 5

1. Remplissez le tableau de l'annexe 5 pour présenter les forces et faiblesses de l'entreprise.
2. Commentez ce tableau.

Lexique
▸ Le **diagnostic stratégique interne** de l'organisation consiste à analyser ses ressources et ses compétences afin de mettre en évidence celles qui constituent des forces et celles qui représentent des faiblesses (ou points faibles). Cela lui permettra de déterminer les ressources qu'elle devra exploiter pour se démarquer de ses concurrents, et les faiblesses qu'elle devra combler pour rester compétitive.

ANNEXE 1 Transgourmet France en chiffres en 2016

- 80 000 professionnels de la restauration sont clients de Transgourmet France.
- 700 camions tri-température livrent en une seule fois tous les produits frais, surgelés, ambiants.
- 3 800 collaborateurs dont 500 commerciaux, 300 télévendeuses.
- 500 recrutements par an (CDD, CDI).
- 61 sites et plate-formes en France.
- 40 000 références produits.
- 2 500 produits régionaux.
- 10 T de produits de la mer livrés chaque jour.
- 88 % de fournisseurs français.

www.transgourmet-france.fr

ANNEXE 2 Une démarche qualité orientée client

Avec son offre tri-température, Transgourmet simplifie la vie de ses clients, qui peuvent ainsi se consacrer à l'essentiel : la satisfaction de leurs propres clients et convives. La reconnaissance de ce savoir-faire, la maîtrise de la sécurité des aliments et de la qualité de service que cela implique trouvent leur sens dans les démarches de certification menées par la direction Qualité. Ces démarches s'inscrivent pleinement dans l'engagement responsable de Transgourmet.

Transgourmet a la responsabilité d'apporter à ses clients un service maîtrisé à chaque étape, pour les livrer en produits sûrs et sains, au jour et à l'endroit convenus.

Les démarches de certifications engagées permettent de mettre le client au cœur des processus de l'entreprise, de prendre en compte ses attentes pour orienter l'action des collaborateurs. La validation de ces démarches par un organisme externe constitue un gage de confiance et de crédibilité pour le client.

La qualité de service de Transgourmet s'appuie d'abord sur des collaborateurs mobilisés et responsables, fédérés autour d'un objectif commun, la satisfaction du client.

Transgourmet est le premier réseau certifié Qualicert sur le secteur de la Restauration Hors Domicile. Cette certification valide le respect du référentiel « Distribution de produits alimentaires et non alimentaires destinés à la restauration hors domicile et à la boulangerie pâtisserie », déposé auprès de l'organisme certificateur externe SGS.

L'ambition de Qualicert : sécuriser et améliorer en permanence la chaîne de service. Transgourmet s'engage notamment à apporter à ses clients un conseil professionnel et adapté sur les produits, un savoir-faire logistique, et à mettre leur satisfaction au cœur des objectifs de chaque collaborateur.

www.transgourmet-france.fr

ANNEXE 3 ISO 22000

La certification internationale ISO 22000, centrée sur la sécurité des denrées alimentaires, constitue un gage du professionnalisme de Transgourmet vis-à-vis de ses clients, mais aussi vis-à-vis de ses fournisseurs et de ses collaborateurs.

ISO 22000
BUREAU VERITAS
Certification

Pour ses clients professionnels de l'alimentaire, c'est la garantie de leur livrer l'ensemble des produits qu'ils commandent, en toute intégrité et en garantissant leur sécurité.

Pour ses fournisseurs, c'est l'assurance de travailler avec un distributeur respectueux de leurs produits et de leur image de marque.

Pour ses collaborateurs, c'est l'opportunité d'une acquisition de compétences adaptées au secteur de l'agroalimentaire, qu'il s'agisse de vendre, manipuler ou transporter des produits.

La politique de développement durable portée par la direction de Transgourmet s'inscrit dans le sillage de notre actionnaire, le groupe suisse Coop, référent reconnu en la matière dans le domaine de la distribution.

Notre engagement dans une démarche responsable et durable suit les recommandations de la norme internationale ISO 26000 en termes de responsabilité sociétale et de développement durable en entreprise, et se traduit par des projets concrets que nous mettons en œuvre, tant auprès de nos clients et de nos collaborateurs qu'à travers notre offre de produits et les moyens logistiques nécessaires pour assurer notre métier.

www.transgourmet-france.fr

ANNEXE 4 Transgourmet lance Origine, une nouvelle offre naturellement différente !

Origine propose une gamme de produits sélectionnés selon des critères de développement durable exigeants et qui racontent une histoire. Cette démarche s'articule autour de quatre valeurs essentielles :

- la qualité sensorielle ;
- la visibilité et la transparence ;
- la proximité ;
- la responsabilité environnementale et sociale.

Nous accordons une grande importance à la qualité des produits Origine. C'est pourquoi nous les classons selon leur niveau d'exigence et avons mis en place une relation de confiance et de proximité avec les producteurs.

Notre ambition : vous donner l'accès aux meilleurs produits sur le marché en se différenciant des produits conventionnels :

- Objectif 1 : les produits Origine ont des exigences de qualité supérieure.
- Objectif 2 : les produits Origine respectent les critères de développement durable.
- Objectif 3 : les produits Origine ont une histoire à raconter.

À l'origine, il y a la qualité. Découvrez nos produits 100 % Origine.

www.transgourmet-france.fr

ANNEXE 5 Bâtissez le diagnostic interne de Transgourmet : classez l'analyse des informations en forces et faiblesses

	Forces	Faiblesses
Notoriété		
Organisation		
Produit		
Aspects commerciaux		
Aspects humains		
Aspects financiers		
Aspects logistiques		

RESSOURCE 1 LA PLACE DU DIAGNOSTIC INTERNE DANS LA DÉMARCHE EXPORT

Le diagnostic interne a pour objectif d'évaluer les forces et les faiblesses de l'entreprise au regard de son projet export et des spécificités que représente le marché. Il s'inscrit donc dans le diagnostic export et peut être réalisé après le diagnostic externe qui a permis de formaliser les opportunités et menaces du marché cible.

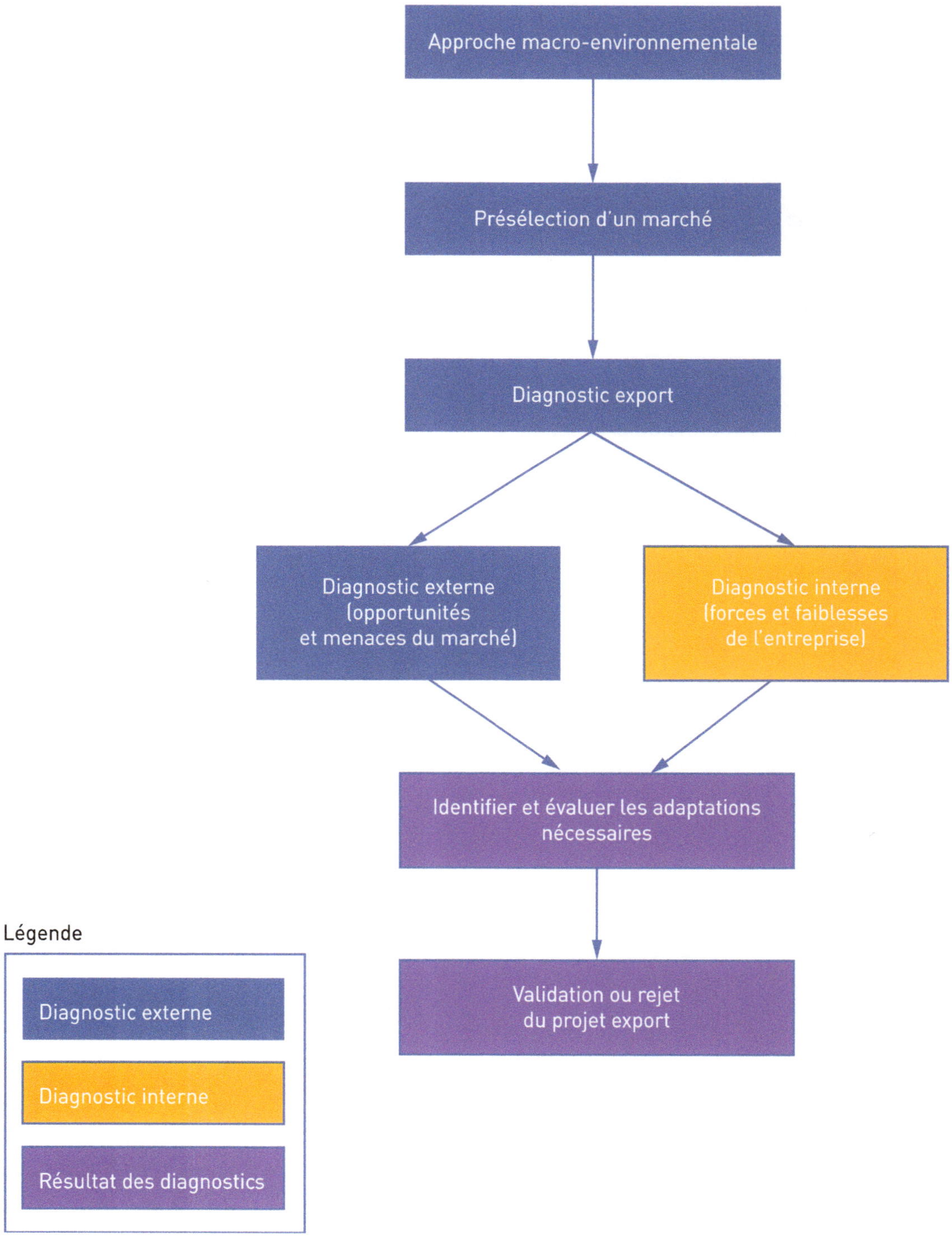

RESSOURCES ET MÉTHODE

RESSOURCE 2 ÉLÉMENTS D'ANALYSE DU DIAGNOSTIC INTERNE

Le diagnostic interne a pour objectif de faire le point sur la capacité et le potentiel d'une entreprise à exporter, au niveau de ses ressources et de ses facteurs clés de succès.

1 Organisation de l'entreprise et notoriété

L'entreprise va vérifier si elle dispose d'une bonne notoriété sur son marché habituel, c'est-à-dire si la marque est connue par les consommateurs. Ensuite, elle va s'intéresser à sa capacité productive, pour savoir si elle peut faire face à une augmentation de commandes.

Notoriété de l'entreprise	• Image de marque • Nombre de clients • Récompenses • Facteurs clés de succès	
Fonctionnement	Caractéristiques/ Gestion de l'entreprise	• Date de création (effet d'expérience) • Forme juridique • Mode de gestion • Structure
	Volume de production actuel	• Ce volume est-il suffisant ? • Quelle est la capacité de stockage ?
	État de l'appareil productif	• Quel est le niveau d'industrialisation ? • Les machines sont-elles utilisées à 100 % ? • Les machines sont-elles obsolètes ? • Politique d'investissement/innovation/ qualité ? • La valeur ajoutée est-elle élevée ?
	Service production	Le service de production est-il flexible ? (nombre et volume des commandes)

2 Aspects commerciaux

L'entreprise va analyser ses produits, leurs prix, leur mode de distribution et de communication, pour vérifier leur cohérence avec le positionnement et les cibles. Ensuite, elle va prévoir les adaptations nécessaires.

Politique commerciale	Objectifs	Éléments d'analyse
Produit	• Savoir si le produit peut être exporté en l'état ou s'il doit être adapté. • Le protéger de la contrefaçon.	• Quel est le positionnement ? • Qui sont les clients ? • Quelles sont les caractéristiques des produits ? • Le produit et la marque sont-ils bien protégés ?
Prix	• Intégrer les coûts d'adaptation à l'export. • Calculer son prix de vente à l'export pour pouvoir le comparer au prix du marché visé. • Choisir une devise de facturation.	• Quel est le niveau des prix pratiqués par l'entreprise ? • Quelles sont les devises utilisées lors des contrats si elle exporte ?
Communication	• Vérifier si ses stratégies de communication sont adaptées à l'export. • Déterminer la politique de communication nécessaire pour se faire connaître à l'étranger. • Mettre en place un plan communication adapté.	• Quelle est sa stratégie de communication ? • Quelle est sa démarche de communication ? La maîtrise-t-elle ? • Dispose-t-elle d'outils de communication adaptés : site Internet dédié, documentation ? • Ses produits sont-ils bien valorisés ? • A-t-elle défini un budget de communication ? • Participe-t-elle à des salons ?
Distribution	Choisir un canal et un circuit de distribution adaptés à l'export.	• Quelle est sa stratégie de distribution ? • Quel est son circuit de distribution ? • Souhaite-t-elle maîtriser la commercialisation ?

RESSOURCES ET MÉTHODE

3 Ressources humaines

L'entreprise doit déterminer si elle dispose d'un service export compétent et/ou de ressources humaines suffisantes. Sinon, elle devra mettre en place une politique de formation interne, de recrutement, ou une externalisation. Si elle désire créer un service export, elle peut solliciter des aides.

Critères	Éléments d'analyse
Ressources humaines	• Existe-t-il des personnes qualifiées et motivées ? • Ont-elles des compétences linguistiques ? Culturelles ? • Sont-elles mobiles ?
Service export	• Existe-t-il ? • L'entreprise a-t-elle les ressources suffisantes pour le créer ?

4 Finances

L'entreprise va procéder à un état de sa situation financière pour évaluer sa capacité à exporter.

Critères	Éléments d'analyse
Sa situation financière actuelle	• L'évolution des bénéfices sur les 5 dernières années est-elle positive ? • La part du CA export dans le CA total augmente-t-elle ? • Le taux de marque ou de marge est-il suffisant pour exporter ?
Sa capacité de financement de l'export	• Quel est l'état de sa trésorerie ? • Est-elle endettée ? Si oui, à quel niveau ? • L'entreprise peut-elle réaliser des investissements ?
Sa politique financière à l'export	L'entreprise maîtrise-t-elle les techniques financières internationales ?

5 Logistique

L'entreprise va analyser les modalités d'acheminement de ses produits sur le marché étranger.

Critères	Éléments d'analyse
Sa situation actuelle	• A-t-elle des compétences internes ? • Maîtrise-t-elle les techniques logistiques internationales : transports, douanes... ? • Internalise-t-elle ses besoins logistiques ? • Ses partenaires sont-ils fiables et reconnus ? • Son implantation est-elle optimale pour organiser les expéditions ?

MÉTHODE

CONSTRUCTION D'UN DIAGNOSTIC INTERNE

Exemple : Analyse interne de l'entreprise Opinel

Rubriques	Forces	Faiblesses
Organisation et notoriété	• Bonne image des produits français. • Qualité et savoir-faire reconnus depuis la fin du XIXe siècle, date de création : 1890. • Effet d'expérience. • 1989 : référencement dans le dictionnaire Larousse. • 2006 : le couteau est consacré comme l'un des 999 designs les plus aboutis de tous les temps selon un jury de designers internationaux. • Le best-seller, le n° 8, est exposé au MOMA de New York. • Seuls les petits couteaux de cuisine et de table sont assemblés au Portugal, tous les autres produits sont réalisés à Chambéry. • Entreprise familiale.	• Image désuète des produits • Entreprise familiale
Produits	• Produits simples : coutellerie. • Positionnement : milieu de gamme. • Enregistrement de la marque, du logo et de la bague de sécurité. • Service affûtage et réparation de 8 à 20 euros. • Élargissement de la gamme (300 références) et diversification arts de la table, gastronomie, jardinage, *outdoor*, bricolage. • Possibilité de faire graver la lame ou le manche pour personnaliser le produit.	Produits peu innovants
Prix	Accessible : de 5 à 49 euros le couteau.	Effet de prisme possible
Communication	• Site Internet traduit en anglais. • Ouverture du musée Opinel en 2013.	
Distribution	• 7 commerciaux en France. • Ouverture d'une filiale à Chicago pour la vente aux États-Unis.	
Ressources humaines	Savoir-faire technique et commercial sur le marché français.	Personnel insuffisamment adapté à l'export
Finances	• CA en 2015 : 20 millions EUR. • CA export : 45 % du CA.	

Le diagnostic interne d'Opinel montre clairement que l'entreprise possède davantage de forces que de faiblesses. Elle dispose de facteurs clés de succès durables et transférables :

- Une notoriété élevée, un savoir-faire reconnu depuis 125 ans et l'image *made in France*.
- Un produit de qualité :
  - garanti avec SAV (affutage et réparation) ;
  - une création et une diversification de gammes importantes ;
  - des services associés ;
  - protégé.
- Des prix raisonnables et adaptés au positionnement milieu de gamme.

Toutefois, Opinel présente une image désuète, peu innovante, à l'instar du musée Opinel. Par ailleurs, elle dépend très fortement de ses exportations, mais son personnel est insuffisamment compétent.

Donc, Opinel devrait miser sur l'innovation pour instaurer une image de marque plus dynamique, plus moderne. Elle devrait également procéder à un audit de son service export et mieux former son personnel.

ENTRAÎNEMENT 1 QCM

• **Validez vos connaissances en cochant la (ou les) bonne(s) proposition(s) puis justifiez oralement vos réponses.**

1. Le diagnostic interne a pour objectif :
- ☐ D'analyser les opportunités et menaces du marché.
- ☐ De rechercher les forces et faiblesses de l'entreprise.
- ☐ De connaître les dysfonctionnements managériaux.

2. Grâce au diagnostic export, on pourra :
- ☐ Valider le projet export.
- ☐ Rejeter le projet export.

3. Les différents critères à analyser lors d'un diagnostic interne sont :
- ☐ La direction générale, les ressources humaines, les finances, la production et l'approvisionnement, les ventes, l'innovation et la technologie.
- ☐ Les aspects politiques, économiques, sociaux, technologiques et environnementaux.
- ☐ Le financier, les ressources humaines, la production, le prix, le produit, la communication, la logistique.

4. L'analyse du critère financier permet à l'entreprise de :
- ☐ Savoir si sa situation financière est saine.
- ☐ Faire un état de sa capacité financière pour savoir si elle peut exporter.
- ☐ Savoir si son fonds de roulement est suffisant.

5. L'analyse du critère ressources humaines permet à l'entreprise de :
- ☐ Savoir si une personne qualifiée est capable de prendre en main l'internationalisation.
- ☐ Déterminer si les ressources humaines sont suffisantes pour exporter ou s'il est nécessaire de recruter.
- ☐ Savoir si une personne responsable de l'internationalisation est prête à se rendre à l'étranger.

QCM
lienmini.fr/20410qcm09
Accédez à la suite de ce quiz en utilisant le QRcode ou le lien URL.

ENTRAÎNEMENT 2 DIAGNOSTIC INTERNE : FORCE OU FAIBLESSE ?

• **Pour chacune de ces caractéristiques, cochez s'il s'agit d'une force ou d'une faiblesse.**

	Force	Faiblesse
L'entreprise a un besoin de fonds de roulement important.		
Le cours des actions de l'entreprise monte depuis plusieurs mois.		
La firme détient un grand nombre de brevets et licences d'exploitation.		
Une notoriété séculaire.		
Un système d'information défaillant.		
La pyramide des âges de l'entreprise montre que le personnel est âgé.		
Les capacités de production de l'entreprise sont utilisées à 100 %.		
L'entreprise dispose d'un site de e-commerce en anglais.		
Le produit à exporter n'est pas fragile.		
Les locaux de l'entreprise ne sont pas complètement exploités.		
Stock de matières premières très élevé.		
Produit en début de cycle de vie.		

ENTRAÎNEMENT 3 DIAGNOSTIC INTERNE DE L'ENTREPRISE SWATCH

• **Après lecture de l'annexe, repérez dans un premier temps les forces et faiblesses de l'entreprise Swatch, puis réalisez dans un second temps son diagnostic interne.**

ANNEXE La Swatch a fêté ses 30 ans à la foire horlogère de Bâle en 2013

Au-delà d'une réussite mondiale – plus de 400 millions de modèles vendus –, la célèbre montre en plastique a ressuscité la haute horlogerie.

Lancée officiellement en 1983, celle dont le nom est une double contraction (de « swiss » et « watch », mais également de « second » et « watch ») a démontré qu'elle était largement plus qu'un phénomène de mode : Swatch a bouleversé les codes et révolutionné l'horlogerie. Son histoire commence en 1979. Alors que le paysage horloger suisse est dévasté par le raz de marée du quartz asiatique, le directeur de la fabrique de mouvements ETA, Ernst Thomke, ainsi que les ingénieurs Elmar Mock et Jacques Müller planchent sur un modèle apte à concurrencer les Japonais sur leur terrain de prédilection, la montre à pile bon marché. « Il s'agissait de trouver des solutions pour faire une montre suisse de qualité à moins de 10 francs suisses, (l'équivalent de 8 euros aujourd'hui), se souvient Elmar Mock. Nous avons eu l'idée de réaliser un produit irréparable, car cela permettait de baisser les prix et d'augmenter la qualité. » [...]

À cette époque, Nicolas G. Hayek n'est pas connu dans ce secteur. En effet, celui qui n'a pas encore bâti son empire horloger est alors consultant pour l'industrie. En 1982, il conseille la fusion entre deux sociétés possédant des marques de montres : l'Allgemeine Schweizerische Uhrenindustrie AG (Longines, Rado, Eterna, Oris, etc.) et la Société suisse pour l'industrie horlogère (Omega, Tissot, Lemania Watch, etc.). Cette union est mise en œuvre en 1983. Deux ans après, Nicolas G. Hayek acquiert, avec un groupe d'investisseurs suisses-allemands, la majorité du capital de cette nouvelle entité. Dans le même temps, il soutient très fermement le projet de commercialisation d'une montre suisse à bas prix. Elle verra le jour en 1982, et non pas en 1983. Car, si l'on célèbre cette année les 30 ans de la Swatch, c'est que l'on occulte le premier lancement de 300 000 modèles tenté à l'automne 1982 aux États-Unis et qui se révélera être un fiasco. La seconde tentative, le 1er mars 1983 à Zurich, sera la bonne pour que cette drôle de montre prenne son envol. La première collection de 1983 compte douze modèles proposés à 39,90 et à 49,90 francs suisses. Quelques mois plus tard, toutes les Swatch seront proposées à 50 francs suisses. Un premier prix toujours pratiqué trente ans plus tard pour les références les plus simples !

Le décollage est programmé. Soutenu par l'exceptionnel sens de la communication de Nicolas G. Hayek, Swatch va s'inviter à l'ONU, s'accrocher en montre géante de 162 mètres sur la façade de la Commerzbank à Francfort, devenir l'un des événements phares des JO d'Atlanta, séduire l'art contemporain... Les séries spéciales développées avec des artistes – dont la première, celle de Kiki Picasso en 1984, suivie de beaucoup d'autres (Keith Haring, Vasarely, Folon, Yoko Ono, Akira Kurosawa, Pedro Almodovar, Annie Leibovitz, etc.) font les délices des collectionneurs. Le phénomène ne s'arrête pas. En 1984, 3,5 millions de Swatch ont été vendues ; en 1988, 50 millions ; en 1992, la barre des 100 millions est franchie et Swatch s'offre une fête gigantesque au pied de ce symbole helvétique qu'est le Cervin. Sous la houlette des Hayek – Nick est un temps responsable marketing –, la marque jouera la carte de la rareté. Un comble, pour une montre en plastique. [...]

Toujours colorées, souvent provocantes, les collections rythment les saisons tandis que de nouvelles lignes se succèdent : Automatic, Irony, Skin, Maxi, Beat, Access, Scuba, notamment, puis, bien plus tard, des lignes de bijoux. La marque osera même la Swatch téléphone, sans succès, la Swatch carrée – guère mieux – ou l'invention du Swatch Internet Time, une division de la journée en 1 000 unités qui propose une heure simultanée sur tous les points du globe...

ENTRAÎNEMENT

Outre la créativité de ses produits, l'entreprise investit, avant les autres, dans un réseau de boutiques dense, dans les quartiers les plus en vue, de la place Vendôme à Times Square. Dans ce magasin, la marque aurait vendu en 1998 près de 100 000 Swatch, soit plus de 270 par jour en moyenne ! Parmi ses hauts faits, la fameuse montre à quartz a aussi donné son nom, cette même année, au premier groupe horloger mondial : le Swatch Group. Elle inspirera aussi le rêve de Nicolas G. Hayek d'une voiture économique qui, après bien des péripéties, sera reprise par Mercedes-Benz et deviendra la Smart. [...]

Après trente années d'un succès certain, un fossé demeure néanmoins entre les objectifs de départ et les apports réels de la petite montre en plastique. Car, au-delà du succès commercial – elle a représenté dans les meilleures années 28 % du chiffre d'affaires global de Swatch Group, aujourd'hui elle serait plus proche de 10 % –, cette invention géniale a creusé le sillon d'une horlogerie qui est son exact inverse : la haute horlogerie. C'est sans doute l'aspect le plus fascinant de cette épopée.

De fait, la première réussite de Swatch est d'avoir démontré que la montre pouvait ne pas être uniquement un objet qui donne l'heure, mais un produit de mode. Et cela, à une époque où un garde-temps ne se concevait que pour la vie. D'objet utilitaire, la montre est devenue un accessoire. La déconnecter ainsi de sa fonction première a ouvert la voie à l'horlogerie de l'inutile, à l'horlogerie du rêve, à la pièce œuvre d'art. Ce changement de paradigme a bouleversé l'industrie suisse et a ouvert la voie à la haute horlogerie.

La seconde révolution majeure tient dans la décision de Nicolas G. Hayek de lancer, en 1991, une Swatch mécanique à remontage automatique. Dans le livre-entretien *Au-delà de la saga Swatch*, il évoque cet épisode : « Sans cela, nous aurions dû tout de suite arrêter l'activité de deux fabriques importantes, c'est-à-dire Nivarox et Comadur, qui ne produisaient rien d'autres que des ressorts et organes réglants pour montres mécaniques [...]. Il a fallu que nous produisions 10 millions de montres Swatch mécaniques. Les gens nous demandaient alors avec étonnement pourquoi nous faisions cela, et nous leur répondions avec un énorme mensonge de circonstance : "Parce qu'en Afrique et en Inde les gens ne savent pas comment on change une pile". Ce n'étaient que des bêtises. Nous avons lancé une Swatch mécanique parce que nous voulions garder en Suisse le savoir-faire nécessaire pour la fabrication des montres mécaniques. » Sans cette décision, le savoir-faire lié au balancier-spiral – cœur stratégique de la montre mécanique – aurait très certainement disparu. Il allait pourtant être l'indispensable chaînon dans le renouveau de l'horlogerie mécanique.

Voilà comment la petite montre bon marché à quartz a creusé le sillon de la montre mécanique haut de gamme. Joli tour de passe-passe.

Michel Jeannot, www.lefigaro.fr, 22 avril 2013.

ENTRAÎNEMENT

PRÉPARATION À L'ÉPREUVE E41

La société Laporte est une société familiale créée en 1927 à Biot, sur la Côte d'Azur. Depuis, l'entreprise est devenue le leader mondial de la fabrication et de la commercialisation de lanceurs automatiques, de cibles et de tous les équipements destinés à la pratique du ball-trap et de l'archerie. Les cibles sont projetées dans les airs à l'aide de lanceurs spécifiques, fabriqués par Laporte.

Référencé dans les grandes compétitions mondiales, Laporte est le fournisseur officiel de fédérations de tir dans 80 pays. L'entreprise a, en plus, participé à plusieurs olympiades : Sydney, Athènes, Pékin, Londres et Rio en 2016.

Le responsable de l'entreprise souhaite prospecter le marché des Émirats arabes unis.

Vous êtes chargé(e) de pratiquer un diagnostic export de la société pour savoir si une exportation vers ce pays serait possible. Vous travaillerez en petits groupe et utiliserez l'outil informatique pour produire un document écrit par groupe.

1. **Analysez les points forts dont dispose la firme Laporte, en allant sur le site de l'entreprise http://laporte.biz.**
2. **À quels risques pourrait-elle se heurter en allant sur ce marché ?**
3. **Quelles mesures d'adaptation la société devra-t-elle prévoir ?**

PARTIE

1 ÉTUDE ET VEILLE DES MARCHÉS ÉTRANGERS

CONCLUSION DE L'ANALYSE : LE DIAGNOSTIC EXPORT

DIAGNOSTIC EXTERNE
Analyse des opportunités et menaces du pays et du marché étranger

DIAGNOSTIC INTERNE
Analyse des forces et faiblesses de l'entreprise

DIAGNOSTIC EXPORT
Matrice SWOT : Strengths, Weaknesses, Opportunities and Threats

Illustration : le Roquefort Carles en Irlande

La Maison Carles est une entreprise familiale qui fabrique du Roquefort artisanal depuis 1927, selon des méthodes ancestrales, dans la ville du même nom. Elle fut la première à obtenir l'AOC Roquefort. Son positionnement est haut de gamme et elle fabrique un monoproduit. Elle souhaiterait à présent exporter ses produits, en commençant par des pays de l'UE, dont l'Irlande. Elle vous a chargé de réaliser son diagnostic export.

FICHE D'IDENTITÉ

Dénomination sociale
Maison Carles
CA 2015
3,6 millions EUR
Forme juridique
SAS au capital de 2,4 millions EUR
Production
220 tonnes/an mais dispose de stocks
Effectif
17 salariés, mais pas de service export
Communication
Site internet, participation à des salons internationaux

Rappel de la méthodologie :
- collecte des informations sur le pays ;
- vérification ;
- sélection ;
- analyse ;
- synthèse.

1 LE DIAGNOSTIC EXTERNE

	Opportunités	Menaces
Accès au marché	• Infrastructures variées et nombreuses. • Île : accès aisé.	• Infrastructures routières obsolètes. • Manque d'autoroutes.
Aspects socio-démo-culturels	• 1/3 de la population est jeune. • Bon niveau de vie (IDH = 11e pays). • 2e PIB/hab de l'UE. • Simplicité de communication. • Peu de formalisme.	• Fort endettement des ménages. • Langue des affaires = anglais. • Importance du réseau.
Aspects économiques	• Croissance. • Excédent de la balance commerciale. • Inflation maîtrisée. • France = 6e fournisseur. • Fiscalité favorable.	• Taux de chômage élevé. • Dette publique élevée. • Politique d'austérité.
Politique et géopolitique	• Stabilité politique. • Bon risque pays. • Très bonnes relations avec la France. • Membre de l'UE, de la zone euro. • Membre de l'OMC depuis 1995.	
Réglementation	• Réglementation européenne.	• Droit = common law. • Stricte pour les produits alimentaires. • TVA élevée.
Offre	• La France est le 3e fournisseur de fromages après le Royaume-Uni et l'Allemagne. • Prix du Roquefort : 25 EUR à 45 EUR/kg selon les points de vente.	• Production de fromages ancienne. • 47 producteurs. • 127 variétés. • Production artisanale, familiale, locale, de qualité. • Exporte 95 % de sa production. • Concurrents directs : Tesco et Gabriel Coulet.
Demande	• Sensibilité à la qualité et aux services (adultes). • Prêts à payer le prix pour la qualité.	• Comparaison des prix. • Préférence nationale. • Sensibilité à la marque et à la notoriété (jeunes). • Derniers consommateurs de fromages de l'UE. • Consommation peu fréquente.
Distribution	• GMS : Roquefort sous MDD. • Commercialisé en GMS et petits commerces seulement.	• Commerce spécialisé : Gabriel Coulet. • Distributeur très conseillé. • Adaptation de l'étiquetage.
Accès au marché	• Pas de droit de douane. • Réglementation UE pour les emballages alimentaires.	• TVA élevée (23 %). • Étiquetage en anglais et spécifique.

Analyse : Le diagnostic externe présente autant d'opportunités que de menaces. Le pays présente de nombreux avantages, notamment liés à son appartenance à l'Union européenne. Par contre, les menaces sont plus nombreuses au niveau du marché mais doivent être nuancées face au projet de la Maison Carles. En effet, la concurrence directe est peu importante, le comportement d'achat des consommateurs est très restrictif pour du fromage, de surcroit étranger, mais il existe une niche pour une clientèle aisée recherchant des produits de grande qualité.

2 LE DIAGNOSTIC INTERNE

	Forces	Faiblesses
Notoriété	Récompenses.	Faible.
Produits	• Grande qualité. • Positionnement très haut de gamme. • AOC Roquefort.	• Produit fragile. • Date limite de consommation.
Organisation de l'entreprise	• Fabrication artisanale. • Capacités excédentaires.	
Aspects commerciaux	• Site Interne • Participation à des salons. • Prix élevé. • Distribution sélective.	• Peu de communication. • Prix élevé.
Ressources humaines		• Pas de service export. • Aucune ressource linguistique.
Finances	• Importance des capitaux propres. • Autofinancement.	
Logistique		• Produit alimentaire.

Analyse : Les forces sont supérieures aux faiblesses détectées au plan commercial et humain. Si son projet d'export est mûr, elle doit se doter au moins d'une personne connaissant les techniques de commerce international et parlant anglais. CCI International, Coface... proposent des aides aux entreprises, notamment les PME, pour se doter d'un service export.

3 LA MATRICE SWOT

	FORCES	FAIBLESSES
ENTREPRISE	Production artisanale et excédentaire Finances saines Participation à des salons internationaux	Faible notoriété Aucune structure dédiée à l'export Faible communication
	OPPORTUNITÉS	**MENACES**
MARCHÉ	Stabilité économique, géopolitique et politique Avantages liés à l'UE Niveau de vie élevé Risques peu élevés	Endettement du pays et des ménages Droit jurisprudentiel Politique d'austérité Langue = anglais

4 ANALYSES ET PRÉCONISATIONS

La matrice SWOT fait ressortir autant d'opportunités que de menaces pour le marché irlandais du fromage et autant de forces que de faiblesses pour la Maison Carles et influencent l'adaptation de son plan de marchéage :

	Explications
Produit	Les qualités du produit et de production sont irréprochables : démarcation de la concurrence.
Prix	Élevé (stratégie d'écrémage) car destiné à une population aisée.
Communication	Communiquer davantage, traduire son site internet, annoncer sa participation aux salons internationaux à ses prospects potentiels.
Distribution	• Niche dans le très haut de gamme, pour se démarquer de Gabriel Coulet. • Vente en distribution sélective ou en CHR. • Commercialisation sous-traitée à un agent, voire un distributeur spécialisé dans les produits alimentaires français et haut de gamme. • Adaptation de ses emballages et étiquetage à la règlementation locale.

Recommandations : avant d'exporter, la Maison Carles pourrait participer à une mission export (individuelle ou organisée par un organisme de soutien à l'export) pour développer sa connaissance du marché et initier une prospection. Elle pourrait également solliciter un soutien régional à l'export (délégation régionale de CCI International, conseil régional d'Occitanie, CCEF du comité d'Occitanie) à la fois qualitativement et financièrement (assurance prospection par exemple).

Préparez-vous à l'épreuve écrite d'Étude et veille des marchés étrangers (E41) !

lienmini.fr/ci410evc

Suivez le lien ou le QRcode pour vous préparer au BTS et retrouver un sujet inédit de préparation à l'épreuve écrite d'Étude et veille des marchés étrangers portant sur le diagnostic export de la PME Le Secret Naturel qui souhaite investir le marché chinois.

PARTIE 2

Prospection et suivi de clientèle

PARTIE

2 PROSPECTION ET SUIVI DE CLIENTÈLE

Une fois que l'entreprise a réalisé le diagnostic export et conclu de l'intérêt du pays ciblé, elle va rechercher des clients potentiels afin de vendre ses produits. Ainsi, elle va réfléchir aux contraintes induites par la prospection et utiliser des techniques adaptées. **CHAPITRE 10**

Par ailleurs, cette prospection va se dérouler dans un pays dont la culture est différente de la sienne. Ces éléments interculturels vont influencer sa politique commerciale et sa démarche de prospection. **CHAPITRES 19 À 21**

L'entreprise va définir une stratégie commerciale en choisissant :

- un positionnement pour ses produits ;
- des clients ciblés ;
- une démarche de pénétration du marché étranger. **CHAPITRE 11**

En fonction de ces contraintes stratégiques, elle va adopter une politique commerciale, sous la forme d'un plan de marchéage adapté pour se faire connaître, ainsi que ses produits.

Il se compose de 4 variables :

- la politique d'offre à l'international : le produit ; **CHAPITRE 12**
- la politique d'offre à l'international : le prix ; **CHAPITRE 13**
- la politique de communication ; **CHAPITRE 14**
- les modes de présence à l'international. **CHAPITRE 15**

Parallèlement, elle va organiser sa prospection et rechercher des prospects potentiels, qu'elle va contacter afin qu'ils deviennent des clients. Cette prospection peut se mener dans l'entreprise ou dans le pays ciblé, grâce à une mission export ou à la participation à un salon. Dans ce dernier cas, elle va établir un budget prévisionnel et peut solliciter des moyens de financement car cette démarche est complexe et coûteuse. **CHAPITRE 16**

À l'issue de la prospection, elle va chercher à mieux connaître les clients potentiels rencontrés et tenter d'évaluer leur stabilité financière et leur réputation de façon à limiter les risques. **CHAPITRE 17**

Elle va ensuite organiser le suivi de la prospection pour concrétiser ses démarches auprès de ses prospects et évaluer la rentabilité de cette opération. **CHAPITRE 18**

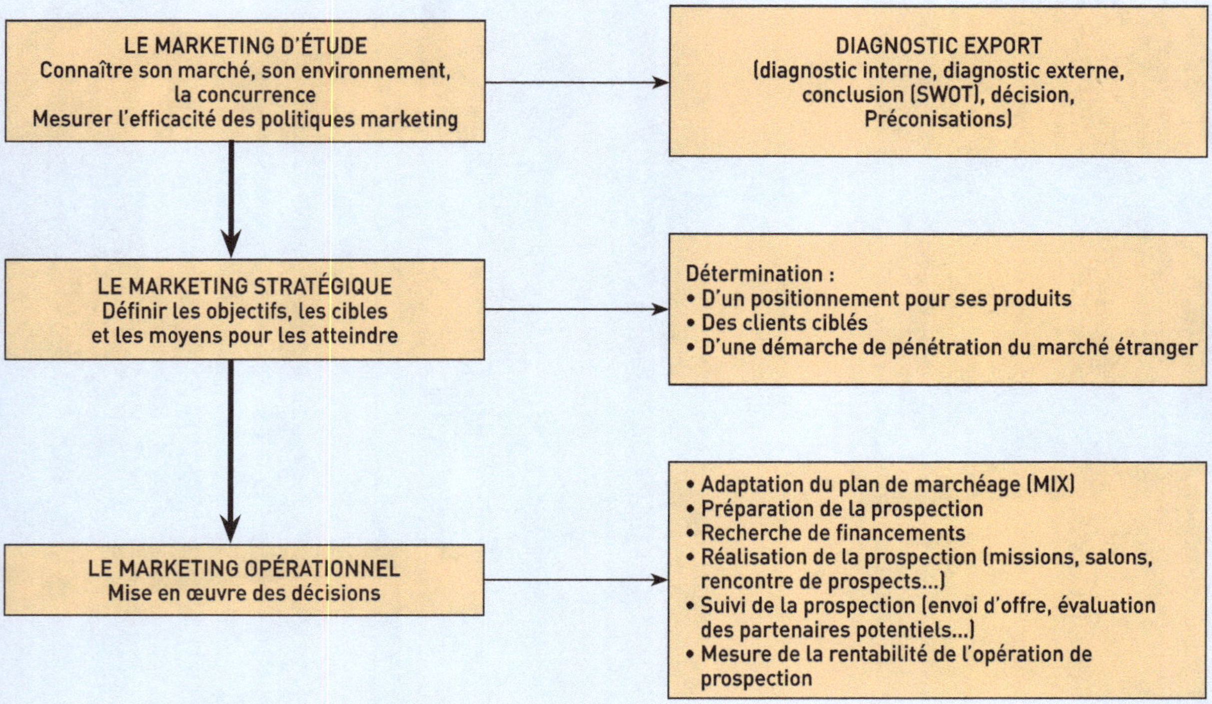

CHAPITRE

10 Notions de prospection à l'international

Compétences attendues

- **UC51CP1 :** Identifier et sélectionner les cibles en accord avec les caractéristiques spécifiques des marchés étrangers
- **UC51CP2 :** Évaluer les potentialités des clients actuels
- **UC51CP3 :** Organiser la prospection et communiquer avec les clients potentiels
- **UC51CP4 :** Analyser, évaluer et suivre la prospection
- **UC51CP5 :** Constituer, gérer et mettre à jour un réseau de contacts pertinent et pluriculturel

Savoirs associés

- **S313 :** Prospection internationale

CONTEXTE JEANNEAU

L'entreprise Jeanneau a été créée par Henri Jeanneau en 1957, elle est spécialisée dans la construction de bateaux à moteur (Cap Camarat, Leader...) et de voiliers (Sun odyssey, Sun fast...). Depuis 1995, les Chantiers Jeanneau font partie du groupe Bénéteau. Jeanneau possède un vaste réseau de concessionnaires implanté dans plus de 80 pays. Ce réseau garantit à chaque client les conseils professionnels et le service exemplaire qu'il est en droit d'attendre d'un grand constructeur naval. Les distributeurs disposent d'un programme intranet innovant qui facilite l'expédition de pièces de rechange dans les délais les plus courts.

L'entreprise Jeanneau développe une politique d'innovation en proposant chaque année de nouveaux produits à une clientèle internationale exigeante. La marque Jeanneau est présente sur tous les continents et doit en permanence trouver de nouveaux clients pour rester compétitive sur le marché mondial et atteindre ses objectifs de croissance de chiffre d'affaires.

Comment l'entreprise Jeanneau peut-elle prospecter à l'international et trouver de nouveaux clients à l'étranger ?

FICHE D'IDENTITÉ

Dénomination sociale
JEANNEAU (Groupe Bénéteau Jeanneau SPBI)

Année de création
1957

CA 2014
507 millions EUR dont 65 % à l'export

Effectif
3 474 salariés

Secteur
Construction de bateaux de plaisance

PROLONGEMENT NUMÉRIQUE

L'industrie nautique a le vent en poupe (2'03)
lienmini.fr/ci410nautisme

1) Présentez les raisons du dynamisme du secteur du nautisme.
2) Identifiez les pays cibles des marchés à l'export du secteur du nautisme.

EN CONTEXTE

MISSION 1 Participer à des salons internationaux en tant qu'exposant ANNEXES 1 à 3

1. Justifiez la démarche de prospection internationale de Jeanneau.
2. Présentez les objectifs de prospection de Jeanneau lors de la participation à des salons internationaux.
3. Identifiez les cibles de l'entreprise Jeanneau sur les salons internationaux.
4. Proposez des outils pour qualifier les prospects (tièdes, froids, chauds) lors d'un contact sur un salon international.

Lexique

- **Prospection :** consiste à transformer un client potentiel (le prospect) en client réel.
- **Prospection internationale :** a pour objectif de trouver de nouveaux clients à l'étranger.

MISSION 2 Prospecter lors d'une mission collective à l'étranger ANNEXE 4

1. Identifiez l'organisateur de la mission collective de prospection.
2. Repérez le profil des entreprises françaises concernées par la mission à l'étranger.
3. Présentez les objectifs et les cibles d'une mission à l'étranger pour un visiteur professionnel lors d'un salon international.

MISSION 3 Mener une action de marketing direct ANNEXES 5 et 6

1. Présentez l'intérêt d'utiliser un logiciel spécialisé pour réaliser une campagne d'e-mailing.
2. Repérez les étapes d'une campagne d'e-mailing.
3. Proposez d'autres actions de marketing direct en direction des marchés étrangers.

Lexique

- **Marketing direct :** établir un contact personnalisé avec le prospect afin d'obtenir une réponse immédiate à une proposition commerciale.

MISSION 4 Exploiter Internet et les réseaux sociaux ANNEXES 7 et 8

1. Recherchez les adresses des sites Internet et des pages Facebook des entreprises figurant dans l'annexe 7.
2. Citez d'autres outils en ligne exploités par les entreprises du secteur du nautisme.
3. Présentez l'intérêt des outils du marketing numérique pour la prospection internationale.

Lexique

- **Marketing digital** (ou marketing numérique) : désigne l'ensemble des techniques marketing utilisées sur les supports et canaux digitaux.

ANNEXE 1 L'export, la clé du développement de l'industrie nautique française

Si l'export a représenté en 2014 le chiffre record de 72,4 % de la production totale de la filière, ce n'est pas un hasard ! Pour conquérir de nouveaux marchés, les professionnels du nautisme français s'y intéressent de plus en plus, y compris les petits constructeurs et les entreprises de services.

La crise n'est pas l'unique responsable du ralentissement du marché français. Voilà le discours que tiennent l'ensemble des experts. « La France est un marché mature. Les amateurs de plaisance et de loisirs nautiques hexagonaux sont équipés. Les nouveaux entrants et les changements de matériel sont à la marge », explique Pascal Cardi, administrateur en charge de la commission export de la Fédération des industries nautiques et PDG de NV Equipment.

Pour se développer, les constructeurs, motoristes, équipementiers, distributeurs, mais aussi les entreprises de services de la filière française passent par l'export. « Le nautisme est une industrie de petits volumes. Diversifier ses marchés est nécessaire. À condition évidemment de bien le faire », remarque Mirna Cieniewicz, secrétaire générale de European Boating Industry (EBI). C'est aussi une manière de se protéger en cas de trouble économique, une crise touchant rarement tous les pays en même temps.

La démarche demande de la volonté. En cause ? Une filière atomisée, composée de plus de 5 000 entreprises et segmentée en terme de production, sans réelle « marque France », remarque la secrétaire générale de l'EBI. Mais l'Hexagone est leader sur la voile. Et se classe parmi les cinq plus grands exportateurs mondiaux de bateaux, derrière l'Italie, les États-Unis, l'Allemagne et le Royaume-Uni.

« Si les démarches vers l'international peuvent interroger les chefs d'entreprise car perçues comme coûteuses en temps, en argent et en énergie, la première étape est avant tout psychologique », explique Pascal Cardi. Certes, il faut se donner les moyens d'y arriver : traduire son site Internet, recruter des personnes qui parlent a minima l'anglais, effectuer des visites sur place, participer à des salons, comprendre les procédures douanières...

Fédération des industries nautiques Françaises, www.fin.fr, 3 décembre 2015.

ANNEXE 2 Deux belles reconnaissances pour Jeanneau dans la région Asie-Pacifique !

Le Jeanneau 54 reçoit le prix du meilleur voilier aux ASIA Boating Awards (www.asia-pacificboating.com). Ce dernier-né de la gamme des Jeanneau Yacht continue de séduire à travers le monde entier ! Celui-ci a reçu notamment le 7 avril dernier le prix du meilleur voilier aux ASIA Boating Awards. La catégorie « Best Sailing Yacht » récompense notamment le design exceptionnel, le confort, la maniabilité et la performance des voiliers jusqu'à 20 m.

Le Sun Fast 3600 récompensé au salon de Shanghai. Le Sun Fast 3600 a reçu également la semaine dernière les honneurs en remportant un Award dans la catégorie « best sailboat under 45ft » lors de la 21e édition du salon de Shanghai (www.facebook.com/BoatShowChina), le plus grand événement nautique de Chine. Ce voilier de régate avait déjà connu un succès en Chine à l'automne dernier, lors de la China Sailing Tour, événement unique organisé par Jeanneau et son concessionnaire Speedo Marine.

Ces deux récompenses viennent souligner le succès commercial de Jeanneau à l'international.

www.jeanneau.fr

Le salon de Shanghai ouvre ses portes aujourd'hui !

Découvrez les photos de notre stand avec le Sun Odyssey 349 et la Prestige 420, sans oublier notre espace réalité virtuelle ! Le Shanghai International Boat Show se déroule du 7 au 10 avril 2016.

SITE WEB

Présentation du Jeanneau 54
lienmini.fr/ci410jeanneau54
Suivez le lien ou le QRcode pour retrouver la présentation complète du Jeanneau 54.

ANNEXE 3 Come visit Jeanneau at the Barcelona Boat Show

The Barcelona International Boat Show, the biggest in Spain and one of the most important in Europe, is celebrating a very special event – its 50th anniversary.

The Boat Show, which will take place from the 5th to the 13th of November, will occupy two pavilions in the Gran Via exhibition centre and in Barcelona's Muelle de Espanya in Port Vell, with 324 national and foreign exhibitors. The on-water show will feature 130 large boats. It is the biggest nautical sports and recreation exhibition in Spain. We look forward to seeing you on 5–13 November at the Gran Via and Port Vell exhibition centres.

www.jeanneau.fr

ANNEXE 4 Participer à des missions à l'étranger : Southampton Boat Show 2016

Pour la 4e année consécutive, la Chambre régionale de métiers et de l'artisanat de Bretagne pilotera une mission collective régionale lors du prochain Southampton Boat Show du 16 au 25 septembre 2016. Située sur la côte sud, à proximité de l'île de Wight, Southampton est une ville portuaire majeure de 220 000 habitants. Ce salon nautique annuel se distingue par une surface d'exposition à terre et à flot de 120 000 m², et attire près de 112 000 visiteurs privés et professionnels. Cet événement majeur britannique rassemble environ 600 exposants (voiliers plaisance, moteur, équipement, accessoires), avec la présence de 1 000 marques. Ce salon bénéficie d'une des plus grandes marinas d'Europe, comptant plus de 2 km de pontons. Près de 600 bateaux « voiliers-moteurs » y ont été exposés en 2015. Cette manifestation reste le rendez-vous des fidèles du secteur nautique au Royaume-Uni. Quelques données majeures sur :

- le marché : le Royaume-Uni est le 4e pays importateur au niveau mondial, pour les exportations françaises. Le R.-U. est le 3e client, représentant 14,5 % de part de marché. Sur 61 millions d'habitants au R.-U., on dénombre 3,2 millions de pratiquants avec 300 clubs nautiques. Les voies navigables : 12 429 km de côtes et 3 500 km d'eaux intérieures (lacs, canaux, fleuves...) ;
- le salon : 65 % des visiteurs sont déjà propriétaires d'un bateau ; leur revenu annuel par ménage est de 95 K£. 72 % ont l'intention d'acquérir un bateau et attendent cet événement pour prendre leur décision.

Pour connaître les exposants de l'édition 2016, consulter le site du salon : www.southamptonboatshow.com

Mission collective Bretagne

Pour une clientèle privée bien ciblée sur le Royaume-Uni, le secteur de la plaisance « haut de gamme » reste toujours attractif et l'offre française continue de bénéficier d'une bonne notoriété. Dans le cadre de ce salon, exposants « à terre ou à flot » et visiteurs initieront ou conforteront des contacts qualifiés pour à terme finaliser des retombées commerciales. Pour les TPE bretonnes dynamiques, des parts de marché sont à prendre, et peuvent envisager de mettre en place un partenariat avec des distributeurs ou chantiers navals britanniques.

www.bretagne-info-nautisme.fr

VIDÉO

Southampton Boat Show 2015 Visitor Highlights
lienmini.fr/ci410southampton
Suivez le lien ou le QR code pour retrouver les moments phares du Southampton Boat Show 2015.

ANNEXE 5 L'offensive française au Brésil

Le Brésil suscite un engouement exceptionnel. En 2010, environ 500 sociétés françaises sont venues au Brésil à titre individuel ou avec des missions collectives dans le cadre des actions organisées par Ubifrance (Business France). Dans presque un cas sur deux, cette venue a été suivie d'une action concrète : signature d'au moins un contrat, ouverture d'un bureau ou d'une filiale, accord de partenariat, rachat d'une société locale, etc. Un « taux de transformation » tout à fait satisfaisant.

www.lemoci.com, 29 septembre 2011.

ANNEXE 6 Le logiciel de CRM Infocob

Une prospection plus efficace grâce au logiciel Infocob CRM

Selon des études, 59 % du temps des commerciaux n'est pas dédié à la vente.

C'est pourquoi Infocob CRM vous propose des outils afin d'augmenter la performance de vos commerciaux en passant par l'amélioration de leur organisation (planning, rendez-vous, réunions) et un accès à l'information recherchée facilité.

Les atouts d'un CRM pour améliorer la prospection

Un temps optimisé : Optimisez votre temps de prospection en organisant vos journées grâce au module planning. Simple et très visuel, il vous permettra d'organiser facilement votre journée et les différentes tâches que vous devez effectuer. [...]

La géolocalisation pour plus d'efficacité **:** grâce à la géolocalisation directement intégrée à Infocob CRM, affichez une carte avec vos prospects à visiter en quelques clics. [...]

Des campagnes de prospection par e-mailing : Vous souhaitez trouver de nouveaux clients ?

- Démarchez vos clients par e-mailing en leur proposant directement vos services. Envoyez directement à votre propre carnet de contacts si vous en avez un, ou louez une base de données prospects.
- Envoyez votre e-mailing graphique avec un message clair pour déceler de nouveaux besoins.
- Mesurez les retours de vos prospections grâce au *tracking*.

www.infocob.com

SITE WEB

Infocob CRM Nautisme : logiciel de référence pour les sociétés du nautisme
lienmini.fr/ci410infocob
Suivez le lien ou le QRcode pour découvrir Infocob CRM Nautisme.

VIDÉO

Démonstration du module e-mailing (5'15)
lienmini.fr/ci410emailing
Suivez le lien ou le QRcode pour découvrir le module emailing du logiciel en vidéo.

Conseil de pro

- MailChimp est le leader mondial des outils gratuits d'e-mailing en ligne pour les anglophones : http://mailchimp.com/
- Pour découvrir un guide complet du logiciel : lienmini.fr/ci410mailchimp

VIDÉO

Envoyer un SMS ou une campagne SMS (4'36)
lienmini.fr/ci410campagneSMS
Suivez le lien ou le QRcode pour découvrir le module SMS intégré au logiciel.

ANNEXE 7 Les principales entreprises françaises exportatrices du secteur du nautisme

	Entreprise / Groupe	Type de bateau
1	Jeanneau (Groupe Bénéteau)	Voiliers et moteurs
2	Fountaine-Pajot	Catamarans
3	Dufour	Voiliers
4	Poncin Yacht	Catamarans
5	Bic Sport	Windsurf, kitesurf...
6	Nautitech	Catamarans
7	Zodiac	Bateaux pneumatiques

Business France et www.tresor.economie.gouv.fr

ANNEXE 8 *Inbound marketing* : quel est le principe ?

La pratique de l'*inbound marketing*, ou marketing entrant, est simple à comprendre. Il s'agit d'une forme particulière du marketing qui permet de faire venir le client à soi plutôt que d'aller le chercher comme dans les formes traditionnelles. Ce concept se rapproche donc du *permission marketing* où il s'agit d'obtenir l'accord du client avant de le solliciter. Au sein de l'agence d'*inbound marketing* 1 min 30, nous considérons ainsi que « chaque marque, chaque entreprise doit devenir son propre média et convertir son audience en client ».

Lexique

- L'*inbound marketing* est une stratégie marketing visant à faire venir le client à soi plutôt que d'aller le chercher avec les techniques de marketing traditionnelles de type *outbound marketing*.

4 étapes pour mettre en place l'entonnoir de l'*inbound marketing*

Au sein de l'agence 1 min 30, nous avons l'habitude de représenter le parcours de l'utilisateur sur un site *inbound* sous forme d'un entonnoir en quatre étapes :

Étape 1 : Devenir son propre média et construire une audience qualifiée

Dans la première étape, il passe du statut d'inconnu au statut de visiteur. C'est vraiment l'étape où la marque doit devenir média et produire des contenus intéressants. Il s'agit d'attirer une audience vers son site en utilisant tous les canaux rendus disponibles par le digital : les moteurs de recherche, mais aussi les réseaux sociaux, les blogs, etc.

Étape 2 : Transformer les visiteurs en prospects

Dans cette seconde étape, il s'agit d'identifier les visiteurs et recueillir des informations de contact pour pouvoir les recontacter et en faire des prospects qualifiés. C'est une première étape de conversion qui nécessite d'amener les visiteurs vers des formulaires, des *clics-to-call*, ou tout autre mécanisme permettant de collecter des informations sur eux.

Étape 3 : Convertir les prospects en clients

Dans cette troisième étape, il s'agit d'accompagner le prospect dans son processus de décision jusqu'à la vente, pour en faire un client. On parle alors de *nurturing*. C'est une étape qui peut combiner des moyens traditionnels (téléphone, rendez-vous, etc.) et digitaux (newsletter, marketing automation, etc.)

Étape 4 : Fidéliser les clients pour en faire des ambassadeurs

Gagner des clients ne suffit pas, il faut les fidéliser et les engager pour en faire des ambassadeurs de la marque. Cela passe naturellement par des produits et des services irréprochables, mais aussi par un travail d'engagement et de satisfaction client.

Quels outils pour l'*inbound marketing* ?

En pratique, l'agence 1 min 30 s'inspire de ce concept, être un média consiste à produire, éditer et diffuser du contenu de qualité pour générer une audience qualifiée. Audience qu'il faudra convertir ensuite en prospects identifiés puis en clients. Ainsi l'*inbound marketing* est une approche systémique où tous les leviers du marketing digital sont activés. Le contenu souligne votre expertise et vous identifie comme un acteur référent dans votre domaine. Il se compose d'articles de blog, vidéos, infographies. Les newsletters, liens vers les réseaux sociaux, événements offlines permettent de promouvoir votre offre au-delà de votre sphère d'influence traditionnelle. L'*inbound marketing* va vous permettre d'attirer vos prospects vers votre site Internet. Le site Internet présentera votre offre de manière claire et pertinente, permettra d'identifier vos visiteurs, d'obtenir leur adresse mail grâce aux formulaires de contact. Le site intégrera des liens vers les réseaux sociaux, demandes de devis, etc.

www.1min30.com

VIDÉO

L'*inbound marketing* expliqué par l'agence 1min30 (6'23)
lienmini.fr/ci410inbound
Suivez le lien ou le QRcode pour découvrir l'*inbound marketing*.

Les études de marché réalisées en amont de la prospection ont permis de valider les choix des pays à cibler et de vérifier la faisabilité du projet d'exportation. L'étape suivante consiste à trouver des prospects et à les transformer en clients.
La prospection se décompose en trois grandes étapes :

Préparer la prospection
- Définir les objectifs.
- Déterminer la cible et constituer une base de données (BDD) de prospects.
- Choisir les techniques de prospection et concevoir les outils.
- Organiser, planifier et budgéter la prospection.

Réaliser la prospection
- Conduire les actions de prospection « sur le terrain ».
- Communiquer avec les prospects.
- Mettre à jour la BDD de prospects.

Établir le bilan et assurer le suivi de la prospection
- Dresser le bilan financier.
- Évaluer les résultats.
- Qualifier les prospects.
- Garder le contact avec les prospects.

RESSOURCE 1 DÉFINIR LES OBJECTIFS ET LES CIBLES

1 Les objectifs de la prospection

La prospection consiste à **transformer un client potentiel (le prospect) en client réel**. Elle débouche sur la négociation-vente, mais seule une faible proportion des prospects devient des clients.
La prospection est une démarche de conquête de clientèle (premier achat) alors que la fidélisation consiste à développer une clientèle existante (renouvellement des achats).

Objectifs qualitatifs	Objectifs quantitatifs
• Évaluer et sélectionner les meilleurs partenaires pour commercialiser notre offre à l'étranger. • Collecter des informations sur les contacts commerciaux. • Affiner la connaissance du marché ciblé. • Améliorer l'image et la notoriété de l'entreprise.	• Vendre et augmenter le chiffre d'affaires et les bénéfices. • Constituer une base de données de prospects qualifiés en nombre suffisant. • Augmenter le nombre de clients. • Compenser la perte des clients : le taux d'attrition (*churn rate*, pourcentage de clients perdus sur une période donnée) doit être compensé par les actions de prospection.

La **vente** à court terme n'est pas le seul but de la prospection. Le **recueil d'informations** sur les prospects est nécessaire pour mieux cibler les actions commerciales et envisager une vente future.

2 Les deux types de cibles pour la prospection internationale

La prospection internationale a pour objectif de trouver de nouveaux clients à l'étranger.

Nature de la cible	Profil de la cible	Types de prospection
Les clients internationaux.	Particuliers et entreprises qui achètent nos produits et services pour les consommer, les utiliser...	Entreprise exportatrice → **particuliers** (**BtoC** : *business to consumer*). Entreprise exportatrice → **professionnels** (**BtoB** : *business to business*).

RESSOURCES ET MÉTHODE

Nature de la cible	Profil de la cible	Types de prospection
Les partenaires et intermédiaires internationaux.	Entreprises chargées de commercialiser nos produits et services à l'étranger : importateurs, revendeurs, distributeurs, agents commerciaux...	Entreprise exportatrice → **Intermédiaires** ; → **Particuliers** et/ou professionnels (**BtoD** : *business to distributor*).

RESSOURCE 2

IDENTIFIER ET QUALIFIER LA CIBLE

1 Les phases

Phases	Contenu	Exemples
Connaître la cible (les « suspects »)	• Établir un profil des clients potentiels : particuliers, entreprises, distributeurs... • Comprendre le processus d'achat : éveil du besoin, source d'informations, motivations et freins à l'achat, lieux d'achat physiques et virtuels... • Hiérarchiser les critères de sélection de la cible	• Établir une typologie des prospects « entreprise » : taille, secteur d'activité... • Déterminer le profil socio-démographique du prospect « particulier ». • Identifier les acteurs des canaux de distribution et les prescripteurs.
Constituer la liste de contacts commerciaux ou *leads*	• Collecter des informations de base sur des clients potentiels : email, adresse postale, numéro de téléphone... • Établir des listes de partenaires : distributeurs, importateurs, grossistes... • Établir une notation ou *scoring*, des prospects. • Affiner les informations brutes détenues : adresse postale précise, poste occupé, numéro de portable, adresse du site Internet de l'entreprise... • Créer une BDD (base de données) de prospects.	**Source interne** : • Constituer des listes de prospects sur les foires et salons. • Collecter les demandes d'informations des prospects (site Web, blogs, réseaux sociaux...). **Source externe** : http://fr.kompass.com/m/purchase-prospects-list/ http://www.europages.fr/annuaire-entreprises.html (→ chapitre 4).

RESSOURCE PDF

La création de contacts commerciaux
lienmini.fr/ci410contacts
Suivez le lien ou le QRcode pour approfondir les deux façons de générer des contacts commerciaux.

2 Le processus de qualification des contacts commerciaux

La prospection permet d'affiner le profil du prospect en collectant des informations pour le connaître. Les techniques utilisées et les actions marketing seront personnalisées afin de mieux vendre nos produits et/ou nos services. Le « prospect acheteur » devient alors un client.

Contact commercial brut → Prospects froids → Prospects tièdes → Prospects chauds → Clients

Définition et processus de qualification des prospects

Nature	Profil	Techniques et actions à mener
Suspect	Contact commercial brut (non qualifié). L'entreprise ne dispose que d'informations incomplètes sur les suspects.	• Établir un contact personnalisé avec le prospect pour le qualifier : appel téléphonique… • Communiquer avec le prospect : action de marketing direct…
Prospect froid	Client potentiel non intéressé par notre offre dans l'immédiat mais qui montre un intérêt général pour notre entreprise et nos produits.	• « Mettre en couveuse » les prospects *lead nurturing* dans l'attente d'une vente future. Par exemple : envoi d'une newsletter • Entretenir un contact personnalisé : relance, informations sur les offres et les promotions. • Évaluer le potentiel des prospects en les classant en fonction de critères de notation : *scoring* (→ chapitre 17).
Prospect tiède	Client potentiel susceptible d'être intéressé par une offre précise de l'entreprise à moyen terme.	
Prospect chaud	Client potentiel intéressé par une offre de notre entreprise et ayant émis un signal d'achat.	Démarcher en vue de conclure la vente.

RESSOURCE 3 PRÉPARER LA PROSPECTION

Phases	Contenu	Exemples et outils
Organiser, planifier et budgéter la prospection.	• Établir un calendrier des actions de prospection. • Organiser le travail des équipes commerciales. • Dresser un budget prévisionnel.	• Évaluer les coûts prévisionnels : missions, salon à l'étranger, action de marketing direct… • Présenter un planning des activités à mener, exemple : le diagramme de Gantt (www.diagramme-de-gantt.fr).

Exemple de budget prévisionnel

Postes de frais	Montant prévisionnel	Montant réel
Participation au salon Stand : • Location du stand • Forfait ménage stand • Électricité • ... Matériel : • Transport du matériel d'exposition • Produits/Échantillons • ... Déplacements : • Avion • Hôtel • Repas • Location voiture • ... Communication : • Encart dans le catalogue du salon • Fiches produits • Catalogues • Jeux/Concours • ... Divers : traducteur...		
Mission de prospection • Avion • Hôtel • Restaurant • ...		

Phases	Contenu	Exemples et outils
Concevoir et adapter les outils : documents commerciaux de communication et de négociation	• Rédiger et traduire des documents commerciaux destinés à la clientèle étrangère. • Préparer et traduire les outils de communication et de prospection destinés aux commerciaux. • Traduire le site Internet et les outils en ligne. • Concevoir une fiche prospect.	• Catalogue de présentation de l'entreprise et des produits/services. • Rédaction de messages en langues étrangères : lettres, e-mails... • Conception d'argumentaires de vente en LVE. • Conception de guides d'entretien téléphonique (scénarios d'appel). • Préparation des tarifs à l'export. • Préparation des conditions commerciales.

RESSOURCE 4 CHOISIR LES TECHNIQUES ET LES OUTILS DE PROSPECTION

	Techniques et outils	Description et exemples
Sans déplacement à l'étranger	• Participer à des salons internationaux en France.	Établir des contacts commerciaux avec des visiteurs venant de l'étranger.
	• Marketing direct : établir un contact personnalisé avec le prospect afin d'obtenir une réponse immédiate à une proposition commerciale.	Utiliser les outils de prospection du marketing direct : le téléphone (*phoning*), le courrier postal (publipostage ou *mailing*), le fax/télécopie, l'email (*e-mailing*), le SMS.
	• Développer son site Internet.	Créer une unité commerciale virtuelle : • sans vente en ligne (site vitrine) ; • de vente en ligne (site marchand). Exemple : http://store.bicsport.fr/
	• Développer les outils Internet favorisant l'interactivité entre les internautes (web 2.0) : marketing numérique.	Faire animer et produire des contenus par un *community manager* sur les réseaux sociaux.
	• Autres.	• Répondre à des appels d'offres. • Rencontrer les acheteurs étrangers invités par les CCI, les chambres de métiers ou les associations professionnelles.
Avec déplacement à l'étranger	• Mener des missions commerciales de prospection à l'étranger (individuelles ou collectives).	Se déplacer pour une courte durée à l'étranger afin de prendre contact avec des prospects.
	• Participer à des événements périodiques : salons spécialisés, foires commerciales, congrès.	Intervenir lors d'événements à l'étranger pour présenter ses produits et services afin de se faire connaître.

RESSOURCE 5 METTRE EN ŒUVRE LA PROSPECTION

Cette étape consiste à conduire les actions de prospection « sur le terrain ».

Phases	Contenu
• Communiquer avec les prospects • Mettre à jour la BDD de prospects et qualifier les contacts commerciaux • Vendre	• Repérer les contacts commerciaux ayant un intérêt pour nos produits/services, préciser les besoins et les projets d'achat. • Déterminer la probabilité de transformer le prospect en client (chaud, tiède, froid). • Repérer les opportunités de vente et les moyens de contacts appropriés. • Proposer une offre commerciale et conclure la vente.

RESSOURCE 6 ÉTABLIR LE BILAN ET ASSURER LE SUIVI DE LA PROSPECTION

Lexique

▸ **Évaluation de la prospection :** consiste à dresser un bilan des performances de la prospection en comparant les objectifs aux résultats obtenus : budget final, calcul d'indicateurs, de ratios.
▸ **Suivi de la prospection :** ensemble des tâches commerciales effectuées après la mise en œuvre de la prospection : finaliser la vente, fidéliser et renseigner les clients, mettre à jour le fichier clients/prospects...

Phases	Contenu	Exemples
1. Établir le bilan de la prospection	• Mesurer et analyser les écarts budget prévisionnel/budget réel. • Établir le budget réel et évaluer le résultat : chiffre d'affaires, bénéfice... • Classer les prospects (chauds, froids, tièdes...).	• Mesurer la rentabilité de la prospection. • Présenter des indicateurs de mesure de la performance. Par exemple, le ratio : nombre de clients/nombre de prospects. • Établir un entonnoir de prospection : 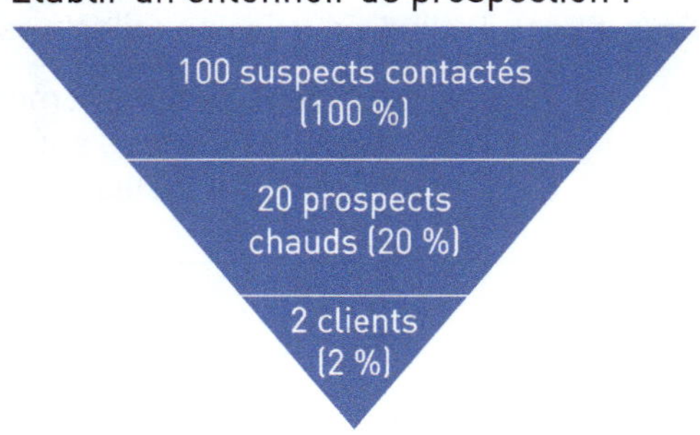
2. Assurer le suivi et entretenir le contact avec les prospects (*lead nurturing*)	• Traiter les demandes complémentaires des clients. • Entretenir une bonne image de notre entreprise. • Garder l'historique des contacts avec les prospects. • Mise-à-jour de la base de données de prospects. • Garder le contact avec les prospects froids.	• Compléter les fiches prospects manuelles ou informatisées. • Proposer une base de données centralisée de prospects qualifiés et actualisés. • Prise de rendez-vous, envoi de documentation. • Finaliser les ventes : contrats commerciaux et conditions générales de vente... • Création de contenus sur les médias sociaux : blog, Facebook, Twitter, LinkedIn... • Envoi d'une lettre d'information par e-mail, newsletter...

ENTRAÎNEMENT 1 VRAI OU FAUX ?

• **Validez vos connaissances en cochant la bonne proposition puis justifiez oralement vos réponses.**

1. La prospection se conclut toujours par une vente.

- ☐ Vrai.
- ☐ Faux.

2. La prospection internationale se conduit toujours à l'étranger.

- ☐ Vrai.
- ☐ Faux.

3. La prospection consiste à fidéliser la clientèle.

- ☐ Vrai.
- ☐ Faux.

4. Il n'est pas possible d'établir des objectifs quantitatifs pour la prospection car on ne connait pas les prospects.

- ☐ Vrai.
- ☐ Faux.

5. Une mission collective à l'étranger consiste à envoyer une équipe de commerciaux de l'entreprise et non une seule personne.

- ☐ Vrai.
- ☐ Faux.

QCM

lienmini.fr/20410qcm10

Accédez à la suite de ce quiz en utilisant le QRcode ou le lien URL.

ENTRAÎNEMENT 2 IDENTIFIER LES ENJEUX, LES CIBLES ET LES TECHNIQUES DE LA PROSPECTION

MS Techniques est une PME spécialisée dans la fabrication de tubes en plastique pour matériel médical. Ces tubes entrent dans la fabrication d'une multitude d'instruments médico-chirurgicaux : cathéters, sondes, introducteurs, endoscopes, instruments d'intervention, accessoires (raccords, gaines et tubes de conditionnements). L'entreprise, implantée à Pompey en Meurthe-et-Moselle, a été créée en 1992 et emploie 45 salariés. Elle réalise un chiffre d'affaires de 5 millions d'euros dont environ 70 % à l'export.

Vous venez d'être embauché(e) par M. Malher, PDG de MS Techniques. Il souhaite prospecter le marché brésilien. Vous êtes chargé(e) de l'aider à concevoir un plan de prospection.

1. **Présentez les enjeux de la stratégie d'exportation de MS Techniques.**
2. **Identifiez les cibles de la prospection au Brésil.**
3. **Proposez des techniques de prospection pour atteindre les cibles identifiées.**

ANNEXE 1 Étienne Malher, PDG de MS Techniques

« Notre production est tellement spécialisée que nous n'avons pas le choix, le marché français serait beaucoup trop petit », explique Étienne Malher, le PDG, en soulignant que la demande existe : partout dans le monde, de plus en plus de fabricants d'instruments médicaux à usage unique ont besoin de sous-traitants extérieurs spécialisés pour disposer rapidement des dernières technologies.

Après son démarrage en Europe, la société fait paraître une publicité dans un magazine spécialisé. Pari gagné, la voilà approchée par des clients de Corée du Sud.

ENTRAÎNEMENT

Étienne Malher valorise ses atouts, dans un secteur économique où les acteurs sont relativement peu nombreux. Il se lance à la conquête d'autres pays via les salons internationaux professionnels. Après la Chine (10 % de son chiffre d'affaires aujourd'hui), il traite avec le Japon et n'exclut pas de tenter l'Inde ou le Brésil. [...]

Étienne Malher bénéficie aussi d'une aide précieuse : les subventions régulières du conseil régional, qui lui permettent d'être présent sur les salons. La trésorerie est en effet le nerf de la guerre et si une part de prise de risque est inévitable, il s'assure de toujours se lancer sur un marché « au rythme où on peut le financer ».

Marie Dancer, Élise Descamps, Jean-Luc Poussier, *La Croix*, 25 février 2010.

ANNEXE 2 MS Techniques sonde les artères et le cerveau

Depuis 25 ans, l'entreprise meurthe-et-mosellane développe des tubes complexes pour sondes, cathéters, canules et ancillaires permettant des interventions chirurgicales, vasculaires ou cérébrales, non invasives. Elle réalise près des deux tiers de son chiffre d'affaires à l'exportation.

La dernière innovation à laquelle collabore le fabricant de matériel chirurgical MS Techniques, à Pompey (Meurthe-et-Moselle), permet aux chirurgiens d'introduire dans les vaisseaux sanguins du cerveau une minuscule nasse pour y capturer les caillots dits « semi-organisés » qui les obstruent.

La mise au point de ce dispositif, pour répondre à la demande d'un partenaire étranger, a nécessité plusieurs mois de recherche de la part des ingénieurs et techniciens de la PMI Lorraine. « La principale difficulté tenait au fait que les extrémités de cette « cage » ne devaient pas endommager les parois des vaisseaux ultrafins irriguant le cerveau et ne pas déchirer le caillot, au risque de provoquer des dommages irréparables », précise Étienne Malher. [...]

« Nous sommes sur un créneau d'activité très pointu qui suppose des procédés de fabrication respectant des cahiers des charges stricts et des normes très contraignantes », souligne le dirigeant de l'entreprise, qui travaille pour les principaux fournisseurs d'instrumentation chirurgicale mondiaux.

Pascal Ambrosi, www.lesechos.fr, 15 octobre 2009.

VIDÉO

MS Techniques, prix Innovation et export 2009
lienmini.fr/ci410mstechniques
Suivez le lien ou le QR code pour découvrir MS Techniques.

ENTRAÎNEMENT

Vers le BTS PRÉPARATION À L'ÉPREUVE E51

Créée en 1972, la société Waterair est un fabricant français de piscines en kit dont le siège est situé en Alsace. Elle est dirigée par Jacques Braun et emploie 350 salariés. Le métier de Waterair est de concevoir, fabriquer et distribuer des piscines « prêt-à-monter » de qualité supérieure.

L'entreprise réalise aujourd'hui 45 % de son chiffre d'affaires à l'export. Waterair souhaite trouver des partenaires commerciaux à long terme selon différentes modalités d'implantation : importateur, agent, groupement export. Les piscines peuvent être montées par les particuliers eux-mêmes, mais le plus souvent ce sont des installateurs partenaires qui en assurent le montage. Waterair souhaite renforcer sa présence en Scandinavie et plus particulièrement en Suède. Le marché suédois lui paraît attractif et pour cela, elle envisage de participer à un salon international à forte fréquentation. Waterair hésite entre deux salons : Interbad ou Piscine 2018. Vous êtes chargé(e) d'aider le responsable export dans la prise de décisions.

1. Analysez les caractéristiques de ces deux salons et proposez celui qui vous semble le plus adapté.

Pour sa participation à ce salon, le responsable du service export réfléchit à un outil de prospection qui lui permettrait de recueillir les données concernant les visiteurs sur le stand de l'entreprise, afin d'enrichir la base de données de l'entreprise.

2. Concevez la fiche de renseignements « prospects » qui sera utilisée sur le salon.

3. Présentez les étapes qui vous aideront à réaliser le suivi de ces prospects et proposez les outils correspondants.

ANNEXE 1 Le salon Piscine 2018

Éléments commerciaux

Piscine 2018 est un salon de référence pour les professionnels de la piscine et des spas. Du mercredi 21 au samedi 24 novembre 2018, Lyon-Eurexpo-France accueillera le salon Piscine 2018. Tous les deux ans, les professionnels de la filière se réunissent à Lyon pour découvrir les dernières tendances du marché.

Salon dédié aux professionnels de la piscine et des spas privés, Piscine 2018 est l'occasion pour toute une filière de s'informer et de se former aux équipements les plus innovants et aux solutions les plus techniques pendant quatre jours. Tous les acteurs clés du marché sont présents : construction et installation ; forme et bien-être ; protection et sécurité ; services ; équipements et accessoires.

Piscine 2018 est le salon le plus important de la profession, avec 600 exposants, 1 000 marques représentées, et 18 000 visiteurs attendus à Lyon. L'événement Piscine 2018 est aussi une invitation privilégiée à découvrir en avant-première les grandes tendances de la piscine et du spa, avec une sélection de nouveautés inédites présentées par les exposants.

Dans le cadre de cette nouvelle édition, 25 pays sont représentés, avec 35 % de visiteurs internationaux.

Éléments budgétaires

Trois personnes de l'entreprise se rendront sur place : le directeur export, son assistante commerciale et un technico-commercial.

Programme de déplacement	Arrivée à Lyon le mercredi 21 novembre au matin, séjour jusqu'au samedi 24 novembre 2018. Départ le 24/11 à 22 heures. Déplacement en train : 174 EUR pour les 3 personnes ALLER. Déplacement en train : 160 EUR pour les 3 personnes RETOUR.
Frais de séjour	Hôtel : chambre simple incluant nuit et petit-déjeuner : 100 EUR. Repas : prévoir 20 EUR par repas. Frais divers de déplacement pour 3 personnes : 40 EUR par jour.
Stand	L'entreprise prévoit la location d'un emplacement de 80 m^2. Coût : 176 EUR/m^2. Elle dispose de son propre stand qu'elle fera acheminer. Le transport du matériel et du stand ainsi que son montage est évalué à 600 EUR.
Marketing direct et communication	Publipostage : 100 EUR. Documentation : 1 000 EUR. Communication presse : 400 EUR.

ENTRAÎNEMENT

ANNEXE 2 Le salon Interbad

Éléments commerciaux

International trade fair for swimming pools, saunas and spas with congress for pool and bath technology.

Date : 10.10.2018 – 13.10.2018

Interval : every two years

Key exhibition areas: Swimming Pools, Wellness, Healthcare, Hotel Furnishings, Leisure and Pools, Aquaculture, Saunas, Physiotherapy, Medicinal Baths, Fitness Apparatus, Solaria.

Interbad : the place to be !

Over 15.000 visitors to the trade fair and over 1.000 participants (year 2016) coming from 50 countries, which ranged from the small product innovation to the presentation of the new award "Public Value Award for the public swimming pool". The idea to make Stuttgart the permanent venue of Interbad has paid off: in addition to a new exhibitor record, the trade fair was also able to attract significantly more international visitors. The exhibitors were also very satisfied with the quality of the visitors. Themes such as energy efficiency, minimum use of materials and sustainable management concepts, creation of innovative products and new services are important.

Trade fair results :

- 91 % of visitors are involved directly in procurement decisions.
- 41 % of visitors came with specific intentions to invest.
- 48 % of visitors select Interbad as the only trade fair to visit.
- 4 on 5 visitors would recommend Interbad.

Visitor target groups and focus on industries :

- Local authorities, public baths and pools.
- Swimming pool construction companies, retailers.
- Hotels.
- Saunas.
- Physiotherapists.
- Designers, Architects, Consultants.
- Health, curative and thermal spas.
- Plumbers and fitters.
- Private Investors.
- Fitness Studios.

Éléments budgétaires

La société Waterair a décidé de faire des efforts tout particuliers à l'occasion de sa participation au salon Interbad. Trois personnes de l'entreprise se rendront sur place : le directeur export, son assistante commerciale et un technico-commercial.

Programme de déplacement	Arrivée à Stuttgart le mercredi 10 octobre 2018 au matin et départ le samedi 13 octobre à 21 heures. Avion A/R par Swiss Air depuis Bâle/Mulhouse : 742 € par personne.
Frais de séjour	Hôtel : chambre simple incluant nuit et petit-déjeuner : 110 €. Repas : prévoir 20 € par repas. Frais divers de déplacement pour l'équipe commerciale : 50 € par jour.
Stand	L'entreprise prévoit la location d'un emplacement de 80 m^2 à 156 €/m^2. Elle dispose de son propre stand qu'elle fera acheminer. Le transport du matériel et du stand ainsi que son montage est évalué à 1 200 €.
Marketing direct et communication	Publipostage : 100 €. Documentation : 1 000 €. Communication presse : 0,60 €/m^2 + forfait de 450 €.

CHAPITRE

11 Segmentation, ciblage et positionnement

Compétences attendues

- **UC51CP1** : Identifier et sélectionner des cibles de la prospection
- **UC51CP2** : Évaluer les potentialités des clients actuels
- **UC51CP7** : Rassembler, analyser et sélectionner des informations relatives au processus décisionnel et aux méthodes de négociation

Savoirs associés

- **S312** : Segmentation, ciblage, positionnement

CONTEXTE MONDELEZ

Le marché indien de l'agroalimentaire, des biscuits en particulier, montre un essor particulier et des perspectives d'avenir pour les industries agroalimentaires : une démographie stable, une économie vigoureuse, des réformes planifiées et solides, une augmentation des revenus, une urbanisation croissante, des changements de modes de vie avec des femmes qui travaillent de plus en plus. 50 % des dépenses sont consacrées à la nourriture. Les biscuits forment le segment le plus important de l'industrie alimentaire, avec un chiffre d'affaires de 550 millions d'euros. Face aux opportunités de ce marché, Mondelez a créé une filiale en Inde et étudié une offre adaptée.

Comment Mondelez peut-il exploiter ces opportunités pour mieux satisfaire ses consommateurs ? Comment va-t-il consolider sa présence en Inde ?

FICHE D'IDENTITÉ

Dénomination sociale
Mondelez International depuis 2012 (auparavant, Kraft Foods)

CA 2014
25 milliards EUR (– 34 % en 5 ans)

Secteur d'activité
Agroalimentaire (2e acteur mondial du marché)

Produits
Confiserie (41 %), biscuits-snacks (34 %), boissons (16 %), épicerie (9 %)

Marques
165 marques (LU, Cadbury...)

Implantation
Amérique : 35 %
Europe : 41 %
Asie-Pacifique : 13 %
Autres pays : 11 %

Effectif
104 000 personnes (– 18 %)

Position concurrentielle
Leader mondial des biscuits et confiseries
1er déposant mondial de brevets

PROLONGEMENT NUMÉRIQUE

India : TV Commercial for Cadbury Glow (1'02)
lienmini.fr/ci410mondelez

1) Quel univers met en scène Mondelez dans cette publicité ?
2) Quel positionnement cela vous inspire-t-il ?
3) Comment percevez-vous le positionnement voulu par Mondelez ?

EN CONTEXTE

MISSION 1 Commenter les segmentation, ciblage et positionnement — ANNEXE 1

1. Commentez les trois segments dégagés par Cadbury en Inde.
2. Quel est l'apport supplémentaire du ciblage ?
3. Analysez les messages véhiculés par les images publicitaires.

Lexique

- **Segmentation :** permet d'identifier des sous-ensembles d'acheteurs qui partagent des besoins et des comportements d'achats similaires.
- **Ciblage :** consiste à choisir un ou plusieurs segments de marché sur lesquels porteront les efforts de l'entreprise pour vendre le produit.
- **Positionnement :** image de l'entreprise et du produit dans l'esprit du consommateur.

MISSION 2 Repérer les habitudes de consommation — ANNEXE 2

1. Listez les tendances du snacking à travers le monde.
2. Commentez-les.
3. Pourquoi les producteurs doivent-ils intégrer ces habitudes de consommation dans leur stratégie ?

MISSION 3 Analyser la segmentation — ANNEXE 3

1. Analysez les raisons qui expliquent l'émergence de ce nouveau critère de segmentation.
2. Commentez la double segmentation de LU.

MISSION 4 Étudier le ciblage — ANNEXE 4

1. Pourquoi les enfants sont-ils de « bons prescripteurs » ?
2. Quelles stratégies vise LU pour développer ses ventes ?
3. Quelles actions LU a-t-il mis en place pour mieux satisfaire cette cible ? Montrez en particulier comment LU utilise les moyens technologiques actuels.

ANNEXE 1 Segmentation, ciblage et positionnement de Cadbury en Inde

✓ **Break Segment**
products which are normally consumed as a snatched break and often with tea and coffee, for example Cadbury's Perk and snack range.

✓ **Impulse segment**
these products are often purchased on impulse, eating now and then. They include products such as Cadbury's Dairy Milk.

✓ **Take home segment**
this describes products that are normally purchased in supermarkets, taken home and consumed at a later stage.

(Segmentation)

✓ **Cadbury India has distinguished its product offerings to specific class of consumer groups.**

For example, Cadbury Temptations and Bourneville are meant for higher end consumer groups who are willing to pay more for the dark chocolates.

Targeting

✓ The punch by the company for advertising this product life, "Real taste of Life", itself defines the positionning of the product. The chocolate is meant for all age groups. It symbolizes fun, enjoyment, good items. It has goodness of milk, taste and appetite appeal.

✓ The prospective customers of Cadbury have changed from kids to adults-including every family member to celebrate any occasion with Cadbury chocolates.

Positionning

SITE WEB

Cadbury India
lienmini.fr/ci410cadbury
Suivez le lien ou le QRCode pour retrouver l'intégralité du document.

EN CONTEXTE

ANNEXE 2 Le snacking gagne des adeptes sur l'ensemble de la planète

La planète entière pratique de plus en plus le snacking. Selon Nielsen, le marché mondial a représenté un chiffre d'affaires de 374 milliards de dollars[1] au cours de l'année écoulée, en progression de 2 %. Les biscuits, les gâteaux et la confiserie font la majorité des ventes, mais le snacking comme substitut de repas, sous forme de fruits, légumes, yaourts, fromages, se développe fortement dans le monde. Près de la moitié des personnes sondées par Nielsen (45 %) consomment des en-cas au lieu de se mettre à table.

Les Européens dépensent le plus, avec une facture globale stable de 167 milliards de dollars[2] contre 124 milliards[3] pour l'Amérique du Nord (+ 2 %). Cet engouement touche désormais l'Asie, l'Amérique latine et la zone Afrique Moyen-Orient avec des croissances respectives de 4 %, 9 % et 5 % selon Nielsen.

Chaque continent a sa manière de « snacker ». Les Européens consomment surtout du chocolat, les Nord-Américains des chips, les Sud-Américains des biscuits, les Asiatiques les en-cas frais, comme les yaourts, les goûters au fromage et les desserts. Au Moyen-Orient et en Afrique, on mange aussi bien de la confiserie que des snacks salés.

Des chocolats qui ne fondent pas

Sous l'impulsion des géants occidentaux de l'agroalimentaire, les pays d'Asie ont progressivement été initiés aux snacks globalisés. On trouve désormais des chips Pringles, du groupe Kellogg, et des Snickers, de la société Mars. Nestlé et Cadbury (Mondelez) ont même développé des chocolats ne fondant pas pour les pays les plus chauds.

Generally, chocolate melts at 33,8° but Patent re-refined Cadbury Dairy Milks does not melt at 40°.

Mais malgré cette poussée, des produits originaux dominent encore les marchés locaux du snack et les modes de consommation restent très différents de ceux pratiqués en Europe ou aux États-Unis. Au Japon, les habitants ne mangeront jamais en marchant dans la rue. Pour boire du café chaud ou un Orangina acheté dans un distributeur automatique, ils resteront près de la machine ou emporteront leur boisson au bureau. En Chine, cette distinction entre les types de snack est moins marquée et les habitants grignotent au fil de la journée de la seiche séchée effilochée, des crackers de riz soufflé ou des petites prunes séchées vendues dans des emballages similaires à des bonbons.

Marie-Josée Cougard, Pierre Donadieu et Yann Rousseau,
Les Échos, 2 octobre 2014.

1. Environ 340 milliards d'euros.
2. Environ 152 milliards d'euros.
3 Environ 113 milliards d'euros.

ANNEXE 3 La double segmentation de LU

On assiste aujourd'hui dans l'agroalimentaire à l'émergence d'un nouveau critère de segmentation : les occasions d'usage.

Deux tendances expliquent ce phénomène :

• Une tendance de consommation : le nomadisme.

• Une tendance merchandising : le *category management* (l'organisation des rayons dans une logique de consommation des produits, par exemple, le rayon petit-déjeuner, qui regroupe des produits de différentes natures mais qui répondent au besoin des consommateurs pour un petit-déjeuner : les céréales, les biscuits pour le petit-déjeuner, les cafés, thés, etc.).

Les industriels conçoivent donc des produits selon cette logique de consommation.

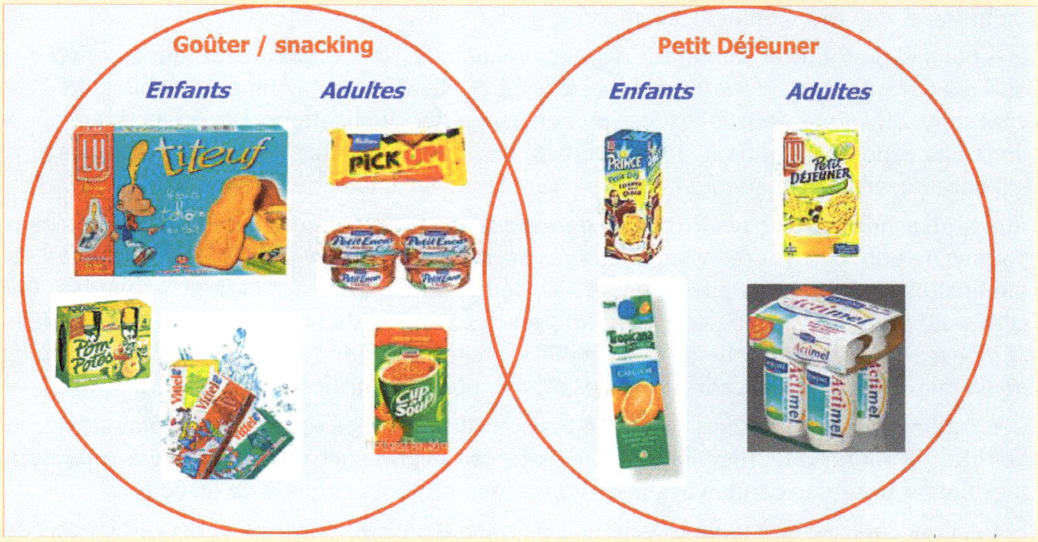

http://ressources.aunege.fr

ANNEXE 4 Le ciblage de LU

C'est bien connu, les enfants sont de bons prescripteurs ! Les entreprises savent que, la plupart du temps, les parents demandent l'avis de leurs enfants avant de leur acheter quelque chose. De plus, les courses se font souvent en famille et les enfants réclament une chose en rayon... qu'ils auront vue à la télévision, sur leur tablette, dans leur ordinateur, etc. Les marques font alors tout pour marquer l'esprit des plus petits. Elles augmentent ainsi leurs ventes, jouant sur l'envie de faire plaisir qui anime les parents.

La célèbre marque de biscuits LU a bien compris l'intérêt de cibler les enfants pour promouvoir sa gamme Prince. Pour y parvenir, elle s'est adaptée à son époque où les jeunes sont ultra-connectés.

LU a utilisé les grands principes du *storytelling*, en construisant un univers qui fait rêver les plus petits, Princeland, et en inventant des histoires destinées à promouvoir l'application mobile disponible sur Android et iOS, où l'enfant pourra incarner un des héros qui part à la poursuite du méchant pour récupérer les récoltes de blé. Quel enfant n'a jamais rêvé d'être un héros et de vivre d'épiques aventures ?

LU souhaite promouvoir sa marque de manière ludique. Néanmoins, la marque a conscience que les parents surveillent les enfants durant l'utilisation de terminaux mobiles. Ils téléchargent souvent les jeux et veillent au bon usage des applications. Le groupe LU propose donc une expérience ludique qui s'arrête au bout de 15 minutes. L'objectif est de rassurer les parents, argument supplémentaire pour les inciter à télécharger le jeu !

Alors, pour que les biscuits Prince se démarquent, LU ne communique plus par des campagnes de publicité à la télévision, inefficaces, mais de manière ludique et digitale, via son application mobile, mais aussi sur un site dédié, diffusant ses dernières actualités. Elle communique ainsi sur ses engagements envers l'Association Petits Princes, mais aussi l'amélioration nutritionnelle de ses produits, conformément à une charte signée avec les pouvoirs publics dans le cadre du Programme national nutrition santé (PNNS).

Ces contenus rassurent les parents en les convainquant des nombreux bienfaits des produits sur la santé de leurs enfants. Pour renforcer sa présence dans l'esprit des enfants, la marque propose des bandes dessinées dans les différents paquets de biscuits.

Enfin, pour s'adresser à toute la famille, LU propose un jeu-concours où le premier prix est un week-end à Princeland.

Avec cette stratégie, LU s'adapte à son époque en utilisant le *brand entertainment* (divertissement de marque). La marque intègre parfaitement tous les moyens de communication digitaux pour valoriser sa marque, promouvoir ses valeurs et cibler aussi bien les petits que les grands. Un pas de plus vers la *gamification* et l'interactivité !

www.markentive.fr, 8 juin 2015.

Dans le module « Études et Veille Commerciales », l'entreprise a détecté des marchés étrangers porteurs et des opportunités d'exportation pour ses produits. Elle connaît le volume et la pression concurrentiels, les motivations et le comportement d'achat des consommateurs et les contraintes d'adaptation de son offre.
Toutefois, avant d'adapter son plan de marchéage, elle doit mener une démarche mercatique et s'interroger sur le positionnement qu'elle veut adopter sur le marché visé.
L'entreprise va donc considérer le trinôme :

Marché → Clients : • Segmentation • Ciblage → Produits : • Positionnement

RESSOURCES ET MÉTHODE

RESSOURCE 1 LA SEGMENTATION

1 Les enjeux de la segmentation

Enjeux	Explications
Stratégiques	• Se démarquer de la concurrence. • Accroître son image de marque.
Commerciaux	• Mieux connaître le marché visé. • Fournir aux clients potentiels un produit adapté à leurs besoins et attentes.
Financiers	• Rentabiliser les dépenses de recherche-développement et mercatiques. • Maximiser le chiffre d'affaires et le profit.

2 Comment segmenter ?

L'entreprise doit :

- **connaître ses prospects et clients :** elle peut réaliser et/ou analyser des **études de marché**, elle doit être en situation de **veille** permanente pour réagir aux modifications de son environnement ;
- **grouper ses clients potentiels en segments homogènes** pour identifier leurs similitudes ou disparités et prendre des décisions ciblées, en recourant à certains critères :

Démographiques	• **Âge :** l'Allemagne est un pays vieillissant, le Vietnam est un pays jeune. • **Géographie :** la population japonaise est majoritairement située près des côtes, malgré les catastrophes naturelles. • **Situation de famille :** en Inde, de plus en plus d'hommes ne trouvent pas de femmes pour se marier et sont obligés de rester célibataires. • **Sexe :** en Chine, la conséquence de la politique de l'enfant unique est la supériorité numérique des garçons sur les filles. • **Niveau d'études**...
Socio-économiques	• **Revenu.** • **Profession** et **catégorie socioprofessionnelle** (CSP). Ex : En Allemagne, il est socialement de bon ton de montrer les signes extérieurs de sa réussite professionnelle : résidence, voiture...

De personnalité et psychographiques	• **Mode de vie**. • **Activités pratiquées**. • **Centres d'intérêts**... Ex : En Inde, les femmes travaillent de plus en plus, elles n'ont plus le temps de cuisiner des recettes traditionnelles et achètent des plats tout préparés.
Comportementaux	• **Habitudes** de consommation. • **Fidélité** à une marque. • Quantités achetées... Ex : Les consommateurs chinois sont très attentifs au prix mais, pour certains produits de qualité, ils n'hésitent pas à dépenser plus.

De plus en plus, les critères stricts ne suffisent plus à segmenter car ils s'entrecroisent, ou alors ils mêlent plusieurs sous-segments. Dans ce cas, un ciblage permettra d'affiner la démarche et d'éviter des erreurs stratégiques.

RESSOURCE 2 LE CIBLAGE

1 Le choix d'une cible

La cible consiste à déterminer le client potentiel qui va acheter le produit. Il peut s'agir :

• **d'un consommateur :** il achète le produit pour lui ou pour d'autres personnes.

Exemple : Au Canada, le LCBO importe du vin et le revend dans ses magasins mais aussi à des cavistes, des restaurants, des bars...

• **d'un usager :** il utilise un produit qu'il n'a pas forcément acheté, il peut jouer le rôle du prescripteur.

Exemple : Dans le cas de Prince de LU, les parents achètent pour les enfants.

• **d'un utilisateur :** il achète le produit et l'utilise.

2 Les critères de choix

• **Les ressources et les objectifs de l'entreprise :**

- sa capacité à satisfaire le besoin de ses clients considérés individuellement ;
- le coût dépensé pour satisfaire le client (coût de la publicité, de la vente et de la distribution...).

• **L'attrait du marché visé :**

- le revenu potentiel de cette part du marché : nombre de consommateurs actuels, futurs, pouvoir d'achat actuel et évolution... ;
- le nombre et la force des concurrents directs : barrières à l'entrée, identification des concurrents...

Le **marché idéal** doit assurer la maximisation des ventes à de nombreux consommateurs, avec des perspectives d'évolution du marché, et une grande rentabilité. L'entreprise doit donc identifier et évaluer les contraintes les plus importantes pour elle et sur lesquelles elle portera ses efforts mercatiques.

Exemple : Depuis la levée de l'embargo, l'Iran est considéré comme un marché à grand potentiel pour les produits français haut de gamme, en raison de la jeunesse de la population, du niveau de vie et de l'avidité de consommation après des années de privations.

3 L'analyse des segments

Les segments devront être évalués pour en exploiter les plus rentables. Pour s'aider, l'entreprise peut utiliser plusieurs outils :

- Une **matrice SWOT** qui rapprochera :
  - le diagnostic interne qui va lui apporter des informations sur la faisabilité de son projet (objectifs, ressources) ;
  - le diagnostic externe pour cerner les éléments d'attractivité du marché.

(→ conclusion de la partie 1 Étude et veille des marchés étrangers)

- **L'analyse des forces concurrentielles** de Mickaël Porter, qui précisera le volume et la pression concurrentielles sur ce marché.

4 La réponse stratégique au ciblage : le couple produit/marché

Vendre un seul produit sur un seul segment : stratégie de niche ou de marketing concentré

La **stratégie de niche** permet de pénétrer un marché concurrentiel en visant un interstice. L'entreprise bénéficiera d'un monopole temporaire.
La **stratégie de marketing concentré** permet de réaliser des économies mercatiques.

Le triangle d'or du positionnement

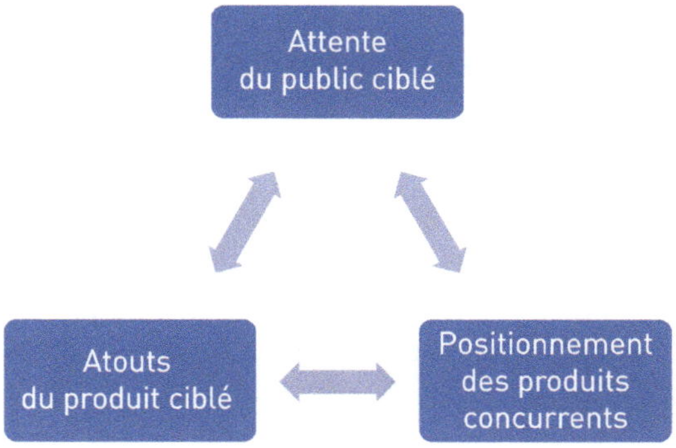

Exemple : Le domaine viticole d'Escary, dans l'Hérault, vend un de ses vins rouges aux compagnies aériennes américaines.

Satisfaire tous les segments avec un seul produit : « marketing de masse », ou « marketing indifférencié »

Le coût importe plus pour l'entreprise que la différenciation. Cette stratégie permet une efficacité mercatique maximale à un coût modéré.

Exemple : Le Petit Marseillais fabrique des produits d'hygiène pour toute la famille.

Adopter une approche multi-segments/multi-produits : ciblage de plusieurs ou de tous les segments, mais offre d'un produit différent pour chaque segment : stratégie de marketing différencié

Elle est très efficace, car chaque segment est ciblé individuellement, mais elle est très coûteuse, car il faut multiplier les campagnes de communication.

Exemple : L'Oréal propose des crèmes de soins cosmétiques adaptées à chaque type de peau : blanchissantes pour les Asiatiques, protectrices pour les Canadiennes...

RESSOURCES ET MÉTHODE

RESSOURCE 3 LE POSITIONNEMENT

1 Les définitions du positionnement

- **Position réelle :** place qu'occupe un produit dans l'esprit des consommateurs face à ses concurrents sur différents critères objectifs, comme le prix, l'image, les caractéristiques.
- **Positionnement voulu :** ensemble des actions entreprises pour obtenir la position souhaitée dans l'esprit des consommateurs. L'entreprise va communiquer, adapter ses produits pour se donner une certaine image.
- **Positionnement perçu :** place recherchée par l'entreprise et non celle perçue par les consommateurs.
  Le message de l'entreprise n'a pas été correctement décrypté par les clients potentiels.

2 Les qualités d'un positionnement efficace

Au plan interne, le positionnement doit permettre :
- sa protection industrielle ;
- la mise en œuvre et cohérence de son plan de marchéage ;
- une bonne rentabilité, en termes de chiffre d'affaires et de parts de marché.

Au plan externe :
- il doit avoir un sens pour les consommateurs et correspondre à leurs attentes. Donc il doit être :
  - simple : comporter un petit nombre de caractéristiques fonctionnelles ou symboliques, indiquer les usages et avantages ;
  - cohérent avec l'image qu'il véhicule ;
  - original, pour que les clients puissent mémoriser toutes les informations.
- il doit se démarquer de la concurrence, à l'aide d'un avantage concurrentiel, pour se positionner à partir d'une qualité supérieure par rapport aux concurrents.

MÉTHODE METTRE EN PLACE UNE DÉMARCHE DE POSITIONNEMENT

L'entreprise doit déterminer ou influencer la position du produit dans l'esprit du client. Pour répondre à cet objectif, elle doit considérer les contraintes suivantes :

- **Contraintes liées à la concurrence**
  - Quelle est sa position actuelle : est-elle challenger ou outsider ?
  - Quelle position désire-t-elle occuper : veut-elle devenir leader ?
  - Qui doit-elle vaincre pour obtenir cette position ? L'entreprise doit identifier ses principaux concurrents.
- **Contraintes internes**
  - Possède-t-elle les ressources nécessaires : des moyens financiers suffisants, humains ?
  - Peut-elle vivre jusqu'à l'obtention de cette position : peut-elle financer son cycle d'exploitation et faire face à ses investissements en recherche-développement et/ou mercatiques ?
  - Ses tactiques correspondent-elles à cet objectif de positionnement : son plan de marchéage est-il cohérent avec l'image que l'entreprise veut donner d'elle-même ?

ENTRAÎNEMENT 1 QCM

• **Validez vos connaissances en cochant la (ou les) bonne(s) proposition(s) puis justifiez oralement vos réponses.**

1. Un positionnement représente :

- ☐ La position concurrentielle d'une entreprise.
- ☐ La place qu'occupe l'entreprise dans l'esprit des consommateurs.
- ☐ L'offre de l'entreprise.

2. La segmentation consiste :

- ☐ À découper le marché en concurrents directs.
- ☐ À répartir tous les consommateurs sur le marché en divers groupes.
- ☐ À isoler des groupes de consommateurs homogènes.

3. Le ciblage est destiné à :

- ☐ Mieux connaître un groupe de consommateurs.
- ☐ Proposer des produits adaptés à des besoins similaires.
- ☐ Mieux connaître les concurrents.

4. Pour segmenter, l'entreprise :

- ☐ Réalise des études de marché.
- ☐ Pratique des sondages auprès de ses consommateurs.
- ☐ Vole les consommateurs des concurrents.

5. Le positionnement permet :

- ☐ De déterminer un niveau de gamme pour les produits.
- ☐ De certifier les produits.
- ☐ De se démarquer de la concurrence.

QCM

lienmini.fr/20410qcm11
Accédez à la suite de ce quiz en utilisant le QRcode ou le lien URL.

ENTRAÎNEMENT 2 ABORDER UN MARCHÉ ÉTRANGER

Les ventes de jeux et jouets augmentant régulièrement en Chine, Mattel décide d'y commercialiser Barbie. Pour accroître ses ventes, l'entreprise ouvre à Shanghai en mars 2009 un *Barbie Store*, un magasin porte-drapeau entièrement dédié à l'univers de Barbie et vitrine de la marque. Ce magasin ferme deux ans plus tard. L'entreprise prend le temps de comprendre ses erreurs et de revoir sa stratégie pour revenir à la charge. À présent, Mattel mise sur l'influence pour inscrire sa marque dans l'environnement chinois.

À partir de l'annexe ci-dessous :

1. **Analysez les maladresses interculturelles de Mattel.**
2. **Justifiez le choix des cibles.**

ANNEXE Mattel mise sur l'influence après plusieurs maladresses interculturelles

Voici les maladresses interculturelles de Mattel :

- Ouvrir un porte-drapeau sans avoir au préalable ancré la marque Barbie dans le contexte chinois.
- Chercher à s'imposer en proposant immédiatement un univers total par excès de confiance dans l'hégémonie culturelle de Barbie.
- Projeter sur les consommateurs chinois des représentations extérieures et étrangères à la réalité.
- Habiller ses poupées de façon trop sexy et mettre en vente des vêtements pour adultes également trop provocants.
- Proposer une Barbie spécifique pour le marché local, alors que le produit classique de Barbie est en fait plus attractif pour les petites Chinoises.
- Ne pas prendre en compte l'obsession pour l'éducation de la part des parents de la classe moyenne.

ENTRAÎNEMENT

• Négliger la compréhension locale de ce que signifie jouer.
• Surestimer la réputation de la marque en vendant à un prix horrifiant les parents.
Mattel aurait dû :
• Comprendre le contexte culturel chinois pour y greffer des actions d'influence.
• Identifier des relais indirects de son message.
• Mieux élaborer ses messages destinés à convaincre les différentes cibles.
• Travailler des arguments adaptés aux relais et aux cibles par l'exercice des compétences interculturelles.
• Inscrire ses actions sur le long terme.

Mattel a envoyé des experts en éducation auprès des ministères chinois de l'Éducation et de la Culture pour leur présenter des recherches montrant les bénéfices du jeu pour les enfants, car l'État chinois est très centralisé, et prescripteur pour toute la société : un changement de norme sur le temps récréatif dans les écoles amènerait aux enfants le goût du temps libre, et par la suite du jeu. Mattel est lucide sur l'effet recherché : « S'ils autorisent plus de temps de jeu, la moitié de notre marketing sera faite. »

Toutefois, cette action doit être couplée à d'autres mieux adaptées aux cibles repérées, dont les parents. Pour eux, « seule une Barbie qui transmet un message d'extrême compétence et de réussite importante mérite l'attention de leurs enfants » ; Mattel modifie le positionnement de ses poupées en Chine pour passer de l'image d'une icône de la mode et de la féminité occidentale vers celle d'une figure de la réussite intellectuelle et sociale. Ainsi, une nouvelle Barbie est apparue en Chine : *Barbie Violon*. L'identification à une Barbie experte en musique classique est bien plus conforme aux aspirations locales des parents, avec un prix revu à la baisse.

En Chine, les actions d'influence ne révèlent leurs effets que sur le long terme. Mattel réduira les risques d'échec et optimisera ses chances de succès en déployant une stratégie d'intelligence culturelle. Celle-ci suppose de l'humilité et une projection dans la durée. Mattel confie : « Nous sommes revenus aux fondamentaux et nous avons appris à être patients. »

D'après http://gestion-des-risques-interculturels.com

ENTRAÎNEMENT

Vers le BTS — PRÉPARATION À L'ÉPREUVE E51

Vous allez réaliser une mission export pour l'entreprise Matahi qui commercialise des boissons énergétiques bio, à base de jus de baobab importé d'Afrique auquel elle ajoute des vitamines et autres additifs naturels. Ses produits ont connu un beau succès lors du SIAL 2014, et ont été récompensés à plusieurs reprises. Matahi est à présent intéressée par l'export et elle voudrait commencer par les pays scandinaves, notamment la Suède, où elle pense pouvoir vendre ses produits avec succès. Elle vous charge de réfléchir à son marketing stratégique. Vous travaillerez en petits groupes et utiliserez l'outil informatique ainsi que les techniques de recherche d'informations en version numérisée ou papier.

1. **Déterminez les potentialités du marché suédois pour les boissons Matahi. Chaque groupe se répartit l'étude et l'analyse d'une dimension du marché suédois.**
2. **Conseillez l'entreprise sur le marketing stratégique à mettre en œuvre, en cohérence avec les caractéristiques de Matahi. Ce travail d'analyse et de réflexion sera mené dans chaque groupe, en utilisant les résultats de leur étude.**
3. **Ce travail pourra donner lieu à un exposé oral, chaque membre du groupe présentant la partie qu'il a réalisée. Chaque exposé permettra une mise en commun des résultats.**

CHAPITRE

12 La politique d'offre à l'international : le produit

Compétences attendues

- **UC51CP3 :** Organiser la prospection et communiquer avec les clients potentiels
- **UC52CP1 :** Rédiger une offre adaptée

Savoirs associés

- **S314 :** Politique d'offre à l'international (produit, prix)
- **S341 :** Protection internationale de la propriété intellectuelle

CONTEXTE VITAGERMINE

Vitagermine, entreprise d'Aquitaine, est spécialisée dans les produits alimentaires biologiques pour bébés et enfants. Elle exporte déjà en Europe et en Asie. Pour réussir sa démarche export, elle étudie minutieusement les conditions d'accès aux marchés étrangers et adapte son produit et ses composants. À présent, elle aborde l'Amérique du Sud, en commençant par le Chili.

À quelles contraintes se retrouve-t-on confronté lorsqu'on aborde un marché étranger ? Comment s'y adapter ?

FICHE D'IDENTITÉ

Dénomination sociale
Vitagermine

Forme juridique
SASU au capital social de 394 538,06 €

Marques et produits commercialisés
Babybio : large gamme bio pour bébés et enfants : lait, petits pots, soupes...
Vitabio : 2 gammes bio pour enfants et adultes : jus de fruits, desserts, biscuits

CA 2014
27,5 millions EUR (+ 17,3 %)

Effectif
Une centaine de salariés sur 2 sites de production et le siège

Exportations
15 % du CA : Europe, Asie, Amérique latine

Position concurrentielle
Leader dans l'alimentation infantile biologique

PROLONGEMENT NUMÉRIQUE

La politique de gamme (3'50)
lienmini.fr/ci410gamme

1. Définissez la notion de gamme de produit. Quels sont les termes qui y sont généralement associés ?
2. Définissez : largeur, profondeur et longueur de gamme.
3. Quel est l'intérêt pour une entreprise de développer une politique de gamme ?

EN CONTEXTE

MISSION 1 Analyser le marché ANNEXES 1 à 3

1. Repérez les atouts compétitifs de Babybio pour l'export.
2. Identifiez et caractérisez les gammes des produits fabriqués par Vitagermine.
3. Pourquoi Vitagermine utilise-t-elle les produits adaptés à l'Espagne pour le Chili ?
4. Pensez-vous qu'un marché des produits alimentaires pour bébés existe au Chili ?

Lexique
- Un **produit** peut être un bien ou un service destiné à satisfaire les besoins d'un utilisateur.

Lexique
- Une **gamme** désigne l'ensemble des produits proposés par une entreprise destinés à satisfaire le même besoin générique.

MISSION 2 Protéger la marque ANNEXE 4

1. Quels sont les enjeux de protéger internationalement ses marques ?
2. Quelle procédure Vitagermine doit-elle adopter ?
3. Vitagermine doit-elle adapter ses marques pour aborder le Chili ?

Lexique
- Un **brevet** est un titre juridique permettant à son titulaire d'interdire la reproduction et l'utilisation commerciale de son invention par un tiers.
- Une **marque** est un signe distinctif, destiné à démarquer le produit de la concurrence.

MISSION 3 S'adapter aux normes chiliennes ANNEXES 5 à 7

1. Quelles contraintes normatives s'appliquent à Vitagermine pour l'emballage et l'étiquetage ?
2. Quelle démarche doit-elle respecter pour la certification bio ?
3. Vitagermine est-elle concernée par la loi contre l'obésité ?

Lexique
- Une **norme** est un référentiel commun, national ou international, défini par consensus et documenté, dont l'objectif est d'harmoniser une activité, un processus ou une méthodologie au sein d'un secteur. Selon l'AFNOR, Association Française de Normalisation, une certification est une activité par laquelle un organisme reconnu, indépendant des parties en cause, donne une assurance écrite qu'une organisation, un processus, un service, un produit ou des compétences professionnelles sont conformes à des exigences spécifiées dans un référentiel.

MISSION 4 Le cycle de vie du produit ANNEXES 8 et 9

1. Identifiez dans quelle phase du cycle de vie se trouve le produit au Chili.
2. Que représentent les investissements indiqués dans le schéma ?
3. Complétez le tableau de l'annexe 9 en indiquant, dans chaque colonne, les tendances en fonction des phases du cycle de vie du produit.

ANNEXE 1 Comment Vitagermine a-t-elle abordé le Chili ? Entretien avec la responsable Export de Vitagermine

Après l'Europe et l'Asie, abordées avec succès, Vitagermine a décidé de s'intéresser à l'Amérique du Sud. Après avoir comparé les conditions d'accès aux différents marchés, le Chili a été choisi comme porte d'entrée car c'est le plus facile. Le Brésil est le plus difficile car il édicte de nombreuses mesures protectionnistes très strictes. Comme l'entreprise est présente en Espagne, les produits étaient déjà adaptés, les mentions traduites en espagnol. Pour le moment, 20 % de l'offre de Vitagermine est conforme aux spécifications normatives du Chili, et cette quantité suffit pour commencer à importer. En effet, ses produits, conformes au taux de protéines européen, ne correspondent pas à celui du Chili qui est plus élevé. En outre, Vitagermine est soucieuse de la nouvelle réglementation : la loi du 28 juin 2016 sur l'obésité et le règlement du 18 mars 2016 concernant les emballages et l'étiquetage. Si le marché chilien présente les opportunités attendues, Vitagermine créera des recettes spécifiques au pays. Ensuite, cette porte d'entrée pourrait permettre d'aborder l'Argentine, la Bolivie, le Brésil.

Delagrave, 2017.

ANNEXE 2 Produits Bio – Vitagermine : Babybio est aussi en Espagne !

Vous pouvez trouver les gammes Babybio et Kalibio à Madrid, Barcelone et Valence. Nous sommes présents depuis bientôt 15 ans sur le marché espagnol, où nos produits sont très prisés. Les parents dont les bébés ont été élevés avec Babybio en France recherchent le même produit à l'étranger...

www.lepetitjournal.com

SITE WEB

Babybio est aussi en Espagne !
lienmini.fr/ci410babybio
Suivez le lien ou le QRcode pour retrouver l'intégralité de l'article.

ANNEXE 3 Le marché mondial de l'alimentation infantile ne connaît pas la crise

Le marché mondial de la nutrition infantile devrait atteindre près de 30 milliards de dollars cette année : c'est ce que révèle le cabinet international d'études consommateurs Nielsen sur les tendances des marchés mondiaux de produits pour bébé, qui s'appuie sur les résultats de son enquête en ligne menée dans 60 pays en Afrique, Amérique latine, Amérique du Nord, Asie-Pacifique, Europe et Moyen-Orient.

La première partie de l'étude s'intéresse au marché mondial du lait infantile et des aliments pour bébés (petits pots, préparations culinaires). Elle révèle ainsi que la demande progresse à un rythme soutenu en Amérique latine. Bien que cette région ne représente que 9 % du chiffre d'affaires du lait infantile vendu dans le monde, la demande pour cette catégorie de produit explose et a enregistré une croissance à deux chiffres de +37,3 % en 2014 par rapport à 2013.

S'agissant des ventes, en valeur, d'aliments pour bébés, la demande des ménages a progressé de +2,1 % en Amérique latine, zone qui ne représente que 2 % du chiffre d'affaires global des aliments pour bébés, mais en devenir.

L'enquête de Nielsen vise à permettre de mieux comprendre les tendances d'achat de produits pour bébés qui se dessinent, et pourquoi les consommateurs choisissent une marque plutôt qu'une autre. Les résultats de l'enquête mettent en exergue les critères retenus par le consommateur au moment de l'acte d'achat.

« Marque de confiance », premier critère d'achat

Au moment d'effectuer un achat de produit alimentaire pour bébé – plats préparés ou lait infantile – trois critères produits arrivent nettement en tête :

- 39 % notent qu'« une marque de confiance » est le critère le plus important pour choisir la marque et le type d'aliments pour bébés qu'ils s'apprêtent à acheter ;
- suivi d'« une nutrition globalement bonne », facteur cité par 37 % des sondés ;
- et enfin « des ingrédients et/ou un processus de transformation sûr(s) », critère mis en avant par 36 % des personnes interrogées.

Le choix de marques de confiance est déterminant dans les pays en développement où les revenus peuvent être plus bas mais où les marques sont souvent synonymes de qualité. Ainsi, 41 % des participants sud-américains à l'enquête se tournent vers des produits de marque car ils ont l'assurance d'acheter un produit de qualité.

Alors que la filière des aliments pour bébés et du lait infantile a atteint la phase de maturité dans de nombreux marchés, les opportunités abondent encore. Dans les marchés en développement, l'innovation sera importante, mais une demande croissante sera le principal moteur de croissance, estime Nielsen dans son enquête.

Venice Affre, www.lemoci.com, 2 septembre 2015.

ANNEXE 4 La protection internationale des marques

Les conditions et procédure d'enregistrement international des marques sont détaillées sur le site de l'INPI.

SITE WEB

Étendre sa marque à l'international
lienmini.fr/ci410inpi
Suivez le lien ou le QRcode pour retrouver les conditions et procédure d'enregistrement international des marques.

ANNEXE 5 Le Chili instaure une loi contre l'obésité

Le Chili s'attaque durement aux produits provoquant l'obésité, dont plus de 60 % de la population chilienne est victime. Dès qu'un produit dépasse la limite établie par les standards internationaux, un panneau de signalisation noir en forme de stop est apposé sur l'emballage, signalant son taux élevé en sucre, en sel, en graisses saturées et en calories. Pour la ministre de la Santé, le Chili se positionne aujourd'hui comme un pays pionnier.

Avec une forte croissance économique et un mode de vie de plus en plus sédentaire, le Chili a connu en quelques années une progression spectaculaire de l'obésité et des problèmes de santé qui en découlent (infarctus, cancers, diabètes, accidents cardiovasculaires…), un fléau au Chili, qui a le record de ces pathologies en Amérique du Sud. Le problème commence dès le plus jeune âge : la moitié des enfants de 6 ans sont trop gros, 5 % d'entre eux souffrent d'obésité. « Cette loi permettra donc aux gens de pouvoir choisir de manger plus sain, reprend Guido Girardi. Mais on espère aussi que l'industrie elle-même va changer la composition de ses aliments ! »

www.rfi.fr, 28 juin 2016.

Avec ces logos bien reconnaissables, impossible d'ignorer que certains aliments sont trop salés, trop sucrés ou trop gras.

ANNEXE 6 Les règles d'emballage et d'étiquetage au Chili

SITE WEB

Les règles d'emballage et d'étiquetage au Chili
lienmini.fr/ci410chili
Suivez le lien ou le QRcode pour découvrir la réglementation à respecter pour importer des produits au Chili.

ANNEXE 7 Réglementation concernant la certification des produits biologiques au Chili

Le 18 mars 2016, le ministère de l'Agriculture chilien a mis en place un règlement dont la finalité est de mettre en place les protocoles et pré-requis nécessaires à la certification des produits biologiques. Ce règlement permettra également la mise en œuvre de la norme technique relative à la loi n° 20.089, qui a pour objectif de déterminer les conditions nécessaires à la production, l'élaboration, l'étiquetage et la commercialisation des produits biologiques.

http://export.businessfrance.fr

Les matières premières utilisées dans le procédé de transformation doivent être certifiées comme telles, conformément à la norme NCh 1500. L'eau doit correspondre à la norme NCh 409/1. D'autres ingrédients non biologiques sont tolérés, à condition qu'ils soient indispensables au produit, non disponibles sous forme bio et inclus dans l'annexe B de cette norme. Cette condition doit être vérifiée par l'organisme de certification. Les colorants, conservateurs et additifs de saveurs sont interdits.

La production doit être faite en séries complètes, identifiées et séparées physiquement tout au long du processus de fabrication et commercialisation. Le début de la production bio doit être communiqué à l'organisme de certification, qui doit être prévenu dans les 24 heures si un lot est contaminé accidentellement. Il faut aussi tenir des registres pour montrer l'application des normes techniques d'agriculture biologique.

Il faut indiquer les expressions « 100 % bio » « bio » « produit avec des produits bio » ou « contient au moins 70 % d'ingrédients bio » sur le produit ou dans sa description. Le terme « bio » concerne les produits récoltés, manipulés, commercialisés avec la norme 1500.

Pour un produit noté 100 % bio, les ingrédients doivent être 100 % bio, exprimés en poids (masse) ou volume, à l'exception de l'eau et des sels. Pour les 70 % bio, il faut identifier les 3 principaux ingrédients bio.

Le packaging des produits bio doit être certifié, avec l'apposition d'un label officiel délivré par l'autorité compétente. Pour pouvoir utiliser un label bio, il faut exprimer le % total d'ingrédients bio dans le produit final.

Pour les opérations de transport de produits bio, il faut noter, sur l'emballage, le nom et l'adresse du producteur, de l'intermédiaire et éventuellement du destinataire.

Les emballages utilisés pour l'expédition ou l'entreposage du produit final à l'export doivent comporter :

- l'identification du produit comme bio avec sa dénomination, le % d'ingrédients ;
- des instructions spéciales de manipulation ;
- le n° du lot ;
- l'identification de l'autorité compétente ;
- le label et l'identification de l'organisme de certification.

Ils ne doivent pas être faits dans un matériau contaminant pour ne pas ternir la qualité bio du produit : plomb, PVC ou autres plastiques.

Les produits doivent être transportés dans des emballages adéquats et fermés pour empêcher la substitution. Ils seront éventuellement inspectés.

Les produits doivent être conservés et manipulés séparément, et identifiés clairement. Les locaux d'entreposage doivent être non contaminés.

D'après www.sag.cl

ANNEXE 8 Le cycle de vie

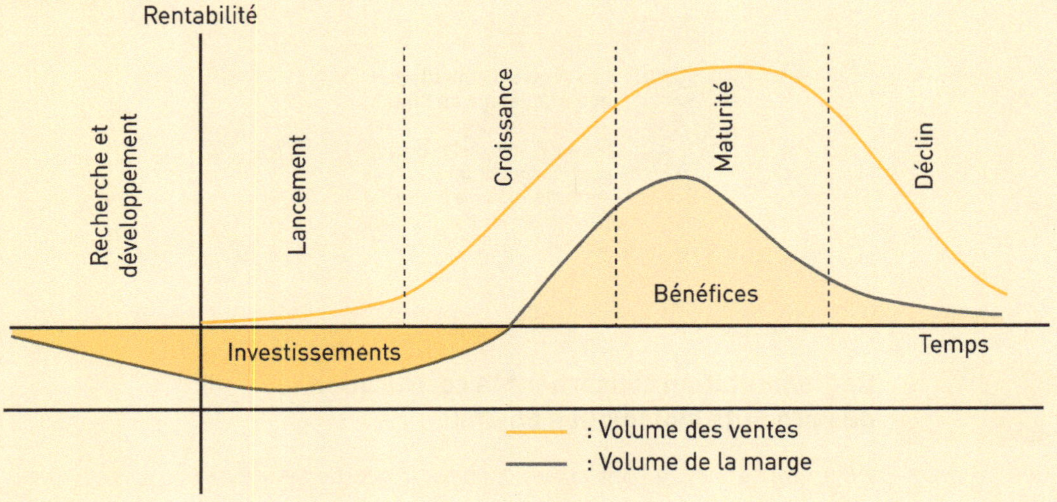

ANNEXE 9 Tendances et cycle de vie du produit

Phases	Dépenses Investissements	Prix	Quantités Vendues	Profits	Décision marketing*
R & D					
Lancement					
Croissance					
Maturité					
Déclin					

* Décision marketing au niveau du produit : abandon, relance, amélioration, réflexion, accompagnement mercatique...

RESSOURCE 1 LES NOTIONS DE PRODUIT

Un produit peut être un bien ou un service destiné à satisfaire les besoins d'un utilisateur. Ainsi, il peut répondre à un ou plusieurs besoins :

- une **attente matérielle** en raison des caractéristiques qui le composent ;
- une **utilité** par des fonctionnalités spécifiques ;
- une **attente mercatique**, symbolique, ancrée dans l'imaginaire qui représente un élément subjectif destiné à influencer l'acheteur.

Un service peut être autonome ou associé à un produit.

Les produits peuvent être classés selon les typologies suivantes, qui peuvent également se recouper.

Critères de classement	Caractères du produit	Explications et illustrations
Ses caractéristiques	Tangible	Un bien matériel.
	Immatériel	Un service.
Son mode, sa fréquence d'achat	Banal	Produit courant, acheté régulièrement.
	Anomal	Produit spécifique, ponctuel, qui requiert une démarche d'achat réfléchie.
Sa durée d'utilisation	De consommation ou périssable	Le bien est détruit à la première utilisation, satisfaisant les besoins du consommateur final.
	D'équipement ou durable	C'est un bien destiné à fabriquer d'autres produits. Il s'use au fil du temps et s'amortit souvent par périodes.
	Semi-durable	Il n'est pas détruit par la première utilisation, mais il est susceptible d'usure progressive.
Son mode d'échange	Marchand	Il est acquis en échange d'une contrepartie monétaire.
	Non marchand : bien public ou collectif	Il n'est pas financé directement par l'utilisateur mais par la collectivité.

RESSOURCE 2 GÉRER LA GAMME DE PRODUITS

La politique produit consiste à fixer l'ensemble des variables qui caractérisent l'offre de l'entreprise. Elle porte sur la gestion de la gamme des produits et sur chaque produit. Une gamme désigne l'ensemble des produits proposés par une entreprise destinés à satisfaire le même besoin générique.

Gamme Esencia Andalusi, tableau construit à partir du site Internet de l'entreprise : www.virgenextra.com

PROFONDEUR DE LA GAMME

Huiles d'olive 6 produits	Olives 16 produits	Safran 4 formats	Confitures 6 produits	Miels 7 produits	Vinaigres 3 produits
Caviar d'huile d'olive	...		Oignon Miel Fleur d'oranger		Vinaigre de framboise
Huile d'olive vierge ; 4 formats			Figue Chocolat		
			Madarine Cannelle Noix	...	Vinaigre balsamique
			Orange Chocolat	Miel de citronnier	
			Orange Papaye	Miel de Montagne	Sauce salade
Huile d'olive extra vierge			Poire Vanille	Miel de lavande	

LARGEUR DE LA GAMME

- **Largeur de la gamme** Nombre de lignes de produits : Esencia Andalusi commercialise 6 familles de produits.
- **Profondeur de la gamme** Nombre de produits différents par ligne : la profondeur de la ligne huile d'olives est de 6 produits.
- **Longueur de la gamme** Nombre total de produits : la longueur de la gamme d'Esencia Andalusi est 24.

Les **objectifs** de la gestion de la gamme consistent à :
- répartir les risques sur les différentes lignes de produits ;
- satisfaire le plus de consommateurs possible et maximiser le volume des ventes, par une diversification ou une extension de gamme ;
- restreindre le nombre de produits de la gamme pour minimiser les coûts mercatiques et abandonner les produits ne générant pas une rentabilité suffisante ;
- accroître sa visibilité et son image de marque ;
- monter en gamme afin de se démarquer de la concurrence.

À l'intérieur de chaque ligne de produit, et pour chaque produit, l'entreprise va devoir tenir compte du **cycle de vie du produit**.

À l'export, un produit commence un nouveau cycle de vie. Ainsi, en cas d'échec sur le marché d'origine, l'entreprise pourra rentabiliser son processus de fabrication.

L'**innovation** est un élément clé de la gestion de la gamme des produits. Elle permet de rester en situation de monopole temporaire, à l'abri des concurrents, en instaurant des barrières à l'entrée, et est protégée le plus souvent par un brevet. Pendant cette période, elle peut pratiquer des prix élevés, pour rentabiliser les dépenses de recherche-développement et mercatiques (communication) pour lancer et soutenir le produit. Toutefois, pour rester en situation monopolistique, il faut sans cesse innover ou améliorer le produit, ce qui engendre des coûts importants, qui doivent être considérés comme des investissements.

RESSOURCE 3 LES ÉLÉMENTS CONSTITUTIFS DU PRODUIT

	Définition
Concrets	Il s'agit de ce qu'est le produit réellement, de ses caractéristiques objectives : matières premières, taille, poids, composantes, couleurs...
Marque	Une marque est un signe distinctif qui permet : • **au consommateur** de repérer le produit parmi l'offre concurrente, de l'identifier avec ses caractéristiques, de garantir sa qualité et sa performance et de se situer socialement ; • **à l'entreprise** de se positionner par rapport à ses concurrents, de faire connaître les qualités distinctives de ses produits et de forger une image de marque en créant un véritable patrimoine.
Packaging	Le packaging comprend : • **le conditionnement**, première enveloppe destinée à le commercialiser, est en contact direct avec le produit. Il comporte de nombreuses informations pour renseigner le client, notamment des mentions légales et réglementaires : conditions d'utilisation, ingrédients, date limite de consommation... ; • **l'emballage**, deuxième enveloppe destinée à le protéger et à le manipuler. Longtemps cantonné à des utilisations logistiques, il sert à présent de vendeur muet car il intègre de nombreuses informations pour renseigner le consommateur et faciliter son acte d'achat.
Étiquette	Elle répond à trois utilités : • Une **communication claire** des produits : marque, labels, utilisation, liste des ingrédients... • **Logistique** : traçage, manipulation du produit... Il existe toute une série de marquages : haut/bas, fragile, craint l'humidité... • **Réglementation** : mentions obligatoires à faire figurer.
Stylique Design	La stylique représente l'esthétique d'un produit, l'activité créatrice qui donne un sens au produit et le différencie de ses concurrents. C'est un facteur de différenciation.

RESSOURCE 4 ADAPTER LE PRODUIT

- Le diagnostic export permet d'identifier les contraintes commerciales et réglementaires, de définir la stratégie d'approche du marché étranger (globale, glocale... → chapitre 2) et conclut à la nécessité ou non d'adapter tout ou partie les composantes de son produit.

L'adaptation du produit répond à des enjeux :

Stratégiques / Réglementaires	Commerciaux	Financiers
• Se démarquer de la concurrence. • Accroître les atouts compétitifs : l'innovation, la qualité, la flexibilité. • Satisfaire les normes en vigueur.	• Mieux satisfaire les consommateurs. • Débuter un nouveau cycle de vie du produit. • Accroître la gamme.	• Pratiquer dans certains cas un prix plus élevé. • Accroître sa marge et son profit.

- **Commerciaux** : il s'agit de satisfaire au mieux le consommateur.

Exemple : le consommateur américain est plus grand que le consommateur européen, la taille des vêtements exportés doit être adaptée.

- **Techniques** : il s'agit d'adapter le produit aux normes en vigueur sur le marché visé et de tirer profit des certifications, preuves de qualité.

Bien que le respect des normes ne soit que facultatif, il représente des enjeux :

- **Stratégiques** : le marché risque de lui être fermé, l'entreprise ne peut participer à des appels d'offre stipulant le respect de normes précises, les labels et autres signes de qualité représentent des atouts compétitifs.
- **Commerciaux** : le client étranger qui attend ses marchandises ne sera pas satisfait et peut ternir la réputation de l'exportateur.
- **Financiers** : les marchandises peuvent être détruites ou renvoyées aux frais de l'exportateur qui a déjà fait l'avance et ne sera jamais remboursé. Il va perdre sa marge et une partie de son chiffre d'affaires.

Lexique

Une **norme technique** est un référentiel publié par un organisme de normalisation officiellement agréé par un État via une organisation nationale de standardisation (comme Afnor pour la France), agréée au niveau européen (comme le CEN ou le ETSI) ou international (comme ISO). Elle répond à des objectifs de qualité, de sécurité.

Le respect d'une norme requiert une certification par un organisme indépendant (le Laboratoire national de métrologie et d'essais ou LNE, le Bureau Véritas, SGS... ou un laboratoire étranger), qui va tester le produit ou pratiquer un audit de l'entreprise. Le certificat est un outil d'aide à la vente, et un document à joindre à la liasse documentaire lors de l'expédition des marchandises.

Conseil de pro

Il convient de ne pas confondre les labels officiels certifiant le respect d'une norme et les signes commerciaux de qualité (par exemple, « produit élu saveur de l'année »), destinés seulement à démarquer le produit, ou l'entreprise des concurrents. Les AOC, IGP sont la reconnaissance que les produits ont été fabriqués dans une zone géographique précise.

RESSOURCES ET MÉTHODE

RESSOURCE 5 ADAPTER LA MARQUE

Pour pouvoir être utilisée à l'étranger une marque doit être :

- **euphonique** : agréable à prononcer et à écouter
- **compréhensible** : elle doit rapprocher les produits de l'entreprise ;
- **internationalisable** : s'adapter aux différents pays étrangers ;
- **déclinable** : elle doit permettre des variations à partir de son nom ;
- **non déceptive** : elle ne doit pas être péjorative ou décevoir sur les qualités attendues ;
- **disponible** : elle ne doit pas avoir été enregistrée auprès d'un organisme de propriété intellectuelle.

Exemple : l'entreprise Nestlé correspond à toutes ces contraintes. Sa marque a une connotation douce qui correspond bien à l'image douillette du nid et elle peut être prononcée dans toutes les langues. En Chine, Nestlé est traduit par 雀巢(qiãocháo), 雀 signifie « moineau » et 巢 « nid », ce qui rappelle le logo de la marque. À partir de la racine « nest », elle peut décliner des sous-marques : nestea, nespresso...

Conseil de pro

Pour que la marque joue son rôle de signe de ralliement de la clientèle, elle doit être enregistrée dans tous les pays où l'entreprise est présente afin d'éviter les contrefaçons, les confusions dans l'esprit du consommateur... et la perte de l'efficacité de cet atout compétitif.

RESSOURCE 6 ADAPTER LE PACKAGING

PACKAGING : Conditionnement & Emballage

FONCTION MARKETING

- **Fonction d'information**
  - Informations légales : Réglementation
  - Information sur l'usage : Produit, date de péremption, conseils d'utilisation...
- **Fonction d'alerte**
  - Attirer le regard et l'intérêt par des codes couleurs, des visuels...
- **Fonction d'attribution**
  - Classement immédiat d'un produit dans une famille grâce à des codes visuels, couleurs...
- **Fonction de positionnement**
  - Positionnement du produit par rapport à la concurrence

FONCTIONS TECHNIQUES

- **Fonction de protection, conservation et sécurité du produit**
  - Protection mécanique contre la casse (emballe et conditionnement rigides)
  - Protection environnementale (oxydation, humidité...)
  - Protection contre le vol et l'ouverture : emballage et conditionnement scellés et non déchirables
- **Fonction distribution**
  - Logistique : optimiser et faciliter la manutention et le stockage
  - Transport : il s'agit des cartons, souvent appelés emballages de niveau secondaire
  - Présentation sur le lieu de vente: emballage de niveau primaire, facilite les manipulations et la mise en rayon
- **Fonction environnementale**
  - Développement durable, recyclage... Notion d'écoconception et d'écodesign des emballages et conditionnements

L'emballage est soumis à la réglementation des pays d'importation en raison des risques qu'il représente pour les marchandises, l'environnement... Aussi l'exportateur doit-il tenir compte de divers enjeux économiques, logistiques et juridiques.

Conseil de pro

Pour sécuriser les marchandises lors de leur manutention, l'entreprise doit apposer un marquage adapté sur l'emballage. Des symboles indiquent les conditions de manipulation. Pour en découvrir quelques-uns : www.lomag-man.org

RESSOURCE 7 ADAPTER L'ÉTIQUETTE

L'étiquetage répond à trois utilités :

- Une communication claire des produits : marque, labels, utilisation, liste des ingrédients...
- Logistique : traçage, manipulation du produit... Il existe toute une série de marquages : haut/bas, fragile, craint l'humidité...
- Démontrer l'adaptation juridique du produit aux contraintes d'importation : l'emballage pourra être traité contre le feu ou l'humidité.

RESSOURCE 8 ADAPTER LA STYLIQUE (DESIGN)

La stylique représente l'esthétique d'un produit, l'activité créatrice qui donne un sens au produit et le différencie des concurrents.

En sa qualité de facteur de différenciation, les dessins et modèles industriels doivent être protégés internationalement. Le dispositif a été prévu dans le cadre de l'arrangement ou système de La Haye en vigueur depuis le 1er janvier 2017. Ce système offre au propriétaire d'un dessin ou modèle industriel la possibilité d'obtenir la protection de son dessin ou modèle dans plusieurs pays, en déposant auprès du Bureau international de l'Office mondial de la propriété intellectuelle une demande unique, rédigée en une seule langue, et en payant une seule série de taxes dans une seule monnaie (www.wipo.int/hague/fr/).

RESSOURCE 9 LA PROTECTION INTERNATIONALE DE LA PROPRIÉTÉ INDUSTRIELLE

En tant que facteurs clés de succès de l'entreprise, marques et produits doivent être protégés grâce à la propriété industrielle. C'est une protection contre toute imitation ou contrefaçon qui permettra à l'entreprise de défendre l'atteinte à son droit de propriété en justice. Elle constitue un patrimoine immatériel, jouant sur sa valeur ajoutée et son image de marque.

La protection de la marque

En enregistrant sa marque, le créateur est protégé pendant 10 ans, indéfiniment renouvelables. Il bénéficie aussi d'une extension européenne et/ou internationale.

La protection du produit : le dépôt de brevet

Un brevet est un titre juridique permettant à son titulaire d'interdire la reproduction et l'utilisation commerciale de son invention par un tiers.

Il est valable 20 ans, non renouvelables, à condition de s'acquitter des redevances annuellement, rétroactivement à la date de dépôt du dossier dans un office de propriété industrielle. Le dépôt d'un brevet peut se faire au plan national, européen ou international.

Pour plus d'informations : www.inpi.fr

ENTRAÎNEMENT 1 QCM

• **Validez vos connaissances en cochant la (ou les) bonne(s) proposition(s) puis justifiez oralement vos réponses.**

1. Une innovation est :

- ☐ Une idée.
- ☐ Une invention commercialisée.
- ☐ Une barrière à l'entrée.

2. Une norme est :

- ☐ Une loi.
- ☐ Une stratégie d'exportation.
- ☐ Une contrainte réglementaire.

3. Un produit anomal est :

- ☐ Normalisé.
- ☐ Acheté de temps en temps.
- ☐ Acheté régulièrement.

4. En phase de lancement de produit, une entreprise fait :

- ☐ Des campagnes de communication.
- ☐ Des promotions.
- ☐ Une production de masse.

5. Une gamme profonde est :

- ☐ Un grand nombre de lignes de produits.
- ☐ Un conditionnement très grand.
- ☐ Un grand nombre de références d'un produit.

QCM

lienmini.fr/20410qcm12

Accédez à la suite de ce quiz en utilisant le QRcode ou le lien URL.

ENTRAÎNEMENT 2 DISTINGUER ADAPTATION COMMERCIALE ET ADAPTATION TECHNIQUE

• **Indiquez le type de démarche qu'une entreprise doit adopter en fonction des situations rencontrées. Justifiez oralement vos réponses.**

Situations	Adaptation commerciale	Adaptation technique
L'appel d'offres requiert une norme ISO 14000.		
La marque française est péjorative à l'étranger.		
Le système de mesures n'est pas métrique.		
L'étiquetage doit comporter une DLC étendue.		
Le produit contient un ingrédient interdit par la réglementation.		
Les Japonais désirent des poêles carrées pour cuire leurs œufs.		
Le packaging n'est pas assez luxueux.		
L'emballage doit être recyclable.		
Les consommateurs scandinaves veulent des produits 100 % bio.		
La gamme de produits n'est pas assez profonde.		

ENTRAÎNEMENT

ENTRAÎNEMENT 3 S'ADAPTER AU MARCHÉ BRÉSILIEN

L'entreprise Simone Mahler conçoit, fabrique et commercialise des produits cosmétiques de soins à destination d'instituts de beauté. Elle est intéressée par le marché brésilien qui semble présenter de nombreuses opportunités, mais elle se pose beaucoup de questions sur le niveau d'adaptation nécessaire et les avantages attendus.

À partir de l'annexe ci-dessous :

1. **Quels éléments du produit faut-il adapter au Brésil ?**
2. **Quelles sont les contraintes d'adaptation ?**
3. **Comment les entreprises étrangères se sont-elles adaptées ?**
4. **Quelles sont les limites ?**

ANNEXE

Cosmétiques : du sur-mesure pour séduire les femmes des pays émergents

Texture, coloris, emballage... Pour séduire les femmes des pays émergents, les multinationales des cosmétiques adaptent leurs gammes aux goûts locaux. Un investissement rapidement rentable dans un pays comme le Brésil, où ces dames utilisent jusqu'à cinq produits de beauté par jour.

Pour les L'Oréal, Unilever et autres Procter & Gamble, il faut adapter des produits pensés en Europe ou en Amérique du Nord, « notamment en termes de coloris et de textures pour répondre aux besoins et aux attentes de ces nouveaux consommateurs », explique Gaëlle de la Fosse, chef de projet au cabinet Roland Berger, interrogée à Paris. Mais il faut aussi « trouver un équilibre entre la multiplication de l'offre et les coûts que cela peut générer », souligne-t-elle.

L'Oréal vient de lancer un nouveau programme d'investissements au Brésil, quatrième marché mondial de la beauté après les États-Unis, le Japon et la Chine, appelé à doubler de taille d'ici 2025.

ENTRAÎNEMENT

Il faut « évaluer, adapter, proposer au marché » des produits très divers, car dans un pays très métissé comme le Brésil coexistent pas moins de 8 catégories de cheveux, explique Blaise Didillon, qui dirige le centre de R & D de L'Oréal au Brésil. Les femmes y ont une prédilection pour les cheveux longs, mais il faut aussi prendre en compte le climat chaud et humide et un haut niveau de rayonnements UV lié à un fort ensoleillement. La femme brésilienne utilise 4,8 produits cosmétiques par jour.

« L'enjeu d'adaptation, en Afrique ou en Asie, est tellement important qu'il y a une valeur à être proche des marchés pour les servir », ce qui demande aussi des équipes locales, souligne Gaëlle de la Fosse.

Utiliser la biodiversité

Sur des marchés en croissance économique et démographique, « ce qui veut dire plus de ventes et de valeur, il est devenu beaucoup plus efficace d'adapter les produits aux besoins régionaux », confirme Oru Mohiuddin, analyste du secteur cosmétique du cabinet londonien Euromonitor International.

« Dans le passé, on voyait seulement des shampooings ou des produits anti-âge de base, maintenant c'est plus ciblé, comme des produits capillaires avec des agents conditionnants en Amérique latine », explique-t-elle.

Ce travail s'appuie aussi sur la biodiversité, avec le recours à des ingrédients locaux comme la noix de babaçu, employée dans des traitements capillaires élaborés au Brésil.

Les produits, au départ locaux, peuvent ainsi être diffusés dans des zones géographiques équivalentes dans le monde, comme certains soins pour la peau de Vichy ou La Roche-Posay créés pour le Brésil et progressivement vendus ailleurs.

Pour Oru Mohiuddin, « bâtir sur une expertise locale » donne « accès à des ingrédients, des formules qui peuvent aussi être utilisés » dans les pays développés.

Le soin de peau multi-usages BB Cream, qui était au départ un produit utilisé en Asie, a gagné les marchés européens avant de se diffuser en Amérique latine.

Innovations en distribution

La stratégie d'adaptation locale passe aussi « de nouveaux modes de distribution », selon Gaëlle de la Fosse. La solution peut être « un packaging plus petit et moins cher », explique-t-elle.

L'Oréal, qui veut développer ses points de vente pour accompagner la modernisation de la distribution au Brésil, a lancé plusieurs expériences : des « kiosques » pour la marque de maquillage Maybelline, qui sont de petits espaces indépendants dans les galeries marchandes des grandes villes, ou les « derma-centers » qui proposent des produits de soin de la peau en pharmacie avec une conseillère pour les clientes.

D'ores et déjà, le système des « kiosques » va être repris dans ses filiales au Mexique et à Dubaï.

Reste que dans les pays émergents, les marques locales « exercent une pression croissante sur les multinationales », souligne Oru Mohieddin, en rappelant le retrait du marché chinois de Revlon et Garnier.

Au Brésil, les deux premières places reviennent à des acteurs locaux, Natura et Boticario, devant Unilever, L'Oréal ou Avon.

Dans ce contexte, l'Afrique apparaît « un peu comme la dernière frontière inexploitée pour les marques de beauté », observe Gaëlle de la Fosse. C'est « un marché en très forte croissance, avec un énorme potentiel » de plus d'un milliard de consommateurs.

Les grands groupes ont d'ailleurs commencé à y entrer. Unilever y a créé Motions, une marque capillaire spécifique pour le marché africain.

Mais « la grande difficulté, c'est la diversité », avec plus de 50 pays différents.

www.ladepeche.fr, 9 octobre 2014.

ENTRAÎNEMENT

Vers le BTS

PRÉPARATION À L'ÉPREUVE E51

L'entreprise catalane The Cosmetic Republic conçoit, fabrique et commercialise une gamme de produits capillaires destinés à lutter contre l'alopécie (perte de cheveux). Grâce aux nanotechnologies, ils ont mis au point des soins innovants. La technique du laser leur permet également de pratiquer des greffes de cheveux.

Ils proposent trois types de produits, tous brevetés internationalement, destinés aux professionnels médicaux et de la beauté, (salons de coiffure, dermatologues, cliniques esthétiques...), ainsi qu'aux particuliers :

- Une ligne dermocosmétique : pack shampoing, soins et masque.
- Un traitement laser : laser capillaire et ampoules de vitamines.
- Des soins à la kératine : traitement des fibres capillaires.

Forte de son expérience à l'export en Europe et en Amérique du Sud, The Cosmetic Republic voudrait aborder l'Amérique du Nord, en commençant par les États-Unis.

- **Le responsable export vous charge de lui remettre un dossier synthétique comprenant :**
  - **les atouts de l'entreprise pour accéder à ce marché ;**
  - **les conditions d'importation ;**
  - **les adaptations auxquelles elle devra procéder.**

CHAPITRE

13 Politique d'offre à l'international : le prix

Compétences attendues

- **UC51CP1** : Identifier et sélectionner les caractéristiques spécifiques des marchés étrangers
- **UC51CP3** : Organiser la prospection

Savoirs associés

- **S314** : Politique d'offre à l'international

CONTEXTE MISTIMINOU

MistiMinou, entreprise familiale installée dans la région niçoise depuis 2007 et dirigée par Jérémy Griroux, est spécialisée dans la fabrication de produits alimentaires pour chats et chatons distribués par les cliniques vétérinaires. Elle est présente en France, mais également en Espagne où elle réalise 10 % de son chiffre d'affaires à l'export. Face au succès de ses produits, M. Griroux a modernisé son équipement de production pour doubler la production et accroître la qualité.

Il souhaite prospecter le marché italien avec ses deux produits phares, les croquettes pour chats seniors et pour chatons. La livraison minimale est de 1 000 sachets. Il doit se rendre à un salon en Italie et donc réfléchir à un prix de vente qui permette la rentabilité de son opération, mais également qui convienne aux acteurs du marché italien.

Quels éléments doivent être pris en compte pour fixer un prix de vente ?

FICHE D'IDENTITÉ

Dénomination sociale
MistiMinou

Forme juridique
SARL

Effectif
11 salariés

Capital social
10 000 EUR

PROLONGEMENT NUMÉRIQUE

Comment fixer son prix de vente (3'42)
lienmini.fr/ci410prix

1) Quels sont les éléments à prendre en compte pour calculer le coût de revient d'un produit ?
2) Quels sont les éléments à prendre en compte pour évaluer la marge et établir le prix de vente d'un produit ?

MISSION 1 Déterminer le seuil de rentabilité de l'entreprise

1. Calculez le seuil de rentabilité de l'entreprise en chiffre d'affaires.

	Calculs	Résultat
Chiffre d'affaires		125 000
Coûts variables		38 000
Marge sur coûts variables (MCV)	MSCV = CA – CV	
Taux de marge sur coûts variables (TMCV)	MCV/CA × 100	
Coûts fixes		64 500
Seuil de rentabilité en valeur	CF/TMCV	

2. Analysez les résultats dans la perspective de l'exportation en Italie.
3. Quel est le positionnement des croquettes MistiMinou ? Quel niveau de prix l'entreprise devra-t-elle atteindre ? Justifiez vos réponses.

Lexique

▸ Le **seuil de rentabilité** est le chiffre d'affaires à partir duquel la marge sur les ventes couvre les frais fixes.

MISSION 2 Calculer le prix de vente TTC ANNEXE 1

1. Commentez l'utilité de la marge commerciale pour une entreprise.
2. Analysez l'influence du rôle des intermédiaires sur le prix de vente.
3. Remplissez le tableau pour obtenir le prix TTC unitaire.

Lexique

▸ La **marge commerciale** correspond à la différence entre le prix de vente HT et le prix d'achat HT auprès du fournisseur.

MISSION 3 Comparer avec les prix du marché ANNEXE 2

1. Calculez le différentiel de prix entre votre produit et ceux des concurrents.
2. Commentez les résultats. Quelles décisions peuvent être prises ?

ANNEXE 1 Calcul du prix de vente TTC pour 1 000 sachets en intégrant les marges des intermédiaires

Rubriques	Données	Calculs	Résultats
Prix d'achat grossiste		CR export + coûts logistiques	5 310
Taux de marge grossiste	9 %	Prix d'achat × taux de marge grossiste	
Prix d'achat détaillant		Prix d'achat + marge grossiste	
Taux de marque détaillant	10 %	Prix de vente détaillant × taux de marque	
Prix de vente HT		Prix d'achat/(1 – taux de marque)	
TVA	22 %	PV × 22 %	
Prix de vente TTC		PV + TVA	
Prix de vente TTC unitaire		PV total/1 000	

ANNEXE 2 Comparatifs des prix de la concurrence sur le marché italien

7,25 EUR	**6,90 EUR**	**5,73 EUR**	**5,15 EUR**

Fixer un prix est une décision essentielle, car il est une des variables clés qui conditionne la rentabilité de l'entreprise et donc sa pérennité, mais aussi la réussite ou non de sa politique commerciale internationale. Un prix trop élevé ne permettrait pas un écoulement des ventes et a contrario, un prix trop faible ne permettrait pas la couverture de l'ensemble des coûts.

L'impact de cette variable stratégique s'analyse en fonction des contraintes internes et externes.

RESSOURCE 1 LE PRIX, VARIABLE LIÉE À LA STRATÉGIE DE L'ENTREPRISE

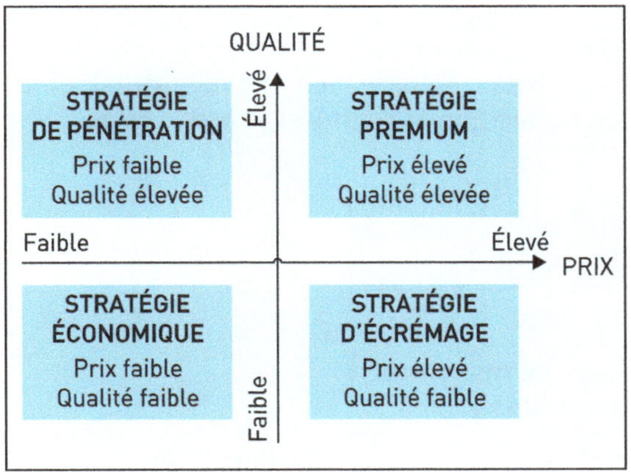

Le prix fixé doit être cohérent avec le **positionnement** choisi et l'image de marque de l'entreprise, deux des axes de sa **stratégie** commerciale :

- un **positionnement haut de gamme** justifié par un haut niveau de qualité exige une politique de prix élevés : écrémage, premium, luxe ;
- un **positionnement plus bas de gamme** grâce à des économies d'échelles permettra une politique de prix accessibles : économique, pénétration.

Exemple : Carrefour, « des prix bas tous les jours », ou Apple, « jamais une pomme n'a été aussi chère », illustrent le rôle important de la variable prix dans la stratégie.

Stratégie prix	Niveau de qualité	Niveau de prix	Exemple
Pénétration	Bas (économies d'échelle, stratégie de volume)	Bas	Les voitures chinoises sont vendues 15 à 30 % moins cher sur le marché européen.
Économique	Minimal	Bas (coûts de marketing réduits)	La Logan est un succès en France, alors qu'elle était destinée au marché roumain en raison de son rapport qualité/prix.
Alignement	Similaire à la concurrence, parfois plus élevée	Similaire à la concurrence (*check store* et *benchmarking*)	Les appareils Philips, Samsung... suivent les innovations Apple, Sony.
Écrémage	Élevé	Élevé (avantage concurrentiel)	Les aspirateurs Dyson disposent d'une technologie innovante.
Premium (luxe)	Excellent	Très élevé	Les sacs Vuitton conservent en permanence des prix très élevés.

Conseil de pro

Les décisions relatives au prix sont souvent irréversibles. Il est très difficile de remonter un prix, à moins de prouver une qualité supérieure, et économiquement impossible de vendre à perte. C'est toutefois possible de manière très temporaire pour aborder un marché étranger.

RESSOURCE 2

PRIX ET IMPÉRATIF DE RENTABILITÉ

1 Le seuil de rentabilité

La **rentabilité** permet la couverture des coûts de production au sens large (coûts fixes et variables) par les ventes réalisées. L'entreprise doit la connaître car elle ne peut pas vendre à perte, sous peine de mettre en danger sa pérennité.

Dans tout cycle d'exploitation, une entreprise est confrontée à des **charges** (ou coûts) :
- **variables**, qui sont liées au produit fabriqué (matières premières) ;
- **fixes** (amortissement des machines, loyers, assurances, salaires des administratifs), qu'il convient ensuite d'imputer au moyen de clés de répartition aux différents produits de l'entreprise.

Lexique
- Le **seuil de rentabilité** est le niveau de chiffre d'affaires à partir duquel la marge sur les ventes couvre les frais fixes de l'entreprise : **CF/TMCV**.

Indicateurs de seuils de rentabilité	Formules
En valeur (chiffre d'affaires minimum pour couvrir les coûts)	**CF/TMCV** **Coûts fixes/taux de marge sur coûts variables**
En volume (nombre de produits vendus pour atteindre le seuil)	**SR/PVU** **Seuil de rentabilité / prix de vente unitaire**
Point mort (date à laquelle le seuil est atteint)	**SR × 360/CA**

Lexique
- **Marge sur coût variable :** CA – CV (chiffre d'affaires – charges variables)
- **Taux de marge sur coûts variables :** TMCV = (MCV/CA) × 100

Ainsi, le seuil de rentabilité est atteint non pas quand le chiffre d'affaires couvre les dépenses fixes mais quand la marge sur coûts variables couvre ces frais ! Dès lors, on perçoit la difficulté à le calculer, quand la marge elle-même varie beaucoup, car les frais associés à chaque vente varient, les coûts d'achat varient en fonction des volumes achetés, les prix de vente dépendent des volumes vendus...

Conseil de pro

Plus le point mort est rapide à atteindre, plus les banquiers, investisseurs, chefs d'entreprises seront rassurés. Cependant, un point mort important ne doit pas conclure à une faiblesse pour l'entreprise, il peut être la conséquence d'un investissement durant l'année (cet investissement augmentant les coûts de production).

2 La rentabilité eu égard au coût de revient

Pour déterminer son prix de vente, l'entreprise doit connaître son coût de revient, c'est-à-dire l'ensemble de ses coûts de fabrication et/ou de commercialisation, selon qu'elle est industrielle ou commerciale. Il va conditionner sa compétitivité sur le marché étranger. Aussi la répartition des coûts pour obtenir ce coût de revient va-t-elle se faire selon deux méthodes :

- La **méthode des coûts complets** consiste à comptabiliser l'ensemble des coûts de l'entreprise et à les répartir globalement, que le produit soit commercialisé en France ou exporté.
- La **méthode du coût marginal** consiste à basculer tous les coûts fixes sur le marché français pour alléger le coût de revient à l'export.

Le cycle d'exploitation, différent selon l'activité de l'entreprise

Entreprise industrielle

Approvisionnements
• Coût achat
→ Fabrication
• Coût de fabrication
→ Commercialisation
• Coût de revient

Entreprise commerciale

Approvisionnements → Stocks marchandises → Distribution → Coût de revient

Exemple : une entreprise fabrique 10 000 lunettes pour enfants par an. Elle les vend à hauteur de 40 % en France et 60 % à l'export. Elle veut connaître son coût de revient unitaire pour pouvoir calculer ensuite son prix de vente. Le prix d'une lunette sur le marché étranger est de 20 EUR.

Éléments de coûts	Méthode des coûts complets	Méthode du coût marginal	
	France + export	*France*	*Export*
Coûts variables	125 000	40 % : 50 000	60 % : 72 000
Coûts fixes	75 000	75 000	0
Coûts d'adaptation à l'export	22 000	0	22 000
Coût de revient total	222 000	125 000	94 000
Coût de revient unitaire	220 000/10 000 = 22	125 000/4 000 = 31,5	94 000/6 000 = 15,6

Avec la méthode du coût complet, on obtient un coût de revient de 22 EUR, identique pour tous les marchés. Avec le coût marginal, le coût de revient est beaucoup plus élevé en France. Le produit étant censé être plus connu, la politique de prix est alors plus facile à modifier. L'entreprise peut réduire sa marge ou la maintenir, sachant que les coûts mercatiques et de recherche-développement sont souvent amortis. À l'export, il se monte à 15,6 EUR, soit moitié moins. Dans l'exemple, le prix du marché est de 20 EUR. Grâce à la méthode du coût marginal, l'entreprise pourra être compétitive, car des coûts ultérieurs (logistiques…) vont se rajouter.

RESSOURCE 3 LA FIXATION DU PRIX DE VENTE EXPORT

Lexique

▸ Le **prix de vente export** doit couvrir le coût de revient export de l'entreprise et la somme des coûts directs (variables et fixes) liés à la commercialisation d'un produit sur les marchés étrangers : logistique, marges des différents intermédiaires… Il permet alors d'établir la prospection des marchés étrangers et les phases de négociation.

Coût de production à l'export = Coûts de production + frais d'adaptation à l'international → Coût de revient du produit exporté = Coût de production à l'export + coûts hors production → Coût de revient export = Coût de revient du produit exporté + frais mercatiques → Coût des marchandises départ usine = Coût de revient export + marges (bénéficiaire, sécurité, négociation) → Prix achat importateur = Coût des marchandises départ usine + coûts logistiques (transport, douanes, taxes) → Prix d'achat du détaillant = Prix achat importateur + marge importateur → Prix de vente TTC au consommateur = Prix d'achat du détaillant + marge du détaillant + taxes à la consommation (TVA)

1 La fixation du tarif export suppose l'évaluation du coût de revient à l'export

Ensuite, l'entreprise va déterminer son tarif export, c'est à dire le prix de l'entreprise au regard du prix TTC du marché étranger sur lequel l'entreprise souhaite être présente.

2 Les notions de marges

Lexique

▸ La **marge commerciale** mesure le bénéfice réalisé par l'entreprise et correspond à la différence entre le prix de vente HT et le prix d'achat HT. Le suivi de la marge intègre plusieurs notions : marge brute, marge nette, taux de marge et taux de marque. La marge doit permettre de couvrir les frais fixes et les frais de fonctionnement.

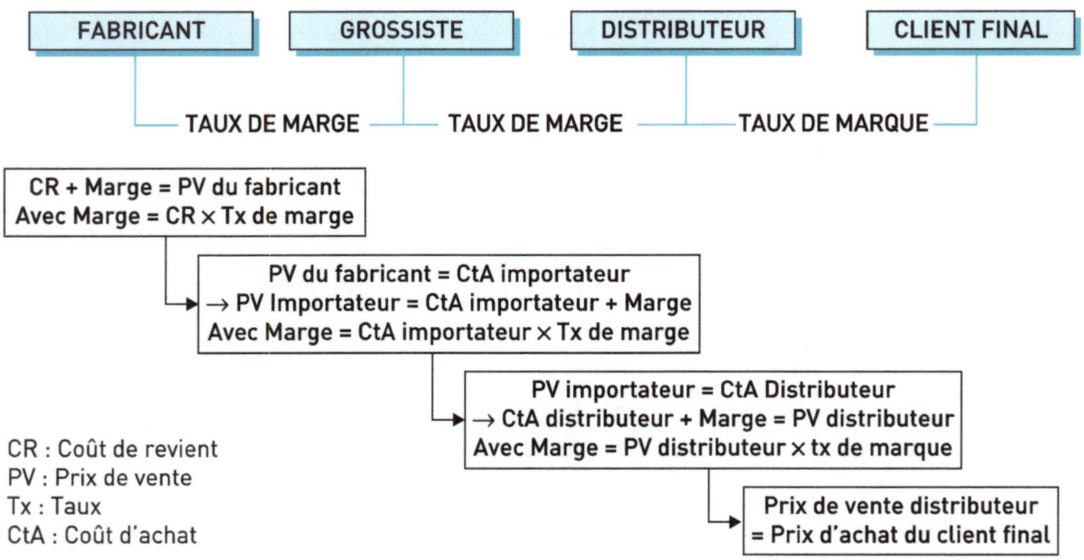

L'analyse des taux de marge commerciale des concurrents sera précieuse pour estimer la compétitivité de l'entreprise. Il y a deux possibilités :

- **l'alignement des prix de vente sur ceux des concurrents :** à qualité de produit équivalente, cette décision peut conduire à un taux de marge inférieur à celui des concurrents. Ceux-ci auront alors plus de marge de manœuvre pour innover ou se lancer dans une guerre des prix.
- **l'alignement de la marge commerciale de l'entreprise sur la leur :** cette décision peut conduire à pratiquer des prix supérieurs à ceux pratiqués par les concurrents et à une perte de compétitivité.

Conseil de pro

Ne pas confondre le prix d'achat et le coût d'achat des marchandises. Ce dernier inclut le prix d'achat et les frais accessoires d'achat (frais de transport, d'emballage...).

La marge de manœuvre du chef d'entreprise pour accroître sa marge commerciale est assez réduite. En effet, il ne dispose que de trois leviers : augmenter le volume de vente, augmenter le prix de vente et réduire les coûts d'achat (ou de fabrication).

RESSOURCES ET MÉTHODE

RESSOURCE 4 LE PRIX, VARIABLE SOUMISE À DES CONTRAINTES EXTERNES

1 La fixation des prix par la demande

La perception du produit

Lexique
▸ La **perception du produit** renvoie à l'interprétation que chacun se fait d'un produit, sur les sensations procurées, en fonction de son mode de pensée, de sa culture, de son expérience.

En fonction du niveau de qualité perçu, le consommateur aura des attitudes différentes face au prix :

Exemple : un polo Ralph Lauren est perçu comme chic et cher (encore) par un Français, plutôt « casual » proche de Gap par un New-Yorkais.

Les consommateurs sont davantage prêts à payer plus cher les produits bio pour la perception de la qualité des produits pour la santé, en raison de la non utilisation des pesticides.

L'élasticité-prix

Situation	Conséquences	Exceptions
Baisse des prix de 10 %	Accroissement de la demande (les soldes, par ex.)	Perception de mauvaise qualité, donc refus d'achat. **Ex :** les marques de luxe ne font presque jamais de promotions.
Augmentation de 10 %	Consommation de produits concurrents ou de substitution.	Maintien de la consommation. **Ex :** produit de première nécessité ou de luxe (auto-accomplissement).

Lexique
▸ L'**élasticité** de la demande par rapport au prix est la sensibilité de la demande d'un produit en fonction de la variation du prix. Elle mesure la conséquence d'une modification de prix sur les quantités demandées.
e = taux de variation de la demande / taux de variation des prix

Lexique
▸ Le **prix psychologique** est le prix théorique pour lequel les ventes d'un produit pourraient être maximales, en fonction des ressources et attentes des clients.

Le prix psychologique

Ce prix est obtenu par un échantillon de clients potentiels auxquels l'entreprise pose deux questions :

- Au-dessus de quel prix n'achèteriez-vous pas ce produit ? = prix maximum.
- Au-dessous de quel prix jugeriez-vous ce produit de qualité insuffisante ? = qualité maximale.

Les réponses sont saisies dans un tableau :

VIDÉO
Le prix psychologique (9'21)
lienmini.fr/ci410prixpsychologique
Suivez le lien ou le QRcode pour retrouver une vidéo consacrée au calcul du prix psychologique.

Niveau de prix	Réponses « prix excessif »	%	% cumulés (croissants)	Réponses « qualité insuffisante »	%	% cumulés (décroissants)	% d'acheteurs potentiels (acceptabilité)
			A			B	100 – (A+B)

Le prix psychologique est alors le prix correspondant au pourcentage le plus élevé d'acheteurs potentiels. Ce n'est cependant pas celui qui maximise le CA ou les bénéfices. En effet, il représente le prix majoritairement accepté par le consommateur et donc générateur de volumes élevés. Il ne prend pas en compte le positionnement stratégique de l'entreprise, la qualité intrinsèque du produit, les coûts de revient, ni les marges.

2 La fixation du prix par la réglementation

La réglementation en matière de prix diffère selon les pays et il est donc nécessaire, avant toute démarche de fixation de prix, de connaître les différents aspects en vigueur. Par ailleurs, le prix est confronté aux barrières protectionnistes tarifaires : des droits de douane, des taxes spécifiques (droits d'accises, taxe sur les textiles...), la taxe à la consommation dont le taux varie d'un pays à l'autre.

3 La fixation du prix en fonction du circuit de distribution

L'entreprise ne peut pas toujours maîtriser la commercialisation de son produit à l'étranger et elle va la confier à des **intermédiaires de distribution** : importateur (hors UE où les contraintes d'importations sont plus rapides et sans droits de douane), grossiste, distributeur... À chaque stade du circuit, le prix des marchandises va croître, car **chaque intermédiaire va imputer un taux de marge sur son coût d'achat**.

Le choix de ces intermédiaires peut être lié à la stratégie de l'entreprise, mais aussi à la réglementation locale. Ainsi, aux Émirats Arabes Unis, un distributeur est obligatoire pour commercialiser des produits importés.

Conseil de pro
Si le prix TTC du produit est plus élevé que celui du marché, l'entreprise peut supprimer un intermédiaire afin d'économiser cette marge.

4 La fixation du prix en fonction de la concurrence (prix du marché)

Les prix pratiqués par les concurrents constituent un **pôle de référence** pour une entreprise qui voudrait jouer l'alignement ou pour connaître les écarts avec ses prix. L'entreprise va collecter des informations sur les prix des concurrents de différentes façons : site des entreprises, *storecheck* lors d'un déplacement, veille commerciale ou stratégique dans un salon, informations demandées aux organismes d'appui... et les analyser. Selon la position de son prix sur le marché, elle pourra adopter différentes stratégies.

Situation de l'entreprise	Choix stratégiques en matière de prix
Prix entreprise **>** prix du marché	• Positionnement haut de gamme, stratégie d'écrémage = conserve son prix élevé. • Recherche l'alignement et doit réduire ses coûts : suppression d'un intermédiaire, optimisation des coûts logistiques, réduction de sa marge ou du coût de revient. • Abandon du projet si, malgré la réduction des coûts, son prix est trop élevé. Le produit ne serait pas acheté ou sa rentabilité serait menacée.
Prix entreprise **<** prix du marché	• Elle garde son prix bas, mais elle peut déclencher une guerre de prix dont elle sera la première victime. • Elle augmente ses prix, s'aligne sur les concurrents et augmente ses marges. • Elle fixe son prix un peu au-dessus des prix du marché afin de se démarquer et de mettre en relief une image plus haut de gamme.

MÉTHODE 1 CALCULER LES MARGES AVEC TAUX DE MARGE OU TAUX DE MARQUE

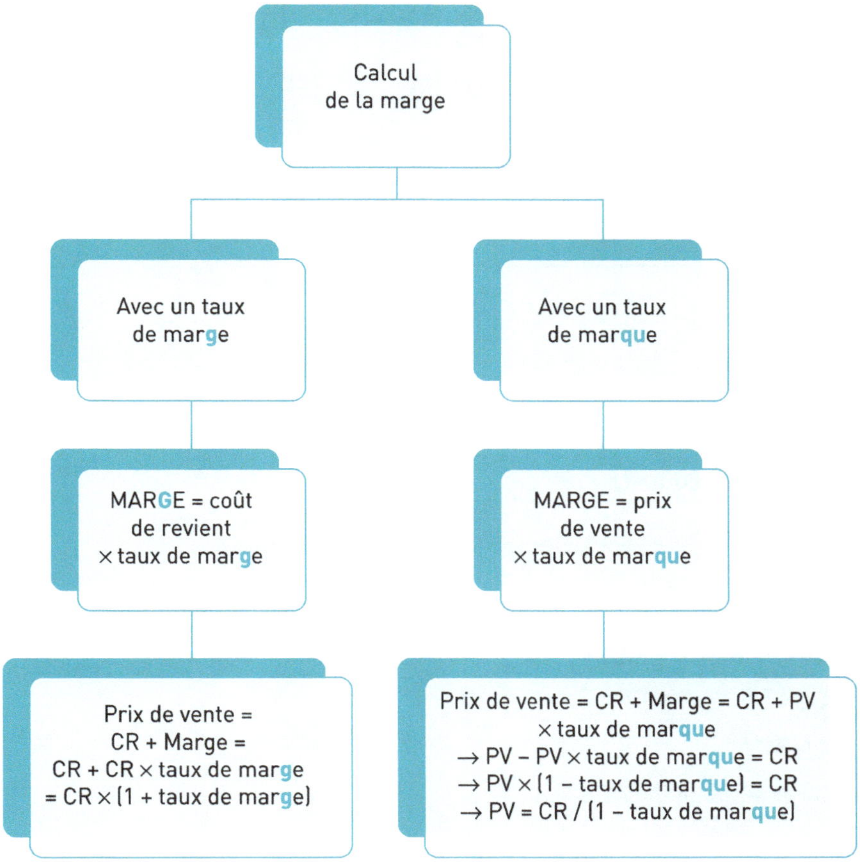

CR : coût de revient
PV : prix de vente

MÉTHODE 2 DÉTERMINER LE CHIFFRE D'AFFAIRES SEUIL DE RENTABILITÉ (CA_{SR})

Pour calculer un seuil de rentabilité, il est nécessaire de construire un compte de résultat différentiel.

Lexique

▸ Le **compte de résultat différentiel** est un tableau qui fait apparaître la ventilation des charges de l'entreprise (charges variables et charges fixes), de façon à calculer la marge sur coût variable et le résultat.

Exemple : une entreprise réalise un chiffre d'affaires de 250 000 EUR. Ses charges variables s'élèvent à 175 000 EUR, ses charges fixes à 30 000 EUR. Pour calculer le chiffre d'affaires seuil de rentabilité, on calcule d'abord la marge sur coûts variables et le taux de marge sur coûts variables.

Rubriques	Valeur		
Chiffre d'affaires	250 000		
Charges variables	175 000		
Marge sur coûts variables	75 000	Taux de MSCV = MSCV / CA × 100	30 %
Charges fixes	30 000		
Résultat	45 000		

Lexique

▸ Le **chiffre d'affaires seuil de rentabilité (CA_{SR})** est le chiffre d'affaires qui permet à l'entreprise de couvrir ses charges variables et ses charges fixes. L'entreprise ne réalise ni pertes ni bénéfices. Le CA_{SR} est tel que le résultat = 0 : CA_{SR} – CV – CF = Résultat = 0.

Chiffre d'affaires seuil de rentabilité (CA_{SR})	?		
Charges variables (CV)	?		
Marge sur coûts variables (MSCV)	30 000	Taux de MSCV = MSCV / CA x 100	30 %
Charges fixes (CF)	30 000		
Résultat	0		

CA_{SR} – CV – CF = Résultat = 0

➔ CA_{SR} – CV = CF or MSCV = CA_{SR} – CV

➔ MSCV = CF or Taux de MSCV = MSCV / CA_{SR} donc MSCV = Taux MSCV x CA_{SR}

➔ Taux MSCV x CA_{SR} = CF

➔ CA_{SR} = CF / Taux MSCV

➔ CA_{SR} = 30 000 / 30 % = 100 000 euros

Sachant que prix de vente moyen des produits = 11,50 EUR

➔ Le SR en volume est : 100 000 / 11,5 = 8 695,65

L'entreprise commencera à faire des bénéfices à partir 8 696e produit vendu.

• **Détermination du point mort**

Exemple :

L'entreprise réalise un CA annuel de 250 000 euros. Le CA seuil de rentabilité est de 100 000 euros. À quelle date l'entreprise atteindra-t-elle son seuil de rentabilité ? Cette date est appelée le point mort.

250 000 ➔ 365 jours

100 000 ➔ ?

100 000 x 365 / 250 000 = 146, l'entreprise atteindra son CA seuil de rentabilité le 146e jour de l'année, soit le 27 mai.

ENTRAÎNEMENT 1 QCM

- **Validez vos connaissances en cochant la (ou les) bonne(s) proposition(s) puis justifiez oralement vos réponses.**

1. Le seuil de rentabilité permet de :

- ☐ Calculer la marge.
- ☐ Connaître la couverture des charges par le chiffre d'affaires.
- ☐ Calculer le chiffre d'affaires.

2. Une stratégie d'écrémage consiste à :

- ☐ Sélectionner les consommateurs les plus aisés.
- ☐ Dégager un chiffre d'affaires élevé.
- ☐ Pratiquer des prix élevés.

3. Les coûts fixes unitaires :

- ☐ Augmentent en fonction des quantités fabriquées.
- ☐ Diminuent en fonction des quantités fabriquées.
- ☐ Restent stables.

4. Pour fabriquer des produits, la matière première est un coût :

- ☐ Variable.
- ☐ Fixe.
- ☐ De revient.

5. Le prix d'une pizza a augmenté au restaurant :

- ☐ Car les coûts de fabrication ont été répercutés dans le prix de vente.
- ☐ Car l'offre de pizzas a augmenté sur le marché.
- ☐ Car la demande de pizzas a augmenté.

QCM

lienmini.fr/20410qcm13
Accédez à la suite de ce quiz en utilisant le QRcode ou le lien URL.

ENTRAÎNEMENT 2 CALCULER LA RENTABILITÉ DE SES PRODUITS

Le dirigeant de la société *Bougies'* souhaite être rassuré quant à la rentabilité des deux produits « stars » de l'entreprise, les bougies blanches et les bougies aux huiles essentielles.

À partir des données ci-dessous :

1. **Calculez le seuil de rentabilité en valeur et en volume.**
2. **Concluez sur la rentabilité de chaque produit.**

	Bougies blanches	Bougies aux huiles essentielles
Chiffre d'affaires année n	250 000 EUR	785 250 EUR
Charges fixes	112 000 EUR	139 215 EUR
Charges variables	79 120 EUR	98 450 EUR
Prix de vente unitaire	1,2 EUR	2,75 EUR

Vers le BTS PRÉPARATION À L'ÉPREUVE E51

L'entreprise Pellet ASC est située à Chaponnay, en Rhône-Alpes. Entreprise familiale indépendante et fabricant 100 % français, elle conçoit et produit des accessoires de confort et de sécurité très haut de gamme pour les salles de bain, à destination de professionnels. Elle voudrait aborder le marché russe qui présente un fort potentiel hôtelier de luxe, par l'intermédiaire d'un distributeur, mais se pose des questions sur la détermination de son prix de vente TTC à l'export.

Les conditions sont les suivantes :

- 500 kits.
- Devise : USD (1 EUR = 68,2461 RUB).
- Conditions de transport : jusqu'à Moscou.
- Prix unitaire moyen du marché : 30 000 RUB.

À partir des annexes ci-dessous :

1. **Justifiez le choix du positionnement.**
2. **Calculez le prix unitaire TTC vendu.**
3. **Comparez ce prix au prix moyen unitaire du marché. Concluez.**
4. **À quelles solutions recourir si vous voulez vous aligner sur le prix du marché ?**

ANNEXE 1 Détails des coûts

– Coûts d'approvisionnement : 22 700 EUR. – Coûts de production : 59 785 EUR. – Coûts d'adaptation : 4 940 EUR. – Coûts de commercialisation : 18 500 EUR. – Marge : 12 %.	– Coûts logistiques : 9 825 EUR. – Droits de douane : 15 % + frais d'administration de 0,15 %. – Taux de marge de l'importateur-grossiste : 15 %. – Taux de marge du distributeur/détaillant : 45 %. – TVA : 18 %.

ANNEXE 2 Une enquête révèle les tendances du luxe

Quels produits de luxe ?

La grande majorité des personnes interrogées a précisé qu'au cours des cinq dernières années leur consommation de produits de luxe a augmenté plus sensiblement dans le voyage (62 %), la technologie (62 %) et l'univers bar/restauration (60 %). [...]

Chez les clients russes, l'essor de la consommation de biens de luxe est le plus notable. Près de 90 % indiquent une augmentation dans les secteurs du voyage et du bar/restauration et 80 % dans le secteur de la technologie. Dans l'univers de la beauté et du bien-être, les clients originaires des marchés émergents évoquent une augmentation de leur consommation de ce type de produits (586 % en Russie).

Le tourisme de luxe

S'ils ne devaient choisir qu'un seul produit de luxe, les clients interrogés opteraient en majorité pour un voyage (42 %), puis pour une expérience mémorable (40 %), soulignant leur préférence pour ce type de produits plutôt que pour des biens matériels comme les voitures, les bijoux et les vêtements. [...]

Les infrastructures 5 étoiles et les expériences authentiques sont les critères de choix les plus plébiscités (28 % et 26 %) pour des vacances de luxe. [...]

Pour 43 %, dont majoritairement des Russes, un *resort* balnéaire exclusif et secret correspond à leur idéal de vacances de luxe.

Côté budget, pour un week-end de luxe, 84 % des clients interrogés déclarent ne pas être prêts à dépenser plus de 2 400 € par personne. Près d'un tiers (30 %) des Russes déclarent être prêts à dépenser plus de 2 400 €.

www.journaldespalaces.com, 9 octobre 2013.

ENTRAÎNEMENT

CHAPITRE 14

La politique de communication internationale

Compétences attendues

- **UC51CP3** : Organiser la prospection et communiquer avec les clients potentiels.
- **UC51CP7** : Rassembler des informations sur les pratiques sociales et culturelles afin de communiquer efficacement avec les contacts étrangers

Savoirs associés

- **S316 :** Politique de communication internationale

CONTEXTE AIR FRANCE

L'année 2015 a été marquée chez Air France par un grand mouvement social en réaction au plan de restructuration prévoyant le retrait de 14 avions de la flotte, des réductions de fréquences et la fermeture de cinq lignes en Asie, induisant un sureffectif de 2 900 personnes.

Ce conflit a été très médiatisé avec notamment des images du DRH se faisant arracher sa chemise... Pour faire oublier ces récentes violences, Air France se lance dans une opération séduction avec un message porté par l'ensemble des métiers de la compagnie. Le clip a été publié sur les comptes Air France de différents médias sociaux (YouTube, Facebook et Twitter) pour montrer les différents visages des membres de l'entreprise.

Comment faire face à la dégradation de son image dans les médias et l'opinion publique ? Quelle stratégie de communication peut permettre de redorer son image ?

FICHE D'IDENTITÉ

Dénomination sociale
Air France

Date de création
1919, création de KLM, 1933, Air France, 2007 Transavia

Forme juridique
SA

Effectif
62 885 collaborateurs (groupe Air France)

Activité
Transport de passagers, cargo (transport de fret), maintenance (entretien technique des avions)

CA 2015
26 milliards EUR

Position concurrentielle
Premier groupe en trafic intercontinental au départ de l'Europe

PROLONGEMENT NUMÉRIQUE

Air France is here for you ! (1'07)
lienmini.fr/ci410airfrance

1) Résumez les éléments sources de tension sociale chez Air France.
2) Comment l'entreprise peut-elle mettre en avant une image positive du groupe ?

MISSION 1 Déterminer une stratégie de communication ANNEXES 1 et 2

1. Quelle a été la stratégie de communication adoptée pour « France is in the air » ? Standardisation ou adaptation ?
2. Justifiez votre choix.

MISSION 2 Élaborer une politique de communication ANNEXES 1 à 5

1. Après avoir visionné les deux vidéos « Air France is here for you ! » et « France is in the air », remplissez le tableau suivant.

	France is in the air	Air France is here for you !
Leurs objectifs		
Leurs cibles		
Les canaux de communication choisis		

2. Détaillez la démarche de communication du groupe Air France pour ces deux moments forts.
3. Pensez-vous que le canal de communication choisi est le plus approrié pour chacun d'eux ? Justifiez votre réponse.

Lexique

▸ Un canal de communication désigne tout mode de communication. La télévision, Internet, les lieux de vente... sont des canaux de communication.

ANNEXE 1 France is in the air

VIDÉO

France is in the air (0'45)
lienmini.fr/ci410france
Suivez le lien ou le QRcode pour découvrir la publicité Air France.

Air France a dévoilé le 2 avril sa nouvelle campagne de publicité « Air France, France is in the air » en presse, affichage dans 12 pays (France, Allemagne, Brésil, Canada, Chine, Espagne, États-Unis, Italie, Japon, Russie, Sénégal et Suisse) ainsi que sur Internet, les médias sociaux et en radio. Créée par l'agence BETC, la nouvelle campagne se compose de 6 visuels décrivant les services proposés par Air France : le confort de l'A380, la nouvelle La Première, la nouvelle Business, la gastronomie, le réseau et SkyPriority (parcours prioritaire dans plus de 1 000 aéroports). Elle est complétée par 12 visuels illustrant des destinations emblématiques desservies par la Compagnie (Paris, New York, Brésil, Chine, Japon, Afrique, Italie, etc).

Réponse créative

« Air France, France is in the air » joue la carte de l'audace et du renouveau pour porter les ambitions du plan Transform 2015.

Les visuels, signés par les photographes argentins Sofia & Mauro, créent la surprise en mêlant racines et modernité, tout en faisant écho au passé d'affichiste de renom de la Compagnie. Le plaisir, la fraîcheur et le dynamisme se dégagent de clins d'œil au Moulin Rouge, à la Révolution française, au Roi-Soleil, aux grands chefs ou à la haute couture.

Le caractère éminemment français de la Compagnie et la notion du plaisir du voyage avec Air France y sont transmis dans un message joyeux, vivant, enthousiasmant, qui s'accorde avec l'hédonisme et l'art de vivre à la française. Le ton, décalé et léger, crée une forme de connivence et de proximité avec le public.

Commentaire

Une nouvelle signature : quinze ans après « Faire du ciel le plus bel endroit de la terre », Air France adopte une nouvelle signature « Air France, France is in the air ». En anglais, elle dit la France de manière ouverte et internationale et revendique les valeurs universelles positives associées à la France : l'art de vivre, un certain esprit français, les marques de luxe ou les chefs étoilés qui ont le vent en poupe dans et hors des frontières de l'hexagone. Cette nouvelle signature vient renforcer la promesse client d'Air France de bénéficier d'un « petit morceau » de France en voyageant avec la Compagnie.

Des tests clients sur les principaux marchés : pour créer cette nouvelle campagne, Air France a pris le soin d'écouter et de dialoguer avec ses clients et ses équipes sur ses différents marchés. La nouvelle campagne a ensuite été testée par des cabinets indépendants en France, en Italie, aux États-Unis, au Brésil, en Chine et en Côte d'Ivoire auprès de clients, ayant voyagé avec Air France ou d'autres compagnies, pour des motifs affaires ou loisirs. Enfin, des études qualitatives ont permis d'affiner la démarche.

Le client au cœur du dispositif digital : la campagne intègre toute la stratégie digitale d'Air France et se déclinera sur ses sites Internet ainsi que sur les médias sociaux en mettant le client au cœur du dispositif. Depuis le 17 mars, la nouvelle signature a été diffusée sur Instagram via le #franceisintheair. Des animations-jeux sur les comptes Facebook, Twitter, Instagram et Pinterest dévoileront, en avant-première aux fans et followers, les visuels de la campagne à partir du 28 mars. Ce dispositif sera animé par les équipes « service client » présentes 24h/24 sur les médias sociaux.

« 2014 est l'année de l'offensive commerciale d'Air France, avec la montée en gamme de nos produits et services, l'ouverture de nouvelles destinations, une ambition accrue dans le digital ainsi que des efforts sur l'accessibilité des tarifs avec les prix Mini. Cette nouvelle campagne constitue un investissement majeur dans notre marque. Elle a été conçue pour soutenir nos ventes et s'inscrit dans les objectifs du plan Transform 2015 » a déclaré Frédéric Gagey, président-directeur général d'Air France.

www.cbnews.fr

ANNEXE 2 Stratégie de standardisation

Arguments pour la standardisation de la communication

- Un seul spot publicitaire (standardisé) est, a priori, moins cher à réaliser qu'une vingtaine de spots adaptés à différents marchés.
- De même, la communication standardisée est plus facile à mettre en œuvre et à contrôler que la communication adaptée.

En ce qui concerne la publicité, des médias globaux tels que CNN, Eurosport, MTV, mais aussi *Elle Magazine*, *The International Herald Tribune* et *The Economist* visant une cible homogène au travers d'un grand nombre de pays facilitent énormément la diffusion de messages uniformes. Un seul contact avec la régie publicitaire d'un tel média suffit afin de placer son message partout au monde.

Arguments contre la standardisation de la communication

Par contre, rien n'est moins certain que l'impact d'un message standardisé. La communication en général et la publicité en particulier réalisent un transfert de signification (« *meaning transfer* », en anglais) de la source à la cible. L'art de la communication internationale consiste à rapprocher la signification perçue des messages dans l'ensemble des pays visés de la signification voulue par l'annonceur. Or, tant que la cible n'est pas « standardisée » (c'est-à-dire n'a pas les mêmes traits culturels), il serait étonnant qu'elle réagisse de la même manière à un message standardisé. Plus précisément, la faisabilité d'une approche de communication standardisée dépend de l'ensemble des étapes de la mise en œuvre d'une stratégie de communication.

http://ressources.aunege.fr

ANNEXE 3 Air France tente de redorer son blason sur les réseaux sociaux

Sous des cris « à poil, à poil », « démission », Xavier Broseta s'était retrouvé avec la chemise déchirée avant de s'échapper en escaladant un grillage. Pierre Plissonnier, responsable de l'activité long courrier à Air France, avait été malmené de la même manière.

« Ces violences ont été le fait d'individus isolés »

Le clip a été envoyé aux salariés mais aussi par mail, accompagné d'une lettre, à 15 millions de clients, selon la direction. Dans cette lettre, Air France assure à ses clients que « ces violences ont été le fait d'individus isolés et ne reflètent ni la réalité ni l'ambition de votre compagnie ». « Ce que nous avons tous vu, ce n'est pas Air France », ajoute le texte signé du PDG Frédéric Gagey et de ses équipes. « Dans un monde extrêmement concurrentiel, Air France doit prendre des mesures courageuses afin d'assurer son avenir dans le peloton de tête des compagnies aériennes à vocation mondiale », explique-t-il également.

En 2014, Air France avait eu une démarche similaire en diffusant une vidéo à l'issue d'une grève des pilotes de deux semaines, contre les conditions de développement de la filiale Transavia France.

Par ailleurs, la direction d'Air France a voulu renouer le dialogue social. Les deux syndicats de pilotes représentatifs à Air France, le SNPL et le SPAF, ont été reçus ce vendredi au siège de la compagnie à Paris, pour reprendre les négociations sur le plan de productivité « Perform 2020 ».

La compagnie a lancé une campagne publicitaire pour inciter les touristes étrangers à revenir dans la capitale.

Quatre mois tout juste après les attentats de Paris, Air France repart en campagne pour faire revenir les touristes étrangers dans la capitale. Depuis quelques jours, un nouveau visuel est ainsi venu enrichir sa jolie saga publicitaire « France is in the air », lancée en 2014 avec l'agence BETC (Havas). Installée à la terrasse du Petit Saint-Martin – un café qu'on imagine dans le quartier du canal du même nom frappé par les attentats du Carillon et du Petit Cambodge –, une Parisienne, tout sourire, déguste son petit noir avec, à ses côtés, un bouledogue français qui porte un gros nœud bleu-blanc-rouge en guise de collier. L'image, élégante, rend discrètement hommage aux victimes, tout en cherchant à tourner la page.

Le PDG d'Air France-KLM, Alexandre de Juniac, a lui-même repris son bâton de pèlerin pour rassurer les acteurs du tourisme à New York et Abidjan. Et le patron d'Air France, Frédéric Gagey, s'est rendu à Mexico pour le lancement de l'A 380 à destination de la capitale française. Le tandem a aussi reçu le syndicat des agences de voyages japonaises à Paris. Les clientèles américaine et japonaise ont en effet été les plus enclines à renoncer à prendre l'avion pour la capitale.

Air France, qui a évalué le manque à gagner à 120 millions d'euros en novembre et décembre, remonte depuis la pente. La compagnie se coordonne avec le ministère des Affaires étrangères, la mairie de Paris et Atout France. Elle travaille aussi à une prochaine initiative avec le collectif Paris, We Love You.

www.leparisien.fr, 9 octobre 2015.

EN CONTEXTE

ANNEXE 4 Étapes de la stratégie de communication internationale

Étape 1 : Analyse de l'environnement économique et des objectifs de la communication

L'homogénéité des objectifs de la communication est la première condition de la standardisation des messages. Si l'annonceur poursuit les mêmes objectifs sur l'ensemble des marchés visés, la standardisation est envisageable. Si, par contre, un produit, se trouvant dans des phases différentes du cycle de vie selon les pays, poursuit des objectifs différents (la notoriété sélective dans un pays pendant la phase de lancement et la différenciation sur un autre marché en phase de maturité) l'adaptation des messages est inévitable.

Étape 2 : Analyse des cibles et de leur homogénéité

L'homogénéité des cibles constitue la deuxième condition de la standardisation. Si les cibles internationales se ressemblent, par exemple les adolescents dans les pays occidentaux, la standardisation est plus facile que si, à la différence culturelle, se rajoutent des divergences d'âge, de revenus ou de situation familiale.

Étape 3 : Analyse du message de communication

À un troisième niveau, la signification du message principal est à tester. Axer un message pour une voiture sur l'aspect écologique, n'a certainement pas la même pertinence en Suède qu'en France ou en Chine.

Étape 4 : Mode de transmission du message (médias et autres moyens de communication)

Quant au mode de transmission, trois questions se posent avant de déterminer le degré de standardisation du message :

- le cadre légal ;
- la disponibilité des différents médias et moyens de communication ;
- les préférences de la cible.

Si le législateur interdit l'utilisation de certains moyens de communication à des secteurs spécifiques (en France, le parrainage est interdit pour les fabricants de tabacs, la publicité télévisée n'est pas autorisée pour les groupes de distribution, etc.) ou réglemente l'intégration de certains éléments dans les messages (l'apparence de personnages étrangers en Malaisie, l'utilisation de statues en Arabie Saoudite, etc.), la standardisation de la communication n'est guère possible pour les annonceurs concernés.

Les différents canaux de communication sont : la communication média ; la communication hors média ; les supports papier ; Internet et les réseaux sociaux ; le site Web ; les réseaux sociaux ; le communiqué de presse & la conférence de presse ; la publicité ; l'achat d'espace dans la presse écrite ; la publicité en ligne & sur le lieu de vente ; communiquer sur les salons ; l'événementiel.

Étape 5 : Exécution de la communication

L'exécution concerne la mise en forme des messages, par exemple les couleurs utilisées, le recours à l'humour, les personnages, les paysages, la musique, etc., dans un spot publicitaire.

http://ressources.aunege.fr

ANNEXE 5 Air France exporte la séduction à la française dans un spot moderne et pop

Comment Air France réinvente sa marque tout en contribuant à l'image de la France à l'international ?

Air France continue à déployer sa superbe plateforme de marque dévoilée l'année dernière : « France is in the air ». Une ode réjouissante au voyage à la française, dont les valeurs sont « l'élégance, le raffinement, et l'humour » pour Adeline Challon-Kemoun, directrice de la communication d'Air France. Un repositionnement nécessaire autour de la séduction, car Air France avoue ne pouvoir lutter à armes égales « avec la puissance des compagnies du Golfe ». Il n'en fallait pas plus pour que BETC Paris et Rémi Babinet saisissent l'opportunité que représente « la formidable image de la France à l'étranger, qui au-delà des clichés, est sans cesse renouvelée par la French Touch ». Une excellence à la française qui pour Frédéric Gagey, PDG de la compagnie, « accompagne idéalement la montée en gamme des produits et services d'Air France ».

lareclame.fr

En 2015, environ 29,4 milliards d'euros ont été dépensés en communication par les entreprises françaises.

La communication est une composante du plan de marchéage, au service d'un objectif marketing et de l'image de l'entreprise et de ses produits. Dans un environnement turbulent, mondialisé, une entreprise doit communiquer pour soigner sa visibilité et se démarquer de ses concurrents. Au niveau international, elle doit être adaptée en fonction de différentes variables, notamment culturelles. Pour que sa communication soit réussie, l'entreprise va devoir préciser sa démarche, opter pour une stratégie, une politique pour mener sa campagne et assurer enfin le suivi, selon le modèle de démarche stratégique de communication :

> **Citation**
> « La meilleure des publicités est un client satisfait. » Bill Gates

> **Lexique**
> ▸ La **communication** désigne l'ensemble des moyens et des techniques permettant la diffusion d'un message auprès d'un public pour contribuer à l'atteinte de ces objectifs commerciaux.

Déterminer la cible → Définir le message → Définir les objectifs de communication → Choix des supports et des canaux de communication → Le prix → Mise en œuvre de la campagne de communication → Contrôle

RESSOURCE 1 LA DÉMARCHE DE COMMUNICATION

1 Définir les objectifs

L'entreprise liste d'abord ses objectifs prioritaire, secondaire... : sa notoriété, son image, faire agir le consommateur... Elle doit privilégier des objectifs concrets pour gagner en efficacité : par exemple gagner 5 % de parts de marché (PDM), attirer 30 000 visiteurs sur le site Internet... Ainsi, elle communiquera sur un nouveau produit, son image, une offre de service.

2 Définir la cible (→ chapitre 11)

Il existe plusieurs critères de définition d'une cible de communication.

Critères	Exemples
Quantitatifs	Revenu, % PDM, taille du ménage, superficie d'une zone géographique ou d'habitation, zone de chalandise.
Qualitatifs	• « Sociostyles » (la femme cadre d'entreprise avec enfants, résidant en habitation individuelle dans un quartier chic et possédant deux voitures). • Profession, catégorie socioprofessionnelle, type d'habitat, âge, sexe, géographie (rural/urbain...)...

> **Lexique**
> ▸ Un **sociostyle** est une technique de segmentation basée sur les styles de vies. Ils regroupent des individus ayant des comportements, conditions de vies et opinions similaires.

Cibler les destinataires permet à l'entreprise d'**adapter sa méthode de communication** pour les sensibiliser davantage à son message. Ainsi, un commercial qui commercialise des IRM va cibler en priorité les hôpitaux et les cliniques pour ensuite segmenter ces centres par ordre d'importance, ceux qui sont susceptibles

> **Conseil de pro**
> Pour qu'une campagne de publicité soit efficace au niveau local, elle doit transmettre un message adapté, prenant en compte les codes culturels spécifiques de la cible visée. La sémiotique, c'est-à-dire l'ensemble des signes et symboles et leur signification, offre des outils précieux pour décrypter les publicités, leurs forces et leurs faiblesses.

d'avoir plus de besoins et les moyens financiers pour investir. Il doit utiliser une communication à la fois technique et commerciale auprès des médecins et des directeurs des centres hospitaliers (→ chapitres 7 et 11).

RESSOURCE 2 LES STRATÉGIES DE COMMUNICATION

Pour adopter une stratégie de communication à l'international efficace, l'entreprise peut recourir à l'adaptation et/ou la standardisation, partielle ou totale.

Lexique

▸ La stratégie d'adaptation consiste à adapter les différentes composantes de la politique de communication aux caractéristiques de chaque pays.

1 La stratégie d'adaptation

Spécifique à chaque marché visé, elle permet à l'entreprise de **promouvoir un positionnement du produit ciblé**. Plusieurs facteurs sont déterminants dans le choix d'adapter la politique de communication :

Facteurs en faveur de l'adaptation	Explications
Différences socioculturelles	Bien que les besoins de base soient communs à tout être humain, quels que soient son pays d'origine ou sa culture, de nombreuses différences socio-culturelles entre les consommateurs à travers le monde existent. **Ex :** ne pas faire la publicité d'un produit contenant du porc sur un marché à prédominance juive, du bœuf en Inde ou de l'alcool dans les pays musulmans. **Ex :** signification de la couleur blanche différente : pureté ou deuil.
Caractère des produits	Les produits de grande consommation et les produits alimentaires sont très liés aux contextes culturels. **Ex :** en Russie, ou dans les pays de l'Est et du Nord, au petit-déjeuner il est fréquent de manger du poisson fumé.
Législations	Certaines législations sont très restrictives pour les messages ou images. **Ex :** dans les pays arabes, on ne représente pas les divinités, et on ne montre pas une femme nue dans une publicité.
Langue, éducation	Pour que le message soit compris des cibles visées, il doit s'accorder à leur niveau de connaissances. **Ex :** dans les pays pauvres, les dessins sont plus efficaces que le texte. Dans les traductions, il faut tenir compte des adaptations linguistiques (anglais américain, néerlandais, canadien…).
Sentiment nationaliste	Les décors, personnages, messages doivent permettre aux consommateurs de se retrouver dans le message. **Ex :** mettre en scène un héros sera mieux perçu.

SITE WEB

La Vache qui rit
lienmini.fr/ci410vachequirit
Suivez le lien ou le QRcode pour accéder à l'analyse interculturelle d'une publicité de La vache qui rit au Maroc et en France.

2 La stratégie de standardisation

L'entreprise recourt aux mêmes messages, au même positionnement, aux mêmes visuels, aux mêmes slogans... comme Nike, par exemple. Plusieurs facteurs sont déterminants dans le choix de standardiser la politique de communication :

Facteurs en faveur de la standardisation	Explications
Budgets	Une campagne standardisée coûte moins cher.
Caractère des produits	Les biens industriels, destinés à une cible entreprise, nécessitent les mêmes informations.
Homogénéisation des comportements	Certains produits sont présents dans tous les pays du monde : Coca-Cola par exemple.

Lexique

▸ Utiliser une **politique de communication standardisée** consiste à utiliser sur tous les marchés étrangers une communication identique à celle du marché domestique.

Remarque

Il existe une politique de communication en partie standardisée et en partie adaptée aux particularités du marché visé : « Think global, act local » ou glocalisation.

Elle se base sur un **concept standard** (positionnement du produit identique quel que soit le marché visé), auquel sont apportés quelques changements qui permettent d'adapter le message aux audiences locales.

Exemple : Mc Donald's utilise une stratégie de standardisation adaptée. Dans son adaptation produit, ils ont développé des spécialités en fonction des pays, par exemple le McBaguette en France, les burgers sans bœuf en Inde, des sauces...

3 La comparaison des stratégies de standardisation et d'adaptation

	Avantages	Inconvénients
Adaptation	• Respect des spécificités et attentes locales. • Image excellente. • Motivation de la force de vente locale. • Souplesse et réactivité face aux actions de la concurrence locale.	• Coûts élevés. • Risque de disparité de l'image de l'entreprise entre les marchés. • Absence de synergie des actions entre les marchés. • Rapidité d'exécution faible.
Standardisation	• Économies d'échelle. • Mise en œuvre de la politique de communication plus rapide. • Renforcement de l'image grâce à une meilleure coordination.	• Perte d'efficacité sur certains marchés (les consommateurs peuvent bouder les produits, comme l'Occitane au Maroc). • Démotivation de la force de vente locale qui n'est pas toujours consultée.

Dans les entreprises, il est fréquent de retrouver un **plan de communication** qui liste et planifie les actions préconisées par la stratégie de communication. Il revêt la forme d'un planning répertoriant les périodes importantes pour la vie de l'entreprise (défilés, fête des mères, Saint-Valentin, soldes, opérations commerciales...) et les actions déclinées à l'occasion de chacune d'elles (e-mailing, envoi d'un communiqué de presse, concours sur le site Internet, achat d'espace publicitaire dans un magazine...).

RESSOURCE 3 LES CANAUX DE COMMUNICATION AU SERVICE DE LA CIBLE

Une fois la stratégie arrêtée, l'entreprise va devoir se pencher, au travers de son service communication ou d'une agence externe, sur le choix du message, des canaux, du budget...

Pour assurer une transmission efficace des messages, les **canaux de communication** doivent être choisis pour retenir l'attention des publics cibles fréquemment et avec précision. Une recherche formative associant des membres des publics cibles révèle les canaux qui seront les plus efficaces.

1 Les déterminants du canal de communication

La publicité engendre des coûts importants et de multiples contraintes. Les critères de choix des médias sont à la fois qualitatifs et quantitatifs.

	Critères	Explications
Critères quantitatifs	La couverture ou l'audience totale du média.	Nombre de personnes qui voient le message une fois.
Critères quantitatifs	L'audience utile.	Nombre de personnes appartenant à la cible qui voient le message une fois, ou part de l'audience qui appartient à la cible.
Critères quantitatifs	La fréquence de perception.	Nombre de fois que le message touche la cible visée.
Critères qualitatifs	Caractéristiques de l'audience.	Niveau d'éducation, catégorie socio-professionnelle, niveau de revenus...
Critères qualitatifs	Objectifs de la communication.	• Information sur le produit. • Développement ou création d'une image. • Développemenet du chiffre d'affaires, des ventes. • Simplification du travail de la force de vente.
Critères qualitatifs	Disponibilité du media.	La présence du média dans les foyers dépend souvent du niveau de vie. Dans les pays pauvres, peu de foyers disposent de la télévision, certains n'ont pas l'électricité.

2 Les modes de communication

La communication média

Il s'agit de la **publicité payante** diffusée par l'intermédiaire des différents mass-médias. Il existe **7 médias** : la presse, la télévision, la radio, le cinéma, l'affichage, Internet et les canaux numériques, tels que LinkedIn, Viadeo, Google My business, Twitter, Instagram.

Les cinq premiers mass média ont une efficacité limitée et un coût plus ou moins élevé. Ils doivent être utilisés pour des biens de consommation s'adressant à une très large cible :

- le **cinéma** est le plus cher mais il est le plus efficace, car le spectateur est captif ;
- la **télévision** et la **radio** ont une efficacité réduite car les consommateurs changent de chaînes ;
- **l'affichage et la presse** non professionnelle ont une grande efficacité car les lecteurs peuvent s'arrêter sur les encarts publicitaires.

Lexique

▸ La communication digitale définit la stratégie et les actions de communication à mener sur le web, les médias sociaux et les différents appareils mobiles.

Exemples de communication digitale	Les avantages recherchés
LinkedIn / Viadeo	• Permet à un professionnel de développer son réseau au fur et à mesure des rencontres. • Possibilité aussi de mettre à jour son CV.
Newsletter	• À partir d'une base de données, une entreprise peut cibler des clients, prospects, par événements (produits) et leur envoyer un message personnalisé. **Ex. :** avec le logiciel mailpro, il est possible d'avoir des outils statistiques pour mesurer les effets sur la clientèle : taux de clic, taux d'ouverture…
SMS	Souvent utilisés par les entreprises pour communiquer sur des offres promotionnelles.
Site vitrine	Fonctionne comme une plaquette commerciale, il est aussi possible d'y intégrer des contenus multimédias.
e-réputation avec Google My business	Permet de gérer et de développer la réputation d'une entreprise. C'est une préoccupation essentielle aujourd'hui pour les dirigeants.

De nouveaux métiers émergent avec ces outils, notamment le community manager. Celui-ci a en charge d'animer et de fédérer des communautés sur Internet pour le compte d'une société, d'une marque (mais aussi d'une célébrité ou d'une institution).

RESSOURCES ET MÉTHODE

La communication hors média

Le **hors média** comprend les actions mises en œuvre par l'entreprise pour :

- Informer, vendre, faire connaître ses produits, la marque, directement avec ses prospects ou clients (communication personnalisée, d'entreprise…). C'est le cas des relations en BtoB ou BtoD.
- Créer ou forger une image de marque puissante et généreuse (mécénat).

Lexique

▸ La communication hors média désigne l'ensemble des actions de communication n'utilisant pas les médias « traditionnels ».

Types de communication	Les outils	Leur utilité	Exemples
Communication d'entreprise	• Documentation entreprise. • *Storytelling*. **Lexique** Le *storytelling* est une méthode de communication basée sur une structure narrative du discours qui s'apparente à celle des contes, des récits. Il consiste à faire émerger une histoire séduisante et convaincante de l'entreprise et l'utiliser comme vecteur pour faciliter l'acceptation d'un message. Les prospects y sont très réceptifs.	• Promouvoir l'image de marque de l'entreprise. • Animer le réseau de vente.	Plaquette, catalogue…
Personnalisée	• Marketing direct. **Lexique** Le marketing direct regroupe toutes les techniques de vente ou de communication qui permettent de s'adresser directement au consommateur.	• Envois de messages personnalisés en masse. • Très efficace et économique.	• Mailing (publipostage). • E-mailing. • Télémarketing.
Professionnelle	• Manifestations commerciales. • Presse professionnelle.	• Se faire connaître. • Communiquer sur un nouveau produit. • Annoncer une participation à un salon. • Redorer l'image de marque…	• Magazines professionnels. • Salons, foires.
Promotion sur le lieu de vente	• Animations sur les lieux de vente. • Réductions, cadeaux… **Lexique** La promotion des ventes est une technique de communication menée dans un canal de distribution dont l'objectif est de stimuler les ventes à court terme.	• Obtenir de nombreuses informations pour créer une base de données consommateurs. • Faire connaître, déguster, apporter de nombreuses informations sur le produit.	Pour 2 produits achetés, le 3e gratuit, coupons d'achat, bons de réduction…

Types de communication	Les outils	Leur utilité	Exemples
Institutionnelle	Le mécénat. **Lexique** ▸ Le **mécénat** consiste en une contribution financière (et/ou technique) discrète à une action culturelle, scientifique, sociale ou d'intérêt général, qui permet d'entretenir ou d'améliorer à moyen/long terme l'image de l'entreprise mécène.	• Se faire connaître. • Faire rayonner l'image de marque.	LVMH finance de nombreuses expositions culturelles.
	Le sponsoring.	Très efficace car, dans tous les pays, les clients potentiels sont sensibles au sport.	Camel Trophy.
	Les relations publiques. **Lexique** ▸ Les **relations publiques** représentent un vecteur de communication institutionnel qui regroupe l'ensemble des moyens utilisés et des opérations menées par une entreprise pour se faire connaître et pour créer puis entretenir une image favorable d'elle-même, auprès de ses différents publics	• Intervenir en situation de crise. • Communiquer sur un événement de l'entreprise (innovation, conférence…). • Se charger des relations avec les media, dont la presse (communiqués de presse…).	Les viticulteurs français défendent efficacement leur image et la qualité de leurs vins (organisation de dégustations…)

Remarque

Une communication multi canal peut aussi être utilisée pour les entreprises (par exemple un constructeur automobile peut avoir une support média comme la presse, la télévision avec en parallèle un support digital – gagner une voiture via les réseaux sociaux).

RESSOURCES ET MÉTHODE

RESSOURCE 4 LES CONDITIONS DE RÉUSSITE D'UNE CAMPAGNE DE COMMUNICATION

Une **campagne de communication** a une **importance stratégique**. Toute erreur ou message incompris va entacher l'image de l'entreprise. Aussi nécessite-t-elle une réflexion préalable, puis a posteriori l'organisation du suivi de la campagne pour mesurer son efficacité.

1 A priori, une réflexion nécessaire

Critères de choix	Éléments à définir
Pourquoi ?	L'objectif doit être clairement défini.
Quoi ?	Quel est le message à véhiculer ? Il faudra tenir compte des variables culturelles à intégrer.
Qui ?	Quelle est la cible visée ?
Quand ?	• Le moment où la campagne sera menée. • Sa fréquence de diffusion. • La durée.
Où ?	Lieux de diffusion.
Comment ?	• Mode de réalisation : en interne ou externalisation à une agence. • Enchaînement des tâches. • Suivi et évaluation des retombées de la communication.
Combien ?	• Quel sera le coût ? Quel est le budget de l'entreprise ? • Combien de personnes veut-on sensibiliser ? • Quelles retombées quantitatives attend-on ?

2 A posteriori, le suivi

L'entreprise a réalisé un investissement en mettant en place une campagne de communication et en se fixant des objectifs précis (accroissement de son CA, des clients, du volume des ventes, meilleure visibilité... Aussi, elle doit mesurer son retour sur investissement, à la fois quantitatif et qualitatif.

Objectifs	Éléments de mesure
Quantitatifs	• Évolution du chiffre d'affaires. • Nombre de clients en plus. • Efficacité : ratios coût de la campagne/nombre de clients × 100. • Nombre de personnes ayant vu le message de communication...
Qualitatifs	• Compréhension du message. • Reconnaissance de la marque, de l'entreprise, des produits par les prospects. • Efficacité du message...

ENTRAÎNEMENT 1 VRAI OU FAUX ?

• **Validez vos connaissances en cochant la bonne proposition puis justifiez oralement vos réponses.**

1. **Communiquer consiste pour l'entreprise à identifier clairement les objectifs.**
   - ☐ Vrai.
   - ☐ Faux.
2. **Chaque entreprise ne peut avoir qu'un seul objectif lors d'une campagne de communication internationale sans se disperser.**
   - ☐ Vrai.
   - ☐ Faux.
3. **La démarche stratégique de communication comprend 6 étapes clés, le contrôle est optionnel.**
   - ☐ Vrai.
   - ☐ Faux.
4. **Twitter est une communication média.**
   - ☐ Vrai.
   - ☐ Faux.
5. **Le mécénat est synonyme de bénévolat pour une entreprise.**
   - ☐ Vrai.
   - ☐ Faux.

QCM

lienmini.fr/20410qcm14

Accédez à la suite de ce quiz en utilisant le QRcode ou le lien URL.

ENTRAÎNEMENT 2 IDENTIFIER L'IMPORTANCE DU CONTEXTE CULTUREL EN PUBLICITÉ

Campagne internationale de Tommy Hilfiger pour son eau de Cologne

Codes culturels chinois
• La voiture représente le neuf contrairement à la moto (dangerosité, bruit). • Le désert est sale, salissant. • Le Chinois recherche le calme et le confort. • Le Chinois aspire à plus de responsabilités et à une reconnaissance sociale.

À partir de la publicité présentée et des quelques informations fournies sur la culture chinoise, répondez aux questions suivantes :

1. **Quel est le média utilisé par Hilfiger ? Quelle est la cible ?**
2. **Que représentent les trois images selon les codes occidentaux ?**
3. **Est-il possible de transposer cette campagne publicitaire en Chine ?**

Vers le **BTS**

PRÉPARATION À L'ÉPREUVE E51

Après avoir lu l'extrait de l'article, répondez aux questions suivantes :

1. **Expliquez la signification de la phrase soulignée.**
2. **Citez les médias sociaux que vous connaissez. Comment peuvent-ils diffuser le *storytelling* de l'entreprise ?**
3. **Connaissez-vous des entreprises qui utilisent le *storytelling* ? Qu'ont-elles en commun ?**

ANNEXE

John Sadowsky : « Le *storytelling* ou la puissance des récits dans le business »

Pourquoi le *storytelling* connaît-il un tel essor ces derniers temps ?

À cause de la force des histoires ! Le *storytelling* existe depuis l'ère du temps et représente la forme de communication la plus puissante qui ait jamais existé. L'histoire nous touche à la fois sur le plan rationnel et sur le plan émotionnel, ce qui n'est pas le cas de l'argumentation ou de l'explication logique. [...] On accueille une histoire mieux qu'un discours rationnel. [...]

Est-ce aussi parce que les histoires inspirent la confiance ?

Je répète souvent à mes clients qu'il faut entretenir des rapports de confiance avec sa communauté de clients et ses prospects, et que le meilleur moyen de le faire est de raconter des histoires intéressantes, authentiques et pertinentes. Quand on reçoit un e-mail qui vise à nous persuader d'acheter quelque chose, on a une certaine réticence. Cependant, quand la même société nous raconte des histoires d'utilisateurs qui mettent en relief les atouts du produit, la confiance s'installe plus facilement.

Pourquoi une entreprise a-t-elle intérêt à recourir au *storytelling* ?

D'abord, le *storytelling* rend une présentation plus vivante et agréable à suivre qu'une « business présentation » classique, exercice qui est devenu de plus en plus monotone et stérile au fil des années. Deuxièmement, à une époque où tout le monde est inondé de communication écrite promotionnelle, qui essaie de nous convaincre par la logique et les faits, raconter une histoire est un moyen efficace de se démarquer des autres en rendant ces messages plus pertinents pour le lecteur. Troisièmement, les médias sociaux, qui sont en plein boom aujourd'hui, fournissent une plateforme extraordinaire pour partager les histoires. Ces sites de médias sociaux sont en train de devenir de véritables « *storytelling engines* ».

Est-ce adapté aux grandes comme aux petites entreprises ?

<u>Les sociétés innovantes utilisent les médias sociaux pour stimuler les échanges d'histoires entre les utilisateurs du produit, histoires qui font ressortir la passion autour de la marque.</u> Par exemple, sur la page Facebook de Dunkin' Donuts, chaîne de cafés extrêmement populaire aux États-Unis, on demande aux clients d'envoyer leurs photos et leurs histoires montrant une consommation dans des moments et lieux « hors du commun », par exemple un couple buvant un café glacé dans une tempête de neige. Coca-Cola demande aux consommateurs de raconter comment Coke fait partie intégrante de leur vie quotidienne.

Aujourd'hui, toutes les entreprises peuvent utiliser le *storytelling* et faire partager les histoires de leurs utilisateurs. Par exemple, Mathon, une petite entreprise française qui fabrique des casseroles, a bien réussi à créer une communauté de « fans de cuisine » qui échangent des histoires de cuisine et des recettes sur leur page Facebook.

Gaëlle Jouanne, chefdentreprise.com, 3 novembre 2011.

ENTRAÎNEMENT

CHAPITRE

15 Politique de présence à l'étranger

Compétences attendues

- **UC51CP1 :** Identifier et sélectionner les cibles en accord avec les caractéristiques spécifiques des marchés étrangers
- **UC51CP5 :** Constituer, gérer et mettre à jour un réseau de contacts pertinent et pluriculturel
- **UC51CP6 :** Animer un réseau de vente et un portefeuille de clients

Savoirs associés

- **S315 :** Politique de présence à l'étranger
- **S342 :** Contrats de distribution à l'international

CONTEXTE BÉNÉTEAU

Un site de production de 10 000 m² a été ouvert par le groupe français Bénéteau à Angra dos Reis, au Brésil. L'inauguration s'est tenue à la marina Verolme, en présence notamment du gouverneur de l'État de Rio, Sergio Cabral, du maire d'Angra dos Reis, Tuca Jordan, et des responsables du chantier français. Selon le constructeur, ce site devrait offrir une capacité de production de 50 bateaux de 34 pieds (10,36 m) et plus par an. Une activité qui pourrait générer quelque 600 emplois directs locaux. Cette implantation devrait permettre à Bénéteau de renforcer sa présence sur le marché nautique local et sur celui de l'Amérique du Sud.

Comment l'entreprise Bénéteau peut-elle atteindre ses objectifs de passer à 55 % de chiffre d'affaires réalisé hors du territoire européen et à 60 % du CA dans les bateaux à moteur ?

FICHE D'IDENTITÉ

Dénomination
Bénéteau

CA 2015
969,5 millions EUR, dont 819,3 millions pour les bateaux et 150,2 millions pour l'habitat de loisir

Effectif
6 328 dont 4 724 en France, 14 sites de production dont 4 à l'étranger (Italie, Pologne, États-Unis, Brésil)

Production
7 000 à 8 000 bateaux par an (20 à 25 nouveaux modèles chaque année)

Objectif export
Passer de 40 % de chiffre d'affaires hors-Europe à 55 % en 2020 et de 60 % de CA dans la voile à 40 % au profit des bateaux à moteur

PROLONGEMENT NUMÉRIQUE

Entretien avec Hervé Gastinel (Bénéteau) (18'43 – stratégie export à partir de la 10e minute)
lienmini.fr/ci410gastinel

1) Justifiez la stratégie d'exportation de Bénéteau.
2) Présentez les différences entre une implantation commerciale et une implantation industrielle.

EN CONTEXTE

MISSION 1 Choisir un mode de présence à l'étranger ANNEXES 1 à 4

1. Repérez et qualifiez les trois modes de présence à l'étranger présentés dans l'annexe 1.
2. Expliquez la phrase « il fallait mettre en place des réseaux commerciaux » dans l'annexe 2.
3. Décrivez et justifiez les modes de présence de Bénéteau en Amérique du Nord et au Brésil.
4. Présentez les caractéristiques de l'intermédiaire de Bénéteau au Brésil.

MISSION 2 Choisir un type d'intermédiaire à l'étranger ANNEXES 5 à 6

1. Identifiez les enjeux du choix d'un intermédiaire pour Bénéteau.
2. Présentez les critères de choix d'un intermédiaire à l'étranger.
3. Présentez l'intérêt de la « Bénéteau Academy » dans la relation de partenariat.
4. Présentez d'autres outils pour animer et motiver le réseau de partenaires internationaux.

MISSION 3 Choisir un intermédiaire adapté et réfléchir au contrat de distribution ANNEXES 7 à 9

1. Recopiez le tableau suivant et remplissez-le à partir de l'annexe 7.

Caractéristiques	L'agent	Le distributeur
Statut juridique		
Lien juridique		
Lien juridique		
Rémunération		
Missions classiques		
Fin de mission		

2. Quels dangers représentent l'agent et le distributeur pour un exportateur ?
3. Analysez les clauses de l'annexe 8 en faisant ressortir la protection choisie par l'exportateur.
4. Précisez l'utilité de la période de pourparlers pour les deux parties.
5. Analysez les deux articles du contrat Unidroit. Quelles sanctions encourt l'intermédiaire ? Que doit faire l'exportateur pour se protéger efficacement ?

ANNEXE 1 À l'étranger : comment choisir la bonne stratégie d'implantation ?

Traiter avec un distributeur local, monter une joint-venture, créer une filiale... Ces trois options sous-tendent une stratégie et des moyens distincts.

Tous les experts sont unanimes : pour attaquer un nouveau pays, il faut prendre son temps et procéder par étapes, presque chronologiquement. D'abord en testant le marché local avec un distributeur, puis en s'implantant physiquement sur place. Les choix diffèrent selon les pays visés et les objectifs des entreprises.

1. Le distributeur local, une bonne formule pour tester le marché

« Quand un entrepreneur veut exporter ses produits, la première solution qui lui vient à l'esprit est celle du distributeur local », pointe Hervé Druart, président du cabinet de conseil en développement international Salvéo. Elle a le mérite d'être simple, peu coûteuse, et rapide à mettre en place. « C'est un bon choix pour tester le marché avant éventuellement d'implanter une structure sur place », complète le consultant. Elle est également bien adaptée aux pays faciles d'accès, qui ne nécessitent pas de présence active sur place, comme c'est le cas en Europe, notamment.

2. La *joint-venture*, un accompagnement bienvenu mais parfois risqué

[...] Cette formule, qui consiste à s'associer avec un partenaire local, est séduisante. Elle permet de mutualiser les coûts, les risques, et de s'adosser à un intervenant qui connaît bien le marché visé. En revanche, elle nécessite deux conditions indispensables : un véritable esprit de coopération et un montage juridique solide. Si chacun cherche à tirer la couverture à soi, l'affaire peut vite voler en éclats. La *joint-venture* est un choix pertinent dans les pays qui présentent un environnement culturel et juridique complexe, comme le Japon ou le Brésil, ainsi que dans ceux dans lesquels il est fortement conseillé, voire nécessaire, de s'associer à un partenaire local pour faire du business (Inde, Émirats arabes unis).

3. La filiale, un choix d'implantation sur le long terme

C'est la formule la plus aboutie pour pénétrer un marché étranger, et celle qui garantit le plus fort potentiel de développement. Mais c'est aussi la plus coûteuse [...]. Attention à ne pas négliger la complexité de ce montage : les formalités de création, la législation sociale, commerciale, sont parfois dures à décrypter pour l'étranger. Sans oublier la situation géographique de l'implantation, qui revêt un caractère stratégique souvent négligé.

Thibaut Bertrand, http://business.lesechos.fr, 14 mai 2013.

Conseil de pro
Choisir son mode d'implantation : lienmini.fr/ci410implantation

ANNEXE 2 Bénéteau à voile et à moteur

Malgré la crise, le numéro deux mondial de la plaisance a fait le pari d'exporter ses bateaux à moteur aux États-Unis et de renforcer sa présence dans les pays émergents [...].

La nouvelle stratégie, mise au point en 2009 et appliquée depuis 2010, est, sur le papier, assez simple. Lorsque le marché rétrécit, il faut l'agrandir. Bénéteau commence par viser les États-Unis, le plus grand marché du monde, dont il était absent sur les bateaux à moteur – or il s'en vend huit fois plus que de voiliers. La crise venant de faire sombrer nombre d'acteurs américains, l'occasion se présentait enfin, même si elle était coûteuse : il fallait mettre en place des réseaux commerciaux, bâtir une offre séduisante : « depuis quatre ans, nous dépensons plus d'argent que nous n'en gagnons. » Mais en 2014, il recommencera à s'autofinancer. Si, depuis 1986, le groupe possède aux États-Unis une usine pour la

voile, il n'en a pas encore pour le moteur. Il choisit donc le créneau des grands bateaux, dont les prix de vente justifient l'exportation à partir de l'Europe (25 000 dollars pour expédier un 15 mètres). Parti de zéro en 2008, il en vend pour 100 millions d'euros. Le pays, qui représentait 7 % de ses ventes en 2010, en est à près de 20 %, et Bénéteau table sur 25 % d'ici à 2020.

Les chiffres sont à peu près les mêmes pour le second cap qu'il a décidé de prendre, celui des pays émergents. Une usine ouverte au Brésil en 2012 lui ouvre les portes de l'Amérique du Sud et lui permet d'économiser les taxes, qui doublent les prix.

Sabine Delanglade, http://business.lesechos.fr, 7 novembre 2013.

SITE WEB

Les concessions Bénéteau en Asie
lienmini.fr/ci410beneteau
Suivez le lien ou le QRcode pour découvrir les concessions Bénéteau en Asie.

VIDÉO

Bénéteau Discuss Building A Network in China (3'31)
lienmini.fr/ci410network
Suivez le lien ou le QRcode pour découvrir le réseau Bénéteau en Chine.

ANNEXE 3 Bénéteau se renforce aux États-Unis en rachetant les bateaux de... James Bond

En reprenant Rec Boat, le groupe vendéen complète son offre en Amérique du Nord.

Bénéteau s'offre les hors-bords de James Bond ! Présent de longue date en Amérique du Nord dans la voile, mais depuis 2010 seulement sur le marché des bateaux à moteur, et seulement sur le segment des plus de 12 mètres, le leader mondial de la plaisance vient d'annoncer le rachat au fonds d'investissement Platinum Equity de sa filiale Rec Boat Holdings.

Spécialiste des moins de 12 mètres – avec 40 % du marché nord-américain des bateaux à moteur –, Rec Boat Holding possède quatre marques : Glastron, rendu célèbre au cinéma pour ses hors-bord surpuissants pilotés par l'agent secret 007, ainsi que Four Winns, Wellcraft et Scarab.

En 2010, au plus fort de la crise de l'industrie mondiale du nautisme, la société Genmar, propriétaire des trois premières marques, avait fait faillite. Platinum Equity les avait alors rachetées, puis redressées en renouvelant profondément leurs gammes, avant de leur adjoindre une quatrième marque, Scarab. Aujourd'hui assaini, l'ensemble, basé à Cadillac, dans le Michigan, réalise un chiffre d'affaires d'environ 150 millions de dollars (110 millions d'euros), avec 475 salariés.

Du temps gagné

Entre le prix d'achat (non communiqué) et les investissements programmés dans la nouvelle filiale, Bruno Cathelinais, président du directoire de Bénéteau, indique que le total déboursé est inférieur à 100 millions de dollars. Une somme modeste au regard du temps gagné grâce à cette acquisition.

Alors que vendre des petits bateaux en Amérique du Nord nécessite de les produire sur place pour être compétitif, Bénéteau dispose désormais d'une base locale. Et le groupe hérite d'un réseau de 200 concessionnaires lui permettant de quadrupler d'un coup sa puissance commerciale aux États-Unis. La Bourse a salué hier cette opération par une hausse de 9,62 % du titre Bénéteau, à 13,10 euros.

Claude Barjonet, www.lesechos.fr, 24 juin 2014.

ANNEXE 4 Sailing : le concessionnaire exclusif de Bénéteau au Brésil

Le groupe « Sailing » existe depuis 29 ans sur le marché nautique, toujours avec la même responsabilité, le même respect, le même nom.

Intervenant dans divers segments du marché, aujourd'hui ses activités sont axées sur :

- La distribution exclusive au Brésil des bateaux à voile et à moteur Bénéteau, chantier naval français qui est maintenant le plus grand fabricant de bateaux de plaisance du monde.
- La distribution exclusive d'autres marques appartenant au groupe Bénéteau, telles que Monte Carlo Yachts et Lagoon Catamarans. [...]

Les bases du groupe « Sailing » au Brésil

Le groupe « Sailing » offre un service après-vente, la garantie et le support technique pour les produits qu'il commercialise.

www.sailing.com

Conseils de pro

1. Awex Belgium : exporter au Brésil : lienmini.fr/ci410awex
2. Billet d'humeur de Charles Henry Chenut, avocat associé, conseiller du Commerce Extérieur de la France : lienmini.fr/ci410chenut
3. Proximité et différences culturelles entre Brésiliens et Français : lienmini.fr/ci410differences

SITE WEB

Fiche pays, le Brésil
lienmini.fr/ci410bresil
Suivez le lien ou le QRcode pour découvrir le marché brésilien.

SITE WEB

Le Brésil, eldorado du nautisme ?
lienmini.fr/ci410eldorado
Suivez le lien ou le QRcode pour découvrir l'importance du nautisme au Brésil.

ANNEXE 5 Bénéteau ajoute un nouveau concessionnaire au Québec

Bénéteau vient d'annoncer la sélection du concessionnaire Boisvert Marine, de Sorel-Tracy, Québec Canada, pour rejoindre son réseau de distribution de bateaux à moteur en pleine expansion. Boisvert Marine va représenter les vedettes de croisière rapides Flyer Gran Turismo, ainsi que la ligne Barracuda, un concept pêche-croisière familial à découvrir prochainement sur le marché nord-américain.

« Nous sommes fiers de compter Bénéteau parmi les marques que nous représentons. Il est évident que la qualité de construction, les constantes innovations et le positionnement des bateaux moteur Bénéteau en font des produits très attractifs et compétitifs sur le marché de la plaisance du Québec », a déclaré Gaëtan Boisvert, propriétaire de Boisvert Marine Équipements de Plaisance. « Nous venons tout juste de présenter la gamme Flyer Gran Turismo pour la première fois aux salons nautiques de Montréal et de Miami et avons déjà dépassé nos objectifs de ventes, l'avenir s'annonce prometteur ! » a-t-il ajouté.

Laurent Fabre, vice-président Marketing et Ventes de Bénéteau Moteur en Amérique du Nord, a expliqué : « La croissance de notre réseau de distribution continue de s'orienter vers des concessionnaires solides et expérimentés ; Boisvert Marine en est le parfait exemple, compte tenu de leur place dans l'industrie nautique et leur excellente réputation de service client. Nous sommes très honorés de les avoir au sein de l'équipe Bénéteau. » Bénéteau doit sa renommée mondiale au design élégant, à la qualité de construction, et à l'innovation employés dans la fabrication de bateaux à voile et à moteur.

www.guideautoweb.com, 7 mars 2012.

ANNEXE 6 La formation Beneteau Academy

Bénéteau Academy est l'école de formation créée par Bénéteau il y a neuf ans pour son réseau de concessionnaires. La stratégie de la marque est de renforcer les compétences de son réseau de distribution, en les engageant dans un processus d'amélioration continue, avec comme but principal, de satisfaire au mieux les clients, à travers un service de qualité, très professionnel, et qui fidélise.

Le groupe Bénéteau avait besoin de professionnaliser son réseau de concessionnaires répartis dans le monde. « Nous commercialisons des produits de luxe et notre clientèle est exigeante, témoigne Nathalie Rocher Piou, directrice de communication de la marque. Nous avons donc créé la Bénéteau Academy et, pour assurer des formations à l'ensemble de nos distributeurs, nous avons mis en place des formations en présentiel soutenues par des formations à distance. Nous pouvions miser uniquement sur le e-learning qui n'est pas adapté à certaines formations. Nous avons gardé le présentiel pour nos formations métiers et introduit des cours en e-learning pour des formations spécifiques sur des produits. »

Delagrave, 2017.

ANNEXE 7 Agent ou distributeur : quel intermédiaire à l'export ?

L'agent commercial : un statut très réglementé

L'agent commercial est un professionnel indépendant mandaté pour négocier et, éventuellement, pour conclure des contrats de vente, d'achat, de location ou de prestation de services, au nom et pour le compte de producteurs, d'industriels ou de commerçants. L'agent est rémunéré par une commission sur les ventes réalisées dans le territoire qui lui a été confié.

L'un des avantages essentiels pour le fournisseur est qu'il garde la maîtrise de sa politique commerciale (fixation des prix au client, définition de la politique de communication...). Il garde le contrôle et la connaissance du marché étranger et de la clientèle puisqu'il traite directement avec les clients (facturation et livraison). En revanche il supporte les risques de la relation contractuelle avec le client final (garantie, responsabilité, insolvabilité). Mais l'inconvénient majeur est le statut protecteur de l'agent commercial applicable dans un certain nombre d'États et notamment dans ceux de l'Union européenne. La directive 86/653 du 18 décembre 1986, transposée dans les législations internes des États membres de l'Union européenne, a instauré le principe d'un droit pour l'agent à percevoir une indemnité de fin de contrat, sauf en cas de manquement grave de sa part ou sauf si ce dernier prend l'initiative de la rupture.

La directive laisse le choix aux États membres entre deux systèmes d'indemnité :

- Le premier système est qualifié de système de « compensation ». Ce système a été retenu par la France et par l'Irlande.
- Le second système est qualifié de système « d'indemnité ». Ce système a été adopté par 26 États membres sur les 28 États membres actuels, dont notamment l'Allemagne.

Dans le système « d'indemnité », le montant de l'indemnité de fin de contrat est obligatoirement plafonné à un an de commissions. Inversement, dans le système de « compensation », le montant de l'indemnité n'est pas plafonné.

Par ailleurs, le système « d'indemnité » vise à indemniser l'agent commercial pour la clientèle qu'il a apportée à son mandant, tandis que le système de « compensation » vise à réparer un préjudice subi par l'agent commercial du fait de la cessation du contrat d'agence. La difficulté existant alors dans le système « compensatoire » réside dans le mode de calcul de cette indemnité, chaque État ayant établi sa propre méthode de détermination. C'est ainsi que les tribunaux français fixent généralement le montant de l'indemnité à 2 ans de commissions calculées sur la moyenne des cinq dernières années. [...]

Le distributeur : un partenariat plus libre...

Le distributeur, également dénommé concessionnaire lorsqu'il bénéficie d'une exclusivité territoriale, achète les produits au fournisseur et les revend aux clients qui sont situés dans son territoire, en son nom et pour son propre compte. Le distributeur se rémunère par la marge qu'il réalise sur les reventes.

Ce mode de distribution présente l'avantage pour le fournisseur de ne plus avoir à gérer les relations contractuelles avec les clients finaux. Ces risques (solvabilité, responsabilité, etc.) sont assumés par le distributeur. Pour le fournisseur, les seuls risques à supporter sont la défaillance du distributeur ou des problèmes liés à la garantie des produits.

Contrairement à l'agent, le distributeur ne perçoit pas d'indemnité en fin de contrat. Il peut seulement demander aux tribunaux de lui octroyer des dommages et intérêts dans le cas où la rupture du contrat par le fournisseur est brutale ou abusive.

... mais une perte de contrôle pour le fournisseur

En revanche, l'entreprise exportatrice perd la maîtrise de la politique de commercialisation et du marché. Elle n'a notamment pas la possibilité d'imposer ses prix à la revente. Ainsi, au niveau communautaire, le règlement 330/2010 du 20 avril 2010 considère que la pratique des prix minimaux imposés demeure une restriction caractérisée à la concurrence, sauf s'il s'avère que cette pratique peut générer des bénéfices concurrentiels. Il est ainsi admis qu'un fabricant impose temporairement un prix de revente à l'occasion du lancement d'un nouveau produit, ce qui peut permettre d'inciter les distributeurs à mieux tenir compte de l'intérêt du fabricant à promouvoir le produit en question. En revanche, les pratiques des prix conseillés ou de fixation d'un prix maximal sont admises.

Par ailleurs, l'importateur distributeur va faire écran entre le fournisseur et les clients finaux et ce dernier n'aura plus généralement de visibilité sur ces derniers. Il est néanmoins possible d'introduire dans le contrat une disposition visant à obliger le distributeur à communiquer au fournisseur des informations sur l'identité des clients finaux. De même, il sera utile de faire souscrire au distributeur une obligation de non-concurrence pendant le contrat et postérieurement à son expiration (durée respectivement limitée à 5 ans et 1 an en droit communautaire).

L'entreprise exportatrice peut enfin, en dépit d'une exclusivité territoriale qu'elle aurait consentie à son distributeur, vouloir se réserver la possibilité de vendre ses produits à certains segments de sa clientèle. On pourra prévoir dans ce cas le versement d'une commission, comme si le distributeur avait joué le rôle d'un agent.

Quel que soit le mode de distribution finalement choisi, il est primordial de préciser dans un contrat écrit les obligations de chacun et d'identifier, en fonction des pays d'exportation, les contraintes législatives et réglementaires qui sont susceptibles d'influer sur le contenu du contrat.

www.leclerelouvier-avocats.com

ANNEXE 8 Quelques clauses extraites d'un contrat d'agence

2.7. Rapports de vente

L'Agent communiquera au Mandant, chaque mois, un document récapitulatif détaillant le montant des ventes de produits réalisées au cours du mois précédent, exprimé en monnaie locale et précisera l'identité de l'Acheteur.

3.2. Nature et étendue des droits concédés à l'Agent commercial

Le Mandant concède à l'Agent, à titre précaire, pendant la durée du Contrat, une licence gratuite d'exploitation de tous les droits de propriété intellectuelle liés aux Produits, dans la stricte mesure nécessaire à leur commercialisation.

Ainsi, il aura le droit de faire de la publicité pour les Produits et, plus généralement, de faire directement et personnellement usage de tous les droits de propriété intellectuelle liés aux Produits, notamment toutes marques et tous autres signes distinctifs, afin de promouvoir et de commercialiser les Produits. Il pourra promouvoir les Produits et la Marque par tous moyens et sur tous supports, à condition d'obtenir au préalable une autorisation écrite circonstanciée du Mandant, afin de préserver l'identité de la Marque […].

Au terme du Contrat, quelle qu'en soit la cause, l'Agent cessera immédiatement tout usage de la Marque. Il mettra à la disposition du Mandant tout le matériel publicitaire et tous les éléments de toute nature portant la Marque ou y faisant référence, y compris tout éventuel nom de domaine Internet.

3.4. Contrefaçon, parasitisme, concurrence déloyale

L'Agent informera immédiatement le Mandant de toute contrefaçon des Produits ou de la Marque, de tout parasitisme ou de toute concurrence déloyale ou de toute autre pratique illicite susceptible de porter atteinte aux Produits ou à la Marque qu'il pourrait constater dans le Territoire.

www.droit.co

ANNEXE 9 La négociation

C'est une phase préparatoire du contrat au cours de laquelle les partenaires, parties, vont pouvoir discuter de leurs attentes, des propositions et contre-propositions, afin de déterminer le contenu de ce contrat qui peut aboutir à sa conclusion ou pas.

Cette période de pourparlers va leur permettre de prendre connaissance de toutes les données économiques, techniques et juridiques.

En cas d'enjeux financiers : enjeux constitués par la somme d'argent en cause (cession de brevet…), ou liés aux risques pris par telle ou telle partie au contrat. La phase de négociation va permettre de procéder à des audits, des plans de financement prévisionnels, études préalables qui doivent prémunir les parties de toute déconvenue.

L'aspect international que peut revêtir la relation contractuelle : il s'agit là encore d'un facteur de complexité car, outre l'éventuel barrière de la langue, les parties raisonnent par rapport à des systèmes juridiques différents, d'où une nécessité d'accord sur la terminologie utilisée dans le cadre de la rédaction du contrat.

L'Institut international pour l'unification du droit privé (= Unidroit) a publié des principes pour les contrats commerciaux internationaux. Ils contiennent 2 articles relatifs à la période des pourparlers :

- le premier concerne la mauvaise foi dans les négociations, article 2.1.15 : « Les parties sont libres de négocier et ne peuvent être tenues pour responsables si elles ne parviennent pas à un accord. Toutefois la partie qui, dans la conduite ou la rupture des négociations, agit de mauvaise foi est responsable des préjudices qu'elle cause à l'autre partie. Est notamment de mauvaise foi la partie qui entame ou poursuit des négociations sachant qu'elle n'a pas l'intention de parvenir à un accord. »
- l'article 2.1.16 relatif au devoir de confidentialité : « Qu'il y ait ou non conclusion du contrat, la partie qui au cours des négociations reçoit une information donnée à titre confidentiel par l'autre partie est tenue de ne pas la divulguer ni l'utiliser de façon indue à des fins personnelles ; le manquement à ce devoir est susceptible de donner lieu à une indemnité comprenant le cas échéant le bénéfice qu'en aura retiré l'autre partie. »

En cas de conflit, le juge ou l'arbitre regardent les échanges de correspondances, les documents préparatoires qui ont pu être échangés dans cette phase. Pour éviter ces conflits, les parties peuvent recourir dans le contrat à une clause « clause des quatre coins », ou clause d'intégralité, qui a pour but d'interdire toute utilisation ultérieure des documents échangés pendant la phase de négociation.

Mais les conséquences peuvent être également positives, parce que ces pourparlers vont permettre une meilleure préparation du contrat, donc favoriser une meilleure exécution, et permettre une meilleure interprétation du contrat par le juge ou l'arbitre qui va se référer à cette phase préparatoire.

www.cours-de-droit.net

RESSOURCE 1

DÉFINIR LES OBJECTIFS ET LES CRITÈRES DE CHOIX DES MODES DE PRÉSENCE À L'ÉTRANGER

1 Les objectifs

La croissance

Les **études et diagnostics préalables** ont permis de valider la faisabilité du projet d'exportation et de révéler le potentiel de la demande du marché cible (→ chapitre 7). À partir de ces données, l'exportateur **fixe des objectifs commerciaux précis** pour le pays ciblé, par exemple : « atteindre un chiffre d'affaires annuel de 10 millions d'euros d'ici 5 ans », « avoir une part de marché de 10 % dans 3 ans »...

La rentabilité

Cependant, l'accès aux marchés étrangers a un coût et des investissements sont nécessaires pour atteindre cette nouvelle clientèle et l'exploiter.

Exemple :
- Coûts : coûts de gestion administrative, embauche de commerciaux parlant anglais, création d'un site Internet international, coût de la prospection, coût de l'animation du réseau de partenaires...
- Investissements : adaptation de l'appareil de production, création ou acquisition d'une d'unité commerciale à l'étranger...

La commercialisation à l'étranger doit être rentable. Le taux de rendement du capital investi (retour sur investissement ou ROI : *Return On Investment*) est un ratio d'évaluation de la performance. C'est le rapport entre le bénéfice réalisé et les investissements effectués :

ROI : Taux de rendement du capital investi = bénéfice/investissements × 100

Exemples d'objectifs : faire un bénéfice annuel de 1 million d'euros dans 5 ans, avoir un taux de rendement du capital investi de 5 % dans 5 ans

D'autre part, l'entreprise exportatrice doit calculer son seuil de rentabilité : niveau d'activité (en quantités vendues ou en chiffre d'affaires) à partir duquel l'exportation est rentable (→ chapitre 13).

Le contrôle

En fonction du **degré de contrôle souhaité** de sa politique commerciale, l'exportateur a le choix entre différentes modalités de présence à l'étranger.
L'exportateur peut choisir l'**intégration de la distribution à l'étranger** et ainsi d'avoir un **contrôle total** sur son plan de marchéage, notamment sur le prix et donc la marge.

Exemple : l'exportation directe à partir de la France en s'appuyant sur son équipe commerciale, ou bien la création d'une succursale.

À l'opposé, l'exportateur peut choisir de **déléguer la commercialisation** de ses produits à un importateur.

2 Les critères de choix

L'entreprise exportatrice tient compte de nombreux paramètres pour choisir un mode de présence dans le pays ciblé, et certaines contraintes limitent sa marge de manœuvre.

RESSOURCES ET MÉTHODE

Domaine	Nature du critère	Exemple de problématique
Marché cible (diagnostic externe)	Les caractéristiques de l'offre	• Concurrence : intensive ou faible ? • Distribution : types de canaux de distribution et réseaux d'unités commerciales ? Types de points de vente et d'agences commerciales ? • Logistique : contraintes de transport ? Stockage ?
	Les caractéristiques de la demande	• Type de client final : particulier ou professionnel ? • Profil, comportement et habitudes d'achat ?
	Le coût de l'investissement et des frais à l'exportation/importation	• Coût de l'implantation ? • Coût du transport et de la logistique ? • Délai de mise en œuvre de l'implantation ?
	Les contraintes juridiques à l'exportation/importation	• Législation favorable ou non à l'importation de nos produits/services ? • Barrières à l'entrée sur le marché étranger ?

Domaine	Nature du critère	Exemple de problématique
Entreprise exportatrice (diagnostic interne)	Ressources disponibles pour accéder aux marchés étrangers ?	• Compétences humaines à l'international ? • Capacité d'investissement ? Capacité de production ?
	Caractéristiques des produits ou des services commercialisés	• Biens matériels, services purs ? • Produits de grande consommation, produits industriels ? • Périssabilité ? Conditionnement et emballage ? • Positionnement ? Maîtrise de l'image de marque ? • Suivi dans la mise en service, service après-vente, formation des utilisateurs, entretien périodique ?
	Stratégie	• Perspectives d'évolution à long terme. • Risques liés à la propriété intellectuelle : de dépossession, de contrefaçons, de concurrence déloyale, de détournement de clientèle, de « marché gris » : produits réimportés sans autorisation sur le marché domestique... • Volonté des managers de s'engager à l'international. • Degré souhaité de maîtrise du plan de marchéage : prix, produit, communication, distribution...

RESSOURCE 2 CHOISIR UN MODE DE PRÉSENCE À L'INTERNATIONAL

RESSOURCES ET MÉTHODE

1 Faut-il contrôler ou déléguer les activités d'exportation ?

Il existe **trois types de développement** en fonction du degré de maîtrise souhaité des activités à l'export. L'enjeu est de contrôler les opérations et les relations avec les différents intervenants et les clients.

Exportation sous-traitée — Degré de maîtrise et engagement de ressources faibles
→ **Exportation concertée** — Degré de maîtrise et engagement de ressources intermédiaires
→ **Exportation contrôlée** — Degré de maîtrise et engagement de ressources élevés

Typologie des principaux modes de présence à l'international

Type d'exportation	Principes	Avantages	Inconvénients
Contrôlée	• Contrôle de la production, de la logistique, des prix de vente, des canaux de distribution, de la force de vente et de la gestion de la relation client. • Contrôle des ressources humaines (salariés). • Contrôle du capital des centres de profits et de coûts à l'étranger.	• Maîtrise totale du plan de marchéage (mix marketing). • Relation directe avec le client. • Contrôle de la politique commerciale. • Marges commerciales élevées. • Limitation des risques sur la propriété intellectuelle.	• Investissements et risques élevés.
Concertée	• Coopération avec d'autres entreprises pour partager les responsabilités. • Entretien d'une relation de confiance avec les partenaires.	• Apport et expérience de l'intermédiaire local dans les domaines : commercial, juridique, culturel... • Exploitation des ressources du partenaire. • Risques partagés donc moins élevés. • Partage des frais de développement à l'international.	• Partage des bénéfices avec les intermédiaires. • Contact indirect avec le client. • Maintien de la relation de confiance à long terme.

Type d'exportation	Principes	Avantages	Inconvénients
Sous-traitée	• Délégation d'une partie ou de la totalité des activités à l'export à des intermédiaires commerciaux. • Entretien d'une relation commerciale avec les intermédiaires commerciaux.	• Le risque est faible car supporté par le partenaire. • L'engagement plus faible de ressources. • Accès rapide au marché étranger. • Mise en œuvre relativement facile.	• Perte de contrôle. • Dépendance vis-à-vis des intermédiaires. • Difficultés pour trouver les bons partenaires. • « Écran » avec le marché cible et perte de contact avec la clientèle.

2 Connaître les caractéristiques de la présence à l'étranger

Type d'exportation		Caractéristiques
Contrôlée	Sans représentation locale permanente	Exportation directe à partir du marché domestique : • Réponse à des appels d'offres à l'international, exemples : « PROAO » de Business France : lienmini.fr/ci410proao et lienmini.fr/ci410dgmarket • Participation à des foires et salons. • Communication dans la presse. • Campagne de marketing direct. • Vente par Internet : places de marché en « BtoB » (voir lienmini.fr/ci410partenaires), sites marchands en « BtoC ». • Exploitation du Web 2.0, exemple à l'exportation : lienmini.fr/ci410web
	Avec une implantation commerciale locale	• Filiale de distribution : unité commerciale disposant de la personnalité juridique. • Succursale, bureau de représentation : unité ne disposant pas de la personnalité juridique. • Commercial salarié de l'exportateur. Exemples : Volontariat international en entreprise (lienmini.fr/ci410droits). • Agent commercial : mandataire indépendant rémunéré à la commission (pourcentage du CA réalisé à l'étranger).
	Avec une implantation industrielle locale	• Unité de production : usine de fabrication, chaîne d'assemblage…
Concertée	En coopération avec des entreprises françaises	• Groupements d'exportateurs : coopération entre plusieurs entreprises visant un même marché étranger. • Portage (*piggy back*) : coopération entre une PME et une grande entreprise ayant une expérience à l'export. • Commissionnaires exportateurs : intermédiaires rémunérés à la commission, mandatés par l'exportateur pour prospecter les marchés étrangers.
Concertée	En coopération avec des entreprises locales	• Franchise internationale : création d'un réseau franchisé d'unités commerciales. • Co-entreprises (*joint-venture*) : création d'une entreprise locale en coopération avec un partenaire étranger.

Type d'exportation		Caractéristiques
Sous-traitée	Partenariat commercial	• Importateur ou distributeur : intermédiaire qui achète nos marchandises pour les revendre. Il réalise une marge sur la revente (marge = prix de vente – coût d'achat). Il bénéfice parfois d'une exclusivité géographique : il s'agit du concessionnaire ou de l'importateur exclusif. • Courtier : intermédiaire non propriétaire des marchandises qu'il vend pour le compte de l'exportateur. • Centrales et bureaux d'achat d'entreprises étrangères en France. • Entreprises spécialisées qui assurent toutes les opérations à l'export : sociétés d'accompagnement à l'international (SAI), les sociétés de gestion export (SGE) et les sociétés de commerce international (SCI). Voir le site de l'OSCI : lienmini.fr/ci410osci
	Partenariat industriel	Transferts de technologie : cession de brevet ou de licence.

RESSOURCE 3 LES CRITÈRES DE CHOIX D'UN INTERMÉDIAIRE

À la suite du choix d'un axe de développement puis d'un mode d'entrée sur le marché, l'entreprise exportatrice sélectionne ses partenaires à l'étranger. Le rôle de l'intervenant local est primordial car il assure une partie des activités à l'étranger et représente l'entreprise exportatrice sur le marché cible.

Nature	Contenu
Expérience	• Date de création de la société, nombre d'années d'expérience. • Nombre de salariés.
Stratégie	• Objectifs de développement. • Mode de gouvernance et type d'actionnariat (familial, en bourse...).
Financier	• Solvabilité financière et « réputation » sur le marché local. • Croissance des ventes et des bénéfices.
Prix	• Politique de prix de vente sur le marché cible.
Produits et services	• Nature de l'offre locale du partenaire. • Niveau de qualité des produits et services distribués. • Complémentarité avec notre offre (ou « cannibalisation » ?).
Marketing et communication	• Image, notoriété et positionnement sur le marché cible. • Profil de la clientèle actuelle. • Budget publicitaire et promotionnel. • Campagnes de mercatique directe.
Distribution	• Couverture géographique du pays cible, étendue du réseau et maillage du territoire ciblé. • Nombre d'unités commerciales (magasins, agences).
Force de vente	• Nombre de commerciaux. • Niveau de formation et compétences détenues. • Mode de rémunération et d'animation de la force de vente.

Nature	Contenu
Technique	• SAV. • Installations techniques.
Achat et approvisionnement	• Fournisseurs et partenaires actuels (compatibilité ou conflit d'intérêt ?). • Politique des achats. • Infrastructure logistique : entrepôts, services de transport et de livraison.
Informatique	• Compatibilité des systèmes informatiques du partenaire. • Logiciels de CRM (*Customer Relationship Management* ou Gestion de la Relation Client), ERP (*Enterprise Resource Planning* ou PGI : Progiciel de Gestion Intégrée). • Base de données de prospects et de clients. • Site Internet et présence sur les réseaux sociaux.
Engagement dans le partenariat	• Valeur ajoutée par le partenaire dans la relation de partenariat ? • Place de l'exportateur par rapport aux autres intervenants locaux. • Volonté du partenaire de s'impliquer dans une relation de long terme.

Une visite est nécessaire pour la sélection finale des partenaires ; elle permet de vérifier les capacités du partenaire à travailler avec une entreprise française : connaissance de la culture et de la langue françaises, volonté de se former aux procédures et méthodes de l'entreprise exportatrice, aptitudes à collaborer à l'animation du réseau commercial...

La sélection entre plusieurs partenaires peut s'effectuer en attribuant une note pondérée par le poids de chaque critère retenu (ou « *scoring* ») (→ chapitre 17).

RESSOURCE 4 LA CONCURRENCE DÉLOYALE DANS LES CONTRATS DE DISTRIBUTION

Une fois l'intermédiaire choisi vont s'engager au moins une rencontre, suivie d'une négociation, qui pourront aboutir à la conclusion d'un contrat de distribution. Dès les premiers échanges, l'exportateur court le risque de la concurrence déloyale, car il est souvent dans l'obligation de divulguer ses secrets de fabrication et facteurs clés de succès. Elle peut prendre plusieurs formes :

> La concurrence déloyale est constituée de l'ensemble des procédés concurrentiels contraires à la loi ou aux usages, constitutifs d'une faute, intentionnelle ou non, et de nature à causer un préjudice aux concurrents. Elle est punie sur la base du fondement de la responsbilité contractuelle.

- **Création d'un marché parallèle**

Exemple : Adidas l'a vécu avec son sous-traitant en Tunisie.

- **Usurpation de la marque et du savoir-faire**

Exemple : Thiriet avait choisi un distributeur pour commercialiser ses produits en Corée du Sud, mais n'avait pas protégé sa marque et son savoir-faire. Son distributeur a déposé la marque Thiriet Koréa et fabriqué des glaces en utilisant les recettes de l'exportateur et a ensuite rompu le contrat.

- **Contrefaçon, imitation illicite**

Exemple : les marques de luxe sont les cibles privilégiées des contrefacteurs mais également les laboratoires pharmaceutiques, les constructeurs automobiles, aéronautiques.

L'entreprise qui en est victime perd en notoriété, en image de marque, en chiffre d'affaires, et peut se voir chassée du marché étranger. Elle peut devoir se séparer de tout ou partie de son activité. Aussi, elle va devoir se protéger contre toute atteinte illicite et ce, dès les premiers contacts avec son intermédiaire.

Périodes	Risques et conséquences	Précautions contractuelles
Durant la négociation	• Appropriation indue des facteurs clés de succès divulgués pendant les pourparlers. • Perte de sa compétitivité. • Impossibilité ensuite d'aborder le marché verrouillé par l'intermédiaire. • Demande de réparation du client en cas de non poursuite des relations pour préjudice subi.	• Signature d'un engagement de confidentialité assorti de sanctions en cas de non-respect. • Attention à la signature de documents pré-contractuels (*gentlemen's agreement*).
Durant le contrat	• Non respect de l'image de marque, des procédés de fabrication et des consignes de réalisation de sa mission. • Concurrence déloyale : contrefaçon, marché parallèle, parasitisme, dénigrement… • Avec un distributeur, non-paiement, change, approvisionnement parallèle.	• Verrouiller le contrat. • Demande de rapports réguliers d'activité pour vérifier l'exécution de sa mission. • Insertion de sanctions juridiques (clause pénale ou résolutoire de règlement des conflits). • Choix de modalités de paiement protectrices. • Approvisionnement strict.
En fin de contrat	• Interdire la poursuite d'activité, de l'utilisation de la marque… • Faire respecter son image de marque pour pouvoir continuer à œuvrer sur le marché	• Restitution de tout le matériel commercial et de communication, des stocks restants. • Insertion d'une clause de non-concurrence.

RESSOURCE 5 LES CONTRATS DE DISTRIBUTION INTERMÉDIÉE : AGENCE ET DISTRIBUTION

Une entreprise, souvent primoexportatrice, ou face à une obligation réglementaire ou un marché complexe, va choisir un agent ou un distributeur pour commercialiser ses produits à l'étranger.

1 Le contrat d'agence

L'**agent** va représenter l'entreprise, mais sans se charger des obligations logistiques. Donc le contrat doit viser le respect des objectifs assignés, de son image de marque et de sa politique commerciale.

Obligations de l'agent	• Exécuter les missions selon les conditions requises. • Respecter éventuellement un nombre de clients minimum prospectés sur une période donnée. • S'il est ducroire, s'occuper du recouvrement des créances. • Ne pas divulguer les informations confidentielles. • Informer régulièrement l'exportateur. • Respecter les obligations de fin de contrat.
Obligations de l'exportateur	• Informer l'agent et lui transmettre tout document utile à sa mission. • Agir loyalement. • Lui payer sa commission. • lui payer une indemnité de clientèle en fin de contrat.

2 Le contrat de distribution

Le **distributeur** achète pour revendre. Il doit donc s'approvisionner et payer l'exportateur dans les conditions prévues au contrat, stocker la marchandise, et tout restituer en cas de rupture de contrat.

Obligations de l'exportateur	• Transmettre les informations et documents utiles. • Approvisionner régulièrement le distributeur. • Ne pas lui faire concurrence déloyale.
Obligations du distributeur	• S'approvisionner dans les conditions prévues. • Vendre un certain volume de marchandises ou faire un montant minimum de CA. • Afficher un prix de vente conseillé. • Payer l'exportateur. • Ne pas lui faire de concurrence déloyale. • Lui rendre compte régulièrement de son activité. • L'informer des modifications du marché. • L'assister commercialement. • À la fin du contrat, lui restituer le matériel de vente.

RESSOURCE 6 LES CONTRATS DE CESSION DE SAVOIR-FAIRE

Une entreprise qui a déposé un brevet pour protéger son innovation ou enregistré sa marque peut :

- **les exploiter elle-même** : les laboratoires cosmétiques Garancia exploitent une multitude de brevets ;
- **les céder entièrement** : Roussel UCLAF cède parfois des brevets à des concurrents ;
- **céder seulement leur utilisation ou le savoi-faire**, sous forme de licences. Les Asiatiques ne veulent pas d'exportations, mais des transferts de savoir-faire pour pouvoir fabriquer les produits.

Mais elle peut également, quand son savoir-faire ou sa marque ont été reconnus et prouvés, créer une franchise pour les diffuser. Il en existe de nombreuses dans le prêt-à-porter, les cosmétiques comme Yves Rocher, L'Occitane..

1 Contrats de cession de brevet et de cession de savoir-faire

L'entreprise doit conclure un contrat avec le cessionnaire ou le licencié qui précisent plus particulièrement les points suivants :

	Contrat de cession de brevet	Contrat de licence
L'objet	Tout le brevet et les droits qui y sont attachés.	Seulement l'exploitation et les revenus (usufruit).
Obligations du cédant	• Vendre le brevet complet. • Modifier la propriété auprès de l'INPI. • Ne pas faire de concurrence déloyale.	• Céder l'usufruit et donner tous les moyens pour assurer la distribution. • Ne pas faire concurrence déloyale.
Obligations du cessionnaire	• Payer le prix du brevet. • Exploiter le brevet dans les conditions prévues au contrat.	• Payer les redevances mensuelles. • Distribuer dans les conditions prévues par le cédant. • Ne pas lui faire de concurrence déloyale.
Durée	Cession définitive.	Cession temporaire ; la durée doit être précisée.
Fin du contrat	Le cessionnaire devient totalement propriétaire une fois que le prix est payé.	• Restituer toute la documentation au cédant. • Clause de non-concurrence.

2 Le contrat de franchise

La franchise est une forme de distribution exclusive. Un franchiseur met son savoir-faire prouvé et reconnu à la disposition de franchisés qui l'exploiteront et en tireront les revenus. La loi Doubin de 1989 en France oblige le franchiseur à une information précontractuelle complète du franchisé. Ce dernier doit recevoir au préalable un document qui précise les opportunités de sa zone de chalandise et les perspectives futures.

Toutefois, la franchise n'est pas reconnue dans tous les pays du monde et ce mode de distribution ne pourra pas s'implanter en tant que tel. Dans certains pays, la loi est inexistante, en Corée du Nord, en Jamaïque, ou embryonnaire, comme en Allemagne, et le juge doit s'appuyer sur d'autres textes pour protéger le franchisé.

Moment du contrat	Obligations du franchiseur	Obligations du franchisé
Avant	Informer le franchisé.	
Pendant	• Céder l'exploitation du savoir-faire, lui remettre tous les documents commerciaux utiles. • Ne pas lui faire de concurrence déloyale.	• Payer un droit d'entrée lors de l'ouverture de la franchise. • Payer des redevances mensuelles calculées sur le CA. • Informer régulièrement le franchiseur. • Le représenter et protéger ses intérêts. • Respecter les consignes du franchiseur et ne pas lui faire de concurrence déloyale.
En fin	Veiller à récupérer toutes les informations transmises au franchisé.	• Restituer le savoir-faire et le matériel commercial. • S'interdire toute concurrence post-contractuelle : utilisation de la marque, continuation de l'activité…

RESSOURCES ET MÉTHODE

RESSOURCE 7 LES OUTILS D'ANIMATION DU RÉSEAU COMMERCIAL

Cibles	Outils
L'équipe commerciale : vendeurs...	• Formation aux produits et services, aux techniques de vente. • Objectifs de vente négociés. • Niveau et système de rémunération : fixe, primes, commissions. • Évaluation annuelle et coaching (accompagnement individuel).
Les partenaires locaux : distributeurs locaux, agent, concessionnaires, grossistes, détaillants...	• Trade marketing ou co-mercatique (partenariat en marketing). Exemple : lienmini.fr/ci410trade • Échange d'informations sur le marché : clients, concurrents, technologies... • Aide au marchandisage (merchandising) du point de vente : outils de publicité sur le lieu de vente (PLV) et d'information (ILV), mobilier commercial... • Proposition d'actions promotionnelles et événementielles. • Participation à des animations et des démonstrations sur le lieu de vente. • Formations aux techniques de maintenance et au SAV. • Participation à la gestion de la chaîne logistique. • Visites périodiques : contrôle, entretiens d'évaluation et de motivation.

ENTRAÎNEMENT 1 VRAI OU FAUX ?

• **Validez vos connaissances en cochant la bonne proposition puis justifiez oralement vos réponses.**

1. La fixation des objectifs à l'export est facultative car trop aléatoire.

☐ Vrai.
☐ Faux.

2. Le ROI est un indicateur institutionnel du pays ciblé (régime politique : monarchie parlementaire ou non…).

☐ Vrai.
☐ Faux.

3. L'exportation sous-traitée permet la maîtrise totale des opérations d'export.

☐ Vrai.
☐ Faux.

4. L'exportation concertée est un mode de présence fondée sur la coopération entre entreprises.

☐ Vrai.
☐ Faux.

5. La présence d'intermédiaires permet d'augmenter les marges commerciales.

☐ Vrai.
☐ Faux.

QCM

lienmini.fr/20410qcm15

Accédez à la suite de ce quiz en utilisant le QRcode ou le lien URL.

ENTRAÎNEMENT 2 CRÉER UNE FILIALE À L'ÉTRANGER

Loizeau-Deville, entreprise créée en 1872 par Edgar Loizeau, compte aujourd'hui 450 salariés. Elle est spécialisée dans les produits aqueux (produits à l'eau, sans solvants) pour la peinture, le traitement, la protection et la décoration du bois, à destination des professionnels et des particuliers. Elle développe une gamme complète de produits pour deux cibles de clientèle : les poseurs et distributeurs de parquets et les fabricants de parquets et de sols plastiques. L'entreprise dispose de cinq filiales de distribution en Espagne, en Grèce, en Grande-Bretagne, en Suisse et en Allemagne. Elle est présente dans quarante-six pays par l'intermédiaire d'importateurs-distributeurs. Les ventes à l'export représentent 15 % du chiffre d'affaires et sont principalement réalisées en Europe. Sébastien Lambert, responsable du service, souhaite renforcer sa présence aux États-Unis sur le segment des parquets. Vous avez été recruté(e) avec un contrat Volontariat International en Entreprise (VIE) par Sébastien Lambert pour l'assister dans ses démarches de création, à moyen terme, d'une filiale aux États-Unis.

À partir de l'énoncé et des annexes ci-après :

1. Justifiez le choix de la filiale de distribution par rapport à l'importateur-distributeur.

2. Proposez des solutions pour limiter les risques liés à la création de cette filiale.

ANNEXE 1 Extrait d'un entretien mené par Sébastien Lambert avec un prospect

« La question qui est régulièrement posée par les prospects est la suivante : avez-vous un entrepôt de stockage ? Pour les États-Unis, le problème des entreprises est celui du « *transit time* » beaucoup trop long. Nous ferons faire une étude pour implanter un entrepôt de stockage pour nos marchandises, géré par un logisticien local. Pour envisager la création d'une filiale, nouvelle entité juridique, il faut du personnel, un courant d'affaires important et en développement (10 à 15 millions d'euros). Il faudra

ENTRAÎNEMENT

payer des impôts dans le pays d'accueil, même si certains États proposent une franchise d'impôts.

Le problème de travailler avec un importateur c'est qu'on ne maîtrise pas toujours, ni le client final, ni la marge que prend l'importateur. Les Américains sont très attachés à la consommation de produits « *made in America* ». Beaucoup de prospects souhaitent travailler au « *consignment* » (dépôt-vente), ce que l'entreprise refuse, elle préfère accorder des facilités de paiement. »

ANNEXE 2 Comment s'implanter aux États-Unis

Aux États-Unis, le droit des sociétés n'est pas fixé par une loi fédérale mais relève de la compétence de chaque État. Il est donc indispensable de connaître la législation en vigueur dans l'État où vous avez choisi de vous implanter. Cela sera aussi valable si vous désirez vous étendre dans d'autres États où les lois fédérales peuvent différer de celles en vigueur dans l'État dans lequel votre société est implantée. Autre difficulté : vous devez également vous référer aux nombreuses décisions judiciaires puisque, là-bas, chaque décision définitive a valeur de loi. En conséquence, le recours à un avocat (« *lawyer* ») est particulièrement recommandé pour éviter toute mésaventure pouvant porter préjudice à votre société et à vous-même.

Quelle structure juridique adopter ?

En principe, il n'est pas exigé de constituer un capital minimum pour créer une société aux États-Unis, même si certains États peuvent l'exiger. La responsabilité de la société mère peut être engagée pour les dettes de sa filiale américaine sur le fondement du concept juridique appelé « *piercing the corporate veil* ». Cette méthode revient à nier l'existence juridique de la filiale et à la considérer comme l'alter ego de la société mère, les deux sociétés n'en formant plus qu'une dans l'esprit des juges. [...]

Quelle fiscalité pour votre entreprise ?

Il existe plusieurs niveaux d'imposition aux États-Unis : niveau fédéral, niveau de chaque État, niveau des comtés et des villes. Par conséquent, un revenu pourra être soumis à une triple imposition. Si les règles fiscales fédérales sont uniformes, elles ne le sont pas au niveau des États et des collectivités locales. Certains États n'ont pas mis en place d'impôt sur les sociétés ou de taxe générale sur les ventes. La comparaison des législations fiscales doit donc être attentivement examinée lors du choix du lieu d'implantation.

ACPE, agence pour la création d'entreprises.

ENTRAÎNEMENT

Vers le BTS — PRÉPARATION À L'ÉPREUVE E51

L'entreprise Storiart est située à Bordeaux. Elle conçoit, fabrique et commercialise des foulards de luxe reproduisant des tableaux célèbres. Elle envisage à présent d'exporter ses produits au Japon. Ayant peu d'expérience à l'export, elle envisage une distribution intermédiée mais hésite entre un agent et un distributeur. Son site : http://www.storiart.com

Vous allez constituer, en autonomie ou en petits groupes, un dossier de 5 pages maximum, introduit et conclu, comportant :

- **Le choix d'un intermédiaire, adapté à sa stratégie et ses besoins, et sa justification.**
- **Vous identifierez les risques qu'elle court et les protections contractuelles nécessaires.**
- **Vous pourrez remplir le modèle de contrat, d'agence ou de distribution, en vous aidant de sites comme www.globalnegotiator.com.**

CHAPITRE

16 Le financement de la prospection et les budgets

Compétences attendues
→ **UC51CP3** : Organiser la prospection

Savoirs associés
→ **S313** : Prospection internationale
→ **S323** : Budgets

CONTEXTE FOURNIVAL-ALTESSE

L'entreprise Fournival-Altesse produit, depuis 1875, des articles de brosserie traditionnelle (brosses, pinceaux, blaireaux...) en respectant un savoir-faire ancestral et des critères de fabrication d'excellence. C'est la dernière entreprise française à fabriquer ces produits à la main selon des techniques du XIXe siècle. Pour conforter sa fabrication artisanale, elle utilise les machines les plus modernes et les matières premières les plus précieuses et a développé une marque luxe, Isinis. Située à Mouy, dans l'Oise, elle exporte sur tous les continents.

Elle voudrait aborder de nouveaux marchés, mais les investissements sont complexes et coûteux pour une PME. Aussi voudrait-elle se faire accompagner par des organismes de soutien à l'export.

Comment financer des démarches de prospection à l'international ?

FICHE D'IDENTITÉ

Dénomination sociale
Fournival-Altesse SAS

Forme juridique
SAS au capital de 550 000 EUR

CA 2015
2,8 millions d'EUR (CA en progression) dont 25 % à l'export

Effectif
36 salariés

Produits
Brosses à cheveux et peignes, soins du visage et du corps, soins de la barbe

Marques
Altesse et Isinis

PROLONGEMENT NUMÉRIQUE

Présentation de l'entreprise Fournival-Altesse (9'42)
lienmini.fr/ci410fournival

1) Quels sont les atouts de Fournival-Altesse ?
2) À quels problèmes a-t-elle été confrontée ?
3) Quelle a été sa stratégie pour rebondir ?
4) Analysez les pays où cette entreprise exporte.

MISSION 1 Identifier les réponses aux besoins des entreprises qui souhaitent exporter ANNEXES 1 à 5

1. Commentez l'enquête qui a été menée sur les besoins à l'export des PME.
2. Analysez le dispositif que les pouvoirs publics développent pour aider les entreprises.
3. Si Fournival dépendait de la région Île-de-France, quelles aides lui seraient proposées ? Pourrait-elle en bénéficier ?

MISSION 2 Évaluer les coûts de prospection de Fournival ANNEXES 6 et 7

1. Complétez le tableau des coûts prévisionnels pour sa participation au Salon de Melbourne.
2. Commentez le fonctionnement de l'assurance prospection par rapport au projet de cette entreprise.

ANNEXE 1 Fournival-Altesse, un savoir-faire traditionnel

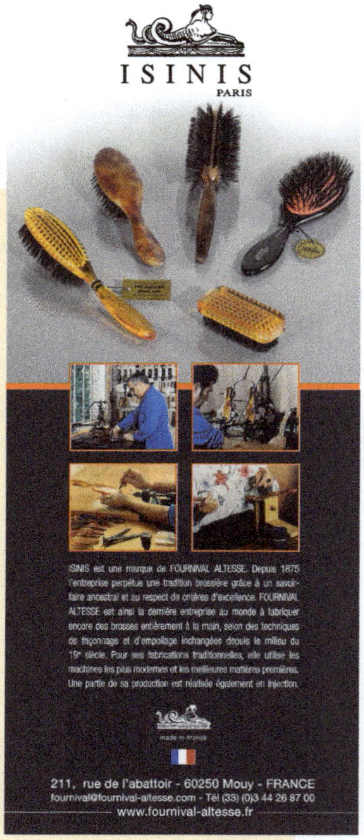

En France, les clients sont à la fois les grands magasins, les points de vente spécialisés ainsi que des pharmacies et des parfumeries. Les brosses sont commercialisées sous les marques Altesse et Isinis.

L'export fait partie de l'ADN de la société et touchait à la fois l'Europe, les États-Unis, le Moyen-Orient. Face au changement intervenu avec la montée en puissance des productions asiatiques, il a fallu, au milieu des années 2000, correspondant à la reprise de l'entreprise par Jacques Gaillard, renouer les contacts avec les anciens clients et prospecter de nouveaux marchés. C'est parce que Fournival-Altesse avait fait le choix de l'excellence du 100 % *made in* France, que les ventes ont pu reprendre à l'international. Les clients à ce niveau recherchent des produits d'exception, débanalisés, véhiculant une image, une histoire et un savoir-faire uniques.

Un atout décisif de la société est son caractère à la fois « artisanal et industriel » qui lui permet de répondre à des demandes très spécifiques aux États-Unis, en Suisse ou même au Japon, consistant à concevoir et à réaliser des brosses, fréquemment des modèles exclusifs, pour des marques de distributeur ou des labels privés haut de gamme, ou encore dans le cadre d'un co-branding avec des marques comme Kérastase, par exemple.

En plus de ces commandes, les ventes à l'étranger concernent aussi les propres marques de la société et se font en direction d'une dizaine de pays dont les USA, le Japon, Hong-Kong, la Chine, le Canada, l'Australie, l'Arabie Saoudite...

Le faire-savoir est porté par le site Internet qui va être optimisé et par une présence active sur les réseaux sociaux. Il passe aussi par les rencontres professionnelles.

Aujourd'hui, Fournival-Altesse réalise un tiers de son chiffre d'affaires à l'international. C'est à terme à ce niveau que se jouera le développement de la société. Pour accélérer les ventes, il est prévu un renforcement sur certains marchés (USA...) et d'en pénétrer de nouveaux. Pour cela, la société se fera accompagner par Ubifrance (Business France aujourd'hui) et la région Picardie. Un investissement systématique aura lieu afin de rendre les marques plus visibles, en participant notamment à des salons internationaux, en effectuant des missions dans des marchés prioritaires. La personnalisation des produits constituant un autre levier de développement qui sera systématiquement exploité.

Un des grands obstacles lorsqu'on est une PME, c'est d'acquérir la connaissance des nouveaux marchés. Cela nécessite du temps et parfois des investissements coûteux. C'est pour cette raison que la société a décidé de se faire accompagner par Ubifrance et la région Picardie.

Robert Haenel, www.lespmeexportent.fr, 6 mai 2015.

EN CONTEXTE

ANNEXE 2 L'export, clé de la réussite pour se développer !

Tout comme l'innovation, le développement international est un moteur de compétitivité et d'emploi pour les PME. Nous avons interrogé 5 000 PME sur leur connaissance des dispositifs de financement public visant à soutenir l'export des entreprises et sur leurs utilisations. Nous avons obtenu 760 répondants entre juillet et août 2014.

Des PME familières avec l'export

En 2013, selon le ministère du Commerce extérieur, le nombre d'entreprises exportatrices a de nouveau progressé, pour s'établir à 120 700.

Notre étude vient conforter ces chiffres puisque 72 % des entreprises interrogées mènent des projets à l'international, dont 40 % dès leur création. Notons que parmi elles, près d'un quart affirme que l'export occupe 50 % et plus de leur activité. 45 % de ces sociétés envisagent même d'augmenter leur chiffre d'affaires à l'export de plus de 25 % dans les 3 à 5 ans à venir.

Pour 44 % des répondants, l'assurance prospection Coface est l'aide la plus utilisée, suivie du crédit d'impôt prospection commerciale (qui représente 17 % des répondants) et du prêt de développement export Bpifrance (11 % des répondants). Ces dispositifs ont permis à la majorité des PME interrogées de financer leurs frais de déplacement pour la prospection ou bien leur participation à des salons à l'étranger. Pour mener à bien ces projets, elles sont principalement accompagnées par les missions économiques françaises à l'étranger ou les services de l'État.

L'export : sous quelle forme ? avec quel accompagnement ?

Un quart des interrogés mène de la prospection commerciale à l'export. Pour un autre quart, l'export correspond à la participation à des salons à l'étranger, et pour 17 % le développement à l'export prend la forme d'accords de distribution. Notons que seulement 10 % des interrogés recrutent un cadre à l'export pour développer leurs projets à l'international.

Afin de mener leurs projets à l'export, près d'un tiers des PME interrogées s'appuient sur l'expérience et l'expertise d'organismes spécialisés tels que les services dédiés de l'État et des collectivités territoriales et, pour 25 % des répondants, sur les missions économiques françaises à l'étranger.

Des freins néanmoins persistants

Malgré l'existence de ces organismes créés pour accompagner l'entreprise dans sa démarche de développement à l'international, 12 % des interrogés admettent ne pas exporter. Parmi eux, 27 % mettent en cause le manque de financement pour développer cette activité. Pour 19 % d'entre eux, la méconnaissance du marché les freine dans leur démarche.

Les résultats de cette enquête démontrent également que les difficultés administratives sont considérées comme des freins à l'utilisation des aides à l'export. Afin de pallier ces difficultés, plusieurs mesures ont été instaurées afin d'accompagner au mieux les entreprises dans leurs démarches à l'export. Parmi ces dispositions, on peut citer la création de Bpifrance Export, l'augmentation du nombre de volontaires internationaux en entreprise, la création de France International pour centraliser l'information sur l'export et mettre en réseau les acteurs de l'export et la création des Maisons de l'international, chargées de faciliter l'implantation des PME à l'étranger.

www.sogedev.com, 2 mars 2015.

ANNEXE 3 Coface et Bpifrance finalisent les conditions du transfert des garanties publiques à l'export

Coface et Bpifrance ont signé ce jour un accord relatif au transfert de la gestion des garanties publiques de Coface à Bpifrance, dans le prolongement du protocole préliminaire qui avait été conclu avec l'État le 29 juillet 2015.

Conformément à cet accord, l'activité de gestion des garanties publiques sera cédée à Bpifrance Assurance Export, nouvelle filiale constituée à cet effet. [...] L'ensemble des salariés et des systèmes d'informations dédiés à cette activité seront, dans ce cadre, transférés à Bpifrance Assurance Export. Ce transfert [...] a pour objectif de renforcer encore la compétitivité du dispositif des garanties publiques à l'export, qui constitue un des piliers de la politique de soutien au développement des entreprises françaises.

Cet accord définit notamment les conditions de coopération entre Coface et Bpifrance, afin de maintenir une totale continuité de service pour l'ensemble des assurés et des entreprises exportatrices. Bpifrance travaillera en particulier au renforcement de l'offre à destination des PME et ETI, en cohérence avec son action en matière de financement.

Le transfert effectif de l'activité et des équipes est prévu d'ici la fin de l'année 2016.

Ce partenariat s'appuiera sur 70 ans d'expertise de Coface en matière de couverture des risques commerciaux dans le monde entier et de système d'information enrichie. Il permettra ainsi d'offrir à Bpifrance une sécurité complémentaire dans le cadre de l'accompagnement financier des entreprises françaises et une vision fiable et unique sur la qualité des acheteurs étrangers. Xavier Durand, directeur général du groupe Coface, a déclaré : « Après avoir géré pendant 70 ans les garanties publiques en France, Coface tourne une page importante de son histoire. Néanmoins, nous continuerons, dans le cadre d'un futur partenariat avec Bpifrance, à soutenir les exportations françaises en mettant à la disposition des entreprises le savoir-faire acquis en tant que leader de l'assurance-crédit à l'export. Avec une présence dans plus de 60 pays, notre ambition est de renforcer encore l'accompagnement que nous offrons aux entreprises du monde entier dans leurs échanges commerciaux ».

www.coface.fr, 18 avril 2016.

ANNEXE 4 Le prêt au développement export de Bpifrance

Le financement des exportations constitue l'une des clés du succès de l'internationalisation des entreprises. Son environnement a sensiblement évolué au cours des dernières années sous l'effet de deux phénomènes :

- Le renforcement des contraintes prudentielles bancaires, combiné à des difficultés conjoncturelles d'accès aux devises, a entraîné un durcissement des conditions d'octroi des financements de l'export dans un marché déjà peu propice aux PME et ETI, compte tenu du coût des crédits export pour des montants de taille relativement petite.
- Plusieurs pays, notamment en Europe, ont mis en place des dispositifs financiers publics de soutien à l'exportation.

La conjugaison de ces deux éléments conduit Bpifrance à développer ses actions de financement en direction des entreprises exportatrices au moyen d'une offre répondant à différents besoins des PME et ETI.

www.bpifrance.fr

ANNEXE 5 Plan régional d'internationalisation des entreprises en Picardie

L'international est un levier puissant de développement des activités économiques et de valorisation des territoires. La région Picardie, en étroite relation avec ses partenaires locaux œuvrant sur le champ de l'international, a conçu le Plan régional d'internationalisation des entreprises (PRIE).

Dans le cadre de l'élaboration du PRIE, la région, avec l'ensemble des partenaires de l'international (DIRECCTE, Douanes, Ubifrance, CCI Picardie, Bpifrance, Coface et CCEF), a réalisé un état des lieux des besoins en matière de développement international. Les entreprises, filières stratégiques, pôles de compétitivité et clusters, acteurs académiques de l'enseignement supérieur, de la recherche et du transfert de technologie ainsi que les territoires ont ensuite été mobilisés dans la préparation de ce plan.

À l'issue des concertations tenues entre mi-mars et fin mai 2014, la région et ses partenaires ont formalisé ensemble le PRIE Picardie qui a permis :

- de disposer d'un état des lieux actualisé et partagé du commerce extérieur en Picardie ;
- de définir les grandes orientations stratégiques, notamment au regard des attentes des entreprises picardes en matière de développement international ;
- de conforter et coordonner l'action en région pour l'accompagnement des projets et initiatives à l'international.

Les 5 grands principes du PRIE

Le PRIE Picardie s'attache à répondre aux nouveaux enjeux de développement à l'international. Pour ce faire, cinq grands principes fondent l'ambition du PRIE Picardie :

- pérenniser les démarches à l'export des entreprises en favorisant les parcours structurés afin d'éviter les positionnements opportunistes dangereux ;
- conforter et intensifier le développement des entreprises picardes à l'international ;
- dynamiser l'innovation pour conquérir de nouveaux marchés ;
- faciliter les démarches à l'international en simplifiant l'accès des entreprises au dispositif public d'appui à l'export renforcé ;
- attirer en renforçant la présence de la Picardie à l'étranger afin d'améliorer son rayonnement et son attractivité.

Remarque

La région Picardie a fusionné avec la région Nord-Pas-de-Calais pour former les Hauts-de-France. Tous les dispositifs d'aides sont actuellement remis à plat et un prochain programme de soutien à l'international et à l'innovation sera mis en place. Les PRIE qui existaient dans ces régions pourraient disparaître pour donner lieu à de nouvelles modalités d'accompagnement à l'export, ou fusionner...

www.picardie.fr

ANNEXE 6 Ensemble des dépenses engagées pour le Salon Hair Expo Australia (budget prévisionnel)

Informations générales :

- Dates du salon : 10 au 12 juin 2017.
- Arrivée le 8/6 au soir et départ le 16/06 à 18h00.
- Nombre de personnes : 2, le directeur et la responsable export.
- Réservation d'un stand de 9 m².
- 1 EUR = 1,4144 AUD.

Rubriques		Montants AUD	Résultats EUR
Déplacement	1 650 EUR/personne		
Taxi aéroport-hôtel :	90 AUD Aller		
Hôtel et petit déjeuner	184 AUD/nuit/personne		
Repas (2/jour)	70 AUD/repas/personne		
Location de voiture	212 AUD		
Réservation du stand	500 AUD/m2		
Aménagement du stand	1 800 AUD		
Inscription sur le catalogue	1 855 AUD		
Communication de presse	490 EUR		
Traduction	850 EUR		
Documentation commerciale	7 420 EUR		
Transport du matériel d'exposition (aller)	1 140 EUR		
	TOTAL EN EUR :		

ANNEXE 7 Exemple d'assurance prospection

Coface a garanti un budget de 70 000 EUR sur 2 ans à l'entreprise X, afin de la soutenir dans son développement asiatique (participation à des salons, déplacements des commerciaux). Pendant la période de garantie, X a réalisé un CA de 200 000 EUR, Coface lui a donc versé une indemnité de 56 000 EUR, équivalant au différentiel entre le budget garanti et 7 % du CA réalisé sur la zone. Après 3 ans en période d'amortissement, l'entreprise a réalisé 250 000 EUR de CA, ce qui lui a permis de rembourser une partie de ses indemnités à Coface (17 000 EUR). Le CA réalisé ne lui a pas permis pas de tout rembourser, elle conserve donc 39 000 EUR d'indemnités.

www.tresor.economie.gouv.fr

La prospection des marchés étrangers est une action très onéreuse (mise des produits aux normes, prospection, création d'un réseau, adaptation de la documentation...), d'autant plus que le succès n'est pas garanti. En effet, rien n'assure l'entreprise, qui a engagé des frais pour rechercher des clients potentiels sur le marché étranger, qu'elle développera effectivement un courant d'affaires sur ce marché. Le risque d'échec de l'opération de prospection est bien réel, notamment pour les PME. Il est alors essentiel qu'elle puisse se faire accompagner par des spécialistes et ainsi sécuriser ces lourdes dépenses.

Des efforts de soutien au financement de la prospection des entreprises sur les marchés étrangers sont consentis par les pouvoirs publics (régions, organismes d'État (Bpifrance) dans la mesure où les exportations contribuent nettement au développement économique d'un pays (un des moteurs de la croissance) (→ **fiche méthode 6**).

RESSOURCE 1 LES ENJEUX DU DÉVELOPPEMENT INTERNATIONAL DES ENTREPRISES ET DE LA PROSPECTION

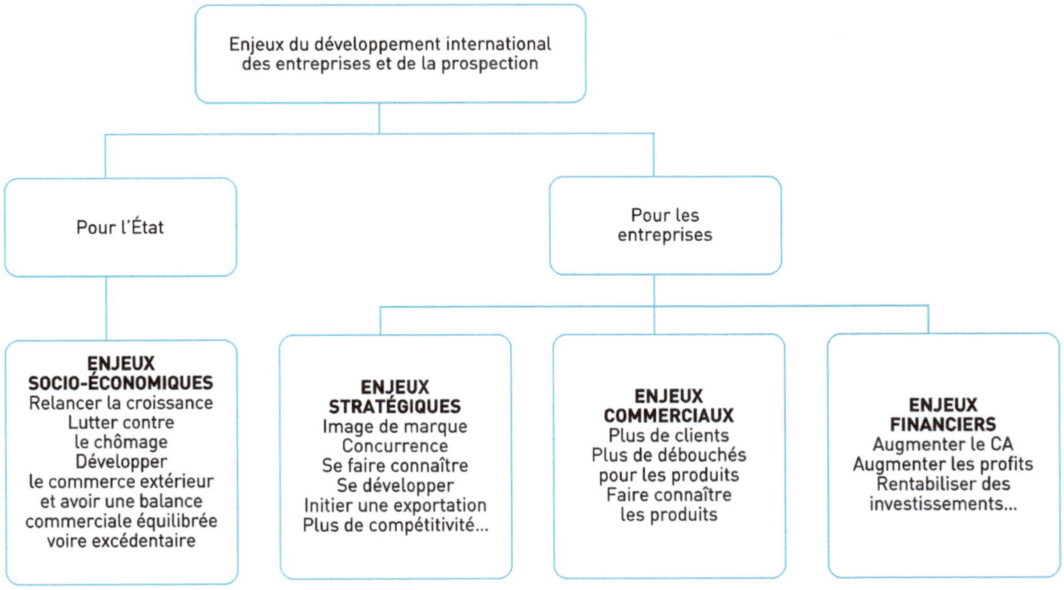

RESSOURCE 2 LA CONSTRUCTION D'UN BUDGET PROSPECTION

Avant de commencer à prospecter, l'entreprise doit évaluer les besoins financiers de cette opération. Pour cela, elle va construire un budget de prospection ponctuel et/ou annuel qui lui permet de piloter la gestion du projet (feuille de route, liste des tâches...).

Lexique
▸ Un budget représente l'ensemble des recettes et dépenses d'une entreprise.

Ce budget est composé :

- **du budget des ventes prévisionnelles** sur la zone prospectée (montants des encaissements ventilés sur les périodes définies) ;
- **du budget des dépenses prévisionnelles** sur la zone prospectée (montants des décaissements ventilés sur les périodes définies : exemple des dépenses de salons).

Il permettra enfin de mettre en exergue les actions à mettre en œuvre pour anticiper toute baisse d'activité ou toute erreur dans les prévisions.

RESSOURCE 3 L'ASSURANCE PROSPECTION

Depuis le 1er janvier 2017, l'État a transféré la gestion des garanties publiques à **Bpifrance Assurance Export**, dont l'assurance prospection, antérieurement gérée par Coface (Compagnie française d'assurance pour le commerce extérieur).

Plusieurs types d'assurances prospection (Premiers Pas A3P pour les entreprises néoexportatrices par exemple) existent et les différents cas sont proposés lors de la demande d'assurance saisie en ligne.

Bpifrance a un partenariat avec plusieurs organismes de soutien (Business France, CCI...) ou financement (banques...) de l'activité export et, pour faciliter l'accès des entreprises aux aides à l'export, le principe d'un guichet unique a été instauré.

1 Le principe

État de la prospection	Résultat pour Bpifrance Assurance Export	Résultat pour l'entreprise
Succès	Intégralement remboursée des indemnités versées	Aide au financement de son opération de prospection : • Avance de trésorerie à un taux préférentiel. • Soutien à la prospection.
Échec	Bpifrance n'est pas remboursée : elle a joué son rôle d'assurance	L'entreprise conserve les sommes versées par Bpifrance et elle a pu financer sa prospection.

2 Champ d'application

Entreprises	• Entreprises françaises ou dont la part française des produits vendus est > 40 %, de tous secteurs d'activités, sauf le négoce international. • CA < ou = 500 millions EUR.
Dépenses	• Toutes les dépenses relatives à la prospection dans la zone géographique cible. • Frais différents de ceux qui sont habituellement engagés pour l'activité de l'entreprise : production, vente, investissements financiers... • Clairement identifiés : – Manifestations commerciales individuelles ou mission collective dans la zone géographique ciblée. – Dépenses de personnel : déplacement, formation, recrutement au service export. – Dépenses mercatiques : communication, études de marché, documentation, dépôt de marque, traductions...

3 Le processus de l'assurance prospection

Étapes	Événements
Demande en ligne : bae.bpifrance.fr	• Dépôt d'un dossier circonstancié (description de son projet de prospection) + documents justificatifs (bilan, budget prévisionnel). • Étude par Bpifrance du projet + sa prise de risques.
Réponse	Non : Refus irrévocable.
	Oui : contrat d'assurance prospection : • Détermination du budget garanti par Bpifrance (montant maximal des dépenses couvertes).

Étapes	Événements
	• Détermination de la part des dépenses prises en compte. • Perception de la prime (rémunération des services de l'assureur) : 2 % du budget garanti.
Issue de la prospection	Envoi à Bpifrance des factures justificatives.
Fin de l'exercice annuel	Versement de l'indemnité (indemnité provisionnelle si les dépenses sont < aux recettes).

4 Le mécanisme

L'assurance prospection est constituée de 2 périodes séquentielles :

Période de garantie : indemnisation de l'entreprise	• Durée : 1 à 4 ans. • Prise en compte d'une partie des dépenses de prospection : quotité de 65 %. • Paiement d'une prime annuelle au début de chaque exercice de garantie. • Une avance de 50 % peut être concédée aux entreprises qui le souhaitent, avant la prospection, en échange d'une prime plus conséquente.
Période d'amortissement : remboursement de Bpifrance	• Durée : 2 à 6 ans. • Remboursement de l'indemnité versée sur une part du CA export. • Taux d'amortissement : 7 % sur les produits – 14 % sur les services – 30 % sur les autres sommes, dont les licences. • Bpifrance n'intervient plus : plus d'indemnisation, pas de prime perçue. • Remboursement plafonné au montant de l'indemnité : Bpifrance ne peut être remboursée de plus que ce qu'elle a versé.

Lexique

- La quotité est la part des dépenses de prospection prises en charge par Bpifrance, soit le montant de son indemnité.
- L'amortissement calculé sur une partie du chiffre d'affaires réalisé sur le marché prospecté correspond au remboursement de l'indemnité.

L'assurance prospection peut être accordée sur d'autres projets de prospection pour de nouveaux pays ciblés.

RESSOURCES ET MÉTHODE

RESSOURCE 4 LES AUTRES AIDES À LA PROSPECTION

1 Accompagnement des entreprises par des organismes de soutien à l'export

Business France, les chambres de commerce et d'industrie, certaines fédérations professionnelles (Medef...), les conseillers du Commerce Extérieur de la France (CCEF)... accompagnent les entreprises françaises de tous secteurs d'activités pour faciliter leur prospection :
- Organisation de missions collectives : prise de rendez-vous, évaluation du marché...
- Pavillon France lors de manifestations commerciales agréées par Business France : location d'un espace collectif à prix préférentiel.
- Les CCEF accompagnent bénévolement le développement export des entreprises en mettant à leur disposition leur expérience et leur réseau à l'étranger.

2 Le crédit d'impôt pour dépenses de prospection

Le crédit d'impôt est octroyé par le Trésor public, à hauteur de 50 % des dépenses de prospection (déplacement, hébergement, promotion des produits) et pour un montant de 40 000 EUR maximum sur 2 ans suivant le recrutement du salarié export ou du volontaire international en entreprise (VIE)

Les conditions d'attribution sont les suivantes :
- Être une PME < 250 salariés.
- CA < 50 millions EUR.
- Dépenses de prospection (déplacement, hébergement, promotion des produits).
- Avoir recruté 1 personne ou 1 VIE.
- Ne pas avoir déjà bénéficié de cette aide.

3 Le prêt développement export (PDE)

Pour favoriser l'internationalisation des entreprises françaises, Bpifrance soutient la création de fonds accompagnant le développement des PME de leur portefeuille à l'export, aux côtés d'un établissement bancaire. Les équipes de gestion de ces fonds qui démontrent une réelle valeur ajoutée et proposent, le cas échéant, un dispositif ad hoc d'accompagnement, se voient attribuer un label export. Bpifrance réserve 150 M€ à ces actions.

Mécanisme :

Éléments	Conditions
Durée	7 ans et un différé de remboursement de 2 ans
Montant	5 à 10 millions EUR
Entreprises	PME et ETI

4 Les aides régionales (www.aides-entreprises.fr)

En 2014, les pouvoirs publics ont délégué aux Régions, qui sont plus proches des entreprises, le soin de les accompagner à l'international, avec l'ensemble des organismes de soutien : Business France, CCI, Bpifrance... dans le cadre d'un Plan régional d'internationalisation des Entreprises (PRIE) qui permet de structurer les mesures de soutien.

Par ailleurs, les Conseils régionaux s'occupent de soulager les entreprises en proposant :
- des locations de pavillons à leur bannière lors de manifestations commerciales.
- des subventions, dans la limite de dépenses éligibles (créer un service export, salon, mission de prospection à l'étranger...), à condition que le projet montre une démarche structurée et à long terme. Avant de formuler la demande, les entreprises doivent rédiger d'abord une lettre d'intention au président de la Région, décrivant le projet. Chaque Région a son propre dispositif d'aides à l'export et à la prospection internationale.

Une fois la stratégie de prospection commerciale définie, le dirigeant doit fixer des objectifs et déterminer les moyens pour y parvenir. En bâtissant son budget de prospection, il anticipe les ressources disponibles et les besoins en matière de trésorerie afin de pouvoir identifier les difficultés éventuelles pour financer la prospection.

Selon les conclusions de l'analyse, l'entreprise recherchera les aides de financement les plus adaptées à son projet.

MÉTHODE 1 CONSTRUIRE UN BUDGET DE PROSPECTION

Exemple : L'entreprise Janod (http://www.janod.com), située dans le Jura, est le leader français dans la fabrication de jouets en bois. Son dirigeant a décidé de participer au salon du jouet à Nüremberg, en Allemagne, du 1er au 6 février 2017. Voici son budget prévisionnel :

Rubriques	Dépenses prévisionnelles	Montant
Réservation du stand : 18 m²	435 EUR/m²	7 830
Aménagement	820 EUR	820
Communication, insertion dans le catalogue	1 380 EUR	1 380
Déplacement de 3 personnes (831 km en camionnette – aller/retour)	490 EUR	2 490
Hébergement (8 nuits avec le petit déjeuner)	120 EUR/chambre/personne	2 880
Repas (2 par jour/personne/8 jours)	45 EUR/repas	2 160
Interprétariat (6 jours)	250 EUR/jour	1 500
Documentation	12 000 EUR	12 000
Cadeaux, objets promotionnels	1 500 EUR	1 500
	TOTAL	32 560 EUR

L'entreprise doit collecter toutes les dépenses qu'elle envisage de consacrer à sa prospection. Si les dépenses sont libellées en devises étrangères, elles doivent être converties en EUR.
Ce budget prévisionnel servira de base à la demande d'aides financières externes. Une fois la prospection terminée, le budget prévisionnel sera rapproché du budget réel pour en mesurer les écarts.

MÉTHODE 2 CONSTRUIRE UN TABLEAU D'ASSURANCE PROSPECTION

- Budget garanti : 30 000 EUR
- Prime fixée à 2 % du budget garanti
- Quotité garantie fixée à 65 %
- Taux d'amortissement fixé à 7 %
- Période de garantie : 2 ans :
  - 1re année, dépenses du salon : (0 CA export)
  - 2e année, dépenses de mission export : 38 000 EUR (CA export de 55 000 EUR)
- Période d'amortissement : 3 ans après la période de garantie
  - 3e année : 300 000 euros
  - 4e année : 525 000 euros
  - 5e année : 718 000 EUR

Période	Dépenses	Budget garanti	Dépenses couvertes	CA	Amortis-sement	Solde	Quotité	Ind./Rev.	Prime
	a	b	c = a ou b	d	d*taux	e = c-d	f = taux	e*f	g = 2 % b
garantie									
An 1	32 560	30 000	30 000	0	0	30 000	65 %	19 500	600
An 2	28 000	30 000	28 000	55 000	3 850	24 150	65 %	15 697	600
Total	60 560	60 000	58 000			54 150		35 197	1 200
Amortis-sement									Reste à payer
An 3				125000	8 750			8 750	2 6447
An 4				218000	15 260			15 260	11 187
An 5				418000	29 260			11 187	0
TOTAL								35 197	

• **Explications**

- Les dépenses couvertes (c) sont les plus faibles entre le budget garanti par Bpifrance et les dépenses réelles engagées par l'entreprise.
- L'amortissement (d) = CA dégagé à l'export × le taux d'amortissement donné par Bpifrance.
- Le solde (e) représente l'assiette de calcul de l'indemnité.
- L'indemnité (f) est la part des dépenses indemnisées par l'assureur.
- La prime (g) : versée pendant la période de garantie, puisque Bpifrance intervient.

• **Commentaires**

L'indemnité totale de Bpifrance se monte à 35 197 EUR. Cette somme devra être éventuellement remboursée sur une partie du CA réalisé à l'export.
Dans ce cas, nous constatons que la prospection a été une réussite car Bpifrance a été intégralement remboursée dans les 3 années d'amortissement. L'assurance prospection a permis de financer les efforts pour aborder le marché étranger.
Lors de la dernière année, on peut constater que l'amortissement se monte à 29 260 EUR. Toutefois, selon le principe que Bpifrance ne peut être remboursée de plus qu'elle n'a avancé pour l'entreprise, le remboursement est plafonné au reliquat de l'indemnité, soit 11 187 EUR.

ENTRAÎNEMENT 1 QCM

• **Validez vos connaissances en cochant la (ou les) bonne(s) proposition(s) puis justifiez oralement vos réponses.**

1. Le financement d'un certain pourcentage du budget de prospection s'appelle :

- ☐ La prime.
- ☐ L'assurance Coface.
- ☐ La quotité garantie.

2. La période de garantie consiste à :

- ☐ Indemniser les entreprises.
- ☐ Percevoir la prime.
- ☐ Rembourser les indemnités.

3. Les conditions d'éligibilité des entreprises à l'assurance prospection :

- ☐ Toutes les entreprises.
- ☐ Les entreprises françaises.
- ☐ Les multinationales étrangères.

4. La Coface rémunère ses services grâce à :

- ☐ Une avance de trésorerie.
- ☐ Une prime.
- ☐ Un amortissement.

5. Le taux d'amortissement sert à :

- ☐ Payer l'assurance.
- ☐ Rembourser le montant du budget.
- ☐ Rembourser l'indemnité sur une part du CA dégagé à l'export.

QCM

lienmini.fr/20410qcm16
Accédez à la suite de ce QCM en utilisant le QRcode ou le lien URL.

ENTRAÎNEMENT 2 CALCULER UN BUDGET DE PROSPECTION, ÉVALUER L'INDEMNISATION ET ANALYSER UNE ASSURANCE PROSPECTION

L'entreprise Madrange voudrait prospecter le marché finlandais, pour y vendre ses produits de charcuterie. Pour cela, elle décide de participer au salon Gastro à Helsinki, puis de continuer sa mission export, durant 8 jours au total. Son responsable export décide de solliciter une assurance prospection. Il vient d'estimer ses dépenses de prospection et fait une demande à Bpifrance :

- Budget garanti : 25 000 EUR.
- Quotité garantie : 65 %.
- Prime de 2 %.
- Taux d'amortissement : 7 %.
- CA prévisionnels :
  - 1re année : 55 000 EUR.
  - 2e année : 88 000 EUR.
  - 3e année : 15 000 EUR.

À partir des données ci-dessus et de l'annexe 1 :

1. **Calculez le budget de cette opération de prospection.**
2. **Calculez l'indemnité que Madrange a reçue.**
3. **Complétez le tableau d'assurance prospection (annexe 2).**
4. **Calculez le chiffre d'affaires minimum à réaliser par Madrange pour pouvoir rembourser l'indemnité.**
5. **Calculez le coût supporté par Madrange pour cette opération.**

ANNEXE 1 Frais de participation au salon d'Helsinki

- Déplacement :
  - en Business : 2 200 EUR pour le directeur
  - en 2e classe : 850 EUR/personne pour les 2 salariés
- Séjour : 550 EUR/personne/jour
- Déplacements : 250 EUR/jour
- Location du stand : 6 500 EUR
- Aménagement du stand (meubles, décoration...) : 2 300 EUR
- Assurance : 237 EUR
- Électricité : 30 EUR/jour
- Documentation : 12 000 EUR
- Interprétariat : 750 EUR/jour durant 3 jours
- Transport du matériel : 2 300 EUR l'aller
- Objets promotionnels et publicitaires : 515 EUR

ANNEXE 2 Tableau d'assurance prospection

Périodes	Dépenses réelles	Dépenses retenues	CA	Amortissement	Quotité	Ind/rev	Prime
Garantie							
1re année							
TOTAL							
Amortissement							
2e année					Reste*		
3e année							
TOTAL							

ENTRAÎNEMENT

Vers le BTS PRÉPARATION À L'ÉPREUVE E51

Choisissez une entreprise exportatrice dans votre région et recherchez les aides à la prospection internationale qu'elle pourrait solliciter. Vous adresserez à son dirigeant une note de synthèse comprenant les soutiens, leurs conditions d'obtention et leur fonctionnement. Vous conclurez en sélectionnant les aides les plus adaptées.

CHAPITRE

17 Éléments d'appréciation de la valeur d'un partenaire

Compétences attendues

- **UC51CP4 :** Analyser, évaluer et suivre la prospection
- **UC51CP7 :** Rassembler, analyser et sélectionner des informations sur les processus décisionnels

Savoirs associés

- **S321** : Éléments d'appréciation de la valeur d'un partenaire

CONTEXTE MIDAV

L'entreprise Midav est une entreprise créée en 2014 par deux anciens étudiants de BTS CI. Située dans la région de Nice, son activité est tournée sur le marché des bijoux en céramique et en pierres précieuses. Le marché étant en progression constante, les deux associés collaborent surtout avec des négociants asiatiques. Très régulièrement ils se rendent dans les salons, le dernier en date étant le Jewerly Trade Center à Hong-Kong, afin de rencontrer les négociants des matières premières pour la fabrication de leurs produits. La société réalise environ 40 % de son chiffre d'affaires à l'export, notamment en Europe de l'Est et en Italie.

Au retour, les deux associés décident de conquérir le marché asiatique et d'exporter leurs bijoux à Singapour dans un premier temps. Pour cela, ils conviennent de reprendre très vite contact avec la société Miss Perle of Singapore, prospect sérieux avec lequel ils ont partagé un long rendez-vous. Depuis la création de Midav, aucun incident de paiement n'a eu lieu car les deux créateurs ont pour réflexe d'analyser la structure financière et la solvabilité des prospects étrangers avant de signer des contrats et d'accorder des délais de paiement.

Comment vérifier la solidité de la situation financière d'un éventuel partenaire ?

FICHE D'IDENTITÉ

Dénomination
MIDAV SAS
Activité
Fabrication d'articles de joaillerie et bijouterie (32.12Z)
Forme juridique
SAS
Effectif
12 salariés
CA 2015
2 millions EUR dont 40 % à l'export

PROLONGEMENT NUMÉRIQUE

La gestion préventive du risque client/fournisseur (6'55)
lienmini.fr/ci410risque

1) Quel est le montant des impayés subi par les entreprises françaises ?
2) Qu'est-ce que le scoring ? À quoi sert-il ?
3) Pourquoi l'analyse de la valeur des partenaires est-elle nécessaire ?

MISSION 1 Analyser un bilan ANNEXES 1 et 2

1. À partir du bilan de Miss Perle présenté en annexe 1, calculez :
la part des capitaux propres par rapport au total du passif ;
la part des capitaux permanents par rapport au total du passif ;
la part des immobilisations par rapport au total de l'actif.
2. Comment sont financées les immobilisations de Miss Perle of Singapore ?
3. À partir du bilan de Miss Perle présenté en annexe 1, calculez :
la part de l'actif circulant par rapport à l'actif total ; la part des dettes financières à court terme par rapport au total du passif.
4. Que pouvez-vous conclure ?
5. Proposez des informations complémentaires plus qualitatives, nécessaires pour apprécier la situation de l'importateur singapourien.

Lexique

▸ Le **bilan** traduit la situation patrimoniale de l'entreprise à un moment donné, en général le 31 décembre de l'année. Il comptabilise l'ensemble des biens qu'elle possède (actif), mais également les dettes qu'elle a contractées pour l'acquisition de ces biens (passif). C'est une photographie à l'instant t qui permet d'évaluer la richesse de l'entreprise.

MISSION 2 Évaluer la situation financière d'un partenaire ANNEXE 1

1. Complétez le tableau suivant :

	Calcul	Résultat
Indépendance financière		
Autonomie financière		
Équilibre actif		
Solvabilité		

2. Commentez les résultats obtenus.

Lexique

▸ **Indépendance financière** = capitaux propres/capitaux permanents
▸ **Autonomie financière** = capitaux propres/total passif
▸ **Équilibre actif** = capitaux permanents/actif immobilisé
▸ **Solvabilité** = ressources propres/total bilan

MISSION 3 Négocier des délais de paiement ANNEXES 3 et 4

Lors des échanges, Miss Perle a demandé des délais de paiement à 60 jours. Avant de lui répondre, il faut construire une analyse réfléchie de la situation financière de cette entreprise.

1. Calculez les délais moyens de paiement des clients, des fournisseurs de miss Perle (complétez le tableau en annexe 3).
2. Concluez sur la pertinence d'accepter le délai de règlement demandé par Miss Perle.

EN CONTEXTE

ANNEXE 1 **Bilan converti en EUR de l'importateur singapourien rencontré au Salon à Hong Kong (milliers EUR)**

ACTIF	2015	PASSIF	2015
Actif Immobilisé		**Capitaux permanents**	
Immob. incorporelles	5 000	Capitaux propres	22 000
Immob. corporelles	35 000	Provisions	12 000
Immob. financières	35 000	Emprunts/dettes à LT	53 000
Sous-total	**75 000**	**Sous-total**	**87 000**
Actif Circulant		**Dettes non financières à CT**	
Stocks	8 000	Dettes fournisseurs	35 000
Créances clients	44 000	Dettes fiscales et sociales	
Disponibilités		Autres dettes	
		Trésorerie passive	5 000
Sous-total	**52 000**	**Sous-total**	**40 000**

ANNEXE 2 **Une autre vision sur l'évaluation d'un partenaire**

Le poste client représente en moyenne 40 % du total bilan des entreprises en France. L'évaluation des risques clients apparaît donc comme un enjeu stratégique pour les entreprises, afin d'optimiser leur trésorerie, mais aussi leurs opérations de prospection. Il s'agit d'une précaution incontournable dans un climat économique tendu, puisqu'une défaillance d'entreprise sur quatre est due à un impayé client. L'évaluation des risques clients permet de se prémunir contre le risque d'impayés, en aidant à se concentrer sur les partenaires commerciaux les plus solides et à ajuster les conditions de paiement. Cette évaluation se base en premier lieu sur des informations financières sur le potentiel acheteur, mais pas seulement. Décryptage...

Les données financières de l'évaluation des risques clients

Les données bilancielles d'une entreprise fournissent une partie seulement de la matière nécessaire pour évaluer sa solvabilité, et donc sa capacité à honorer une transaction. En France, la publication de ces éléments de comptabilité (bilan, compte de résultat) est une obligation pour les sociétés.

Des données brutes à l'évaluation de la solvabilité, il est nécessaire de passer par une analyse économique et financière. Elle s'appuie notamment sur certaines données et ratios. [...]

Les limites des ratios financiers pour évaluer les risques clients

Les ratios financiers possèdent deux inconvénients pour une évaluation affinée des risques clients :

- Les données bilancielles offrent une vision passée de la situation de l'entreprise, et non prospective. C'est l'effet « rétroviseur ». Ces ratios ne tiennent compte ni de l'évolution de la conjoncture, ni de la visibilité à court et moyen terme de la société. [...]
- Les ratios financiers ou le *scoring* (agrégeant des indicateurs financiers pour produire un indicateur de solvabilité) isolés n'apportent pas une information complète sans éclairage complémentaire, notamment de la part de l'entreprise. Certains chiffres peuvent être justifiés par une situation transitoire ; seul un échange avec les dirigeants peut permettre de connaître la stratégie et les difficultés rencontrées par une entreprise, ainsi que les moyens qu'elle met en œuvre pour les résoudre et les bénéfices qu'elle espère en tirer.

Les subtilités de l'évaluation des risques clients à l'international

Si la France fait preuve de transparence en matière d'informations sur les entreprises, ce n'est pas la règle partout ailleurs...

L'accès à l'information est certes plus aisé dans les pays occidentaux que dans des destinations plus lointaines (Europe de l'Est, Asie, Afrique, Moyen-Orient, Amérique du Sud), mais un pays comme la Suisse – par exemple – se montre très frileux dans la mise à disposition d'informations financières sur les entreprises. De plus, les bilans ne sont pas forcément certifiés selon les mêmes règles et avec la même rigueur partout, donc il faut savoir relativiser les résultats. Cet accès complexe à l'information est un frein à l'export pour les entreprises françaises. [...]

Pour mieux évaluer des prospects et clients à l'étranger, il est recommandé de faire appel à un tiers, possédant une connaissance concrète du marché local. Une société de renseignements, un assureur-crédit ou une banque disposent de relais sur place rompus aux pratiques commerciales des entreprises dans le pays. [...]

Ne pas négliger les risques pays

À l'export, les risques pays sont une donnée supplémentaire à prendre en compte dans l'évaluation des risques clients. Ils concernent toute décision ou événement d'ordre politique qui engendre des pertes économiques, financières ou commerciales pour une entreprise exportatrice. Ces risques sont indépendants de la solvabilité du client, mais peuvent avoir un impact fort sur une transaction (exemple : risque de confiscation, embargo...).

http://blog.eulerhermes.fr

ANNEXE 3 Calcul des délais de paiement

Le CA de Miss perle est de 177 899 000 SGD (1 EUR = 1,151837 SGD)

Délais de paiement	Calcul	Résultat
Des clients	(Créances / CA) × 360	
Des founisseurs	(Dettes fournisseurs / CA) × 360	

ANNEXE 4 Complément des ratios d'analyse

D'après une étude réalisée en 2016 (Euler Hermès - Cabinet d'assurance-crédit) auprès de 900 exportateurs français.

Comme en 2014, les principales préoccupations des exportateurs français sont le risque d'impayé pour 59 % des entreprises, elles craignent l'incapacité de leurs clients à honorer leurs engagements, cette crainte est d'autant plus motivée par la recrudescence des défaillances à l'échelle mondiale en 2016 (+2 %), en hausse pour la première fois depuis 2009.

Cette perception du risque est aggravée par la difficulté d'obtenir des informations financières sur les clients pour 51 % d'entre elles, le risque de change et le risque politique pour 55 % et 41 % respectivement.

C'est ainsi que l'évaluation des partenaires de l'entreprise devient nécessaire afin de maîtriser le risque de crédit, de préserver l'image de marque de l'entreprise et d'assurer la pérennité de la relation commerciale.

www.toutsurlerisqueclient.com, 2016.

Avant de s'engager dans une relation durable avec un partenaire commercial, l'exportateur va chercher à s'assurer de sa qualité, de son sérieux et de sa fiabilité. Il va ainsi analyser sa santé financière (pour éviter les risques d'impayés) et identifier ses atouts, compétences et faiblesses.

RESSOURCE 1 LA PRÉSENTATION DU BILAN

1 La présentation du bilan en deux colonnes : actif et passif

(Données en milliers d'euros)

L'actif du bilan répertorie les emplois de l'entreprise, c'est-à-dire la façon dont l'entreprise utilise ses ressources.

Le passif du bilan répertorie les ressources de l'entreprise, ce dont elle dispose pour faire fonctionner l'entreprise.

Haut du bilan : il présente les éléments qui concernent le long terme (> 1 an) : ses investissements, son capital social, ses emprunts…

Bas du bilan : il présente les éléments qui concernent le court terme (< 1 an), c'est-à-dire les éléments liés au cycle d'exploitation de l'entreprise.

ACTIF	2015	PASSIF	2015
Actif Immobilisé		**Capitaux permanents**	
Immob. incorporelles	5 000	Capitaux propres	22 000
Immob. corporelles	35 000	Provisions	12 000
Immob. financières	35 000	Emprunts/dettes à LT	53 000
Sous-total	***75 000***	***Sous total***	***87 000***
Actif Circulant		**Dettes non financières à CT**	
Stocks	8 000	Dettes fournisseurs	
Créances clients	44 000	Dettes fiscales et sociales	35 000
Disponibilités		Autres dettes	5 000
		Trésorerie passive	
Sous-total	***52 000***	***Sous-total***	***40 000***
TOTAL GÉNÉRAL	**127 000**	TOTAL GÉNÉRAL	**127 000**

Actif du bilan : ensemble des biens de l'entreprise	Passif du bilan : ensemble des ressources de l'entreprise
Les immobilisations : tous les biens ou les droits dont l'entreprise a l'usage durant plusieurs années (incorporelles : brevets, corporelles : machines).	**Les capitaux propres :** montant que les porteurs de parts ont versé à l'entreprise, on y ajoute une part (réserves) des bénéfices.
Les stocks : de produits finis ou de marchandises que l'entreprise vend OU les matières premières nécessaires pour la fabrication.	**Les provisions pour risques et charges :** événements, dépenses probables mais non certaines (non-paiement d'un importateur, risque de change).
Les comptes clients et les créances : les livraisons effectuées mais non encore payées, leur montant représente le crédit accordé par l'entreprise à ses clients.	**Les dettes financières :** montants dûs à des banques ou institutions financières pour les emprunts ou facilités de caisse (intérêts sur découverts bancaires).
La trésorerie : les moyens de paiement disponibles sous toutes leurs formes (espèces, comptes courants bancaires…).	**Les comptes fournisseurs et les autres dettes :** montant des dettes contractées pour les achats de biens et services livrés mais non encore payés par l'entreprise.
Total Actif (égal au Passif)	**Total Passif** (égal à l'Actif)

RESSOURCE 2 L'ANALYSE DES GRANDES MASSES DU BILAN

On identifie généralement **5 grandes masses** dans un bilan :

- **En haut du bilan** : 3 grandes masses

ACTIF	PASSIF
⇨ L'actif immobilisé	⇨ Les capitaux propres
	⇨ Les dettes > 1 an

Capitaux permanents
= Capitaux propres + dettes > 1 an

- **En bas du bilan** : 2 grandes masses

ACTIF	PASSIF
⇨ L'actif circulant	⇨ Les dettes < 1 an

Il est ainsi possible de construire un bilan simplifié.

Exemple (données en milliers d'euros) : à partir du bilan de Miss Perle of Singapore, le bilan simplifié par grandes masses est le suivant :

ACTIF	2015	PASSIF	2015
Actif Immobilisé	75 000	Capitaux propres	34 000
		Emprunts/dettes à LT	53 000
		Sous total	87 000
Actif Circulant	52 000	Dettes non financières à CT	40 000
Total Général	127 000	Total Général	127 000

Une première analyse peut ainsi être réalisée grâce au calcul des pourcentages de chacune des grandes masses (en milliers d'euros) :

ACTIF	2015	%	PASSIF	2015	%
Actif Immobilisé	**75 000**	**75 000/127 000 → 59 %**	**Capitaux propres**	**34 000**	**26,75 %**
			Emprunts/dettes à LT	**53 000**	**41,75 %**
			Sous total	**87 000**	**68,5 %**
Actif Circulant	**52 000**	**52 000/127 000 → 41 %**	**Dettes non financières à CT**	**40 000**	**31,5 %**
TOTAL GÉNÉRAL	**127 000**	**100 %**	**TOTAL GÉNÉRAL**	**127 000**	**100 %**

En comparant ces valeurs et l'évolution des pourcentages sur plusieurs années, il est donc possible de voir comment évolue l'entreprise, sa politique par rapport aux encours clients, aux dettes fournisseurs.

Dans cet exemple, on peut noter que les immobilisations sont financées principalement par des emprunts à long terme. Il faudrait calculer les évolutions par rapport aux années précédentes. Une augmentation importante du % des emprunts à long terme en même temps qu'une augmentation en % des immobilisations peut indiquer que le partenaire a récemment réalisé des investissements. La question alors se pose sur le type d'investissements réalisés.

RESSOURCE 3 L'ANALYSE DES VALEURS STRUCTURELLES DU BILAN

Les valeurs structurelles du bilan permettent une analyse **économique** de l'entreprise. Elles permettent d'apprécier les besoins financiers globaux nécessaires au bon fonctionnement de l'entreprise.

1 Fonds de roulement, besoin en fonds de roulement et trésorerie

Nom	Définition	Formule de calcul
Fonds de roulement net global (FRNG)	Il permet de vérifier que l'équilibre financier est atteint : les ressources stables (capitaux permanents) permettent de financer les emplois stables (l'actif immobilisé). Il représente le solde disponible pour financer l'activité de l'entreprise.	FRNG = capitaux permanents – actif immobilisé Capitaux permanents = ressources à LT (capitaux propres + dettes > 1 an) Emplois LT = Actif immobilisé
Besoin en fonds de roulement (BFR)	Il constitue un besoin en financement. Il varie en fonction des achats, ventes, encaissements, décaissements… effectués tous les jours. Pour financer le BFR, l'entreprise doit disposer de ressources principalement fournies par le FRNG. Si le BFR > 0, l'entreprise a besoin de financer ses besoins.	BFR = actif circulant (hors disponibilités) – dettes (< 1 an)
Trésorerie nette (TN) **Lexique** ▸ La **trésorerie nette** est l'ensemble des sommes d'argent mobilisables à court terme	Si elle est > 0 : l'entreprise dispose de liquidités à court terme (solde de banque > 0), Le BFR < FRNG, Si le BFR est très largement négatif ➔ l'entreprise dispose d'une trésorerie importante	Trésorerie = FRNG – BFR Elle correspond aux disponibilités enregistrées dans l'actif.

Exemple en milliers d'euros

Postes	Valeur/calcul	Résultats
Capitaux permanents	87 000	
Actif immobilisé	75 000	
Actif circulant hors disponibilités	52 000	
Dettes < 1 an	40 000	
FRNG	87 000 – 75 000	12 000
BFR	52 000 – 40 000	12 000
Trésorerie	12 000 – 12 000	0

Équilibre parfait entre le BFR et le FRNG. La trésorerie est nulle, l'entreprise n'a donc pas de liquidités immédiates disponibles

2 Analyse plus fine du besoin en fonds de roulement

BFR = Actif circulant - dettes à moins d'un an		
Actif circulant	**Créances** : elles représentent les sommes que les clients nous doivent. Moins les clients doivent d'argent moins l'entreprise devra financer les délais de paiement qu'elle leur accorde	**Calcul** : Délai moyen de paiement accordé aux clients : (Créances / CA) x 360
	Stocks : ce montant correspond au montant des stocks de produits finis ou de produits intermédiaires. Plus ils sont importants plus l'entreprise doit trouver les moyens de les financer	**Calcul** : Délai de rotation des stocks : (Stocks / CA) x 360
Pour diminuer le BFR l'entreprise peut : • Diminuer le poste créances en diminuant le délai de paiement accordé aux clients : peu commercial et difficilement réalisable. • Diminuer le niveau de ses stocks et mieux les gérer.		
Dettes < 1 an	**Fournisseurs** : ce poste représente les sommes dues aux fournisseurs. Plus il est élevé moins le BFR est élevé.	**Calcul** : Délai moyen de paiement aux fournisseurs : (Fournisseurs / CA) x 360
Pour diminuer son BFR, l'entreprise peut essayer d'obtenir des délais de paiement auprès de ses fournisseurs plus longs.		

Exemple : le CA de Miss Perle of Singapore est de 177 899 000 SGD. 1 EUR = 1,151837 SGD, le CA est donc de 154 448 069 EUR.

Données	Calcul	Résultats
CA	154 448 069	
Créances	44 000 000	
Stocks	8 000	
Dettes fournisseurs	35 000 000	
Délai moyen de paiement accordé aux clients	44 000 000/154 448 069 × 360	102,55 jours
Délai de rotation des stocks	8000000/154448069 × 360	18,65 jours
Délai moyen de paiement obtenu auprès des fournisseurs	35 000 000/154 448 069 × 360	81,58 jours

Analyse du tableau : les délais de paiement accordés aux clients sont > de 3 semaines de ceux obtenus auprès des fournisseurs. L'entreprise a donc besoin de trouver des financements à CT pour pouvoir financer les délais de paiement qu'elle accorde à ses clients.

Le délai de rotation des stocks est de 18 jours, il semble difficile de le réduire.

Par ailleurs, le délai moyen de paiement accordé aux fournisseurs donne une idée à Midav du délai de paiement qu'elle pourra obtenir auprès de Miss Perle of Singapore.

RESSOURCE 4 L'ANALYSE DU BILAN PAR LES RATIOS

Lexique

- Un ratio est un rapport entre 2 éléments du bilan. Les ratios n'ont de sens que s'ils font l'objet d'une analyse spatiale (comparaisons entre plusieurs entreprises par rapport au secteur d'activité) et d'une analyse temporelle (d'une année sur l'autre). Ils sont regroupés par familles de ratios.

Cette analyse permet de mesurer l'équilibre financier et l'endettement de l'entreprise.

Ratio	Calcul	Explication
Couverture de l'actif immobilisé	Capitaux permanents / actif immobilisé	Il doit être > 1. Si < 1 → FRNG < 0 → Les capitaux permanents doivent permettre de financer l'actif immobilisé
Autonomie financière	Capitaux propres / Total passif	Il doit être supérieur à 1. Sinon, cela montre un fort endettement. Il doit être supérieur ou égal à 0,5. Il indique la part des capitaux propres (appartenant aux associés de l'entreprise) parmi les capitaux permanents (capitaux globaux à LT de l'entreprise). Ce ratio mesure la marge d'endettement dont dispose l'entreprise. Sinon, les banques refusent généralement d'accorder des prêts supplémentaires.
Indépendance financière	Capitaux propres / Capitaux permanents	Ce ratio doit être supérieur à 0,5 : la part des capitaux des créateurs doit être supérieure aux emprunts bancaires.
Équilibre actif	Capitaux permanents / Actif immobilisé	Ce ratio doit être supérieur à 1 car l'actif immobilisé doit être financé par des ressources stables.
Trésorerie générale	Actif circulant / dettes à court terme	Ce ratio indique la capacité de paiement des dettes à CT avec l'actif circulant (les disponibilités sur le compte bancaire et les créances clients permettent de payer les dettes fournisseurs). Ce ratio doit être supérieur à 1.
Trésorerie immédiate	Disponibilité / dettes à court terme	Ce ratio indique le pourcentage des dettes à CT payables immédiatement, c'est-à-dire uniquement avec le compte bancaire. Ce ratio doit être faible car il indique que de l'argent dort sur un compte bancaire sans rapporter d'intérêts.
Solvabilité	Ressources propres/total bilan <u>OU</u> Endettement/ fonds propres	L'entreprise pourra-t-elle faire face à ses dettes ? et à l'échéance ?
Ratio d'endettement	Total des dettes/ capitaux propres	Ce ratio mesure le taux d'endettement de l'entreprise et permet de savoir si l'entreprise peut financer un nouvel investissement en ayant recours à un nouvel emprunt. Il doit être le plus faible possible (< 1) pour que l'entreprise puisse avoir encore une capacité d'endettement.

RESSOURCES ET MÉTHODE

RESSOURCE 5 **LA PRÉSENTATION ET L'ANALYSE DU COMPTE DE RÉSULTAT**

1 La présentation du compte de résultat

Lexique
- Le compte de résultat répertorie les charges (coûts) et les produits (gains). Il comporte trois rubriques :
- Les charges et produits d'exploitation, liés à l'activité de l'entreprise.
- Les charges et produits financiers, liés aux opérations financières.
- Les charges et produits exceptionnels, liés aux opérations exceptionnelles.

Deux présentations sont possibles :

- La présentation sous forme de compte :

CHARGES	MONTANTS	PRODUITS	MONTANTS
Achat de matières premières	105 000	Ventes de marchandises	82 500
Variation de stocks	– 25 000	Variations de stocks	30 000
Achat de fournitures	7 250	Produits financiers	
Frais de personnel	8 500	Produits exceptionnels	
Charges finacières			
Charges exceptionnelles			
Résultat	16 450		

- La présentation en liste

Produits d'exploitation – charges d'exploitation **= Résultat d'exploitation (A).**

Produits financiers – charges financières **= Résultat financier (B).**

Produit exceptionnel – charges exceptionnelles **= Résultat exceptionnel (C).**

Participation des salariés (D).

2 Analyse fonctionnelle du compte de résultat

Les charges sont réparties selon les grandes fonctions traditionnelles de l'entreprise :

- Approvisionnement.
- Production.
- Distribution ou commerciale.
- Administration.

Cette approche permet de bien mettre en évidence le coût de chaque fonction et la formation du résultat par les marges.

Chiffre d'affaires – coût d'achat des marchandises

= marge sur coût d'achat ou coût de production ou encore marge commerciale

– Autres achats de la fonction commerciale

= marge sur coûts de distribution

– Charges communes non réparties

Lexique
- La marge commerciale est un indicateur fondamental de l'activité commerciale : elle permet d'établir des comparaisons avec des entreprises concurrentes.
- Le résultat mesure la performance économique et financière de l'entreprise.

RESSOURCES ET MÉTHODE

Quelques indicateurs peuvent être calculés :

Ratio	Calcul	Explication
Taux de marge commerciale	Marge commerciale / vente de marchandises × 100	Les taux de marge commerciale et bénéficiaire mesurent la profitabilité de l'entreprise. Ces indicateurs peuvent être comparés à ceux des entreprises du même secteur d'activité
Taux de marge bénéficiaire	Résultat / CA × 100	
Rentabilité des capitaux	Résultat / capitaux propres	Ce ratio traduit « Quels gains les capitaux investis nous ont-ils apportés ? ».

RESSOURCE 6 LES SOURCES D'INFORMATIONS SPÉCIALISÉES

Un certain nombre d'organismes ou de sociétés permettent d'obtenir des informations financières et juridiques sur des partenaires potentiels.

Sources	Utilité
Services économiques ou Business France	Émanations de Business France à l'étranger, logés par les Ambassades de France, ils apportent des informations générales sur les marchés étrangers.
Associations professionnelles locales	Apport de renseignements importants et fiables : par exemple, l'ABACQ est l'Association des Boulangers Artisans du Québec.
Dun and Bradstreet www.dnb.com	Base de données de 80 millions d'entreprises dans le monde entier.
Coface www.cofacerating.fr	Accès à des informations économiques, financières et commerciales pour plus de 50 millions d'entreprises dans le monde.
Hoovers www.hoovers.com	Accés à l'information économique, financière et commerciale. Possibilité en ligne d'identifier des prospects.
Amadeus www.bvdep.com	Base de données marketing et financières > 9 millions d'entreprises dans le monde. Existence d'un module « comparaison d'entreprises ».
www.infoempresa.com/fr-fr/es/	Base de données d'informations sur les entreprises européennes : information financière et juridique.

RESSOURCE 7 L'ÉVALUATION DES ATOUTS, COMPÉTENCES ET FAIBLESSES DU PARTENAIRE

Différents critères d'analyse permettent d'identifier les atouts, compétences et faiblesses d'un partenaire. Pour obtenir les informations utiles, certaines entreprises demandent à leur partenaire de remplir un questionnaire détaillé.

Compétences du partenaire	Formation et expérience professionnelle, langues maîtrisées, Nombre d'années d'expérience.
Chiffre d'affaires	Évolution du CA ; si elle est négative, quelles en sont les raisons ? Objectifs du partenaire Combien de fournisseurs a-t-il ? Qui est son principal fournisseur ?
Territoire géographique du partenaire	Étendue ? Correspond-il aux objectifs marché visé ? Localisation des bureaux ?
Gamme de produits	• Compatibilité de sa gamme avec la nôtre ? • Quelles autres entreprises représente-t-il ? • Prévision des ventes ?
Situation des vendeurs	Formation des vendeurs, rémunération, système de motivation ?
Profil des clients	• Sa clientèle correspond-elle à celle que l'on vise ? • Qui sont les plus gros clients du partenaire ?
Installations et équipements	• Les installations sont-elles suffisantes et satisfaisantes ? • Quels sont les outils de communication ? • Est-il apte à assurer le SAV si nécessaire ?
Orientation promotionnelle	• Le partenaire peut-il nous aider pour étudier le marché ? Pour suivre les évolutions ? • Quels médias et supports utilise-t-il ? Partage des frais de publicité ? A-t-il un site Web ?
Autres critères d'analyse	• Règles d'éthique. • Respect des droits de l'Homme, travail des enfants. • Respect des normes environnementales. • Commerce équitable…

Aujourd'hui, les facteurs éthiques sont de plus en plus pris en compte pour établir des partenariats durables. Certaines entreprises signent des chartes éthiques avec des engagements dont le non-respect peut entraîner la rupture des relations commerciales.

ENTRAÎNEMENT 1 QCM

• **Validez vos connaissances en cochant la (ou les) bonne(s) proposition(s) puis justifiez oralement vos réponses.**

1. Les documents comptables à réaliser sont :

- ☐ Le bilan comptable.
- ☐ Le compte de résultat.
- ☐ Les tableaux de ratios financiers.

2. Le bilan de l'entreprise permet :

- ☐ D'avoir une image du patrimoine de l'entreprise.
- ☐ D'étudier les charges de l'entreprise.
- ☐ De calculer le taux d'endettement de l'entreprise.

3. Le compte de résultat montre :

- ☐ La production de l'entreprise.
- ☐ La rentabilité des investissements.
- ☐ La situation financière de l'entreprise.

4. Le ratio de solvabilité de l'entreprise permet de mettre en avant :

- ☐ La capacité de l'entreprise à payer ses dettes à échéance.
- ☐ La part des capitaux propres dans l'entreprise.
- ☐ L'équilibre financier de l'entreprise.

5. Les dettes correspondent à :

- ☐ Ce que l'entreprise possède.
- ☐ Ce que l'entreprise doit payer.
- ☐ L'argent placé.

QCM

lienmini.fr/20410qcm17

Accédez à la suite de ce quiz en utilisant le QRcode ou le lien URL.

Vers le BTS PRÉPARATION À L'ÉPREUVE E51

La société Lennox a été fondée en 1895 aux USA dans l'Iowa, par Dave Lennox. La société est spécialisée dans la conception, la fabrication et la commercialisation d'une vaste gamme de produits destinés aux marchés du chauffage, de la ventilation, du conditionnement d'air et du refroidissement.

Aujourd'hui, Lennox est un groupe international, implanté sur tous les continents et dont le siège social est à Dallas.

Lennox souhaite désormais développer un véritable courant d'affaires aux Émirats Arabes Unis par l'intermédiaire d'un partenaire local.

À partir de l'énoncé et des annexes :

1. **Proposez des critères de choix pertinents pour sélectionner un partenaire commercial aux EAU.**
2. **Indiquez parmi les 4 partenaires présentés en annexe 1 celui que vous choisiriez. Justifiez votre réponse.**
3. **Le bilan du partenaire sélectionné est présenté en annexe 2. Calculez le FRNG, BFR et la trésorerie. Concluez.**
4. **Calculez les ratios suivants : couverture de l'actif immobilisé, autonomie financière, trésorerie générale, trésorerie immédiate et solvabilité. Concluez sur la fiabilité financière de ce partenaire potentiel.**

ANNEXE 1 Fiche descriptive des partenaires éventuels

Electric Dubai

- Installateur de matériel électrique depuis 2016.
- CA 2008 : 5 000 000 USD sur la région de Dubaï.
- Capacité de stockage : 300 m².
- L'équipe se compose de 15 personnes dont 8 techniciens chargés du montage et du service après-vente, 4 commerciaux et 3 administratifs.
- Participation au salon Abu Dhabi Airco International.
- Zone couverte : Dubaï.

Dubaibylone

- Installateur de climatiseurs en activité depuis 1999.
- L'équipe se compose de 20 personnes dont 12 techniciens chargés de l'installation et du SAV et 4 commerciaux.
- Capacité de stockage : 150 m².
- Zones couvertes : Abu Dhabi et Dubaï où elle réalise.
- CA 2016 : 6 000 000 USD.
- Participation aux salons : Middle East Electricity, The Big five, International Property Show et en insérant des annonces publicitaires dans Dubaï News.

Dubaibuy

- Ahmed Zayed, grossiste importateur.
- CA 2016 : 10 000 000 USD.
- Le personnel de l'entreprise se compose d'une petite équipe de 10 personnes chargées essentiellement du sourcing et de la prospection sur l'ensemble des pays du Golfe.
- Participation aux rencontres industrielles organisées par les missions économiques du Golfe.
- Capacité de stockage : 900 m² mais n'assure pas le service après-vente.

Dubaï Kimaï

- Date d'implantation : 2015.
- Fabricant de systèmes de climatisation.
- Équipe multiculturelle composée de 6 personnes dont 3 expatriés français chargés de superviser les grands chantiers.
- Malgré un effort de communication modeste en termes de budget (invitation des clients et prospects à l'occasion du 14 juillet, participation au « Pavillon France » organisé par Ubifrance et diffusion de plaquettes institutionnelles), l'entreprise atteint pour cette première année d'exercice un CA de 1,5 million USD.
- SAV : en phase de mise en place.
- Pour son stockage, l'entreprise loue provisoirement des entrepôts.

ANNEXE 2 Bilan 2016 du partenaire sélectionné

ACTIF	2016	PASSIF	2016
Actif immobilisé	**820 000**	**Passir immobilisé** Dont Capitaux propores : 500 000 Dettes à plus d'un an : 410 000	**910 000**
Actif circulant Dont Stocks : 120 000 Créances clients : 300 000	**422 000**	**Passif circulant** Dont Dettes fournisseurs : 250 000 Autres dettes : 92 000	**342 000**
Trésorerie	**10 500**		
TOTAL	**1 252 500**	**TOTAL**	**1 252 000**

ENTRAÎNEMENT

CHAPITRE

18 Le suivi de la prospection

Compétences attendues

- **UC51CP4 :** Analyser, évaluer et suivre la prospection
- **UC51CP5 :** Constituer, gérer et mettre à jour un réseau de contacts pertinent et pluriculturel
- **UC51CP6 :** Animer un réseau de vente et un portefeuille de clients
- **UC51CP9 :** Intégrer, mettre en œuvre et enrichir le réseau multiculturel de contacts étrangers
- **UC51CP10 :** Animer, stimuler et gérer le réseau de vente et des contacts

Savoirs associés

- **S322 :** Éléments de suivi de l'activité commerciale

CONTEXTE SÉCARVIN

L'entreprise Sécarvin est située à Beaune depuis 2001. Elle conçoit, fabrique et commercialise du petit matériel de jardinage très innovant et protecteur de l'environnement. Ses produits phares sont les sécateurs électriques, très utiles pour l'arboriculture et la viticulture. Elle voudrait développer sa présence le marché sud-américain riche en vignes, arbres et fleurs, et a prospecté plusieurs pays pour trouver des agents ou distributeurs afin de commercialiser ses produits. Elle vient de participer au Salon Sitevinitech Argentina à Mendoza et s'apprête à en faire le suivi.

Quelles démarches doit réaliser cette entreprise ? Comment assurer un suivi efficace de cette prospection ?

FICHE D'IDENTITÉ

Dénomination sociale
Sécarvin

Forme juridique
SAS au capital de 1,2 million EUR

CA en 2015
12 millions EUR (+ 9,5 %) dont 40 % à l'export

Pays où elle exporte
Europe, Amérique du Nord, Chine

Effectif
15 salariés

Position concurrentielle
Suiveur

PROLONGEMENT NUMÉRIQUE

Sécateur électrique sans fil (2'02)
lienmini.fr/ci410secateur

1) Quels sont les atouts de ces sécateurs ?
2) À quel type d'utilisateurs peuvent-ils s'adresser ?

EN CONTEXTE

MISSION 1 Appréhender l'importance du suivi client **ANNEXE 1**

1. Analysez les objectifs du CRM dans l'entreprise.
2. Quels avantages apporte un logiciel de CRM ?

Lexique

▸ Le CRM (*customer relationship management*), appelé GRC en français (gestion de la relation client) est un ensemble de systèmes permettant d'optimiser la relation qu'entretient une entreprise avec ses clients afin de les fidéliser en répondant le mieux possible à leurs attentes.

MISSION 2 Organiser le suivi d'une prospection **ANNEXES 2 et 3**

1. Listez les tâches à réaliser juste après le salon.
2. Quels avantages apporte un salon à une entreprise ?
3. Quelles en sont les contraintes pour la gestion de la clientèle ?

MISSION 3 Évaluer les retombées d'une prospection **ANNEXES 4 à 6**

1. Quels outils utilise-t-on pour mesurer le retour sur investissement d'une prospection ?
2. Quelles retombées qualitatives peut-on analyser ?
3. Comparez les 3 retours sur investissement (annexe 6).

Lexique

▸ Le retour sur investissement (ROI) permet de comparer des investissements en prenant en compte l'argent investi et l'argent gagné (ou perdu). Il permet d'orienter ses choix en matière d'investissements pour choisir le plus rentable. ROI = (gain ou perte de l'investissement – coût de l'investissement)/coût de l'investissement.

ANNEXE 1 Suivre un client

Le suivi du client, tout comme le suivi des ventes, est essentiel pour la bonne santé d'une entreprise.

Le CRM a plusieurs objectifs dans une entreprise : le suivi du client, la gestion de la clientèle, la personnalisation de l'offre, la fidélisation, la satisfaction du client.

Suivi du client : bien connaître son profil et ses besoins

Le suivi du client est une analyse précise de chacun des clients afin de connaître : ses besoins, ses habitudes, son comportement, ses capacités financières, ses achats et futurs achats.

Pour assurer le suivi du client, les entreprises utilisent : la fiche client, le logiciel CRM, le programme de fidélisation, l'enquête de satisfaction client.

Services de l'entreprise concernés par le suivi de client

Qu'une entreprise applique ou non une stratégie CRM, le suivi du client est une activité importante pour garantir sa bonne santé. Le suivi du client concerne plusieurs services : marketing, communication, commercial, qualité. [...]

Objectifs du logiciel CRM : personnaliser les offres pour chaque client

Les objectifs d'un logiciel CRM dans le suivi du client est de :

- recueillir et sauvegarder toutes les informations concernant chaque client ;
- cibler et optimiser la prospection et le démarchage ;

- mettre en place des programmes de fidélisation adaptés ;
- travailler sur la personnalisation de l'offre ;
- améliorer et rentabiliser les actions liées au marketing multicanal.

Objectifs de l'enquête satisfaction client : connaître son avis

Savoir ce que pense le client est essentiel pour se positionner au mieux sur le marché. Pour connaître l'opinion de la clientèle, les entreprises misent sur l'enquête satisfaction client.

Selon les avis recueillis, il est possible :

- de revoir les tarifs ;
- d'améliorer les stratégies de communication ;
- d'instaurer de nouveaux objectifs ;
- de connaître l'image de l'entreprise.

https://crm.ooreka.fr

ANNEXE 2 Optimiser les retombées de votre présence sur un salon professionnel

L'après le salon : que faut-il faire ?

Veillez à établir rapidement un bilan de votre participation en évaluant la qualité et le nombre de contacts générés. Ne laissez pas vos visiteurs sans nouvelles. La réactivité est ici de mise. Le suivi est un moyen stratégique pour garder le contact avec vos visiteurs. Il est donc bienvenu d'envoyer, dans la semaine qui suit, de la documentation correspondant aux attentes respectives ainsi que des remerciements aux visiteurs du stand pour leur passage. Il est également nécessaire de donner suite au plus vite aux demandes recueillies sur le salon.

Le suivi permet de se donner l'opportunité d'avoir de nouveaux clients et de fidéliser ses propres clients. C'est également l'occasion de véhiculer l'image d'une entreprise réactive et à l'écoute de ses clients.

www.bepub.com, 27 avril 2016.

ANNEXE 3 Pourquoi participer à un salon BtoB et quelles retombées ?

À l'occasion d'un salon BtoB, des visiteurs, exposants et organisateurs se réunissent dans un cadre idéal pour faciliter les échanges entre professionnels. La participation à un salon BtoB peut vous apporter de réelles retombées commerciales, à condition que vous mettiez en place une présence efficace et organisée. [...]

Participation salon professionnel : les principaux avantages

Les raisons pour lesquelles il est recommandé de participer à un salon BtoB (salons commerciaux, foires, expositions, etc.) sont nombreuses. Les salons professionnels vous offrent l'opportunité de vendre vos produits, de les promouvoir ainsi que vos services, de rencontrer et fidéliser votre clientèle actuelle tout en trouvant de nouveaux prospects.

Les salons commerciaux sont également d'excellents moyens de communication, qui vous permettront de prendre contact avec vos partenaires, collaborateurs, fournisseurs et clients.

De plus, les salons professionnels vous offrent l'occasion de vous confronter ou de rencontrer vos concurrents et de découvrir les dernières tendances de votre secteur d'activité. Qu'il s'agisse d'une entreprise récente ou plus expérimentée, le salon BtoB permet de vous faire connaître tout en ciblant un public précis. Développer votre visibilité sur des prospects à fort potentiel qualitatif reste une excellente opportunité commerciale.

Salons professionnels : retrouvez des collaborateurs et testez vos produits

Vous pouvez rencontrer un grand nombre de prestataires et fournisseurs. Quelle que soit votre activité, vous pourrez retrouver de futurs (ou actuels) partenaires compétents dans un même lieu. Les salons commerciaux vous aident à les rencontrer et à développer votre réseau.

Vous venez de lancer un nouveau produit ? Testez-le au sein du salon professionnel et récoltez des opinions et des avis. Toutes ces informations vous permettront de connaître la perception de votre entreprise et de vos produits par votre cœur de cible et des spécialistes du secteur présents sur les salons professionnels.

Rencontrez votre clientèle, discutez avec vos prospects et obtenez des contacts. Les informations obtenues vous serviront à développer votre stratégie commerciale.

Offrez des échantillons et organisez des démonstrations gratuites. Ces actions vous aideront à fidéliser vos clients et à développer une relation à long terme. Soyez actif pendant le salon et profitez au maximum de tous les bénéfices offerts par cet outil incontournable de communication et de prospection.

www.salon-entre-pros.fr

ANNEXE 4 Exploiter les retombées commerciales

Après le salon, il faut relancer les nouveaux contacts pris et surtout évaluer le retour sur investissement de l'opération.

L'après-salon

Important : préparez tout ce qui suit avant la manifestation. Car après sept jours d'absence, vos collaborateurs vont retrouver une semaine de courrier et d'appels téléphoniques sur leur bureau, qui s'additionnent à tous les contacts générés par le stand à faire fructifier. En effet, nombre d'exposants, faute de temps et de ressources en termes de force de vente, négligent les contacts que leur participation au salon a engendrés, préférant se concentrer sur les dossiers qui se concrétiseront à court terme. Pour éviter cela, faites patienter vos interlocuteurs grâce à un simple mailing, expédié dès le début de la semaine qui suit la clôture du salon, les remerciant de leur visite et leur indiquant qu'ils recevront le complément d'information désiré dans quelques jours.

> Bon à savoir : si vous le pouvez, organisez-vous pour pouvoir expédier depuis le salon, le jour même de la venue d'un invité, un e-mail, un fax ou un courrier de remerciement. C'est une excellente manière de démarrer une relation commerciale, très valorisante pour vous.

La relance des invités absents

Ne considérez pas leur absence comme le signe de leur désintérêt à votre égard ! Au contraire, vous avez un excellent prétexte pour les recontacter par téléphone, celui de leur faire découvrir, lors d'un rendez-vous, ce qu'ils ont raté… Une bonne manière de capitaliser sur les opérations d'invitation que vous aviez menées en amont de la manifestation.

> Bon à savoir : ne dites pas « Vous n'êtes pas venu… », car ils ont peut-être visité le salon et vous ne les avez pas vus. Dites plutôt « Je n'ai pas eu le plaisir de vous voir pendant le salon, c'est pourquoi… ».

Le ratissage

Un salon est organisé sur un thème précis. Son visitorat est donc constitué de personnes – particuliers ou entreprises – motivées par le sujet « traité ». Elles sont donc potentiellement toutes intéressantes, même si elles ne se sont pas arrêtées sur votre stand. Expédiez-leur un mailing classique auprès du fichier des visiteurs (loué pour l'occasion), dont l'argumentation principale est centrée sur les raisons de votre présence lors de la manifestation.

> Bon à savoir : les « préenregistrés non venus » constituent une cible de choix car il s'agit de personnes qui souhaitaient visiter le salon (elles avaient demandé leur badge par avance pour cela) et qui n'ont pas eu le temps de le faire. Elles ressentent donc une certaine frustration. Votre proposition de rendez-vous tombe alors à pic.

Comment évaluer le ROI de votre stand ?

Il suffit d'additionner le chiffre d'affaires lié aux ventes réalisées sur votre stand, l'équivalent contacts utiles et le cumul des devis demandés. Puis de calculer les ratios qui en découlent.

L'équivalent contacts utiles : les entreprises estiment de 225 euros à 450 euros le coût d'un rendez-vous classique mené par un commercial, du fait des frais de recrutement d'adresses, d'appel téléphonique de prise de rendez-vous, du temps passé par le commercial, des indemnités kilométriques, etc. Si vous avez réalisé 200 contacts utiles pendant le salon, et que vous évaluez le coût d'un rendez-vous commercial classique à 200 euros, votre équivalent contacts utiles sera de 200 contacts × 300 euros = 60 000 euros. Le cumul des devis demandés : il consiste simplement à additionner les sommes en jeu pour connaître le chiffre d'affaires prévisionnel correspondant.

Voici les trois ratios les plus utilisés :

- coût total de votre stand/nombre de visiteurs venus sur votre stand : ce ratio correspond au coût du contact utile utilisé en publicité ;
- ventes + équivalent contacts + cumul des devis/coût total de votre stand : ce ratio indique le retour sur investissement de chaque euro dépensé pour cette opération ;
- nombre de visiteurs venus sur votre stand/nombre de commerciaux × nombre de jours salon : ce ratio désigne la « puissance de feu » de votre équipe commerciale, en mesurant sa capacité à générer des contacts. Vous pouvez ensuite le décliner pour chaque commercial, afin d'effectuer des comparaisons.

Xavier Lucron, http://lentreprise.lexpress.fr, 14 janvier 2004

ANNEXE 5 Retour sur investissement, prospection et mesure

Coûts commerciaux : le poids de la conquête clients

Contrairement aux sociétés anglo-saxonnes du secteur des nouvelles technologies, les industriels français commencent à peine à s'intéresser à la qualification des prospects, remarque Jean-François Bouverat, PDG de Leads Machine, prestataire spécialisé dans la prospection. Il faut dire que le retour sur investissement des actions n'est pas immédiat. [...] Loin s'en faut. Environ 15 à 25 % des remontées des campagnes de prospection trouvent un écho à moins de six mois, le reste des retours ne débouche qu'au bout d'un à deux ans. Cela dépend du cycle de vente. Plus celui-ci est court, plus le retour sur investissement de la prospection se mesure rapidement. [...] Sur Internet, les outils de tracking permettent très rapidement de mesurer le retour sur investissement de n'importe quelle action de prospection.

100 % marketing direct : mesurer l'efficacité d'une campagne

Pour toute campagne de marketing direct, il faut être en mesure de calculer le retour sur investissement généré par chaque média utilisé (courrier, mail, téléphone...). Une tech-

nique qui varie en fonction des canaux. [...] Pour chaque euro investi dans une opération d'e-mailings, quel bénéfice allez-vous en tirer ? Combien de prospects pouvez-vous détecter grâce à une campagne de *phoning* ? Comment savoir si le ciblage de votre opération de *mailings* a été efficace ? Aujourd'hui plus que jamais, le marketing direct se doit d'apporter des réponses concrètes aux questions que se posent les annonceurs sur le retour sur investissement. [...] Ensuite, il faut considérer les spécificités de chaque canal afin d'affiner la mesure de l'efficacité d'une campagne et, donc, du retour sur investissement que l'on peut en attendre. [...]

Comment calculer la rentabilité d'une campagne de *mailings* ?

Pour évaluer le retour sur investissement d'une opération de mailings, créez des indicateurs de mesure et assurez la traçabilité des retours. [...] Pour déterminer le retour sur investissement d'une campagne *mailing*, il suffit de déduire du chiffre d'affaires généré par la campagne les coûts qui lui sont imputés (achat de fichiers, réalisation du *mailing*, diffusion, etc.), explique Corinne Brouard, consultante en marketing à la Cegos. Reste que pour Stéphane Dietrich, directeur général de Neolane, éditeur de logiciels dédiés au marketing client, avec ce procédé, on mesure davantage l'efficacité d'une campagne que le retour sur investissement pur et dur. [...] Pour Stéphane Dietrich, un juste calcul du ROI doit parvenir à identifier, dans le flux de transactions, uniquement celles qui sont générées par la campagne de *mailings*. Il est donc nécessaire de suivre à la trace les retours de ses clients ou prospects pour attribuer les actes d'achat qui font suite à l'opération de *mailing*.

http://recherche.actionco.fr

ANNEXE 6 Le retour sur investissement pour la fidélisation

Avant d'établir sur le long terme cette relation interactive et individualisée, n'oubliez pas de calculer votre retour sur investissement. La fidélisation de masse n'est pas forcément adaptée. En général, 20 % des clients réalisent 80 % du chiffre d'affaires, cette proportion pouvant varier selon les secteurs. Mieux vaut alors se concentrer sur vos clients à haut potentiel. Identifiez-les pour les cibler dans votre programme de fidélisation, dont vous devez estimer la rentabilité en évaluant les coûts directs (prise en charge de certains services, promotions ciblées, communication...) et indirects (formation de votre personnel, recours à un centre d'appel...).

Cécile Devaux, www.chefdentreprise.com, 1er décembre 2009.

RESSOURCE 1 LES ENJEUX DU SUIVI DE LA PROSPECTION

Les entreprises doivent entamer le suivi de la prospection dès qu'elle se termine. C'est une phase cruciale souvent négligée par les entreprises françaises. Rechercher des clients nécessite une longue préparation et un budget dépendant des modalités envisagées. Aussi l'exportateur doit-il en évaluer les retombées qualitatives et quantitatives et donner les suites commerciales pour transformer le prospect en client.

Les enjeux du suivi

Stratégiques	• Évaluer l'image de marque. • Apprécier sa position concurrentielle.
Commerciaux	• Transformer le prospect en client. • Fidéliser les clients actuels. • Avoir un retour sur les produits actuels et les innovations à lancer.
Financiers	• Calculer le coût total de la prospection. • Évaluer le retour sur investissement. • Calculer divers ratios d'efficacité de la prospection.
Humains	S'interroger sur l'organisation mise en place pour la prospection, la mission export, le salon...

RESSOURCE 2 L'OPTIMISATION DE LA RELATION CLIENTS

Fidéliser un client coûte bien moins cher qu'en acquérir un nouveau. Forte de ce principe, une entreprise doit rechercher de nouveaux clients pour se développer mais elle doit également conserver les clients actuels. Aussi le suivi de la relation clients est-il stratégique. Pour le mener, l'entreprise peut travailler avec des bases de données ou acquérir un logiciel de CRM (*customer relationship management*), ou GRC en français (gestion de la relation client), qui automatisera certaines tâches, comme la relance des clients.

1 Le suivi des prospects

Ce travail peut être mené en interne après une prospection par campagne de marketing direct, lors d'une mission individuelle, collective ou d'une participation à un salon. Dans ce dernier cas, voici sa démarche d'enregistrement des prospects qui se sont rendus sur son stand ; le but étant de déclencher une commande pour que le prospect devienne client :

Objectifs	Supports utilisés	Mise en œuvre du suivi
Créer un fichier prospects	• Fiches prospects : coordonnées • Badges • Cartes de visite...	Qualification du fichier
Les classer	Fiche prospect : partie « intérêt de la visite »	Scoring
Relancer les prospects	Fiche prospect : partie « suivi à réaliser »	• Envoi d'une lettre de remerciements • Catalogue, fiches produits, prix...

Les prospects ayant répondu seront répartis en trois classes, les chauds qui seront suivis de près, les tièdes et les froids.

RESSOURCES ET MÉTHODE

2 La fidélisation

L'entreprise doit se préoccuper de ses clients et acquérir des relations futures pour assurer sa pérennité. Le taux d'attrition dépend du secteur d'activité, du type de client et des produits et services vendus.

Aussi doit-elle être à leur écoute pour mener une vraie politique de récupération. Elle peut mener des études de satisfaction à l'issue de chaque commande. Ainsi, si le client n'est pas satisfait, elle ne doit pas hésiter à reconnaître ses erreurs, à lui proposer une remise sur la prochaine commande, des cadeaux, comme des produits gratuits... Si le client est parti vers la concurrence, elle peut réajuster sa politique commerciale, s'améliorer (*benchmarking*).

> **Lexique**
> ▸ Le taux d'attrition est le pourcentage de clients perdus sur une période donnée.

Pour faciliter ce travail de suivi, elle peut recourir à la **méthode RFM** :
- **Récence** : date de la dernière commande.
- **Fréquence** des achats.
- **Montant** des factures : celui de la dernière facture ou sur une période donnée.

De plus en plus, ce travail est réalisé automatiquement par des **plates-formes de gestion de bases de données** (DMP en anglais : *Data Management Platform*) ou des logiciels de CRM.

Elle peut également classer ses clients selon ces deux méthodes et adapter sa relation clients :
- 20/80 ou **loi de Pareto** : les 20 % des clients qui génèrent 80 % du CA retiennent toute l'attention des entreprises.
- **Méthode ABC**, affinant la loi 20/80 :
  - 20 % des clients génèrent 80 % du CA ;
  - les 30 % suivants, 15 % du CA ;
  - les 50 % derniers, 5 % du CA.

Elle doit également montrer qu'elle est proche de ses clients et qu'elle se soucie de leur satisfaction :
- **communiquer** en optant pour une démarche multicanal ;
- les **satisfaire** en étant à l'écoute de l'évolution leurs besoins, lors de tests de produits, par exemple ;
- les **inviter** à des événements, les contacter à des dates anniversaires...

Une vraie politique de fidélisation doit être organisée.

RESSOURCE 3 LA RENTABILITÉ DE LA PROSPECTION

Le suivi de la prospection vise à mesurer les objectifs atteints ou les écarts et pouvoir les expliquer au niveau :
- du nombre et profil des prospects ;
- des dépenses réelles par rapport au budget prévisionnel.

1 La rentabilité de la prospection menée en interne (*mailing* et *phoning*)

L'entreprise va pouvoir évaluer le temps passé et le coût de ce travail. Elle peut calculer la réussite ou l'efficacité de la prospection en fonction des coûts engagés, par divers ratios, dont voici quelques exemples :

Ratios	Formules (× 100)
Taux de réponse	Nombre de réponses/nombre d'envois.
Coût du contact ou de la commande	Coût de la prospection/nombre de commandes ou de contacts.
Taux de transformation des prospects en clients	% des prospects du fichier contactés/total des prospects contactés.
Rendement des commerciaux	Nombre de contacts et de commandes/Nombre de commerciaux concernés (mesure le montant moyen des commandes ou le nombre moyen de contacts pris par commercial).
Rentabilité	Ventes réalisées ou bénéfice réalisé/coût de la prospection.

Le taux de réponse à une prospection par mail varie de 1 à 3 %, ce dernier taux étant obtenu avec des fichiers fiables. Pour avoir une évaluation la plus objective possible, elle doit intégrer les charges directes (temps de travail, amortissement du matériel...) et indirectes (coûts de fonctionnement...).

Conseil de pro
Pour en savoir plus sur le taux de réactivité de vos campagnes e-mailing : lienmini.fr/ci410mailpro

2 Le retour sur investissement

L'entreprise peut mesurer différents types de rentabilité en fonction des coûts engagés.

Types de rentabilité	Ratios	Exemple
Participation à un salon avec une assurance prospection	Indemnité reçue/taux d'amortissement de l'assurance prospection	Indemnité : 27 500 EUR. Taux d'amortissement : 7 %. CA minimum à réaliser lors du salon : 27 500/0,07 = 392 857 EUR.
Organisation du salon	Nombre de clients pour amortir la participation	Participation au salon : 12 500 EUR. Montant moyen de commande : 1 785 EUR. Nombre de clients minimum : 12 500/1 785 = 7.
	Taux d'attractivité du stand : nombre de visiteurs sur le stand/total visiteurs au salon	150 000 visiteurs au total – 1 725 visiteurs sur le stand. Taux d'attractivité = 1 725/150 000 × 100 = 11,5 %.
Accroissement du CA selon le taux de marge pratiqué	CA actuel/taux de marge réalisé	CA actuel = 1 450 000 EUR Taux de marge : 8 % CA attendu : 1 611 111 EUR

RESSOURCES ET MÉTHODE

RESSOURCES ET MÉTHODE

RESSOURCE 4

LE SUIVI QUALITATIF DE LA PROSPECTION

1 Le débriefing avec les salariés

Dès la fin de la prospection, le responsable doit s'entourer des salariés qui l'ont menée pour recueillir leurs problèmes et envisager des perspectives d'amélioration :
- des tâches fastidieuses peuvent être automatisées avec un logiciel de GRC ou de DMP ;
- s'abonner à des sites proposant des listes de prospects plus fiables...

Lors du retour du salon, une réflexion va être menée sur une participation optimisée au prochain.

Exemples :
- L'emplacement du stand permettait-il une bonne visibilité ?
- Le stand était-il attractif, facile d'accès, confortable pour les participants ?
- La logistique a-t-elle été parfaite ?

2 L'évaluation de la veille

Après une mission export ou un salon, il faudra :
- dépouiller les questionnaires et en commenter les résultats. Cela permettra d'adapter le plan de marchéage, de différer le lancement d'un produit...
- analyser les résultats de la veille pour réajuster la politique commerciale :

Type de veille	Supports	Objectifs
Stratégique	Documentation, fiches produits, techniques des concurrents...	• Repérer les innovations de la concurrence. • Faire du *benchmarking*.
	• Articles de presse. • Sites Internet parlant de l'entreprise.	• Alimenter le site Internet « actualités ». • Redorer l'image de marque. • Rectifier les erreurs éventuelles.
Commerciale	• Photographies. • Relevés de prix (*store check*).	• Réajuster la politique commerciale. • Innover.

Lexique

Store check : enquête menée dans un ou plusieurs magasins et portant sur les produits et marques vendus, l'allocation du linéaire, les prix pratiqués et les opérations promotionnelles en cours.

ENTRAÎNEMENT 1 QCM

• **Validez vos connaissances en cochant la (ou les) bonne(s) proposition(s) puis justifiez oralement vos réponses.**

1. Un *benchmarking* consiste à :

- ☐ Identifier la clientèle.
- ☐ Changer le processus de production.
- ☐ Surveiller la concurrence pour adopter ses méthodes.

2. La méthode RFM sert à :

- ☐ Relancer les clients.
- ☐ Se démarquer de la concurrence.
- ☐ Innover dans de nouvelles technologies.

3. Le suivi de la prospection consiste à :

- ☐ Fidéliser la clientèle.
- ☐ Rechercher de nouveaux clients.
- ☐ Évaluer la rentabilité de l'opération.

4. Le taux d'attrition représente :

- ☐ Le taux de concurrents directs.
- ☐ Le taux de clients fidélisés.
- ☐ Le taux de clients qui quittent l'entreprise chaque année.

5. Le retour sur investissement consiste à :

- ☐ Rentabiliser le budget de prospection.
- ☐ Augmenter le budget.
- ☐ Le diminuer.

QCM

lienmini.fr/20410qcm18

Accédez à la suite de ce quiz en utilisant le QRcode ou le lien URL.

ENTRAÎNEMENT 2 WINCAVE

L'entreprise Wincave (http://www.wincave.com/vin-au-verre) a créé un système de bouchon sous gaz (azote ou argon) pour préserver le vin dans les bouteilles ouvertes. Leur innovation est réservée aux professionnels pour des usages au verre. Elle souhaiterait exporter son produit en commençant par le marché espagnol.

Une campagne de mailing a été organisée auprès des professionnels du secteur viticole : cavistes, viticulteurs, distributeurs... 450 adresses ont été saisies dans le fichier prospects. Après l'envoi, 53 réponses sont arrivées à l'entreprise, dont 21 non intéressées. Une relance par phoning a donné 102 personnes intéressées dont les deux-tiers ont demandé une documentation. 38 ont finalement passé commande.

Le temps passé, l'amortissement du matériel, les salaires du commercial se montent à 22 000 EUR.

À partir des données de l'énoncé :

1. **Calculez divers ratios : les différents taux de retours, les coûts par prospect chaud et par client.**
2. **Analysez ces informations.**

ENTRAÎNEMENT

Vers le BTS — PRÉPARATION À L'ÉPREUVE E51

Les Cheminées de Chazelles, situées à La Rochelle, fabriquent des cheminées très haut de gamme, sur mesure et de conception très originale. L'entreprise vient de participer au Salon professionnel Bautec à Berlin du 20 au 23 février, car elle vise l'exportation dans les pays d'Europe du Nord. Pour cela, elle recherche des distributeurs. Elle a obtenu une indemnité Coface à hauteur de 21 000 EUR, dans le cadre d'une assurance prospection.

De retour à La Rochelle, son directeur commercial décide de procéder à un certain nombre d'opérations de suivi. Pour cela, il reprend les notes qu'il a prises durant le salon.

1. **Calculez la rentabilité de la participation au salon, en utilisant les ratios de votre choix dont au moins :**
   - **le nombre de clients pour couvrir les frais ;**
   - **le taux d'attractivité du stand ;**
   - **le coût au prospect intéressé, au client.**
2. **Évaluez le suivi au plan qualitatif (stand, profil des visiteurs, image de marque...).**
3. **Calculez le CA minimum à réaliser pour couvrir l'indemnité de l'assurance prospection.**

ENTRAÎNEMENT

ANNEXE 1 Éléments financiers pour le salon

- Coût total de prospection : 86 250 EUR (hors assurance prospection), dont 9 300 EUR pour la prospection interne.
- Assurance prospection : 21 000 EUR à rembourser en 3 années, à hauteur de 7 % du CA généré par la prospection.
- Nombre de distributeurs potentiels invités au salon : 8 (2 dans chaque pays).

ANNEXE 2 Notes prises durant le salon

- Stand en retrait des voies de passage, un peu petit, un seul côté face à l'allée principale, au milieu de concurrents indirects.
- 400 000 visiteurs globalement, 3 500 passages sur le stand dont 1/3 = prospects tièdes et 1/3 froids.
- 750 commandes d'un montant moyen de 26 000 EUR.
- 6 distributeurs sont venus sur le stand (au moins 1 de chaque pays).
- Prix de l'excellence reçu durant le salon.
- Visite d'une dizaine de journalistes qui vont insérer des articles dans la presse spécialisée.

CHAPITRE

19 Concepts de base de l'analyse interculturelle

Compétences attendues

- **UC51CP7 :** Rassembler, analyser et sélectionner des informations sur les processus décisionnels et les méthodes de négociation dans différents pays
- **UC51CP8 :** Rassembler des informations sur les pratiques sociales et culturelles afin de communiquer efficacement avec les contacts étrangers

Savoirs associés

- **S421** Concepts de base de l'analyse interculturelle

CONTEXTE SFA ROMANI

L'entreprise SFA (Société Française d'Aromatique R. Romani) conçoit, fabrique et commercialise des compositions parfumées ou concentrées, qui seront ensuite intégrées dans les produits finis de ses clients (industriels), en parfumerie fine, alcoolique ou non alcoolique, en produits cosmétiques, mais aussi en produits d'ambiance et de décoration, en savonnerie de luxe... Dès sa création, SFA a souhaité exporter sa production. Avec les années, son savoir-faire s'est affirmé. SFA exporte aujourd'hui 96 % de sa production dans 79 pays.

Viviane Romani, présidente de l'entreprise SFA, prépare le salon Cosmoprof qui a lieu en Norvège avec son équipe export, en vue de conquérir ce pays. Comme elle méconnaît la culture norvégienne, elle souhaite analyser ses principales caractéristiques.

Quels éléments doit-elle rechercher ? Comment va-t-elle se préparer à aborder cette culture différente ?

FICHE D'IDENTITÉ

Dénomination sociale
SFA ROMANI

Forme juridique
SAS

Effectif
55 salariés

Activité
Fabrication d'huiles essentielles (2053Z)

CA 2015
19,6 millions EUR

PROLONGEMENT NUMÉRIQUE

La culture norvégienne (5'44)
lienmini.fr/ci410norvege

- Quels éléments caractérisent la culture norvégienne ?

MISSION 1 Intégrer les caractéristiques d'une culture à la prospection ANNEXES 1 à 4

1. Dans un tableau, listez les éléments importants de la culture norvégienne qui vont aider Mme Romani à mieux communiquer avec son interlocuteur.
2. Identifiez l'origine culturelle de la Norvège.
3. Quels éléments Mme Romani doit-elle intégrer à sa préparation de prospection ?

Lexique

- La **culture** est l'ensemble des valeurs et des normes propres et communes à un groupe social donné.

MISSION 2 Comparer les perceptions croisées ANNEXE 5

1. Analysez la façon dont les Français voient les Norvégiens et réciproquement.
2. Pensez-vous que ces perceptions soient fondées ?

ANNEXE 1 La culture de la Norvège

Langue officielle

Il y a deux langues officielles, qui constituent ensemble le norvégien : le bokmal et le nynorsk. Langues germaniques du Nord, elles sont mutuellement intelligibles. La langue des Sames est officielle, en plus du norvégien, dans le district administratif samophone. Le bokmal est la langue maternelle de 80 % des Norvégiens ; 17,5 % utilisent le nynorsk. L'anglais est très répandu dans toute la population.

Population

La population norvégienne est homogène. Quelques communautés jouissent d'un statut officiel de minorité : les Kvènes et les Skogfinn, d'origine finlandaise, les juifs et les tsiganes. Comme peuple indigène, les Sames (Lapons) ne sont pas assimilés à une minorité ; ils ont leur Parlement et une certaine autonomie administrative.

Religion

85 % des Norvégiens appartiennent à l'Église luthérienne évangélique de Norvège. Cette appartenance est surtout culturelle, la pratique religieuse étant faible. Il n'y a pas de séparation entre l'Église et l'État : l'Église de Norvège est reconnue par la constitution et le roi en est le chef. Les Norvégiens, toutefois, jouissent d'une pleine liberté de culte.

Fête nationale

Le 17 mai : anniversaire de la constitution de 1814 (toujours en vigueur). On revêt ce jour-là le costume traditionnel de sa région d'origine.

Politique

La Norvège est une monarchie constitutionnelle. Le roi a un rôle honorifique et symbolique. Il nomme le gouvernement, qui est soumis à un vote de confiance du parlement, le Storting. Ce parlement est à une chambre : 169 membres, élus pour 4 ans.

Savoir-vivre

Le service est inclus partout, mais le pourboire est de plus en plus régulier (dans les 10 % du montant de la note ; en cas de paiement par carte, il est à indiquer sur le ticket ou à taper directement sur le terminal). Les Norvégiens sont des gens simples, discrets et honnêtes. On ne s'embrasse pas pour se saluer : on se serre la main. Le tutoiement, en revanche, est immédiat et universel. Depuis juin 2004, il est interdit de fumer dans tous les lieux publics, et personne ne déroge à la loi. De façon générale, les Norvégiens ont un comportement civique. Les libations forcenées du samedi soir servent de soupape de sécurité. On enlève ses chaussures avant d'entrer dans les maisons. L'enfant est très respecté : interdiction absolue de frapper un enfant. On dîne tôt.

Achats

On trouve partout les fameux trolls, avec leur grand nez crochu et leurs quatre doigts aux mains et aux pieds. Peaux et bois de renne (dont on fait parfois le manche d'une invention norvégienne : la spatule à couper le fromage). Le travail du bois est traditionnel : jolis objets en bois peint. Et puis, pour la chaleur et le confort, les pulls traditionnels en pure laine vierge. Attention ! On ne marchande pas en Norvège.

Cuisine

La cuisine traditionnelle alterne produits de la mer, de l'élevage et de la chasse. Boulettes de viande et ragoûts sont fréquents ; l'agneau sait être délicieux, tout comme le saumon (Roklaks, fumé, ou Gravlaks, mariné, entre autres...) ; steaks de baleine ou de renne, le brunost, un fromage de chèvre ou de vache, de couleur brune, à la saveur légèrement caramélisée... Ses usages sont multiples, des tartines aux sauces.

Boisson

La bière est d'excellente qualité, omniprésente et lourdement taxée, comme toutes les boissons alcoolisées en Norvège. Cela met la pinte autour de 5 €. Seuls les magasins d'État (Vinmonopolet) sont autorisés à vendre vins et alcools : ils ne sont pas très nombreux, ont des horaires réduits et sont donc assez encombrés en fin de semaine. L'eau du robinet est très bonne. C'est elle que l'on vous servira, à moins d'une demande explicite d'eau minérale en bouteille.

www.voyageursdumonde.fr

ANNEXE 2 L'identité norvégienne

La nature dans l'affirmation de l'identité nationale

Pour comprendre l'exceptionnelle position qu'occupe la nature dans l'identité norvégienne, il ne suffit pas d'en appeler au climat ou à la géographie. Il faut remonter à la création de l'identité nationale, dont la phase d'affirmation par excellence est le XIXe siècle, qui verra émerger la Norvège moderne. Au début du siècle, la Norvège se retrouve unie contre son gré à la Suède. Auparavant, la Norvège avait été intégrée au Danemark. La langue écrite était le danois et Copenhague était la ville phare de presque tous les intellectuels. Au XIXe siècle, le courant nationaliste traverse l'Europe entière. De nombreux peuples soumis ou relégués cherchent à se définir comme nation et luttent pour l'autodétermination. Dans ce processus, une étape importante consiste à cerner une culture nationale, différente de celle des voisins et capable d'unifier en un peuple l'ensemble des habitants ayant une histoire, une tradition et un esprit communs. Pour les nationalistes norvégiens, il est donc de première importance de démontrer que la Norvège diffère profondément de la Suède et du Danemark. Or les trois pays ont un passé colonial, et leurs langues et cultures sont étroitement apparentées. À cette époque, nombreux sont d'ailleurs ceux qui pensent que Danois, Suédois et Norvégiens ont tant de points communs qu'ils constituent en fait une seule nation scandinave, vision que les nationalistes norvégiens combattront férocement.

L'identité nationale norvégienne se cristallise peu à peu autour d'un mode de vie fondé sur la proximité, le respect et l'amour d'une nature (norvégienne) essentiellement montagneuse et subarctique qui exige de ceux qui tentent d'y survivre, courage, force et endurance. Dans cette nouvelle perspective, les Danois et les Suédois font figure de peuples urbains décadents et efféminés, contrastant avec le nouvel idéal national du Norvégien d'une intrépide robustesse, en prise directe sur le réel et épris de ses âpres paysages.

http://aventure.norvege.free.fr

ANNEXE 3 Traditions et culture norvégiennes

Bien qu'elle soit une nation jeune, la Norvège a une longue histoire et un riche héritage. Les Norvégiens aiment beaucoup leur folklore. Au fil des années, les coutumes & traditions se sont mélangées aux influences de l'étranger. Toutefois, la culture norvégienne a toujours été marquée par un goût prononcé pour la nature unique et préservée du pays. [...] La vie au grand air et les sports sont très importants pour les Norvégiens.

Pour certains, la Norvège fait penser aux Vikings, aux Samis. D'autres citent des auteurs, des compositeurs, des sportifs ou des musiciens comme Henrik Ibsen, Edvard Grieg, Ole-Gunnar Solskaer et A-Ha.

[...] La Norvège est un pays peu peuplé dans lequel les infrastructures sont bien organisées et efficaces. Les horaires des trains, des bus et des ferries sont exacts, les avions partent à l'heure, les magasins, les musées et les attractions sont ouverts aux heures indiquées et l'information publique en général est précise et à jour.

La culture professionnelle norvégienne peut sembler informelle, comparée à celle des autres pays européens. Les organisations sont assez linéaires et les Norvégiens appellent généralement leur responsable par son prénom. La plupart des employeurs norvégiens attendent de leurs employés qu'ils fassent preuve d'initiative et assument leurs responsabilités dans le cadre de leur travail.

Informations amusantes sur la Norvège et les Norvégiens

Vous savez que vous êtes en Norvège depuis trop longtemps quand :

- Vous commencez à penser que sans les efforts de la Norvège, le monde sombrerait probablement rapidement.
- Quand vous êtes dans un bar, vous ne commandez que pour vous, même quand vous faites partie d'un groupe.
- Vous êtes toujours prêt à saisir la porte qui va se refermer sur vous alors que vous suivez quelqu'un de près.
- Vous pensez qu'il n'y a pas de mauvais temps, que des mauvais vêtements.
- Vous trouvez normal de déjeuner à 11:00 et de dîner à 15:00.
- Vous savez préparer le poisson de cinq manières différentes sans le cuire.
- Vous passez tout votre temps libre à profiter des grands espaces, quel que soit le temps.
- Vous vous mettez sur votre trente-et-un pour les grandes occasions et négligez votre tenue vestimentaire au travail.

http://clubscandinave.free.fr

ANNEXE 4 Les informations culturelles sur la Norvège

Conversations

Le temps et les sports sont toujours de bons sujets. Tout genre d'humour est bien. La presque totalité des Norvégiens sait parler l'anglais, mais les nuances et subtilités du langage peuvent échapper à certains. La famille, le travail et le pays d'origine sont également de bons sujets de conversation.

Styles de communication

La Norvège est culturellement homogène bien qu'une faible portion de la population appartienne à d'autres groupes culturels et ethniques. Les Norvégiens tiennent beaucoup à leur espace et garderont une distance équivalente à la longueur d'un bras étendu jusqu'à la pointe des doigts. Cette distance peut même être plus grande si l'on parle à des étrangers. Il est préférable d'observer le comportement de l'interlocuteur et d'essayer de reconnaître la distance qui ne le mette pas mal à l'aise.

Le contact visuel est utilisé pour jauger la fiabilité d'une personne. Les Norvégiens ne vont pas nécessairement soutenir le contact visuel, mais c'est signe de malhonnêteté si une personne se refuse ou est réticente à établir le contact visuel. Il est de coutume de se serrer la main. Certains gestes sont qualifiés d'impolis (pointer l'index vers quelqu'un). Les Norvégiens cependant ne sont pas surpris lorsque des gens appartenant à d'autres cultures gesticulent plus qu'eux.

Informations culturelles

- En général, les gens ne montrent pas leur colère en public, ni d'autres émotions. Les Norvégiens peuvent sembler très réservés. La Norvège est un pays sans classe sociale, mais la majorité des Norvégiens ne sont pas habitués à côtoyer d'autres groupes ethniques.
- Il faut être propre et ponctuel. En général, les Norvégiens sont très informels, et aussi bien les hommes que les femmes s'habillent de façon décontractée au travail, que ce soit en été ou en hiver. La plupart des Norvégiens appartiennent de naissance à l'Église de Norvège (luthérienne), mais ils ne sont ni pieux ni pratiquants.

- Il n'est pas important d'établir une relation personnelle avant de transiger les affaires. Les Norvégiens fonctionnent beaucoup par objectif et maintiennent une nette séparation entre leur vie privée et leur profession. La corruption n'existe pour ainsi dire pas.
- Les repas au restaurant sont très chers, ainsi la plupart des gens n'y mangent qu'à l'occasion. La bière est très bonne mais chère. Il n'y a pas de vins norvégiens.
- Si vous êtes en voyage d'affaires, faites comme les gens du cru. Si vous êtes dans un sauna, ne vous découragez pas, si vous voyez l'hôte couper un rond dans la glace de son lac pour y nager après le sauna, vous devriez y plonger aussi. Si vous pouvez faire ce que votre hôte fait vous serez bien vu et vous établirez des relations très efficaces.
- Habituez-vous à utiliser le SMS puisque tous les Norvégiens l'utilisent. Tout se fait par téléphone cellulaire. La couverture est absolument totale, dans le métro, sur les montagnes, dans les tunnels, partout.
- Vous trouverez que tout est très cher.

www.international.gc.ca

ANNEXE 5 Ce que les Norvégiens pensent de la France et des Français

Les classiques

- Les Français sont beaux : notre charme légendaire opère encore à l'international !
- La France est le pays de la mode, tout le monde sait s'habiller avec classe.
- La France est le pays de l'amour.
- Les Français ont des amantes : un Français ne peut se contenter d'une seule femme. Nos femmes semblent au courant et cela ne les gêne pas.
- Le français est la langue de l'amour.
- Les Français savent cuisiner, rien de plus normal dans le pays de la haute gastronomie.
- Le camembert est la base de notre alimentation, comme tout fromage qui sent fort !

Les autres

- Le Français est râleur, c'est un sport national, et quand il ne râle pas ? Il parle fort !
- Faire grève est un art de vivre.
- Les agriculteurs contrôlent le pays, et leurs démonstrations de force font plier le gouvernement à tous les coups.
- Les Français refusent de parler anglais.
- Les Français travaillent trop... Les Norvégiens travaillent 7 h 45 par jour, dont 20 minutes de pause. Comparés aux Norvégiens, les Français travaillent beaucoup !
- Les Français adorent l'alcool, ils boivent du vin chaque jour, du champagne chaque semaine et pour habituer le foie de leurs enfants, ils leur donnent régulièrement du vin dilué avec un peu d'eau...
- Les Français, bien que gastronomes, mangent des choses peu ragoûtantes : l'andouillette, les cuisses de grenouilles, les escargots...

Quelques clichés sur les Norvégiens

- Les Norvégiens sont très libérés, et se mettent nus tout le temps et sans aucun problème, même quand il fait froid.
- La Norvège est un pays rempli de blonds. Leurs femmes sont grandes, fines, blondes et ressemblent à des mannequins.
- L'argent coule partout à flots, quel que soit l'endroit où l'on va en Norvège.
- Tout coûte cher en Norvège.
- Les Norvégiens sont très respectueux des autres.
- Les Norvégiens sont comme les Suédois, juste Norvégiens

Réponses à ces clichés après quelque temps dans le pays

- Les Norvégiens ne sont pas blonds, ils sont bruns. Essayez d'imaginer un Viking. Vous savez à quoi ressemble un Norvégien.
- Les Norvégiennes ressemblent à un Viking efféminé...
- L'argent coule à flots : maintenant, c'est fini. Il faudrait payer l'essence plus cher pour que ça continue.
- Tout coûte cher : c'est faux ! Tout coûte beaucoup trop cher !
- Les Norvégiens sont très respectueux des autres : oui, ils s'arrêtent systématiquement aux passages piétons. Ils feront tout pour éviter d'aller au conflit.
- Le meilleur moyen de les insulter est de leur dire qu'ils sont comme les Suédois.

http://tom-i-noregr.tumblr.com

RESSOURCE 1 NOTIONS ET DÉFINITION DU CONCEPT DE CULTURE

La culture est l'ensemble des valeurs et des normes propres et communes à un groupe social donné.

La culture est liée à tous les groupes sociaux. Elle leur permet de s'organiser, de fonctionner et de se développer de façon pérenne. Sans elle, ils seraient livrés à l'anarchie, et à la disparition. Elle se compose d'éléments fédérateurs libres : coutumes, rites... et d'autres imposés : lois, réglementation.

La notion de culture a évolué. D'un sens plutôt agricole, elle s'est ensuite étendue aux arts, puis à la vie sociale. Mais elle garde cette vision de semailles de graines qui vont ensuite grandir et donner leurs fruits. Le processus est le suivant :

- L'**enculturation** est une dynamique qui précède la socialisation et qui permet de déterminer des valeurs et normes qui vont fédérer le groupe.
- La **socialisation** modifie les rapports de chacun avec soi-même et son environnement.

Lexique

- **Norme :** règle de conduite ou de comportement qui détermine ce qu'un individu est censé accomplir en référence à des modèles culturels établis au niveau des usages, des mœurs, des lois.
- **Valeur :** conception implicite ou explicite de l'estimable, du désirable, propre à un individu ou à un groupe. Relève de tout ce qui est considéré comme bon ou mauvais pour une situation donnée.

Aucune culture n'est figée et chacune est enrichie, voire dans certains cas appauvrie. Selon les cas, on peut parler **d'acculturation**, processus qui induit des changements dans une culture par le contact avec une autre culture. On s'adapte, on adopte tout ou partie de la culture du pays d'accueil. À l'opposé, la **déculturation** est la perte d'une culture.

Il existe deux types de culture :

- **Dominante** : dicte ses caractéristiques culturelles au pays dominé (les conquistadors espagnols ont imposé leur langue, leur religion...).
- **Dominée** : subit des valeurs, habitudes, modes de consommation qui lui sont imposés par la culture dominante (ségrégations, apartheid, républiques bananières...).

RESSOURCE 2 LES FONDEMENTS D'UNE CULTURE

La **mondialisation** à l'œuvre depuis le XXe siècle a développé une **interdépendance croissante** des pays et un développement des échanges entre nations et entre individus sur plusieurs plans (économique, linguistique...). Le risque de cette mondialisation est la dissolution des cultures nationales au profit d'une culture « unifiée » dont les références (linguistiques, cinématographiques, sportives...) seraient les mêmes.

Malgré cela, la **nation** reste un cadre important de la création et de la perception de la culture. Ainsi, plusieurs éléments permettent de fonder cette culture nationale sur un socle commun.

Fondements	Exemple
Organisationnel	Chaque organisation a ses rites, son cadre juridique...
Géographique	Le climat a une incidence sur les relations entre les personnes. Dans les pays où il fait froid, les personnes gardent une distance entre elles, mais elles développent davantage une vie associative, comme en Allemagne.
Historique	Aucune culture ne peut se comprendre sans référence historique : les invasions, guerres, colonisations...

Fondements	Exemple
Religieux	Les religions influent sur la culture : valeur de l'argent, rites, valeurs, morale...
Économique	En fonction du potentiel économique, les sociétés sont plutôt collectivistes, où la survie de chacun est subordonnée au groupe (Afrique), ou individualistes, quand le potentiel économique est élevé (États-Unis).
Juridique	Les modèles de droit sont différents des cultures mais les encadrent : droit écrit (préventif, sanctions prévues), oral (coutumes, usages) ou d'inspiration religieuse (la charia, le droit bouddhiste). Le droit français est constitué du droit écrit romain et des coutumes germaniques.

RESSOURCE 3 LES COMPOSANTES D'UNE CULTURE

Dès lors, divers éléments résultent de la culture nationale. Ils en sont la retranscription extérieure. Appréhender une culture va donc consister à collecter ses caractéristiques générales pour les analyser. Ce travail est utile à la fois à titre personnel pour mieux s'immerger dans un pays étranger, mais également en entreprise pour adapter son offre en fonction des attentes des clients.

Composantes	Utilité	Exemples
Langue	• Communication. • Partage des savoirs et savoir-faire à l'échelle du groupe. • Outil indispensable à la pensée.	• Officielle : le mandarin. • Des affaires ou véhiculaire : l'anglais. • Le jargon : langage propre à une profession.
Les apparences significatives	• Caractérisation de l'environnement et des modes de vie des personnes. • Influence de notre vision de leur culture : objective ou subjective (stéréotypes). • Degré d'attachement aux apparences. • Adaptation lors d'une expatriation. • Adaptation de la politique commerciale.	Le sari est très majoritairement porté par les femmes indiennes ; les importations de prêt-à-porter occidental ont été un échec.
Savoir-faire et savoir-vivre	Ces compétences deviennent plus importantes que les savoirs purs, car elles influencent le degré	Les Russes voient les Français comme éduqués, raffinés, gastronomes.

Lexique

- Le **savoir-faire** correspond à la mise en pratique d'une habileté et d'un ensemble de connaissances et d'expériences. Par exemple, l'art de la calligraphie en Chine, les arts de la table en France.
- Le **savoir-vivre** renvoie à la connaissance et à l'application des règles de politesse d'une culture donnée. Par exemple, l'utilisation impérative de la carte de visite en Asie, don et contre don en terre d'Islam.

Composantes	Utilité	Exemples
	de sociabilisation, en entreprise en particulier : politesse...	
Institutions	Modes de gestion des groupes sociaux et de transmission des valeurs et normes culturelles.	Famille, éducation, État, religions, entreprises, systèmes économiques.
Valeurs	• Jugements en accord ou non avec le groupe social. • Adaptation de l'offre.	• Le bien et le mal. • Protection de l'environnement.
États cognitifs	• Mode d'apprentissage. • Perceptions. • Rôle de la mémoire.	Les Chinois apprennent à rester impassibles lors des négociations.
États mentaux	Caractéristiques du comportement des personnes dans une société.	• Les Français sont pessimistes. • Les Allemands sont sécurimaniaques.
Mythes, représentations, croyances	• Image idéalisée qui permet à une société de s'identifier à ces mythes (légendes). • Rôle des superstitions qui créent des tabous.	Les Scandinaves s'identifient aux Vikings qui terrorisaient de nombreuses populations.
Normes	• Harmonisation des comportements. • Encadrement des sociétés ou entreprises. • Vecteurs d'évolution sociale.	À Singapour, la population ne doit pas cracher sinon elle s'expose à des sanctions.
Rites	• Respect d'une certaine discipline. • Transmission des valeurs simplifiée.	Les juges anglais portent une perruque.

Lexique
▸ On peut donc considérer que les compétences interculturelles à développer mêlent connaissance et savoir-faire.

Lexique
▸ Les institutions représentent l'ensemble des structures sociales telles qu'elles sont établies par la loi ou la coutume.

Lexique
▸ La représentation, c'est l'idée que se fait le sujet d'un objet d'observation en fonction de ses sens, de son vécu et de son imagination.

Lexique
▸ Les rites forment l'ensemble des règles nécessaires pour l'organisation et le déroulement d'une cérémonie.

RESSOURCE 4 LES PERCEPTIONS CULTURELLES

1 La diffusion de la culture

La diffusion des éléments d'une culture est essentielle pour permettre au groupe social de se pérenniser au fil du temps. Elle lui permet également de la comprendre, d'en cerner les origines pour mieux l'appréhender.

Les niveaux de diffusion	Éléments diffusés	Exemples
Social	Culture d'un pays	L'histoire, la géographie.
	Catégorie sociale	Codes sociaux, rites : • l'éducation (comportements sociaux, politesse…) ; • l'appartenance à des groupes sociaux (armée, associations…).
Générationnel	Patrimoine durable	• Écrits : les livres. • Dessins : les peintures, les arts, l'architecture. • Transmissions orales : coutumes, légendes, chants.
Professionnel	Culture d'entreprise	• Nationalité de l'entreprise qui va influer sur le rythme de travail. Ex : les cultures trop différentes ont eu raison de la fusion de Renault avec Volvo. • Équipes de travail multiculturelles.

Face au mouvement de mondialisation qui a tendance à unifier les comportements sociaux, on assiste à une résurgence des cultures avec leurs caractéristiques : les anciennes langues, les vêtements traditionnels…

2 Les distorsions des perceptions culturelles

Les perceptions culturelles sont souvent faussées, car ses caractéristiques nous sont inconnues ou mal appréhendées. De nombreuses interprétations et observations erronées, déformées créent des images distordues, qui n'ont souvent aucun lien avec la réalité. Les distorsions de perceptions sont générées par des opinions toutes faites.

	Explication	Exemple
Les stéréotypes	Croyance qu'une personne entretient au sujet des caractéristiques des membres d'un groupe social.	• Les Écossais sont avares. • Fort comme un Turc. • Saoul comme un Polonais…
Les généralisations	D'un cas particulier, on fait une situation globale.	Tous les Américains sont des cow-boys.
Les lieux communs, les clichés	Images véhiculées sans fondement objectif, idées préconçues, représentations déformées et simplistes.	Il y a toujours du brouillard au Royaume-Uni.
Les archétypes	Image idéale, représentation de la réalité sous la forme d'un modèle supposé parfait.	Les Sumos sont des personnes quasi divines au Japon.

ENTRAÎNEMENT 1 QCM

• **Validez vos connaissances en cochant la (ou les) bonne(s) proposition(s) puis justifiez oralement vos réponses.**

1. La culture :

☐ N'évolue pas.
☐ Évolue et se transforme avec le temps.
☐ Est immuable.

2. Un individu à capital humain élevé :

☐ Refuse la nouveauté.
☐ Est capable de s'approprier des données exogènes.
☐ Est capable de communiquer vers l'extérieur.

3. La langue véhiculaire permet :

☐ À des groupes différents de communiquer entre eux.
☐ Une communication au sein d'un même groupe.
☐ La communication au sein d'une profession.

4. Le jargon est :

☐ Une forme d'argot.
☐ Un vocabulaire propre à une profession, une activité.
☐ Une langue propre à une région.

5. L'idiome est :

☐ Une langue propre à une région.
☐ Une langue parlée à l'intérieure d'une communauté.
☐ Une utilisation personnelle d'une langue par un sujet parlant.

QCM

lienmini.fr/20410qcm19

Accédez à la suite de ce quiz en utilisant le QRcode ou le lien URL.

ENTRAÎNEMENT 2 IDENTIFIER LES DIFFÉRENTES VISIONS D'UNE CULTURE

1. À partir du tableau ci-dessous, commentez les différentes visions des Suisses.

2. Quelles sont les origines et les caractéristiques de la culture suisse ?

3. Est-ce que la vision des Suisses par les étrangers vous semble réaliste ? Pourquoi l'image peut-elle être faussée ? Justifiez votre réponse.

4. Quels handicaps présentent les Français par rapport aux attentes des Suisses ? Justifiez votre réponse.

Les SUISSES...	
Ils se considèrent comme : • travailleurs • autonomes • inflexibles • peu imaginatifs • sûrs d'eux-mêmes • n'aimant pas déranger ni être dérangés • ponctuels • prudents • fiables • renfermés	Sont considérés par les étrangers comme : • travailleurs • professionnels • disciplinés • informés • déterminés • peu créatifs • ponctuels • exigeants • organisés • performants • conservateurs • peu émotifs
Apprécient des étrangers qu'ils soient : • ponctuels • peu critiques • humbles • confiants • discrets • patients • fidèles • préparés • précis • peu curieux • respectueux des règles et de l'ordre établi • discrets sur leurs revenus et leur vie privée	

D'après Alexander Bergmann, *The Swiss way of management*, ESKA, 2002.

ENTRAÎNEMENT

ENTRAÎNEMENT 3 IDENTIFIER DES STÉRÉOTYPES

• **Remplissez le tableau avec les qualificatifs ou les images souvent associés à ces peuples.**

Les Anglais	
Les Japonais	
Les Mexicains	
Les Italiens	
Les Russes	
Les Canadiens	
Les Africains	
Les Espagnols	

ENTRAÎNEMENT 4 CARACTÉRISER LES CULTURES

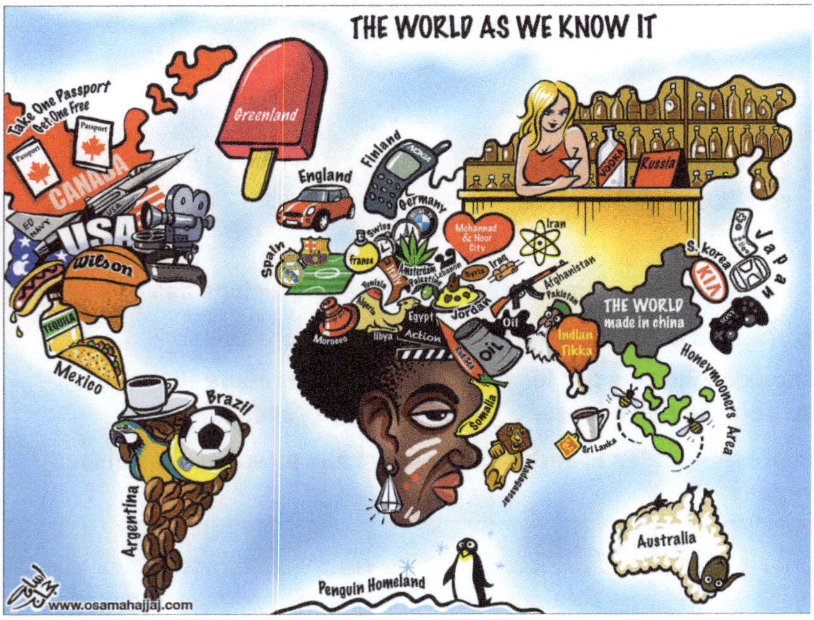

1) **Listez les images associées aux pays présentés sur ce dessin.**

2) **Correspondent-elles à la réalité ?**

ENTRAÎNEMENT

Vers le BTS PRÉPARATION À L'ÉPREUVE E51

Choisissez une culture et recherchez les éléments qui la caractérisent. Vous pouvez mener cette tâche en petits groupes, en TD de prospection, en vous aidant des outils informatiques, ainsi que de documents papier que vous pouvez consulter au CDI.

Le résultat de ce travail donnera lieu à une note de synthèse, assortie éventuellement d'un exposé oral devant la classe.

CHAPITRE

20 Les différentes variables d'analyse culturelle

Compétences attendues

→ **UC51CP8 :** Rassembler des informations sur les pratiques sociales et culturelles afin de communiquer efficacement avec les contacts étrangers

Savoirs associés

→ **S422 :** Communication et négociation interculturelle

CONTEXTE LAPORTE BALL TRAP

Laporte Ball Trap fabrique et commercialise du matériel de ball-trap (matériel de tir). Son dirigeant l'a créée pour permettre à ses amis chasseurs de s'entraîner lors des périodes de fermeture de la chasse. Il a alors inventé le « Projecteur n° 1 », un lanceur en bois monté sur ressort et actionné manuellement par un bras en métal. Son innovation va révolutionner le ball-trap ; la machine pesant seulement 5 kilos est vendue sur toute la France et la Belgique. Les pigeons, fabriqués à l'époque en argile, sont lancés à la même période. En 1931, la production annuelle avoisinait un million de pigeons par an. Aujourd'hui, elle est d'un million de pigeons par jour ! Contacté par un prospect danois, le responsable export souhaite préparer au mieux la rencontre.

Comment aborder une rencontre en tenant compte des variables culturelles d'un pays étranger ?

FICHE D'IDENTITÉ

Dénomination sociale
LAPORTE BALL TRAP

Forme juridique
SAS

Site Internet
www.laporte.biz

Salariés
100

Activité
Matériel de ball-trap

CA 2015
15 millions EUR dont 80 % à l'export

Production
Leader sur le marché mondial des lanceurs, pigeons ball-trap

PROLONGEMENT NUMÉRIQUE

La société Laporte fournisseur du ball-trap aux JO de Londres (1'33)
lienmini.fr/ci410laporte

1) Quels sont les atouts de Laporte ?
2) Quels éléments Laporte doit-il intégrer à sa politique de communication pour prospecter de nouveaux marchés ?

MISSION 1 Comprendre le modèle culturel de l'iceberg ANNEXE 1

1. Justifiez l'appellation d'iceberg de la méthode de compréhension d'une culture étrangère.
2. Comment Laporte peut-il utiliser cette méthode pour acquérir des rudiments sur la culture danoise ?

MISSION 2 Identifier les variables de la culture danoise selon Geert Hofstede ANNEXES 2 à 4

1. Dans un tableau, notez les différentes variables et caractérisez-les.
2. Faites un comparatif entre la France et le Danemark.

MISSION 3 Se préparer à la prospection au Danemark ANNEXE 5

1. Quels conseils de préparation à la prospection doit respecter Laporte ?
2. Comment va-t-il intégrer les variables culturelles à sa préparation ?

ANNEXE 1 Le modèle de l'iceberg

Ce modèle part de l'idée que la culture peut être représentée sous la forme d'un iceberg : seule une toute petite partie de l'iceberg est visible au-dessus de l'eau. Le sommet de l'iceberg est porté par sa partie la plus large, immergée et donc invisible. [...]

Concernant la culture, on note certains aspects visibles : l'architecture, les arts, la cuisine, la musique, la langue, pour n'en citer que quelques-uns. Mais les fondations garantes de sa solidité sont plus difficilement repérables : l'histoire du groupe humain détenteur de la culture, ses normes, ses valeurs, ses hypothèses fondamentales concernant l'espace, le temps, la nature, etc.

Le modèle de l'iceberg démontre que les aspects visibles de la culture ne sont que les expressions de ses aspects invisibles. Il met également en évidence la difficulté de comprendre des individus d'antécédents culturels différents, car, si l'on repère les aspects visibles de « leur iceberg », il est plus difficile d'en identifier les assises. [...] Généralement, il sert de point de départ à une analyse plus approfondie de la culture. C'est une première visualisation des raisons qui font qu'il est parfois difficile de comprendre et de « voir » la culture.

Pertinence par rapport au travail de jeunesse

Le modèle de l'iceberg mobilise notre attention sur les aspects cachés de la culture. Il nous rappelle que, dans les rencontres interculturelles, les similitudes identifiées à première vue peuvent s'avérer basées sur des hypothèses qui ne reflètent pas la réalité. Chez les jeunes, les différences culturelles peuvent être plus difficilement perceptibles : dans tous les pays, les jeunes portent des jeans, écoutent de la musique pop et veulent pouvoir accéder à leur messagerie électronique. Aussi, apprendre interculturellement signifie d'abord être conscient de la partie cachée de son propre iceberg et être capable d'en parler avec les autres, afin de mieux se comprendre et d'identifier des points communs.

http://pjp-eu.coe.int

ANNEXE 2 Origine des travaux de Geert Hofstede

Anthropologue, G. Hofstede a mené, entre 1967 et 1973, une très vaste enquête internationale portant sur les valeurs culturelles véhiculées par le personnel d'IBM à travers le monde. Il a constitué une banque de données de 116 000 questionnaires, émanant de 72 filiales. Ces questionnaires ont été la source d'un important travail de comparaison entre les différents contextes culturels qui a donné naissance à la théorie du logiciel mental hiérarchisé.

Cherchant à établir des critères de différenciation pour rendre compte de la diversité des cultures, G Hofstede a mis en avant 4 dimensions essentielles :

- La distance hiérarchique.
- Le contrôle de l'incertitude.
- L'individualisme.
- La masculinité.

À la demande des pays asiatiques, il a également travaillé sur une 5e dimension : l'orientation à long terme.

www.equipaje.fr

ANNEXE 3 Les critères de Hofstede appliqués au Danemark

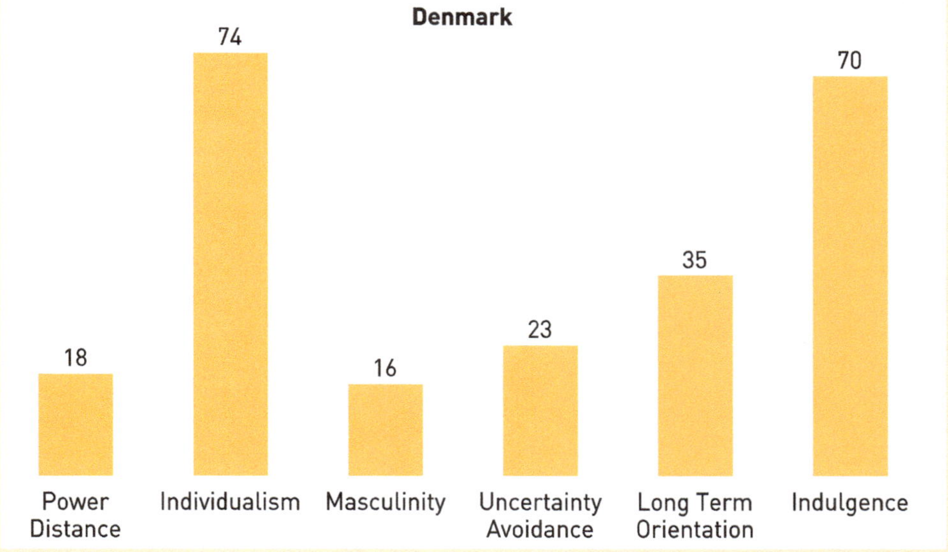

https://geert-hofstede.com

ANNEXE 4 Et le Danemark ?

La distance du pouvoir

Avec un score de 18 points, le Danemark est à l'extrémité très basse de cette dimension par rapport aux autres pays. Cela correspond parfaitement à ce que beaucoup d'étrangers au Danemark expriment : les Danois entraînent et l'autonomie des employés est nécessaire (1er rang de l'UE). Avec un esprit très égalitaire, les Danois croient en l'indépendance, l'égalité des droits, des supérieurs accessibles et que la gestion facilite et autorise. Le pouvoir est décentralisé et les gestionnaires comptent sur l'expérience de leurs membres. Chez les Danois, le respect est important, vous le gagnez en prouvant votre expertise pratique. Les milieux de travail ont une atmosphère très informelle avec la communication directe. Les employés s'attendent à être consultés.

Individualisme

Le Danemark, avec un score de 74, est une société individualiste. Les individus doivent s'occuper d'eux-mêmes et de leurs familles. Il est relativement facile de commencer à faire des affaires avec les Danois. Vous n'avez pas besoin de créer des relations d'abord.

Masculinité

Le Danemark marque 16 points sur cette dimension et est donc considéré comme une société féminine. Il est important de garder l'équilibre vie/travail. Un dirigeant efficace est favorable à ses équipes, et la prise de décision est obtenue par la participation. Les gens valorisent l'égalité, la solidarité et la qualité dans leur vie professionnelle. Les conflits sont résolus par le compromis et la négociation par de longues discussions. Le temps libre et les heures de travail flexibles sont favorisés.

Prévention des incertitudes

Le score de 23 est faible sur cette dimension. Les Danois n'ont pas besoin de beaucoup de structure et de prévisibilité dans leur vie professionnelle. La curiosité est naturelle et encouragée dès le plus jeune âge. L'individualisme et l'esprit curieux sont la force motrice de l'innovation et du design. Ce qui est différent est attrayant ! Cela se manifeste également dans la société, à la fois par son humour, son grand consumérisme pour les produits nouveaux et innovants et les industries hautement créatives dans lesquelles elle prospère.

Sur le lieu de travail, le faible score sur l'évitement d'incertitude se reflète également dans le fait que les Danois vous disent si vous êtes dans le doute ou ne savez pas quelque chose. Il est correct de dire « Je ne sais pas » et les Danois sont à l'aise dans des situations ambiguës sur le lieu de travail.

Orientation à long terme

Un score faible de 35 indique que la culture danoise est normative. Elle cherche à établir la vérité absolue. Ils affichent un grand respect pour les traditions, une propension faible à épargner pour l'avenir, et la réalisation de résultats rapides.

Indulgence

Le score élevé de 70, montre que le Danemark est un pays indulgent. Les gens ont une volonté de réaliser leurs impulsions et leurs désirs pour profiter de la vie et s'amuser. Ils possèdent une attitude positive et une tendance à l'optimisme. Ils accordent une grande importance aux loisirs, agissent et dépensent leur argent selon leur gré.

Traduit de https://geert-hofstede.com

ANNEXE 5 Construire des relations d'affaires efficaces au Danemark

Au Danemark, vous devez garder à l'esprit que votre crédibilité se fait en fonction de la qualité des informations que vous présentez. Si vous venez à une réunion non préparé, attendez-vous à essuyer des critiques. Dans la mesure du possible, munissez-vous d'exemples et de chiffres concrets à présenter à vos homologues, par écrit. Il peut être judicieux de garder une liste de références sous la main, au cas où vos collaborateurs auraient besoin de plus de détails.

Soyez clair et ayez une allure impeccable, autant que possible plutôt classique. La logique et les faits justifiés sont des facteurs clés dans les négociations. Assurez-vous d'établir une crédibilité dès le départ et conservez-la jusqu'à la fin. Avant de commencer une réunion, envoyez un ordre du jour bien écrit.

Une bonne organisation est perçue comme une qualité et devra être prouvée autant de fois que possible. Les Danois sont assez décontractés dans leur communication, mais attendent un grand sens du professionnalisme. Des banalités sont échangées avant toutes les conversations, mais en affaires, les discussions, les offres, les propositions, les plans... doivent être bien pensés et soutenus par de solides preuves concrètes.

http://news.telelangue.com, septembre 2012.

La mondialisation s'est accompagnée de déplacements de commerciaux de leur pays d'origine vers ceux de leurs prospects. Elle a également permis l'implantation d'entreprises ou de filiales à l'étranger, avec un personnel expatrié. Les premières expériences n'ont pas toutes été couronnées de succès (difficultés d'adaptation, de gestion d'équipes multiculturelles...), la plupart des échecs étant liés à la méconnaissance de la culture du pays d'accueil. Aussi, dès les années 1950, des sociologues se sont intéressés aux caractéristiques interculturelles et aux méthodes pour mieux les appréhender.

RESSOURCE 1 LE MODÈLE DE L'ICEBERG CULTUREL

Le **modèle de l'iceberg** permet d'identifier ce qui est facilement perceptible et ce qui l'est moins lorsqu'on s'intéresse à une culture : les aspects visibles et invisibles.

La métaphore de l'iceberg rend compte du fait que la culture est pour partie émergée et pour partie immergée :
- **la partie émergée** ou visible est celle que l'on acquiert le plus facilement après une étude et un séjour dans le pays ;
- **la partie immergée** n'est pas visible et ne peut s'acquérir en totalité, sauf à être natif d'un pays ou bi-culturel.

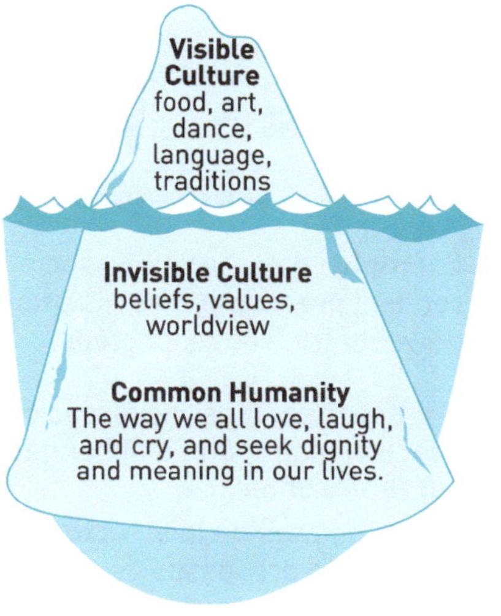

RESSOURCE 2 LES APPORTS DE GEERT HOFSTEDE

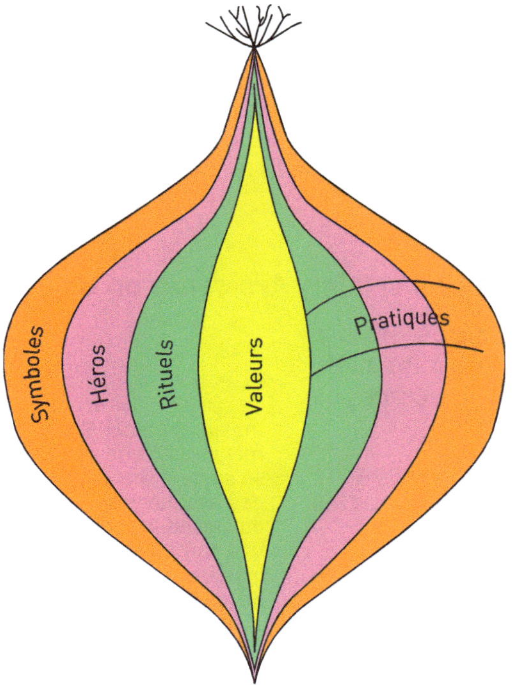

Le psychologue néerlandais Geert Hofstede a élaboré un modèle comparable à celui de l'iceberg, le célèbre « **modèle de l'oignon** ». Au cœur de l'oignon, Hofstede situe les valeurs d'une culture représentant la partie invisible. Pour lui, la culture est une programmation mentale qui distingue les membres d'une culture par rapport à l'autre. Chaque culture fonctionne selon son propre système de valeurs et ses membres se comportent selon les règles qui sont appropriées dans une situation donnée. Son enquête avait pour but de montrer que le but de cette programmation avait un impact sur le management et l'organisation d'une entreprise.

Il a mis en évidence cinq variables culturelles détaillées ci-après.

1 Le degré de distance au pouvoir (*power distance indice* ou PDI)

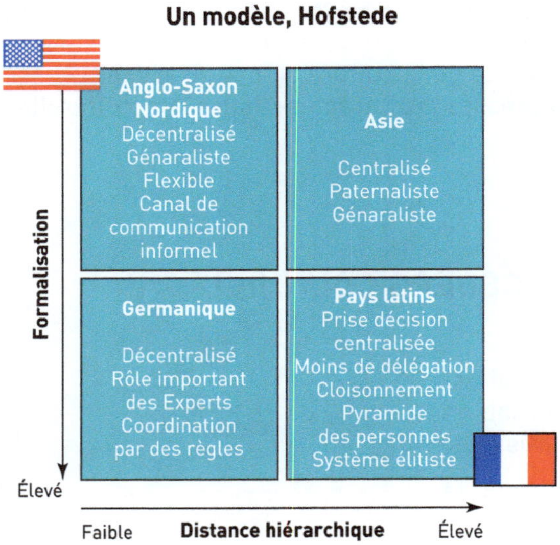

Cette dimension traite du fait que tous les individus dans les sociétés ne sont pas égaux. Elle représente la conséquence de la perception de sa hiérarchie par le subordonné ou la façon dont le pays est structuré au niveau de l'exercice de l'autorité. Cela influence non seulement ses propres comportements, mais aussi ceux du chef.

> **Lexique**
> ▸ La **distance au pouvoir** ou **distance hiérarchique** mesure les membres les moins puissants des institutions et des organisations dans un pays attendent et acceptent que le pouvoir soit réparti de façon inégale.

Exemple : dans certaines sociétés, le rôle important du père, du plus âgé, (Asie, Afrique) les rendent prescripteurs et ils prennent les décisions pour le reste de la famille. Ces personnes doivent être très respectées.

En entreprise, il est nécessaire de comprendre les structures hiérarchiques pour identifier le décisionnaire, afin d'échanger directement avec lui, et d'évaluer le délai que ce processus peut représenter :

- Dans les pays où la **structure hiérarchique** est **aplatie**, le degré de distance au pouvoir est faible et le processus de décision est soit délégué aux niveaux directement concernés, soit collégial ou consensuel.

Exemple : aux États-Unis, les prises de décision sont rapides et collégiales.

- Dans les pays où la **structure hiérarchique** est **pyramidale**, le directeur prend les décisions.

Exemple : en Asie, le rôle quasi-divin dévolu à la direction lui reconnaît toute compétence pour décider et il ne sera jamais contesté. Dans certains pays, comme l'Espagne, les entreprises sont très familiales et le créateur décide pour tout.

Il est nécessaire d'identifier le décisionnaire très en amont des relations commerciales pour éviter des erreurs de perception.

Exemple : Au Japon, celui qui parle le moins lors d'une réunion est en fait le directeur et non un salarié subalterne.

2 Le degré d'acceptation de l'incertitude (*Uncertainty Avoidance* ou UA)

Cette variable concerne la volonté de contrôler l'avenir, génératrice d'anxiété. Les différentes cultures ont appris à traiter cette anxiété de manière fataliste ou encadrée par des règles écrites ou informelles : les lois, les contrats...

Les Allemands se méfient des nouveautés. Aussi vont-ils demander de très nombreuses informations, certificats pour s'assurer que les produits ont prouvé leur fiabilité.

En entreprise, les décisions vont être prises en fonction du contexte qui l'entoure :

- **les pays à contexte faible** auront besoin de beaucoup d'informations avant de conclure un échange commercial.

> **Lexique**
> ▸ Le **degré d'acceptation de l'incertitude** est la mesure par laquelle les membres d'une culture se sentent menacés par des situations ambiguës ou inconnues et ont créé des croyances et des institutions qui essaient de les éviter.

Exemple : en Allemagne, le processus décisionnel est très long en raison du malaise éprouvé par les dirigeants devant la peur de se tromper, et la prise de décision collégiale pour le partager qui en découle.

- **les pays à contexte fort** prennent les décisions très rapidement : les pays latins par exemple.

La préparation de la prospection doit tenir compte de ce contexte pour évaluer le nombre et le type de documents à fournir pour rassurer son interlocuteur.

3 Le degré de masculinité/féminité (*Masculinity* ou MAS)

Symboliquement, la masculinité est représentée par des formes aux arêtes vives, pointues. Elle matérialise les échanges vifs, les comportements théâtraux, l'individualisme, la compétition. La féminité se représente par la rondeur, la douceur. Elle véhicule le bien-être social, la collégialité, l'égalité entre les individus.

> **Lexique**
> ▸ Le degré de masculinité/féminité mesure ce qui motive les gens : être le meilleur (masculin) ou aimer ce que l'on fait (féminin).

Un **score élevé (masculin)** indique que la société sera motivée par la concurrence, le succès et la réussite. S'il est **faible (féminin)**, les valeurs dominantes socialement sont le soin des autres et la qualité de vie.

Les caractéristiques biologiques des sexes féminin et masculin sont identiques, mais selon leur culture d'appartenance, les rôles et les comportements sont souvent très différents.

Exemple : dans certaines régions rurales, le besoin d'éduquer les filles n'est pas toujours une nécessité (Maroc, Turquie). Elles vont rester à la maison élever les enfants. Les hommes travaillent ou vont au café entre eux. Au Danemark, le congé de maternité, qui dure 6 mois, peut être pris indifféremment par le père ou la mère.

La masculinité/féminité se révèle également en entreprise :

- les **pays masculins (latins)** prennent les décisions très rapidement (très souvent le supérieur hiérarchique) et négocient de façon parfois brutale.
- Les **pays féminins (scandinaves)** recherchent le consensus, l'évitement des conflits.

La prospection et la négociation devront intégrer ce type de relations pour ne pas être surpris par l'agressivité d'un prospect.

Exemple : les Français ont la réputation de se mettre facilement en colère. Cela fait sourire les Asiatiques qui estiment qu'ils perdent la face et donc leur respect.

4 Le degré d'individualisme/collectivisme (*Individualism* ou IND)

Dans les sociétés collectivistes, l'intérêt du groupe passe avant l'intérêt individuel (en Asie ou en Afrique) car leur survie en dépend. Les groupes prennent soin des individus en échange de leur loyauté. Dans les sociétés individualistes, l'individu ne dépend pas du groupe, car le potentiel économique est élevé. Cela explique l'individualisme « forcené » aux États-Unis qui refuse par exemple une Sécurité sociale pour tous.

> **Lexique**
> ▸ Le degré d'individualisme/collectivisme mesure le degré d'interdépendance qu'une société maintient parmi ses membres.

Dans les entreprises, cet indicateur permet de mesurer la façon dont les décisions sont prises :

- **par le dirigeant**, discrétionnairement, dans les entreprises fortement hiérarchisées (Amérique latine) ;
- **par un groupe de personnes** qui va analyser les hypothèses, les conséquences et prendre son temps pour prendre une décision et éviter le malaise post-décisionnel (Asie, Allemagne).

RESSOURCES ET MÉTHODE

5 Orientation à court ou long terme ou dynamisme confucéen (*Long term Orientation* ou LTO)

Les sociétés normatives, avec un score bas, préfèrent conserver des traditions tout en regardant le changement sociétal avec suspicion. A contrario, les autres sociétés adoptent une approche plus pragmatique, en encourageant les efforts dans l'éducation moderne pour se préparer à l'avenir.

- Une société orientée vers le long terme considère le temps de manière fataliste et accepte son destin.

> **Lexique**
> L'**orientation à court ou long terme** décrit la façon dont chaque société doit maintenir certains liens avec son propre passé tout en faisant face aux défis du présent et de l'avenir.

Exemple : En Asie, au Moyen-Orient, les commerciaux locaux aiment connaître d'abord leurs interlocuteurs, les rencontrer plusieurs fois, toujours les mêmes personnes, avant d'entrer en négociation. Les échanges peuvent s'étaler sur des mois, voire des années. En contrepartie, ils attendent des relations durables : un service après-vente, des visites de courtoisie...

- Les sociétés court-termistes considèrent que le temps est une denrée rare : « *Time is money* » aux États-Unis, par exemple. Il faut que les décisions soient rapides, mais parfois, les exportateurs n'organisent pas le suivi de leurs expéditions, laissant leurs clients démunis.

Exemple : les Français ont la réputation de réaliser des « coups commerciaux » et de disparaître ensuite.

6 Le degré de bienveillance

Sans socialisation, nous ne devenons pas « humains ». Un contrôle faible est appelé « indulgence » ou bienveillance, plaisir, et un contrôle relativement fort est appelé « restraint » ou contrainte.

Le degré de bienveillance montre la façon dont les relations professionnelles sont organisées en entreprise :

> **Lexique**
> Le **degré de bienveillance** mesure à quel point les gens essaient de contrôler leurs désirs et les impulsions, le degré de socialisation.

- Fort : repose sur le pardon des erreurs, voire leur valorisation comme facteur d'expérience. Elle permet d'éviter le stress post-décisionnel, de valoriser la prise de risques, dont l'innovation. Les salariés auront plus confiance en eux et en leur entreprise.

Exemple : en Espagne, par exemple, on considère qu'une personne qui a commis une erreur ne la refera pas, qu'elle l'utilisera pour optimiser son efficacité.

- Faible : pointage des fautes, stigmatisation de ses auteurs et sanctions.

Exemple : dans certains pays anglo-saxons, un salarié peut être renvoyé à tout moment.

RESSOURCE 3 LES APPORTS D'EDWARD HALL

Edward Twitchell Hall, anthropologue et spécialiste de l'interculturel, a tiré de ses différentes expériences en Arizona (auprès des populations Navajo et Hopi), en Europe et au Moyen-Orient, des enseignements culturels qu'il analyse sous trois angles.

1 Culture à message riche en contexte ou culture à message pauvre en contexte

> **Rappel :**
> Contexte fort : informations connues, communication indirecte et décision rapide.
> Contexte faible : besoin de beaucoup d'informations et de temps avant de décider.

2 Culture monochronique/culture polychronique

Selon les cultures, le temps n'est pas vécu de la même façon :

Culture	Notion du temps	Exemples
Monochronique	• Temps segmenté, cloisonné. • Une seule chose à la fois.	Allemagne
Polychronique	• Travaux gérés dans le temps donné avec des possibilités d'interruptions. • Plusieurs choses menées à la fois.	Pays latins, africains

3 Les distances interculturelles

Elles sont fonction de nombreux paramètres tels que le sexe, la situation vécue, le statut social. Ainsi dans les cultures occidentales, les distances interpersonnelles sont plus grandes que dans les cultures orientales. La distance est :

- **faible** : < 0,60 m dans les cultures latines, ou marques d'agressivité ou d'affectivité.
- **zone de confort** : entre 0,6 et 1,2 m : idéal pour communiquer.
- **éloignée** : > 1,2 m : la communication est rendue difficile.

Lexique
▸ La proxémie, ou distance interpersonnelle, indique la distance qui doit être respectée lors d'une communication entre deux personnes.

Exemple : en Allemagne, on n'entre pas dans un bureau sans frapper, même si la porte est ouverte. En Asie, les salutations évitent le contact physique. En revanche, les Espagnols n'hésitent pas à embrasser ou donner l'accolade à leurs interlocuteurs.

RESSOURCES ET MÉTHODE

RESSOURCE 4 LES APPORTS DE FONS TROMPENAARS

Consultant et auteur néerlandais, Fons Trompenaars a affiné les travaux de Hofstede et de Hall, dont il reprend quelques critères. Il propose une grille d'analyse de **7 variables** pour analyser les écarts culturels, répartis en **3 types de rapports** :

1 Les rapports avec autrui

Critère de la culture	Explications	Pays cibles
Universalisme	• Solution générale établie réglementairement pour régler tous les problèmes particuliers. • Respect de la confidentialité.	Danemark, Suisse.
Particularisme	• Analyse de tous les détails pour y apporter une solution adaptée. • Communication plus que culture du secret.	Maroc, Espagne, Allemagne, Japon.
Objectivité : culture neutre	• Rationalité. • Pas de manifestation d'émotions ou de sentiments.	USA, Allemagne, Asie.
Subjectivité : culture affective	• Manifestation des sentiments, états d'âme. • Adaptation à la situation.	Pays méditerranéens.

Critère de la culture	Explications	Pays cibles
Degré d'engagement diffus	• Lien entre la vie privée et la vie professionnelle. • Attitudes identiques en toute situation. • Importance du contact personnel, autant, sinon plus, que le professionnel.	Pays latins, Afrique du Nord.
Limité	• Attitudes fonction de la situation. • La relation professionnelle porte sur un sujet identifié, délimité dans le temps et dans l'espace.	Grande Bretagne, Allemagne.
Statut attribué	Fonction de certains critères comme l'origine sociale, les diplômes...	Japon, Turquie.
Statut acquis	Résultat d'actions personnelles, d'initiatives.	USA, R.-U.

2 Le rapport à l'environnement

Contrôle de la nature	• Volonté de domination. • Culture orientée sur elle-même.	Pays occidentaux.
Refus de la contrôler	• Acceptation des lois naturelles. • Volonté de vivre en harmonie avec la nature.	Afrique, Asie.

3 Le rapport au temps

Cultures synchrones	• Temps cyclique. • Comportements adaptés aux circonstances et non au temps. • Plusieurs activités menées simultanément.	Pays asiatiques.
Cultures séquentielles	• Planification et élaboration d'outils. • Activités successives.	Pays anglo-saxons.

RESSOURCE 5 LES LIMITES DE CES MODÈLES

Tous ces modèles aident à mieux cerner la culture de chaque pays et à les classer en groupes présentant des variables similaires. Toutefois, un diagnostic objectif de la culture d'un marché doit tenir compte des éléments facilement et plus difficilement perceptibles.

Aujourd'hui, les modèles bipolaires sont vecteurs de stéréotypes et ces modèles sont dépassés, car les cultures sont mélangées. Aussi, pour pallier ces limites, **Trompenaars** propose le **modèle des 3 R** :

- **Reconnaître** l'écart culturel.
- **Respecter** les différences.
- **Réconcilier** les différences pour mieux les accepter et les intégrer à notre vision.

ENTRAÎNEMENT 1 QCM

• **Validez vos connaissances en cochant la (ou les) bonne(s) proposition(s) puis justifiez oralement vos réponses.**

1. Le modèle de l'iceberg permet d'identifier :

☐ Ce qui est facilement perceptible.
☐ Ce qui est moins facilement perceptible.
☐ Les défaillances d'une entreprise.

2. L'oignon culturel consiste à :

☐ Montrer les strates de la connaissance d'une culture étrangère.
☐ S'identifier avec une culture étrangère.
☐ Se protéger des étrangers.

3. Les apports d'Hofstede ont permis de mettre en évidence :

☐ Le degré de distance au pouvoir.
☐ Le degré d'acceptation de l'incertitude.
☐ Le monochronisme.

4. Le degré de distance au pouvoir :

☐ Est relatif à la distance hiérarchique.
☐ Est relatif au niveau d'inégalité attendu et accepté par les subordonnés.
☐ Est la conséquence de la façon dont le subordonné perçoit sa hiérarchie.

5. Les réponses aux incertitudes liées à autrui peuvent se matérialiser par :

☐ Des lois.
☐ Des règles.
☐ Des contrats.

QCM

lienmini.fr/20410qcm20
Accédez à la suite de ce quiz en utilisant le QRcode ou le lien URL.

ENTRAÎNEMENT 2 IDENTIFIER DE GRANDS TRAITS CULTURELS POUR DES GROUPES DE PAYS

À partir du tableau d'évaluation des grandes variables culturelles pour chaque pays reproduit sur le site chocculturel.com :

1. Précisez pour chaque pays si l'indice est faible ou élevé.

2. Quels commentaires pouvez-vous faire ?

3. Comparez ces pays avec la France.

SITE WEB

Tableau d'évaluation des grandes variables culturelles
lienmini.fr/ci410tableau
Retrouvez l'article complet en suivant le lien ou le QRcode.

Pays	PDI	IND	UA	MAS	LTO	Bienv
Finlande						
Belgique						
Italie						
Kenya						
Sénégal						
Thaïlande						
Singapour						
États-Unis						
Royaume-Uni						
Argentine						
Australie						

ENTRAÎNEMENT

ENTRAÎNEMENT 3 PRÉPARER UNE MISSION DE PROSPECTION

Un des secteurs porteurs de Chypre est la protection de l'environnement. Vous devez réaliser une prospection clientèle pour l'entreprise bretonne Langa spécialisée dans les toitures et champs solaires, sur le marché chypriote. Votre tuteur vous demande de vous intéresser d'abord à la culture pour savoir comment mener leur mission de prospection.

1. **Caractérisez la culture chypriote en vous aidant des modèles théoriques.**
2. **Quelles en sont les origines ?**

Vers le BTS PRÉPARATION À L'ÉPREUVE E51

En vous appuyant sur l'entreprise dans laquelle vous allez effectuer votre stage à l'étranger ou mener une mission export de prospection, vous allez caractériser la culture du pays dans lequel vous allez le(s) réaliser.

Vous présenterez votre méthodologie et les résultats dans une note à l'attention de votre tuteur d'entreprise. Vous utiliserez une grille de collecte d'informations culturelles qui pourrait revêtir la forme proposée ci-dessous.

Thèmes de réflexion	Champs d'investigation (à compléter si nécessaire en fonction de la zone étudiée)	Opportunités	Contraintes	Capacité d'adaptation	Note
Ce qui est facilement perceptible (étude pays)					
La ou les langues					
L'histoire					
La géographie					
…					
Ce qui est moins facilement perceptible (modèles théoriques)					
Monochronisme					
Contexte					
Proxémie					
Universalisme					
Individualisme					
…					

ENTRAÎNEMENT

CHAPITRE

21 Négociation interculturelle et pratiques managériales

Compétences attendues

- **UC51CP8 :** Rassembler des informations sur les pratiques sociales et culturelles afin de communiquer efficacement avec les contacts étrangers
- **UC51CP9 :** Intégrer, mettre en œuvre et enrichir le réseau multiculturel de contacts étrangers

Savoirs associés

- **S422 :** Communication et négociation interculturelle
- **S423 :** Approche socioculturelle
- **S424 :** Culture et pratiques managériales

CONTEXTE ROBERTET

Robertet est une société de produits aromatiques naturels, créée en 1900 à Grasse. Détenant une connaissance quasi ancestrale et intime de ces produits, Robertet s'investit en permanence aussi bien sur le plan de l'expérimentation, des techniques d'analyses, de la botanique que sur le plan industriel, souvent sur les lieux de récoltes des produits d'origine.

Ses matières premières naturelles sont ainsi produites dans l'une de ses quatre usines, situées en France (Grasse), en Turquie (Senir), en Afrique du Sud (Rustenburg) et en Belgique (Anvers).

Son expertise lui permet également d'adapter sa gamme afin de répondre aux normes qualitatives, économiques et réglementaires indispensables aujourd'hui.

Ceci lui permet d'offrir à ses clients une palette riche de matières premières, unique en son genre, ayant des propriétés innovantes, une efficacité optimisée et conférant de l'authenticité aux arômes et aux parfums.

Présente sur tous les continents et forte d'une trentaine de filiales, la qualité du management commercial est une préoccupation majeure.

Comment Robertet parvient-il à gérer ses filiales ? Quelles sont ses clés de réussite ?

FICHE D'IDENTITÉ

Dénomination sociale
Groupe Robertet

Forme juridique
SA

Salariés
654

Activité
Fabrication d'huiles essentielles (2053Z)

CA 2014
390 millions EUR

PROLONGEMENT NUMÉRIQUE

Site Internet de Robertet
lienmini.fr/ci410robertet

En utilisant également l'annexe 1, répondez aux questions suivantes :

1) Quels sont les facteurs clés de succès de Robertet ?
2) Comment cette entreprise gère-t-elle son activité internationale ?

MISSION 1 Préparer son expatriation ANNEXE 2

1. Listez les difficultés rencontrées quand on vit et travaille dans un pays étranger.
2. Comment les surmonter ou les éviter ?

MISSION 2 Manager à l'international ANNEXES 3 et 4

1. Quels écueils attendent un manager international ?
2. Quelles compétences doit-il développer ?
3. Comment les acquérir ?

MISSION 3 Créer une culture d'entreprise internationale ANNEXE 5

1. Quelle est l'utilité d'une culture commune ?
2. Comment la façonner en évitant ou intégrant les différences interculturelles ?

ANNEXE 1 Le groupe Robertet inaugure un nouvel atelier « arômes en poudre » dans son usine de Grasse

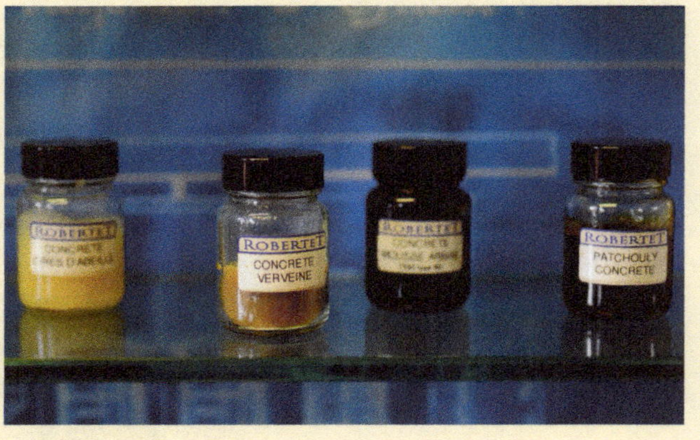

Le groupe Robertet, un spécialiste des arômes, a investi 8 millions d'euros pour aménager un nouvel atelier « arômes en poudre » dans son site de production à Grasse.

Malgré un fort développement international, la firme grassoise Groupe Robertet, spécialisée dans production d'arômes naturels et d'extraits pour la parfumerie, renforce son usine ouverte en 2011 à Grasse. Le 17 avril est inauguré un nouvel atelier de 1 000 mètres carrés dédié à la production d'arômes en poudre utilisés dans la composition des boissons, des produits pharmaceutiques ou alimentaires.

Doté d'un atomiseur performant, le groupe Robertet augmentera de 30 à 50 % la production d'arômes sur ce site. L'ancien atelier sera affecté au mélange d'arômes salés. Le groupe Robertet, qui réalise 85 % de son chiffre d'affaires à l'étranger, maintient ainsi plus de 50 % de sa production à Grasse, son berceau où il emploie 900 de ses 1 800 salariés dans le monde. Et il continuera d'investir de l'ordre de 2 à 3 millions d'euros d'ici 2018 pour doter l'usine de nouveaux extracteurs.

Développement à l'international

Le groupe Robertet poursuit également son développement à l'international. La cession d'une filiale belge, spécialisée dans la fabrication de protéines végétales en début d'année, lui fournit les moyens financiers à la mise en place d'une filiale à Singapour chargée de l'activité parfumerie en Asie du Sud-Est, hors Chine et Inde où le groupe dispose déjà de filiales de production.

Des projets d'acquisition en Inde sont en cours. En Chine, sa filiale de production 100 % Robertet, créée en 2012, affiche 25 % de croissance par an. L'Asie représente déjà 17 % de son activité avec des filiales également au Vietnam et au Japon.

Outre des projets de croissance externe en Afrique du Sud et en Turquie, le grassois mise sur l'Amérique du Sud avec la création d'un joint-venture au Salvador et d'autres à l'étude en Colombie pour compléter ses filiales en Argentine, au Brésil et au Mexique.

Positionnement sur de nouveaux marchés

Le groupe Robertet veut aussi élargir son marché. C'est l'objectif assigné au rachat en 2014 du breton Hitex (2,8 millions d'euros de chiffre d'affaires) qui utilise l'extraction « propre » des principes actifs via la technologie du CO_2 supercritique qui supprime les solvants. Cette acquisition lui permet de prendre pied sur le marché des produits naturels pour la peau et les cheveux, secteur où il n'était pas présent jusqu'ici.

Le groupe Robertet a réalisé 390 millions d'euros de chiffre d'affaires en 2014.

Michel Bovas, www.usinenouvelle.com, 16 avril 2015.

ANNEXE 2 Réflexions sur l'expatriation

J'ai 35 ans. Le mois prochain je fêterai mes 5 ans à Buenos Aires. En comptant l'année passée à Mexico D.F. et celle à Londres, j'ai vécu et travaillé 7 ans hors de mes frontières.

Vivre ailleurs, loin de ses repères, de sa langue et de ses proches apporte un sens de l'adaptation qui, bien davantage qu'une qualité, devient une façon de vivre. On s'habitue aux nouveaux usages, aux nouvelles lois, c'est la règle du jeu, tant que l'on fait durer l'expérience. L'expatriation fait relativiser et devenir plus tolérant, plus souple. On en perd l'envie de critiquer car, après tout, on n'est pas vraiment chez nous. On sent que l'on a une expérience plus « light » de la vie locale. [...] On vit une double vie, à la fois ici et là-bas, dans le pays d'élection et celui d'origine.

Vivre dans une autre langue, c'est accepter que l'on sera toujours différent avec notre accent, que l'on aura un niveau peut-être très bon mais difficilement parfait.

Vivre dans une autre culture, c'est changer d'habitudes et se créer sa propre culture, soit un mix des deux, et tenter de prendre le meilleur de chacune. [...]

Être un étranger, c'est une montagne infranchissable : les RDV chez un médecin spécialiste en Angleterre, un procès au Mexique, un divorce ou l'obtention d'un visa de travail aux US, se faire installer Internet à Buenos Aires, attendre 5 ans pour avoir une carte de crédit. [...]

Être un étranger c'est être et se sentir plus fragile, et plus seul en cas de coup dur.

Je distingue trois types d'expatriations possibles, je les ai expérimentées toutes les trois, dans cet ordre :

- **l'expatriation « j'accompagne ».** Le/la chérie(e) a un travail qui l'attend et on part dans la valise. On n'a pas choisi la destination. La sociabilisation peut être lente si on ne parle pas la langue locale. A début on dépend des relations du conjoint pour connaître des gens. L'expatriation sans travailler peut s'avérer être une bulle rose loin des préoccupations de la vie courante ou une source de solitude et d'ennui.
- **l'expatriation « je viens pour travailler ».** On a décroché un job depuis la France. On a choisi sa destination puisque on a cherché le job et postulé en connaissance de cause. La socialisation va vite. On se sent un touriste chaque week-end et on a une motivation et un intérêt pour tout découvrir. On a la tête libre car les conditions matérielles essentielles sont solutionnées par notre salaire.
- **l'expatriation « free-style » ou « je viens voir ce qui se passe ».** C'est celle qui nécessite le plus de courage ou d'inconscience. Elle résulte d'un fort intérêt pour le pays d'élection,

d'une passion ou d'un coup de foudre. Je pense que c'est l'expatriation la plus difficilement imaginable, mais il faut le tenter car, cette prise de risque, ce départ de zéro, pour se connaître et se révéler dans un monde différent sont enrichissants. Cette expérience est unique car pour la première fois nous seuls construisons notre futur. Tout est à trouver : un job, une maison, des amis.

Vivre à l'étranger rend humble. Personne ne nous attend. L'expatriation donne des ailes. Toute cette expérience forge et fait grandir.

http://destino-buenosaires.com

ANNEXE 3 Le manager international : une réponse aux marchés globalisés

Les multinationales doivent rechercher un équilibre entre leur culture propre et le contexte culturel du pays où elles s'implantent. En s'assurant que les employés partagent des valeurs communes sans avoir le sentiment qu'on leur impose une culture d'entreprise.

À partir du moment où une entreprise décide de s'ouvrir vers l'étranger pour développer de nouveaux marchés, diversifier ses fournisseurs ou encore délocaliser une partie de ses activités, il lui faut se préparer à orienter sa stratégie de manière adéquate pour prendre en compte les cultures nationales de ses nouveaux interlocuteurs. Dans cette optique, les entreprises doivent s'entourer de managers au profil international qui ont les compétences requises pour s'adapter à ces conditions nouvelles et mener à bien les projets qui leur sont confiés.

Les écueils à éviter

Conduire avec succès un projet dans un contexte international nécessite tout d'abord de prendre connaissance des différents modes de pensées que nous allons rencontrer. [...]

Des modes de communication différents peuvent donner lieu à certains conflits. En effet, les sociétés monochroniques font part des bonnes nouvelles de manière aussi directe que pour les mauvaises nouvelles. Ils ne ressentent pas le besoin d'utiliser une forme de politesse ou une introduction différentes suivant le type de message. Cette approche directe peut être très mal interprétée dans une société polychronique où au contraire la communication se fait de manière plus indirecte et circulaire.

Par exemple, quand un Chinois parle, il est préférable d'attendre qu'il arrive au bout de son discours avant de lui poser la moindre question.

D'autres différences significatives sont à prendre en compte pour éviter tout problème de compréhension. En effet, l'intonation, le niveau de langage, la gestuelle, le regard, la voix n'ont pas forcément la même signification suivant les cultures. Par exemple, en Bulgarie un hochement de tête de gauche à droite signifie oui, ce qui n'est pas forcément le cas dans d'autres pays. Aux Etats-Unis, il est habituel de parler fort. En Finlande le silence est roi, les Finlandais privilégient donc la discrétion dans leur mode de communication. Dans les sociétés anglo-saxonnes, en toutes circonstances, le positivisme est de rigueur. Dans les entreprises américaines, il est ainsi habituel que le management exprime sa validation à grands renforts de feedbacks positifs.

Lorsque des comportements sont interprétés selon ses propres repères, ils peuvent donner lieu à des malentendus. En effet, nous ne sommes pas habitués à voir les employés faire une sieste sur leur poste de travail après le déjeuner. Cela est pourtant monnaie courante dans les pays asiatiques. Un manager européen peut mal interpréter cette attitude s'il n'a pas été préalablement informé de cette pratique.

Du fait de ces différences culturelles importantes, il est bon d'éviter l'humour et les jugements de valeurs qui ne sont pas forcément universels.

Jean-Philippe Godard, www.journaldunet.com, 18 juillet 2012.

ANNEXE 4 Les compétences clés d'un manager international

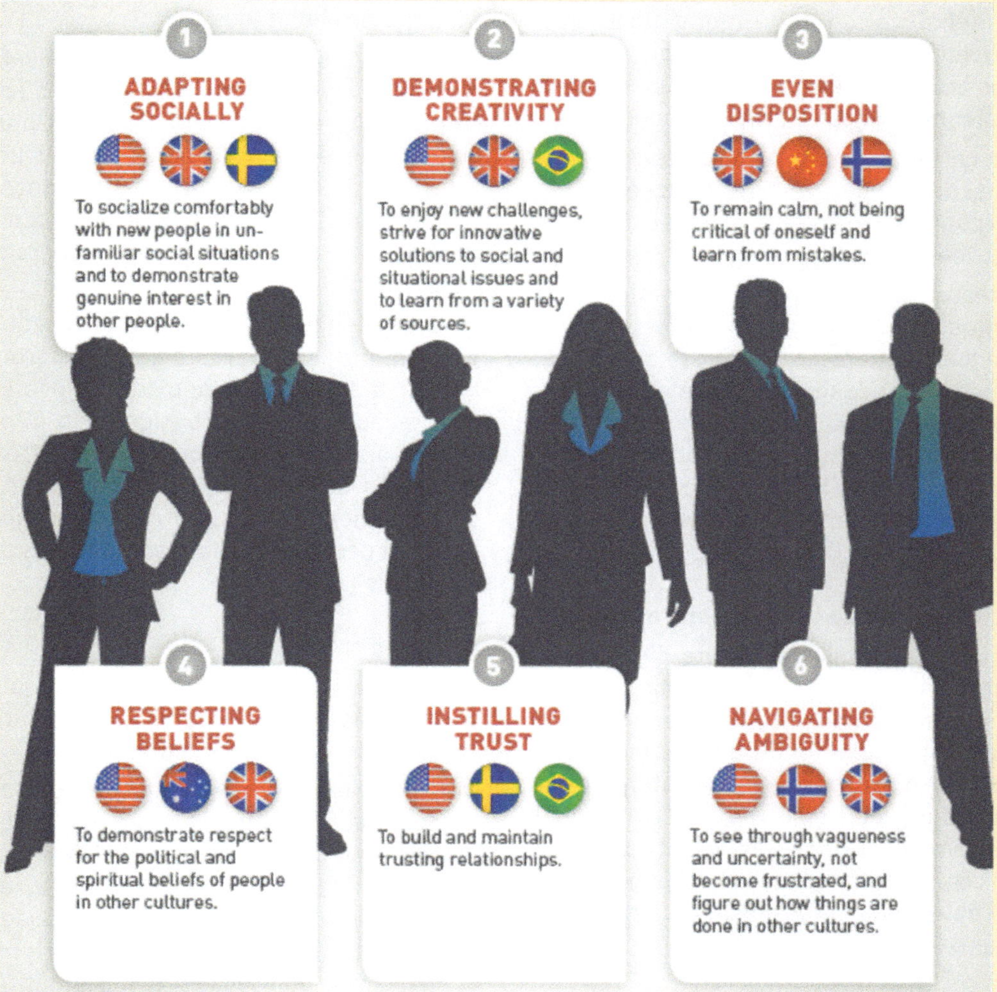

www.manpowergroup.fr

SITE WEB

6 compétences-clés des leaders de l'international
lienmini.fr/ci410manpower
Suivez le lien ou le QRcode pour lire le texte entier, avec des illustrations interculturelles.

ANNEXE 5 Traduire la culture d'entreprise au niveau global

L'intensification de la mondialisation et l'évolution rapide des technologies ont permis aux marques d'atteindre les consommateurs aux quatre coins du monde.

Un certain nombre d'entreprises se sont ainsi développées sur des marchés encore méconnus auparavant, en vue d'attirer de nouveaux clients.

Intégrer une entreprise internationale au sein d'une structure d'entreprise unique est loin d'être facile. Certaines entreprises assez audacieuses pour se jeter à l'eau se sont heurtées à des défis importants en souhaitant maintenir une culture d'entreprise uniforme à travers le monde. [...] Est-il donc possible de faire adopter de nouvelles normes culturelles aux gens ?

Qu'est-ce que la culture d'entreprise ?

Pour faire simple, la culture d'entreprise fait référence aux valeurs, attitudes, normes et croyances partagées par les membres d'une organisation ou d'une marque. La culture d'entreprise est profondément ancrée dans les objectifs, les stratégies et les démarches de ces groupes, ce qui en fait un composant essentiel qui influence considérablement la réussite ou l'échec dans le monde des affaires. [...]

La culture n'est pas clairement définie

Un des problèmes rencontrés par les entreprises qui se développent à l'étranger est le fait que la culture n'est pas clairement définie. Toutes les cultures sont différentes d'une façon ou d'une autre, ce qui signifie que le développement d'une activité sur un nouveau marché peut s'avérer relativement délicat.

Les marques doivent bien se renseigner lors du choix du lieu d'investissement, afin de déterminer si une implantation à l'étranger est viable ou non. L'aspect financier est également un élément important à prendre en considération.

Les efforts pour s'adapter à une culture locale peuvent facilement se traduire par un échec si les entreprises ne parviennent pas à adopter une vue d'ensemble.

Changer ses habitudes

Les entreprises sont également souvent réticentes à rompre avec leur culture d'entreprise. Après tout, cela prendrait plusieurs années pour refaçonner les valeurs, les attitudes, les normes et les croyances totalement. On note donc une tendance à imposer une culture existante au marché ciblé.

La culture se crée par consensus. C'est un phénomène lent. [...] Les gens ne feront l'effort d'adopter de nouvelles normes culturelles que s'ils les considèrent comme faciles, gratifiantes et normales. Ces trois éléments devront être pris en compte sérieusement par les marques pour que celles-ci deviennent des *success stories* au niveau global.

Agir avec précaution

La frontière entre les comportements acceptables et non acceptables est relativement mince dans différentes cultures.

Des malentendus, offenses et erreurs de communication peuvent avoir lieu si les entreprises ne sont pas conscientes de l'impact de leurs comportements sur les relations interculturelles. [...] Le langage corporel et la gestuelle peuvent poser problème. Lever son pouce est par exemple un signe de satisfaction dans les pays occidentaux, alors que les pays du Moyen-Orient y voient un geste très impoli.

En Inde, en Afrique et au Moyen-Orient, la main gauche est réservée aux choses impures : les employés ne doivent donc jamais l'utiliser pour quoi que ce soit en public. Au Japon, il est très malpoli de croiser ses jambes en présence de quelqu'un de plus âgé ou de plus respecté que soi.

Une culture d'entreprise ne sera donc une réussite que si l'entreprise adhère aux coutumes locales et fait un effort remarquable pour s'y conformer.

www.translatemedia.com, 13 août 2014.

La mondialisation a favorisé la multinationalisation, les échanges commerciaux entre tous les pays du monde. Aussi, les entreprises ayant une forte activité internationale doivent intégrer à leur stratégie la gestion des équipes multiculturelles, préparer l'expatriation de certains de leurs salariés, la communication et la négociation avec leurs clients, leurs partenaires, la création d'une culture d'entreprise forte et reconnue par tous les salariés quelle que soit leur situation professionnelle et géographique. Ce travail d'intégration des différences culturelles ne s'improvise pas. Il doit être soigneusement préparé pour éviter les échecs humains et organisationnels.

RESSOURCE 1 SE PRÉPARER À L'EXPATRIATION

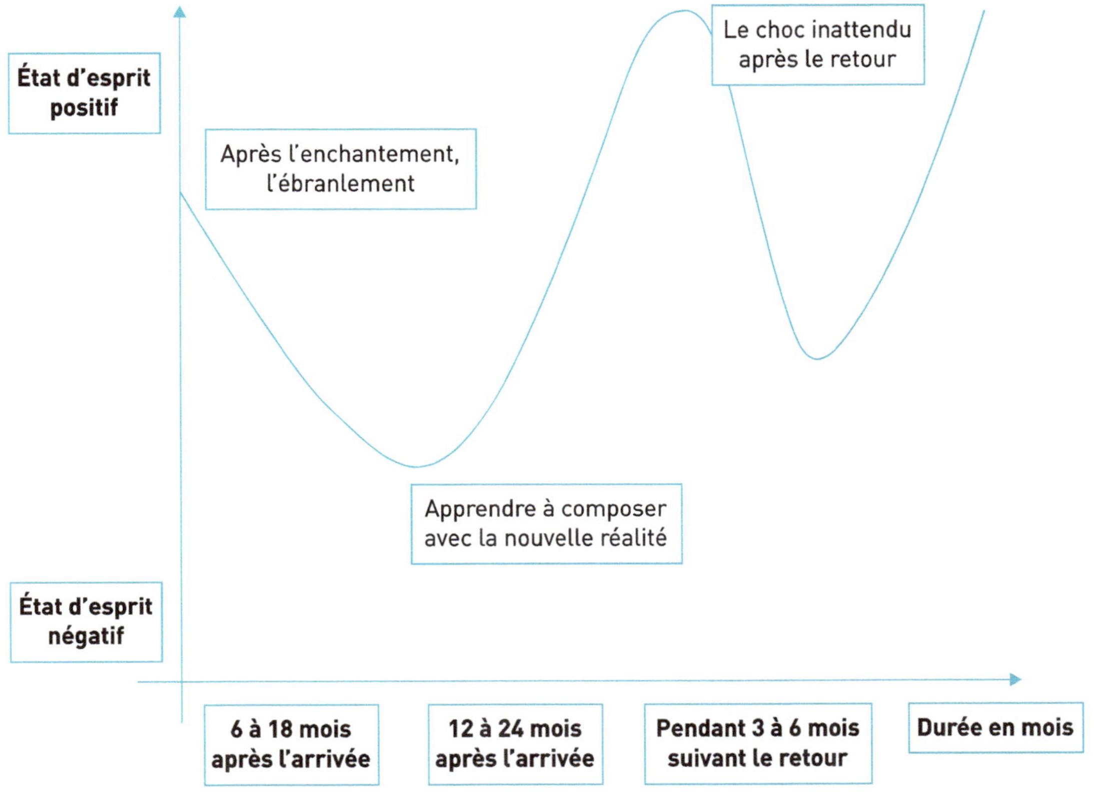

Ce schéma montre que **l'expatriation doit être préparée**, afin que le **choc culturel** soit le plus réduit possible. Elle ne concerne pas que les seuls salariés, mais également la famille qui l'accompagne. Une mauvaise préparation peut conduire à un échec d'adaptation et un retour au pays d'origine très mal vécu personnellement et professionnellement.

De plus en plus d'entreprises ont pris conscience de ces phénomènes et organisent des formations sur l'interculturel. Grâce aux travaux de sociologues tels que Geert Hofstede, Trompenaars, Hall, il est possible de bien repérer les **différences culturelles** entre les pays, sur des critères communs, comme la notion du temps, la distance hiérarchique, la proxémie... (→ chapitre 20).

> **Lexique**
> ▸ La proxémie est la distance entre deux interlocuteurs lors d'une communication orale.

Le salarié doit aussi s'informer et analyser les caractéristiques de la culture locale, chasser les stéréotypes, comprendre les perceptions croisées pour gommer les images que les étrangers ont de nous... modifier sa vision de l'étranger et s'immerger doucement dans cette nouvelle culture (enlever les couches de l'oignon culturel, découvrir la partie immergée supérieure de l'iceberg...). Ce travail préalable se nomme le **briefing culturel**.

Au-delà de la culture, il faut prendre également en compte les difficultés auxquelles il faudra se confronter en tant qu'étranger, même résident : les contraintes juridiques, sociales, de communication...

RESSOURCES ET MÉTHODE

RESSOURCE 2 IDENTITÉ ET CULTURE D'ENTREPRISE MULTICULTURELLE

Chaque entreprise a sa propre culture, forgée au fil des ans par son histoire, sa culture nationale, des événements. La mondialisation a accéléré le processus de filialisation, de partenariats, d'échanges internationaux. Ce phénomène agit sur la culture.

Quel type de culture adopter ? Celle de la société mère qui est diffusée au travers de ses filiales ? Des cultures autonomes pour chacune des sociétés ?

1 Notions de culture d'entreprise

Toute entreprise possède une culture, quelles que soient sa taille, sa nationalité, sa structure, sous la forme d'un groupe social, composé de membres issus de différentes cultures : nationales, régionales, professionnelles...

Pour structurer et harmoniser cette organisation, il est nécessaire de créer et de développer une identité collective et forte qui serve de point de repère pour tous ses membres, justifie sa mission, son ambition, son rôle socio-économique...

Lexique

▸ La culture d'entreprise correspond à l'ensemble des activités, des règles de fonctionnement et des valeurs qui sont communes au groupe social que constitue l'organisation dans son ensemble.

Exemple : les entreprises japonaises, diffusent leur propre culture dans leurs filiales à l'étranger, en plaçant des managers japonais à leur tête. Aucune intégration de la culture locale n'est réalisée.

Une culture d'entreprise est :

- **évolutive**, en fonction des nouveaux dirigeants, de l'environnement... ;
- **facteur de cohésion** et donc essentielle pour éviter et gérer les crises ;
- un **lien social** comme fondation d'une identité en prévoyant en interne la répartition des tâches, les relations de pouvoir acceptées, les symboles, les langues...

Pour se créer, l'entreprise s'interroge sur ses objectifs, sa finalité, ses valeurs, en associant tous les salariés. Ensuite elle va élaborer un projet d'entreprise où chacun, y ayant contribué et s'y reconnaissant, y adhèrera plus facilement. Ce projet d'entreprise va formaliser les objectifs, valeurs... et prévoir des engagements et actions clairs et précis.

2 Fondements

La culture puise ses racines dans des variables internes et externes pour créer et développer des valeurs propres pour insuffler un fort **sentiment d'appartenance**, générant la **motivation**, le sens des **responsabilités**, la **productivité**, source de **rentabilité** et de profitabilité, mais également une **satisfaction personnelle**.

Une « bonne » culture est la force de l'entreprise, un de ses **facteurs clés de succès**. Elle permet l'adaptation aux évolutions rapides de l'environnement tout en assurant la stabilité et la cohérence nécessaires pour réussir et rassurer les salariés. Stable et mouvante à la fois.

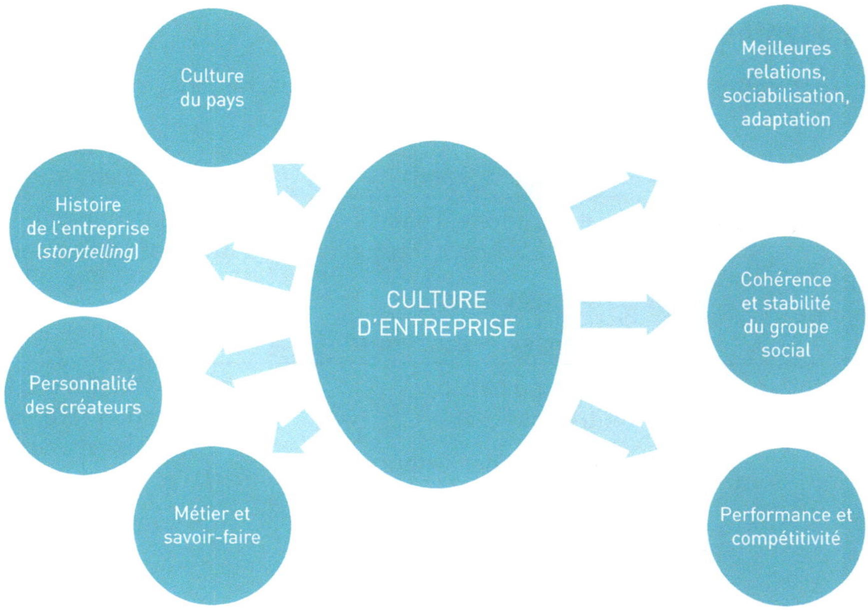

La **culture d'entreprise** est ancrée dans son histoire, qui assure la **stabilité** de cette organisation au fil du temps. Elle est essentielle pour expliquer les périodes passées et les choix stratégiques. Cela peut aussi poser des problèmes en cas de fusion. On se souvient de la difficulté rencontrée par celle de BNP-Paribas, avec 2 cultures très différentes. Les deux entités ont mis du temps avant d'être unifiées.

Elle est **indissociable de la culture nationale** dont elle est un **sous-produit**, car les éléments propres à chaque groupe humain (valeurs, rites, mythes...), expliquent leurs façons de penser, de parler et d'agir. Ces références, valeurs générales et partagées, sont aussi facteurs de stéréotypes, générant de mauvaises interprétations, ce qui révèle les barrières culturelles et le sentiment de rejet de groupes sociaux différents. Connaître les cultures étrangères, leur identité favorise une meilleure compréhension, à condition toutefois de ne pas imposer ses idées et valeurs, sinon ce comportement sera ressenti comme une domination, et mal accepté, car rejeté par la majorité des salariés.

Exemple : Volkswagen, quand il a racheté Seat à Barcelone, ne comprenait pas pourquoi personne ne répondait au téléphone entre 14 et 17 heures. La direction a voulu supprimer la sieste et s'est heurtée aux grèves des salariés, ce qui l'a obligée à renoncer à son projet.

Sa création et son fonctionnement reposent sur des règles :

- **formelles** : écrites, comme les normes (règlement intérieur, routines...) ;
- **non formelles** : communication interpersonnelle, de groupe... ;
- **invisibles** : le rôle de la gestuelle, du non verbal a autant d'importance sinon plus que le mode formel.

Exemple : les Français ont la réputation d'être individualistes, de gesticuler, de parler avec leurs mains et fort. Cela agace parfois les Asiatiques qui cultivent l'humilité, le groupe plutôt que l'individu.

3 Composantes

La culture organisationnelle repose sur des symboles, comportements, rites, histoire, valeurs, croyances.

Composantes	Conséquences	Exemples
Valeurs et croyances collectives : philosophie de l'entreprise	• Codes de conduite, chartes éthiques, règlement intérieur. • Description des postes. • Récompenses et sanctions.	Périodiquement les entreprises américaines désignent et fêtent le meilleur commercial.
Mythes : histoires et légendes	• Révélation du passé de l'entreprise. • Renforcement des valeurs communes. • Création de fondations, musées pour laisser leur empreinte. • Risque de difficultés pour le successeur.	François Pinault a créé une fondation à Venise où il organise des expositions d'art.
Rites : pratiques professionnelles	• Vérification de l'adéquation du profil à la culture, lors de recrutements. • Création de routines pour favoriser l'intégration, les apprentissages. • Frein à l'évolution et à la créativité.	La discrimination positive (origine ethnique, langue...) est devenue un vrai critère de recrutement.
Symboles : uniformes, badges...	• Sentiment d'appartenance. • Reconnaissance des niveaux hiérarchiques des salariés.	À Dubaï, les salariés portent des combinaisons différentes pour indiquer leur nationalité.
Langage : jargon	• Styles de communication écrite. • Procédures de contrôle.	L'anglais est souvent la langue véhiculaire des affaires.

A contrario, existent des risques de non-identification à la culture :

- un leader va favoriser l'évolution ;
- un échec va voir la marginalisation du salarié ;
- certains ne partagent pas la culture mais restent pour des motivations personnelles, sans se sentir sensibilisés ou motivés ;
- d'autres éprouveront un phénomène d'acculturation.

Deux modèles existent pour caractériser une culture d'entreprise :

Modèle de Maurice Thévenet : plus axé sur une culture d'entreprise générale	Modèle de McKinsey (les 7 S) : plus orienté vers la culture d'entreprise au plan organisationnel
Symboles : la pomme pour Apple.	Structures : répartition du pouvoir.
Rites : fêter les anniversaires.	*Skills* : savoir faire des salariés.
Valeurs : honnêteté, qualité, protection de l'environnement.	*Shared values* (valeurs partagées).

Modèle de Maurice Thévenet : plus axé sur une culture d'entreprise générale	Modèle de McKinsey (les 7 S) : plus orienté vers la culture d'entreprise au plan organisationnel
Tabous : interdiction de la cravate.	*Strategy* : se démarquer de la concurrence avec la culture d'entreprise comme facteur compétitif.
Héros : Steve Jobs, Richard Branson.	*Systems* : diffusion des informations, prise de décision.
Mythes : Schindler qui a sauvé des milliers de Juifs.	Style de management : vendredi est « casual » dans les pays anglo-saxons, la tenue vestimentaire est décontractée.
Normes : chartes, routines d'apprentissage...	Staff : engagement du personnel en cas de crise, par exemple.

RESSOURCE 3 MANAGER DES ÉQUIPES MULTICULTURELLES

Avant de se préparer à gérer des équipes multiculturelles ou à l'expatriation, le manager doit faire un briefing culturel complet pour approfondir sa connaissance des cultures étrangères auxquelles il sera confronté, pour en tirer le plus grand profit et **éviter les conflits**. Certaines compétences sont indispensables au manager international :

Qualités du manager	Missions	Exemples
Maîtrise de la communication internationale	• L'anglais est essentiel. • La langue locale est un plus. • Adaptation de sa communication. • Connaissance des codes culturels. • Animation de réunions. • Volonté d'apprendre et de communiquer dans d'autres langues.	• Parler des langues rares favorisera l'employabilité (arabe, russe...). • En Allemagne, parler allemand montre la volonté de s'intégrer.
Faculté d'adaptation et de souplesse	• Manager dans un contexte culturel différent. • Faculté de résistance au stress et à l'isolement.	Le choc culturel ne doit pas être sous-estimé dans certains pays (l'Inde par exemple).
Aptitudes au pilotage et compétences managériales	• Diffusion de la culture d'entreprise et des stratégies en interne. • Lien entre la maison mère et les filiales, reporting, tableaux de bord. • Compétences techniques, d'organisation, entrepreneuriales pour analyser les situations dans un contexte nouveau. • Prise de décision rapide. • Pratique de diagnostics. • Étude et anticipation des risques. • Évaluer les performances...	Le manager est un vecteur de veille essentiel : fait remonter les modifications de l'environnement, les contraintes d'adaptation du plan de marchéage...

Qualités du manager	Missions	Exemples
Pratique de la diplomatie	• Être transparent et générer la confiance de son personnel. • Recherche d'un consensus ou d'une acceptation des décisions. • Écoute active, empathie, observations. • Résolution des conflits internes. • Anticipation et accompagnement lors de changements. • Qualité d'influence. • Aptitude à la négociation en interne et avec ses partenaires.	Une filiale française implantée à Londres a voulu supprimer la pause thé en raison d'une soi-disant baisse de productivité et a installé une machine à café avec des gobelets en plastique. Tout son personnel s'est mis en grève jusqu'au rétablissement de la sacro-sainte pause thé rituelle.
Aptitudes à nouer des contacts	• Création d'un réseau. • Rapprochement plus facile avec les interlocuteurs clés ou partenaires.	En Chine, le réseau (« guanxi ») est indispensable pour faire des affaires
Agilité collective et gestion des ressources humaines bienveillante	• Arriver à faire travailler ensemble des personnes de cultures très différentes pour engendrer des synergies. • Diffusion d'objectifs, consignes de travail claires et précises. • Favoriser l'autonomie, la responsabilisation… • Récompenser, féliciter.	Dans les pays à contexte faible, il est nécessaire de créer des routines et guides d'apprentissages écrits pour rassurer le personnel et qu'il soit performant.
Ouverture d'esprit	• Objectivité dans l'analyse des situations. • Éviter des perceptions faussées.	Le manager ne doit pas véhiculer de préjugés ou de stéréotypes au sein de son équipe.

Lexique

▸ Un *reporting* consiste à faire le rapport de son activité, le plus souvent à un supérieur hiérarchique.

ENTRAÎNEMENT 1 QCM

• **Validez vos connaissances en cochant la (ou les) bonne(s) proposition(s) puis justifiez oralement vos réponses.**

1. Un briefing culturel représente :

☐ Le compte rendu de l'activité culturelle d'une entreprise.
☐ S'informer et analyser une culture étrangère pour mieux s'y immerger.
☐ Une réunion multi culturelle.

2. Un choc culturel consiste en :

☐ Une réaction de rejet de la culture étrangère.
☐ Des offenses.
☐ Une chute à l'étranger.

3. La culture d'entreprise est :

☐ Figée.
☐ Évolutive.
☐ Cloisonnée.

4. Un mythe est :

☐ Une légende.
☐ Un Dieu grec.
☐ Une personne révérée en entreprise.

5. La culture d'entreprise consiste à :

☐ Rassembler les membres du groupe autour de valeurs communes.
☐ Diviser les services en sous-groupes.
☐ Planter des arbres.

QCM

lienmini.fr/20410qcm21

Accédez à la suite de ce quiz en utilisant le QRcode ou le lien URL.

ENTRAÎNEMENT 2 APPRÉHENDER LA CULTURE D'UNE ENTREPRISE ÉTRANGÈRE

La société Labeyrie souhaite envoyer un salarié rencontrer tous ses partenaires en Scandinavie. Avant son départ, le commercial souhaite s'immerger le mieux possible dans la culture et il prépare son briefing culturel, à commencer par la tenue vestimentaire qu'il peut porter. Il vient de trouver l'article présenté en annexe.

1. **Analysez les caractéristiques et symbolismes de la cravate dans la culture générale du Danemark (critères de Hofstede) et dans l'entreprise danoise.**
2. **Comparez les symboles de la cravate dans les différents pays cités.**

ANNEXE Comment portez-vous la cravate ?

Nommé depuis peu directeur des ventes d'une entreprise scandinave, un Français s'expatrie au Danemark. Comme il l'a toujours fait en situation professionnelle, il revêt son costume-cravate. Au bout de quelques semaines, il se rend compte que la glace n'est pas rompue avec ses nouveaux collègues. Il est pourtant chaleureux et extrêmement compétent, il fait tout pour s'intégrer dans son nouveau poste.

Le malaise grandissant, il en fait part à un collaborateur. « Mais qu'est-ce qui ne va pas ? » Celui-ci lui répond aussitôt : « Ta cravate, enlève-là, cela ne se fait pas ici. » Vif étonnement du Français. Le Danois lui a alors expliqué que sa cravate lui donnait un air hautain et arrogant.

Sauf circonstances exceptionnelles de négociations d'affaires ou d'événement officiel, on ne portait pas de cravate au bureau. En effet, il y a un proverbe danois qui dit qu'aucune tête ne doit dépasser les autres. Ce petit bout de tissu qu'il portait autour du cou contredisait donc l'égalitarisme danois. Dans ce pays où

ENTRAÎNEMENT

les rôles entre hommes et femmes peuvent être interchangeables dans la vie professionnelle mais aussi dans la vie familiale, où la faible distance hiérarchique suppose un comportement informel et accessible et où l'on valorise la modestie dans la représentation de soi, de sa position sociale et de sa réussite, la cravate est un triple signe de machisme, de formalisme et de distinction.

La société française serait donc plus masculine, formelle et élitiste que la société danoise... en conclut notre expatrié français en rangeant sa cravate dans un tiroir de son bureau.

La cravate dans le monde : quelques éléments

On l'a vu avec l'exemple du Danemark, le port de la cravate n'est pas aussi systématique ailleurs qu'en France. Globalement, la cravate sera portée plus fréquemment dans les pays où prédominent une forte distance hiérarchique, une distinction professionnelle entre hommes et femmes, une personnalisation du pouvoir.

Mais le port de la cravate ne signifie pas forcément une distinction individuelle. Dans les pays collectivistes tels que le Japon ou la Corée du Sud, le costume-cravate s'apparente à l'uniforme social indispensable pour être intégré dans l'entreprise. Dans ces cas-là, aucune touche d'originalité n'est permise. Il s'agit d'entrer dans un ordre où la personnalité individuelle doit s'effacer devant les intérêts de l'entreprise. Les collègues d'un même niveau hiérarchique ne doivent pas se différencier. Notons que c'est pour la même raison que dans les pays scandinaves on ne porte pas la cravate au travail. Mais ces derniers pays sont fortement individualistes et marqués par des valeurs dites féminines (égalité homme/femme, solidarité, esprit d'équipe, faible distance hiérarchique).

Signe de pouvoir, la cravate est également un indice culturel. Elle est le symbole vestimentaire de l'Occident. C'est justement pour cette raison qu'elle est portée ostensiblement par des employés de cultures non-européennes comme gage de sérieux et de crédibilité. Mais c'est aussi pour cette raison qu'elle est rejetée dans certains pays. Un Saoudien ne saurait s'habiller en Arabie autrement qu'en tunique blanche (« *thob* ») même s'il revêtira le costume-cravate lors de ses déplacements à l'étranger. Suite à la révolution islamique de 1979, l'Iran a banni la cravate comme symbole de l'occidentalisation du pays. Des milices armées de ciseaux sillonnent alors les rues pour castrer les cravates récalcitrantes...

Un puissant marqueur social et culturel

Outre la masculinité, la cravate renvoie donc à deux dimensions fondamentales de l'existence sociale :

1. Le rapport au pouvoir. [...]
2. La représentation de soi. [...]

http://gestion-des-risques-interculturels.com

ENTRAÎNEMENT

Vers le BTS — PRÉPARATION À L'ÉPREUVE E51

Vous avez trouvé votre entreprise de stage à l'étranger. À partir d'informations collectées sur la culture de ce pays et de l'entreprise éventuellement, bâtissez une note de synthèse reprenant les principales caractéristiques, leur analyse et l'intégration de ces critères dans votre préparation d'expatriation.

Vous pourrez alimenter ce document tout au long du stage et le transformer en rapport présentant les deux niveaux de culture. Ce travail est individuel, notamment pour la culture d'entreprise, mais peut être collaboratif pour collecter des informations sur la culture du pays lorsque plusieurs étudiants se rendent à la même destination.

PARTIE

2 PROSPECTION ET SUIVI DE CLIENTÈLE

PROSPECTION ET SUIVI DE CLIENTÈLE DANS UN ENVIRONNEMENT MULTICULTUREL

À partir du diagnostic export, l'entreprise a bénéficié de recommandations pour choisir une stratégie commerciale (positionnement, segmentation et ciblage) et adapter son plan de marchéage. À présent, elle va réaliser sa prospection à l'étranger en intégrant les clés interculturelles.

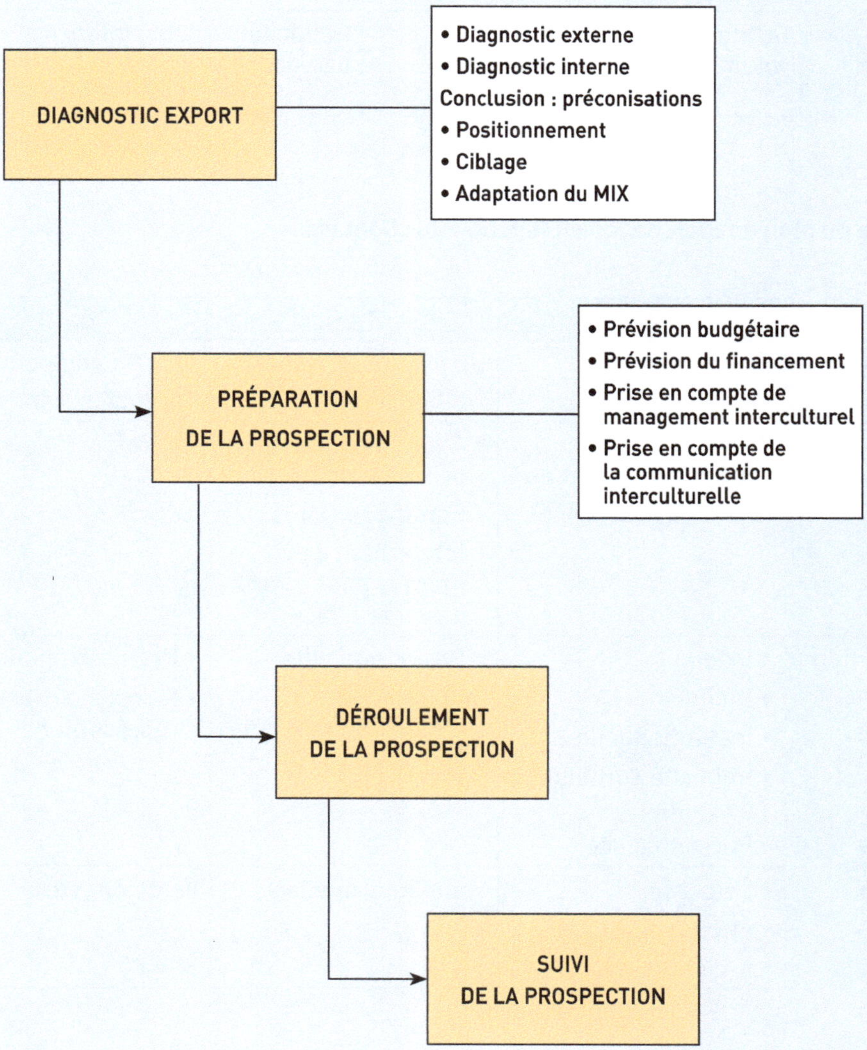

1 ÉLABORATION DE LA POLITIQUE COMMERCIALE CIBLÉE AU MARCHÉ ÉTRANGER VISÉ

L'entreprise doit vérifier que la politique commerciale correspond parfaitement au positionnement voulu pour son offre et à la clientèle ciblée.

A. Cohérence entre stratégie et politique commerciales

	Produit	Prix	Communication	Distribution
Positionnement haut de gamme	Stratégie de différenciation	Élevé : écrémage, alignement	Media Institutionnelle Professionnelle	Sélective/ extensive Exclusive
Positionnement bas de gamme	Stratégie de volume	Bas : pénétration	Publicité sur le lieu de vente	Intensive

B. Cohérence du plan de marchéage en fonction du client visé

	BtoC	BtoD	BtoD
Produit	Biens de consommation	Biens de consommation	Biens d'équipement Produits sur mesure
Prix	Corrélé au positionnement et au mode de distribution	• Alignement sur le prix du marché • Écrémage si qualité • Intégration des marges dans le prix de vente final	Négociés
Communication	• Media • Digitale • Institutionnelle • Publicité sur le lieu de vente • Personnalisée	• Professionnelle (magazines professionnels, salons) • Digitale	• Professionnelle • Directe : visite de représentants
Distribution	• Sélective • Intensive • e-commerce	Vente intermédiée	Vente directe

2 RÉALISATION D'UNE PROSPECTION À L'ÉTRANGER

Une fois sa stratégie et sa politique commerciales arrêtées, l'entreprise peut commencer sa prospection. Pour la préparer et la mener, elle doit réaliser les tâches suivantes :

	PSC	CMI
Collecte d'informations	• Recherche de prospects pertinents • Création d'une base de données (BDD) prospects	Recherche interculturelle (utilisation éventuelle de la grille interculturelle)
Vérification, sélection	• Travail sur la BDD : vérification des informations, suppression des doublons… • Sélection des prospects pertinents : BDD qualifiée	• Croisement des informations • Remplissage de la grille interculturelle • Préparation d'une note de synthèse
Communication	Organisation d'une campagne de mailing ou de phoning	Intégration des caractéristiques culturelles de la communication écrite/orale
Sélection des réponses	Collecte des réponses et tri en fonction de leur proposition	
Relance des prospects	En général par téléphone	Intégration des caractéristiques culturelles de la communication orale
Synthèse	Actualisation de la BDD et du SIC	Mise en ligne de la note de synthèse
Préparation de la rencontre	• Contexte spatio-temporel : durant un salon, une mission export… • Prise de rendez-vous (mail…) • Préparation de la documentation • Élaboration d'un guide d'entretien • Recherche d'aides financières pour la prospection terrain	• Analyse interculturelle : tenue vestimentaire, langue, propos à dire/ne pas dire, gestuelle… • Éventuellement s'entourer d'un interprète ou d'un intermédiaire être recommandé
Déroulement	• Échanges pour évaluer les motivations, fiabilité et possibilités de collaboration avec les clients ou partenaires potentiels • Remplissage d'une fiche prospect • Mise à jour du fichier prospects	• Utilisation des conseils interculturels : salutations, communication orale…
Suivi	• Recherche d'informations complémentaires sur la solvabilité et la fiabilité du partenaire pour pouvoir évaluer son sérieux • Sélection du partenaire le plus conforme à nos attentes • Préparation du contrat (vente, distribution…) • Mise à jour du SIC	• Règles de la communication écrite • Collecte de données sur la culture d'entreprise et des relations contractuelles

En fin de prospection, l'entreprise a identifié un ou plusieurs clients potentiels chauds. À présent, elle va préparer sa négociation pour transformer ces prospects en clients.

Préparez-vous à l'épreuve écrite de Prospection et suivi de clientèle (E51) !

lienmini.fr/ci410psc

Suivez le lien ou le QRcode pour vous préparer au BTS et retrouver un sujet inédit de préparation à l'épreuve écrite de Prospection et suivi de clientèle sur la réussite des vélos électriques Moustache en Australie.

PARTIE

3

Négociation - Vente

PARTIE

3 INTRODUCTION DE LA NÉGOCIATION EN LANGUE VIVANTE ÉTRANGÈRE

Une fois son ou ses prospects sélectionnés et identifiés, l'entreprise va se préparer à négocier dans un environnement interculturel. Le but est de transformer le prospect en client ou de le fidéliser.

1. Préparation de la négociation

- Étude et analyse des modalités d'une négociation efficace, en fonction de :
  - Son client, sa personnalité, sa fonction et sa culture
  - Ses objectifs à atteindre.

En fonction de tous ces critères, elle va adopter une stratégie et une ou plusieurs tactiques de négociation. CHAPITRE 22

- Détermination de son prix de vente en fonction de contraintes CHAPITRE 24 :
  - internes : stratégie, coût de revient export...
  - externes (prix des concurrents, prix psychologique des consommateurs, marges des intermédiaires commerciaux, réglementation : droits de douane, taxes...)
- Élaboration des conditions de l'offre et d'outils d'aide à la vente juridique qui seront utilisés lors de la négociation CHAPITRE 23 : bon de commande ou facture proforma, conditions générales de vente.
- Rédaction de modèles de contrats internationaux selon le type de client visé :
  - Contrat de vente CHAPITRE 25
  - Contrats de distribution CHAPITRE 26

2. Déroulement de la négociation

Une fois que l'entreprise a déterminé les aspects financiers et juridiques de son offre, qu'elle a constitué son offre et les modèles de contrats en fonction de la fonction de son client potentiel, elle va entamer sa négociation en langue vivante étrangère (création d'un lexique pour pouvoir traduire les caractéristiques de son offre par exemple) et en intégrant les variables interculturelles du pays et de l'entreprise de son prospect. CHAPITRE 27

CHAPITRE

22 Les notions de négociation à l'international

Compétences attendues
→ **UC52CP2** : Préparer et organiser une mission de vente

Savoirs associés
→ **S513 :** Techniques de négociation

CONTEXTE MEPHISTO

Pour toutes les maisons qui souhaitent se développer, l'Asie est une perspective intéressante sur le marché de la chaussure. Parmi les sociétés intéressées, Mephisto. Créée en 1965 par Martin Michaeli à Sarrebourg, et nommée 3 fois « Meilleure marque de chaussures de France », elle a, dès ses débuts, étendus sa distribution à l'Europe entière (Allemagne, Autriche, Bénélux...). Depuis, elle s'est implantée dans 50 pays avec une présence dans 18 000 points de vente et a étendu sa gamme à plus de 600 modèles.

Mephisto a maintenant pour objectif de développer l'export sur l'Asie avec dans un premier temps la Chine. Un premier contact téléphonique a été établi avec le dirigeant de Yuang and Co et une date de rendez-vous a été fixée dans leurs bureaux à Pékin .

Quels éléments interculturels doivent être pris en considération pour préparer la négociation ? Quelle stratégie de négociation mettre en place pour la rencontre ?

FICHE D'IDENTITÉ

Dénomination sociale
Mephisto SAS

CA estimé 2016
1,5 milliard EUR (+ 8 %)

Produits
- Chaussures pour femmes et hommes
- *Made in France*
- 70 % de la production est exportée

Implantation
18 000 magasins dans le monde

Effectif
3 000 personnes dont 500 à Sarrebourg (France)

Positionnement
- Secteur hautement concurrentiel
- Positionnement « moyen, haut de gamme »

PROLONGEMENT NUMÉRIQUE

Mephisto industrie de la chaussure (3'47)
lienmini.fr/ci410mephisto

Mephisto, 50 ans d'un savoir-faire unique (4'05)
lienmini.fr/ci410mephisto2

1) Quelles raisons, avancées par Mephisto, justifient son implantation historique en Moselle ?
2) Que représente la part de l'export pour Mephisto ?
3) Quel est son positionnement ?

MISSION 1 Préparer et organiser une mission de vente avec un partenaire étranger ANNEXES 1 à 3

1. Précisez les fonctions des interlocuteurs chinois.
2. Quelles compétences doit avoir le commercial de Méphisto pour appréhender le rendez-vous avec M. Yuang ?
3. Quelles les attitudes doivent être adoptées lors de ce premier face à face ?
4. Est-il envisageable de conclure un accord lors de ce premier rendez-vous ?
5. En utilisant l'annexe 3, reliez les trois alternatives anticipées par le commercial de Mephisto aux objectifs recherchés (qualifiez pour chacune d'elles s'il s'agit d'un objectif plafond, plancher ou réaliste). Justifiez vos réponses.

MISSION 2 Mettre en place une stratégie adaptée au contexte ANNEXES 4 à 6

1. L'annexe 4 présente trois scénarios possibles.
Qualifiez les stratégies de l'acheteur et du vendeur pour chacun des scénarios dans le tableau suivant. Justifiez vos réponses.

	Stratégie du vendeur			Stratégie du client		
	Gagnant	Perdant	Compromis	Gagnant	Perdant	Compromis
Scénario 1						
Scénario 2						
Scénario 3						

2. Avez-vous une marge de négociation ?
3. Transposez l'annexe 6 à votre propre négociation avec M. Yuang

	Le vendeur propose	Le vendeur concède	Le risque est
L'acheteur veut 1 000 paires pour une première commande à 100 euros/paire.			
Le vendeur veut 1 000 paires pour une première commande à 118,75 EUR/paire.			

EN CONTEXTE

ANNEXE 1 Les marchés asiatiques plébiscitent le haut de gamme français

Pour leur part, les chaussures françaises haut de gamme ont la cote sur le marché asiatique. Leurs ventes ont augmenté de 15 % en 2014, à 355,7 millions d'euros. La quasi-totalité des marchés asiatiques y ont contribué, dont certains explosent : Chine + 89 %, Corée du Sud + 44 %, Singapour + 31 %. Les progressions ont été moins vives, toutefois, vers Hong-Kong et au Japon, avec respectivement + 5 % et + 6 % en valeur. Le prix moyen en douanes des chaussures exportées a augmenté de 13 %.

www.lemoci.com

ANNEXE 2 Le guide pour faire des affaires en Chine

En tant que « Vendeur » on se doit de s'adapter à l'acheteur et au pays de l'acheteur. La Chine a une culture différente et très marquée. [...]

Le monde asiatique est différent du monde occidental, l'importance du relationnel restant énorme dans le milieu des affaires.

- **La face :** la première chose que vous devez savoir est ce concept très asiatique qu'est la face. Avoir la face, et donner de la face à son interlocuteur est très important. Avoir la face : c'est la gestion de son image, de ce que l'on dégage et comment on est perçu. La face, c'est savoir se faire respecter et donner l'impression de succès. En Chine, il ne faut jamais faire perdre la face à son interlocuteur.
- **Le *guanxi* :** c'est le réseau ou la relation interpersonnelle avec la personne.
- **La relation** (proche du *guanxi*) : si en Occident, on répond à un besoin, en Chine encore, on traite avant tout avec des personnes. Traduction : en Europe les relations peuvent être limitées ; on attachera plus d'importance au produit. En Chine, on vend à des personnes et de bonnes relations sont indispensables pour faire des affaires. [...] Exemples : on se souvient du nom du partenaire, on est poli, on mange leur nourriture, on plaisante à leurs blagues, on essaye quelques mots en chinois... [...]
- **L'alcool en Chine :** les Chinois de manière général aiment se divertir, [...] C'est bon pour les relations, le guanxi... Dialoguer dans une bonne atmosphère, avec des partenaires « relax » [...]

Le déroulement des phases commerciales

- **Identifier des clients** : les informations en Chine ne sont pas structurées et souvent erronées… Ainsi, bien identifié, le client permet de gagner du temps et de se consacrer sur ce qui fonctionne le mieux.

- **Rapport qualité/prix** ou *Yifen qian yifen Huo* (un centime de qualité un centime d'argent) : comme en Occident, on argumente sur la qualité… ou sur le rapport « qualité/prix ». Si vous vendez des produits à forte valeur ajoutée et donc plus chers que ceux des concurrents locaux, il faudra démontrer la supériorité de vos produits, mais en rapport pour justifier le prix.

- **La présentation** : les Chinois attendent des entreprises étrangères généralement des produits à haute valeur ajoutée. Votre personne et votre comportement indiqueront aux interlocuteurs que vous apportez un plus par rapport aux concurrents. Il est intéressant d'être expert d'un produit pour un secteur. Les entreprises chinoises ne segmentent pas encore bien le marché, mais se spécialiser sur certains secteurs à fort potentiel peut être très bénéfique. Généralement, les Chinois sont prêts à payer 20 % à 30 % plus cher pour des produits « étrangers » de qualité supérieure en BtoB.

- **Les avantages personnels :** la Chine étant un pays en voie de développement et un pays asiatique… on s'adapte à leurs us et coutumes. Comme en France pendant les Trente glorieuses, on fait des cadeaux aux acheteurs, on fait de bons repas. […] Il faut avant tout connaître ce qu'apprécie notre interlocuteur. Comment faire ? On pose les bonnes questions « Qu'est-ce que tu aimes dans la vie », « Qu'est-ce que tu fais le week-end ? »… Par exemple : « J'aime manger » : je t'invite à manger.

- **La négociation :** on ne négocie pas au début lors des premières rencontres, mais après un certain temps de réflexion, après avoir pris le temps de connaître son partenaire. En Chine, on négocie tout et chaque étage de la hiérarchie aime avoir sa petite réduction : 5 % pour l'acheteur, 5 % pour le manager achat, 5 % en moins avec la discussion avec le General Manager. Un prix en BtoB peut au minimum être réduit de 15 %… donc lorsque l'on vend, il est intelligent de faire de même… et de prévoir.

- **Le contrat** : un bon accord vaut mieux qu'un contrat en Chine.

En Chine, il est préférable d'aboutir à un accord équilibré, où chacun trouve ses avantages. Grand nombre de Chinois ne se sentent pas tenus par un accord qui leur est défavorable, même s'ils l'ont signé. Certains, quelques jours après, tentent de le renégocier. Si un contrat est déséquilibré, en pratique, cela donne des retards, des changements de qualité, ou une absence de livraison. Si on vend, cela donne un refus de payer en cas de mécontentement de la livraison ou en payer une partie. La vision des contrats est différente.

www.marketing-chine.com

ANNEXE 3 Préciser les objectifs visés en fonction des alternatives proposées

	Objectif plafond ou maximum	Objectif plancher ou minimum	Objectif réaliste
Vendre au prix affiché (avec une remise de 5 % attendue est considéré comme un geste commercial).			
Ne pas vendre à perte ! (au-delà d'une remise de 25 %, la société est en perte).			
Trouver un consensus.			

ANNEXE 4 À chaque scénario sa stratégie

Scénario		Conséquences
Scénario 1 : le client veut les chaussures à 100 EUR.	→	Le vendeur ne réalise pas sa marge ! Il vend à perte.
Scénario 2 : le client veut les chaussures à 100 EUR mais le vendeur négocie à 118,75 EUR.	→	Le vendeur applique le prix négocié classique.
Scénario 3 : le client s'obstine et veut 100 EUR ou rien ! Le vendeur propose l'augmentation des quantités ou propose des services supplémentaires (ou un engagement sur du long terme…). L'accord est trouvé à 115 euros.	→	Le prix est en dessous des pratiques mais le vendeur a négocié des contreparties en termes de services et de volume.

VIDÉO

Comment rater sa négociation et perdre de l'argent (4'01)
lienmini.fr/ci410negociation
Suivez le lien ou le QRcode pour savoir quelles erreurs éviter lors d'une négociation.

ANNEXE 5 Objectifs et marges de manœuvre

La définition des objectifs se fait généralement en collaboration avec des membres de l'entreprise (qui ne participeront pas à la négociation). Les contraintes et les enjeux pour arrêter les objectifs ne sont pas seulement financiers, mais aussi psychologiques, politiques ou conjoncturels. Cette étape doit permettre de définir des objectifs clairs et réalistes, tout en prévoyant une marge de manœuvre avec une hypothèse haute, une hypothèse basse et un seuil à ne pas franchir.

ANNEXE 6 Ce que l'on peut apprendre d'une négociation de couple !

L'autre veut		
Je veux	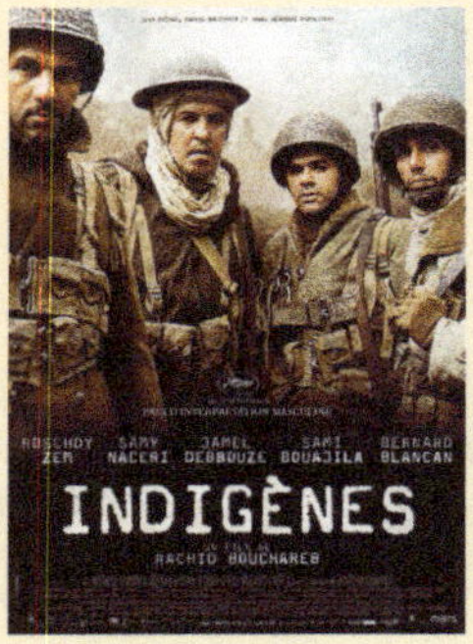	
Je propose	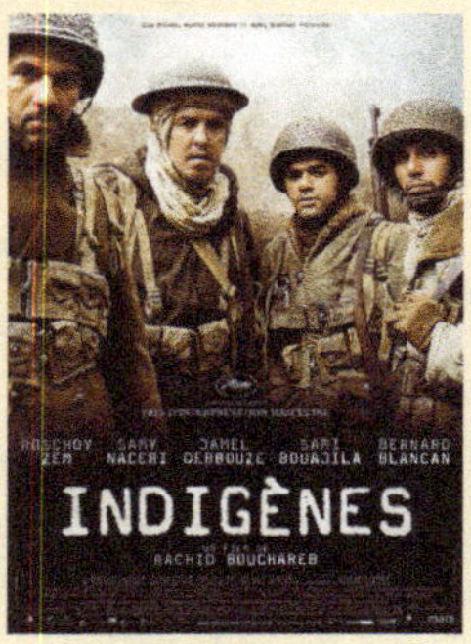	
Je concède		
Le risque		

La vision du commercial-négociateur est encore souvent rattachée au dieu Hermès, Dieu des voleurs, au regard des stéréotypes « des beaux parleurs ». Pour aller au-delà et comprendre réellement l'ensemble des compétences d'un négociateur, il faut approfondir le concept...

RESSOURCE 1 LES SPÉCIFICITÉS DE LA NÉGOCIATION INTERNATIONALE

1 Les notions de négociation

La négociation est la phase préalable à une vente. Il existe :

- un **cycle de vente court**, où elle s'effectue en un ou deux entretiens ;
- un **cycle de vente long**, pour les relations BtoB : montages d'affaires, grands projets ou mise en place de partenariats. Elle va se dérouler sur plusieurs entretiens, réunissant divers interlocuteurs de part et d'autre.

Lexique

- Vendre, c'est céder moyennant un prix convenu.
- Négocier, c'est discuter entre plusieurs parties en vue d'un accord.

Lexique

- La négociation commerciale consiste à rechercher le meilleur accord possible en vue de préserver les intérêts réciproques des parties.

2 Les caractéristiques d'une négociation internationale

La variable internationale englobe en outre des caractéristiques bien particulières :

Caractéristiques	Éléments explicatifs
Intrinsèques	• Au moins 2 personnes. • Le moment de la négociation. • Le lieu. • 2 pays/2 cultures.
Socioculturelles	• Les 6 critères de Hofstede (distance hiérarchique...). • Les 3 critères de Hall (contexte, temps, proxémie). • Les 7 critères de Trompenaars (universalité, statut inné...).
Liées aux relations d'affaires	• Dois-je apporter un cadeau ? Oui en Asie. • Dois-je apporter une attention particulière à la ponctualité ? Oui, en Allemagne. • Dois-je faire plus personnellement connaissance avec mes interlocuteurs ? Oui aux Émirats arabes unis.
Juridiques/ réglementaires	• Pour une négociation en BtoB et D, intervention d'avocats parfois. Ex. : les États-Unis. • Valeur de l'écrit et de l'oral.

Il est donc primordial de maîtriser ces connaissances ou de se faire accompagner.

SITE WEB

Préparer ses rendez-vous d'affaires en Europe
lienmini.fr/ci410europe
Suivez le lien ou le QRcode pour retrouver un document de la CCI de Picardie permettant de préparer ses rendez-vous d'affaires dans les pays européens.

3 Les interlocuteurs à l'international

Dans une négociation internationale, il y a deux grandes catégories d'interlocuteurs :

- L'**émetteur** est celui qui est dans la position de faire une offre ou celui qui cherche à convaincre (l'exportateur), qui prend l'initiative de la négociation. Il n'a pas le choix du lieu de la négociation, ni de la forme.
- Le **récepteur** est celui qui est dans la position d'accepter ou de refuser l'offre (l'importateur). En fonction du cycle de la négociation (court ou long, BtoB, BtoC), son « pouvoir » peut varier, avec des tactiques (et des techniques) différentes. Les plus connues et les plus dures sont celles des centrales d'achats pour la grande distribution. Elles visent à mettre l'interlocuteur sous pression en mettant en avant ses avantages, comme en Allemagne où le marché est saturé. Il est indispensable que l'émetteur connaisse ces tactiques pour pouvoir conclure les contrats.

VIDÉO

Négociation : étude de cas entre un fournisseur et un distributeur (5'57)
lienmini.fr/ci410sketchdenego
Suivez le lien ou le QRcode pour retrouver un sketch de négociation mettant en scène un fournisseur et un distributeur.

4 Les mécanismes d'achat

Dans les mécanismes d'achat classiques, on considère uniquement un contexte de temps, de lieu, des entreprises, des clients, des produits. Au niveau international, le contexte est multiculturel avec toute une série de conséquences dans les échanges.

Exemple : la boisson dans les relations internationales
- En Russie, pour faire des affaires, il faut avoir une forte résistance aux alcools forts ou envoyer un homologue russe.
- Les Coréens, les Japonais peuvent en toute normalité partager leur ivresse avec leurs collègues de travail

RESSOURCE 2 LES STRATÉGIES ET TACTIQUES DE NÉGOCIATION

1 La préparation de la négociation

Lexique
▸ Une **stratégie de négociation** représente la définition du chemin et des moyens à mobiliser pour atteindre ses objectifs.

Connaître les enjeux

La difficulté réside dans les enjeux qui peuvent être : conciliables, inconciliables ou partiellement conciliables. Il faut également identifier si ces enjeux différents peuvent générer un conflit. Sinon, il faut anticiper les moyens de les résoudre.

L'acheteur souhaite un prix à l'unité de 10 EUR alors que le vendeur vend à perte pour cette somme. Les enjeux sont ainsi inconciliables.

Fixer ses objectifs

Il faudra aussi lister les objectifs plafond (maximum), plancher (minimum) et réaliste (ou la recherche d'un compromis). Par exemple, si on prend la variable prix, on pourrait dire :

Objectif plafond	Prix maximum auquel il pensera pouvoir vendre le produit ou le service.
Objectif plancher	Prix au-dessous duquel il ne voudra pas descendre.
Objectif réaliste	Prix auquel il estimera réaliste de vendre le produit ou le service.

Les objectifs peuvent porter aussi sur une variable qualitative comme par exemple laisser une bonne image de la société.

Les objectifs du vendeur se font toujours en corrélation avec les objectifs du client. Ce dernier a généralement trois options : acheter, ne pas acheter et différer l'achat.

Le vendeur doit alors chercher à éliminer les solutions défavorables et doit comprendre les influences de l'environnement du prospect afin de les adapter dans son argumentation. (cf chapitre 30)

Connaître sa marge de manœuvre

Une situation de négociation a des caractéristiques communes : une rencontre, deux ou plusieurs parties, un enjeu pour chacun, une volonté de trouver un accord, chaque partie a une marge de manœuvre. Celle-ci ne doit pas être confondue avec le seuil de négociation. Ainsi, lorsque le négociateur va prioriser ses objectifs, il va fixer un minimum et un maximum. Entre les deux, se situe la marge de manœuvre. Il existe dans toutes les relations d'affaires un objectif de repli (lorsque l'affaire ne peut être conclue) qui consiste à envisager la relation sur du long terme en laissant une image positive de sa société même si l'affaire ne se conclut pas.

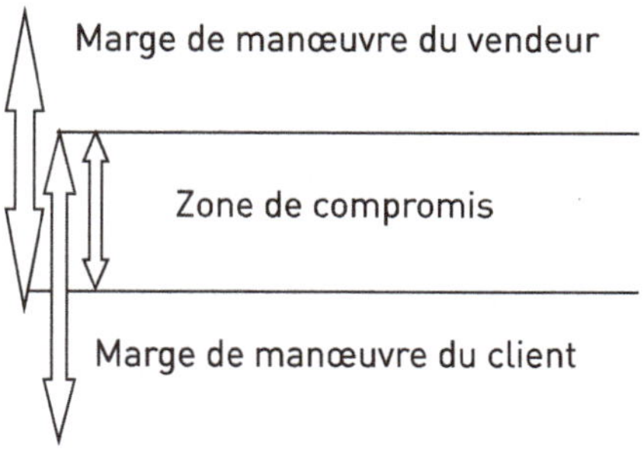

2 Définir sa stratégie

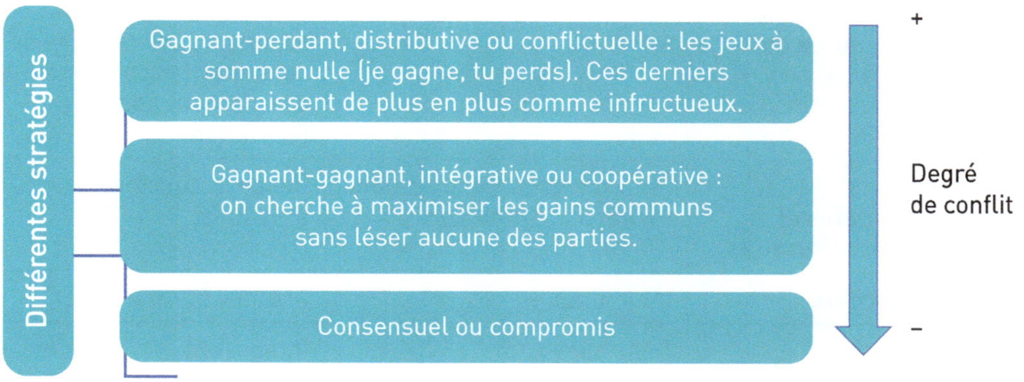

Le choix d'une de ces stratégies dépend de nombreux critères :

- Le **degré du risque** que représente l'objet de la négociation.
- L'**objectif fixé** et les **marges de manœuvre**.
- L'**environnement économique, juridique** : les prix (comparaison du positionnement de l'entreprise avec ses concurrents, du marché en général), les services associés, les délais se font en fonction de la conjoncture.

Exemple : si le client se situe sur un marché frappé par la crise et connait une baisse de son CA et de ses marges, alors il faudra adapter/revoir ses propres marges.

- Du **type de relation avec le partenaire** : existe-t-il des antécédents ? Est-ce une première rencontre ?

Lexique

Stratégie distributive : implique des concessions (un jeu perdant-gagnant). La situation est conflictuelle.

Stratégie intégrative : implique la volonté des deux parties de trouver des contreparties acceptables (gagnant-gagnant). La situation est propice à la coopération.

Stratégie mixte : implique des compromis, des consensus.

Exemple : en reprenant le portefeuille d'un collaborateur, on peut bénéficier de la mauvaise image de l'ancien commercial. Il faudra changer l'image de la société associée à l'ancien collaborateur... ce qui nécessite une approche plus longue et un premier contact plus froid avec le client.

- De l'**environnement** au sens large de la négociation (heure du rendez-vous, temps consacré à l'entretien, bruit, choix du lieu).

3 La tactique au service de la stratégie choisie

Lexique
▸ Les **tactiques de négociation commerciale** sont les actions à mettre en œuvre pour parvenir à la stratégie envisagée.

Il existe essentiellement deux tactiques avec les caractéristiques suivantes :

Les déterminants	Tactique conflictuelle	Tactique coopérative
Les besoins des interlocuteurs (acheteur, vendeur)	Divergents	Convergents
Contexte environnemental	Désagréable	Agréable
Contexte matériel Analyse du contexte comme le lieu, l'aménagement de l'espace, la proxémie, le temps (heure, durée du rendez-vous…).	Face à face Durée du rendez-vous très courte, avec la présence de concurrents pour la suite.	Table ronde Durée de rendez-vous classique qui permet de tisser de véritables relations sans menace de consulter les concurrents directement après l'entretien.
Attitudes comportementales et variables interculturelles	Retard volontaire, pression, menace, intimidation.	Respect, courtoisie, empathie.
Aptitude à l'écoute	Interrompre	Ecouter et reformuler
Stratégie propice	Distributive	Integrative
Exemple	Souvent tactique propre au récepteur (grande distribution, centrale d'achat) ; dans les pays latins.	Tactique utilisée par les deux parties, souvent en Asie.

Conseils de pro
Il faut intégrer la variable culturelle à l'échelle d'une négociation internationale pour mettre toutes les chances de son côté (éviter les affrontements volontaires). Cela nécessite une bonne connaissance « pays ». Il a par ailleurs été démontré qu'il est plus difficile d'adopter une stratégie intégrative dans une situation de négociation interculturelle (à l'opposé de l'intraculturelle).

4 Le cas particulier de la négociation en situation conflictuelle

Les enjeux

La gestion des conflits nécessite d'identifier les besoins de toutes les parties présentes lors de la négociation et se demander si le commercial est obligé d'y prendre part. Ce dernier doit éviter de s'engager dans un conflit surtout s'il perçoit à l'avance qu'il n'obtiendra pas de succès. Pour réussir une négociation lors d'un conflit, le négociateur doit faire preuve d'écoute, d'empathie et bien distinguer le problème des personnes. L'objectif est ici de bien connaitre les arguments des parties, de clarifier les éléments du problème.

Lexique
Il existe trois types de conflits : d'intérêt, de besoin, d'opinion.

Les parades

La gestion des conflits d'après Hodgson relève de deux variables :

- coopératif ou non ;
- face à face ou sans face à face.

En fonction d'elles, il décline quatre cas de figure :

Collaboration	Volonté de coopérer et de se retrouver face à face : le plus répandu.
Contestation	Recherche d'un face à face mais sans coopération.
Acceptation	Volonté de coopérer sans pour autant vouloir un face à face.
Évitement	Volonté d'éviter le face à face.

Le compromis est une autre voie possible : c'est le point de corrélation des 4 autres formes de gestion des conflits !

VIDÉO

La gestion de conflit gagnant-gagnant (2'08)
lienmini.fr/ci410gagnant
Suivez le lien ou le QRcode pour retrouver une courte vidéo que les étapes de la résolution de conflit.

RESSOURCES ET MÉTHODE

MÉTHODE

CHOISIR UNE STRATÉGIE DE NÉGOCIATION

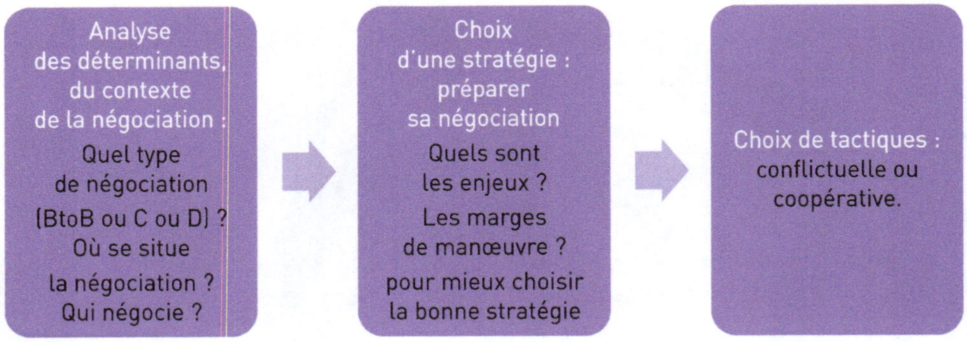

- **Lien entre stratégie et tactique**

La **stratégie** est un préalable à toute négociation et nécessite des compétences spécifiques. Les **tactiques** vont les aider à les réaliser sans oublier en appui les **techniques** utiles à chaque commercial : comment négocier le prix, poser des questions... (→ chapitre 27).

	Contenu	Compétences développées
Stratégie	• L'orientation du projet • La fixation des objectifs	Anticipation, préparation
Tactiques	• Les actions à mettre en œuvre	Adaptabilité, réactivité
Techniques	• Utilisation du savoir faire • Création et utilisation des outils adaptés (être informé sur le client, ne pas rester sur l'aspect prix, rechercher un accord gagnant-gagnant...)	Entraînement, flexibilité, empathie, écoute, communication

ENTRAÎNEMENT 1 QCM

• **Validez vos connaissances en cochant la (ou les) bonne(s) proposition(s) puis justifiez oralement vos réponses.**

1. La négociation est l'échange d'un bien ou service en contre partie du versement d'une somme d'argent.

☐ Vrai.
☐ Faux.

2. La négociation gagnant-gagnant est synonyme de négociation distributive.

☐ Vrai.
☐ Faux.

3. Pour augmenter ses chances de réussite lors d'une négociation internationale il est préférable d'opter pour une stratégie intégrative.

☐ Vrai.
☐ Faux.

4. La stratégie en négociation commerciale vise à :

☐ Orienter le projet et à fixer les objectifs.
☐ Mettre en œuvre les actions.

5. L'emploi de tactiques lors d'une négociation internationale :

☐ Est nécessaire.
☐ N'est pas nécessaire.
☐ Cela dépend des cas.

QCM

lienmini.fr/20410qcm22
Accédez à la suite de ce quiz en utilisant le QRcode ou le lien URL.

ENTRAÎNEMENT 2 GÉRER LES CONFLITS

Contexte de la situation de négociation :

Émetteur	Entreprise indienne de textile (créée en 2013).
Récepteur	Orchestra France (vêtements pour enfants) créée en 1995.
Objet de négociation	Achat de tissus pour la collection printemps/été 2018.
Informations détenues lors de la préparation de l'entretien	• Orchestra a déjà un fournisseur en Chine très bien placé au niveau du prix. Cette variable va être déterminante lors de votre négociation. • Ce fournisseur travaille avec eux depuis 5 ans et avait été choisi pour ses prix attractifs.
Lieu du rendez-vous	Siège Orchestra France à Saint-Aunes (34).

À partir des éléments ci-dessous :

1. **Identifiez le type de conflit que vous pouvez anticiper lors de votre préparation de l'entretien commercial (aidez-vous du tableau).**
2. **Quelle sera alors votre stratégie pour gérer ce conflit ?**

ENTRAÎNEMENT 3 DE LA QUALIFICATION DE LA RELATION COMMERCIALE À LA STRATÉGIE

RSW est une société qui fabrique des optimiseurs d'énergie. Il est leader sur le marché français et est reconnu pour la qualité de ses produits.

Situation 1 : Lors d'un salon professionnel en Allemagne sur les énergies renouvelables, le directeur M. Touati a pris contact avec un distributeur local, M. Helmut. Ce dernier dispose d'un réseau de revendeurs très développé. Les 2 hommes se rencontrent afin de discuter de la conclusion d'un contrat de distribution.

Situation 2 : RSW souhaite élargir sa zone de chalandise. Pour cela elle veut, entre autres, acheter des espaces publicitaires dans une revue professionnelle spécialisée « énergie3.0 ». Les représentants de ces 2 sociétés vont se rencontrer.

Pour chacune des deux situations répondez aux questions suivantes :

1. **Précisez le type de relation commerciale entre les interlocuteurs.**
2. **Quels sont les objectifs poursuivis par chaque partie ?**
3. **Quelle stratégie est-il préférable d'adopter ? Justifiez votre réponse.**

Vers le BTS PRÉPARATION À L'ÉPREUVE E52

L'entreprise The Handmade Soap Company (produits cosmétiques bio), créée en 2009, est située en Irlande dans le comté de Meath (35 mn de Dublin). Son CA est en constante évolution depuis sa création pour atteindre plus de 1 100 000 EUR en 2015.

ENTRAÎNEMENT

Plan de marchéage

Produits	Les produits de beauté pour le corps, les cheveux et le visage : • sont fabriqués avec des matières premières exclusivement naturelles ; • sont exempts de SLS (Sodium, Laureth Sulfate), de paraben et de produits pétrochimiques ; • ne sont pas testés sur les animaux ; • ont généré des prix pour sa crème pour les mains (concours Image Magazine) ; • sont tous fabriqués à la main. Étendue de la gamme de produits : cf. site Internet https://thehandmadesoapcompany.com/ L'entreprise a développé un nouveau packaging pour cibler les hôtels (format mini) + développement de la gamme pour homme.
Prix	Les prix sont à l'image de la qualité : élevés.
Distribution	• Les canaux de distribution sont courts sur le territoire irlandais. Les points de vente : les produits sont vendus en boutique, magasin de jardinage, parapharmacie, hôtels, spas, instituts de beauté, grands magasins de luxe… • Stockage : l'entreprise stocke ses produits sur le lieu de production, mais elle fonctionne en flux tendus. Pour l'étranger il existe des entrepôts de stockage comme par exemple aux EU. • L'entreprise vend en EXW (départ usine).
Communication	• Marketing direct. • Relations publiques. • Réseaux sociaux.

Vous venez d'être embauché(e) pour développer le portefeuille clients de The Handemade Soap. Votre avenir dans cette entreprise dépend de votre capacité à développer le CA. Vous ciblez l'hôtellerie de luxe pour mettre en avant les nouveaux packagings (petits contenants 12 à 20 ml) tout juste développés par la société.

Vous avez constitué un fichier de 100 prospects. Après une campagne de phoning vous avez obtenu certains rendez-vous, dont un avec M. Clooney, directeur général du groupe Accorhotels sur Londres. Vous êtes accompagné(e) d'un(e) collaborateur(trice).

L'enjeu à court terme est l'opportunité de s'implanter à Londres. Sur un plus long terme, le groupe Accor représente un potentiel encore plus large puisqu'il est implanté dans plusieurs pays. Votre approche sera essentiellement de découvrir ses besoins mais avec une attention particulière pour proposer la nouvelle gamme de produits spécialement conçus pour l'hôtellerie (petit contenant). Cela offre de plus une belle fenêtre à tous les clients qui pourraient être séduits par notre gamme.

L'enjeu est très risqué pour le groupe car la société commence tout juste à exporter ses produits.

Les enjeux pour le directeur général et son groupe restent à découvrir mais vous savez qu'il a déjà une gamme de produits pour le corps et le visage adaptée pour leurs hôtels. Il vous a semblé qu'il souhaite renouveler leurs gammes en faveur d'une image plus bio à l'image des préoccupations nouvelles de leur clientèle.

1. **Identifiez les caractéristiques socioculturelles des deux pays concernés (Irlande et USA) en faisant des recherches sur Internet. Vous pouvez vous aider des chapitres 19 à 21 et du lien suivant : lienmini.fr/ci410business**

2. **Préparez votre rendez-vous afin de définir votre stratégie en remplissant le tableau ci-dessous :**

Critères de choix d'une stratégie	
Le degré du risque que représente l'objet de la négociation (ou quel est le niveau des enjeux ?).	
Objectifs et marges de manœuvre.	Objectif principal : Objectif plancher : Objectif réaliste :
Environnement économique, juridique.	
Relation avec le partenaire.	
Environnement au sens large de la négociation.	

3. **Quelle stratégie décidez-vous de mettre en place ? Justifiez votre réponse.**

4. **Remplissez le tableau suivant afin d'indiquer, en fonction de vos enjeux, de votre stratégie et de la connaissance de votre prospect, la tactique que vous allez mettre en œuvre.**

Handmadesoap et le groupe ACCOR Londres	
Enjeux	
Stratégie	
Tactique	
Conseils particuliers à l'attention du commercial	

5. **Présentez ce tableau et essayez de convaincre l'ensemble de la classe du bienfondé de votre stratégie et de votre tactique.**

CHAPITRE

23 La présentation de l'offre à l'international

Compétences attendues
→ **UC52CP1** : Rédiger une offre adaptée

Savoirs associés
→ **S512** : Présentation de l'offre

CONTEXTE RAYNAL & ROQUELAURE

L'entreprise Raynal & Roquelaure, implantée à Capdenac, dans l'Aveyron, existe depuis 1876 et évolue avec son temps. Elle fabrique et commercialise des plats cuisinés en barquettes et boîtes de conserves en misant sur :

- des ingrédients de qualité ;
- la traçabilité des produits ;
- une volonté de garder les ateliers en France (Sud-Ouest) ;
- une conserve 100 % recyclable ;
- l'écologie et le développement durable, certifiée ISO 14000.

En 2013, cette société a subi la méfiance des consommateurs vis-à-vis des produits préparés et son CA a baissé drastiquement. Pour les années suivantes, Norbert Glémet envisage de retrouver le niveau de 2012. Sa stratégie s'articule autour de la satisfaction des goûts locaux et de l'adaptation de l'offre à ces demandes. Il revient d'un voyage de prospection à Helsinki (Finlande) où il a rencontré M. Korhonen, directeur des achats d'une chaîne de supermarchés haut de gamme, SIWA. Ce dernier souhaite lui commander ses produits et lui demande une offre commerciale.

Quels risques court M. Glémet ? Comment va-t-il rédiger son offre ?

FICHE D'IDENTITÉ

Dénomination sociale
Raynal & Roquelaure

Forme juridique
SAS

Effectif
250 salariés

Activité
Agroalimentaire : plats cuisinés en conserve

CA 2014
130 millions EUR (prévision 200 millions EUR en 2019)

Production
23 000 tonnes en 2014 (2,6 millions EUR d'investissements en 2015 pour doubler la production)

Positionnement
Moyen/haut de gamme selon les produits

PROLONGEMENT NUMÉRIQUE

Reportage sur l'usine Raynal & Roquelaure (12'38)
lienmini.fr/ci410raynal

1) Mettez en évidence les clés du succès de l'entreprise Raynal & Roquelaure.
2) Identifiez le processus de traçabilité de leurs produits.
3) Comment mettent-ils en œuvre au quotidien leur objectif de qualité dans leurs ateliers ?

EN CONTEXTE

MISSION 1 Identifier l'utilité des CGV et les analyser ANNEXES 1 à 3

1. Analysez l'utilité des CGV pour le vendeur.
2. De quels périls le protègent-elles ?
3. Listez les conditions d'efficacité des CGV.
4. Analysez l'annexe 3 sous forme de tableau :

N°	Titre	Commentaires

MISSION 2 Commenter une facture proforma ANNEXES 4 et 5

1. Listez les points de différence entre les notes prises par M. Glémet lors de l'entretien et la facture proforma qu'il a établie ensuite.
2. Analysez les raisons de ces modifications proposées par le vendeur à son client.
3. Quelle peut être la réaction du client ? Quelles en seront les conséquences juridiques ?

ANNEXE 1 Comment bétonner vos conditions générales de vente

Commandes, livraisons, conditions de paiement... Des CGV (Conditions générales de vente) bien « bordées » sont essentielles pour réduire les délais de règlement de ses clients, et mettre au pas les mauvais payeurs. De nombreuses PME sous-estiment leur pouvoir. Elles doivent être présentées en cas de contrôle, sous peine d'amende. Mais les CGV représentent bien plus que cela.

« Elles précisent dans quelles conditions commerciales et financières l'entreprise entend traiter avec ses clients, explique Bruno Blanchet, du groupement associatif CODINF, consultant et formateur en crédit management agréé par l'Association française des crédits managers et conseils. Elles peuvent évoquer tous les sujets liés aux relations du fournisseur avec ses clients : commandes, paiements, livraisons, règlement des litiges, etc. Sachant que lorsqu'un thème n'est pas traité dans les CGV, c'est la législation en vigueur qui s'applique, que l'entreprise la connaisse ou non... autant dire qu'une entreprise dont les CGV sont mal fichues va droit au casse-pipe ! » [...]

Des CGV bien conçues offrent plusieurs intérêts. D'abord, « l'entreprise peut fixer des conditions financières standard très restrictives et consentir seulement à ses bons clients, par une lettre ou un avenant spécifique, des conditions dérogatoires plus favorables », observe Bruno Blanchet. En prévoyant dans ses CGV des délais de paiement réduits au minimum, des conditions drastiques d'obtention et de maintien des lignes de crédits clients et des sanctions financières conséquentes en cas de retard de paiement, une entreprise optimise à la source la gestion de son portefeuille clients... avec des gains directs de trésorerie et de rentabilité !

Elles ont un autre avantage : elles évitent, dans la plupart des cas, de devoir aller jusqu'au contentieux avec des clients incorrects. « Il suffit de faire valoir auprès du client que ce qu'on lui demande – ou ce qu'on lui refuse – correspond à tel cas de figure traité dans les conditions générales de vente, et de lui rappeler qu'il a donné son accord sur ce point en les signant, souligne Bruno Blanchet. Si malgré tout, l'entreprise doit lancer une procédure judiciaire pour qu'un client respecte ses engagements, des CGV bien bordées lui donneront, auprès du tribunal, un avantage décisif ! »

Un outil à personnaliser

« [...] Pour bien protéger l'entreprise, les CGV doivent être issues de l'expérience du terrain : elles doivent être rédigées par la direction générale, en étroite liaison avec les commerciaux et les financiers, puis en dernier ressort validées par la direction juridique. » Dans le même ordre d'idées, l'expert de CODINF conseille à chaque entreprise d'adapter ses CGV à la nature de son activité (industrie, commerce ou prestation de services) et à son secteur spécifique.

Nathalie Mourlot, http://lentreprise.lexpress.fr, 28 novembre 2012.

ANNEXE 2 Conditions générales de vente : les clauses spécifiques à l'export

En matière de contrat commercial international, une question revient très souvent : « CGV (conditions générales de vente) ou CGA (conditions générales d'achat), lesquelles prévalent ? »

Il faut se poser LA bonne question : à quoi servent les CGV ? Elles servent à s'opposer aux CGA et surtout à inciter l'acheteur à respecter son obligation principale : payer !

Logiquement, les CGV sont toujours l'exact opposé des CGA. Les Anglo-Saxons l'ont d'ailleurs bien compris : l'échange de ces documents, ce que nous, parfaits gentlemen, appelons « l'échange des consentements », eux, le nomment « *battle of forms* ».

Dans de nombreux pays, Les CGV prévalent, notamment en France avec le renforcement de l'article 441-6 du Code de commerce qui précise : « Les conditions générales de vente constituent le socle de la négociation commerciale. » Dans les pays anglo-saxons, on fait plus particulièrement référence à la théorie du *last shot*. Les dernières conditions envoyées non contestées par l'autre partie constituent la base légale du contrat.

Attention ! Les CGV figurant au verso de la facture n'ont qu'une valeur de rappel et aucune valeur juridique : elles sont portées trop tardivement à la connaissance de l'acheteur pour lui être opposables. Elles doivent donc être dans le contrat. Il est alors impératif pour le vendeur de prévoir dans sa chaîne de documents échangés lors de l'offre et la commande, un accusé de réception de commande, portant au verso les CGV.

[...] Ces derniers mois ont vu un renforcement en droit français des CGV. Ainsi, l'article 441-6 du Code de commerce précise désormais : « Tout producteur, prestataire de services, grossiste ou importateur est tenu de communiquer à tout acheteur de produits ou demandeur de prestation de services pour une activité professionnelle qui en fait la demande ses conditions générales de vente. Celles-ci constituent le socle de la négociation commerciale. Elles comprennent :

- les conditions de vente ;
- le barème des prix unitaires ;
- les réductions de prix ;
- les conditions de règlement. »

Encore faut-il savoir en tirer profit et faire en sorte que l'acheteur en ait bien pris connaissance. Aussi, afin de se prémunir contre les risques de litige et de retard ou de défaut de paiement, il est essentiel que les documents contractuels du vendeur (et plus particulièrement l'accusé de réception de commande) portent à leur verso, de façon claire et lisible, les CGV. Dans la négative, ce sont les CGA de l'acquéreur qui feront le plus souvent foi en cas de litige, et elles risquent d'être défavorables au vendeur.

L'objectif principal des conditions générales de vente est de faciliter le recouvrement des créances. Pour être efficaces, elles doivent être claires, lisibles, rigoureuses. Et surtout, elles doivent être adaptées aux opérations du commerce international !

www.lemoci.com

ANNEXE 3 CGV export de Raynal & Roquelaure (CGV fictives écrites pour les besoins du cas)

Les présentes CGV définissent les relations précontractuelles entre l'entreprise Raynal & Roquelaure et tout acheteur potentiel. Elles s'appliquent pour toute négociation et priment sur toutes conditions générales d'achat.

Article 1 : Raynal & Roquelaure fabriquent des plats cuisinés de qualité en barquettes et boîtes de conserve, pour professionnels et particuliers : recettes du Sud-Ouest, choucroutes, légumes... La liste complète de nos produits, nos engagements, fabrication sont disponibles sur le site : http://www.raynal-roquelaure.fr

Tous les plats cuisinés sont fabriqués en France, avec des ingrédients de grande qualité. Les viandes sont choisies avec soin et la traçabilité respectée. Ils respectent les normes requises de chaque pays où nous exportons, grâce à nos homologations.

Raynal & Roquelaure est certifié ISO 14000, mène une politique écologique et s'engage envers le développement durable.

Article 2 : Les produits Raynal & Roquelaure nécessitent un certain délai de fabrication lorsqu'ils sont conçus sur mesure. Le délai est précisé lors de la prise de commande. Si l'acheteur annule une commande entre-temps, il s'engage à nous indemniser selon des modalités prévues lors du contrat.

Article 3 : Les délais de livraison dépendent de la destination et sont garantis par contrat. Pour toute commande personnalisée, le délai va dépendre de la quantité de produits et de leur niveau de qualité.

Article 4 : Les produits Raynal & Roquelaure sont emballés par nos soins. Le prix de l'emballage est en sus et dépend du degré de protection requis. Toute commande qui sollicitera un emballage moins résistant que celui que nous apposons, certifié SEI et écologique, sera refusée.

Article 5 : La liste des prix standard est disponible sur simple demande. Pour les grosses commandes et les personnalisations, les prix sont déterminés au cas par cas. À partir de 5 000 EUR d'achat, une remise de 2 % est consentie.

Article 6 : Les livraisons dans les pays limitrophes de la France auront lieu par transport routier en DAP destination choisie. Nous avons l'habitude de travailler avec des transporteurs certifiés ISO 9000 qui prennent soin de nos produits.

Article 7 : Pour les livraisons au-delà de la France, le transport est effectué en CIP aéroport ou port de destination ; la quantité commandée détermine le mode de transport. Toute négociation pour un autre incoterm devra être justifiée car nous prenons soin des conditions d'expédition. Toute commande maritime inférieure à un conteneur 20' sera refusée.

Article 8 : Toutes les marchandises sont contrôlées à leur sortie d'usine par nos soins. Elles devront être vérifiées par l'acheteur à réception et la réclamation confirmée par LRAR dans les 3 jours. Ce dernier pourra les refuser, si elles ne correspondent pas à la commande en quantité, qualité et nous les renvoyer par le même transporteur à nos frais. Au-delà, le vendeur décline toute responsabilité.

Article 9 : Le paiement sera effectué à votre convenance, en EUR uniquement :

- au comptant, 2 % d'escompte ;
- un acompte de 20 % sera demandé, pour toute commande excédant 2 500 EUR, à la commande, le reste sera réglé à la livraison.

Pour tout montant supérieur à 20 000 EUR, dans certains pays, le reliquat sera réglé en crédit documentaire irrévocable et confirmé à vue.

Pour les très grosses commandes professionnelles, un paiement échelonné par crédit documentaire renouvelable sera consenti.

Article 10 : Tout retard de paiement sera sanctionné par une pénalité de 2 % du montant du contrat par mois de retard, après mise en demeure. Après 6 mois de retard, le contrat sera automatiquement rompu aux torts de l'acheteur et les produits restitués.

Article 11 : Le transfert de propriété de la marchandise sera retardé au paiement complet du prix.

Article 12 : Raynal & Roquelaure est garant d'un très haut niveau de qualité. Nous déclinons toute responsabilité en cas de force majeure, faute de l'acheteur.

Article 13 : Tout litige sera de la compétence des tribunaux civils de Rodez, qui appliqueront le droit français.

Article 14 : Ces conditions générales de vente sont applicables dès leur rédaction. Elles seront expressément acceptées par l'acheteur lors de la commande.

ANNEXE 4 Notes prises durant l'entretien entre M. Glémet et M. Korhonen

Date de l'entretien	15 novembre 2016
Quantités souhaitées	20 palettes de 200 cartons de diverses boîtes de conserve de la gamme « recettes du Sud-Ouest » – Contenance : 850 grs
Prix	5,85 EUR l'unité (FCA Capdenac)
Livraison	Transport routier – FCA locaux du vendeur
Paiement	20 % à la commande, le solde à réception

ANNEXE 5 Facture pro forma de Raynal & Roquelaure

Facture Pro forma / Pro forma Invoice

Invoice n° : 2016 NG 2475

Date Pro forma/Pro forma date : 2016/12/01

<table>
<tr><td colspan="3">Vendeur/Seller
Norbert GLEMET
RAYNAL & ROQUELAURE
ZI les Taillades – BP 76
12700 CAPDENAC – FRANCE</td><td colspan="4">Acheteur/Buyer
Hans KORHONEN
Purchasing Manager
SIWA Supermarkets
Eerikinkatu
00180 Helsinki – Finland</td></tr>
<tr><td colspan="3">Notifier/Notify
Mr Hans KORHONEN</td><td colspan="4">Banque du vendeur / Seller's bank
Crédit Agricole – Capdenac</td></tr>
<tr><td colspan="2">Date d'enlèvement / Date of disposal
2017/01/10</td><td>Date d'expédition / Shipping date
2017/02/15</td><td colspan="2">Pays d'origine/Country of origin
FRANCE</td><td colspan="2">N° guichet banque / Bank counter n°</td></tr>
<tr><td colspan="2">Transport / Carriage
ROAD from Capdenac to Helsinki</td><td>Lieu de réception/ Place of receipt
Helsinki</td><td colspan="2">Commercial terms
DAP Helsinki</td><td colspan="2">Devise / Currency
EUR</td></tr>
<tr><td colspan="7">Conditions de paiement / Terms of payment
. 20 % at the order by SWIFT transfer
. 80 % by irrevocable letter of crédit – Available with negociation</td></tr>
<tr><td>Nombre / Number</td><td colspan="2">Désignation des produits / Description of goods</td><td>Poids Total / Total Weight</td><td>Quantité / Quantity</td><td>Prix Unitaire / Unit price</td><td>Montant / Amount</td></tr>
<tr><td colspan="3">12 pallets of 200 cardboards containing 12 tins of 850 gr various tins of ready-made dishes
« South-West Recipies »
1 FCL/FCL 20' container</td><td>24 480 kg
24,480 tons</td><td>28 800 tins</td><td>5,85
(EXW price)</td><td>168 480 EUR</td></tr>
<tr><td colspan="2">Emballage/Packing
CARDBOARDS AND PALLETS</td><td>Fret/ Freight
2150 EUR</td><td>Autres Coûts / Other Costs
1 985 EUR</td><td>Assurance / Insurance
2 590 EUR</td><td colspan="2">Montant total / Total amount
DAP HELSINKI :
175 205 EUR</td></tr>
<tr><td colspan="3">Déductions/Discount
5 % of the total amount</td><td colspan="4">Lieu d'établissement/Place of issue
CAPDENAC</td></tr>
<tr><td colspan="3">Clauses particulières / Special information
Expiry of this offer: 2016/12/31</td><td colspan="4">Signature
Norbert GLEMET Raynal & Roquelaure</td></tr>
</table>

L'offre commerciale est la base du contrat de vente et sa première étape. Ce sont les meilleures conditions du vendeur adressées à tout importateur potentiel. Son acceptation verra la conclusion du contrat. Aussi, l'exportateur doit être extrêmement vigilant pour se protéger contre les risques qu'il court. L'offre commerciale permet de définir à l'avance le cadre juridique applicable à chaque commande. Voici l'enchaînement des étapes précontractuelles :

Phase de prospection : mise en place des CGV

Phase de préparation – avant le rendez-vous : préparation de l'offre

Pendant le rendez-vous :
- proposition et négociation de l'offre commerciale
- remise de la facture proforma
- si acceptation de cette offre commerciale, alors un contrat de vente sera établi et signé

RESSOURCE 1 LES NOTIONS D'OFFRE COMMERCIALE

1 Les caractéristiques de l'offre commerciale

Dans un environnement de plus en plus concurrentiel les entreprises doivent valoriser leur offre et en faire un véritable outil marketing afin de se démarquer des concurrents.

Pour cela, l'offre doit répondre à plusieurs caractéristiques :

Caractéristiques	Explications
Ferme, réelle et sérieuse	Elle doit exister durant un certain temps pour que l'importateur puisse l'analyser et répondre à l'exportateur.
Claire	Elle ne doit comporter aucune ambiguïté. Elle s'appuie sur un document écrit et doit être rédigée dans une langue parfaitement comprise par le client.
Précise	Une proposition est réputée suffisamment précise lorsqu'elle désigne les marchandises et, expressément ou implicitement, fixe la quantité et le prix (article 14 de la Convention de Vienne) L'importateur doit manifester sa volonté d'être lié en cas d'acceptation.
À personne dénommée ou indénommée	L'offre peut être matérialisée sur des documents commerciaux pour encadrer toutes les relations contractuelles, c'est le cas des conditions générales de vente (CGV). Elle peut aussi être individualisée après une négociation (facture proforma).
Licite	Elle ne doit pas être contraire à l'ordre public et aux bonnes mœurs.

2 Son encadrement juridique

L'offre fait partie intégrante de la Convention de Vienne, traitant de la vente internationale de marchandises, entrée en vigueur le 11 avril 1980.

Sa deuxième partie est consacrée à la formation du contrat et 11 articles (articles 14 à 24) concernent l'offre dans ses caractéristiques, contenu, rétractation...

RESSOURCE 2

LES ENJEUX DE L'OFFRE

1 Les enjeux pour le vendeur

Stratégiques	• Elle représente l'image de l'entreprise (rigueur, confiance…). • Elle permet au vendeur de se protéger efficacement contre les risques.
Commerciaux	• Elle rassure le client dans sa décision d'acheter. • La proposition est le principal support de décision.
Financiers	Le vendeur détermine son prix de vente et optimise sa gestion, ses besoins éventuels de financements…

2 Les risques contre lesquels il doit se protéger

Risques	Illustrations
Les caractéristiques du pays étranger (culture)	• Problèmes de communication et de compréhension avec un écrit : choix d'une langue commune ou véhiculaire. • Nécessité d'intégrer les bases interculturelles des relations d'affaire.
Des pratiques commerciales différentes	Techniques et appellations différentes selon le pays et le secteur d'activité.
L'utilisation frauduleuse des informations transmises	• Dans un environnement concurrentiel, adaptation des offres des uns avec celles des concurrents (*benchmarking*). • Divulgation d'informations confidentielles lors des négociations parfois inévitable. • Risque d'engagement de la responsabilité contractuelle en cas d'interruption des négociations. • Les entreprises peuvent alors inclure une clause de confidentialité dès l'offre ou un *Gentlemen's agreement*.
Risques juridiques	Nécessité d'anticiper les litiges et les moyens de les résoudre : clauses juridiques insérées dans l'offre.
Risques financiers	• Vise le bon recouvrement des créances. • Réflexion sur les délais accordés, les modalités de paiement et le choix de la devise.

Lexique

▸ Le *Gentlemen's Agreement* est une convention verbale ou accord amiable, qui n'entraîne pas de conséquences juridiques, mais qui crée des obligations morales entre les parties ; accord entre des hommes d'honneur (engagement d'honneur).

RESSOURCE 3 LES CONDITIONS GÉNÉRALES DE VENTE (OFFRE À PERSONNE INDÉNOMMÉE)

Selon l'article L 441-6 du Code de Commerce, les conditions générales de vente (CGV) sont des informations légales et obligatoires (sauf exception), qui constituent le socle de la négociation commerciale et forment un ensemble juridique avec l'offre commerciale.

Elles encadrent le processus de vente et traduisent la politique commerciale d'une entreprise. Elles permettent de définir la responsabilité de chaque partie, et de limiter les contentieux.

1 L'élaboration des CGV

Les CGV sont rédigées avant toute rencontre avec les clients par le vendeur. Aucune forme n'est imposée par la loi. Elles peuvent être communiquées par tout moyen en relation avec les normes dans le secteur d'activité. Néanmoins une simple information verbale ne suffit pas.

Habituellement, les CGV :
- sont insérées au dos des documents contractuels et commerciaux ;
- prévoient les habitudes commerciales du vendeur ;
- ont une valeur précontractuelle ;
- anticipent les différends et évitent les risques ;
- sont un mode de preuve.

Le **contrat définitif** sera formé une fois la commande formalisée, avec le retour du bon de commande, par exemple. À défaut de négociation, elles s'appliqueront à la vente comme étant le seul et unique contrat. L'exportateur doit donc proposer des conditions de vente qui lui soient favorables car, en cas d'acceptation par l'importateur, le contrat sera conclu et il ne pourra pas réviser ses obligations.

2 Les mentions essentielles des CGV

Rubriques	Clauses	Explications, contenu
Les modalités commerciales	Produit	Description très précise des marchandises, certifications...
	Prix	• Établi selon l'incoterm choisi par l'exportateur. • Révision des prix. • Réductions éventuelles et modalités.
	Garanties	• Non-conformité. • Marchandise arrivée en mauvais état ou en retard.
Les modalités de livraison	Modes de transport	• Selon l'incoterm choisi. • Emballage, palettisation, conteneurisation... • Moyens de transport. • Précautions logistiques selon le produit.
Les modalités de paiement	Échéance	Délai de paiement prévu.
	Mode et moyen de paiement	• Selon les pays, modes différents. • Devise(s) utilisée(s) par l'exportateur.

RESSOURCES ET MÉTHODE

Rubriques	Clauses	Explications, contenu
Les clauses juridiques : elles protègent le vendeur contre les risques de non-paiement et prévoient le traitement des litiges.	Clause de réserve de propriété	• Retarde le transfert de propriété au paiement complet du prix. • Moyen idéal pour se protéger contre le risque de non-paiement. Très utilisé en Allemagne
	Clause pénale	Condamnation du cocontractant défaillant (livraison, prix) à un % du montant du contrat par mois de retard.
	Clause résolutoire	Rupture automatique du contrat en cas de la survenance d'événements déterminés.
	Clause de résolution de litiges	• Différend tranché par un tribunal : indiquer une juridiction et un droit compétents. • Arbitrage : insérer une clause compromissoire.
	Exonération de responsabilité	Énumération des événements qui évitent au vendeur d'indemniser l'importateur en cas de sinistre.

Conseil de pro

Les CGV sont souvent écrites au dos des documents commerciaux, en tout petit, voire avec une encre très claire. Un importateur vigilant doit vérifier leur existence. S'il signe les documents, il accepte de facto les CGV. Elles peuvent aussi être formalisées dans un document autonome. Le vendeur doit les porter clairement à la connaissance du prospect, avant la conclusion du contrat, et donc s'y référer sans équivoque. Il doit pouvoir démontrer que le client a pu les accepter en parfaite connaissance de cause, comme avec une signature de ces CGV.

RESSOURCE 4 LA FACTURE PRO FORMA (OFFRE À PERSONNE DÉNOMMÉE)

1 Les notions de facture pro forma

La facture pro forma « pour la forme » est un document non comptable tenant lieu de proposition d'offre commerciale, précisant des quantités, des prix, des conditions de vente, la devise utilisée et l'incoterm. Elle n'engage pas le client, qui peut l'accepter et former le contrat, ou ne pas lui donner de suite. Elle sert de base au bon de commande.

Une facture pro forma sert à :

- déterminer avec précision les conditions de vente d'un produit : c'est une offre adaptée à une commande ;
- obtenir une autorisation de douane pour l'achat ou la vente des marchandises (dans le cas d'une exportation ou importation de produits).

2 Les éléments constitutifs de la facture proforma

Il n'existe pas de présentation type. En revanche, pour être valable, et aussi efficace dans les relations commerciales, la facture pro forma doit contenir un certain nombre de mentions :

- le titre « facture pro forma », pour ne pas la confondre avec la facture commerciale ;
- un n° ;
- la date de la facture pro forma (pour calculer les délais de validité) ;
- les parties au contrat ;
- les conditions commerciales :

- détail des marchandises,
- prix et devise,
- conditions d'expédition : incoterm, livraison...,
- modalités de paiement,

• des conditions supplémentaires éventuelles (emballage spécifique par exemple) ;
• la date de validité de l'offre, pour limiter les risques du vendeur.

Le titre

Facture pro forma / Pro forma Invoice

Le n° de la facture

Invoice n° : 2016 NG 2475

La date de la facture

Date Pro forma/Pro forma date : 2016/12/01

Les parties au contrat

Vendeur / Seller Norbert GLEMET RAYNAL & ROQUELAURE ZI les Taillades – BP 76 12700 CAPDENAC – FRANCE		Acheteur / Buyer Hans KORHONEN Purchasing Manager SIWA Supermarkets Eerikinkatu 00180 Helsinki – Finland			
Notifier / Notify Mr Hans KORHONEN		Banque du vendeur - Seller's bank Crédit Agricole - Capdenac			
Date d'enlèvement Date of disposal 2017/01/10	Date d'expédition Shipping date 2017/02/15	Pays d'origine / Country of origin FRANCE		N° guichet banque Bank counter n°	
Transport - carriage ROAD from Capdenac to Helsinki	Lieu de réception / place of receipt Helsinki	Commercial terms DAP Helsinki		Devise - currency EUR	
Conditions de paiement - Terms of payment – 20 % at the order by SWIFT transfer – 80 % by irrevocable letter of crédit – Available with negociation					
Nombre Number	Désignation des produits Description of goods :	Poids Total Total Weight	Quantité Quantity	Prix Unitaire Unit price	Montant Amount
12 pallets of 200 cardboards containing 12 tins of 850 gr various tins of ready-made dishes « South-West Recipies » 1 FCL/FCL 20' container		24 480 kg 24,480 tons	28 800 tins	5,85 (EXW price)	168 480 EUR
Emballage / Packing CARDBOARDS AND PALLETS	Fret / Freight 2 150 EUR	Autres Coûts Other Costs 1 985 EUR	Assurance Insurance 2 590 EUR	Montant total Total amount DAP HELSINKI : 175 205 EUR	
Déductions / Discount 5 % of the total amount		Lieu d'établissement/Place of issue CAPDENAC			
Clauses particulières – Special information Expiry of this offer: 2016/12/31		Signature Norbert GLEMET Raynal & Roquelaure			

Les conditions d'expédition (incoterm, livraison...)

Les modalités de paiement

Le prix et la devise

La date limite de validité de l'offre

Détails des marchandises

MÉTHODE 1 LE PROCESSUS DE L'ENTRETIEN AU BON DE COMMANDE

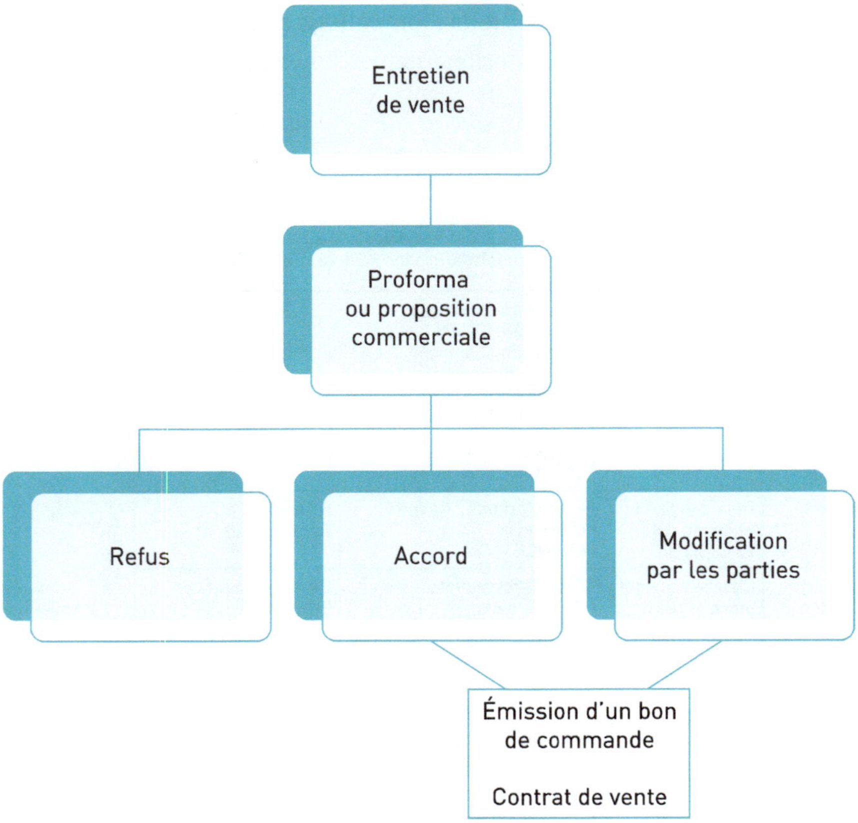

MÉTHODE 2 LA PRÉPARATION DE L'OFFRE COMMERCIALE

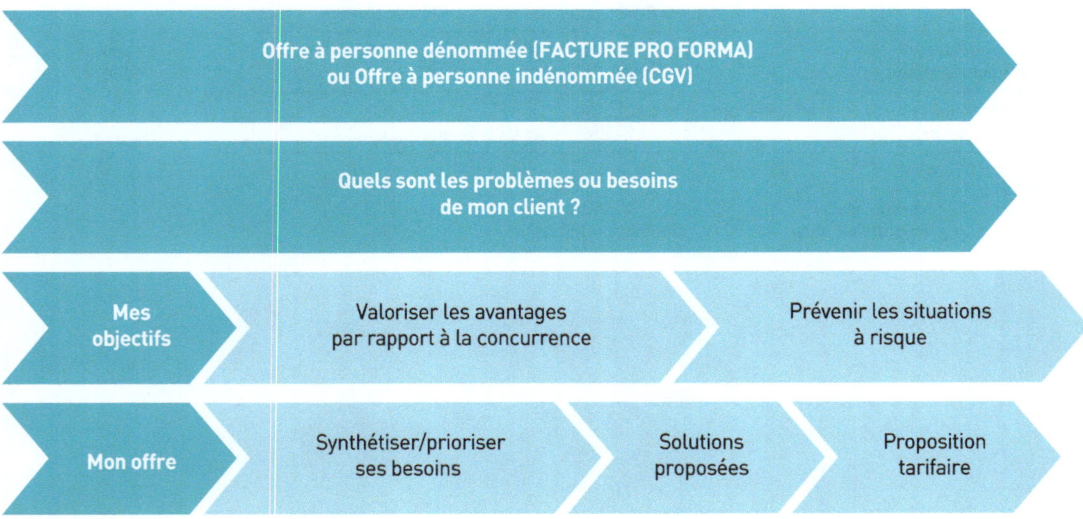

ENTRAÎNEMENT 1 VRAI OU FAUX ?

• **Validez vos connaissances en cochant la bonne proposition puis justifiez oralement vos réponses.**

1. L'offre commerciale est un devis.

☐ Vrai
☐ Faux

2. La facture pro forma est un devis.

☐ Vrai
☐ Faux

3. L'offre commerciale est un bon de commande.

☐ Vrai
☐ Faux

4. L'offre commercial est le récapitulatif des caractéristiques des produits.

☐ Vrai
☐ Faux

5. Une facture pro forma équivaut à un contrat.

☐ Vrai
☐ Faux

QCM

lienmini.fr/20410qcm23

Accédez à la suite de ce quiz en utilisant le QRcode ou le lien URL.

Vers le BTS PRÉPARATION À L'ÉPREUVE E52

M. Rojas, directeur d'une chaîne de magasins bio en Argentine, a vu une campagne de prospection d'une société française, Les 2 Vaches, à Barcelone. Il souhaite élargir son offre de yaourts pour satisfaire une clientèle plus jeune avec une offre décalée et de qualité. Il a contacté par téléphone le commercial, M. Tardieu, pour une première commande test :

- Première commande test de yaourts (2 500 unités), large gamme de saveurs attendue.
- Livraison : 30 jours à compter de la réception de la commande.
- Incoterm : DDP Buenos Aires.
- Paiement : 180 jours à réception de la commande par virement en USD.

1. Analysez la demande d'offre et les risques qu'elle représente pour Les 2 Vaches.

2. À partir des CGV des 2 Vaches, rédiger la contre-proposition à M. Rojas.

3. Remplissez la facture pro forma avec les nouvelles conditions.

ANNEXE 1 Extrait des CGV des 2 Vaches

1) Produits : Les 2 Vaches conçoivent, fabriquent et commercialisent des yaourts bio, avec toutes les certifications internationales bio (AB, Ecocert...). Les gammes sont détaillées dans notre catalogue accessible sur notre site www.les2vaches.com

2) Prix : tous nos prix sont précisés EXW Usine (emballages compris) dans la liste de prix ci-jointe, en EUR. Ils sont renouvelés tous les 6 mois et nos clients en sont avisés. Des remises calculées sur le prix de vente HT pour des quantités importantes peuvent être concédées (au minimum 10 palettes).

3) Expéditions : nous utilisons les incoterms FCA pour les livraisons en UE et FCA ou FOB pour le grand export.

4) Garantie : en cas de produits défectueux ou non conformes à la commande, Les 2 Vaches vous les échange gratuitement, après réclamation dans les 3 jours de la livraison. Après ce délai, nous n'assurons plus aucune garantie.

ENTRAÎNEMENT

5) Conditions de règlement : les factures sont payées à 60 jours date d'expédition, en EUR, par :

- virement pour les clients connus et en UE;
- 20 % d'acompte à la commande et le reliquat par crédit documentaire pour les nouveaux clients et grand export.

Un escompte de 2 % appliqué sur facture sera concédé pour un paiement comptant.

6) Clauses juridiques :

- Clause de réserve de propriété : le vendeur conserve la propriété des biens vendus jusqu'au paiement effectif de l'intégralité du prix en principal et accessoires.
- Clause pénale : en cas de retard de paiement, des pénalités de 5 % du montant de la créance par mois de retard seront appliquées.
- Clause résolutoire : un impayé d'au-moins 6 mois entraînera la rupture automatique du contrat.
- Clause compromissoire : tous les litiges seront résolus par la Chambre d'arbitrage de la CCI de Paris, selon le droit français.

ANNEXE 2 Points d'accord entre M. Tardieu et M. Rojas

- 2 500 yaourts au prix unitaire EXW Usine de 0,25 EUR/pièce (accord sur les gammes : 500 nature, 500 fraises, 500 framboises, 500 cerises, 500 vanille).
- CIF Buenos Aires, expédition à 15 jours date de commande :
  - Mise à FOB le Havre : 1 178 EUR.
  - Transport maritime : 845 USD.
  - Assurance : 1,25 % CIF + 20 %.
- Paiement en USD (1 EUR = 1,0587 USD) avec 20 % d'acompte et le reliquat assorti d'un crédit documentaire par paiement différé à 90 jours date d'expédition.

ANNEXE 3 Facture pro forma

Invoice n° :

Date Pro forma/Pro forma date :

<table>
<tr><td colspan="2">Vendeur/Seller</td><td colspan="4">Acheteur/Buyer</td></tr>
<tr><td colspan="2">Notifier/Notify</td><td colspan="4">Banque du vendeur/Seller's bank</td></tr>
<tr><td>Date d'enlèvement/ Date of disposal</td><td>Date d'expédition/ Shipping date</td><td colspan="2">Pays d'origine/Country of origin</td><td colspan="2">N° guichet banque/ Bank counter n°</td></tr>
<tr><td>Transport/ Carriage</td><td>Lieu de réception/Place of receipt</td><td colspan="2">Commercial terms</td><td colspan="2">Devise/Currency EUR</td></tr>
<tr><td colspan="6">Conditions de paiement/Terms of payment</td></tr>
<tr><td>Nombre/ Number</td><td>Désignation des produits/ Description of goods</td><td>Poids Total/ Total Weight</td><td>Quantité/ Quantity</td><td>Prix Unitaire/ Unit price</td><td>Montant/ Amount</td></tr>
<tr><td colspan="2"></td><td></td><td></td><td></td><td></td></tr>
<tr><td>Emballage/ Packing</td><td>Fret/Freight</td><td>Autres Coûts/ Other Costs</td><td>Assurance/ Insurance</td><td colspan="2">Montant total/ Total amount</td></tr>
<tr><td colspan="2">Déductions/Discount</td><td colspan="4">Lieu d'établissement/Place of issue</td></tr>
<tr><td colspan="2">Clauses particulières/ Special information</td><td colspan="4">Signature</td></tr>
</table>

ENTRAÎNEMENT

CHAPITRE

24 Les éléments constitutifs du prix

Compétences attendues

→ **UC52CP1 :** Rédiger une offre adaptée

Savoirs associés

→ **S511 :** Éléments constitutifs du prix

CONTEXTE RIÈME

Fondée à Morteau, dans le Doubs, en 1921, Rième est devenu maître dans l'art de la fabrication artisanale des limonades et sirops. Son secret ? Le respect des traditions et des saveurs authentiques. Depuis près de cent ans, savoir-faire et méthodes de production originelles se transmettent rigoureusement de père en fils. Arômes naturels de citron, sucre de grande qualité fondu sur place et une eau à 11 degrés pour retrouver tout l'art pétillant de la « bulle ».

Lors du SIAL (Salon international de l'Alimentation), Benoît Rième et la responsable export, Rachel Orisé, ont rencontré un distributeur chinois intéressé par leurs produits. Ils doivent le rencontrer dans un mois à Pékin pour négocier les quantités et le prix de la commande. Rachel doit donc préparer sa liste de prix.

Comment procéder pour établir une liste de prix ? Quels éléments doivent être pris en compte ?

FICHE D'IDENTITÉ

Dénomination sociale
Rième

Statut juridique
SAS au capital de 90 000 EUR

CA 2015
7 789 600 EUR

Effectif
20 salariés

Produits
Limonades et sirops artisanaux (7 parfums).
Produits bio (7 parfums).
Gamme très large de sirops : 38, dont des parfums très originaux (gentiane, sapin, irish, litchi...).

PROLONGEMENT VIDÉO

Le développement de Rième Boissons (3'12)
lienmini.fr/ci410rieme

1) Retracez le développement de Rième.
2) Quels sont les atouts de cette entreprise pour percer le marché chinois ?
3) Quelles contraintes cela va-t-il engendrer pour l'entreprise ?

EN CONTEXTE

MISSION 1 Se préparer à négocier avec le distributeur chinois **ANNEXES 1 et 2**

1. Quel est le comportement des Chinois lors des négociations ?
2. Synthétiser de façon structurée les éléments que Rième doit intégrer à sa stratégie de négociation.

MISSION 2 Réfléchir à l'élaboration d'une liste de prix **ANNEXES 3 à 6**

1. Pourquoi la détermination de marges est-elle très importante quand on se prépare à négocier ?
2. Comment négocier les réductions de prix ?
3. Calculez le prix de vente TTC unitaire d'une bouteille de sirop Rième vendue au consommateur chinois, en fonction des modes d'expédition : 1 palette, 10 palettes, 1 conteneur complet, en fonction des divers incoterms.

ANNEXE 1 Négocier à l'international : les spécificités chinoises

La clé en Chine : la confiance

Les Chinois sont par nature fondamentalement méfiants avec les personnes qu'ils ne connaissent pas. Traditionnellement, ils préféreront faire des affaires avec les individus qui font partie de leurs cercles (famille, amis et personnes recommandées par des amis de confiance). Si en apparence les choses semblent avoir changé, en pratique, les Chinois ne s'engageront sérieusement dans des affaires avec vous que lorsque vous aurez su établir la confiance :

- soit en étant « parrainé » personnellement par un de leurs *guanxi* (terme chinois désignant les relations interpersonnelles ou réseaux) ;

- soit en prenant le temps nécessaire pour démontrer votre fiabilité et votre engagement envers eux. C'est le rôle des discussions apparemment anodines : les repas, toasts et échanges de services.

Sinon, il y aura de fortes chances que la négociation se déroule à votre désavantage, les Chinois ne se sentant tenus par aucun engagement vis-à-vis d'un simple inconnu, étranger de surcroît.

Respecter la face de ses interlocuteurs

La Chine d'essence confucéenne est une société fortement hiérarchisée, dans laquelle le statut et l'image sont valorisés et la sauvegarde de la « face » ou de l'image publique est extrêmement importante.

- Maintenir des portes de sortie durant la négociation de manière à laisser à son interlocuteur la possibilité de faire bonne figure.
- Éviter de le contredire directement lors d'une réunion, devant ses pairs ou encore pire devant son équipe.
- Veiller à respecter les différents rituels hiérarchiques ; exemple : si un directeur chinois prend la peine de se déplacer à votre siège, faire venir un homologue de son rang et le traiter avec égards...

Tous ces comportements aideront à sauvegarder la face de votre interlocuteur et permettront d'instaurer un climat de négociation favorable. Négliger cet aspect c'est aller au-devant de déconvenues cuisantes et risquer de mettre en péril des mois de négociations, voire dans certains cas provoquer la rupture commerciale de façon irrémédiable. [...]

La culture du marchandage

En Chine, négocier sans discuter longuement, ce n'est pas sérieux. Les Chinois ont l'habitude de laisser une marge conséquente sur le prix. Cela leur donne l'occasion de pouvoir marchander, de montrer qu'ils font des efforts, et ils y prennent plaisir. Pour tenir compte de cette caractéristique, certaines entreprises françaises ont établi une grille de prix spécifique pour le marché chinois (avec une marge de négociation très confortable) afin de laisser toute latitude au négociateur. De toute façon, il faut s'attendre à renégocier certains points ultérieurement.

www.manager-go.com

ANNEXE 2 Réussir sa négociation avec les Chinois

1. Ne pas dévoiler son jeu trop vite : l'erreur que nous commettons fréquemment est d'abattre tous nos atouts d'entrée. Les Chinois détecteront de suite nos forces et nos faiblesses. Par contre, eux ne seront pas très bavards sur leurs intentions.
2. Soyez flexibles mais ne lâchez rien sans contrepartie.
3. Le passage en force est contre-productif. 2 attitudes à éviter :

- Le refus brutal : souvent, les Français préfèrent exprimer leur refus par un non catégorique plutôt que de prendre un risque quelconque. Pour refuser sur un point, la réponse sera mieux acceptée si elle est formulée diplomatiquement, en prenant le temps de fournir une explication plausible et détaillée. Il faut leur faire comprendre qu'il est impossible de céder, et que si un accord n'est pas trouvé sur ce point crucial, il faudra envisager de mettre fin aux négociations. Ils feront alors part de leurs commentaires, réserves, compréhension ou proposeront une solution intermédiaire pour bénéficier d'une porte de sortie.
- L'ultimatum : il ne fonctionne pas, car les Chinois ne se laissent pas impressionner et interpréteront notre attitude comme de l'arrogance ou de la provocation avec le risque de leur faire perdre la face. Donc il vaut mieux attendre le moment opportun, car ils sont très patients.

4. L'approche chinoise du prix : l'objectif des discussions est de rechercher les

limites acceptables par chaque partie : le prix maximum que l'acheteur est disposé à payer et le prix minimum que le vendeur peut accepter. Les négociateurs vont essayer de rapprocher leurs positions par étapes jusqu'à trouver, si possible, une base commune, indispensable à l'établissement d'un accord solide, équilibré et satisfaisant. Lorsqu'une partie indique qu'elle a atteint la limite de négociation, on suppose aboutir au point d'équilibre. Le prix est le nœud central des négociations. Il nécessite toute l'énergie et l'habileté des négociateurs. Le positionnement prix doit refléter la stratégie et tenir compte du marché et de la concurrence internationale, sans oublier la forte concurrence locale qui peut être très agressive.

Quand peut-on aborder le prix ?

Il ne faut pas attaquer ce point trop tôt. Il faut passer en revue tous les autres points de l'offre. Il faut penser à ajuster la liste de prix. Si les Chinois insistent pour connaître le prix au plus tôt, il faut leur donner un chiffre approximatif ou mieux une fourchette large en insistant sur le fait que l'offre est indicative et que l'offre finale viendra plus tard, quand tous les autres facteurs auront été examinés.

Offre gonflée ou marge de manœuvre suffisante ?

Les Chinois marchandent des remises très substantielles qui nous surprennent par leur ampleur (20 à 30 % du prix parfois). Les Chinois ont une vraie addiction au marchandage ; il faut donc prévoir une marge de manœuvre suffisamment confortable pour consentir des sacrifices significatifs. Mieux vaut proposer un prix plus élevé et laisser

une réduction importance après d'âpres négociations, ce qui leur donne satisfaction, au lieu d'attaquer immédiatement avec un prix au plus bas. Une offre trop basse est suspecte surtout dans le luxe, où la qualité est valorisée. Ils ont une attitude paradoxale vis-à-vis du prix :

- ils pensent qu'un prix trop bon marché reflète une basse qualité ;
- ils vont toujours essayer d'acheter au prix le plus bas.

Une maxime chinoise : « un centime d'argent, un centime de qualité ».

M. Herschtal, A.-L.Monfret, *Réussir des négociations avec les Chinois*, Dunod, 2016.

ANNEXE 3 La marge commerciale, élément roi dans la gestion des entreprises commerciales

Les chefs d'entreprises commerciales de détail commettent souvent l'erreur de prendre comme référence le chiffre d'affaires pour piloter leur entreprise. En réalité, le meilleur outil de gestion est la marge commerciale. Le suivi de la marge commerciale est le meilleur moyen d'améliorer la rentabilité et de continuer à être performant.

Définition de la marge commerciale

La marge commerciale correspond à la marge brute pour les entreprises commerciales. Il s'agit donc du prix de vente hors taxe des marchandises vendues, moins le coût d'achat des marchandises vendues. Le coût d'achat des marchandises vendues est calculé à partir de l'achat des marchandises et de la variation du stock de marchandises.

Rappel

▸ La marge commerciale mesure le bénéfice réalisé par l'entreprise et correspond à la différence entre le prix de vente HT et le prix d'achat HT. Le suivi de la marge intègre plusieurs notions : marge brute, marge nette, taux de marge et taux de marque. La marge doit permettre au minimum de couvrir les frais fixes et les frais de fonctionnement.

Non au chiffre d'affaires, oui à la marge commerciale

La recherche du chiffre d'affaires peut amener le dirigeant à perdre de vue ce qui est capital pour l'entreprise : la rentabilité. Une augmentation du chiffre d'affaires n'indique rien de bon si d'un autre côté la marge commerciale a baissé. Cela signifierait que l'augmentation du chiffre d'affaires résulte d'une baisse des prix.

Une entreprise peut réaliser un moins bon chiffre d'affaires que son concurrent mais posséder une rentabilité bien meilleure grâce à des coûts d'achat mieux contrôlés. Une entreprise est évaluée non pas sur son chiffre d'affaires mais sur sa rentabilité.

> **Rappel**
> ▸ Taux de marge = (marge commerciale/ coût d'achat) × 100.

Le suivi du taux de marge permet au gérant de se situer par rapport à ses concurrents.

Exemple : la moyenne des taux de marge commerciale pour les supermarchés est d'environ 20 %. Connaissant ce seuil, le gérant doit prendre des décisions stratégiques :

- Si son taux de marge est inférieur à 20 % le gérant doit revoir sa politique d'achat, essayer de renégocier ses prix d'achat avec ses fournisseurs ou augmenter ses prix de vente.
- Si son taux de marge est supérieur à 20 %, l'entreprise a un pouvoir de négociation fort auprès de ses fournisseurs et clients, et peut donc envisager une guerre des prix pour gagner de nouvelles parts de marché tout en maintenant une marge convenable.

www.l-expert-comptable.com, 13 décembre 2013.

ANNEXE 4 Comment traiter les concessions et les remises

Les concessions et remises sont un sujet important car elles influencent directement les marges de votre entreprise. Pour bien gérer les remises, l'étape de préparation est vitale : vous devez savoir jusqu'où vous pouvez aller et vous devez avoir fait une simulation pour chaque situation afin de connaître les répercussions des éventuelles concessions.

Il n'y a pas de règles concernant les demandes de concessions ou rabais. Parfois il faut rester ferme et ne pas céder, parfois il faut demander une contrepartie, et enfin parfois il est préférable de faire une concession ou d'accorder un rabais sans contrepartie afin de conclure l'affaire. Vous devez évaluer la situation et décider de ce qu'il faut faire.

Afin d'y voir plus clair, voici quelques principes à connaître :

- Vous allez parfois avoir à faire à des acheteurs professionnels. Une des techniques des acheteurs est de demander toujours plus jusqu'au point de résistance. C'est-à-dire qu'ils vont continuer à demander plus jusqu'à ce que cela bloque. Ils savent alors qu'ils ont obtenu le meilleur prix possible. Mais attention, cette technique est dangereuse, car un fournisseur dépendant d'un gros client peut être contraint d'accepter des conditions inacceptables au regard de ses marges. Et vous pouvez être sûr qu'il ne tiendra pas le cahier des charges, qu'il va chercher à faire des économies afin de préserver sa rentabilité et cela se fera souvent au détriment de la qualité du produit. [...] Dès que nous sortons d'un accord gagnant-gagnant, les problèmes apparaissent. Vous devez toujours sensibiliser l'acheteur à cet aspect des choses, trop demander est dangereux pour la pérennité des relations et la qualité de la prestation.
- En général, vous devriez demander une contrepartie en échange d'une concession. Pour votre client un certain aspect peut être plus important que les autres, si vous le pouvez vous devriez aller dans son sens et lui accorder ce qu'il demande, tout en lui demandant une contrepartie sur un autre aspect moins important à ses yeux.
- Si, en fin de négociation, vous sentez que le client hésite sur un point, vous pouvez faire un geste pour conclure l'affaire. Un geste n'est pas forcément une remise, cela peut être un service supplémentaire offert ou autre chose. Vous pouvez aussi lui demander ce qu'il faudrait pour qu'il signe le bon de commande maintenant.

www.certitude-management.com

ANNEXE 5 Cotation pour établir la liste de prix

Éléments fournis par Rième

- Coût de revient moyen d'une bouteille de sirop : 5 EUR.
- Marge fabricant : 15 %.
- Marge de sécurité : 8 %.
- Marge de négociation : 5 %.

Éléments fournis par le commissionnaire de transport

	1 palette	10 palettes	1 conteneur
Mise à FOB (EUR)	1 425	3 170	3 650
Transport (USD)	425	1 820	2 550 par TEU

- Assurance : 0,75 % CIF + 20 %.
- Post-acheminement : 220 USD.
- Droits de douane : 8,37 % .
- Taxe à la consommation : 10 %.
- Taux de marge grossiste : 12 %.
- Taux de marque détaillant : 30 %.

ANNEXE 6 Extrait des CGV de Rième

Prix : Ils sont exprimés en EUR et dépendent de la quantité commandée. Ils sont réactualisés tous les 6 mois.

Réductions : plusieurs remises sont possibles :

- 1,5 % sur 10 palettes ;
- 5 % sur un conteneur complet ;
- 2 % si paiement comptant au plus tard à la livraison.

Modalités de livraison : Rième livre à la palette, une minimum, en groupage jusqu'à 10 palettes. Au-delà nous expédions en conteneurs complets de 20' et 40'. Nous utilisons le transport routier pour les pays proches, et maritime seulement, sauf spécifications contraires du client, pour le grand export.

En négociation, le prix est une variable essentielle, car il conditionne la rentabilité et la profitabilité de l'opération commerciale. Cette étape intervient en général à la fin du processus, une fois que toutes les autres conditions (choix de produits, quantités, modalités de livraison, paiement...) sont fixées. Aussi l'exportateur doit-il déterminer un prix qui soit « acceptable » pour les deux parties.

RESSOURCE 1 RAPPELS SUR LA DÉTERMINATION DU PRIX À L'EXPORT

Lorsque les parties vont aborder le prix de la commande, l'exportateur devra donner spontanément les tarifs correspondants. Son client dispose d'un avantage sur lui, car il connaît parfaitement les prix pratiqués sur son marché. Lors de sa prospection, l'exportateur a pris connaissance et analysé les différentes contraintes liées au marché étranger : réglementation, prix de la concurrence, et fixé son tarif export. Pour se préparer à la négociation, il va concevoir sa liste de prix, qui fait partie de ses outils d'aide à la vente. Si l'exportateur ne veut pas se trouver en position de faiblesse, il doit maîtriser ces éléments financiers qui sont cruciaux pour lui, puisqu'ils vont jouer sur la rentabilité de l'opération et sa profitabilité.

Les contraintes de la fixation d'un prix acceptable pour les deux parties (négociation gagnant-gagnant) sont les suivantes :

Contraintes internes = rentabilité et profitabilité

- Connaissance des seuils de rentabilité : prix > coût de revient export (→ chapitre 13)
- Différentes marges de l'exportateur (→ chapitre 13)
- Choix de stratégies prix en fonction du positionnement des produits (→ chapitres 12, 13)
- Connaissance des techniques de commerce international : incoterms (→ chapitre 1 GOIE), devises (→ chapitre 9 GOIE)...

Contraintes de commercialisation à l'étranger

- Distribution des produits : marges des distributeurs (→ chapitre 13)
- Coûts logistiques de transports (→ chapitre 3 GOIE)
- Coûts d'assurance (→ chapitre 4 GOIE)
- Droits de douane et taxes à l'importation (→ chapitres 6, 7, 8 GOIE)

Contraintes liées au marché étranger

- Prix acceptable pour les clients étrangers
- Prix adapté au marché étranger

Une fois son prix de négociation déterminé, l'exportateur va le confronter au prix du marché pour voir où il se situe.

S'il est supérieur, il va avoir le choix entre deux stratégies :

- Il a un avantage compétitif qu'il met en avant et conserve son prix d'écrémage, mais il lui faudra prouver cet atout, par des certificats, par un dépôt de brevet, par exemple.
- Il souhaite s'aligner. Dans ce cas, il va reprendre son prix de vente TTC et remonter jusqu'à son coût de revient pour voir s'il peut supprimer certains facteurs de coûts : un distributeur, une marge, réduire ses frais logistiques en envoyant un conteneur complet au lieu de plusieurs expéditions.

RESSOURCE 2 LE CHOIX D'UN INCOTERM (→ CHAPITRE 2 GOIE)

Face à l'essor du commerce international, les incoterms ont été créés pour faciliter les relations contractuelles entre les exportateurs et les importateurs.

Les incoterms suivent le cheminement d'une expédition, depuis la mise à disposition des marchandises emballées par l'exportateur à son usine, l'obligation minimale de l'exportateur, jusqu'à leur livraison à l'acheteur, son obligation maximale.

> **Lexique**
> ▸ Les incoterms sont des conditions de vente export qui prévoient la répartition des obligations logistiques, risques, et frais entre un exportateur et un importateur.

En fonction du choix de l'incoterm, chaque partie connaît ses obligations logistiques et le coût qu'elles représentent devoir assumer, ainsi que sa responsabilité en cas de sinistre durant l'expédition.

Les incoterms sont facultatifs. Leur choix par les entreprises relève de la négociation selon :

Critères	Explications	Conséquences
Leur expérience	Une entreprise récente préfèrera que l'autre partie s'occupe d'un maximum d'obligations logistiques.	Il est préférable d'acquérir une expérience petit à petit pour éviter les sinistres.
Leur préférence	Certaines entreprises ne veulent pas assumer d'obligations logistiques et vendent systématiquement EXW.	Les négociants en vins français vendent EXW, ce qui n'est guère commercial et peu compétitif.
Leur trésorerie	L'avance des frais peut être importante et le délai de paiement accordé à l'importateur représente un décalage de trésorerie préjudiciable.	L'exportateur doit intégrer ces coûts dès le départ dans son tarif export et évaluer sa rentabilité.
Leurs relations avec leurs prestataires logistiques	Les exportateurs expérimentés ont des contrats privilégiés avec les auxiliaires de transport, compagnies de transport, d'assurance et ont des réductions.	L'exportateur avance les frais à un prix négocié puis refacture plein tarif à l'importateur, dégageant une marge supplémentaire.
Un service supplémentaire offert au client	En prenant en charge un maximum d'obligations logistiques, l'exportateur décharge son client de ces contraintes.	C'est un argument de vente supplémentaire en négociation, le « confort » de la typologie SONCASE.
Le pays de destination	Certains pays ont des caractéristiques logistiques difficiles : dédouanement..., ou pratiquent des langues et écritures différentes.	Un exportateur ne doit accepter un DDP que s'il a une connaissance approfondie des usages locaux.
La fonction du client	Si l'exportateur vend à un importateur-distributeur, il doit lui laisser les tâches logistiques qui lui incombent, sinon il fait son travail et paie en plus ces prestations.	L'exportateur ne devrait pas proposer un incoterm au-delà du CIP/CIF lors d'une négociation avec un intermédiaire commercial.
Les conditions de la commande	L'acheteur peut exiger certains incoterms.	Cet élément peut ne pas être négociable.

> **Conseils de pro**
> - Les parties doivent vérifier qu'elles utilisent les mêmes incoterms et l'indiquer dans le contrat, incoterms ou RUU 2010. Sinon, en cas de mauvaise utilisation, le conflit ne pourra se résoudre par les RUU et les parties devront recourir aux tribunaux, aux procédures longues, complexes et aléatoires.
> - Il existe des variantes pour faciliter certaines opérations de manutention : EXW loaded, DAP ou DDP unloaded. Dans ce cas les parties doivent l'indiquer clairement dans le contrat.

RESSOURCE 3 LES MARGES DE MANŒUVRE EN PRÉVISION DE LA NÉGOCIATION DU PRIX

Le prix déterminé doit permettre de :

- **couvrir ses coûts** et **dégager une marge** en tenant compte des coûts additionnels liés à l'exportation qui varient selon les marchés, les structures et les pratiques de distribution ;
- **répondre à la qualité attendue** par son client ;
- **déclencher une première commande** ou **fidéliser le client** : l'exportateur doit se ménager un taux de marge suffisamment important pour offrir des remises, ou prévoir plusieurs niveaux de marge.

Toutefois, l'exportateur doit veiller aux usages culturels.

Exemple : si une remise est très souvent attendue d'un client latin, un Allemand y verra un piège. En effet, il aurait pu obtenir dès le départ un prix plus bas et ne souhaitera pas poursuivre une négociation avec un fournisseur « malhonnête ».

La **marge** représente la profitabilité de l'opération et l'exportateur doit veiller à ne pas trop l'éroder. À vouloir trop satisfaire son client, il pourrait être tenté de trop réduire son prix. Il doit veiller à sa rentabilité et il vaut mieux qu'il agrémente sa proposition commerciale d'avantages qualitatifs, comme des produits gratuits.

MÉTHODE 1 DÉTERMINER UN PRIX DE VENTE

Pour concevoir sa liste de prix, l'exportateur doit intégrer à l'avance les différents éléments qui vont être débattus :

- les quantités : le client peut jouer sur cet élément pour obtenir un prix plus bas, l'exportateur peut exiger une quantité minimale... ;
- les incoterms ;
- la devise de paiement...

1 Détermination du prix

Prenons le cas d'une entreprise qui vend des coffres de rangement malins et très design. Un importateur grossiste l'a contactée pour une commande de 1 000 pièces. L'entreprise française doit se renseigner sur le prix auquel elle peut vendre ses produits en fonction de la concurrence locale. Une étude de prix lui indique que le prix moyen du marché se situe à 900 CAD. 1 EUR = 1,4105 CAD

L'entreprise va d'abord calculer le prix de vente de ses coffres en partant de son coût de revient :

Rubriques	Données	Calcul	Résultats
Coût de revient (CR)	299,96 EUR	299,96 × 1 000	299 960,00 EUR
Taux de marge bénéficiaire	15 %	15 % × 299 960	44 994,00 EUR
Taux de marge de négociation	5 %	5 % × 299 960	14 998,00 EUR
EXW usine			359 952,00 EUR
Frais logistiques	7 250 EUR		7 250,00 EUR
CIF/CIP en EUR			367 202,00 EUR
CIF/CIP en CAD	1 EUR=1,4105 CAD	367 202 × 1,4105	517 938,42 CAD
Droits de douane	5 %	517 938,42 × 5 %	25 896,92 CAD
Livraison	1 975 CAD		1 975,00 CAD
Prix d'achat de l'importateur			545 810,34 CAD
Taux de marge importateur	18 %	18 %× 545 810,34	98 245,86 CAD
Prix d'achat détaillant			644 056,20 CAD
Taux de marque détaillant	30 %		276 024,08 CAD
Prix de vente HT		644 056,20/0,7	920 080,29 CAD
Taxe à la consommation	7 %	920 080,29 × 7 %	64 405,62 CAD
Prix de vente TTC			984 485,91 CAD
Prix unitaire TTC (1000 pièces)	1 000	984 485,91/1 000	984,50 CAD
Écart par rapport au PV du marché		984,50 – 900	84,50 CAD soit 59,91 EUR

Le total de la marge du fabricant est de 59 992 EUR (somme de la marge bénéficiaire, 44 994,00 EUR, et de la marge de négociation, 14 998,00 EUR). Le prix de vente ainsi calculé est supérieur de 84,50 CAD soit 59,91 EUR.

Plusieurs choix peuvent alors être faits par le fabricant :

- il peut conserver son prix de vente tel quel en justifiant la qualité par une stratégie d'écrémage ;
- il peut rechercher l'alignement. Dans ce cas, il va prendre le prix de vente du marché et remonter le calcul du prix de vente jusqu'au coût de revient. Cela va lui montrer les postes sur lesquels il peut réduire ses coûts.

Rubriques	Données	Calculs	Résultats
Prix de vente TTC du marché	900 CAD	1 000 × 900	900 000,00 CAD
Taxe à la consommation	7 %	900 000/(1+7 %)	841 121,50 CAD
Taux de marque du détaillant	30 %	841 121,50 × 30 %	252 336,45 CAD
Prix d'achat du détaillant			588 785,05 CAD
Taux de marge importateur	18 %		89 814,67 CAD
Prix d'achat de l'importateur		588 785,05/1,18	498 970,38 CAD
Livraison	1 975 CAD	498 970,38 – 1 975	496 995,38 CAD
Droits de douane	5 %		23 666,45 CAD
CIF/CIP en CAD		496 995,38/1,05	473 328,93 CAD
CIF/CIP en EUR	1 EUR=1,4105 CAD	475 328,93/1,4105	336 993,22 EUR
Frais logistiques	7 250 EUR	336 993,22 – 7 250	329 743,22 EUR
EXW usine			329 745,22 EUR
Marge bénéficiaire			29 785,22 EUR
Marge de négociation			
Coût de revient	299,96 EUR		299 960,00 EUR

On constate que si l'entreprise veut s'aligner sur les prix du marché, elle enregistrera une diminution significative de sa marge globale (marge bénéficiaire et marge de négociation) qui passe ainsi de 59 992,00 EUR à 29 785,22 EUR. Elle pourrait :

- essayer de réduire son coût de revient ;
- accepter de réduire sa marge, au moins au début et temporairement ;
- n'utiliser qu'un intermédiaire de distribution.

MÉTHODE 2 RÉALISER LA LISTE DE PRIX

Conseils de pro pour établir la liste de prix
- Les prix doivent être exprimés dans la devise du client, même si la devise au contrat est différente (par ex. le peso argentin et le contrat libellé en USD).
- Pour intégrer les coûts logistiques, l'exportateur contacte son commissionnaire de transport pour avoir les différentes cotations en fonction des quantités expédiées.

Nom
Adresse
Logo de l'entreprise

Liste de prix (en EUR)

Produits	EXW Morteau	FOB Port français	CIF port étranger	DAP usine client
		Palette		
Sirop classique	5	5,55	6,75	6,95
Sirop bio				
Limonade...				
		10 palettes		
Sirop classique...	4,92	5,3	5,95	6,15
		Conteneur 20'		
Sirop classique...	4,75	5	5,5	5,75
Ces prix sont valables jusqu'à (indication d'une date butoir)				

Cette présentation n'est qu'une suggestion. Chaque entreprise façonne sa liste de prix à son gré. L'important est de pouvoir renseigner vite l'interlocuteur quand les conditions commerciales et financières sont négociées (incoterm, prix, remises...).

La liste de prix doit être adaptée à chaque client (les frais logistiques sont différents d'un pays à l'autre) et surtout les prix doivent être convertis dans la devise locale.
Ce document n'est qu'une base de négociation, puisqu'en fonction des quantités, des relations commerciales... les prix seront sujets à variation.

ENTRAÎNEMENT 1 QCM

• **Validez vos connaissances en cochant la (ou les) bonne(s) proposition(s) puis justifiez oralement vos réponses.**

1. Une marge sert à :

☐ Payer moins de droit de douane.
☐ Réaliser un bénéfice sur l'opération.
☐ Faire payer le produit plus cher.

2. Un incoterm est :

☐ Une contrainte d'importation.
☐ Une taxe.
☐ Une solution logistique harmonisée entre les deux parties.

3. Si le prix de l'exportateur est trop élevé par rapport au marché local, il doit :

☐ Baisser ses prix.
☐ Jouer sur la qualité et conserver son prix.
☐ Ne pas se lancer.

4. Le prix de vente doit être libellé en :

☐ EUR.
☐ USD.
☐ Devise locale.

5. Une liste de prix est :

☐ Un relevé des différents coûts.
☐ Le relevé des prix de la concurrence.
☐ La présentation des prix de l'exportateur.

QCM

lienmini.fr/20410qcm24

Accédez à la suite de ce quiz en utilisant le QRcode ou le lien URL.

ENTRAÎNEMENT 2 PRÉPARER LA NÉGOCIATION AVEC UN PROSPECT

L'entreprise Les Fleurs de Bach conçoit, fabrique et commercialise des parfums et élixirs floraux biologiques certifiés Écocert pour les humains, et vient de lancer une gamme pour les animaux. Les produits sont destinés à pallier différents maux de façon naturelle, par voie orale, aromathérapie... Elle a été contactée par une distributrice russe, intéressée par la commercialisation de ses produits, découverts au Salon Natexpo. Elle l'a invitée à Moscou pour négocier un contrat. La responsable export doit préparer sa négociation

À partir de l'annexe ci-dessous et de vos connaissances, répondez aux questions suivantes :

1. **Quelles contraintes de négociation devra-t-elle respecter ?**
2. **Quels éléments commerciaux et financiers va-t-elle préparer pour sa négociation ?**
3. **Comment va-t-elle fixer son prix ?**

ANNEXE Les rituels de la négociation en Russie

Les Russes font des affaires d'une façon particulière. Cette façon peut être informelle et sociale. Lors des négociations, la discussion peut soudainement porter sur la culture, l'histoire, la politique ou même sur le football. Il est important de ne pas commettre d'erreurs d'ordre culturel, car les Russes y sont sensibles.

La prise de décision est directe. Acteurs dans la vie, les Russes le sont dans également dans les affaires. Les négociations sont souvent théâtralisées, le partenaire russe pouvant même faire ressortir ses émotions de façon impulsive (intonations aiguës, comportements agités), afin de montrer son désaccord. Il peut également manquer de ponctualité, afin de donner un signe selon lequel c'est lui qui maîtrise de la situation.

Les Russes sont de bons interlocuteurs, ils écoutent beaucoup et n'interviennent pas pendant la prestation des autres. Les interruptions sont peu courantes et peu appréciées car elles sont considérées comme un manque de politesse. Il faut donc réserver ses questions pour la fin. Beaucoup de Russes sont gênés de poser des questions et pensent que c'est un signe de bêtise. Il faut donc s'assurer d'une manière discrète que vos interlocuteurs ont bien compris votre sujet.

Les compromis sont mal vus par les Russes, qui aiment gagner. Il faut éviter le mot « compromis », même si s'en est d'un. Par « compromis », les Russes comprennent d'abord « défaite » et non pas un « accord mutuel ». Il est difficile de marchander avec les Russes. Ce n'est pour eux pas une question d'argent mais de principe.

Les négociations peuvent durer longtemps et créer une impression d'impasse. De la part d'un partenaire russe, « c'est impossible » signifie que c'est encore négociable. De même, « c'est très difficile » signifie que la proposition est acceptée, mais que sa mise en application prendra du temps. Les Russes sont connus pour leur patience et leur dureté, ils aiment prendre leur temps. Rares sont les contrats conclus lors des premiers contacts, lesquels servent uniquement la plupart du temps à mieux se connaître. Il peut arriver que les Russes invitent leurs partenaires chez eux, au restaurant ou même au sauna. La création de relations amicales est importante et peut même s'avérer décisive. Il ne faut pas refuser de telles invitations car c'est dans un environnement peu formel que les Russes feront des concessions. La Russie est un pays à haut contexte culturel, c'est-à-dire que les réseaux personnels y sont déterminants.

Les cadeaux (alcool prestigieux, parfums, souvenirs) sont appréciés et ne sont pas considérés comme de « petites tentatives de corruption ». Toutefois, il ne faut pas en abuser et apporter des cadeaux à chaque réunion, une seule fois est suffisante pour montrer son attention. La langue des négociations avec les étrangers est généralement l'anglais (parfois l'allemand). Si les jeunes Russes le maîtrisent, ce n'est généralement pas le cas des générations plus âgées. Les services d'interprètes sont donc nécessaires. Il est également recommandé de connaître quelques phrases en russe, ce qui sera apprécié.

www.larussie.fr

Vers le BTS PRÉPARATION À L'ÉPREUVE E52

Vous vous préparez pour votre oral de négociation et devez élaborer votre liste de prix. Vous allez lister les contraintes que vous allez devoir respecter (CGV, attentes du pays, prix locaux...) puis vous bâtirez le document.

Pour vous aider dans cette tâche, vous pouvez solliciter des cotations de la part de commissionnaires de transport, ou profiter de votre stage de COIE pour les calcules.

Attention : certains sites proposent des cotations en ligne gratuitement, mais ils excluent expressément les demandes non réelles, en particulier celles qui émanent d'étudiants.

CHAPITRE

25 Le contrat international de vente

Compétences attendues

→ **UC52CP2 :** Préparer et organiser la mission de vente

Savoirs associés

→ **S522 :** Contrats de vente

CONTEXTE GUIDOMAGGI

L'entreprise GuidoMaggi, du nom de son créateur italien, conçoit, fabrique et commercialise des chaussures de luxe depuis près de 100 ans. Toutes sont réalisées sur mesure et à la main, avec les matériaux les plus fins, exclusivement italiens, et un sens du détail très pointu. En 2012, son descendant, Emanuele Briganti, eut l'idée de créer des chaussures rehaussantes. Cette entreprise voudrait accroître sa clientèle asiatique qui est soucieuse de son apparence.

Emanuele a rencontré Shiro Hirati, directeur de boutiques de chaussures de luxe, à la Foire du Luxe à Tokyo. Il possède diverses boutiques dans les grandes villes du Japon qui proposent des produits en cuir de luxe, notamment français : Louboutin, Dior... Intéressé par la commercialisation des chaussures Guido Maggi, il souhaiterait une commande d'essai.

Quel modèle de contrat de vente présenter à M. Hirati lors de sa venue à Milan à l'occasion du MICAM (salon international de la chaussure de luxe *made in Italy*) ?

FICHE D'IDENTITÉ

Dénomination sociale
GUIDOMAGGI
Luxury Height Increasing Italian Hand Made Shoes

Forme juridique
SARL

Effectif
15 salariés

Activité
Mode – Chaussures de luxe pour hommes (70 % des clients), femmes, enfants

CA 2014
937 000 USD
CA export : 90 % (dans le monde entier)

Production
1 500 paires par an – 125 paires par mois
Temps de fabrication : 3 jours

PROLONGEMENT NUMÉRIQUE

Les chaussures GuidoMaggi (5 vidéos)
lienmini.fr/ci410guido

1) Quels sont les atouts de Guido Maggi (vidéos et annexe 1) ?
2) Pensez-vous que ses produits correspondent aux besoins des Japonais ? Justifiez votre réponse.

EN CONTEXTE

MISSION 1 Analyser les caractéristiques d'une relation commerciale avec un partenaire asiatique
ANNEXE 2

1) Listez les éléments culturels que doit intégrer Emanuele dans sa préparation de négociation.

2) Comment va-t-il s'adapter ?

MISSION 2 Prévoir la résolution des conflits
ANNEXES 3 à 5

1) Quels sont les différents modes de résolution des conflits au plan international ?

2) Quels sont les avantages de l'arbitrage ?

3) Quelles clauses Emanuele doit-il prévoir dans le contrat pour se protéger ?

MISSION 3 Préparer un modèle de contrat de vente
ANNEXES 3 et 5

1) Analysez les relations précontractuelles avec un Japonais.

2) Quels risques présente un contrat avec un Japonais ?

3) Préparez le modèle de contrat pour M. Briganti en vous aidant des annexes.

Lexique

- Un **contrat international de vente** est une convention par laquelle un exportateur, situé dans un pays, s'engage à livrer et garantir une marchandise conforme en qualité et quantité, en échange de son prix payé par un importateur situé dans un autre pays.

ANNEXE 1 Présentation des chaussures GuidoMaggi

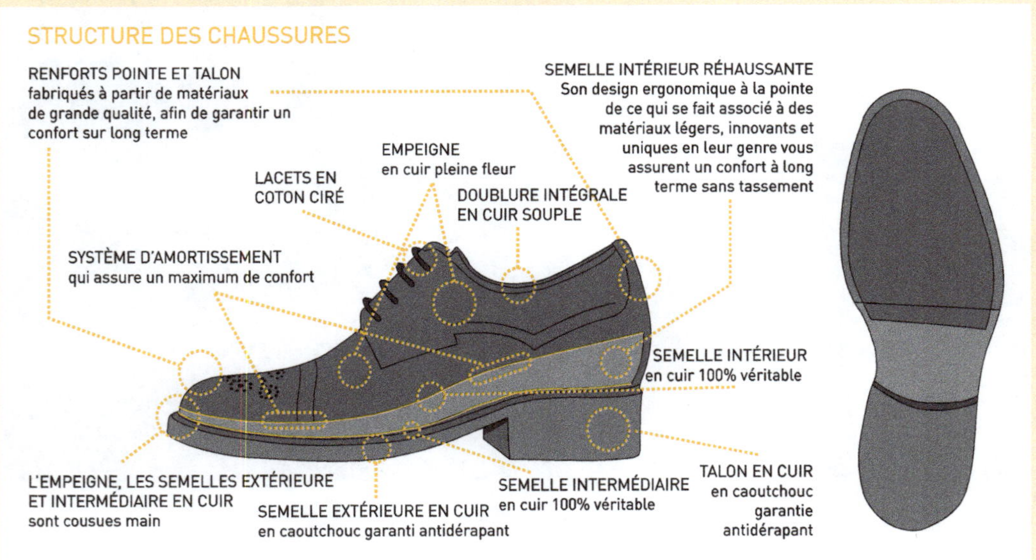

ANNEXE 2 Les fondements de la négociation au Japon

Établir la confiance

[...] Souvent, [les Japonais passent] des commandes « test » pour voir si les produits se vendent mais aussi afin de vérifier la capacité de l'entreprise étrangère à respecter les délais, les conditions de livraison, la qualité du produit comme de l'emballage dans les moindres détails (les contrôles de qualité de vos produits vont bien au-delà de ce que l'on peut imaginer en France). [...]

La négociation

La négociation est une négociation dite « intégrative » c'est-à-dire « coopérative ». L'accord, au Japon, est toujours obtenu par un jeu de concessions mutuelles, mais le jeu des concessions est souvent global et effectué plutôt en fin de négociation. C'est un type de négociation « gagnant/gagnant ».

Les Japonais sont attentifs au contexte. Ce qui est important pour eux, c'est de pouvoir capter et analyser tous les éléments d'une situation. Il faut en conséquence être préparé à donner une masse d'informations chiffrées à ses interlocuteurs. Et lorsque l'on a signé un contrat, être conscient que celui-ci pourra être changé ultérieurement si la situation et le contexte changent. Il faut donc bien comprendre l'évolution du contexte. [...]

Pour les Japonais, un accord verbal est tout aussi contraignant qu'un accord écrit, du moment où des relations de confiance se sont instaurées entre les deux partenaires. Il faut donc faire très attention, au cours d'une négociation, à ne jamais dire quelque chose que l'on ne pense pas réellement et qui pourrait être considéré comme un engagement formel par ses interlocuteurs japonais.

Respecter le processus de décision

[...] Les Japonais n'aiment pas dire « non » directement, car un refus direct va à l'encontre de l'harmonie. Des réponses vagues et indirectes sans engagement concret sont généralement le signe d'une réponse négative. Il faut toujours se rappeler que les Japonais ont repéré 16 façons différentes pour ne pas répondre « non ». [...] Le « Oui » symbolise l'Harmonie, pas l'Approbation. [...]

Être patient

[...] L'impatience comme l'émotion incontrôlée sont perçues comme une marque de faiblesse. Il ne faut, en conséquence, jamais donner de signes d'impatience comme, par exemple, jouer ostensiblement avec son stylo, croiser ou décroiser trop souvent les jambes, taper avec son stylo sur la table, élever la voix.

Il faut éviter de donner des dates précises de départ, car les Japonais (comme les Chinois) utiliseront cette « *deadline* » comme un levier dans la négociation. Il est préférable d'annoncer dès le début de la négociation que l'on est prêt à rester le temps nécessaire pour obtenir une conclusion satisfaisante. [...]

Respecter le silence

Écouter, écouter, écouter : les périodes de silence sont très importantes et ne doivent pas être interrompues. Les Japonais aiment prendre du recul au cours d'une négociation pour réfléchir et comprendre le contexte. Le silence est l'occasion d'évaluer les propositions. [...]

Accepter une logique de pensée différente

[...] Les Japonais sont étrangers à la logique cartésienne déductive, et leur mode de pensée passe par l'analogie et l'association, [...] par l'approche globale. Ils associent dans un ensemble les informations collectées en posant les éléments les uns à côté des autres, tout comme on associe les images d'un puzzle pour parvenir à la solution.

Le style de communication des Japonais n'est pas un style direct. Un Japonais essaiera toujours de collecter l'information de façon indirecte en tournant autour du sujet en cours. Les Japonais sont de même mal à l'aise lorsque leur interlocuteur les regarde droit dans les yeux de façon soutenue et prolongée. Ils choisiront alors de baisser les yeux ou de regarder un coin de la pièce.

Toujours commencer une négociation par les objectifs généraux à long terme, et présenter ces objectifs dans leur globalité en montrant qu'ils sont interconnectés.

N'aborder les problèmes spécifiques (coûts, prix...) qu'après avoir obtenu un accord sur les objectifs à long terme. Les Occidentaux, à la fin d'une réunion, essaient de résumer et d'ordonner de façon logique la discussion en cours. Les Japonais, jamais. Ils considèrent qu'ordonner des faits pour autrui est une intrusion dans leur mode de pensée.

Sauver la face

Comme dans toutes les sociétés d'Extrême-Orient, il faut « préférer l'entente à l'affront ». Faire perdre la face à son ami ou à son partenaire est une offense mortelle. [...] Il faut apprendre à être en désaccord sans être désagréable.

Ne jamais poser de questions sans être sûr de pouvoir obtenir une réponse. Pour cela, transmettre les questions à l'avance à ses interlocuteurs japonais, afin qu'ils puissent préparer leurs réponses ou rechercher les informations nécessaires.

Respecter la hiérarchie et l'étiquette

[...] Les Japonais accordent une importance capitale à la ponctualité. Il faut donc toujours être très exact aux rendez-vous, ni en avance, ni en retard. [...] Planifier ses visites longtemps à l'avance. Les Japonais voudront être préparés et poseront de nombreuses questions sur les motifs de la visite, la société, le nombre et le rang hiérarchique de leurs futurs interlocuteurs afin de choisir de façon adéquate leur propre équipe. [...]

Les cadeaux font partie intégrante de la culture japonaise, aussi bien dans la vie privée que dans la vie professionnelle. Il est indispensable d'offrir des cadeaux à ses interlocuteurs qui en échange offriront eux-mêmes des cadeaux de valeur équivalente. Attention, l'emballage compte autant que le cadeau lui-même. Il est d'usage de ne jamais ouvrir un cadeau en présence de ses interlocuteurs, afin de ne pas risquer de leur faire perdre la face si la valeur comparée des cadeaux remis était trop différente. [...]

Avoir une documentation complète et précise rédigée en japonais. Pour un Japonais, une brochure doit refléter la qualité et le professionnalisme de l'entreprise.

Savoir utiliser les interprètes. Les Japonais parlent mal l'anglais. Il est donc nécessaire d'avoir recours à un interprète. Pour qu'un interprète soit efficace, il faut longuement l'informer.

www.isd-community.com, 1er octobre 2016.

ANNEXE 3 Le droit des contrats commerciaux au Japon

Le système juridique japonais est un système de droit écrit, qui repose sur la codification, la jurisprudence n'ayant qu'une fonction complémentaire. [Les] Codes civil (*Minpô*) et commercial (*Shôhô*) constituent la source majeure du droit des contrats. C'est le système de liberté contractuelle qui est posé au Japon, ce qui signifie que les parties sont libres de décider du contenu du contrat. [...]

Les contrats japonais ont plutôt pour finalité de fixer un cadre global. Il s'agit donc généralement d'un accord de principe, qui permet aux contractants de garder une grande flexibilité au regard de la réglementation. [...]

Le Code civil identifie 13 catégories de contrats, [dont] l'achat et la vente (*baibai*).

La forme du contrat

Le Code civil n'impose pas la forme écrite pour les contrats [...] mais, pour un premier contact avec une entreprise japonaise, la forme écrite est cependant indispensable. En pratique, il ne s'agira pas toujours d'un document unique, résultat de négociations minutieuses sur chaque point. Par exemple, pour la vente, on négocie souvent des conditions générales de vente appelées à servir de cadre général aux relations contractuelles futures, qui sont suivies de bons de commande ou d'ordres de service détaillant les transactions. [...]

La clause de juridiction

La loi applicable : le droit international privé japonais des contrats instaure le principe de l'autonomie de la volonté des parties pour désigner la loi et le tribunal compétents. [...]

Le tribunal compétent en cas de litige : [...] si les parties attribuent la compétence aux tribunaux japonais, cette solution est de loin la meilleure, car la compétence des tribunaux japonais a surtout une fonction dissuasive à l'égard du cocontractant japonais.

Rupture du contrat

Il appartient aux parties de déterminer les règles qui fixeront les modalités (délais, pénalités...) de rupture des relations commerciales.

Répartition des principales clauses d'un contrat de vente

Clauses techniques	Clauses juridiques	Clauses financières
• Définition et objet du contrat • Conditions de livraison • Réception et garanties • Service après-vente	• Délai d'exécution • Responsabilité, assurance • Résiliation • Entrée en vigueur • Loi applicable et tribunal compétent en cas de litige	• Prix • Conditions de paiement • Réserve de propriété

www.clickjapan.org

SITE WEB

Les contrats commerciaux au Japon
lienmini.fr/ci410contacts
Suivez le lien ou le QRcode pour retrouver l'intégralité de l'article sur les contacts commerciaux au Japon.

ANNEXE 4 La Convention de Vienne

La Convention de Vienne est une convention des Nations unies ratifiée le 11 avril 1980 [...] par 10 pays, au départ, 77 aujourd'hui. Elle concerne spécifiquement la vente internationale de marchandises et elle est d'application supplétive. Elle prévoit un ensemble de règles autonomes qui peuvent être appliquées indépendamment de toute législation nationale. Elle pose les conditions générales de formation du contrat ainsi que les obligations des parties, mais surtout les sanctions pour inexécution, inspirées de la conception anglo-saxonne de la liberté contractuelle : en cas de manquement essentiel une partie peut rompre unilatéralement le contrat. Elle offre aux parties un compromis acceptable de choix de lois, évitant les difficultés et les coûts de longues négociations sur ce point. De plus, la Convention met le commerçant à l'abri du risque qu'une loi étrangère, inconnue de lui, s'applique à son contrat de vente internationale.

Champ d'application de la Convention :

- Elle s'applique spécifiquement aux ventes internationales de marchandises, elle répond donc à deux critères : un critère économique et un critère géographique. Ainsi, selon l'article 1 de la Convention, le caractère international de la vente est constitué lorsqu'elle a lieu « entre des parties ayant leur établissement dans des États différents ».
- Elle ne concerne donc que les ventes entre professionnels. Les ventes aux consommateurs et les prestations de services sont exclues.

Dispositions principales de la Convention de Vienne :

- Formation du contrat (deuxième partie) ;
- Vente de marchandises (troisième partie) :

Article 30 : « Le vendeur s'oblige, dans les conditions prévues au contrat et par la présente Convention, à livrer les marchandises, à en transférer la propriété et, s'il y a lieu, à remettre les documents s'y rapportant. »

Article 53 : « L'acheteur s'oblige, dans les conditions prévues au contrat et par la présente Convention, à payer le prix et à prendre livraison des marchandises. »

- Sanctions pour inexécution : la Convention prévoit les mêmes moyens de sanction pour l'acheteur et pour le vendeur en cas de contravention au contrat par l'autre partie. Ils peuvent exiger : l'exécution en nature, le paiement de dommages-intérêts (articles 45 et 61), la résolution unilatérale du contrat en cas de manquement de l'autre partie (articles 49 et 64), la réduction du prix (article 50), l'exception d'exécution (article 71).
- Exonération de responsabilité : elle est prévue par l'article 79. La force majeure doit être un événement doit être irrésistible, imprévisible et extérieure. »

D'après Anne-Laure Khun, http://blogs.u-paris10.fr

ANNEXE 5 Les conditions de recours à l'arbitrage international

Face à l'amplification des échanges commerciaux due à une mondialisation toujours plus présente, le nombre de litiges commerciaux internationaux augmente de manière exponentielle. Pour résoudre de manière rapide et prudente ces différends, la Cour internationale d'arbitrage de la chambre commerciale internationale (CCI) propose divers mécanismes pour le règlement de ces litiges. De nombreux pays font confiance à cette Cour, puisqu'elle y recense plus de 180 pays impliqués.

Mais avant tout, qu'est-ce que l'arbitrage ? Un « mode conventionnel de résolution des litiges par des particuliers (les arbitres) choisis par les parties et investis de la mission de juger à la place des juridictions étatiques ». [...]

Pour ce faire, les parties peuvent passer par la voie non contractuelle ou contractuelle, avec une clause compromissoire. Elle est habituellement proposée sous cette forme : « Tous différends découlant du présent contrat ou en relation avec celui-ci seront tranchés définitivement suivant le règlement d'arbitrage de la Chambre de commerce internationale par un ou plusieurs arbitres nommés conformément à ce règlement », mais les parties sont libres d'y ajouter des précisions en fonction de leur souhait. [...]

Néanmoins, il convient de rappeler que les modes consensuels de règlement des litiges comprennent d'autres recours que l'arbitrage. Dans ces procédés non juridictionnels, la médiation et la conciliation sont les plus connues. Les parties doivent alors manifester leur volonté d'y recourir.

Lydia Chikhi, www.lepetitjuriste.fr, 23 mars 2015.

Lors d'une première rencontre avec un prospect, ce dernier demande souvent à consulter certains documents juridiques. L'exportateur peut présenter soit les conditions générales de vente (→ chapitre 23), soit un modèle de contrat.

Les CGV représentent les meilleures propositions du vendeur, elles sont relativement aisées à formaliser. Le contrat de vente, par contre, doit intégrer toute sa relation avec le client : ses droits et obligations, les usages commerciaux en vigueur dans son pays... Aussi doit-il au préalable se renseigner sur les caractéristiques culturelles et juridiques qui interviendront dans le processus de négociation, et identifier les risques qu'il court pour prendre les précautions nécessaires.

RESSOURCE 1 NOTIONS DE CONTRAT INTERNATIONAL DE VENTE

Lexique

▸ Un **contrat international de vente** est une convention par laquelle un exportateur, situé dans un pays, s'engage à livrer et garantir une marchandise conforme en qualité et quantité, en échange de son prix payé par un importateur situé dans un autre pays.

Le contrat de vente est conclu pour une relation commerciale ponctuelle ou régulière. Il convient parfaitement à une commande test.

1 Son cadre juridique : la Convention de Vienne du 21 avril 1980

Issue des efforts d'harmonisation des différents droits, la Convention de Vienne encadre juridiquement les ventes internationales de marchandises, seulement entre deux co-contractants étrangers, à condition qu'elle ait été ratifiée par leurs deux pays et que les parties ne l'aient pas expressément écartée au profit d'une autre loi.

Exemple : Le Royaume-Uni ne l'ayant pas ratifiée, une autre partie ne peut choisir la Convention de Vienne pour réglementer leurs relations contractuelles.

2 Les caractères du contrat de vente

Caractères	Explications
Synallagmatique	Les deux parties ont des obligations réciproques : le vendeur livre et l'acheteur paie.
Réel ou immatériel	L'objet du contrat est la livraison d'un bien et/ou de services. Guido Maggi va livrer une chose, les chaussures, mais aussi un service pour les réparations.
À durée déterminée ou indéterminée	Précision du caractère ponctuel ou reconductible. Une commande test sera ponctuelle au départ mais peut être renouvelée tacitement ensuite.
À titre onéreux	Un échange monétaire est prévu ; le troc est exclu.
Consensuel	Les deux parties acceptent librement les conditions qu'elles se sont imposées. Elles doivent prendre le temps nécessaire pour négocier.
Intuitu personae	L'exportateur a choisi son client en fonction de ses caractéristiques et de sa personnalité. Le caractère luxueux des chaussures impose un détaillant sélectif.
Commutatif	Les obligations réciproques sont connues dès le départ.

3 Le processus de conclusion du contrat de vente

La négociation = liberté
- Propositions
- Contre-propositions éventuelles

→ **L'acceptation = contrat**
- Transfert de propriété et de risques

→ **L'exécution = force obligatoire du contrat**
- Dans les conditions prévues
- Sinon, responsabilité contractuelle

En période pré-contractuelle, l'exportateur a fait une offre qui peut être discutée ou acceptée en bloc, entraînant immédiatement conclusion du contrat et exécution obligatoire. Aussi doit-il être très prudent, car tout manquement engagera sa responsabilité contractuelle et il faudra réparer le préjudice subi par l'autre partie, ce qui peut anéantir à la fois son image de marque, sa réputation, mais aussi toute la rentabilité attendue de l'échange commercial.

RESSOURCE 2 L'ANALYSE DE LA SITUATION JURIDIQUE DE LA NÉGOCIATION

La Convention de Vienne stipule que l'exportateur livre et garantit les marchandises. Elles doivent arriver au client conformes en quantité, en qualité et dans les délais prévus.

1 Risques encourus par l'exportateur

Risques	Explications	Précautions contractuelles
De non-conformité	La livraison doit correspondre à la commande du client.	Un certificat de conformité peut être établi par une société d'agréage (SGS, Veritas...).
De non-paiement (risque politique et/ou commercial)	Le client présente des risques financiers ou réside dans un pays classé dangereux.	Mode de paiement adapté (crédit documentaire, lettre de crédit stand by, avance).
De change	Si la monnaie de paiement n'est pas sa propre devise.	Clause de change pour figer le cours de la devise.
Logistiques	En fonction de l'incoterm choisi, le transfert de risques lui sera défavorable.	• Choisir un incoterm vente départ. • Prendre en charge l'assurance. • Prévoir une garantie.
Juridiques (responsabilité du fait des produits, conflits, inexécution du client)	• Son produit est dangereux, sophistiqué, et des procès pourraient être intentés par des clients. • Arbitrage reconnu localement ? • Application des sentences rendues à l'étranger dans le pays du client (*exequatur*) ?	• Clauses juridiques : pénale, résolutoire, exonération de responsabilité. • Préférer l'arbitrage à un procès (clause compromissoire). • Sinon, choisir une loi et une juridiction favorables.

2 La découverte du client

Le contrat de vente se forme tout au long de la négociation. À côté de certaines clauses générales, d'autres seront personnalisées en fonction des souhaits du client et des possibilités de l'exportateur. Aussi va-t-il questionner l'importateur pour connaître ses besoins précis.

L'utilité de ce plan de découverte

Les questions vont lui permettre de prévoir ses obligations et d'estimer son prix de vente :
- Les **clauses commerciales** vont servir à connaître la quantité et la qualité de produits à livrer, les adaptations complémentaires éventuelles...
- Les **modalités de paiement** vont servir à négocier sa protection, puisqu'il est le plus exposé par le risque de non-paiement.
- Les **conditions de livraison**, en fonction de l'incoterm retenu, vont l'informer sur ses obligations logistiques : prospecter un transitaire...
- Les **autres souhaits** permettent de satisfaire optimalement son client, mais aussi de compléter le calcul du prix.

Exemple : la liste noire (*black list*) cible les intermédiaires souhaités. Ainsi, les Russes et Indiens exigent que leurs compagnies nationales les livrent.

Un exemple de plan de découverte (liste non exhaustive)

Clauses commerciales	Modalités de paiement
• Quel produit souhaite-t-il ? • En quelles quantités ? • Adapté à quelles normes ? • Désire-t-il des services annexes ?	• Quel moyen de paiement préfère-t-il ? • Quelle sécurité de paiement accepte-t-il ? • Quel délai souhaite-t-il ? • Peut-il bénéficier de réductions de prix ? • Quelle devise préfère-t-il ?
Modalités de livraison	**Souhaits particuliers**
• Quel incoterm utilise-t-il d'habitude ? • Quel moyen de transport veut-il ? • Quel mode de transport adopter ? • Où livrer l'importateur ? • Dans quels délais ?	• Quels emballages ? • Exige-t-il une liste noire ?...

RESSOURCE 3 LE CONTENU ET L'EXÉCUTION DU CONTRAT DE VENTE

1 L'élaboration du contrat de vente

La Convention de Vienne ne prévoit aucune condition de forme, mais un contrat écrit est préférable pour servir de preuve en cas de conflit ultérieur. Pour le contenu, les parties sont libres du choix de leurs droits et obligations. Selon la culture des deux parties, les contrats seront de taille plutôt réduite ou contraire très denses. Aussi, chaque type de clause devra-t-il être adapté.

Exemple : les pays à contexte fort (Amérique du Sud, les pays arabes) n'ont pas besoin de beaucoup d'informations. Dans certains pays, la parole joue un grand rôle, plus que l'écrit. Par contre, dans les pays à contexte faible, ou qui ont une tradition contractuelle écrite, les pays anglo-saxons en particulier, les contrats sont négociés souvent en présence d'avocats et peuvent être composés de centaines de pages, avec des détails très précis. En cas de conflit, seuls les écrits feront foi.

2 L'exécution du contrat de vente

Dès la conclusion du contrat, les parties doivent exécuter leurs obligations loyalement.

L'exportateur	L'importateur
• Livrer les produits en quantité, qualité et délais convenus. • Les garantir (garantie légale, contractuelle).	• Vérifier les marchandises à réception et informer l'exportateur de tout problème. • Payer le montant fixé. • En cas de vice caché, intenter une action en justice dans les deux ans de sa découverte.

Conseil de pro

La Convention de Vienne alourdit les obligations de l'acheteur par rapport à la loi française. Un exportateur français aura tout intérêt à la désigner pour régir son contrat.

3 L'inexécution du contrat de vente

Toute inexécution engage la responsabilité contractuelle de son auteur. Le litige va être soumis à un juge qui va d'abord rechercher si les parties ont émis la volonté de régler les conflits par elles-mêmes. Sinon, il va être obligé de résoudre le conflit en déterminant la loi applicable dans son pays et les modalités de réparation.

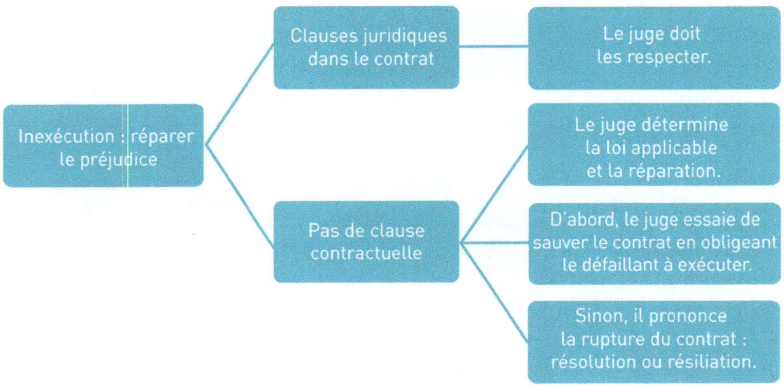

4 Modes de résolution des conflits

En droit international, on peut recourir à plusieurs démarches de résolution des conflits :

- une **voie contractuelle** en insérant ses propres clauses juridiques ;
- une **voie judiciaire** (un juge est désigné pour résoudre le conflit) ;
- une **voie alternative** si les parties ont inséré une clause. Un tiers va alors essayer de résoudre le conflit.

Exemple : les pays anglo-saxons recourent fréquemment aux voies alternatives de résolution de conflits car les procédures sont plus rapides, consensuelles, confidentielles. Toutefois, l'arbitrage coûte cher et est parfois peu efficace, les décisions n'étant pas toujours suivies d'effets.

Conseils de pro

- Ne jamais oublier qu'une offre acceptée = contrat = obligation d'exécuter sinon faute contractuelle et nécessité de réparer le préjudice subi, ce qui peut coûter très cher financièrement, notamment dans les pays utilisant la Common Law, mais aussi stratégiquement avec la perte du marché et le ternissement de l'image de marque.
- Insérer des clauses juridiques dans les contrats et recourir aux voies alternatives de résolution des différends, très utilisées dans les pays anglo-saxons.
- Une loi nationale s'efface devant une convention internationale. Donc, quand on veut recourir à une loi précise, il ne faut pas oublier d'exclure expressément la Convention de Vienne.

ENTRAÎNEMENT 1 QCM

- **Validez vos connaissances en cochant la (ou les) bonne(s) proposition(s) puis justifiez oralement vos réponses.**

1. Une clause compromissoire prévoit :

- ☐ Un compromis en cas de conflit entre les parties.
- ☐ Le recours à un arbitre.
- ☐ Le recours à la justice étrangère.

2. Un contrat est conclu :

- ☐ Lors de sa signature.
- ☐ Lors de la livraison du bien.
- ☐ Lors de l'échange des consentements.

3. Un contrat peut être modifié :

- ☐ Par le client.
- ☐ Par le juge.
- ☐ Par les deux parties.

4. Un arbitre juge :

- ☐ Uniquement les faits.
- ☐ En équité et en droit.
- ☐ En utilisant le droit international.

5. Un juge doit, face à des clauses contractuelles :

- ☐ Respecter la volonté des parties.
- ☐ Juger selon son droit.
- ☐ Condamner la partie étrangère.

QCM

lienmini.fr/20410qcm25

Accédez à la suite de ce quiz en utilisant le QRcode ou le lien URL.

ENTRAÎNEMENT 2 ANALYSER UN CONTRAT

Un contrat de vente de lingerie fine doit se conclure entre la Société « Cœur d'Ange », située à Paris 3e arrondissement, et la société « Barakat » située Orient Avenue, à Dubaï. Celle-ci vend des vêtements de luxe féminins dans plusieurs boutiques. Après plusieurs rencontres, l'importateur a soumis à son fournisseur un modèle de contrat de vente, que ce dernier renvoie deux jours après, furieux, en lui disant qu'il était inacceptable.

À partir de l'annexe ci-après :

1. **Donnez un titre à chaque clause du contrat présenté en annexe.**
2. **Analysez chaque clause et justifiez le mécontentement de l'exportateur.**
3. **Comment aurait dû se dérouler la transaction ?**

ANNEXE Modèle de contrat de vente fourni par l'importateur

Article 1 : Le présent contrat est conclu entre Monsieur Levistone, directeur commercial de la société « Cœur d'Ange » (adresse) et Monsieur El Bouakri, directeur général de la société « BARAKAT » (adresse).

Article 2 : Le présent contrat porte sur la livraison de 5 000 parures de lingerie fine, en soie et dentelle, de type « Cœur à prendre », « Cœur jaloux »... tailles 34 à 58 pour les culottes, bonnets 80 à 120, profondeur A à F pour les soutiens-gorge, en vertu de notre commande ci-jointe, d'un montant unitaire CIF Dubaï de 125 USD. Elles seront emballées individuellement, puis placées dans des cartons comportant la marque, les mesures et la provenance.

Article 3 : La livraison aura lieu par transport aérien, au plus tard le 15 octobre, CIP Roissy à destination de Dubaï, obligatoirement avec la compagnie Emirates.

Article 4 : La marchandise devra en tout point correspondre à notre commande du 15 septembre, en quantité, qualité et dessins. Sinon, l'acheteur se réserve le droit de refuser les marchandises à destination et les renvoyer aux frais du vendeur.

Article 5 : Les accessoires d'un montant total de 250 000 USD seront payés par virement à 180 jours. En cas d'augmentation des tarifs, le vendeur doit informer l'acheteur, par LRAR, 3 mois avant l'application du nouveau tarif.

Article 6 : Tout retard de livraison sera sanctionné par une pénalité de 2 % du montant du contrat par mois de retard, après mise en demeure. Après 6 mois de retard, le contrat sera rompu automatiquement, sans restitution des pénalités, aux torts de l'exportateur.

Article 7 : Le transfert de propriété de la marchandise sera retardé au paiement complet du prix.

Article 8 : Le contrat sera rompu, en cas de modifications de certaines clauses et même de force majeure.

Article 9 : Tout litige sera résolu par la Chambre d'Arbitrage de la CCI de Dubaï.

Article 10 : Ce contrat a été rédigé en français, arabe (langue officielle), en deux exemplaires.

Article 11 : Ce présent contrat sera valable dès la signature des parties.

Vers le BTS

PRÉPARATION À L'ÉPREUVE E52

Vous êtes en stage dans la société Crespin, située dans le Limousin. Depuis 1977, Patrick Crespin, maître verrier, mêle les procédés pour créer des luminaires d'exception. De l'applique aux luminaires les plus monumentaux, il accompagne les projets de décoration sur mesure et/ou étude, conception et réalisation de créations exclusives. La proximité de Limoges le fait s'intéresser aux arts du feu. Il expérimente le mélange des différentes techniques et réalise des pièces avec des émailleurs de renom pour des clients prestigieux comme Pierre Cardin. Il a été contacté pour refaire les luminaires du théâtre de Saint-Pétersbourg par le responsable des achats, Youri Prospeski.

- **Monsieur Crespin vous demande de préparer l'entrevue qui aura lieu à Saint-Pétersbourg le 15 novembre, qui devrait voir se conclure le contrat de vente. Vous préciserez la démarche et la méthode que vous allez adopter au préalable, les informations à collecter... Enfin, vous formaliserez le plan de découverte et la liste des points que le contrat devra comporter.**

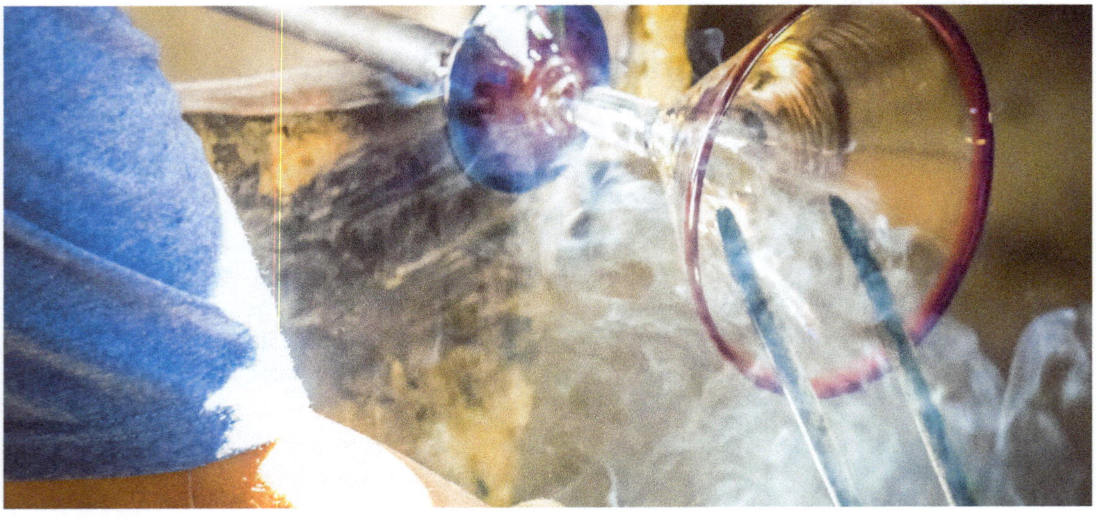

CHAPITRE

26 Les contrats internationaux de distribution

Compétences professionnelles
- **UC52 CP2** : Préparer et organiser la mission de vente

Savoirs associés
- **S521** : Contrats commerciaux internationaux

CONTEXTE JEAN HERVÉ

La société Jean Hervé est spécialisée dans la production et la commercialisation de fruits secs biologiques transformés. En 1976, Jean Hervé commence à fabriquer de la purée d'amandes dans son atelier, en Savoie. Petit à petit, l'entreprise développe sa structure familiale et agrandit la gamme de produits à destination de nouveaux clients.

En 1992, il s'installe à Clion, en Indre, pour accroître les quantités de production. Désormais Maïa Hervé, une de ses filles, gère l'entreprise. Elle semi-industrialise, avec des chaînes automatisées mais des méthodes de fabrication artisanales. Elle est présente sur plusieurs marchés européens. Elle souhaite à présent exporter, mais en B to D, grâce à un distributeur.

Lors de sa mission de prospection à Londres, elle a rencontré Tree of Life UK LTD, distributeur de produits diététiques, naturels et biologiques et leader de la distribution en gros de ces produits au Royaume-Uni.

Maïa Hervé doit le rencontrer de nouveau lors d'un salon à Londres et elle doit préparer ses outils de vente juridiques : les modèles de contrats. Comment doit-elle se préparer à cette rencontre ? Quelles clauses doit-elle prévoir dans le contrat ?

FICHE D'IDENTITÉ

Dénomination sociale
Jean Hervé SCS (société en commandite simple au capital social de 700 000 EUR)

CA 2013
14 millions EUR (75 % d'augmentation depuis 2009)

CA export
1,45 million EUR, soit 10,35 % du CA (+ 177,2 %)

Secteur d'activité
Agroalimentaire biologique

Produits
5 gammes de produits : fruits secs et oléagineux, pâtes à tartiner et confits, mélanges de fruits secs, pâte d'amande et aides culinaires

Effectif
38 salariés

Position concurrentielle
Leader

PROLONGEMENT NUMÉRIQUE

Jean Hervé (2'49)
lienmini.fr/ci410jeanherve

1) Quels sont les facteurs clés de succès de Jean Hervé ?
2) Analysez le choix d'un distributeur pour commercialiser ses produits.
3) Quels risques faut-il anticiper dans ce projet de distribution au Royaume-Uni ?

MISSION 1 Choisir un mode de représentation commerciale ANNEXE 1

1. Recopiez et remplissez le tableau suivant pour comparer l'agent et le distributeur.

Critères	Agent	Distributeur
Statut juridique		
Fonctions		
Lien juridique		
Rémunération		
Missions classiques		
Fin de mission		

Lexique

▸ **Contrat de distribution :** contrat par lequel un distributeur achète des biens auprès d'un fournisseur ou d'un fabricant et les revend à ses propres clients.

2. Comparez les deux statuts en listant leurs avantages et inconvénients.
3. Sur quels critères allez-vous vous appuyer pour les choisir lors de la négociation ?

MISSION 2 Préparer le contrat de distribution ANNEXES 1 et 2

1. Analysez l'encadrement juridique des contrats de distribution au Royaume-Uni.
2. Quels éléments juridiques Maïa Hervé devrait-elle intégrer dans ce type de contrat ?
3. Pourquoi la fin du contrat est-elle si importante pour le distributeur ?

MISSION 3 Préparer le contrat d'agence au Royaume-Uni ANNEXES 3 à 5

1. Quels conseils doit-on respecter pour négocier efficacement avec un agent britannique ?
2. Quelles lois définissent et encadrent le contrat d'agent au Royaume-Uni ?
3. Quels éléments juridiques Maïa Hervé devrait-elle intégrer dans ce contrat ?
4. Pourquoi la fin du contrat est-elle si importante pour l'agent ?

ANNEXE 1 Le contrat de distribution au Royaume-Uni

Au Royaume-Uni, [...] aucune loi ne vient encadrer les contrats de distribution. Il faut alors se référer aux règles et principes généraux applicables aux contrats commerciaux.

Le contrat de distribution

Le droit anglais ne prévoit pas de réglementation spécifique applicable au contrat de distribution. Il faut regarder le droit des contrats ainsi que la jurisprudence pour connaître le cadre légal de ces contrats.

[...] Ce contrat n'est soumis à aucune obligation légale et il peut exister même s'il n'y a pas de preuve écrite de son existence. La liberté contractuelle prévaudra, en l'espèce.

SITE WEB

Présentation générale du marché britannique
lienmini.fr/ci410tradonline
Suivez le lien ou le QRcode pour découvrir la situation économique britannique dans un document de la Chambre de commerce française de Grande-Bretagne.

Le contrat de distribution peut être à titre exclusif ou non, avec un territoire déterminé, plus ou moins large. À défaut de détermination du droit applicable au contrat par les parties, la loi du distributeur trouvera à s'appliquer.

La rupture du contrat de distribution

Le distributeur a droit au respect d'un préavis raisonnable [lié] :

- au temps laissé au distributeur pour se redéployer ;
- à la durée des relations commerciales ;
- à la dépendance économique existant entre le fournisseur et le distributeur.

Si un délai raisonnable de préavis a été respecté, aucune indemnité ne sera versée au distributeur.

Si le délai est considéré comme « déraisonnable » par les juridictions anglaises, le distributeur pourra demander une compensation financière [...] très souvent accordée par les cours anglaises.

Laureline Marcoult, Laure Istria, Robert Giovannelli, www.svp.com, 17 juin 2014.

ANNEXE 2 La fin des contrats de distribution internationaux

En droit de « Common Law », le contrat repose sur la confiance mutuelle des parties pendant la durée du contrat. Par ailleurs, il s'agit d'un droit d'interprétation stricte, qui impose une rédaction précise du contrat. Les parties doivent donc prévoir dans le contrat les formalités de rupture avec beaucoup de soin.

En cas de rupture d'un contrat à durée déterminée, le préjudice consistera dans la perte de bénéfice jusqu'à l'échéance normale du contrat. En matière de contrat à durée indéterminée, il est d'usage, lorsqu'on envisage une rupture en raison d'une faute du cocontractant, de lui adresser un premier préavis dans un délai raisonnable, afin de lui permettre d'y remédier (30 jours). À défaut de remède, un second préavis doit être envoyé [...]. Les sanctions sont en revanche plus diversifiées, car le juge anglais peut, non seulement octroyer des dommages-intérêts, mais également forcer les parties à poursuivre le contrat ou interdire à l'auteur de la rupture de trouver un nouveau cocontractant. Toutefois, en pratique, de telles sanctions sont difficiles à appliquer.

www.eurojuris.fr

ANNEXE 3 L'agent commercial international

L'agent commercial est un professionnel indépendant qui agit au nom du vendeur, dont il reçoit les instructions. Néanmoins, ce n'est généralement pas lui qui signe la vente.

Il est rémunéré par des commissions et bénéficie d'une protection en fin de contrat.

En droit européen, cette protection lui est assurée par la directive 86/653/CEE du 18 décembre 1986, qui laisse le choix entre le versement d'une indemnité d'un an et le préjudice subi :

- En France, la loi de 1991 a opté pour le préjudice subi. [...]
- La Grande-Bretagne [aussi], sauf si les parties ont expressément opté pour l'indemnité.

Se pose donc la question de la loi applicable au contrat d'agent commercial. Le règlement Rome I n° 595/2008 du 17 juin 2008 établit des règles uniformes à toute l'Union européenne pour déterminer la loi applicable dans le cadre des relations contractuelles. Ainsi, les parties sont libres de choisir la loi applicable au contrat. À défaut de choix de loi, l'article 4 § 1 dispose que la loi applicable sera celle du pays dans lequel l'agent a sa résidence habituelle.

La France est signataire de la Convention de la Haye du 14 mars 1978, relative aux relations internationales dans les contrats d'intermédiaires.

À défaut de choix de loi par les parties, c'est la loi de l'État dans lequel, au moment de la formation du rapport de représentation, l'intermédiaire a son établissement professionnel ou à défaut sa résidence habituelle.

Thierry Clerc et Thomas Rinne, www.eurojuris.fr

ANNEXE 4 Recruter un agent commercial au Royaume-Uni

- Il faut absolument connaître l'anglais (bon niveau).
- Éviter de parler de l'Europe.
- Le marketing est très important, plus important que la qualité.
- Les Anglais fonctionnent à l'américaine (un avocat est pris pour prévenir un contentieux, donc souvent lors des négociations et non pas seulement en cas de litige).
- Soyez poli, clair et précis.
- Les Anglais aiment négocier. Restez à l'écoute de votre interlocuteur, soyez souple.
- Respectez les délais et le temps des rendez-vous. Sachez aussi que le Britannique commence à négocier dès le premier rendez-vous, au lieu de juste recueillir des informations.
- Préparez donc la présentation de votre entreprise (en anglais) pour le premier rendez-vous.
- Les Anglais préfèrent établir une relation de partenariat à long terme plutôt qu'à court terme.
- Si votre interlocuteur vous appelle par votre prénom, faites de même.
- Exporter par l'intermédiaire d'un agent commercial/distributeur (*sales representative*).

[...] Au Royaume-Uni, l'agent agit au nom et pour le compte de l'entreprise et peut être exclusif ou non. Son statut est défini dans « The Commercial Agents Regulations 1993 ».

Pensez à désigner la loi applicable au contrat, à définir le territoire et éventuellement le champ de l'exclusivité, spécifiez le taux de commission, le chiffre d'affaires minimum à réaliser, la ou les modalités de cessation du contrat, les obligations des deux parties.

www.agent-co.fr

ANNEXE 5 Le statut de l'agent commercial en Europe

Au moyen d'une directive en date du 18 décembre 1986, le Conseil des Communautés européennes s'est efforcé d'harmoniser le droit de l'agent commercial dans les différents États membres de l'Union européenne, notamment relativement aux points suivants :

- les droits de l'agent commercial et ses obligations ;
- la rémunération de l'agent commercial ;
- la conclusion du contrat d'agent commercial ;
- la fin du contrat d'agent commercial et de l'indemnité [qui lui est] due [...].

Du fait de la rédaction de son article 13, la directive a instauré un principe : la rédaction d'un écrit n'est pas nécessaire pour qu'il y ait contrat d'agent commercial. Toutefois, chaque État membre [peut exiger] un contrat écrit.

http://cabinetfoussat.com, 26 juin 2008.

RESSOURCE 1 LE CONTRAT DE DISTRIBUTION

Le distributeur va acheter les produits de l'exportateur pour les revendre en appliquant une marge sur le prix d'achat. Il en devient propriétaire et devra les réceptionner, les stocker, les commercialiser. Il devra également s'approvisionner auprès du vendeur et le payer. L'exportateur court **plusieurs risques** :

- la **concurrence déloyale** durant le contrat et post-contractuellement : approvisionnement auprès d'un autre exportateur, non-respect du savoir-faire, marché parallèle... ;
- de **non-paiement** ;
- de **change** si la devise au contrat est différente.

Par conséquent, il va intégrer tous ces éléments à sa réflexion pour se protéger. Puis, pour les compléter et aboutir à une offre personnalisée, il va bâtir un plan de découverte du distributeur.

1 Le plan de découverte du client

Comme l'exportateur n'a pas une connaissance complète de son client, il va préparer une série de questions au distributeur destinées à :

- Apprécier l'opportunité de lui confier nos produits : perspectives de commercialisation.
- Sélectionner les produits adaptés à ses besoins, à ceux de ses clients et de la réglementation locale : choix de gammes, certifications spécifiques...
- Intégrer ses attentes, ses contraintes, ses besoins, pour mieux le satisfaire.

Les attentes du distributeur	Les attentes de ses clients
• Quels produits l'intéressent ? • Quelle quantité ? À quel prix ? • Souhaite-t-il une exclusivité ? • Attend-il des services associés ? • Quelles garanties souhaite-t-il ?	• Qui sont ses clients ? • Quelles sont leurs attentes ? • Quelles sont leurs motivations d'achat ? • Quel est leur budget ? • Quelle est leur fréquence d'achat ?
Les services qu'il peut assurer	**Ses habitudes commerciales**
• Quelle est sa capacité de stockage ? • Peut-il assurer le service après-vente ?	• Quel incoterm utilise-t-il ? • Quelle solution transport préfère-t-il ? • Comment paie-t-il ses fournisseurs ?

2 Le contenu du contrat de distribution

Clauses	Détails
Les parties	Nom, coordonnées, fonctions.
L'objet	Description très précise du produit, éléments de qualité.
Les conditions d'approvisionnement	Quantité, fréquence, volume minimal ou CA minimum.
Le montant à payer	Prix total, déterminé dans la devise de paiement et adapté aux quantités souhaitées, remises éventuelles.
Les garanties	En cas de non-conformité.
Les modalités logistiques	Incoterm, transport, emballage. En cas de retard, avarie, responsabilité et réparation.
Les modalités de paiement	Mode, moyen, délais, possibilité d'escompte.
Les clauses juridiques	Réserve de propriété, de non-concurrence.

Clauses	Détails
La durée	CDI ou CDD, modalités de renouvellement.
Les modalités de rupture	Préavis, forme, indemnités éventuelles, restitution du matériel commercial, stocks…
Le formalisme et l'adaptation du contrat	Dans certains pays, notamment anglo-saxons, le formalisme est primordial.

Conseil de pro

Pour consulter un modèle de contrat de distribution en français et en anglais : lienmini.fr/ci410distribution
Pour remplir un ligne un contrat de distribution : lienmini.fr/ci410contrat

D'autres clauses peuvent être ajoutées selon les besoins de chaque partie. Ainsi, en cas d'exclusivité, une clause spécifique précisera son objet, la période, la zone géographique.

RESSOURCE 2 LE CONTRAT D'AGENCE

L'agent commercial représente l'exportateur dans son pays. Il n'achète pas la marchandise, n'assure pas d'obligations logistiques, ni de paiement, mais il le met juste en relation avec les clients. **L'exportateur doit se protéger** contre : l'inertie de son agent ; le ternissement de son image de marque ; la concurrence déloyale (divulgation d'informations confidentielles, ou fausses, dénigrement…).

De son côté, l'agent dépend entièrement de l'exportateur et doit se prémunir contre : l'impossibilité de réaliser sa mission : non transmission des informations commerciales et de communication ; la concurrence déloyale : prospection par d'autres moyens dans sa zone de compétence ; le non-paiement de ses commissions.

À la fin du contrat, comme il a mis son portefeuille clients à la disposition de l'exportateur, il a droit à une indemnité de clientèle.

Clauses	Détails
Les parties	Coordonnées de l'exportateur et de l'agent.
L'objet : la mission	Description des tâches à réaliser : prospection, études de marché…
Obligations de l'exportateur	Lui fournir le matériel commercial utile, le payer…
Obligations de l'agent	Exécuter loyalement sa mission en respectant la stratégie et la politique commerciales de l'exportateur, rendre compte.
Le paiement	Montant de la commission ou forfait (mission ponctuelle).
La durée	CDI ou CDD, modalités de renouvellement.
Clauses juridiques	Clauses pénale, résolutoire, de résolution de conflits…
Les modalités de rupture	Préavis, forme, indemnité de clientèle, restitution du matériel…

Conseil de pro

Pour consulter un modèle de contrat d'agence en français et en diverses langues : lienmini.fr/ci410agence
Modèle de contrat d'agence en deux versions : favorable au mandant et à l'agent : lienmini.fr/ci410modele

Le contrat peut être complété au cas où l'agent serait ducroire, assurant la mission de recouvrement des créances à l'étranger, en échange d'une commission plus importante et s'il veut obtenir l'exclusivité.

Une fois les **contrats** rédigés, l'exportateur doit les analyser et veiller à ce qu'ils soient :

- **Équilibrés** : répartition des obligations équitablement entre les deux parties.
- **Possibles dans leur exécution**. Ainsi, en cas de zone d'exclusivité trop large, il serait inefficace, comme lui confier toute la Russie par exemple.
- **Limités dans le temps au début** : fixer une période d'essai pour tester le distributeur, puis transformer en contrat à durée indéterminée, avec un renouvellement tacite.

ENTRAÎNEMENT 1 VRAI OU FAUX ?

1. **Un agent est salarié de l'entreprise exportatrice.**

- ☐ Vrai.
- ☐ Faux.

2. **Un distributeur est libre d'appliquer la marge qu'il souhaite.**

- ☐ Vrai.
- ☐ Faux.

3. **Un agent est rémunéré par une commission.**

- ☐ Vrai.
- ☐ Faux.

4. **Un distributeur exclusif est libre de s'approvisionner auprès de n'importe quel fournisseur.**

- ☐ Vrai.
- ☐ Faux.

5. **L'exportateur peut intenter une action en justice à l'agent pour concurrence déloyale.**

- ☐ Vrai.
- ☐ Faux.

QCM

lienmini.fr/20410qcm26
Accédez à la suite de ce quiz en utilisant le QRcode ou le lien URL.

ENTRAÎNEMENT 2 LA POLITIQUE DE DISTRIBUTION D'IDETEC MEDICAL IMAGING

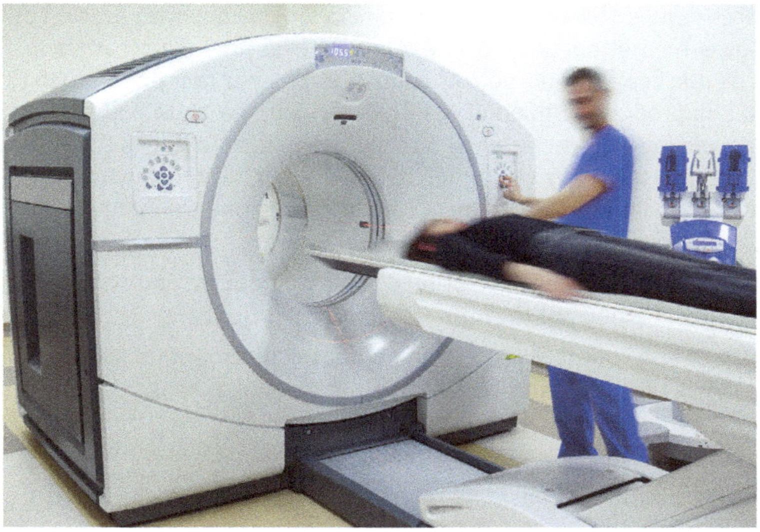

La société Idetec Medical Imaging (www.idetec-medical-imaging.com) fabrique des équipements d'imagerie médicale à Nîmes depuis 30 ans. Pionnier en radiologie numérique directe, Idetec assure la maîtrise et la qualité des produits depuis la conception jusqu'à la fabrication. La commercialisation et le service sont assurés par un réseau de distributeurs régionaux agréés et spécialisés, en France et à l'étranger. Cette entreprise est intéressée par le marché marocain, qui lance une grande politique de modernisation et d'investissements dans les secteurs de la santé. Son dirigeant a rencontré un distributeur d'équipement médical, Ahmed El Madani qui est intéressé par la commercialisation de ces produits, durant le Salon international de la santé à Casablanca, Medical Expo, en mars 2016. Ils doivent se revoir au Maroc pour négocier le contrat de distribution.

De retour à Nîmes, le directeur se pose de nombreuses questions et vous les soumet, lors d'une réunion de préparation du futur entretien. En effet, le distributeur marocain exige une exclusivité sur tout le Maghreb pour 5 ans minimum. Il veut pouvoir s'approvisionner auprès de différents fournisseurs au cas où Idetec ne pourrait pas le livrer en fonction des quantités et délais requis. Il veut être libre dans ses fonctions.

De son côté, Idetec craint pour son image de marque et la réputation de très grande qualité de ses produits. Il a une confiance limitée dans le distributeur et voudrait que celui-ci assure le service après-vente. Il souhaite se protéger au maximum de certains agissements que le distributeur pourrait avoir envie de faire.

À partir des données de l'énoncé :

1. **Que pensez-vous du choix de la politique de distribution de Idetec ?**
2. **Analysez la demande d'exclusivité du distributeur.**
3. **Analysez ses autres exigences et les conséquences juridiques pour Idetec.**
4. **Que doit faire Idetec pour se protéger ?**
5. **Quels autres éléments doit rechercher Idetec pour cerner les besoins du distributeur ?**

Vers le BTS — PRÉPARATION À L'ÉPREUVE E52

ENTRAÎNEMENT

Dossier de préparation d'une négociation avec un distributeur chinois

Pierre Guitton a créé Teqoya (www.teqoya.fr), une marque de produits purificateurs d'air *made in France*. Son entreprise est située à Sceaux, dans la région parisienne. Son innovation, brevetée et améliorée depuis 15 ans, repose sur l'ionisation de l'air, mais avec un plus, ses produits sont silencieux et n'émettent pas d'ozone. Après une gamme pour la maison, P. Guitton lance des produits de purification d'air pour la voiture. Primé par la French Touch Conference 2016 de New York, ses produits ont séduit les Chinois, victimes de la pollution dans les grandes villes. Après avoir fait des recherches sur plusieurs distributeurs potentiels, M. Guitton a sélectionné une grossiste, Lin Xianju, qui réside à Pékin. Elle doit venir en France pour rencontrer le dirigeant, visiter l'entreprise et conclure éventuellement le contrat de distribution.

Vous allez préparer le dossier de négociation. En particulier, vous devez bâtir le plan de découverte, les points essentiels du contrat qu'il faudra négocier pour protéger les intérêts de l'entreprise, tout en respectant la culture et les usages de votre interlocutrice.

Ce dossier requiert de collecter un certain nombre d'informations, de réfléchir à la situation et aux perspectives futures. Vous pouvez travailler en équipe pour cela, et utiliser l'outil informatique et la documentation dont vous bénéficiez dans votre centre de formation. À l'appui du dossier que vous remettrez, un étudiant présentera à l'oral les grands axes de votre recherche et les précautions dont devra s'entourer le dirigeant.

CHAPITRE

27 Les techniques de négociation

Compétences attendues
- **UC52CP2** : Préparer et organiser une mission de vente
- **UC52CP3** : Négocier en langue étrangère avec des clients/partenaires étrangers

Savoirs associés
- **S513** : Techniques de négociation

CONTEXTE LORINA

L'entreprise Lorina, en Moselle, connaît depuis 1996 une véritable métamorphose. Tout en restant ancrée dans son histoire, elle a su s'adapter et se développer notamment à l'international. Elle affiche ainsi avec une croissance annuelle régulière de 6 à 8 %.

Avec 50 % de son chiffre d'affaires effectué à l'export, elle a aujourd'hui le projet de conquérir le Moyen Orient. À l'issue d'une prospection auprès des restaurants et des bars dans les pays arabes, le directeur commercial a rendez-vous avec Djawad El Hattab, gérant d'un bar-restaurant dans le plus grand centre commercial de la ville, GalleryMall, à Riyad en Arabie Saoudite.

Lors de votre première rencontre, Mr El Hattab vous a dit que son bar était situé à l'intérieur du centre, sur une place avec une fontaine, pour une capacité de 150 places. Ces propos ont été corroborés dans un article paru dans un magazine professionnel.

Comment le commercial export de Lorina va-t-il préparer sa négociation avec M. El Hattab et optimiser ses chances de réussite ?

FICHE D'IDENTITÉ

Dénomination sociale
Lorina (Établissements Geyer Frères)

Secteur d'activité
Limonades et boissons gazeuses artisanales aux fruits

CA 2015
37 M€ environ (dont 50 % à l'export)

Implantation
En France et dans 40 pays en Europe, Asie, Amérique

Effectif
100 collaborateurs en France

Position concurrentielle
35 % de PDM en France

PROLONGEMENT NUMÉRIQUE

Lorina, la petite limonade artisanale devenue star (2'01)
lienmini.fr/ci410lorina

1) Quelles sont les grandes étapes de l'histoire de la société Lorina ?
2) Sur quels marchés est implantée la marque de limonade ?
3) Comment Lorina s'adapte-elle aux spécificités des marchés américain, anglais et asiatique ?

ÉTAPE 1 : LA PRÉPARATION DE LA NÉGOCIATION ANNEXES 1 à 4

MISSION 1 Connaître son client pour réussir sa négociation

1. Quelles informations faut-il collecter avant un rendez-vous ?
2. Comment les utiliser dans le cadre d'une négociation ?

MISSION 2 Intégrer les opportunités et menaces du marché étranger

1. Recherchez et analysez les informations pertinentes sur l'Arabie Saoudite, liées à la négociation future de Lorina.
2. Collectez des informations sur la culture du pays et listez celles qu'il faut intégrer à un processus de négociation.
3. Synthétisez toutes ces informations utiles dans un tableau.

MISSION 3 Appréhender les outils d'aide à la vente comme facteurs clés de succès

1. Listez les OAV dont il faut se munir avant de rencontrer M. El Hattab.
2. Sur le site Internet de Lorina, deux options d'accès sont présentées : France et international. Que remarquez-vous quand vous cliquez sur international (http://us.lorina.com) ?
3. À l'aide de l'annexe 3, analysez la carte de visite de Lorina. Répond-elle aux critères d'usage ?

Lexique

▸ **Outils d'aide à la vente (OAV) :** ensemble de documents ou supports destinés à faciliter la vente d'un produit (plaquette, catalogue, carte de visite, etc..)

ÉTAPE 2 : LA PRISE DE CONTACT ANNEXES 5 à 9

MISSION 1 Analyser la dimension interculturelle des « salutations »

1. Le reportage de l'annexe 5 montre deux cultures différentes en termes de salutations. Expliquez-en les raisons.
2. Dans la première PME (startup), quel constat portez-vous sur la salariée d'origine asiatique ? Justifiez votre réponse.
3. Résumez, sous forme de tableau, les codes de salutations de 3 pays de votre choix, plus les USA, à l'aide de la vidéo de l'annexe 6.
4. Constituez deux groupes : dans chaque groupe, chacun d'entre vous va serrer la main des autres. Analysez les différences dans les poignées de main et établissez la liste des points clés pour une poignée de main parfaite.
5. Avant de se rendre à Riyad, comment le directeur commercial de Lorina doit-il adapter sa prise de contact ?

MISSION 2 Se présenter efficacement et vérifier l'identité de l'interlocuteur

1. Analysez la prise de contact de la vidéo présentée en annexe 8.
2. Élaborez un scénario en simulant la rencontre du directeur commercial de Lorina avec M. El Hattab respectant les trois éléments clés d'une bonne prise de contact.

MISSION 3 **Comprendre les « *small talk* »**

- Listez les thèmes qui peuvent être abordés avec M. El Hattab avant d'engager la négociation.

ÉTAPE 3 : LA DÉCOUVERTE DU CLIENT ANNEXES 10 à 11

MISSION 1 **Commenter le plan de découverte d'un client**

- Après avoir visionné la vidéo lienmini.fr/ci410nego de 4'35 à 7'34, commentez les points suivants :
  - Comment commence la découverte du client ?
  - Que remarquez-vous sur les questions posées : types, thèmes abordés ?
  - Quelles remarques pouvez-vous formuler ?
  - Comment se termine cette étape dans la vidéo ?

MISSION 2 **Analyser le profil d'un client**

Vous avez collecté des informations sur votre client mais d'autres restent inconnues.

1. **Listez les informations que vous devez découvrir sur votre client.**
2. **Préparez les questions clés de votre découverte. Classez-les par thèmes.**
3. **Comment qualifieriez-vous la préparation d'un « bon entretien » ?**
4. **Quel est l'objectif de cette étape dans l'entretien ?**

ÉTAPE 4 : L'ARGUMENTATION ANNEXE 11

MISSION **Comprendre et utiliser le profil de votre client pour mieux argumenter**

Lors de sa première rencontre avec lui et après la lecture d'un article de presse, Dominique Durand, responsable commercial de Lorina, considère que M. El Hattab a un profil plutôt « Orgueil ».

1. **Quelle est l'utilité de cette information ?**
2. **Choisissez les mots clés, parmi la liste en annexe 11, que vous pouvez utiliser pour convaincre un prospect/client « orgueilleux ».**
3. **Simulez cette étape de l'entretien de vente avec ce client « orgueil » (la moitié des étudiants préparera ce sketch sous l'angle du commercial de Lorina et l'autre moitié sous l'angle de M. El Hattab).**

ÉTAPE 5 : LES OBJECTIONS ET LEUR TRAITEMENT ANNEXE 12

MISSION **Apporter une réponse appropriée à l'objection « prix »**

- Listez les objections que M. El Hettab pourrait formuler (quantitatives et qualitatives) et les réponses qui peuvent leur être apportées.
- L'objection la plus fréquente en période de crise est « c'est trop cher ». Anticipez les arguments que le commercial de Lorina peut apporter en fonction des techniques proposées en annexe 12.

ÉTAPE 6 : LA CONCLUSION DE LA VENTE

MISSION Conclure une vente

1. Quels sont les scénarios possibles à l'issue de l'entretien entre le commercial de Lorina et M. El Hattab ?
2. Simulez des sketches de vente en fonction des différents scénarios.

ÉTAPE 7 : LA PRISE DE CONGÉ ET LE SUIVI DE LA VENTE ANNEXE 13

MISSION Assurer le bon suivi de clientèle

➤ Après la lecture de l'annexe 13, recopiez et remplissez le tableau suivant.

	Suivi quantitatif	Suivi qualitatif
Critères		

ANNEXE 1 Les spécificités d'une négociation au Moyen Orient

- Faire honneur et épargner la honte : un Arabe sera en quête de prestige et de position sociale. Il faut toujours veiller à éviter les paroles ou les actes qui, sans le vouloir, pourraient trahir un manque de respect ou la non reconnaissance du statut d'un Moyen-Oriental. Les critiques directes sont plutôt rares dans cette culture, sauf si elles émanent de personnes au statut supérieur incontesté.
- Importance de la relation personnelle et de la confiance : au Moyen Orient on négocie d'abord avec une personne avant de négocier avec une société. Il faut donc créer une relation de confiance avec les interlocuteurs.
- Des sujets qui fâchent : éviter de parler de politique, religion et place de la femme.
- Des comportements qui fâchent : exprimer ses opinions avec modération, être attentif, à l'écoute
- L'importance du dialogue chez les Arabes et au Moyen Orient en général : il y a des échanges informels importants, avec une forte intention de se connaitre, d'instaurer la confiance. Il est aussi fréquent de montrer ses émotions.
- La notion du temps : notion aléatoire (→ chapitre 20) mais au Moyen Orient un entretien court peut être une offense.

Delagrave, 2017.

ANNEXE 2 Quelques conseils pour réussir ses cartes de visite

FOND	
Format	La taille standard d'une carte de visite est de 8,5 cm × 5,4 cm.
Sens	Vertical ou horizontal, le sens importe peu.
Papier	Un papier de qualité donnera une bonne image de votre société, choisissez un papier couché, brillant ou mat, ayant une épaisseur de 300 g minimum afin de garantir une bonne tenue de la carte de visite.

FOND	
Finitions	Pour se démarquer des concurrents, il est possible de choisir différents rendus de finition comme un pelliculage mat ou brillant ou un vernis sélectif.
Recto verso	Ce choix dépend de la quantité d'informations qui doivent figurer sur la carte. Pour des entreprises présentes dans plusieurs pays, il est possible d'opter pour un recto en français et un verso en anglais.
Charte graphique	Afin que les clients reconnaissent facilement l'entreprise, celle-ci doit utiliser la même charte graphique pour tous ses documents commerciaux.
Police	Il faut penser avant tout à la lisibilité ! Opter pour une police sobre, d'une taille minimum de 7,5 pt et qui respecte la charte graphique choisie.
FORME	
Informations	Les informations de la carte de visite doivent répondre à trois questions principales : qui ? quoi ? comment ? • Qui ? Le nom de la société, nom(s) et prénom(s) du commercial. • Quoi ? Activité de l'entreprise, la fonction du représentant. Si possible décrire l'« *Unique Selling Proposition* », pour expliquer sa spécificité, ses FCS. • Comment ? Coordonnées de l'entreprise, vos coordonnées directes

www.conseilsmarketing.com

Conseil de Pro

Adaptez votre carte au secteur d'activité, à la clientèle et à l'image que le public peut se faire de votre société.

Lexique

▸ L'identité visuelle de la société est représentée par un ensemble de codes couleurs, polices et mise en page que l'on appelle charte graphique.

ANNEXE 3 Carte de visite du responsable commercial

DURAND Dominique

LORINA

La limonade
à sa source
depuis 1895

Responsable commercial

Tel. : 06.07.08.09.10
Mail: dd.lorina.net

ANNEXE 4 Swapcard : le succès des cartes de visites numériques

L'ère du numérique pour les cartes de visite avec la start-up Swapcard. L'idée ? Une solution innovante pour à la fois échanger ses coordonnées, maintenir à jour ses contacts et networker. L'application mobile permet en effet de se créer et d'échanger une carte de visite numérique. Chaque carte est interactive, personnalisable, universelle et surtout, elle se met automatiquement à jour lorsqu'elle est actualisée. Elle s'échange de façon innovante : en un geste dans l'application, par Airdrop, via son propre swapcode, mais aussi de façon universelle par mail, SMS ou sur les réseaux sociaux.

À chaque utilisateur est rattaché un swapcode (QRcode nouvelle génération) donnant accès à sa carte lorsqu'il est scanné. Son swapcode peut être exporté et imprimé sur ses cartes de visite papier ou sur tout autre support.

Il est également possible de rechercher facilement parmi ses contacts, d'ajouter des notes personnelles et créer des groupes de contacts pour envoyer des mails ou SMS groupés. Cerise sur le gâteau, il est aussi possible de synchroniser Swapcard avec ses différents répertoires pour les maintenir à jour.

VIDÉO

Swapcard : bientôt 100 000 utilisateurs de la carte de visite numérique (3'09)
lienmini.fr/ci410swapcard
Suivez le lien ou le QRcode pour retrouver un reportage sur le succès de Swapcard

Swapcard permet d'accéder et de rentrer en contact avec les relations de ses contacts mais aussi de les mettre en relation entre eux, d'une manière ludique et rapide pour développer son réseau.

Un système de notifications push alerte lorsqu'une personne transmet sa carte, scanne le swapcode de l'utilisateur ou l'introduit à quelqu'un d'autre. Swapcard offre ainsi une tracabilité des échanges effectués, mais aussi un véritable contrôle sur son réseau en permettant un échange non réciproque de ses coordonnées et la possibilité de retirer l'accès à sa carte à tout moment.

Swapcard développe également des solutions de gestion de contacts et de networking pour les entreprises, les réseaux d'affaires et les organisateurs d'événements professionnels.

http://incubateurs.parisandco.com

ANNEXE 5 La poignée de main, élément clé de la prise de contact

Conseils pour une bonne poignée de main :

- Avoir la paume sèche.
- Tendre la main droite.
- Poignée assez ferme.
- Regard direct, sourire sans oublier les paroles appropriées.

VIDÉO

Comment se dire bonjour en entreprise ? (3'20)
lienmini.fr/ci410bonjour
Suivez le lien ou le QRcode pour retrouver un reportage sur les différentes cultures d'entreprise quant à la façon de se saluer.

ANNEXE 6 Les salutations dans les différents pays du monde

VIDÉO

Comment se salue-t-on dans les différents pays du monde ? (1'12)
lienmini.fr/ci410saluer
Suivez le lien ou le QRcode pour retrouver un panorama des différentes façons de se saluer dans le monde.

ANNEXE 7 Les comportements adaptés pour travailler dans le monde arabe

- Faire preuve de respect pour son interlocuteur et sa culture : l'essentiel pour un Arabe est de faire honneur et d'épargner la honte. Le commercial doit alors veiller à ne pas dire des paroles ou avoir des actes qui pourraient trahir un manque de respect.
- Créer une relation personnelle : au Moyen-Orient on négocie d'abord avec une personne avant de négocier avec une entreprise. Il va falloir créer une relation de confiance notamment par des échanges informels.
- Prendre le temps : négocier au Moyen-Orient peut prendre du temps, un entretien commercial trop court peut être ressenti comme une offense.

Delagrave, 2017.

ANNEXE 8 Une prise de contact commence toujours par une identification

- Contrôle : dire bonjour (Madame, Monsieur...) et contrôler l'identité et la fonction de son interlocuteur (pour définir son degré d'engagement au nom de la société).
- Présentation : préciser son prénom et son nom, rappeler le nom de la société et indiquer sa fonction.
- Accroche : trouver une phrase d'accroche qui permette de créer un climat de confiance (par exemple le rappel de l'historique avec ce client, une rencontre antérieure...).

VIDÉO

Le comportement lors de la prise de contact (0'34)
lienmini.fr/ci410comporter
Suivez le lien ou le QRcode pour retrouver un exemple de ce qu'il ne faut pas faire lors d'une prise de contact.

Delagrave, 2017.

ANNEXE 9 *Small talk*

Les *small talk*, ou art de la conversation légère, permettent de détendre l'atmosphère dès le début de la rencontre. Quelques conseils pour des *small talk* réussis :

- Avoir une certaine assurance (langage corporel).
- Respecter les bonnes manières (propres à chaque pays : codes de bonne conduite, de politesse).
- Utiliser sa culture générale (suivi de l'actualité dans plusieurs domaines, économiques, sportifs, artistiques...).
- Faire preuve d'un sens de la repartie, tout en restant toujours poli et souriant. Ne pas faire d'humour déplacé.

Delagrave, 2017.

ANNEXE 10 La technique de l'entonnoir dans la découverte des besoins

VIDÉO

La stratégie de l'entonnoir (3'11)
lienmini.fr/ci410entonnoir
Suivez le lien ou le QRcode pour découvrir la stratégie de l'entonnoir à appliquer lorsque l'on rencontre un client.

Conseil de pro
Commencez par des questions ouvertes pour faire parler le prospect et terminez par des questions plus fermées.

ANNEXE 11 Le profil client

Durant la phase de découverte, le vendeur doit comprendre les besoins et les envies de ses interlocuteurs mais également repérer ses préoccupations et ses peurs. En effet, avant de chercher à l'influencer, le commercial doit identifier les éléments déterminants qui vont le faire décider à acheter. Pour cela, le commercial utilise la méthodologie SONCASE pour identifier un des caractères dominants de son prospect : Sécurité, Orgueil, Nouveauté, Confort, Argent, Sympathie, Environnement.

Liste des mots clés selon le profil :

Pratique, références, notoriété, fiabilité, sécurité, assistance, leader, prestige, unique, nouveau, investissement, pionnier, à la pointe de la technologie, facile, simple, mise en service, rentabilité, agréable, promotion, gain, écologique, économie, convivial, plaisir, ludique, sain, naturel, durable, exclusif, recyclable, précurseur.

Delagrave, 2017.

ANNEXE 12 Le prix dans l'entretien de vente

- La perception du prix se fera en fonction de différents critères comme l'intensité du besoin du client, ses motivationsd'achat, ses capacités financières, son niveau d'information, l'offre des concurrents et le degré de confiance du vendeur.
- Y a-t-il un bon moment pour parler du prix ? Généralement, en fin d'argumentaire, ou, dans le meilleur des cas, l'objection prix doit être la dernière levée, le dernier frein avant l'acte d'achat.
- Savoir annoncer un prix lors de l'entretien : avec une voix assurée, calme et claire, le commercial énonce l'ensemble des avantages du produit avant l'annonce réelle du prix.

Les techniques de traitement de l'objection « c'est trop cher »

Addition	Additionner tous les avantages pour justifier le prix.
Soustraction	Énumérer les inconvénients qui vont disparaître grâce à l'achat.
Division	Diviser le prix par le nombre d'utilisations (en rapport avec la notion d'amortissement comme, par ex., un abonnement à une salle de sport de 30 euros/mois. Cela revient à 2 entraînements de 1 h/semaine et ramène le cours à 3,75 euros.
Multiplication	Amplifier les avantages procurés par le produit en multipliant par la durée d'utilisation (ex. : avec ce produit, vous économisez... sur 2 ans).
Positionnement	Justifier son positionnement haut de gamme.

Delagrave, 2017.

ANNEXE 13 Le suivi clientèle

Le suivi de clientèle est indispensable pour toute entreprise. Il est plus facile d'entretenir un « fonds de commerce » que de conquérir de nouveaux clients (par la prospection).

Le suivi de clientèle permet de :

- Augmenter les ventes : un client satisfait continue la relation d'affaires.
- Accroître la fidélisation de la clientèle : un client satisfait est plus loyal.
- Obtenir des recommandations de clients : un moyen de prospecter à moindre coût.
- Obtenir des témoignages de clients : ils donnent de la crédibilité à l'entreprise.
- Améliorer le rendement : la rétroaction (ou *feedback*) des clients aidera l'entreprise à perfectionner ses produits ou à résoudre ses problèmes liés au service.
- Innover : l'entreprise qui recueille des informations auprès de sa clientèle (sur l'impact de ses produits) pourra plus facilement améliorer, innover pour vendre plus et mieux.

La négociation internationale demande, avant toute évocation de techniques, des qualités comportementales et humaines. En effet, négocier consiste à échanger avec quelqu'un qui a des intérêts opposés, une culture différente. C'est donc bien la fin des idées reçues : un commercial n'est pas une personne dotée de « bagout », mais plutôt dotée de qualités d'écoute et d'empathie. Pour éviter l'échec de la négociation, il ne faut pas essayer de penser que le client doit s'adapter. Le commercial doit se préparer et connaître les techniques de négociation au travers des 7 étapes clés de la négociation.

RESSOURCE 1 LA PRÉPARATION DE LA NÉGOCIATION

Les objectifs recherchés	Classer les objectifs (prioritaires et secondaires) (→ chapitres 22 et 23).
Informations connues sur son prospect, son environnement	• Qui est-il ? Quel est son poste ? Son pouvoir de décision ? • Existe-t-il une relation préexistante ? • Historique de la relation pour le prospect (rencontre antérieure, lieu, propos échangés, points d'intérêt pour l'entreprise...). • Pour le client à fidéliser : – Consulter sa fiche signalétique : commandes passées, leur fréquence, le respect de ses engagements... – L'entreprise et sa situation financière, sa clientèle, son positionnement... – Le pays avec sa culture.
Élaborer sa stratégie	Mettre en place une stratégie, une tactique.
Informations inconnues	• Élaborer un plan de découverte. • Anticiper ces questions en fonction des objectifs du vendeur.
Anticiper les objections	Préparer les arguments en fonction de la prévision d'objections opposées par le client.
Organisation matérielle du rendez-vous	• Qui participera à la négociation (seulement le client ? plusieurs personnes ?). • Le lieu de la rencontre. • L'heure de la rencontre. • Préparer les OAV : carte de visite, agenda, grille tarifaire, fiches produits, certificats, bon de commande, CGV...

RESSOURCE 2 LA PRISE DE CONTACT

Cette étape nécessite toutes les compétences acquises en CMI (→ **chapitres 19 à 21 + fiches de communication**).

1 Les règles à respecter

1. Être ponctuel.
2. Les 4/20 :
- 20 premières secondes : c'est le moment où la tension interpersonnelle est la plus élevée, l'essentiel est ici de la réduire.
- 20 premiers mots : ils doivent donner l'envie au client de poursuivre l'entretien.
- 20 premiers gestes : la démarche et la poignée de main doivent inspirer confiance.
- 20 premiers cm du visage : la tenue vestimentaire, adaptée aux circonstances va refléter la personnalité du commercial (ou l'image qu'il a envie de véhiculer).

2 Les salutations d'usage

- Une poignée de main qui accompagne le « bonjour » et identifier la personne.
- Se présenter (prénom, nom, fonction et nom de la société).
- Remettre la carte de visite lors d'une première rencontre (ou en fin d'entretien).

Exemple : selon les pays, les usages peuvent varier. Ainsi, en Chine, un léger salut de la tête, un regard au sol et une main pas trop vigoureuse, sinon elle sera jugée trop agressive.

3 Utiliser une technique d'accroche directe ou indirecte (différente selon les pays)

Aujourd'hui, il n'est plus concevable de faire carrière sans maîtriser l'art des *small talk* ou de la conversation légère, car un bon sens de la répartie, juste et approprié, permet de détendre l'atmosphère ou de créer un climat de confiance.

Exemple : en Chine, les accroches sont plutôt indirectes car il est préférable de tisser des relations personnelles avant les relations professionnelles.

RESSOURCE 3 LA DÉCOUVERTE DES BESOINS

Il incombe au vendeur de questionner le client afin de découvrir progressivement ses différents besoins. En BtoB, « l'approche client » prévaut sur « l'approche produit ».

Après avoir présenté le contexte de la rencontre, le commercial va s'assurer du temps dont dispose le client pour l'entretien, et lui demander l'autorisation de prendre des notes. Il posera ensuite des questions pour parvenir à obtenir des informations jusque-là inconnues.

1 Le plan de découverte

Cette phase suit une trame qui peut se décomposer de la façon suivante :

- Historique de la relation ou encore le PASSÉ (rappeler soit la rencontre lors d'un salon, d'une campagne phoning…).
- Le fonctionnement PRÉSENT du client/prospect : Qui sont ses partenaires ? Quel est son degré de satisfaction ou d'insatisfaction ? Quelles en sont les raisons ?
- Aider le client/prospect à se projeter dans le FUTUR.
- Rechercher les motivations d'achat.

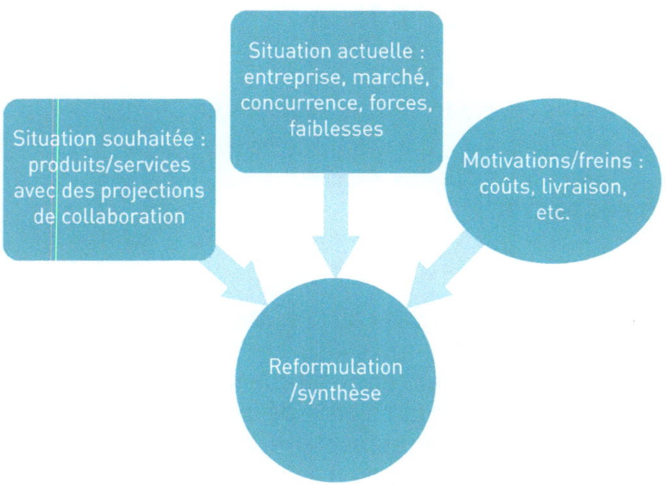

2 Les types de questions

Types de questions	Caractéristiques et exemples
Ouverte	• Donne la parole. • Valorise le prospect ou client. Ex. : « Qu'attendez-vous de... ? »
Fermée	• Commence par un verbe. • Oblige à une réponse concise. Ex : « Avez-vous... ? Pouvez-vous...? »
Miroir	Question adaptée pour faire préciser une pensée. Ex. : « Quand vous dites... à combien pensez-vous ? »
Alternative	• Pour conseiller, orienter favorablement. • Présuppose une réponse positive. Ex. : « Préférez-vous un acompte de 20 ou 25 % ? »
Recentrage	Ramener le prospect ou client sur le sujet (souvent après un échange convivial). Ex. : « Il y a un instant, vous me disiez que... ? »
Contrôle	Pour reformuler et verrouiller. Ex. : « Pour vous, c'est un élément essentiel, n'est-ce pas ? »

L'attitude à adopter pendant cette étape :
- l'écoute active (en manifestant de l'intérêt, ne pas interrompre, ni juger le client) ;
- l'empathie ;
- la prise de notes (indispensable pour bien reformuler et rassurer le client).

3 Les différentes techniques de reformulation

À l'issue de cette découverte, le commercial va reformuler les besoins (hiérarchisés) et les motivations du client.

- **Reformulation déductive** : « j'ai retenu tel élément, j'en déduis donc que vous souhaitez... ».
- **Reformulation interprétative** : « en fait, ce que vous souhaitez, c'est... ».
- **Reformulation résumée** : « nous avons évoqué tels points, vous attendez de nous... ».

Conseil de pro
Verrouillez cette étape de reformulation par « c'est bien cela ? » ou un équivalent.

4 L'objectif de la découverte du client : identifier le profil SONCASE

Le profil du client est un indispensable pour adapter l'argumentaire commercial.

	Profil	Caractéristiques
S	**Sécurité**	Besoin d'être rassuré par le produit, la marque, le vendeur.
O	**Orgueil**	Être à la mode, fier, dominant.
N	**Nouveauté**	Besoin de changement, curieux, recherche l'originalité.
C	**Confort**	Besoin de bien-être. N'aime pas les complications.
A	**Argent**	Désir de faire une bonne affaire, aime comparer.
S	**Sympathie**	Aime faire plaisir, convivial, bavard.
E	**Environnement**	Respecte la nature, écologique, sensible au développement durable.

RESSOURCES ET MÉTHODE

RESSOURCE 4 L'OFFRE ET L'ARGUMENTAIRE

1 Exposer l'offre

Il existe plusieurs méthodes :

- Proposer une **offre adaptée** aux besoins identifiés lors de la découverte (ex : achat d'un pantalon).
- **Tenter l'*up selling* ou montée en gamme** : le commercial a « senti » le potentiel pour proposer une montée en gamme au client (ex : 100 g de chocolat d'une gamme inférieure, proposer 200 g d'une gamme supérieure)
- **Tenter le *cross selling* ou ventes croisées** (ventes additionnelles) : le commercial propose, pour l'achat d'un produit, un autre qui le complète (ex. : pour l'achat d'un pantalon, je vous propose une chemise idéalement assortie).

2 Construire son argumentaire avec la méthode CAP (caractéristiques, avantages, preuves)

- **Caractéristiques** : éléments descriptifs du produit, essentiellement d'un point de vue technique et commercial.
- **Avantages** : résultats liés aux caractéristiques, traduits en éléments bénéfiques. Ce sont des véritables « plus » de la solution envisagée par le commercial, et qui vont répondre aux besoins du prospect. Il faut transformer les caractéristiques en avantages pour l'acheteur (en fonction de la motivation détectée).
- **Preuves** : montrer que les caractéristiques et les avantages sont réels et concrets. Ces derniers arguments viennent convaincre le prospect.

> **Lexique**
> ▸ Un argument lors d'un entretien de vente est avant tout mettre en avant une caractéristique, un avantage et en apporter la preuve.

Exemple : une démonstration, une innovation déposée avec un brevet, des témoignages de références, un baromètre consommateurs...).

3 Personnaliser son argumentation

Pour cela, le commercial utilise la méthode SONCASE et la couple avec le CAP comme par exemple pour la vente d'une machine d'embouteillage :

> **Lexique**
> ▸ Le CAP B est la même méthode avec B comme bénéfice retiré du produit par le client. Le bénéfice est adaptable et personnalisable.

	C	A	P
Sécurité	• Petite taille de la machine pour une grande quantité de mise en bouteille/heure. • Entreprise localisée en France, ainsi que son SAV.	• Gain de place dans les usines et grande capacité de production. • L'ensemble du SAV en France – rapidité d'intervention du service.	• Test de 3 500 mises en bouteilles/heure pendant 24 h sans échec, ni panne de la machine. • Rare intervention du SAV (bilan chiffré annuel en exemple). • Enquête de satisfaction qui révèle à 99 % des clients satisfaits du service.

Le droit de poursuivre :

- Le client n'accepte pas les avantages reformulés, la négociation se conclut par une prise de congé.
- Le client émet des objections : il faut les traiter.
- Le client accepte les avantages : il faut conclure !

RESSOURCE 5 LES OBJECTIONS ET LEUR TRAITEMENT

1 Le processus

Il existe un processus de traitement des objections.

Écouter activement	Repérer le type d'objection, et laisser parler le client en apportant un grand intérêt.
Accepter	En acquiesçant par exemple.
Valoriser	L'objection, en utilisant des phrases clés comme « effectivement, c'est important de... ».
Réfuter	Traiter l'objection suivant les techniques, mais en prenant soin de personnaliser la réponse aux préoccupations du client.
Contrôler	L'effet de sa réponse en demandant par ex : « Ai-je répondu à vos attentes ? »

2 La typologie des objections et leurs modes de traitement

À chaque type d'objection identifié, il existe une technique pour la réfuter (la traiter).

Types d'objections	Raisons et exemple	Technique de traitement et exemple
Objections non sincères/ non fondées ou objection prétexte	Pour ne pas acheter ou pour négocier un avantage particulier comme par exemple « je vais réfléchir ».	**Technique de l'approfondissement** : faire préciser ce qui dérange le client comme par ex : quelles caractéristiques du produit vous dérangent ?
Objections sincères et non fondées	Le client se trompe de bonne foi sur les qualités du produit ou service proposé (un doute injustifié comme par exemple « vos aspirateurs font du bruit »).	**Technique de l'appui** : Accepter la remarque et la reformuler sous un autre angle en poursuivant son argumentation ou transformer l'objection en argument. Par ex : « justement nous avons mis en place un nouveau système anti bruit... ».
Objections sincères et fondées	Le vendeur ne peut ignorer le reproche légitime fait au service.	**La compensation** : rassurer le client en allant tout d'abord dans son sens, afin ensuite, d'envisager avec lui une autre voie. **L'anticipation :** devancer le client pour atténuer les effets de l'objection. **Le boomerang :** transformer l'objection en argument.

3 Le bon moment pour traiter une objection

- **Avant** : devancer l'objection pour mieux maitriser l'entretien ou immédiatement, quand l'objection est sincère et fondée.
- **Plus tard** : souvent l'objection du prix arrive trop tôt, le commercial doit essayer de la traiter en fin de démonstration ou d'argumentaire.
- **Jamais** : si le client émet une objection ironique ou s'il essaie de « provoquer » le commercial (on les appelle les objections « fausses barbes »).

RESSOURCE 6 LA CONCLUSION

La conclusion est l'aboutissement de la négociation avec la signature du bon de commande.

1 Quand conclure ?

Savoir repérer les signaux d'achat :

- Écouter le client (**signaux verbaux**) : « Serai-je livré assez tôt pour le proposer à ma clientèle le...? » « Accepteriez-vous un acompte de 15 % ? »...
- Regarder le client (**signaux non verbaux**) : le sourire, un hochement de tête, une posture plus engageante...

2 Comment conclure ?

En fonction de la personnalité du vendeur ET du client, il existe trois façons de conclure :

- **Directe** : le commercial maîtrise l'entretien et annonce, après les signaux verbaux et non verbaux, « je vous propose de concrétiser ce que nous venons de voir ensemble... ».
- **Récapitulative** : le commercial récapitule et une fois obtenu un « oui », il peut enchaîner sur le bon de commande (ou facture proforma).
- **Alternative** : le commercial va proposer deux options au client pour déclencher la décision d'achat, comme par exemple : « préférez-vous être livré à votre siège ou à votre entrepôt ? ».

RESSOURCE 7 LA PRISE DE CONGÉ ET LE SUIVI

1 La prise de congé

C'est une phase importante qui, tout comme la prise de contact, est basée sur le climat de confiance et de sympathie. Quelle que soit l'issue de l'entretien, le commercial doit laisser une bonne image de sa société et de sa personne.

	Communiquer	Prévoir
Si vente réalisée	• Remercier le client de sa confiance. • Le rassurer. • Rappeler sa disponibilité.	• Prévoir un rendez-vous ultérieur (téléphonique ou physique). • Laisser la carte de visite pour accompagner le message sur la disponibilité.
Si vente non réalisée	• Remercier le client de son temps. • Rester souriant.	• Affirmer sa disponibilité avec la carte de visite. • Annoncer les bases d'une relance (« je vous rappelle lorsque... »).

Quelle que soit l'issue, le commercial doit prendre congé sans se précipiter, avec les formules de politesse adaptées.

2 Le suivi

Le suivi du client est une analyse précise de chacun des clients afin de connaître ses besoins, ses habitudes, son comportement, ses capacités financières, ses achats actuels et futurs.

EN ANGLAIS

CAS D'APPLICATION : FERMOB

The company and data

Name	Fermob
Head office	Saint-Didier-de-Chalaronne
Where to find us on the Web	• www.fermob.com/fr • lienmini.fr/ci410fermob (1'30)
Launched in....	125 years ago but taken over in 1989.
Legal status	Ltd.
Staff	200 employees in 2016.
Main activity	Manufacturing and distribution of Garden furniture.
Products	• Flagship : Café Chair (to celebrate its 125th Anniversary: lienmini.fr/ci410fermob2) • 300 products listed in the catalogue : lienmini.fr/ci410catalogue • available in 26 different colours including two brand new shades : honey or orangey-red (lienmini.fr/ci410couleur)
Turnover	2013: €38 million. Has been experiencing a constant and steady annual growth for 20 years.
Exportation	Fermob exports 47% of its production in 43 countries mainly in the US, in Europe and Japan.
Price policy	Considered as reasonable by the CEO who is proud to say : It is neither a bargain price nor upmarket.
Awards	• Exporter of the Future Trophee with the MOCI in 2013. • Innovation and design reward in 2014 at INPI Trophee BFM awards + Export Efficiency Award 2015.
Prestigious Customers	• Harvard Campus in Cambridge. • Times Square. • Jardin des tuileries. • Palais du Luxembourg.
Specific values	Quality: light and robust too (these are manufactured using steel or specific Aluminium and are particularly robust but Sales mainly in France).
Leading commercial motto : the key to international success	CEO's said: "we do not adapt our products to local markets but we sell French design or French 'art de vivre'".

Objective : as part of the company's International Development Policy, the Commercial Manager is eager to set up in Britain . To increase chances to get a large scope of prospects, he has invited local distributors to attend the 'Vivre Côté Sud' ('Adopt Southern Lifestyle') show (see attached invitation) among which John Lewis department store via their Commercial Executive Manager, John Collins.

ENTRAÎNEMENT

Potential customer

Company name	John Lewis
Head office	171 Victoria Street, London SW1E 5NN, GB
Managing Director	• Sir Charlie Mayfield (executive Chairman). • Paula Nickolds (Managing Director). • John Collins (a collaborator).
Founded	First John Lewis store was opened in 1864 in Oxford Street as a drapery store, London. Becomes John Lewis Partnership in 1929.
Type	Public Limited Company, an employee-owned UK company, partnership.
Number of employees	In 2016: 88,900 employees totalling all stores of the group.
Activity and other companies working with the group	The third largest UK private company by sales in the Sunday Times Top Track 100 for 2016, well-known and enjoys a reputation overseas. Other groups work as part of the partnership like Peter Jones one of the largest and best-known department stores in central London; also, Waitrose, an upmarket supermarket chain with 336 branches; Ocado web supermarket. Also connected to the company are Leckford Estate Ltd, Herbert Parkinson Ltd, Jonelle Jewellery Ltd.
Products	Clothing, watches & jewellery, giftwares, cosmetics, housewares, furniture, beds & bedding, audio-visual, computing, photography, food, direct services, financial services You can visit the website: www.johnlewis.com.
Net income in 2015	£11 bn.
Company's policy	Never Knowingly Undersold , a motto written in 1925, remained unchanged ever since, and so has their meaning= price promise to you. It's at the heart of everything they do and part of the service customers have come to expect from JL. And because we're serious about our price promise, we're keen to make it easy to understand. The chain's image is upmarket. Iit appeals strongly to middle- and upper-class shoppers. Recently, however, it broadened its marketing strategy towards all types of buyers, with the introduction of the 'Value' range to John Lewis and the 'Essential' range to Waitrose, and the expansion of the business.
Suppliers	At the core of the relationship with suppliers is constant, regular collaboration and mutual trust.
Company's values	Quality, customers' satisfaction, availability are key preoccupations.
Main commercial asset, key to success in Britain	John Lewis privileges services and is keen to provide customers with what they require and meet all expectations.

ENTRAÎNEMENT

Situation

Buyer : Paula Nickolds, Director and former Buying director. Of British origin, she is a potential buyer. She values human relations, innovation, dynamism and places customers' satisfaction as the company's priority. She is keen on French culture, French quality and French savoir-faire.

First contact : A few months ago , the Fermob company decided to attend the next 'Vivre côté Sud' show that will take place in Aix-en-Provence in June ; to broaden perspectives they decided to send invitations to various selected companies to have them come and visit their stand.

Context : During the exhibition in Aix en Provence, a dynamic english-speaking man, came to your stand. You welcomed her and offered to help. As she mentioned London and Oxford Street you immediately link this visit to the invitation you had sent to John Lewis department store for the attention of Paula Nickolds, then in charge of Purchases. You express your gratitude and offer to find a more appropriate and quiet place where you generally receive potential buyers and those you sent an invitation to. (→ Doc. 1)

This space is primarily furnished with Fermob furniture and you start the conversation with John Collins, Paula Nickolds'collaborator, adapting to local habits and polite customs.

Intercultural features to be taken into account when negotiating in the UK (Britain in particular): Whenever you start a business relation with a British company, there are cultural aspects you must absolutely be aware of:

- Contrary to the South of France region where people take their time and enjoy, in London rhythm is far more hectic.
- Punctuality is essential.
- Do not hesitate to call and check availability one or two days before a meeting or interview.
- Hierarchy is not so vital here as John Lewis is employee-owned: once you know the person you can call him/her by their first name.
- Always be polite to obtain information and be true: avoid flattering too much!
- Success very much relies on efficiency, reliability: show you have a perfect knowledge of the company.
- When meeting, give a firm polite handshake.
- Face to face meeting is important. Do not be offended if they keep physically distant. Visio conferences are also accepted.
- Always get straight to the point and insist on brevity, concise presentation: hesitation is perceived as a weakness.
- Be ready to avoid dead ends or conflicts: try and reach agreement showing you understood request and your willingness to find a solution: never show yourself haughty! Discuss things, never be aggressive!
- Remember: offering to share a drink at the pubs (before or after) contributes to getting to know each other better and often leads to final agreement.
- Sustainability is very much part of everyday life: show this is not just a concept for you!
- Never speak too loud and avoid aggressive tone!
- Your business card can be handed either at the beginning or the end: do not forget to leave one.

Despite and because of the Brexit, show how much you respond to their need for coziness, their concern for environmental issues..., how much you respect their values...

Objectives : You want to prove no other product can overcome those produced by Fermob, as you enjoy a long experience and tradition + innovation are major assets.

Needs to be identified :

- Do not presently provide products from Fermob company but need for a new and extended range of Garden Furniture.
- Brand image must overcome those already rooted in the UK.
- You are ready to place large orders if discounts granted.

ENTRAÎNEMENT

ENTRAÎNEMENT

The different phases

Task 1: Sales tools (business card, order form...) and basic vocabulary

Progression	Objectives	Detailed session
GETTING READY On the phone: 1st contact	Get the customer's profile. Make sure you know what you want to sell. Be aware of commercial background.	Give a call to fix an appointment. Investigate about company, customer, business, and products. Mind the dress code, have a set of polite expressions ready, how to take a leave, anticipate possible obstruction from secretaries! Set goals to reach and have required documents (business card, GET...). Fix an appointment.

1. List sales tools you will need when you meet your customer.

2. List terms in English and in French related to garden furniture.

FIRST MEETING Face to face	PRELIMINARIES Make sure you give a first good impression. Set up confidence.	Have a face to face contact. Master a set of expressions: introduce yourself, show politeness, be formal, be grateful for this first contact. Remind where, when or how you met. Ask for permission to ask a few questions and take down notes.

AUDIO

Step 1 First meeting
lienmini.fr/20410son12
Suivez le lien ou le QRcode pour retrouver un exemple d'entretien entre John Collins et Emma Ballefin.

Task 2: Discovering needs

DISCOVERING NEEDS **REPHRASING NEEDS**	ASK QUESTIONS To get an accurate profite of your customer. To identify needs and motivations. RECAP To show you clearly understood. To check you did not forget anything.	Focus questions on: needs, possible reasons for dissatisfaction, your customer. Detail customer motivation factors (Security, Pride, Novelty, Comfort, Money, Sympathy, and Environment). Sum up needs using customer's words. Offer to present your solution.

AUDIO

Step 2 Discovering needs
lienmini.fr/20410son11
Suivez le lien ou le QRcode pour retrouver un exemple d'entretien entre John Collins et Emma Ballefin.

- **List questions you plan to ask (10 maximum). Remember to use "funnel" technique.**

Task 3: Argumentation

ARGUMENTATION	CONVINCE Make an offer without forgetting purchasing process and price.	Present a customized offer. Meet your customer's needs. Structutre your argumentation taking your customer's profile into account. Sum up and organize your presentation along NEED Pay Off (CAP). Anticipate client's fears: get answers ready for objections.

AUDIO

Step 3 Argue your case
lienmini.fr/20410son10
Suivez le lien ou le QRcode pour retrouver un exemple d'entretien entre John Collins et Emma Ballefin.

- Copy and fill in the grid CAP/SONCASE below.

Proof	Advantages	Caracteristics	Types	criteria
				S
				P
				N
				C
				M
				S
				E

ENTRAÎNEMENT

Task 4: Possible objections

HOW TO DEAL WITH OBJECTIONS	TURN IT INTO AN ASSET Show you understand this objection and that you accept it. Make your customer adhere to your view. Mind your profit margin.	Be understanding with your client. Accept his possible reluctance, his hesitations or fears. Use adequate techniques to prove you have solutions. Take an order form out and suggest help to fill it in.

AUDIO

Step 4 How to respond to objections
lienmini.fr/20410son09
Suivez le lien ou le QRcode pour retrouver un exemple d'entretien entre John Collins et Emma Ballefin.

- **List possible objections you may face during your interview and get answers ready!**

CONCLUDE	PRODUCE ORDER FORM Have customer agree. VALIDATE Prove your customer he made the right choice.	Insist on advantages you agreed on (get confirmation). Have your customer sign the order. Thank your customer and validate his choice. Make it clear you are available at all times and ready to go on with relationship. Decide together on a date for your next visit or phone call.

AUDIO

Step 5 Conclusion and saying goodbye
lienmini.fr/20410son08
Suivez le lien ou le QRcode pour retrouver un exemple d'entretien entre John Collins et Emma Ballefin.

FOLLOW-UP	STRENGTHEN Make sure this relationship is to last. Use collected data.	Stick to terms you agreed on. Make sure your customer is satisfied. Answer possible claims, follow up the order personally (delivery and aftersales service too if needed). Regularly call (evaluate customer's satisfaction, send new offers , catalogues). Keep and revive this customer's relationship (marketing is not just a transaction but involves human relationships). (→ Doc. 2 & 3)

ENTRAÎNEMENT

Doc. 1

FERMOB

Parc Actival,

01140 Saint-Didier-sur-Chalaronne, France

www.fermob.com/fr

171 Victoria Street,

London SW1E 5NN,GB

May 1st, 2017

Subject:"Vivre côté sud"

Dear Sirs,

We wish to inform you that our company, Fermob, has decided to attend next 'Vivre Côté Sud' exhibition which is to take place from June 2 to June 5 2017 in Aix en Provence in France.

This is definitely going to be a unique opportunity for all professionals of garden furniture -among which our company FERMOB- to display their range.

Our company is based in Saint-Didier-sur-Charlaronne (Auvergne-Rhône Alpes region). It has been manufacturing garden furniture for over 125 years with constant ambition combined to boldness enhancing design and elegance, comfort and ergonomy. Our range of Garden furniture is internationally reckoned as absolutely reliable for its undisputable quality and our environmental friendly and sustainable Policy.

Our flagship range is no doubt the Bistro collection that combines ingenuity and simplicity with originality without giving up its 1889 authenticity and we proud ourselves with counting Times Square or Bryant Park in New York as faithful customers and with being present in over 40 countries.

Added to this we can say our Luxembourg range was designed for andis now supplied in almsot all Parisian Parks, which has contributed to its legendary image.

Our main concern is to let you enjoy our products and excellent quality at the show. Do not hesitate to fill in the attached invitation and information answer sheet to come and dioscver our latest products at 'Vivre Côté Sud' in Aix en Provence.

Please confirm your presence as soon as possible!

Faithfully yours,

Emma Ballefin

Communication manager.

Enclosed : – answer to invitation for two people to attend

Map "Vivre Côté Sud"

ENTRAÎNEMENT

Doc. 2

John Lewis
171 Victoria Street,
London SW1E 5NN, GB
telephone number: +44 2078281000
http://www.johnlewis.com/

FERMOB
Parc Actival
01140 Saint-Didier-sur-Chalaronne , France

September 3, 2017

Subject : Order XC5678

Dear Madam,

I first wish to thank you for sending me your special offers which we received in August.

The latest survey we conducted in our shops in Oxford street provided extremely positive reactions amongst our customers , which makes us eager to purchase items for our new Garden space (especially for the roof-top) before Autumn and get some stock ready for next year.

This is why we are contacting as we wish to have an estimate for a new order related to our most faithfull customers, so that they may benefit from the special offer on garden furniture.

Please find below indications about products, together with quantities

- 100 Bistro chairs with 50 round tables 60cm (Honey color)
- 100 Bistro chairs with 50 round tables 60cm (carrot color)
- 100 Bistro chairs with 50 round tables 60cm (Verbena color)
- 100 Luxembourg chairs with 50 tables 80cm × 80cm (Chili color)
- 100 Luxembourg chairs with 25 tables 80cm × 80cm (Azul Turquoise color)
- 150 Luxembourg chairs with 25 tables 80cm × 80cm (Plum color)
- 50 side bars Luxembourg Chile/Azul Turquoise/plum color)
- 50 low armchairs Luxembourg (Romero/Willow green/Grey Tormenta colors)

We would appreciate your sending shipment before 10 September for our customers to enjoy these before half-term to make sure we have them ready for bright sunny days!

We would be grateful if you could grant us a 10% discount on this order which our partners will also appreciate and which would help us convince customers too.

We look forward to hearing from you soon .

Yours sincerely,

John Collins,
Purchasing Manager

ENTRAÎNEMENT

Doc. 3

John Lewis
171 Victoria Street,
London SW1E 5NN, GB
Telephone number: +44 2078281000
http://www.johnlewis.com/

FERMOB
Parc Actival
01140 Saint-Didier-sur-Chalaronne, France

September 13, 2017

Claim : Order XC5678

Dear Madam,

I am sorry to inform you that I am still expecting the order (n° XC5678) I placed with you last September 3. It was supposed to be delivered quickly and we had already launched a promotion campaign as to evaluate next year's possible purchases to avoid future Storage costs!

When I placed my order we had agreed delivery would be done on September 10, at the latest : your furniture's bright colours were also supposed to create a positive impact on our customers' purchasing habits: I counted on this psychological impact via our tea rooms and various spaces to increase our end of summer sales and estimate our best clients' future purchases.

Unfortunately your delayed delivery may have a négative impact and I would truly hope for compensation for our best clients should it be via the setting up of an exceptional évent during which Fermob would come to our strore with famous actor Javier Bardem to present the Luxembourg range....this would be awesome!

I must admit I feel really upset as our company really focuses on customers' satisfaction and I believed in your reliability: I just hope we will soon remember this as an exceptional mishap!!! JOHN LEWIS has a reputation!

We do hope you will keep us informed as soon as possible, manage to deliver us in the shortest possible time and take this claim into account.

Looking forward to a prompt and positive answer,
Yours faithfully,

John Collins,
Purchasing Manager

Enclosure: detailed order N° XC5678

ENTRAÎNEMENT

Retrouvez l'application Fermob en allemand et en italien !

Travaillez les techniques de négociation en allemand et en italien en téléchargeant des fichiers PDF regroupant :

- l'application Fermob ;
- des fiches reprenant les phrases les plus fréquemment utilisées lors d'une négociation.

RESSOURCE PDF

En allemand
lienmini.fr/ci410allemand

RESSOURCE PDF

En italien
lienmini.fr/ci410italien

ENTRAÎNEMENT

EN ESPAGNOL

CAS D'APPLICATION : FERMOB

Ficha descriptiva

Denominación social	Fermob
Sede social	Parc Actival 01140 Saint-Didier-sur-Chalaronne, France
Datos	www.fermob.com/fr lienmini.fr/ci410fermob (1'30)
Fundación	Hace 125 años pero fue comprada en 1989.
Forma jurídica	S.A. (Sociedad Anónima).
Asalariados	En 2016 : 200 personas.
Actividad	Fabricación y distribución de muebles de jardín.
Productos	Producto estrella: la silla "bistro" que cumplirá 125 años. lienmini.fr/ci410fermob2 300 productos en el catálogo: lienmini.fr/ci410catalogue 26 colores, con 2 novedades : el amarillo « miel » y el anaranjado « Capuchina » (lienmini.fr/ci410couleur)
Cifra de negocios	2013 : 38 millones de euros. Desde hace 20 años esta Pyme tiene un crecimiento anual sistemático de su cifra de negocios.
Exportación	Fermob exporta el 47 % de su producción a 43 países, principalmente a EE.UU, Europa, Japón.
Política de precios	Se califica de "razonable" por su dirigente que indica más precisamente "ni precio de reclamo ni de alta gama".
Distinciones recibidas	• Trofeo del exportador con porvenir del MOCI en 2013. • Trofeo INPI de la innovación en la categoría diseño en 2014. • BFM awards premio de las posibilidades a la exportación 2015.
Clientes prestigiosos	• Campus de Harvard en Cambridge. • Times Square en Nueva York. • Jardín de las Tullerías en París. • Palacio del Luxemburgo en París.
Valores transmitidos	Calidad de los productos: ligeros pero resistentes (fabricados en acero o en aluminio especiales, en Francia esencialmente).
Principal argumento comercial, clave de su éxito internacional	Su Presidente Director General declaró:" no adaptamos nuestros productos a los mercados locales, vendemos diseño francés, el arte de vivir a la francesa".

Problemática: en el marco de su política de desarrollo internacional, el director comercial desea asentar su posición en España. Su acción de búsqueda de nuevos clientes lo condujo a invitar a varios actores locales, entre los cuales estaba el "Corte Inglés" al salón "Vivre côté sud" de Aix en Provence en Francia.

ENTRAÎNEMENT

Empresa analizada : El Corte Inglés (www.elcorteingles.es)

Denominación social	Corte Inglés
Sede social	C/ Hermosilla, 112 28009 Madrid, España
Presidente y Consejero Delegado	Dimas Gimeno Álvarez
Fundación	Pequeña tienda fundada en Madrid en 1890, dedicada a la sastrería y confección para niños...
Forma jurídica	S.A. (Sociedad Anónima)
Plantilla	En 2015: 80.930 empleados distribuidos por todas las empresas del Grupo.
Actividad	El Corte Inglés es uno de los líderes mundiales de grandes almacenes y un referente en la distribución española. Además de los grandes almacenes El Corte Inglés, el Grupo cuenta con otras empresas como Hipercor, Supercor, Sfera, Bricor, Óptica 2000, Telecor, Viajes El Corte Inglés, Seguros e Informática El Corte Inglés, entre otras.
Productos	Alimentación, cultura, electrodomésticos, electrónica e informática, deportes, ropa y accesorios, cosmética, muebles... Véase el catálogo online (www.elcorteingles.es).
Cifra de negocios 2015	15.2 mil millones de €.
Política de la empresa	• Una continua ampliación y mejora de las ofertas de mercancías y servicios. • Una mayor presencia en el mercado y una mayor proximidad a sus clientes. • Un mejor aprovechamiento de los recursos humanos y una mayor profesionalización y ámbito de actuación de su plantilla.
Proveedores	Según la empresa, la relación con los proveedores se basa en una relación y colaboración constante en un marco de confianza mutua.
Valores transmitidos	Calidad de los productos, de la atención al cliente, del servicio postventa...
Principal argumento comercial, clave de su éxito en España	El Corte Inglés tiene una política de servicio al cliente y un constante interés por adecuarse a los gustos y necesidades que demanda la sociedad.

Situación de venta para el juego de rol

Vendedor	**Usted** es el asistente de exportación de la empresa ***FERMOB*** ubicada en Saint-Didier-sur-Chalaronne en Francia.
Cliente	**El Señor Antonio Trueba Rivera,** jefe de compras para ***EL CORTE INGLÉS.*** Es de nacionalidad española y es su cliente potencial.Es caluroso y otorga mucha importancia a las relaciones humanas y quiere ante todo la satisfacción de sus clientes. Aprecia la cultura, la calidad y el saber hacer francés.
Origen del contacto	Hace unos meses, la empresa ***FERMOB*** decidió participar en el próximo salón "Vivre côté sud" de Aix en Provence en Francia y envió varias invitaciones a empresas seleccionadas para visitar dicho salón.

Contexto de la negociación	Durante este salón en Aix en Provence, un señor con fuerte acento español se acerca a su stand. Usted se presenta y se propone para ofrecerle información en español... Rápidamente usted se entera de que está hablando con el **Señor Antonio Trueba Rivera**,de ***EL CORTE INGLÉS.*** Obviamente usted se acuerda de que se había enviado una invitación a ***EL CORTE INGLÉS*** y por consiguiente tendrá que tratar a este señor con mucha consideración e invitarlo a pasar a un espacio más cómodo y tranquilo, reservado para las conversaciones-negociaciones (→ Ficha 1). En este espacio decorado con mobiliario de la marca ***FERMOB***, usted entabla la conversación con este señor utilizando los buenos usos de urbanidad y cortesía.
Contexto intercultural o cómo negociar con los españoles.	La negociación tiene lugar en Francia con un cliente potencial español, entonces el comercial debe conocer algunas peculiaridades interculturales: • **En las empresas españolas se suele hablar en castellano** pero es cierto que en varias comunidades autónomas existe otra lengua (catalán, valenciano, gallego, euskera). • Se valora **la puntualidad.** • Se suele recordar la reunión/entrevista uno o dos días antes. • Las **jerarquías** son muy importantes en muchas empresas. • Es importante **conseguir información sobre la persona y/o la empresa** para que los interlocutores se sientan halagados. • **Llamar a las personas por su apellido**: los españoles aprecian bastante que el interlocutor utilice su apellido. • La mayoría de los españoles valoran los **contactos personales en el ámbito profesional,** lo que favorece una humanización de las situaciones profesionales. • Para **saludar**, se suele utilizar un buen apretón de manos. Entre mujeres que ya se conocen, algunas prefieren darse dos besos en vez de estrecharse la mano. • Los españoles suelen ser **personas abiertas, cordiales y amantes de la vida social**. Prefieren la comunicación oral, cara a cara. • El **contacto físico** en España, es mucho mayor que en otros países europeos. Es frecuente tocar a la otra persona en el hombro por ejemplo. • **El contacto visual** en España es indispensable. Los españoles pueden malinterpretar la timidez de una persona y pensar que la falta de contacto visual es un signo de deshonestidad, desinterés, orgullo, arrogancia... • Los españoles desprecian **la tensión, el estrés o la presión** durante una negociación. Es imprescindible intentar argumentar para apaciguar las situaciones conflictivas. ¡No se obtendrá nada con un comportamiento inflexible! • A veces los españoles **andan con rodeos** (no van directamente al grano) y por consiguiente el interlocutor tiene que deducir lo que no se atreven a formular. • Las **comidas o cenas de negocios** se aprecian.¡Ni hablar de emborracharse o desahogarse! • A veces es difícil cerrar una negociación ya que la **toma de decisiones es lenta** y pocos españoles se dejan llevar por la intuición ni suelen tomar riesgos. • **Las tarjetas de presentación** se intercambian más bien al final de las reuniones ¡Ojo! Generalmente cualquier persona aprecia que un interlocutor extranjero conozca un poco su país, su cultura, la religión dominante, el deporte nacional...

Objetivos	Usted tiene que dar a conocer mejor los productos estrella de la marca ***FERMOB.***
Necesidades identificadas del cliente	• No comercializa la marca ***FERMOB*** actualmente y quiere ampliar su gama de muebles de jardín. • La imagen de marca del producto debe ser superior a la de los productos nacionales. • Está dispuesto a comprar en grandes cantidades si le proponen descuentos interesantes.

Etapas de la negociación

Trabajo de preparación 1: Las herramientas de ayuda a la venta y el léxico

Etapas de la negociación	Objetivos
PREPARACIÓN DE LA NEGOCIACIÓN Toma de contacto por teléfono	CONSIDERAR Y CONSTITUIR – Conocer al cliente. – Saber qué vender. – Conocer el contexto comercial.

- **Enumerar las herramientas de ayuda a la venta que necesitará para entrevistarse con el cliente.**
- **Redactar una lista de vocabulario específico del sector « muebles de jardín ».**

Trabajo de preparación 2: plan de descubrimiento (preguntas/determinación de las necesidades)

TOMA DE CONTACTO (cara a cara)	ACONDICIONAR: – Presentarse bajo un aspecto favorable. – Generar/crear un clima de confianza.

AUDIO

Etapa 1 La toma de contacto
lienmini.fr/20410son13
Suivez le lien ou le QRcode pour retrouver un exemple d'entretien entre Antonio Trueba Rivera et Dominique Durand.

DETERMINACIÓN DE LAS NECESIDADES **REFORMULACIÓN DE LAS NECESIDADES**	CONSULTAR – Conocer al cliente. – Percibir las necesidades y las motivaciones. CONTROLAR – Mostrar que uno/una ha entendido. – Comprobar que no se ha olvidado nada.

AUDIO

Etapa 2 La determinación de las necesidades
lienmini.fr/20410son14
Suivez le lien ou le QRcode pour retrouver un exemple d'entretien entre Antonio Trueba Rivera et Dominique Durand.

- **Enumerar las preguntas de su plan de descubrimiento (aproximadamente 10) sin olvidarse de la técnica del embudo.**

ENTRAÎNEMENT

Trabajo de preparación 3: Argumentación

ARGUMENTACIÓN	CONVENCER Exponer la oferta, las modalidades de adquisición y el precio.

AUDIO

Etapa 3 Argumentación
lienmini.fr/20410son15
Suivez le lien ou le QRcode pour retrouver un exemple d'entretien entre Antonio Trueba Rivera et Dominique Durand.

• **Completar el tablero CAP/SONCDSE.**

Criterios	Tipo de características	Características	Argumentos o Ventajas	Pruebas o demostración
S				
O				
N				
C				
D				
S				
E				

Trabajo de preparación 4: objeciones posibles

TRATAMIENTO DE LAS OBJECIONES	CONVERTIR/TRANSFORMAR – Comprender la objeción y aceptarla. – Obtener la aprobación del cliente. – Quedar atento a su margen.

AUDIO

Etapa 4 Refutación de las objeciones
lienmini.fr/20410son16
Suivez le lien ou le QRcode pour retrouver un exemple d'entretien entre Antonio Trueba Rivera et Dominique Durand.

• **Listar las objeciones factibles durante su entrevista ¡y refútelas! (ayúdese del método visto en el capítulo).**

ENTRAÎNEMENT

CONCLUSIÓN DE LA VENTA Y DESPEDIDA	CONVENIR/PONERSE DE ACUERDO Obtener un acuerdo. CONFIRMAR Tranquilizar al cliente en su elección.

AUDIO

Etapa 5 Conclusión de la venda y despedida
lienmini.fr/20410son17
Suivez le lien ou le QRcode pour retrouver un exemple d'entretien entre Antonio Trueba Rivera et Dominique Durand.

SEGUIMIENTO DE LA RELACIÓN	CONSOLIDAR – Conservar la relación. – Explotar las informaciones obtenidas. (→ Ficha 2 y 3)

ENTRAÎNEMENT

Ficha 1

FERMOB
Parc Actival
01140 Saint-Didier-sur-Chalaronne, Francia
www.fermob.com/fr

EL CORTE INGLÉS
C/ Hermosilla, 112
28009 Madrid, Espagne

Saint-Didier-sur-Chalaronne, 1 de mayo de 2017

Asunto: invitación al salón "Vivre côté sud"

Estimados señores:

Tenemos el placer de anunciarles que nuestra empresa *FERMOB* participará en el próximo Salón "Vivre Côté Sud" que se celebrará del 2 al 5 de junio de 2017 en Aix en Provence, en Francia.

Se trata de un momento único para los profesionales del sector de la decoración de jardín para descubrir nuestra gama de productos *FERMOB*.

Nuestra empresa, afincada en Saint-Didier-sur-Chalaronne (región Auvergne-Rhône Alpes) se dedica desde hace más de 125 años a la fabricación de muebles de jardín audaces y ambiciosos que combinan estética y funcionalidad, diseño y elegancia, confort y ergonomía. Nuestros muebles de jardín se dieron a conocer internacionalmente gracias a la excelente calidad de sus productos y nuestra cultura naturalmente dirigida hacia el desarrollo sostenible y el respeto del medioambiente.

Nuestra famosa gama Bistro, una colección llena de ingenio, de simplicidad y alegría no perdió nada de su encanto y su autenticidad desde 1889 y siguen equipando Times Square, Bryant Park en New York y otros lugares emblemáticos en más de 40 países.

Asimismo, nuestra gama Luxembourg, inicialmente realizada para los jardines del mismo nombre de París adquirió una dimensión legendaria.

No nos cabe la menor duda de que nuestros productos de excelentísima calidad les van a encantar. ¡Vengan pronto a descubrir y probar nuestra amplia gama de muebles outdoor en el salón "VivreCôtéSud" de Aix en Provence!

Les rogamos nos confirmen su presencia gracias al cupón que hallarán adjunto. Muy atentamente.

Fdo.: Dominique Durand
Responsable comunicación.

Anexos: Tarjeta de invitación para dos personas y cupón de respuesta
Plano del Salón "Vivre Côté Sud"

Ficha 2

EL CORTE INGLÉS
C/ Hermosilla, 112
28009 Madrid, España
https://www.elcorteingles.es/

FERMOB
Parc Actival
01140 Saint-Didier-sur-Chalaronne
Francia

Madrid, 3 de septiembre de 2017

Asunto: pedido n° XC5678

Estimado Señor:

Por la presente, le agradecemos el envío de su oferta promocional el pasado mes de agosto.

Un reciente estudio de mercado, realizado aquí en Madrid, arroja resultados muy satisfactorios en cuanto a la intención de compra de muebles de jardín este otoño. Es la razón por la que le queremos cursar un nuevo pedido para que nuestros fieles clientes puedan completar su mobiliario aprovechando la oferta.

A continuación, le indicamos los productos, sus respectivas cantidades y respectivos colores:

- 100 sillas Bistro con 50 mesas redondas 60cm del color Miel.
- 100 sillas Bistro con 50 mesas redondas 60cm del color Zanahoria
- 100 sillas Bistro con 50 mesas redondas 60cm del color Verbena
- 200 sillas Luxembourg con 50 mesas 80cm × 80cm color Pimiento
- 200 sillas Luxembourg con 50 mesas 80cm × 80cm color Azul Turquesa
- 200 sillas Luxembourg con 50 mesas 80cm × 80cm color Ciruela
- 50 mesas camareras Luxembourg color Pimiento/Azul Turquesa/Ciruela
- 50 sillones bajos Luxembourg color Romero/Tilo/Gris Tormenta
- 50 mesitas bajas reposapiés Luxembourg color Romero/Tilo/Gris Tormenta
- 500 lámparas Balad color Verbena/Zanahoria/Berenjena/Gris Tormenta

Le agradeceríamos nos enviara el pedido antes del 10 de este mes ya que casi nos encontramos en ruptura de existencias y con los récords de calor de este "veranillo de San Martín" los consumidores siguen comprando muebles y accesorios de jardín.

En cuanto al pago, nos acogemos a su propuesta de pago al contado con un 10% de descuento en cuanto se nos entregue la mercancía en nuestros almacenes.

Agradecidos de antemano, le saludamos atentamente.

Fdo.: Antonio Trueba Rivera
Jefe de compras

Ficha 3

EL CORTE INGLÉS
C/ Hermosilla, 112
28009 Madrid, España
https://www.elcorteingles.es/

FERMOB
Parc Actival
01140 Saint-Didier-sur-Chalaronne
Francia

Madrid, 13 de septiembre de 2017

Asunto: reclamación pedido n° XC5678

Estimado Señor:

Lamento comunicarle que a día de hoy aun no hemos recibido el pedido n° XC5678 cursado el 3 de septiembre pasado. Nos permitimos recordarle que se trata de un pedido de máxima importancia ya que tenemos que disponer del mismo para este periodo excepcional de "veranillo de San Martín" que coincide además con nuestras dos semanas de promociones de los artículos estacionales que tendrá lugar del 18 al 30 de este mes.

Este último pedido cuya copia le adjuntamos constaba de sillas y mesas Bistro así como sillas y mesas Luxembourg de varios colores, mesas camareras, sillones bajos y mesitas bajas reposapiés Luxembourg, también de varios colores. Dicho pedido debía ser entregado el día 10 de septiembre en nuestros almacenes.

Desgraciadamente, este lamentable retraso podría provocar una ruptura parcial de nuestras existencias y en consecuencia podría comprometer pura y seriamente nuestras semanas de rebajas.

Obviamente, ya mandamos las invitaciones a nuestros fieles clientes y además pensábamos promocionarlos realizando una entrevista al famoso actor Javier Bardem en un salón *FERMOB* del modelo Luxembourg.

Por lo tanto un aplazamiento del evento sería inimaginable o excesivamente perjudicial para la imagen de marca de nuestros almacenes *EL CORTE INGLÉS*.

Esperamos que se trate de un contratiempo ajeno a su voluntad y contamos con la recepción del pedido a la mayor brevedad.

Aguardando una pronta y positiva respuesta, le saludamos atentamente.

Fdo.: Antonio Trueba Rivera
Jefe de compras

Anexo: detalle pedido n° XC5678

ENTRAÎNEMENT

Retrouvez l'application Fermob en allemand et en italien !

Travaillez les techniques de négociation en allemand et en italien en téléchargeant des fichiers PDF regroupant :

- l'application Fermob ;
- des fiches reprenant les phrases les plus fréquemment utilisées lors d'une négociation.

RESSOURCE PDF

En allemand
lienmini.fr/ci410allemand

RESSOURCE PDF

En italien
lienmini.fr/ci410italien

ENTRAÎNEMENT

Dossier méthode

FICHE **1**

La communication orale et interpersonnelle

La communication est indispensable à tous les moments de notre vie. En effet, il est impossible de ne pas communiquer, que ce soit oralement, par gestes ou notre physique qui nous trahit : mouvement des yeux, de la bouche...

En entreprise, pour toutes les tâches requises, recherche d'informations, prospection et, *a fortiori*, la négociation, la communication occupe une place centrale, qu'il faudra adapter en fonction du contexte professionnel, des interlocuteurs, du pays, de la culture...

1 NOTIONS DE COMMUNICATION

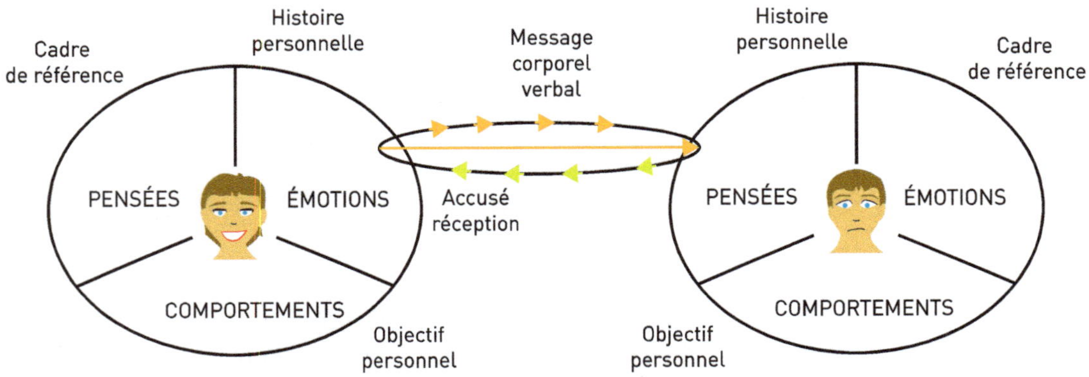

Dans toute situation de communication, il existe un émetteur qui va transmettre un message avec un objet, un objectif, une signification... Face à lui, un récepteur va recevoir le message et l'analyser en fonction de son objectif, de la signification qu'il lui donne... Il peut arriver qu'il y ait distorsion entre le sens donné par le premier et sens interprété par le deuxième, facteur de réactions étranges, incompréhensions... Par ailleurs, des parasites peuvent interférer et rendre les échanges plus complexes encore : la langue, les codes, la culture... Pour éviter ces situations embarrassantes, il faut soigner sa communication et l'adapter.

2 COMPOSANTES DE LA COMMUNICATION

La communication est constituée de trois éléments qu'il faut soigner et préparer :

Éléments	Contenu	Exemples
Le verbal	Les mots employés, l'étendue du langage. La logique de la phrase. Les sentiments qui accompagnent le message.	Il faut se méfier des faux amis. En espagnol, beurre se dit *mantequilla* et *burro* est un âne.

Éléments	Contenu	Exemples
Le paraverbal (prosodie)	Intensité de la voix : puissance vocale. Prononciation : articulation, tonalité. Tessiture (ensemble des notes que l'on peut émettre avec le minimum d'efforts).	Les Latins parlent très fort et de façon animée. Les Asiatiques restent très calmes.
Le non verbal	Rôle dans la communication : geste de soutien, de reconnaissance... Distance (proxémie de Hall) : confrontation, coopération, collaboration. Gestuelle : jeux des bras, des mains. Posture : de soumission, domination, partage, rejet...	Les Latins sont tactiles, parlent avec les mains et force gestes. Les Allemands gardent une certaine distance, leur territoire privé. Les postures influencent le cours d'une négociation avec les Arabes.

Recommandations pour le verbal et le para verbal

La méthode SOFIA permet de mieux gérer sa communication, en mettant l'accent sur les faits qui sont indiscutables, car les opinions, sentiments sont subjectifs et peuvent orienter les échanges de manière faussée :

- Sentiments, Opinions : à repérer pour les gommer ;
- Faits sur lesquels s'appesantir ;
- Inter et intentions d'Action : solutions proposées, dans un échange gagnant/gagnant.

Recommandations pour le non verbal

Le non verbal représente l'aspect le plus difficile et le plus dangereux à maîtriser :

- Il trahit notre état et notre personnalité : les yeux baissés représentent un signe de timidité ; une posture courbée indique la soumission ; les gestes violents, saccadés, une colère intérieure ; les mains qui se tordent, les pieds qui s'entortillent, une angoisse ou du stress...
- Il illustre la méconnaissance des codes, symboles interculturels, notre irrespect de rituels, habitudes...

Ainsi, les signes, gestes, n'ont pas la même signification d'un pays à l'autre : faire un 0 avec ses doigts signifie que tout va bien en plongée, 0 que ce n'est pas bon pour les Français, geste obscène pour les Brésiliens, payer la facture ou indiquer que c'est trop cher pour les Japonais, OK pour les Américains... Dans certains pays, il faut se regarder dans les yeux, dans d'autres les baisser pour manifester son humilité.

3 SE PRÉPARER À UNE COMMUNICATION INTERCULTURELLE

Tous nos comportements de communication sont programmés en fonction de notre construction personnelle et notre culture. Certains sont innés, d'autres acquis. Ils agissent en facilitateurs ou parasites d'échanges et sont exacerbés lors de rencontres interculturelles. Nous pouvons renvoyer de nous une image positive liée à une bonne confiance en soi, une estime de soi construite harmonieusement, qui incite à communiquer ou au contraire une image ternie qui va bloquer les échanges. On ne peut se transformer radicalement, mais on peut modifier les comportements négatifs pour arriver à valoriser les qualités de communication. Pour cela, il faut repérer :

- Les sentiments personnels ou une construction personnelle déséquilibrée : estime de soi déficitaire ou trop prononcée, sensibilité excessive, manifestations de colère, de peurs, dénotant une difficulté de maîtrise de soi, difficultés à s'accepter tel que l'on est...
- L'analyse sensorielle des situations qui peut être : exacte car objective, se rendre compte de mauvaises performances ; faussée (mauvaises impressions, compréhension de la situation

biaisée) ; les attitudes (confiance en soi exacerbée qui peut être interprétée comme de l'arrogance ou au contraire timidité maladive paralysant la communication) ; les préjugés liés souvent à l'éducation, les fréquentations de groupes sociaux qui vont entraver l'objectivité de l'échange ; l'ignorance de certains codes culturels, savoir vivre, politesse... Par exemple, un sentiment d'offense chez les Asiatiques dès les salutations si les rituels d'échanges de cartes de visite ne sont pas respectés... ; l'inaptitude à vaincre la résistance au changement, en particulier ne pas s'adapter à l'interlocuteur étranger, sa culture.

Certains comportements devront être conservés et encouragés, d'autres améliorés, voire supprimés. En tout état de cause, il faut les rendre conscients et les identifier pour mieux les maîtriser pour pouvoir accéder à une communication équilibrée et détendue.

Apprendre à mieux se connaître

Tous les êtres humains ont des états mentaux différents, ce qui est tout à fait normal, mais en communication, ils peuvent représenter une barrière, parfois très difficile à surmonter et aboutir à des échecs dans les relations interpersonnelles professionnelles. Apprendre à mieux se connaître permet de mieux s'accepter et de donner une image de soi positive qui valorisera le commercial. Pour mieux se connaître, voici deux techniques très utilisées :

Méthode	Définition	Utilité
L'analyse transactionnelle (AT)	L'Analyse transactionnelle est une théorie de la personnalité et une psychothérapie systématique en vue d'une croissance personnelle et d'un changement personnel.	Facilite la communication. Outil d'analyse des systèmes et des organisations. Meilleure compréhension du fonctionnement des personnes et des groupes. Possibilité de modification des relations interpersonnelles. Prise en compte de la totalité de la personne dans ses fonctions biologiques, psychologiques et sociales.
La programmation neuro-linguistique : PNL	Ensemble de techniques de communication et de transformation de soi qui s'intéresse à nos réactions plutôt qu'aux origines de nos comportements. L'art et la science de la communication.	Modification de ses états mentaux. Mobiliser sa créativité. Facilitation de la communication avec autrui. Amélioration de la perception que nous avons de nous-mêmes et des autres. Détermination d'objectifs et leur réalisation. Programmer et reproduction de ses propres modèles de réussite.

Corriger ses défauts

Une fois les défauts repérés, il faut les corriger pour éviter les attitudes qui nous trahissent et représentent un livre ouvert pour nos interlocuteurs. La méthode la plus facile consiste à s'enregistrer ou se filmer. Voici quelques conseils :

Types	Recommandations
Verbal	Repérer tous les mots inutiles à l'efficacité de l'échange, les mots utilisés pour combler un vide qui donnent l'impression de vouloir monopoliser la conversation, les hésitations : « euh, donc... » qui traduisent la nervosité, la timidité... Ils peuvent agacer des interlocuteurs asiatiques qui ont besoin de silence et sont attentifs au respect d'autrui. Préparer un lexique avec les mots clés utiles à la communication prévue, adaptés à la langue utilisée dans le pays, qu'elle soit officielle ou véhiculaire et se méfiant des différences d'un pays à l'autre.

Para verbal	Parler plus ou moins fort selon son timbre de voix. Pour mieux articuler, mettre des cailloux ou un crayon en travers de la bouche et parler…
Non verbal	En se filmant, les tics apparaissent très vite, pouvant devenir très agaçants pour notre interlocuteur : gesticulation excessive, rougeurs, doigts jouant avec le stylo… S'entraîner à adopter des postures correctes : par exemple, pour s'asseoir, pieds à plat par terre, accolés, mains posées sur la table, station assise confortablement sur une chaise ou un fauteuil…

Se détendre avant la communication

Un commercial stressé aura besoin de se détendre et se débarrasser de toute une série d'angoisses liées au degré de résistance à l'incertitude ou à l'inconnu : échanger dans une langue différente, avec son interlocuteur qu'on ne connaît pas…

Ensuite, il doit expulser ses doutes, peurs (raisonnés ou incontrôlés) qui sont nichés au creux de son ventre, estomac et qui paralysent ou parasitent l'échange. Pour cela, il peut recourir à des techniques de sophrologie qui permettent de jouer sur sa respiration. Une technique toute simple consiste à maîtriser sa respiration : inspirer 3 fois maximum profondément (poumons et ventre), pas plus pour ne pas provoquer l'hyperventilation et risquer un malaise ; bloquer quelques secondes ; expirer tout doucement ; ou alors, pour évacuer des sentiments de colère, inspirer, bloquer en pensant aux éléments de son énervement qu'on imagine en pensées, puis expirer brutalement en les chassant de soi.

Il peut aussi pratiquer la méditation pour gagner en sérénité, en fermant les yeux, en adoptant une posture confortable et en pensant à tout ce qui le dérange pour mieux cerner et combattre les éléments négatifs.

Analyser la situation d'échange

Le commercial doit analyser les différents contextes de communication qui peuvent se présenter à lui, pour pouvoir s'adapter et maîtriser parfaitement son échange, pour éviter le malaise post-communication, cette impression que des choses lui ont échappé, qu'il n'a pas donné le meilleur de lui-même, que son interlocuteur l'a berné…

Points d'analyse	Contenu	Conseils
Pourquoi : les objectifs	Faire connaissance ou conclure un contrat ? Emporter la négociation ou en partager les fruits ?	Se fixer des objectifs raisonnables pour ne pas appréhender l'échange. Au Moyen-Orient, on se rencontre plusieurs fois avant de négocier.
Qui : nature et nombre des interlocuteurs	Nom, fonction, titre de l'interlocuteur. Un ou plusieurs. Sa position hiérarchique : un directeur ou un partenaire.	En Allemagne, utiliser les titres : profesor, doctor… Se renseigner sur la distance hiérarchique, le degré d'individualisme, de masculinité/féminité.
Quoi : objet de l'échange	Présenter un nouveau produit. Recourir à un nouveau distributeur…	Préparer une documentation abondante dans un pays à contexte faible.

Où : éléments spatiaux	Le pays et ses caractéristiques culturelles Le lieu de l'échange : un bureau, une salle de réunion, au restaurant... La proxémie à respecter.	En Russie, en Asie, les échanges commerciaux sont souvent suivis de repas au restaurant bien arrosés ou de rituels, comme le sauna. En Asie, en Allemagne, une distance de confort doit être respectée.
Quand : éléments temporels	Première rencontre ou échanges préalables. Moment : matin, soir. Durée de l'échange et décision : orientation à court ou long terme.	Le moment de l'échange va déterminer la tenue vestimentaire, le type de discussions à adopter, la souplesse des comportements.
Combien ?	Montant de la négociation. Nombre de documents. Processus de décision.	Un pays à contexte faible requiert de nombreux documents avant de prendre une décision.
Comment : la manière d'analyser la situation	• Collecter des informations. • Synthétiser les éléments essentiels. • Les analyser et s'adapter.	Choses à dire et ne pas dire. Choses à faire et ne pas faire. Perceptions réciproques des interlocuteurs. Universalisme/particularisme.

Le commercial doit s'interroger, après cette analyse, sur le degré de maîtrise de la situation qu'il ressent. S'il constate une incertitude, il doit combler cette lacune pour être dans les meilleures dispositions d'échanges possibles.

Analyser l'échange a posteriori

Son ou ses interlocuteurs	Leur comportement. Leur style de communication : agressif ou empathique. Leurs objectifs et leur méthode pour les atteindre. Leurs stratégies et tactiques.
Le contexte	La prévision du déroulement ou les surprises. Adaptation ou paralysie face au changement.
Sa prestation	Ses réactions, sa façon de présenter les choses. Sa force de conviction. Les sentiments ressentis. Les points négatifs et positifs. Son degré d'écoute active et d'empathie vis-à-vis de ses interlocuteurs pour répondre de façon optimale à leurs attentes.
L'efficacité de la communication	Les parasites. L'interférence des sentiments et états mentaux.
Son sentiment post-communication	Maîtrise de soi ou angoisse. Sentiment de réussite ou d'échec...

Après chaque situation de communication, le commercial doit passer au crible, de la manière la plus objective possible, tous les éléments positifs ou négatifs et en analyser les raisons : Me suis-je suffisamment préparé au préalable ? Ai-je suffisamment maîtrisé le déroulement ? Ai-je suffisamment et utilement écouté mes partenaires ? Mes réponses ont-elles été claires et adaptées à leurs demandes ? Ai-je réussi à adapter mon comportement ? Quelles raisons qui ont conduit mes interlocuteurs à adopter telle attitude ?...

Pour cela, il peut utiliser une check-list à partir de tous les éléments de communication utiles avant et après l'échange. Le commercial ne devra pas rester sur une impression d'échec mais au contraire, à chaque échange infructueux, revenir à son analyse personnelle, aux éléments à modifier ou adapter...

FICHE

2 La communication écrite

LA COMMUNICATION INTERNE

Les règles de formalisme sont simplifiées car les documents sont échangés entre subordonnés/supérieurs hiérarchiques, ou entre deux personnes de même niveau, dans l'entreprise.

Ses objectifs sont les suivants : informer son supérieur hiérarchique ou ses collègues ; faire la synthèse de documents ; aider l'interlocuteur à prendre une décision.

Il existe différents documents : la note d'information, la note de synthèse, le rapport.

LA NOTE DE SYNTHÈSE

Elle sert à diffuser les résultats d'un travail confié en général par un supérieur hiérarchique. Ce document très structuré comporte un plan et une logique de rédaction. La note est un résumé du travail effectué in extenso. Les documents, liens, utilisés peuvent être fournis en annexe ou dans une bibliographie et/ou sitographie. La note doit être directe, simple, efficace, complète mais concise (2 pages maximum) :

En-tête	• Identification de l'émetteur (son nom, sa fonction, son service). • Identification du destinataire (idem). • Titre : note, rapport. • Objet : court, résume le contenu. • Le lieu, la date. • Des PJ si nécessaire.
Le corps	• Une introduction : rappel de la demande, l'objet, le plan. • Un développement synthétique et structuré. • Une conclusion : une remarque personnelle, des préconisations...
Conclusion	Pas de formule de politesse mais la signature de l'auteur.

De (nom du subordonné) — Lieu et date
Service éventuel

À Madame ou Monsieur le Responsable
Département ou Service

P. J. éventuelles :

Note de synthèse relative à (objet)

1er § : rappel du travail confié et des objectifs, plan
Le corps de la note de synthèse est structuré avec des parties comportant un n° et un titre.
Si des pièces jointes sont annexées, on les rappelle.
Dernier § : la personne chargée du travail résume, donne son avis éventuel...

Signature du rédacteur

LE RAPPORT

Les règles de fond et de forme sont les mêmes que la note, mais le rapport est un document plus étoffé. Il peut retranscrire une réunion. Dans ce cas, il doit être fidèle aux propos échangés. Il peut également synthétiser un travail de plus grande ampleur qui requerra davantage de pages.

LA COMMUNICATION EXTERNE

La communication externe se construit en accord avec la stratégie de la marque, la cible de la communication et les moyens de l'atteindre. Aussi doit-elle contenir toutes les informations essentielles pour caractériser l'entreprise (logo, certificats...) mais aussi être bien rédigée, sans faute, agréable à lire.

Elle assure les relations entre l'entreprise et ses partenaires extérieurs : client, fournisseur... Elle est rédigée spontanément ou à la demande d'un émetteur et obéit à des règles de formalisme précises. Elle emprunte différentes formes : lettre commerciale, publipostage, fax, courriel, SMS...

LA LETTRE

Contenu et présentation d'une lettre :

L'en-tête	• Identification de l'entreprise émettrice en haut et à gauche ou au milieu. • Identification du destinataire : nom ou titre, fonction, service, adresse. • Références éventuelles. • Objet : résumé du thème de la lettre (quelques mots clés seulement). • PJ éventuelles (citées dans le contenu de la lettre). • Lieu, date. • Suscription : madame, monsieur... ou leur titre.
Le corps de la lettre	• Le 1er § replace le contexte du courrier (réponse, entrée en matière...). • Rappel des faits si nécessaire. • Arguments (un §par argument, un lien logique entre les §). • Conclusion ou proposition d'arrangement.
Fin de lettre : soignée car dernière image	• Toujours penser aux remerciements. • Petite phrase de conclusion : je reste à votre disposition... • Formule de politesse adaptée aux circonstances. • Signature : nom, fonction.

Modèle de lettre :

Nom de l'expéditeur
Ses coordonnées

Lieu et date

Nom du destinataire et/ou sa fonction
Nom de l'entreprise
Ses coordonnées

Références (éventuellement)
Objet :
Pièces jointes :

Suscription : Madame, Monsieur...

Les paragraphes sont classés logiquement.

A la fin, phrase de conclusion, remerciements éventuels, formule de politesse (dans un courrier professionnel, on évite de parler de sentiments et les salutations ne s'expriment pas).

Signature

LE PUBLIPOSTAGE (MAILING OU CAMPAGNE DE MAILING)

Le publipostage consiste à envoyer des courriers personnalisés à de très nombreux destinataires. À partir d'une lettre type comportant des variables, il est possible de la fusionner avec une base de données (Excel par ex) pour la personnaliser.

Nom et coordonnées de l'expéditeur	Lieu et date
	<Suscription> <NOM> <Prénom> <NOM DE L'ENTREPRISE> <n°> <rue> <Code Postal> <VILLE> <PAYS>
Objet : Pièces jointes : <Suscription> Les paragraphes sont classés logiquement. Je vous prie d'agréer, <Suscription>, mes salutations les plus sincères. Signature	

LE COURRIEL

Il comporte :

- l'adresse mail de l'expéditeur ;
- l'adresse mail du destinataire (directe, copie ou copie cachée) ;
- la date ;
- l'objet ;
- d'éventuelles pièces jointes ;
- une suscription : Madame, Monsieur, éventuellement précédée de « Bonjour » ;
- des phrases correctes ;
- une formule de politesse plus souple : bien cordialement ;
- l'identification de l'expéditeur : nom, fonction, entreprise, adresse...

Le message doit être écrit en français correct et non pas de manière abrégée ou télégraphique, même s'il reste plus simple. Des liens hypertextes peuvent être indiqués.

LE SMS

Le nom, le n° de téléphone de l'expéditeur, la date, figurent autour du message qui doit également être rédigé de manière intelligible. Ils sont admis comme mode de preuve en cas de différend car ils ne sont pas susceptibles de modification.

FICHE

3 La communication téléphonique

La communication téléphonique est essentielle pour un commercial qui travaille à l'international, pour rechercher un stage, prospecter, échanger avec des partenaires : prise de rendez-vous, demande d'informations, réclamations, administration de questionnaires téléphoniques... Elle peut être autonome ou complémentaire à la communication écrite.

La communication est directe avec l'interlocuteur, aussi peut-elle être brouillée par des parasites, filtres : accents, langue différente, stress... Comme les échanges sont rapides, ils doivent être efficaces. Aussi faut-il se préparer :

- Rassembler ses outils et bâtir son guide d'entretien ou son argumentaire.
- Préparer la liste des destinataires (l'émetteur se sera renseigné au préalable) : un ou plusieurs ? Échanges séquentiels ou en cascade ?
- S'installer confortablement, s'asseoir pour ne pas être en position de supériorité.
- Tenir compte des différences interculturelles : décalage horaire...
- Rester toujours calme, courtois, ouvert, positif et ayant confiance en soi.

ÉLABORER UN GUIDE D'ENTRETIEN TÉLÉPHONIQUE

1 LA MÉTHODE CROC

Un guide d'entretien déroule un plan logique :

C	Contact	Saluer. Se présenter. Identifier l'interlocuteur clé ou le demander directement. Passer le barrage (secrétaire, accueil).
R	Raison de l'appel	Phrase d'accroche. Rappeler le problème éventuel et présenter un avantage, la solution. Répondre aux objections.
O	Objectif	Résoudre le problème, obtenir des informations ciblées, un rendez-vous...
C	Conclusion	Reformuler. Confirmer le RDV. Remercier, saluer l'interlocuteur et raccrocher après lui.

On peut utiliser également la méthode SPOC, similaire à la méthode CROC, et qui permet de structurer le guide d'entretien téléphonique : S = se présenter. P = présenter son problème. O = obtenir une ou plusieurs solutions. C = conclure.

2 LE TRAITEMENT DES OBJECTIONS

1) Contourner les barrages des secrétaires : se présenter, demander précisément son interlocuteur.

2) Répondre aux objections

- Les prévoir : il n'est pas là, n'a pas le temps, quel est le sujet ? À qui voulez-vous parler ?
- Préparer des réponses pour les contourner : quand puis-je rappeler ?
- Être toujours positif, ouvert, dynamique tout en restant poli et garder un ton posé
- Une fois la conversation amorcée, bien articuler, sourire « le sourire s'entend »...
- Après avoir raccroché, un envoi de mail confirmatif permet d'assurer un suivi de qualité et de montrer l'importance attachée à la relation clientèle.

FICHE 4

Construire un questionnaire

Un questionnaire est un instrument de collecte d'informations primaires quantitatives et/ou qualitatives. Il est très souvent utilisé pour approfondir la connaissance de la demande, d'un partenaire potentiel, de l'avis des clients sur un futur produit... Toutefois, ce document doit être soigneusement réfléchi avant de l'élaborer et il est nécessaire de respecter des conditions de forme.

1 RÉFLÉCHIR AUX CONDITIONS D'ADMINISTRATION

Questions	Quelques pistes de réponse
Pourquoi ?	Les objectifs et l'utilité doivent apparaître clairement au début.
Quoi ?	Son objet : il va guider les informations à collecter.
Qui ?	Quel va être le panel des sondés ?
Quand ?	Le moment de son administration.
Où	Le lieu est important : lieu stratégique, nombre de sondés, produit.
Combien ?	100 questionnaires au moins garantissent l'objectivité des réponses.
Comment ?	• Qui va le remplir : le sondé ou le commercial ? • Quel sera le mode d'administration : face à face, téléphone, en ligne... ? • Quel logiciel pour l'élaboration et le dépouillement sera utilisé ?

2 CONDITIONS D'ÉLABORATION DU QUESTIONNAIRE

- Un titre : questionnaire relatif à...
- Les objectifs pour que le sondé identifie l'utilité recherchée.
- Une première question filtre (oui/non) pour cibler la population sondée.
- Des questions classées par thèmes, avec des sous-titres par parties.
- Des remerciements.

3 CONDITIONS D'EFFICACITÉ D'UN QUESTIONNAIRE

- Des questions claires, sans ambigüité, courtes.
- Un questionnaire court : une dizaine de questions.
- Une majorité de questions fermées (cases à cocher) pour simplifier le remplissage et le dépouillement et des ouvertures pour d'autres informations.
- Éventuellement une compensation (échantillons...) pour le temps passé.

4 L'ANALYSE DES QUESTIONNAIRES

Tous les questionnaires remplis sont ensuite dépouillés, le plus souvent aujourd'hui en utilisant des logiciels comme Sphinx, Ethnos... Les résultats sont analysés : nombre ou % de réponses d'un même type, ou différentes... pour aboutir à une prise de décision.

Un retour sur le questionnaire et ses modalités d'administration pourra être fait en cas d'échec ou de réponses peu concluantes : les questions étaient-elles clairement posées ?

EXEMPLE DE QUESTIONNAIRE

Objectifs : ce questionnaire vise à la commercialisation éventuelle de nos produits en Espagne. Il est rempli après dégustation du produit à une population variée.

1 PARTIE 1 – VOTRE CONSOMMATION DE PRODUITS SURGELÉS

1) Consommez-vous des produits surgelés ? ☐ Oui ☐ Non

2) Consommez-vous des produits surgelés français : ☐ Oui ☐ Non

3) Si oui, que consommez-vous ?

☐ Plats cuisinés ☐ Glaces et desserts ☐ Légumes

☐ Viandes ☐ Poissons ☐ Autres

☐ Précisez : ....

4) Où achetez-wvous vos produits ?

☐ Supermarché ☐ Magasin spécialisé ☐ En ligne

☐ Autres : ....

5) À quelle fréquence ?

☐ Tous les jours ☐ Plusieurs fois/semaine

☐ Plusieurs fois/mois

6) Quel budget mensuel accordez-vous aux achats de ces produits ?

☐ < 100 EUR ☐ 100 à 200 EUR ☐ > 200 EUR

7) Quel matériel possédez-vous ?

☐ Un congélateur ☐ Un combi ☐ Un micro-ondes

2 PARTIE 2 – ACHÈTERIEZ-VOUS NOTRE PRODUIT ?

Vous avez aimé	Vous n'avez pas aimé

1) Achèteriez-vous ce produit ? ☐ Oui ☐ Non

2) Si non, pourquoi ?

☐ Goût ☐ Couleur ☐ Présentation

☐ Qualité insuffisante ☐ Texture ☐ Autres :

3) Si oui, à quel prix ?

☐ < 5 EUR ☐ 5 à 8 EUR ☐ 8 à 10 EUR ☐ > 10 EUR

Nous vous remercions pour le temps que vous nous avez accordé.

FICHE 5

Construire une carte perceptuelle

Le positionnement (→ chapitre 12) est un élément stratégique, adopté après le diagnostic export, en préconisations, et juste avant la prospection. Les composants de l'offre doivent concrétiser le positionnement voulu : sur le produit, les prestations associées, le prix, la distribution, la communication et la relation client. La carte perceptuelle permet la comparaison avec l'offre concurrente et l'identification du leader dans l'esprit de ses consommateurs. Elle requiert des équipes marketing de la rigueur et de l'objectivité.

1 NOTIONS DE CARTE PERCEPTUELLE (OU CARTE DE POSITIONNEMENT)

- Une représentation graphique en deux dimensions qui permet de visualiser le positionnement concurrentiel de différentes marques, produits ou sociétés en fonctions de 2 critères, placés en ordonnée et abscisse, inhérents aux choix de l'entreprise (prix, qualité, santé, originalité…).
- Un outil d'analyse du positionnement perçu des marques sur le marché et des attentes des consommateurs vis-à-vis de ces produits. Elles permettent de voir comment le positionnement perçu évolue sur le marché en fonction des efforts d'adaptation et de communication qui sont réalisés par les entreprises.

2 SON UTILITÉ

En positionnant et en différenciant son offre, le responsable marketing fait associer son produit à une idée précise et valorisante dans l'esprit de son marché cible. Sur un marché très concurrentiel, il marque sa différence, la supériorité et le caractère distinctif de l'offre proposée. Le mapping permet de visualiser ces éléments.

À chaque nouveau produit, le positionnement doit être réfléchi. Il doit pouvoir évoluer le long de son cycle de vie, pour prolonger son attrait et sa rentabilité.

3 LA DÉMARCHE D'UTILISATION (ÉTAPES D'ÉLABORATION) :

- Lister l'ensemble des qualités de l'offre.
- Scorer ces qualités par le marché cible : perception de l'offre par les consommateurs, caractéristiques les plus appréciées, leur supériorité…
- Connaître les attentes du marché cible : les priorités des clients, les critères décisifs de choix.
- Construire le mapping : le choix des deux axes se fait selon les critères les plus déterminants d'un marché.

4 SON ANALYSE

Mieux vaut éviter la place du milieu, au centre des deux axes. Cela signifierait que l'offre ne se différencie pas. Si cela survient, le marketing doit faire un choix et décider la performance prioritaire à faire évoluer pour que le produit devienne visible.

5 AVANTAGES DU MAPPING DE POSITIONNEMENT

- Il permet de valider le positionnement retenu en comparant les offres concurrentes et les attentes du marché cible.
- La représentation de tous les concurrents avec leurs attributs et spécificités.
- Selon des experts, trois types de positionnement sont pertinents :
  - l'excellence opérationnelle, sur une technologie ou un processus ;
  - la fiabilité supérieure de l'offre, sur une qualité attendue par exemple ;
  - la compréhension des attentes des clients et la capacité à y répondre.

6 QUATRE ERREURS À ÉVITER

- Le non-positionnement : face à l'incompréhension des clients ou des qualités différentes des attentes du marché, mieux vaut affirmer une qualité positive.
- Le positionnement peu crédible : promesses trop belles pour être vraies ou trop disproportionnées par rapport aux besoins du marché.
- Le positionnement étroit : le marché n'imagine pas que telle marque puisse fabriquer d'autres produits ou une autre qualité que ce qu'elle fait actuellement. Cela empêche une marque de faire évoluer son positionnement plus largement et donc de se diversifier. C'est une situation contraignante pour la marque.
- Le positionnement confus : c'est une forme d'absence de positionnement clair et affirmé. Soit le positionnement n'a pas été clairement défini, l'offre copie plus ou moins les leaders ; soit le positionnement est bien défini, mais le lien ne se fait pas avec le mix-marketing, ni avec la communication.

7 ILLUSTRATION

Une entreprise française de cosmétiques, spécialisée dans la slow-beauté, est tentée d'exporter ses produits au Brésil. Elle a fait une étude de marché et constaté que les Brésiliennes étaient très sensibles aux conseils et aux produits naturels, biologiques. Elle a donc conclu son diagnostic export par une carte perceptuelle pour représenter la concurrence en fonction de ces deux critères :

VIDÉO

Graphique à bulles de type carte perceptuelle (11'30)
lienmini.fr/ci410mapping
Suivez le lien ou le QRcode pour apprendre à créer un graphique à bulles affichant des axes croisés.

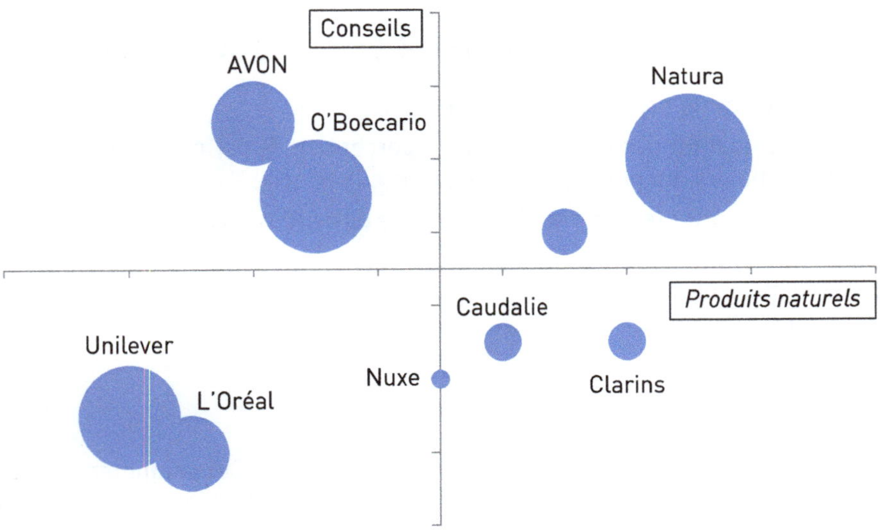

FICHE

6 Les organismes d'aide à l'export

L'internationalisation est une stratégie de développement des entreprises, qui profite également à l'économie française pour soutenir sa croissance. Mais les entreprises françaises, surtout les PME, rencontrent de nombreux obstacles : méconnaissance des informations, trésorerie insuffisante, blocages psychologiques, linguistiques, culturels... De nombreux organismes existent pour les soutenir à l'export et faciliter leurs démarches : publics, privés, situés en France et/ou à l'étranger, nationaux et/ou régionaux. Leur objet principal est la promotion de l'export, avec des aides qualitatives, générales et spécialisées (informations, études de marché, missions export collectives, salons labellisés...) et/ou quantitatives (aides financières...).

Le réseau français est difficile à maîtriser pour des entreprises. Aussi, en 2016, les pouvoirs publics ont-ils décidé de recourir au principe du guichet unique, avec la création de partenariats entre tous les organismes d'aide à l'export.

1 LES ORGANISMES GÉNÉRALISTES

Business France et CCI international

Leur rôle est l'accompagnement sur mesure surtout des PME et ETI françaises à fort développement international.

Business France (organisme public)	CCI International (organisme privé)
• Promotion du savoir-faire français. • Délégations dans les régions françaises. • Filières sectorielles. • Gestion des VIE.	• Structure commune des CCI en France dédiée à l'international. • Partenariat avec les Conseils Régionaux et les organismes nationaux.

Le 11 mars 2015, Business France, CCI international et les CCIFE ont signé une convention de partenariat pour se répartir les prestations pour simplifier le parcours des PME et ETI à l'international,,avec pour objectif de favoriser 3 000 nouvelles PME et ETI à l'export d'ici 2017 :

- Les CCI en France préparent les entreprises, valident et structurent leurs projets (diagnostic, études de marché...).
- Business France les aide à prospecter les marchés et développer leur courant d'affaires (pavillons France sur les salons internationaux, label France...).
- CCIFI les aide à pérenniser leur présence sur les marchés étrangers (missions export...).

Le financement du commerce extérieur : Banque Publique d'Investissement et sa filiale Bpifrance Assurance Export

Depuis le 1er janvier 2017, elle est investie des garanties publiques export (à la place de Coface). Désormais, l'État apporte en direct sa garantie, alors qu'auparavant, il garantissait l'opérateur. BPI a conclu des partenariats avec tous les organismes d'aide à l'export : Business France, CCI, CCEF... Son rôle est prospecter les entreprises à fort potentiel export et simplifier leur accès au financement de leurs opérations internationales.

Les Conseillers du Commerce Extérieur de la France (CCEF)

Cet organisme spécifiquement français regroupe 4 000 hommes et femmes d'entreprises bénévoles, nommés par le Gouvernement, pour soutenir le commerce extérieur en France et à l'étranger, grâce à leur présence dans 140 pays. Ils ont 3 missions principales : le parrainage des entreprises dans leur processus d'internationalisation, la formation des jeunes grâce à leur expérience et la fourniture d'informations internationales aux pouvoirs publics.

Coface (Compagnie Française d'Assurance du Commerce Extérieur)

Créée en 1946 pour mener la politique de garanties publiques à l'export et inciter les entreprises à exporter : assurances contre les principaux risques et aides au financement, Coface fournit également des informations économiques, des notations sur les pays, et des renseignements commerciaux, grâce à une banque de données de millions d'entreprises (@rating).

Au plan régional

La loi Nouvelle Organisation Territoriale de la République (NOTRe) a renforcé le rôle des régions en matière de stratégie de développement économique, soutien aux investissements étrangers, commerce extérieur et internationalisation des entreprises. Des plans régionaux d'internationalisation des entreprises (PRIE) ont été élaborés dès 2013 pour organiser les dispositifs. Dans les régions qui ont été modifiées, des audits sont menés pour préparer les futurs Schémas Régionaux de Développement économique, d'innovation et d'internationalisation (SDEII) prévus par la réforme territoriale. Chaque région a ses propres aides et avance vers une harmonisation et la simplification d'accès.

2 LES ORGANISMES SPÉCIALISÉS (LISTE NON EXHAUSTIVE)

Fédérations professionnelles et sectorielles	• Fourniture d'informations sectorielles très précises et actualisées, en France et à l'étranger, soutien à l'export. • Missions export : MEDEF International...
France Partenariat Pacte PME International : www.pactepme.org	Spécialisés dans le portage de PME par de grandes entreprises françaises à l'étranger pour les héberger, leur fournir des contacts...
OSCI (Opérateurs Spécialisés du CI) : www.osci.fr	• Soutien des entreprises à l'international. • Sous-traitance de prestations.
Douanes (cellule conseils aux entreprises) www.douane.gouv.fr	• Informations et conseils sur leurs procédures douanières. • Service « grands comptes » depuis mars 2016.
Banques	• Informations socio-économiques sur les pays. • Couvertures contre les risques de change, non-paiement...
OSEO	Soutien de l'innovation.
Associations et clubs d'exportateurs	Accompagnement personnalisé (stratexio, EGEE par ex) à l'export.

Face à un parcours du combattant semé d'embûches, tout est mis en œuvre pour simplifier l'internationalisation des entreprises :

- guichet unique de l'export pour les PME ;
- de nombreux partenariats signés entre tous les organismes pour unifier les aides techniques et travailler en synergie au profit de l'exportateur (ex. : le site France International présente toutes les ressources publiques et privées) ;
- assouplissement des règles et plafonds pour que le plus grand nombre d'entreprises puisse profiter de ces aides ;
- missions French Tech pour accompagner les start-up labellisées vers l'export...

Pour obtenir de plus amples informations, d'autres organismes, consulter la sitographie du CI, sur le site du CRM-TL (Centre de Ressources Mercatiques et Transport-Logistique) : www.crcm-tl.fr

FICHE 7

Les calculs commerciaux

1 CALCULS COMMERCIAUX

Prix d'achat HT (PAHT)

PAHT = PVHT – marge

Prix de vente HT (PVHT)

PVHT = PAHT + marge

Prix de vente TTC (PVTTC)

PVTTC = PVHT + TVA

PVTTC = PVHT × 1,20 (pour un taux de TVA de 20 %)

Taxe sur la valeur ajoutée (TVA)

TVA= PVHT × 0,20 (pour un taux de TVA de 20 %)

Taux de marge

Taux de marge = (Marge × 100) / PAHT

Taux de marque

Taux de marque = (Marge × 100) / PVHT

Marge commerciale

Marge = PVHT – PAHT

Marge = PAHT × Taux de marge

Marge = PVHT × Taux de marque

2 GESTION PRÉVISIONNELLE

Seuil de rentabilité (SR)

SR (en valeur) = CF/taux de MSCV

Élasticité-prix

Eprix = % variation de la demande/% variation prix

3 GESTION FINANCIÈRE

Fonds de roulement net global

FRNG = ressources stables – emplois stables

Besoin en fonds de roulement

BFR = stocks + créances – dettes

Trésorerie nette

TN = FRNG – BFR

FICHE

8 Effectuer une recherche sur Internet

Pour un étudiant de BTS CI, l'informatique va permettre de réaliser les travaux professionnels de tous les modules :

- Étude et Veille des marchés étrangers : l'objectif est de collecter des informations sur un marché étranger de façon à évaluer son intérêt pour une entreprise donnée.
- Prospection : la recherche du stage à l'étranger, de prospects... va demander à l'étudiant de réaliser des recherches spécifiques sur Internet.
- Négociation-Vente : pour bien préparer un entretien de vente, il va collecter des informations sur son client, son marché...

1 LES MOTEURS DE RECHERCHE

Un moteur de recherche est un site régi par une application sur lequel, en entrant des mots-clés, on obtient une liste de sites correspondant à la demande, généralement par ordre de pertinence.

- **Qwant** : moteur de recherche français dont la spécificité est de ne pas tracer les utilisateurs et de ne pas collecter d'informations personnelles.
- **Yahoo** : moteur de recherche francophone de Yahoo incluant une fonctionnalité de filtrage des contenus adultes dans les options avancées.
- **StartPage** : offre des résultats performants des recherches approfondies tout en protégeant la vie de l'utilisateur. C'est le le plus confidentiel au monde.
- **Google** : version française du moteur de recherche, qui propose des outils et des services pour les internautes. C'est probablement le moteur le plus utilisé actuellement. Pour utiliser le Google américain, il suffit de taper : www.google.com/ncr (*ncr : « no country redirection »* signifie « ignorer ma localisation »).
- **Mozbot** : moteur de recherche en partenariat avec Raynette, Abondance et Google : résultats, synonymes, expressions connexes, statistiques mots clés, copies...
- **Bing** : offre les mêmes possibilités de recherches que Google.
- **DuckDuckGo** : il n'enregistre ni l'IP ni les informations personnelles de l'utilisateur.

Google offre la possibilité d'utiliser des outils de recherches spécifiques :

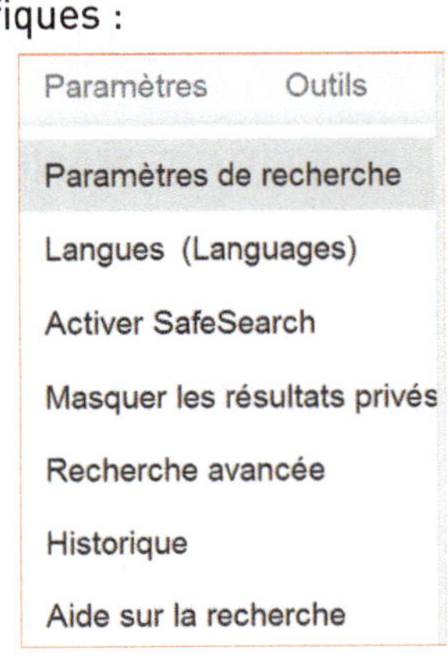

Les outils de collecte d'informations permettent l'accès à une barre de menu supplémentaire qui donne la possibilité de choisir différents critères : Pays, langues, dates... Le bouton « Paramètres » donne accès à la recherche avancée qui permet de préciser encore plus la recherche.

Le fonctionnement des moteurs de recherche est basé sur différents éléments :

- **Robot** : collecte les données sur Internet. On parle aussi de Crawler ou de Spider.
- **Moteur d'indexation** : classe les pages Internet, archive les données et les indexe.
- **Moteur d'interrogation** : permet de retrouver des pages internet et restitue les données archivées.

Lorsqu'on interroge un moteur de recherche, ses réponses sont très nombreuses et un grand nombre d'entre elles ne sont pas pertinentes. On parle de « **bruit** », ce qui signifie « Informations non pertinentes ». Beaucoup de bruits signifie donc beaucoup de résultats non pertinents. Une interrogation efficace du moteur de recherche permet de limiter le bruit.

Google propose un service gratuit d'alertes. L'intérêt de ce service est de pouvoir mener une veille permanente sans avoir à se connecter tous les jours. La procédure pour mettre en place le service d'alertes Google est la suivante :

- Se connecter au service www.google.fr/alerts.
- Entrer les termes recherchés comme si on faisait la recherche sur Google.
- Entrer la fréquence à laquelle Google effectuera la recherche.
- Entrer l'adresse mail pour recevoir les alertes.
- Possibilité également d'entrer le type d'informations : Actualités et Web. Permettra d'avoir un maximum d'informations.

2 LES ANNUAIRES

Les annuaires de recherche recensent les sites classés par catégories et sous-catégories. La recherche se fait alors soit par catégories soit par mots contenus dans la fiche descriptive du site. Avec le développement des moteurs de recherche, les annuaires ont perdu de leur intérêt. Ils présentent un certain nombre d'inconvénients et d'avantages par rapport aux moteurs de recherche.

Avantages	Inconvénients
• Moins de bruit. • Possibilité d'interroger par mots-clés.	• Moins rapide que les moteurs de recherche. • Couverture géographique et linguistique moins complète. • Utilisation des opérateurs booléens moins facile. • Choix et classement des ressources plus subjectives. • Résultats = Listes de site et non pages Internet : il faut ensuite aller sur le site et chercher dans le site.

Exemples d'annuaires : www.looksmart, www.looksmart, www.dmoz.fr, https://fr.yahoo.com, www.yakavoir.com, www.noogle.fr.

3 LES MÉTAMOTEURS DE RECHERCHE

Un méta-moteur de recherche est un outil qui interroge plusieurs moteurs de recherche simultanément. Il existe deux catégories de méta-moteurs :

- **Les méta-moteurs en ligne** : rapides, ils interrogent de nombreuses sources et permettent de « débroussailler » rapidement un sujet. Cependant les requêtes et fonctionnalités sont limitées, ainsi que le nombre de résultats et il est difficile de réaliser des requêtes complexes.

- **Les logiciels installés sur le PC** : ils offrent de nombreuses possibilités de paramétrage, permettent une veille automatique, téléchargent et sauvegardent les résultats, rendent possible une personnalisation de recherche et classent les sources en catégories thématiques. Ils permettent également des recherche sur le Web invisible (ressources disponibles sur le web mais non indexées et donc que les moteurs de recherche classique ne trouvent pas).

4 LES MOTEURS SPÉCIALISÉS

Ils permettent des recherches spécialisées soit en fonction du type de fichiers recherché soit en fonction du domaine d'activité

Spécialisation	Exemple
Image	Google ; Yahoo, Ask
Fichiers sonores	Singingfish, Altavista
Vidéo	Alltheweb, Altavista
Médecine	SearchMedica (en anglais), Medsyn.fr

5 LES SITES PORTAIL

L'objectif d'un site portail est de sélectionner des sources dans un domaine précis. Il est créé par des professionnels et propose de nombreux résultats. Les informations trouvées sur de tels sites sont : un annuaire vers d'autres sites, un moteur de recherche intégré au portail, des rubriques d'actualités, des forums, des abonnements à des mailing lists, un magasin en ligne, des offres publicitaires.

Conseil de pro
Pour effectuer une recherche d'informations sur internet il est indispensable : d'utiliser plusieurs outils ; de reformuler, d'utiliser plusieurs langues, d'utiliser les outils spécifiques de Google.

EXPRIMER SA RECHERCHE SUR INTERNET

La plus grande difficulté lorsqu'on recherche des informations sur Internet est d'exprimer correctement la requête. En effet, sans ces précautions, la recherche donne des résultats sans rapport avec l'objet de la recherche. Il est nécessaire :

- D'identifier les mots clés : un bon mot clé est un mot adéquat, suffisamment peu fréquent pour que le moteur de recherche l'ait indexé peu de fois. Pour trouver les bons mots clés, il est nécessaire de :
  - Cerner le sujet.
  - Identifier les concepts.
  - Choisir son vocabulaire.
  - Identifier le meilleur outil de recherche.
- Cerner le sujet : pour cerner le sujet, 3 questions doivent être posées :
  - Qu'est-ce que je recherche ? L'objet.
  - Pour quelle utilisation ? L'objectif.
  - Quelles en sont les limites (linguistiques, géographiques, temporelles) ?

1 UTILISER LES OPÉRATEURS LOGIQUES (OU BOOLÉENS)

Les opérateurs logiques (*ET, OU, SAUF*) permettent de lier entre eux les mots-clés selon la logique mathématique (algèbre de Boole). Ils permettent de construire une expression qui correspond à la définition « exacte » de la requête formulée. Ils offrent la possibilité d'exclure des caractéristiques, d'en grouper d'autres en combinant les opérateurs logiques, sur plusieurs termes.

- **ET ; AND : pour préciser la recherche.** Ils permettent de repérer les documents dans lesquels tous les mots clés sont présents. Plus il y a de ET ou AND, plus la recherche est précise et moins il y a de documents. ET peut être remplacé par le signe mathématique +.
- **OU ; OR : pour élargir la recherche.** Il permet de repérer tous les documents qui comportent l'un ou l'autre des mots clés. Plus il y a de OU, plus les documents seront nombreux.
- **SAUF ; NOT ; ANDNOT : pour exclure des requêtes éléments de la recherche.** Il permet de repérer les documents qui ont un des mots clés mais pas l'autre. Selon les moteurs de recherche il faut utiliser NOT ou ANDNOT. SAUF peut être remplacé par le signe mathématique.
- **Define : permet de rechercher la définition d'un mot.**
- **L'opérateur Link : permet de chercher la liste des pages Web qui ont des liens vers une page Web spécifique.** On peut ainsi identifier qui « link » vers une entreprise. Démarche très pratique pour identifier le réseau qui gravite autour d'un site, les clients, les fournisseurs... Dans la barre de recherche Google il suffit de taper : link : www.adresse du site

2 EFFECTUER UNE RECHERCHE COMPLEXE

- Les guillemets : ils permettent de rechercher une expression exacte dans les sites proposés. Les guillemets sont particulièrement adaptés pour la recherche d'une expression ou d'un nom propre, la recherche d'expression alpha numérique, le titre d'un film.
- Les parenthèses : les parenthèses fonctionnent comme en mathématiques. Leur utilisation dans une requête permet de prioriser certains mots. Elles permettent de mettre en confrontation deux mots ou expression.

Exemple : recherche sur les fraises : Taper *fraise (sauvage OR « des bois »)*

- La troncature : L'astérisque, *, remplace dans un mot recherché un ou plusieurs caractères.
- Le masque : le point d'interrogation, ?, remplace un caractère dans le mot cherché.

3 LES RECHERCHES SPÉCIFIQUES

- Interroger sur le titre du document : sur google : *allintitle : mot recherché.*
- Interroger sur un mot dans l'adresse (url) : sur google : *allinurl : mot recherché.*
- Rechercher un mot contenu dans un format de fichier : *filetype : extension* mot recherché (*filetype : .doc consommation* va rechercher les documents au format word sur internet contenant le mot consommation).

Pour s'assurer que le site proposé par Google contient bien le mot ou l'expression recherchée l'utilisation de *ctrl + F* ou / permet l'ouverture d'une boîte de dialogue en bas à gauche. En tapant le mot ou l'expression recherché, on peut s'assurer que le site proposé contient bien l'information recherchée. Il reste à vérifier sa pertinence par rapport à la recherche globale.

FICHE **9**

Effectuer une recherche sur son PC

1 ACCÉDER À LA FONCTION RECHERCHE DE L'ORDINATEUR

Plusieurs techniques le permettent :

- Menu « démarrer » puis recherche.
- Lorsqu'on est dans un programme : « Touche Windows + F ».
- Lorsqu'on est sur le bureau : « F3 ».
- Clic droit de la souris sur un dossier quand on sait que le fichier recherché est dans ce dossier.

2 RECHERCHER UN FICHIER PAR SON NOM

- <u>Je connais le nom du fichier</u> : accéder à la fonction « recherche » de votre ordinateur et taper le nom du fichier.
- <u>Je ne connais que partiellement le nom du fichier</u> :
  – Troncature : Utiliser le caractère * qui remplace un ou plusieurs caractères.

Exemple : en tapant :

- *ros**, l'ordinateur affiche tous les fichiers dont le nom commence par ros (rose, rosa, rosace...), quel que soit le format.
- **.txt*, l'ordinateur affiche tous les fichiers dont le format est txt.
- **vacance*.jpg*, l'ordinateur affiche tous les fichiers dont le nom contient vacance et au format jpg (photos).

- <u>Le masque</u> : Utiliser le caractère ? qui remplace un seul caractère.

Exemple : si vous tapez *ros ?*, l'ordinateur recherchera tous les fichiers qui commencent par ros + un caractère (rose, rosa, rost, ros1....)

3 RECHERCHER UN FICHIER PAR SA DATE DE MODIFICATION, PAR UNE EXPRESSION CONTENUE DANS LE FICHIER

Il convient d'utiliser les fonctions de recherches avancées accessibles sous Windows 8 à partir de l'onglet « outils de recherche » du menu.

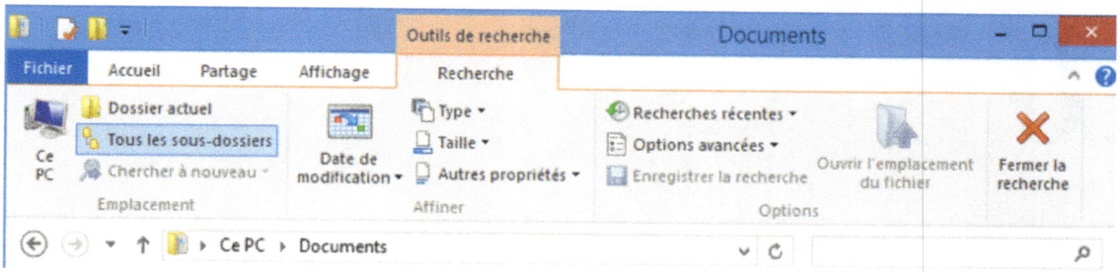

<table>
<tr>
<td>

Recherche par date de modification

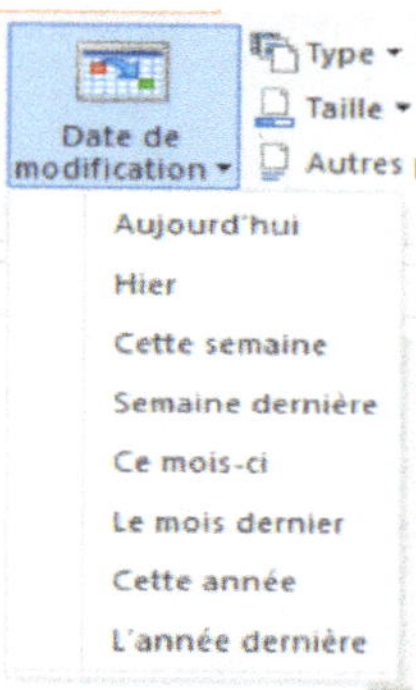

</td>
<td>

Recherche par taille du fichier type de fichier

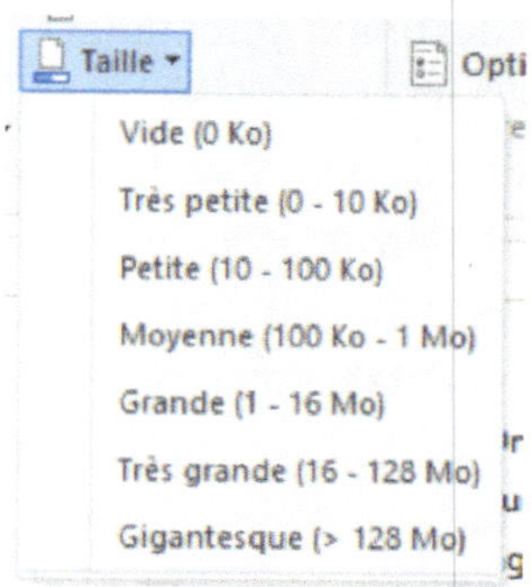

</td>
</tr>
<tr>
<td>

Recherche par le contenu du fichier

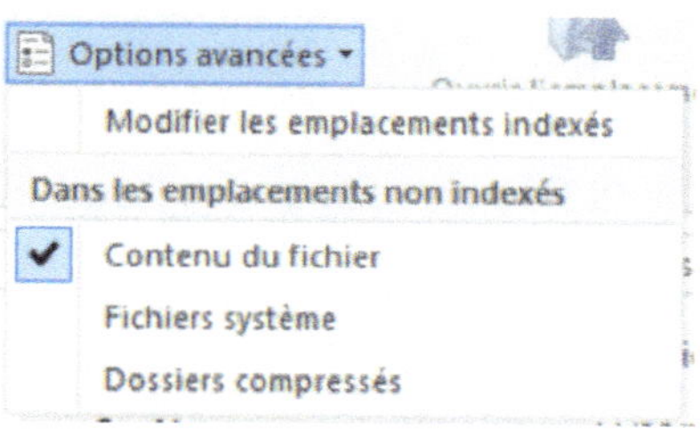

</td>
<td>

Recherche d'autres propriétés du fichier

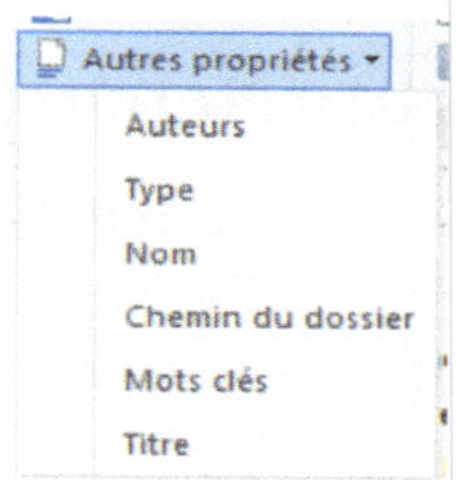

</td>
</tr>
<tr>
<td colspan="2">

Recherche par le type de fichier

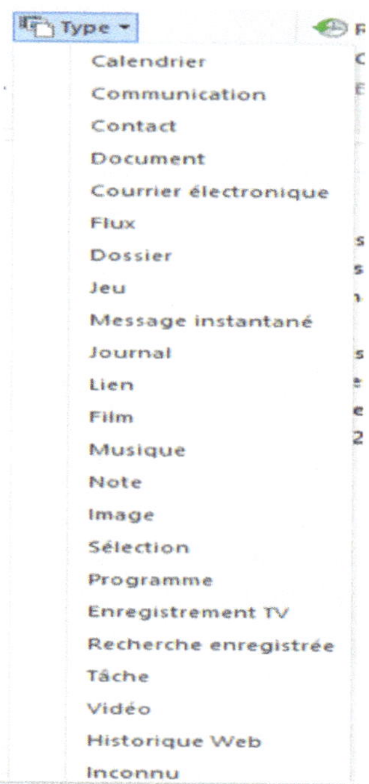

</td>
</tr>
</table>

FICHE 10

Utiliser un tableur-grapheur

Un tableur-grapheur est un programme informatique capable de manipuler des feuilles de calcul, et destiné à automatiser les calculs divers plus ou moins complexes. Il permet d'effectuer des tâches variées :

- Gestion de bases de données simples.
- Production de graphiques.
- Analyses statistiques.

Il existe plusieurs tableurs-grapheurs :

- Logiciels libres : Gnmeric, Kspread de la suite KOffice, OrgCalc de la suite Open Office.
- Logiciels propriétaires : Excel de la suite Microsoft Office, Lotus 1-2-3, FrameWork.
- Tableurs Internet : Edit Grid, Google tableur.

EXEMPLES D'UTILISATION DU GRAPHEUR

À partir des statistiques d'exportations de vins blancs de la Région Languedoc Roussillon, il est possible de réaliser plusieurs types de graphiques.

Graphique 1 : courbe d'évolutions mensuelles

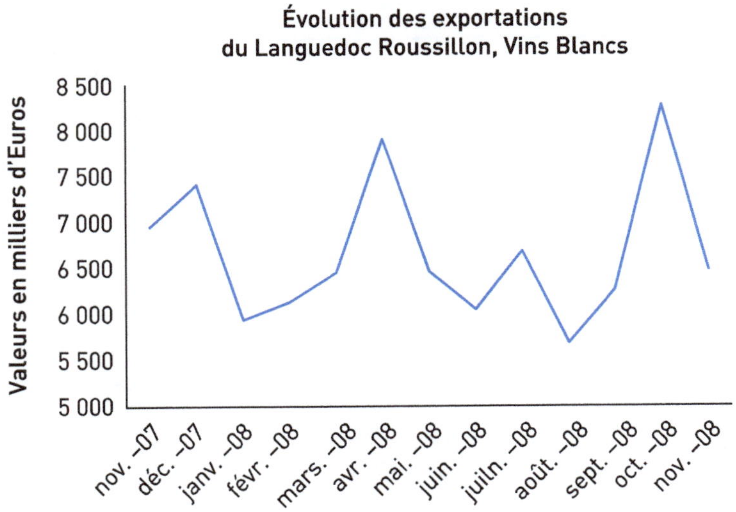

Les graphiques de ce type (intitulés « graphiques lignes » par les grapheurs), permettent généralement de représenter des évolutions

Graphique 2 : Représentations de proportionnalités

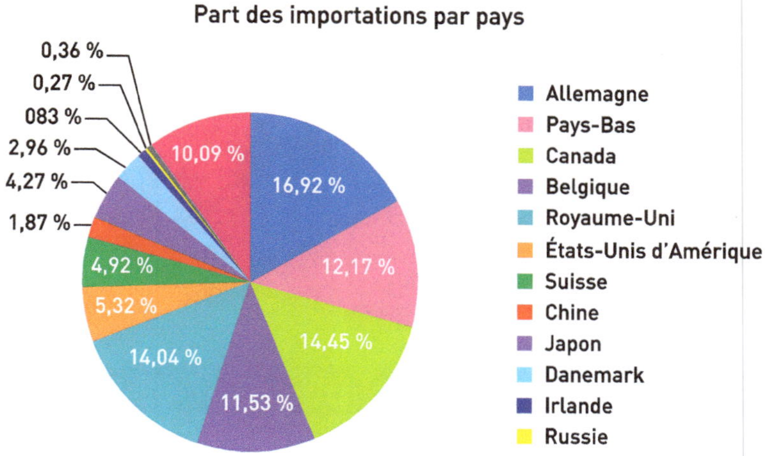

Les graphiques de ce type (intitulés « graphiques secteurs » par les grapheurs, ou circulaires), permettent généralement de représenter des « parts »

Les possibilités de graphiques offertes par les grapheurs sont multiples (barres, secteurs, courbes, aires...). L'important est de choisir le graphique le plus significatif, celui qui va permettre de mettre en évidence l'information.

Les possibilités de mise en forme des graphiques (titres, légendes, couleurs, données....) sont nombreuses et permettent une meilleure lisibilité des données présentées.

SITE WEB

Dossier d'utilisation d'Excel
lienmini.fr/ci410excel
Suivez le lien ou le QRcode pour en savoir plus sur l'utilisation d'Excel.

22042147 - Vins de qualité, du Languedoc-Roussillon, vins blancs

Valeurs en milliers d'EUR	nov-07	déc-07	janv-08	févr-08	mars-08	avr-08	mai-08	juin-08	juil-08	août-08	sept-08	oct-08	nov-08	TOTAL
Allemagne	1 507	1 062	1 525	1 081	1 261	1 307	1 001	789	955	790	958	1 437	1 218	**14 891**
Pays-Bas	1 204	687	526	746	591	839	760	712	866	678	979	1 075	1 049	**10 712**
Canada	542	711	1 013	923	827	982	836	1 261	931	1 242	1 086	1 666	699	**12 719**
Belgique	765	777	681	830	681	1 047	908	597	883	810	696	788	688	**10 151**
Royaume-Uni	877	2 274	788	687	976	1 199	899	1 093	1 130	567	601	758	511	**12 360**
États-Unis d'Amérique	341	206	262	378	429	423	352	183	405	319	292	608	483	**4 681**
Suisse	369	261	187	292	427	524	475	253	174	159	400	511	296	**4 328**
Chine	68	302	92	103	68	88	123	61	67	173	29	206	265	**1 645**
Japon	229	262	228	354	311	497	293	255	305	277	311	282	151	**3 755**
Danemark	296	341	196	137	168	194	129	221	155	166	233	245	125	**2 606**
Irlande	106	72	14	36	18	99	42	39	132	55	36	51	28	**728**
Russie	90	40	0	3	3	2	4	3	16	22	26	21	5	**235**
Norvège	38	0	0	7	4	60	37	31	33	0	3	106	0	**319**
Autre	526	408	426	558	684	649	607	548	643	420	621	550	963	**7 603**
Total	**6 958**	**7 403**	**5 938**	**6 135**	**6 448**	**7 910**	**6 466**	**6 046**	**6 695**	**5 678**	**6 271**	**8 304**	**6 481**	**86 733**

FICHE 11

Méthodologie de recherche de stage à l'étranger

PRÉSENTATION DES STAGES

La réalisation de stages en milieu professionnel est une obligation pour les candidats sous statut scolaire. Ils constituent également un gage d'insertion professionnelle. Deux périodes d'immersion sont prévues en entreprise :

- En première année, un stage d'une durée minimum de 8 semaines dont 4 semaines minimum sont effectuées à l'étranger.
- En deuxième année, un stage d'une durée minimum de 4 semaines est effectué en France ou à l'étranger.

À l'issue du stage, les stagiaires doivent faire signer un certificat de stage qui doit être fourni lors de l'inscription à l'examen.

MÉTHODOLOGIE DE LA RECHERCHE DE STAGE À L'ÉTRANGER

La recherche du stage à l'étranger représente un investissement important. Elle débute dès le mois de septembre et dure, dans la plupart des cas, plusieurs mois. Elle met en œuvre des méthodes qui sont similaires à celles de vos missions de stage de prospection à l'étranger.

Elle préfigure, donc, votre future période d'immersion en entreprise de première année !

Pour l'épreuve de prospection et suivi de clientèle (E 51) et pour les candidats soumis au contrôle en cours de formation (CCF), le dossier de recherche de stage constitue une activité professionnelle intégrée dans le dossier professionnel.

Il est indispensable de respecter une méthodologie de recherche rigoureuse et d'adopter dès le début « le bon état d'esprit ».

LA DÉMARCHE POUR TROUVER UN STAGE À L'ÉTRANGER

Étape n°1 : Comprendre les objectifs et les contraintes → Étape n°2 : Cibler le pays et les entreprises → Étape n°3 : Construire les outils d'aide à la prospection → Étape n°4 : Contacter les entreprises → Étape n°5 : Préparer votre arrivée dans le pays d'accueil

1 ÉTAPE N° 1 : COMPRENDRE LES OBJECTIFS ET LES CONTRAINTES

Il faut d'abord comprendre le cadre général du stage : Dans quelles entreprises peut-on effectuer le stage ? Pour y mener quelles missions ? Sous quel cadre juridique ?

Conseil de pro
Pour améliorer votre efficacité personnelle, constituez une chemise « Recherche de stage » pour rassembler tous vos documents. Notez les dates et les rendez-vous importants sur votre agenda. Vous pouvez utiliser un agenda en ligne (par exemple « Google agenda »).

Contenus	Conseils
• Consulter les objectifs pédagogiques et les finalités du stage. • Lister les missions à effectuer en entreprise. → fiche méthode 12	• N'oubliez pas que la finalité de votre stage est d'acquérir des compétences professionnelles pour l'obtention du diplôme et non d'obtenir, à tout prix, un certificat de stage...
• Identifier le type et la nature des entreprises d'accueil.	• Vous devez cibler des entreprises ayant pour activité la fabrication et/ou la commercialisation de biens et services à destination d'une clientèle de professionnels. • Votre entreprise d'accueil doit disposer d'un responsable commercial (« le maître de stage ») qui pourra vous encadrer.
• Choisir un ou plusieurs secteurs d'activité.	• Vous pouvez choisir un secteur d'activité en fonction de vos préférences personnelles.
• Identifier les organismes et organisations à exclure de votre recherche.	• Éliminez les organisations à but non lucratif, les administrations, les services publics, les institutions et organisations publiques...
• Se renseigner sur les dates et la durée du stage. • Se procurer la convention de stage tripartite : entreprise, stagiaire, établissement de formation.	• Les stages de moins de deux mois ne sont pas rémunérés et sont donc plus faciles à trouver. • La convention est le contrat qui vous lie à l'entreprise, le stage est trouvé quand la convention est signée !

2 ÉTAPE N° 2 : CIBLER LES ENTREPRISES ET LE PAYS

Ensuite, il s'agit d'intégrer la composante internationale du stage : Quel pays étranger choisir ? Quelles villes ? Pour quel budget ?

Contenus	Conseils
• Rechercher des informations sur une présélection de 3 ou 4 pays. • Choisir un pays, une région, une ville.	• Consultez les sites suivants pour une première approche des pays : lienmini.fr/ci410indexmundi ou bien : http://atlas.challenges.fr/ • Évaluez les conditions de vie dans le pays d'accueil. Certaines régions sont à éviter : consultez les conseils aux voyageurs : lienmini.fr/ci410diplomatie • Renseignez-vous sur les formalités administratives pour les stages hors-Europe : visa, vaccins etc... Consultez le site : lienmini.fr/ci410pays • Recherchez des villes dynamiques et pas uniquement des grandes villes !

Contenus	Conseils
• Évaluer le coût du stage et de la vie dans le pays d'accueil • Estimer la capacité de financement du stage	• Éliminez certaines destinations qui seront inaccessibles à cause de votre budget. • Renseignez-vous sur les bourses auprès de votre établissement.

3 ÉTAPE N° 3 : CONSTITUER LES OUTILS D'AIDE À LA PROSPECTION

Vous devez construire une batterie d'outils de prospection pour vous aider à communiquer avec les entreprises et argumenter efficacement.

Contenus	Conseils
• Concevoir les outils de communication et d'aide à la prospection : CV, lettre et courriel de motivation, guide d'entretien téléphonique... → fiches méthode 13, 14 et 15	• L'objectif est de « zéro faute d'orthographe » pour tous les documents adressés aux entreprises ! • Faites corriger vos documents par un professeur de LVE.
• Constituer une base de données d'entreprises à contacter. → fiche méthode 17	• Recherchez des listes d'entreprises sur internet. • Votre établissement dispose-t-il des fichiers de stage des années précédentes ?

4 ÉTAPE N° 4 : CONTACTER LES ENTREPRISES

Il s'agit de la phase la plus longue de la recherche : communiquer avec les entreprises afin de proposer vos services et de les convaincre de vous prendre en stage.

Contenus	Conseils
• Téléphoner à l'étranger en utilisant un guide d'entretien téléphonique (GET). • Envoyer des courriels et relancer régulièrement. • Effectuer des entretiens à distance : SKYPE... → fiche méthode 16 • Valider le stage avec une convention tripartite signée.	• Prévoyez des créneaux horaires hebdomadaires et tenez compte des décalages horaires. Des informations pratiques sur le site : lienmini.fr/ci410assistance • Gardez une trace de chaques contact et appel dans votre dossier de recherche de stage. • Renseignez-vous sur votre forfait téléphonique fixe et mobile pour connaître les tarifs des communications à l'étranger. • Demandez un accès au téléphone à votre établissement de formation • Installez Skype sur votre smartphone.

5 ÉTAPE N° 5 : PRÉPARER VOTRE ARRIVÉE DANS LE PAYS D'ACCUEIL

Bravo ! Vous avez réussi à obtenir une convention signée. Ne vous relâchez pas vos efforts il reste encore quelques tâches à accomplir...

Contenus	Conseils
• Recontacter l'entreprise pour préciser les missions et prévoir votre accueil. • Réserver les billets d'avion, de trains, etc. • Rechercher un logement. • Remplir les formalités administratives : visa, passeport, assurances, couverture sociale, vaccins...	• Contactez l'ambassade du pays d'accueil. • Consultez le site : lienmini.fr/ci410cleiss • Demandez votre carte européenne d'assurance maladie (CEAM) : lienmini.fr/ci410ceam • Souscrivez une assurance complémentaire : lienmini.fr/ci410assurance

FICHE 12

Comprendre et présenter les objectifs du stage

LE STAGE DE PROSPECTION DE PREMIÈRE ANNÉE

Lors de la recherche de stage il faut présenter le contenu des missions à effectuer en stage. Pour convaincre votre futur tuteur, il est essentiel de bien comprendre les objectifs du stage.

Le ou les stages de première année permettent de développer les compétences relatives à la prospection et au suivi d'une clientèle d'entreprises (BtoB).

Au cours du stage à l'étranger, les stagiaires doivent mener une prospection vers un pays tiers, vers le marché national étranger ou éventuellement vers la France. Si le stage se déroule en France, la prospection doit s'effectuer vers un marché étranger.

Ce stage contribue à la validation des compétences dans le cadre de l'épreuve de Prospection et suivi de clientèle (E 51).

1 ACTIVITÉS ET TÂCHES À RÉALISER

Activités à mener	Tâches à effectuer
Vente à l'export	Prospecter afin d'élaborer une offre commerciale adaptée
Gestion des relations dans leur contexte pluriculturel.	• Produire des messages en intégrant le contexte socioculturel de la relation. • Animer un réseau relationnel pluriculturel.

2 COMPÉTENCES ET ATTITUDES PROFESSIONNELLES

Compétences professionnelles à acquérir	• Analyser, évaluer et suivre la prospection. • Constituer, gérer et mettre à jour un réseau de contacts pertinent et pluriculturel. • Animer un réseau de vente et un portefeuille de clients. • Rassembler, analyser et sélectionner des informations sur les processus décisionnels et les méthodes de négociation dans différents pays. • Rassembler des informations sur les pratiques sociales et culturelles afin de communiquer efficacement avec les contacts étrangers. • Intégrer, mettre en œuvre et enrichir le réseau multiculturel de contacts étrangers. • Animer, stimuler et gérer le réseau de vente et des contacts.
Attitudes professionnelles à développer	• Communiquer avec les contacts, utiliser et élargir le réseau de contacts professionnels. • Être loyal et prendre en considération les intérêts de l'entreprise. • Travailler en équipe. • Prendre en considération les différences culturelles du monde des affaires.

3 ARGUMENTS POUR L'ORGANISATION D'UNE MISSION DE PROSPECTION ET DE CONQUÊTE DE NOUVEAUX CLIENTS

Pour compléter votre argumentation voici quelques idées à développer lors de votre entretien.

La prospection prépare l'avenir en renouvelant à terme les clients de l'entreprise.
La prospection permet de conquérir de nouveaux clients, c'est un « service avant-vente ».
La prospection permet de trouver de nouveaux marchés.
Les gains peuvent être importants pour l'entreprise si de nouveaux pays sont ciblés...
La prospection permet de défricher le terrain pour valider des options de développement de l'entreprise : nouvelle cible, nouveau pays, nouveau marché.
La prospection permet de qualifier les prospects et d'avoir les informations à jour pour les contacter : « Je vous fournirai une BDD que vous pourrez exploiter par la suite ! ».
La prospection développe le CA car les nouveaux prospects ne sont pas en portefeuille...
La prospection permet de repérer les prospects chauds, froids, tièdes pour adapter les actions commerciales aux profils des prospects.
La prospection permet de compenser le départ des clients donc « l'attrition naturelle » qui existe toujours même avec des actions de fidélisation !
Le « *lead nurturing* » permet d'entretenir le contact avec des prospects qui deviendront un jour des clients...

Les actions de prospection complètent les actions de fidélisation. L'entreprise ne doit pas se focaliser uniquement sur la fidélisation.

La fidélisation permet de limiter le départ des clients mais ne l'élimine pas.
La fidélisation consiste à continuer à vendre aux clients existants or la sollicitation commerciale des clients a des limites.
L'entreprise peut-elle proposer de nouveaux produits aux anciens clients ? Si la réponse est non, Elle se contentera de renouveler les commandes !
Si l'entreprise ne fait pas de prospection mais que de la fidélisation que se passera-t-il à long terme ? Une diminution du nombre de clients ?

4 COMMENT PRÉSENTER LES MISSIONS DE VOTRE STAGE ?

En Français : les compétences relatives à la prospection clientèle
Missions à effectuer et compétences professionnelles à acquérir : • Recherche et sélection de prospects. • Conception, réalisation, suivi de prospection en business to business. • Communication avec les prospects. • Animation du réseau de contacts et/ou d'un portefeuille de clients. • Utilisation des technologies de l'information et de la communication : création, mise à jour d'une base de données prospects/clients, utilisation de logiciels spécialisés (publipostage, emailing...). • Développement de compétences linguistiques et interculturelles.
En Anglais : skills concerning customer prospection
The student will be expected to learn how to: • Search, identify and select potential clients. • Design a canvassing strategy and campaign, implement it and keep up with the potential clients. • Communicate with potential clients. • Deal with a network of contacts and/or a client portfolio/database. • Use Information and Technology tools, create and update a (potential) client data base, use a mass mail software. • Develop business language of the host country and intercultural skills.
En Espagnol : habilidades relativas a la prospección de clientes potenciales
Habilidades profesionales que adquirir : • Búsqueda y selección de mercados potenciales. • Realización, consecución y seguimiento de los mercados potenciales. • Comunicación con los clientes potenciales. • Animación de la red de contactos y/o de una cartera de clientes. • Utilización de las TIC, creación, actualización de una base de datos de futuros clientes, programa de mailing. • Habilidades lingüísticas e interculturales.
En Italien : competenze relative alla ricerca di clienti
Competenze professionali da acquisire : • Ricerca e selezione clienti. • Concezione, realizzazione, finalizzazione di ricerca. • Comunicazione con i clienti. • Animazione della rete di contatti e / o di un portafoglio di clienti. • Uso delle nuove tecnologie dell'informazione e della comunicazione, creazione, aggiornamento di un database di contatti. • Competenze linguistiche e interculturali.
En Allemand : ziele und inhalt des praktikums
Zu erfüllende Aufgaben und anzueignende Kompetenzen : • Suche und Auswahl der Interessenten. • Gestaltung, Umsetzung und Betreuung der Kundenerschließung im B2B. • Kommunikation mit Interessenten. • Animation des Kunden-Netzwerkes und/oder eines Kunden-Portfolios. • Benutzung von Informations- und Kommunikationtechnologien zur Erstellung einer Interessenten- und Kundendatenbank : Erstellung, Aktualisierung der Interessenten- und Kundendatenbank, Benutzung von spezialisierter Software (publipostage, emailing...). • Entwicklung der sprachlichen und interkulturellen Fähigkeiten.

LES OBJECTIFS DU STAGE DE DEUXIÈME ANNÉE

Centré sur les compétences en logistique, il est fait dans une entreprise réalisant des opérations de commerce international (importation, exportation, dédouanement, transport et logistique, techniques bancaires) permettant entre autres de travailler sur une chaîne documentaire. Ce stage contribue à la validation des compétences en gestion documentaire des activités d'import-export et de suivi des activités supports dans le cadre de l'épreuve de conduite des opérations d'import-export (E 62).

1 ACTIVITÉS ET TÂCHES À RÉALISER

Activités à mener	Tâches à effectuer
Coordination des services support à l'import et à l'export.	Assurer la gestion documentaire des opérations.

2 COMPÉTENCES PROFESSIONNELLES ET ATTITUDES PROFESSIONNELLES

Compétences	• Envoyer la demande d'offre aux fournisseurs présélectionnés. • Préparer et organiser la négociation avec un fournisseur étranger. • Évaluer les offres et les fournisseurs. • Coordonner l'administration des ventes et des achats. • Réaliser le suivi de la chaîne documentaire (import et export). • Définir et appliquer des solutions alternatives et adaptées afin de surmonter les difficultés rencontrées. • Réaliser le contrôle de qualité.
Attitudes professionnelles	• Adopter une attitude loyale et savoir préserver les intérêts de son entreprise. • S'assurer du bon déroulement des opérations en mettant en œuvre les procédures appropriées, éviter les problèmes et les conflits. • Allouer de manière optimale le temps et les ressource. • Établir des relations stables avec les partenaires pertinents.

3 COMMENT PRÉSENTER LES MISSIONS DE VOTRE STAGE ?

En français : compétences relatives au stage

Ce stage d'une durée de quatre semaines s'effectue, en France ou à l'étranger, obligatoirement dans une entreprise réalisant des opérations de commerce international (importation, exportation, dédouanement, transport et logistique, techniques bancaires). Ce stage doit permettre de mettre en pratique les techniques du commerce international.

In English: internship-related skills

This internship of four weeks is carried out in France or abroad, necessarily in a company conducting international trade transactions (import, export, customs clearance, transport and logistics, banking techniques). This internship must allow to put into practice techniques linked to international trade.

En español : habilidades relativas al periodo de prácticas

Estas prácticas de una duración de cuatro semanas se desempeñan, en Francia o en el extranjero, obligatoriamente en una empresa que realiza operaciones de comercio internacional (importación, exportación, pago de derechos de aduana, transporte y logística, técnicas bancarias). Estas prácticas deben permitir familiarizarse con las técnicas del comercio internacional.

FICHE

13 Réaliser son CV

CONSEILS POUR LA RÉDACTION VOTRE CV

- Choisissez la simplicité et la clarté.
- Choisir un titre.
- Votre CV doit tenir sur une page.
- Structurez votre CV en présentant clairement les rubriques.
- Mettez en avant vos points forts notamment vos jobs d'été et vos stages.
- N'oubliez pas de préciser vos centres d'intérêt qui donnent un éclairage complémentaire sur votre profil et votre personnalité.
- Faire relire votre CV pour corriger toutes les fautes.
- Traduisez le CV dans la langue du pays prospecté et faites-le corriger par un professeur de LVE. Certaines recherches infructueuses sont dues à des fautes dans le CV en langue étrangère !

Pour l'envoi de votre CV, en pièce jointew par mail, choisissez un format universel : open document text (.odt) ou bien adobe (.pdf). Votre CV doit être lisible quel que soit l'ordinateur, le système d'exploitation utilisé et les logiciels installés sur l'ordinateur du destinataire.

AIDES EN LIGNE POUR CRÉER CV, MAILS ET LETTRES DE MOTIVATION

Titre	Contenu	Liens
CV Europass (© Union européenne)	Un document normalisé Des modèles dans plusieurs langues	lienmini.fr/ci410europass lienmini.fr/ci410europass2
Pôle emploi : Affûtez vos outils pour décrocher un job !	Des conseils pour rédiger votre CV et votre lettre de motivation	lienmini.fr/ci410pole
Pôle emploi : le mail un outil indispensable	Les 5 étapes pour postuler par mail	lienmini.fr/ci410pole2
Metiersducommerce.fr : Conseils pratiques candidat	Conseils et exemples pour réaliser CV et lettre de motivation	lienmini.fr/ci410mdc
Journal du net : Réussir son CV	Des conseils pour rédiger votre CV	lienmini.fr/ci410jdn
Journal du net : Contenu et présentation du CV	Les nouvelles tendances	lienmini.fr/ci410jdn2
Scoop.it : CV, Stages, recrutement…	Des exemples et les dernières tendances…	http://www.scoop.it/t/cv-stages-recrutement
Cadremploi.fr : Conseil CV	Des exemples de CV	lienmini.fr/ci410cadremploi
L'étudiant : Bâtir un CV percutant	Des conseils pour bâtir un CV percutant !	lienmini.fr/ci410letudiant
SEMANTIS	Un logiciel gratuit de création de CV	http://www.semantis.fr/logiciels/cvitae/telecharger-cvitae-v5

1 Exemple de CV classique pour candidater à un stage de prospection à l'étranger

Vanessa LAURET
50 Avenue Louis Mathon — [Adresse complète]
Résidence Belle Aurore
83400 HYERES - FRANCE — [Pays]
Tél : + 33 (0) 6.69.05.XX.XX — [Tél. au format international]
Skype : Vanessa.Lauret — [SKYPE : pseudo « pro »]
Permis B
Nationalité : Française
Née le 15 janvier 1977

[Photo Facultative]

[Titre]

Recherche d'un stage de prospection de clientèle

[Les lieux]

Formation - Diplômes
2015-2016 : 1ère année de BTS Commerce international au Lycée Jacques BREL, Toulon
2015 : Obtention du baccalauréat « Économique et Social », Lycée Guy MOLLET, Hyères.

Expériences professionnelles — [Tâches réalisées]
Juillet-août 2015 : Mise en rayon, supermarché CASINO, Le Lavandou
Juillet-août 2014 : Mise en rayon, supérette « VIVAL », La londe-les-Maures
Décembre 2011 : Stage d'observation de 2 semaines à la Banque Nationale de Paris, Hyères

Compétences informatiques :
- Internet, réseaux sociaux : Facebook, LinkedIn — [Soyez précis !]
- Suite bureautique Microsoft : WORD, EXCEL

Langues :
- Anglais : niveau 3 (A2) : Pré-intermédiaire — [Les niveaux !]
- Espagnol : niveau 2 (A1) : Élémentaire

[Orthographe !]

Centres d'intérêt :
Musique : pratique de la guitare classique depuis 6 ans
Sport : BASKET : HTV Basket, U20 Féminine — [Des précisions...]

Atouts : Sens du relationnel, persévérance, rigueur, enthousiasme, loyauté, disponibilité.

2 Exemple n° 1 de CV en anglais

Théo DURAND
Address:
22 Avenue Victor Hugo
06 000 Nice
Tel: +33 (0) 7.60.55.XX. XX
E-mail: théo.durand@gmail.com
Date of birth: September 1, 1996

Objective: Seeking an internship in B to B canvassing

Employment History:
2013: School Internship at MALONGO coffee, in shopping center CAP 3000, Saint-laurent-du-Var, customer reception

Qualifications:
2016-2017: Vocational training certificate in International Business, Lycée Matisse, Nice
2015-2016: Baccalaureate in Economy, Lycée Matisse, Nice
2013: French General Certificate of Secondary Education with honors, Nice

Other skills:
Computers: Experience in MS office software: Word, PowerPoint, Excel

Languages:
- Spoken and written French: mother tongue,
- English and Spanish in elementary.

Personal Interests:
Sports: Jogging and dancing.
Hobbies: Listening to music, cooking and drawing.

3 Exemple n° 2 de CV en anglais

Sophie MARIN
28 Avenue du loup,
83 250 La Londe-les-Maures, France
Tel: +33.6.35.14.XX. XX
E-mail: kevin.marin@gmail.com
Date of birth: 6th October 1998

Student in english for specific purposes in international business.

Qualifications:
2016: Obtained the literary baccalaureate at the high school Jean Maurois at Toulon in France, with speciality in English.

Skills:
Languages:
Speak English at the level: Intermediate
Speak Spanish at the level: Intermediate
Mother tongue French

Computers: Know how to use softwares as Microsoft Word, Microsoft PowerPoint or Access

Personal Interest:
Sport: jazz dance
Hobbies: Korean culture and language

FICHE

14 Réaliser une lettre ou un mail de motivation

Le courriel de motivation permet de proposer votre candidature à un stage. Il doit être concis et clair car les managers ont peu de temps à consacrer à la lecture de ce type de message. En quelques lignes, vous devez les inciter à ouvrir les pièces jointes pour consulter votre CV et votre lettre de motivation.

Voici quelques conseils pour la rédaction de la lettre de motivation :

- Présentez vos nom, prénom et vos coordonnées complètes.
- Proposez un objet et précisez la date.
- Mentionnez le nom du destinataire et le nom de l'entreprise.
- Présentez votre formation et précisez qu'il s'agit d'un diplôme européen.
- Précisez votre statut d'étudiant ainsi que le nom et la localisation de votre établissement de formation.
- Présentez les objectifs du stage (non rémunéré si moins de 2 mois), la description des missions à effectuer et les dates précises de début et de fin.
- Précisez vos compétences personnelles.
- Rappelez votre clause de confidentialité.
- Rappelez votre disponibilité pour des informations complémentaires.
- En PJ, joignez votre CV et la convention de stage vierge.
- N'oubliez pas la formule de politesse ! et signez votre lettre.

1 Exemple n° 1 : lettre de motivation

Sophie MARIN
4 rue du point du jour
75015 Paris
+ 33 (0) 6.85.55.63.23
Sophie.marin@gmail.com
Objet : Candidature à un stage de prospection de clientèle

Paris le 15 octobre 2017
Madame Dupont
Directrice commerciale
MICROSYSTEM

Madame Dupont,

Actuellement étudiante en première année de BTS Commerce International au lycée Matisse de Neuilly, je recherche un stage de prospection de clientèle non rémunéré.
Je vous propose mes services pour mener une opération de marketing direct en vue de développer votre clientèle de professionnels : création et qualification d'une base de données de prospects, organisation d'un publipostage et/ou d'un emailing, relance téléphonique...

Le stage a lieu du lundi 14 mai 2018 au vendredi 8 juillet 2018

Mes connaissances en informatique sur tableur et texteur, mes diverses expériences professionnelles dans la vente, la restauration et dans l'animation de spectacles, ainsi que mon bon niveau en langue en anglais et en espagnol sont des atouts que je souhaite mettre à votre service.
Ma capacité d'adaptation et mon sens du travail en équipe me permettront de m'intégrer rapidement au sein de l'équipe commerciale.
Bien entendu, je m'engage à respecter la confidentialité des informations.
Je suis à votre entière disposition pour un entretien par téléphone et/ou par Skype
Dans l'attente d'une réponse favorable de votre part, je vous prie d'agréer, Madame Dupont, l'expression de mes salutations distinguées.

Sophie MARIN

Pièces jointes :
- CV
- Convention de stage

2 Exemple n° 2 : lettre de motivation en anglais – Cover letter

Alexandra PANON
5 avenue du Maréchal Juin
13008 Marseille, France
+ 33 (0) 7.22.55.54.96
alexandra.panon@gmail.com

October, the 17th of 2017

Objective : Seeking an internship in business to business canvassing

Mr. SMITH
JOGPOST
London

Dear Mr Smith,

I am currently a first year student in a program leading to a certificate in international business. As part of my studies, I am required to carry out an 8-week work placement in order to validate my diploma.
This internship will take place between May the 15th of 2017 to July the 7th of 2017 and is unpaid.
I am writing to express my interest and enthusiasm for the opportunity to do a work placement with your c ompany.
I believe I meet the criteria to work with you because I have learned different skills during my studies. I am able to work in a group, but I am also independent. I am a quick learner and ready to fulfill my objectives like B to B canvassing.
I am eager to put my accumulated theoretical knowledge into practice and have a first professional experience in your company.
You can find my CV joined to this letter.
I hope you will look favorably on my application and I remain at your entire disposition for any question.
Yours sincerely,

Alexandra PANON

3 Exemple n° 3 : courriel de candidature

Objet : Candidature à un stage de prospection de clientèle

Monsieur Dupont,

Actuellement en première année de brevet de technicien supérieur en Commerce International au lycée Matisse de Nice, je suis à la recherche d'un stage à l'étranger, non rémunéré. Ce stage de prospection et suivi clientèle se déroulera du lundi 15 mai 2017 au vendredi 7 juillet 2017.
En juin 2016, j'ai obtenu mon Baccalauréat scientifique avec « mention Bien » et j'ai également suivi des cours sur l'Histoire Italienne afin d'obtenir une mention européenne.
Mes capacités en langues vivantes étrangères, Anglais et Italien, ainsi qu'en informatique, pourront être des atouts pour votre entreprise afin de mener une action de prospection de clientèle ciblant des professionnels.
Motivée, sérieuse et organisée dans mon travail, je serais prête à m'investir dans toutes les missions que vous me confierez.
Je reste à votre disposition pour tous renseignements complémentaires ou pour un entretien téléphonique.
Vous trouverez, en PJ, mon CV et une convention de stage vierge.
Très cordialement,
Clara Gignac

4 Exemple n° 4 : courriel de candidature en anglais

Subject : Internship in business to business canvassing

Dear Sir,
My name is Sophie Durand, I am a student in International Business in France, and I am looking for an internship in a foreign country from May the 15th of 2017 to July the 7th of 2017.
As a part of my studies, I am required to go in a company in which I can accomplish different tasks, and if possible B to B canvassing. It is an unpaid training scheme.
You can find joined to this e-mail my CV and cover letter.
If you need more information, please contact me.
I hope you will look favorably on my application.

Yours sincerely,
Sophie Durand
Student in International Business first year
High School Matisse, Nice

5 Exemple n° 5 : courriel de candidature en anglais

Hello,

My name is Sarah Mari.
I am a French student in international trade and I am looking for an unpaid internship for 2 months to validate my first year from May the 15th of 2017 to July the 7th of 2017
My internship is about developing skills customer prospection, search, identify and select potential clients.
I will have to communicate with potential clients, create and update a client database and work around all client environment.

I would like to do my internship in your company if it is possible, you will find unclosed my resume and cover letter.
I hope you will look favorably on my application,

Sincerely,
Sarah Mari

CHOISISSEZ LA BONNE ORTHOGRAPHE !

1	Acceuil du client	Accueil du client
2	Acompte de 100 €	Accompte de 100 €
3	Acquérir des compétences	Aquérir des compétences
4	À l'attention de Madame Dupont	À l'intention de Madame Dupont
5	Appeler le client	Apeler le client
6	Appel d'offres à l'international	Appel d'offre à l'international
7	Auparavant je travaillais...	Auparavent je travaillais...
8	Avoir à faire aux clients	Avoir affaire aux clients
9	Des centres d'intérêt	Des centres d'intérêts
10	Un chiffre d'affaire	Un chiffre d'affaires
11	Je suis compréhensif	Je suis compréhensible
13	Une lettre créée le...	Une lettre créé le...
14	Le diplôme	Le diplome
15	D'avantage de compétences	Davantage de compétences
16	Le développement du CA	Le dévelopement du CA
17	Un envoi postal	Un envoie postal
18	Un entretien	Un entretient
20	Faire partie de l'équipe commerciale	Faire parti de l'équipe commerciale
21	Le fabricant du produit	Le fabriquant du produit
23	Incluse (inclus) dans le contrat	Inclue (inclus) dans le contrat
24	Le langage	Le language
25	Les lundis	Les lundi
26	M. Dupond	Mr. dupond
27	Un magazin spécialisé	Un magasin spécialisé
28	Un magasine de mode	Un magazine de mode
29	1,9 milliard de bénéfice par an	1,9 milliards de bénéfice par an
30	Parmi les prospects...	Parmis les prospects...
31	Une pause de 6 mois	Une pose de 6 mois
32	Je me permets de vous écrire	Je me permet de vous écrire
33	La plupart des clients	La plus part des clients
36	Je suis sociable...	Je suis social...
37	Je souhaiterais vous rencontrer...	Je souhaiterai vous rencontrer...
38	Une tâche difficile à accomplir	Une tache difficile à accomplir
39	Je vous saurais gré de...	Je vous serai gré de...
40	Je suis prêt à faire...	Je suis près à faire...

FICHE **15**

Réaliser un guide d'entretien téléphonique (GET)

Les appels téléphoniques sont indispensables pour relancer les entreprises prospectées par mail et établir un contact direct avec les tuteurs. Il est impératif de commencer les appels quelques jours après l'envoi des premiers mails.

L'utilisation du téléphone demande la maîtrise de techniques spécifiques et vous devrez surmonter certaines inhibitions dues à la communication dans une langue étrangère.

Il faut préparer minutieusement votre communication téléphonique. Votre plan d'appel doit être structuré et respecter les étapes suivantes.

1 Méthode CROC – Appel téléphonique

Étapes	Exemple
Prise de contact	• Bonjour, je m'appelle Maryline Marin, étudiante en 1ère année de BTS commercial international au Lycée Matisse de Nice. • Pourrais-je parler au responsable du service commercial ? ou au responsable des ressources humaines ?
Raison de l'appel	• Je souhaite proposer mes services pour une opération de prospection de clientèle ciblant des professionnels. • Avez-vous reçu mon mail de candidature à un stage ? ma lettre de motivation ? ma convention de stage ? mon CV ?
Objectif de l'appel	• Pourriez-vous m'accorder 3 minutes pour vous présenter ma proposition de stage : il s'agit d'une opération de marketing direct, de prospection, de conquête de clientèle... • Pourrions-nous convenir d'un rendez-vous Skype afin de vous donner toutes les précisions ? Quand seriez-vous disponible ?
Prise de congé	• Je vous remercie. J'ai donc noté le rendez-vous pour le vendredi 21 octobre 2017 à 14h00. • Au revoir, bonne journée et à vendredi.

2 Exemple d'entretien téléphonique

Étudiant : Bonjour Camille Dupont à l'appareil. Pourrais-je parler au responsable commercial ?

Secrétaire : Bonjour Monsieur, c'est à propos de quel sujet ?

Étudiant : Je suis étudiant en BTS Commerce International au lycée Matisse de Toulon et je souhaite l'informer d'une opportunité commerciale.

Secrétaire : Très bien, je vous le passe.

Manager : Pierre Smith à l'appareil, responsable commercial, je vous écoute...

Étudiant : Camille Dupont, je souhaite vous proposer mes services pour réaliser une opération de prospection en BtoB afin de développer votre chiffre d'affaires. Seriez-vous intéressé ?

Manager : Oui peut-être...

Étudiant : Avez-vous reçu mon mail de candidature de stage avec mon CV et ma lettre de motivation ?

Manager : Ah ! oui j'ai bien reçu votre mail pour un stage.

Étudiant : Je suis étudiant en classe de BTS Commerce international au lycée Matisse de Toulon et je recherche un stage non rémunéré.

Manager : J'ai reçu votre CV ainsi que votre lettre de motivation, mais je ne pense pas que vous ayez le profil recherché pour ce type d'action commerciale.

Étudiant : En effet, je n'ai pas beaucoup d'expérience mais je suis motivé, déterminé et sérieux. J'ai reçu cette année une formation en marketing international pour réaliser avec succès une prospection en BtoB en entreprise.

Je souhaiterais que vous me donniez une chance de vous prouver mes qualités.

Manager : En quoi consiste cette prospection ?

Étudiant : *exposé des objectifs et des contenus des missions...*

Manager : Quelles sont les dates de stage vierge ?

Étudiant : Mon stage de 8 semaines doit se dérouler du lundi 14 mai 2018 au vendredi 8 juillet 2018. Avez-vous reçu ma convention de stage ?

Manager : Oui, j'ai la convention. Je vais réfléchir à votre proposition, nous vous recontacterons dans les prochains jours afin de vous donner une réponse.

Étudiant : Je me permettrais de vous rappeler dans quelques jours et je suis à votre disposition pour de plus amples renseignements

Manager : Très bien, au revoir.

Étudiant : Je vous remercie et au revoir !

3 Traitement des barrages et des objections

Difficultés - barrages	Réponses - Traitement
Répondeur téléphonique !	Il faut toujours laisser un message sur le répondeur ! Prévoir un message type.
Il (elle) n'est pas là ! Il (elle) n'est pas disponible !	Quand sera-t-elle disponible ? Puis-je avoir son numéro de téléphone ?
Ecrivez-lui ! Envoyez-lui un mail	Pouvez-vous me préciser son nom et son adresse mail ? Je ne manquerai pas de lui envoyer un courriel. Mais pour qu'il (ou elle) se fasse une meilleure idée, quand puis-je lui parler ?
Je ne vois pas qui pourrait vous répondre !	Le responsable des ressources humaines ? Le responsable des ventes puisque je souhaite proposer des actions commerciales ?
J'ai déjà des stagiaires !	Très bien mais il s'agit de stagiaires dans quel domaine d'activités ? Je vous propose des missions dans le domaine commerciale...

Difficultés - barrages	Réponses - Traitement
Vous n'apporterez rien à l'entreprise...	J'ai peu d'expérience mais je vous propose des actions commerciales qui vous feront gagner du temps et de l'argent.
On n'aura pas le temps de s'occuper de vous !	Je comprends que vous soyez très occupé, c'est justement pour cela que je vous propose mes services.
Je ne connais pas ce BTS !	*Présentation rapide du BTS...*
C'est à quel sujet ?	Je souhaite l'informer d'une opportunité qui peut l'aider dans son activité commerciale.
Si le responsable n'est pas là...	Puis-je parler à une autre personne dans le service commercial ? À quelle heure me conseillez-vous de rappeler ?
Je ne prends jamais de stagiaire.	Je comprends que ne preniez pas de stagiaires classiques qui se contentent d'observer. Je vous propose me services en tant que stagiaire actif avec un véritable travail de prospection et en apportant une plus-value à votre entreprise.

4 Exemple en anglais

- Hi Good morning Madam (Sir), I'm Sophie Marin, I'm a student in an international Business School in Nice, France.
- I'm calling to know if there's any possibility to do an internship in your company.
- Who do I have to talk to ?
- Are you dealing yourself with this or can I get in touch with the person who is dealing with that please ?
- By the way I had your contact from a student who was training in your firm. He/ She was Mademoiselle....His/ Her training was in 2.... and it consisted to prospect new customers and to record transactions and her/ his tutor was Mr/ Mrs.........
- Then, I would like to know if you could hire me in your company for the same internship during 8 weeks from the 9th of May 2016 to the 5th of July 2016.
- I am dynamic, motivated, hardworking and for selling your products, I could be an influent person.

AUDIO

Internship interview
lienmini.fr/20410son01
Suivez le lien ou le QRcode pour retrouver un exemple d'entretien téléphonique en anglais.

AUDIO

Entrevista telefónica
lienmini.fr/20410son24
Suivez le lien ou le QRcode pour retrouver un exemple d'entretien téléphonique en espagnol.

FICHE

16 Préparer et réaliser un entretien Skype

La vidéoconférence est de plus en plus utilisée dans le processus de sélection des stagiaires. Le plus souvent, l'entretien s'effectue sur Skype. Pour vous, il s'agit de la dernière étape avant la signature de la convention de stage et pour votre tuteur un moyen de confirmer son choix. L'enjeu de cet entretien est important. → *Ne comptez pas sur vos talents d'improvisation !*

Préparez votre entretien Skype comme s'il s'agissait d'un entretien en face à face. Il faudra y ajouter la dimension technologique : le logiciel et le matériel. → *Préparez la technologie !*

La qualité des smartphones de dernière génération permet de réaliser des communications Skype de bonne qualité. Vous pouvez aussi utiliser un ordinateur portable équipé d'une caméra frontale ou bien un ordinateur de bureau en branchant une caméra et un micro.

1 Installez SKYPE et configurez la connexion Internet

- Si vous disposez d'une connexion 3G/4G, connectez-vous sur Skype avec votre smartphone. Sinon essayez de trouver un accès wifi nomade ou bien demandez à votre entourage d'activer un partage de connexion wifi sur smartphone.
- Téléchargez et installez Skype, créez un compte Skype professionnel avec votre nom et prénom. Il faut éviter d'utiliser un pseudo Skype à caractère privé.
- Testez votre connexion avec quelques amis pour vérifier la qualité de l'image et du son et choisir votre cadrage de prise de vue : généralement le buste en position assise.
- Ajoutez l'identifiant Skype de votre tuteur à vos contacts.

2 Préparez le décor et votre tenue vestimentaire

- Prévoyez de vous connecter dans un endroit calme et isolé pour ne pas être dérangé. L'entretien peut durer de 10 à 20 minutes.
- Choisissez un arrière-plan neutre : un mur, un rideau..., sans objets personnels.
- Positionnez-vous assis face à une source de lumière : fenêtre, lampe, etc.
- Utilisez la même tenue vestimentaire que pour un entretien réel. Choisissez une tenue professionnelle complète de la tête aux pieds au cas où vous devriez vous lever !

3 Préparez l'entretien

- Rassembler les documents déjà envoyés au tuteur : votre CV, votre lettre de motivation, votre convention de stage, etc.
- Relisez votre guide d'entretien téléphonique.
- Prévoyez les réponses à quelques questions concernant votre parcours et votre CV.

4 Pendant l'entretien

- Soyez ponctuel et naturel.
- Regardez l'objectif de la caméra et non votre propre image !

5 Après l'entretien

- Envoyez un mail de remerciement.

FICHE

17 Réaliser une base de données de prospection

La base de données de prospection présente la liste des entreprises à contacter et les informations sur la nature et la date des contacts effectués.

Cet outil est utile pour organiser votre travail, planifier les appels et les relances. Ce fichier évite les oublis et permet de garder la trace des contacts avec les entreprises. L'utilisation d'un tableur facilite les recherches et les tris car le nombre d'entreprises contactées peut atteindre plusieurs centaines. Vous pouvez également créer votre fichier de prospection en ligne sur « Google drive ».

Chaque ligne correspond à une entreprise prospectée. Les réponses des entreprises permettent de qualifier votre fichier et d'affiner les informations. Il faut remplir ce fichier avec professionnalisme, si vous omettez de renseigner certains champs cela signifie que vous n'avez pas fait toutes les recherches nécessaires !

Le fichier est également utilisé pour rendre compte de votre travail à vos professeurs (reporting) et montrer votre implication dans la recherche de stage. Organisez-vous pour le mettre à jour fréquemment.

1 Où trouver des listes d'entreprises ?

- Il faut commencer par trouver les coordonnées d'entreprises à contacter. Vous pouvez consulter les sites spécialisés suivants : http://fr.kompass.com, http://www.europages.fr.
- Vous pouvez exploiter les annuaires téléphoniques : http://www.lannuaire.fr/annuaire-international.php
- L'éducation nationale propose un site pour vous aider : lienmini.fr/ci410eduscol

2 Comment cibler géographiquement les entreprises ?

- Pour faire une recherche par zone géographique, utilisez Google maps.

Exemple de recherche dans la ville de High Wycombe (England) pour les industries : lienmini.fr/ci410wycombe

- Recherchez des annuaires d'entreprises par ville.

Exemple : http://www.lepetitmaltais.com

3 Comment cibler un domaine spécifique ?

Recherchez des sites proposant des listes dans des domaines spécialisés. Par exemple :

- www berlinstartups.com
- http://london.startups-list.com/
- http://workinstartups.com/job-board/jobs/interns
- http://barcelona.startups-list.com/

4 Comment prendre contact avec des expatriés ?

Contactez les expatriés sur les forums : http://www.expat.com/fr/forum

5 Comment visualiser un lieu à distance ?

Pour visualiser des lieux précis, recherchez sur google street. Par exemple : lienmini.fr/ci410maps

6 Exemple de fichier de prospection de stage à l'étranger sur tableur

Raison sociale de l'entreprise	Activité	Nom et prénom du responsable	Adresse postale
MEDIAPOOL VERANSTALTUNGSSERVICE	Événementiel	Max Planck	Tempelhofer Ufer 17 10963 Berlin
BLACK BOX MUSIC	Événementiel		Hertzstraße 73 D-13158 Berlin
COMPACTTEAM GmbH (EventAssec)	Event, Marketing, Concept	Albert Einstein	Saarbrücker Str. 20-21, 10405 Berlin
NIKKUS Veranstaltungstechnik GmbH	Événementiel	Werhner von Braun	Wiebestraße 42-45, 10553 Berlin
NEUMANN & MÜLLER GmbH & Co. KG	Événementiel		Lübarser Strasse 40-46, 13435 Berlin
AXICA	Événementiel	Gustav Hertz	Kongress- und Tagungszentrum, Pariser Platz 3 GmbH
MR CONGRESS & INCENTIVE GmbH	Événementiel	Johannes Kepler	Alt-Friedrichsfelde 11, 10315 Berlin

Raison sociale de l'entreprise	Pays	Téléphone	Mail	Nature et date du premier contact
MEDIAPOOL VERANSTALTUNGSSERVICE	Allemagne	+49 30 23 63 62 0	info@mediapool-berlin.de	Mail avec CV 09/10/17
BLACK BOX MUSIC	Allemagne	+49 30 42 02 77 0	bbm@black-box-music.de	Mail avec CV 09/10/17
COMPACTTEAM GmbH (EventAssec)	Allemagne	+49 30 44 38 05 0	info@ compactteam.de	Mail avec CV 09/10/17
NIKKUS Veranstaltungstechnik GmbH	Allemagne	+49 30 30 09 67 0	berlin@nikkus.de	Mail avec CV 09/10/17
NEUMANN & MÜLLER GmbH & Co. KG	Allemagne	+49 30 84 85 12 0	berliner@ neumann.de	Mail avec CV 09/10/17
AXICA	Allemagne	+49 30 20 00 86 0	info@axica.de	Mail avec CV 09/10/17
MR CONGRESS & INCENTIVE GmbH	Allemagne	+49 30 44 35 06 0	info@mr-congress.com	Mail avec CV 09/10/17

Raison sociale de l'entreprise	Observations et suite à donner	Nature et date du 2ème contact	Suivi et-Résultat
MEDIAPOOL VERANSTALTUNGSSERVICE	Pas de réponse	Appel téléphonique le 16/10/15 Laissé message à la secrétaire	Refus par mail
BLACK BOX MUSIC	Pas de réponse	Appel téléphonique le 16/10/17 Laissé message sur répondeur	Refus par SMS
COMPACTTEAM GmbH (EventAssec)	Pas de réponse	Appel téléphonique le 16/10/17	Refus
NIKKUS Veranstaltungstechnik GmbH	Pas de réponse	Appel téléphonique le 16/10/17	Refus : ne prend pas de stagiaire !
NEUMANN & MÜLLER GmbH & Co. KG	Pas de réponse	Appel téléphonique le 16/10/17	Refus : déjà deux stagiaires.
AXICA	Refus, stage minimum de 6 mois	Appel téléphonique le 16/10/17	Refus : les dates de stage ne conviennent pas
MR CONGRESS & INCENTIVE GmbH	Intéressé : envoi de la convention de stage	Appel téléphonique le 10/10/17 RDV SKYPE le 11/12/17 Demande de contact avec un professeur	Accord définitif, renvoi de la convention signée

FICHE DE LANGUE

FICHE

18 Useful expressions for business transaction

RESSOURCE PDF

Useful expressions for business transaction
lienmini.fr/ci410anglais
Suivez le lien ou le QRcode pour retrouver une fiche de vocabulaire complète en anglais.

Introducing one's self

May I introduce myself? I am Martin and I am a sales representative at Renault which manufactures and sells cars.	Je me présente, je suis Martin, commercial de l'entreprise Renault qui se consacre à la fabrication et la vente de voitures.
Please, Mr Smith take a seat.	S'il vous plaît, M. Smith, asseyez-vous.
May I offer you something to drink? Would you like a drink? Hot or cold? Juice? Tea? Coffee?	Puis-je vous offrir à boire ? Froid ou chaud ? Jus de fruits ? Thé ? Café ?
Please make yourself comfortable. Do you want to leave your coat or jacket in the cloakroom?	Mettez-vous à l'aise. Voulez-vous laisser votre veste ou votre manteau au vestiaire ?

Identifying needs and how to recap

In terms of quantities, how much do you sell a month? What are your average sales per month?	Combien de produits vendez-vous généralement par mois ?
Who are your main competitors in the UK?	Qui sont vos principaux concurrents en Grande-Bretagne ?
Do you have an idea about your budget in order to extend your range or is it too early?	Connaissez-vous déjà votre budget pour élargir votre gamme ou est-ce encore trop tôt ?
Thank you for all these precious details !	Je vous remercie de tous ces détails précieux !

AUDIO

Introducing one's self
lienmini.fr/20410son07
Suivez le lien ou le QRcode pour écouter l'ensemble des phrases permettant de se présenter.

AUDIO

Identifying needs and how to recap
lienmini.fr/20410son06
Suivez le lien ou le QRcode pour écouter l'ensemble des phrases permettant de faire le point sur les besoins de son interlocuteur.

Argue your case

We also provide options among which these may interest you. As you mentioned you needed...	Nous proposons aussi des options, parmi lesquelles ceci peut vous intéresser. Puisque vous avez dit que vous aviez besoin de...
With regards to guarantee, it is worth mentioning/ noticing...	En ce qui concerne la garantie, il faut signaler/ remarquer que...

As for a quotation, I suggest... As for an estimate, I suggest...	En ce qui concerne le devis, je vous propose...
Following what you indicated, I would recommend suggest...	Comme vous avez dit avant que... c'est pour cela que je vous conseille /recommande...

AUDIO

Argue your case
lienmini.fr/20410son05
Suivez le lien ou le QRcode pour écouter l'ensemble des phrases permettant d'argumenter dans une conversation.

AUDIO

Discussing objections
lienmini.fr/20410son04
Suivez le lien ou le QRcode pour écouter l'ensemble des phrases permettant de répondre aux objections de son interlocuteur.

Discussing objections

This is a fair and reasonable price Not only it is a good bargain but you are also entitled to a 10% deduction.	C'est un prix juste et raisonnable. Ce n'est pas cher, en plus vous pouvez bénéficier d'une remise de 10 %.
This is not our policy but we are ready to grant you a 5% discount.	Nous pouvons vous octroyer une remise de 5 %.

How to conclude and take your leave

Have you got any further questions? Any question you wish to raise?	Avez-vous d'autres questions/ préoccupations ?
If you agree on the terms we discussed, shall we fill in the order form together?	Si vous êtes d'accord avec les conditions évoquées, nous pouvons remplir ensemble le bon de commande ?
Which model have you eventually opted for? Which colours would you prefer? What about sizes? How many? Volume?	Quel modèle choisissez-vous ? Quelles couleurs ? Quelles tailles ? Quelles quantités ?
We use CIF incoterm : does that suit you?	L'incoterm CIF vous convient-il ?
Total order amounts to1000 €. That is 870 £.	Le montant s'élève à 1 000 € Cela fait 870 £.
Could you please read this form carefully and sign at the bottom?	Je vous prie de vérifier le formulaire et de signer en bas s'il vous plaît.
I remain at your disposal any time.	Je reste à votre disposition pour toute information.
I will call you to see how your customers respond to these new products.	Je vous appellerai pour savoir si votre clientèle apprécie ces nouveaux produits.
I will soon get in touch to fix an appointment to show you our new collection.	Je vous contacterai prochainement pour convenir d'un rendez-vous pour vous présenter notre nouvelle collection.
I will send you our latest catalogue as soon as it is available.	Dès qu'il sortira je vous enverrai notre nouveau catalogue.

AUDIO

How to conclude and take your leave
lienmini.fr/20410son03
Suivez le lien ou le QRcode pour écouter l'ensemble des phrases permettant de conclure un conversation et de prendre congé.

AUDIO

Different steps
lienmini.fr/20410son02
Suivez le lien ou le QRcode pour écouter l'ensemble des phrases permettant de faire le suivi de la relation commerciale.

Different steps

I am happy to inform you your order has been completed and left our warehouse today.	Je suis heureux de vous annoncer que votre marchandise est partie aujourd'hui de nos entrepôts.
I am contacting you to see if you are happy with the goods you ordered.	Je me permets de vous contacter pour savoir si vous êtes satisfait de la marchandise.
I am sorry to inform you we will not be able to deliver your goods on the date we agreed on.	Je suis au regret de vous informer que nous ne pourrons pas vous livrer la marchandise dans les délais prévus.
Please accept our sincere apologies for the delay and unpleasant consequences.	Je vous prie de nous excuser pour le retard et les fâcheuses/graves conséquences.
I can assure you we will make sure such a mistake never happens again.	Je vous assure qu'une telle erreur ne se reproduira plus.

FICHE 19

Frases usuales de la negociación

RESSOURCE PDF

Frases usuales de la negociación
lienmini.fr/ci410espagnol
Suivez le lien ou le QRcode pour retrouver une fiche de vocabulaire complète en espagnol.

Para la toma de contacto

Me presento, soy Martin comercial de la empresa Renault que se dedica a la fabricación y venta de coches.	Je me présente, je suis Martin, commercial de l'entreprise Renault qui se consacre à la fabrication et la vente de voitures.
Por favor, señor, siéntese./Por favor, señora, tome asiento.	S'il vous plaît, asseyez-vous.
¿Qué se le ofrece Señor? ¿Un café? ¿Un refresco?	Puis-je vous offrir à boire ? Un café ? Un rafraîchissement ?
¿Puedo tomarle la chaqueta, el abrigo?	Puis- je prendre votre veste, votre manteau ?

AUDIO

Para la toma de contacto
lienmini.fr/20410son18
Suivez le lien ou le QRcode pour écouter l'ensemble des phrases permettant de se présenter.

La determinación de las necesidades y reformulación

¿Cuántos/cuantas... suele vender al mes?	Combien de... vendez-vous généralement par mois ?
¿Cuáles son sus principales competidores?	Qui sont vos principaux concurrents ?
¿Conoce ya su presupuesto para ampliar su gama?	Connaissez-vous déjà votre budget pour élargir votre gamme ?
Le agradezco todos estos detalles.	Je vous remercie de tous ces détails.

AUDIO

La determinación de las necesidades y reformulación
lienmini.fr/20410son19
Suivez le lien ou le QRcode pour écouter l'ensemble des phrases permettant de faire le point sur les besoins de son interlocuteur.

AUDIO

Argumentación
lienmini.fr/20410son20
Suivez le lien ou le QRcode pour écouter l'ensemble des phrases permettant d'argumenter dans une conversation.

Argumentación

También proponemos opciones, entre las cuales le puede interesar...	Nous proposons aussi des options, parmi lesquelles ceci peut vous intéresser.
En materia de garantía, cabe señalar... En materia de garantía, cabe notar que...	En ce qui concerne la garantie, il faut signaler/remarquer que...
En cuanto al presupuesto, le propongo...	Concernant le devis, je vous propose...
Como usted ha dicho antes que... Por eso le recomiendo...	Comme vous avez dit avant que... c'est pour cela que je vous conseille /recommande...

Refutación de las objeciones

No es caro, además usted puede beneficiarse de un descuento.	Ce n'est pas cher, en plus vous pouvez bénéficier d'une remise.
No se preocupe, nos encargamos de todo, los gastos están incluidos : el transporte, el seguro y las tasas.	Ne vous inquiétez pas, nous nous chargeons de tout, les frais sont inclus : le transport, l'assurance et les taxes.

AUDIO

Refutación de las objeciones
lienmini.fr/20410son21
Suivez le lien ou le QRcode pour écouter l'ensemble des phrases permettant de répondre aux objections de son interlocuteur.

AUDIO

Conclusión y despedida
lienmini.fr/20410son22
Suivez le lien ou le QRcode pour écouter l'ensemble des phrases permettant de conclure un conversation et de prendre congé.

Conclusión y despedida

¿Tiene otras preguntas/ preocupaciones?	Avez-vous d'autres questions/préoccupations ?
Si está de acuerdo, vamos a rellenar el vale de pedido / la orden de compra.	Si vous êtes d'accord, nous pouvons remplir ensemble le bon de commande.
¿Qué modelo elige? ¿Qué colores? ¿Qué tallas? ¿Qué cantidades?	Quel modèle choisissez-vous ? Quelles couleurs ? Quelles tailles ? Quelles quantités ?
¿Le conviene el incoterm CIF?	L'incoterm CIF vous convient-il ?
El importe es de 1 000 €. / Son 1 000 €.	Le montant s'élève à 1 000 €.
Le ruego comprobar y firmar por favor.	Je vous prie de vérifier le formulaire et de signer.
Quedo a su disposición para cualquier información.	Je reste à votre disposition pour toute information.
Le llamaré para saber si su clientela aprecia estos nuevos productos.	Je vous appellerai pour savoir si votre clientèle apprécie ces nouveaux produits.
En cuanto salga, le mandaré nuestro nuevo catálogo.	Dès qu'il sortira je vous enverrai notre nouveau catalogue.

Seguimiento de la relación

Me complace anunciarle que su mercancía salió hoy de nuestros almacenes.	Je suis heureux de vous annoncer que votre marchandise est partie aujourd'hui de nos entrepôts.
Lamento informarle que no podremos entregarle la mercancía en los plazos estipulados/previstos.	Je suis au regret de vous informer que nous ne pourrons pas vous livrer la marchandise dans les délais prévus.
Le ruego disculparnos por el retraso y las fastidiosas / pésimas consecuencias.	Je vous prie de nous excuser pour le retard et les fâcheuses/graves conséquences.
Le aseguro que tal error no volverá a producirse.	Je vous assure qu'une telle erreur ne se reproduira plus.

AUDIO

Seguimiento de la relación
lienmini.fr/20410son23
Suivez le lien ou le QRcode pour écouter l'ensemble des phrases permettant de faire le suivi de la relation commerciale.

FICHE

20 Préparer les épreuves E41 et E51

1 Que prévoit le référentiel en matière de compétences à évaluer ?

Le BTS à référentiel européen a été construit autour des compétences qu'un assistant import-export doit posséder pour effectuer les tâches requises par son poste en entreprise.

Le référentiel prévoit un certain nombre de compétences qui doivent être validées quel que soit le mode d'évaluation, en CCF au fil de l'eau ou en examen terminal :

E41	E51
• Mener une veille commerciale permanente. • Collecter de l'information économique, juridique, sociale et commerciale relative à un marché étranger. • Préparer la prise de décision commerciale internationale à l'appui d'un dossier documentaire.	• Compétences professionnelles acquises par le candidat en formation et au cours du ou des stages menés en France et /ou à l'étranger et/ ou au cours d'une mission export. • Préparation et conduite d'une prospection commerciale. • Aptitudes du candidat à analyser une situation d'entreprise étrangère en ayant une approche socioculturelle.

2 L'évaluation en contrôle en cours de formation (CCF) pour les centres de formation de l'enseignement public ou privé sous contrat

Ce principe d'évaluation permet un contrôle continu de l'acquisition des compétences au fil de la formation lors de mises en situation variées issues de l'étudiant ou des formateurs.

L'évaluation prend appui sur un dossier professionnel créé par chaque étudiant, au fil de sa formation, où seront classées les grilles d'évaluation et les fiches récapitulatives des activités professionnelles menées et jugées significatives pour l'acquisition des compétences et attitudes professionnelles. Les travaux confiés aux étudiants sont très divers et laissés à l'appréciation des professeurs : étude de cas, exposés oraux, fiches de TD, dossiers, rapports de stage, de mission export, notes de synthèse...

Pour chaque exercice, une fiche d'appréciation est remplie et commentée, et comporte le niveau de compétences atteint. En fin de module ou de formation, une note évalue le niveau de compétences atteint, pour le BTS. L'étudiant n'en prendra connaissance qu'à l'issue du jury final.

3 L'évaluation en contrôle ponctuel

Les candidats travaillent sur une étude de cas de 3 h, coef. 4 pour EVC et 3 pour PSC, balayant les compétences ciblées, assortie d'un questionnement pour guider l'analyse de la situation et l'apport de solutions pertinentes, et d'annexes, en français et/ou en langue étrangère. Le dossier total représente une dizaine de pages.

Quelques conseils méthodologiques :

- Maîtrise du cours pour replacer les savoirs dans un contexte professionnel.
- Lecture du sujet attentive (une 1re fois en entier, la 2e pour traiter les questions).

- Identification des questions (listez, analysez, calculez, concluez...) pour des réponses pertinente et éviter les hors sujets.
- Méthode rigoureuse de travail, en respectant le contexte proposé.
- Synthétiser le plus souvent possible. C'est plus clair, plus rapide et plus efficace.
- Soignez la présentation et l'écriture. Garder 5 mn pour relire et corriger les fautes.
- Gérez bien votre temps. Commencez par ce que vous savez faire.

4 Les situations professionnelles d'évaluation

Les compétences pour E41 concernent des savoirs, savoir-faire et savoir-être relatifs à l'étude d'un projet d'internationalisation d'entreprise :

LE DIAGNOSTIC INTERNE DE L'ENTREPRISE	• Ses facteurs clés de succès. • Ses caractéristiques : techniques, humaines, financières, commerciales... • Son analyse en forces et faiblesses pour l'export.
LE DIAGNOSTIC EXTERNE DU MARCHE VISÉ	• La recherche d'informations et leur sélection : les sources d'informations classées selon leur fiabilité, récence, pertinence. • Leur analyse pour faire ressortir les opportunités et menaces et prendre une décision ciblée. • Les informations manquantes et les démarches nécessaires pour les obtenir.
LE DIAGNOSTIC EXPORT ET SON ANALYSE	• Confrontation des 2 diagnostics. • Prise de décision : oui, non, plus tard. • Préconisations : adaptation du plan de marchéage en fonction de la stratégie choisie.

Pour E51, évoluation des compétences dans un environnement culturel étranger :

La stratégie et la politique commerciales	• Positionnement, segmentation. • Plan de marchéage.
La prospection	• Préparation : campagne de mailing, participation à un salon, une mission export... • Financement : une assurance prospection, un budget à construire. • Réalisation et suivi.
Management et communication interculturelle	• L'identité culturelle d'un pays à identifier pour adapter sa démarche commerciale. • Les choses à faire, ne pas faire...

Les savoirs = les connaissances pour répondre à la situation choisie ou proposée.

Les savoirs faire = méthodes utilisées pour réaliser les tâches. Elles permettent d'assurer l'efficacité de la communication écrite, du travail de synthèse et d'analyse...

Les savoir être = gestion du temps, qualité de la lecture pour identifier les consignes.

FICHE

21 Préparer l'épreuve E52

LA NÉGOCIATION EN LANGUE VIVANTE ÉTRANGÈRE

Cette épreuve se déroule à l'oral, face à un jury constitué d'un professeur de commerce international (CI) et d'un professeur de la langue vivante étrangère (LVE) de spécialité choisie par le candidat. Elle a un coefficient 4. Elle prend appui sur un dossier constitué par l'étudiant.

Les modalités de l'épreuve varient quelque peu selon que le candidat a réalisé sa formation dans un lycée public ou privé sous contrat, évaluation en contrôle en cours de formation (CCF) au fil de l'eau, ou dans un établissement privé hors contrat, évaluation en contrôle ponctuel. L'entretien dure 40 minutes maximum, mais les modalités diffèrent.

Les compétences à évaluer sont :

- Rédiger une offre adaptée.
- Préparer et organiser la mission de vente.
- Négocier en LVE avec des clients et/ou partenaires étrangers.
- Pratiquer l'écoute active.

PRÉPARATION DE L'ÉPREUVE

1 En CCF au fil de l'eau

L'étudiant construit son dossier au fil de la formation :

- il choisit son client ;
- il bâtit le plan de découverte en préparant des questions pour mieux connaître :
  - son client : qui sont ses clients, ses produits ? ;
  - ses habitudes commerciales (modalités de livraison, de paiement...) ;
  - ses besoins : quels produits ? Services ? Quantités... ;
- il prépare son argumentation avec les typologies CAP et SONCASE, les OAV ;
- il anticipe les objections et leur mode de réalisation ;
- il intègre les éléments interculturels (communication, comportement du client...).

L'oral de négociation portera sur cette situation.

2 En épreuve ponctuelle

Le candidat doit également construire un dossier, dactylographié, paginé, relié, mais constitué de 6 pages seulement, présentant : le contexte commercial ; le contexte de la négociation ; l'offre de l'exportateur ; l'énumération des outils d'aide à la vente (OAV) utilisés.

Ce dossier est étudié par une commission qui le valide au préalable. Ensuite, elle le lit attentivement et prépare l'épreuve orale : elle crée une situation de négociation, rédigée dans la langue de spécialité choisie, dans laquelle elle communique des informations sur le client étranger afin que le candidat puisse bâtir une stratégie de négociation, adapter son offre et préparer ses arguments.

Quelques éléments pour illustrer :

Le profil du client	Communication d'éléments de certaines caractéristiques : • son statut : importateur, distributeur... ; • sa nationalité : pour intégrer la communication interculturelle... ; • sa localisation : pour les choix logistiques...
Ses besoins	• Le type de produit, la quantité. • Les normes de qualité...
Ses objections	Le client est attaché à la qualité, au prix... (typologie SONCASE).

Toutefois, si le dossier ne correspond pas aux spécifications du référentiel, le candidat sera interrogé dans les conditions normales de l'épreuve mais sera pénalisé lorsque les éléments de la grille d'évaluation qui ne seront pas remplis.

DÉROULEMENT DE L'ÉPREUVE ORALE

L'épreuve comprend :

- Pour l'évaluation ponctuelle seulement : 40 mn de préparation avec la remise de la situation de négociation. Le candidat ne dispose pas d'un dictionnaire.
- 15 mn de simulation d'une négociation, totale ou partielle, en LVE où le professeur de LVE joue le rôle du client.
- 25 mn de discussion avec le jury qui peut porter sur les modalités de construction de ses OAV, ses choix...

Le jour de l'examen, le candidat doit apporter tous les outils d'aide à la vente qu'il a énumérés dans son dossier et qu'il pourra utiliser lors de l'entretien. Par exemple, des échantillons, la fiche produit, le catalogue, la liste de prix, les conditions générales de vente, un bon de commande...

Il pourra aussi préparer à l'avance un plan de découverte, un tableau CAP et SONCASE...

Voici un rappel du déroulement des phrases de la négociation :

La prise de contact	• Salutations. • Small talk. • Précision sur la prise de notes et le temps imparti.
La découverte du client	• Questions sur ses clients, ses produits, ses modalités de livraison, de paiement...
L'argumentation	• Présentation de l'offre adaptée aux besoins du client.
Les objections et leur traitement	• Écoute attentive des objections (EX : l'incoterm, la devise ne lui conviennent pas, mise en doute de la qualité., prix trop élevé...) et propositions adaptées.
La conclusion	• Reformulation des besoins et de l'offre personnalisée pour aboutir à la commande.

Éléments d'appréciation :

- Qualité de l'analyse de la situation de négociation.
- Adaptation de la préparation de la négociation à la situation et au client.
- Pertinence de la stratégie de négociation adoptée.
- Maîtrise des techniques de vente.
- Qualité de l'argumentation et écoute active du client.
- Maîtrise de la relation de face à face dans un contexte interculturel.
- Qualité de la communication en langue étrangère.
- Capacité à proposer une solution adaptée.

CRÉER LE DOSSIER DE NÉGOCIATION

Tout commercial qui s'apprête à négocier constitue un dossier qui va l'aider à échanger avec son interlocuteur. Ce dossier regroupe toutes les informations nécessaires qu'il doit collecter pour accroitre sa connaissance de son entreprise, de son client, ainsi que toutes les illustrations pour le convaincre de la réalité et des atouts des produits qu'il souhaite lui vendre, mais aussi se protéger contre tous les risques qu'il peut rencontrer.

Le dossier est transversal et il se constitue avec toutes les connaissances déjà acquises dans les autres modules :

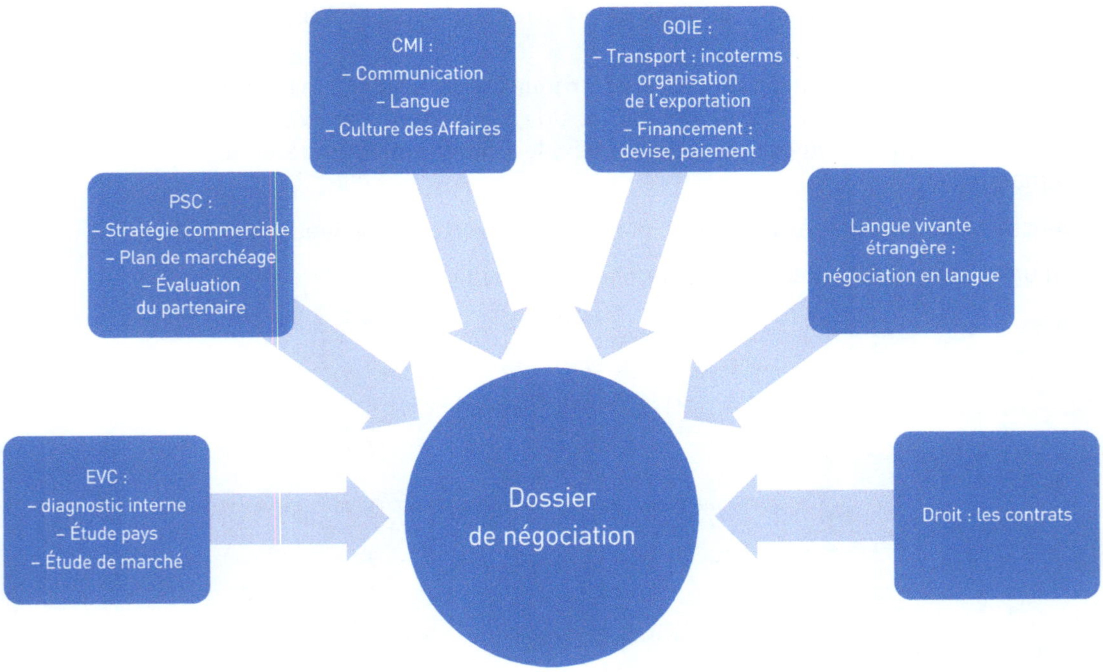

LA PRÉPARATION DE L'OFFRE ADAPTÉE

1 La présentation de l'entreprise et de l'offre

L'exportateur doit répondre spontanément à toutes les questions de son client. Parallèlement, il doit mettre en avant les atouts de son offre.

Le candidat va réutiliser les informations analysées dans le diagnostic interne pour choisir les variables de son plan de marchéage et valoriser certaines caractéristiques de ses produits (→chapitre 9).

Questions clés ?	Éléments de réponse	Utilité lors de la négociation
Pourquoi ?	Objectifs de la négociation : quantitatifs et/ou qualitatifs	
Qui ?	• L'entreprise exportatrice. • Son dirigeant. • Son identité : forme juridique, nationalité. • Ses clients locaux. • Ses concurrents et sa position concurrentielle.	• Pouvoir répondre aux questions du client. • Se situer au sein de son environnement commercial.
Quoi ?	• Son ou ses produits : positionnement, caractéristiques, certifications, récompenses... • Ses gammes. • Politique de produit.	• L'offre qui servira de base de négociation : choix des produits, adaptation commerciale et juridique. • Prouver les choix commerciaux. • Comprendre la fabrication.
Où ?	• L'adresse où elle se trouve ou son siège. • Son activité export, les différents pays où elle vend ses produits. • Éventuellement son activité import pour ses matières premières.	• Localiser l'entreprise et ses lieux d'activité. • Réfléchir aux solutions logistiques.
Quand ?	Année de création.	Ancienneté, effet d'expérience, sérieux.
Combien ?	• Son effectif. • Son CA : montant, évolution. • Son CA export : montant, évolution.	Éléments d'appréciation de la fiabilité et de l'expérience à l'export.
Comment ?	• Sa stratégie. • Ses tactiques de négociation.	Se préparer à la confrontation avec le client.

Le résultat de cette réflexion va donner lieu à :

- une fiche signalétique ;
- la détermination d'une offre adaptée : choix des produits ou de gammes, d'une stratégie prix et distribution.

LA DÉCOUVERTE DU CLIENT

L'exportateur a déjà un historique de la relation avec le client sélectionné à l'issue de la campagne de prospection. Toutefois, il nécessite des informations complémentaires pour se protéger et satisfaire parfaitement les besoins de son client. Ce travail est essentiel car il va conditionner la réussite ou l'échec de la négociation.

1 La connaissance du client

1) Les informations accessibles (→ chapitre 17)

Elles ont été collectées et analysées lors de la prospection, puis synthétisées en une fiche signalétique.

2) Les informations complémentaires à collecter : le plan de découverte

Comme l'exportateur n'a pas une connaissance complète de son client, il va préparer une série de questions destinées à :

- Apprécier l'opportunité de lui confier nos produits : connaissance du produit, positionnement identique, perspectives de commercialisation...
- Identifier les précautions complémentaires pour adapter l'offre : certifications spécifiques...
- Préparer le contrat de vente en intégrant ses attentes, ses contraintes, ses besoins, pour mieux le satisfaire.

Ses produits	Ses clients
• Quels produits vend-il ? • Quel est leur positionnement ? • Quelle est leur fourchette de prix ? • Quelle est leur origine ? • Vend-il des produits issus du pays de l'exportateur ?...	• Qui sont ses clients ? • Quelle est leur fréquence d'achat ? • Quels produits achètent-ils ? • Quel est leur budget ? • Quel est leur objectif : utilisation personnelle, cadeau...
Ses potentialités	**Ses habitudes commerciales**
• Quelle est sa capacité de stockage ? • Peut-il assurer le service après-vente ?...	• Quel incoterm utilise-t-il ? • Quelle solution transport préfère-t-il ? • Comment paie-t-il ses fournisseurs : devise, moyen de paiement, délais...

2 Analyse du diagnostic externe (→ chapitres 5, 6, 19, 20, 21 + GOIE)

L'étudiant dispose déjà d'une synthèse d'informations sur :

- Le pays du client : il a identifié et analysé ses caractéristiques et risques.
- Son marché : il connaît l'offre, la demande et les conditions d'accès.

Il peut par conséquent commencer à réfléchir :

- à ses choix logistiques (transport, paiement...) ;
- aux couvertures à mettre en place pour se protéger des dangers...

Ces éléments seront intégrés à ses conditions générales de vente ou dans le contrat de distribution. Ils sont sources de démarches et coûts complémentaires.

Caractéristiques	Risques/ contraintes	Précautions/solutions pour l'exportateur
Devise	Risque de change ?	Utilisation de l'EUR ? Quelle couverture adopter si devise tierce ?
Transport	Grand export	Transport maritime ou aérien.
Paiement	Notation C	Paiement par crédit documentaire irrévocable et confirmé.
Adaptation...	Certification	Démarches, coûts.

3 Intégration de la culture du pays du client (→ chapitres 19, 20, 21)

L'étudiant a déjà analysé la culture du pays du client pour l'intégrer à sa stratégie et sa tactique de négociation :

- les caractéristiques de la vie des affaires
  - Préparation : tenue vestimentaire, quand prendre rendez-vous ?

– Communication : langue utilisée, choses à dire et à ne pas dire…
– Prise de contact : salutations, Small talk
– Durant la négociation : quels arguments avancer en fonction de son profil culturel (un Allemand est sécurimaniaque, il faut le rassurer – Un Dubaïote aime le luxe : il faut l'éblouir et le séduire)

- Les éléments théoriques :
  – Hall : proxémie, monochronisme ou polychronisme,
  – Hofstede et Trompenaars : prise de décision, distance hiérarchique, masculinité ou féminité…

CONSTRUCTION DE L'OFFRE ADAPTÉE

1 L'intégration des éléments juridiques (→ chapitres 23, 25, 26)

À la fin de la négociation, l'exportateur doit aboutir à la conclusion soit d'un contrat de distribution, soit d'un contrat de vente. Toutefois, auparavant, il doit prévoir tous les risques, liés au pays et au client, qu'il court, et ses modalités de protection. Il doit aussi anticiper les souhaits éventuels de son interlocuteur, comme un incoterm différent, ou une adaptation spécifique de son produit.

Ainsi, l'étudiant va élaborer les documents juridiques nécessaires communiquer son offre et recueillir les éléments de l'offre personnalisée, à la fin de la négociation :

- CGV ;
- modèle de contrat de distribution ou de vente ;
- facture proforma vierge ;
- réalisation d'un bon de commande.

Questions	Idée générale	Explications
Pourquoi ?	Présenter les meilleures conditions du vendeur.	• Se protéger. • Avoir les meilleures prestations. • Améliorer sa rentabilité et ses profits.
Qui ?	Offre à personne indénommée.	Le vendeur ne tient compte que de ses contraintes et risques.
Quoi ?	L'objet : le produit et ses composants.	L'objet doit être décrit très minutieusement et complètement.
Quand ?	Les délais à considérer.	• Délai de fabrication. • Délai de transport. • Délai de paiement.
Où ?	Considérer les différentes zones à l'export.	• Pays de l'UE. • Pays proches. • Grand export.
Combien ?		• Quantités à produire. • Prix, réductions.
Comment ?	Modalités de production, livraison, paiement Résolution des conflits	• Production : éléments particuliers. • Transport : organisation, moyens, précautions… • Paiement : mode, moyen… • Clauses juridiques.

2 Intégration des éléments financiers (→ chapitre 24)

L'exportateur doit dégager une rentabilité et une profitabilité de sa relation contractuelle avec le client. Ainsi, l'étudiant doit d'abord rechercher les prix moyens du marché à partir des sites internet des concurrents directs, d'un storecheck lors d'un déplacement…

Ensuite, il va calculer son prix d'offre de manière adaptée :

- à ses choix personnels (stratégie commerciale et plan de marchéage) ;
- à la couverture de ses risques : intégration de marges de négociation et de manœuvre ;
- au pays : choix de devise, prix du marché, intégration des droits de douane et des taxes… ;
- au client : plusieurs incoterms pour répondre aux éventuelles objections.

Il devra se réserver une marge de négociation pour éventuellement concéder une remise au client.

La liste de prix doit être conçue de manière très synthétique et faisant apparaître :

- l'enchaînement des prix selon les incoterms (de l'EXW au DAP) ;
- les différents prix selon les quantités achetées (1 carton, 10 cartons, 1 palette, 1 conteneur plein…) ;
- les prix finaux dans la devise du client.

3 Les outils d'aide à la vente (OAV)

L'exportateur dispose d'un délai déterminé pour sa négociation. Aussi, il doit être complet tout en étant concis et efficace en sachant convaincre son interlocuteur dans un court laps de temps.

Pour cela, il est nécessaire de :

- synthétiser la présentation de l'entreprise et des produits sous forme de documents de communication, commerciaux ;
- donner toutes les informations utiles à son offre : entreprise, produit, conditions commerciales, financières, juridiques, logistiques… ;
- illustrer son offre tout au long de la négociation ;
- prouver ses propos et proposer, voire imposer ses conditions ;

Aussi, l'étudiant doit rassembler ses outils, en :

- utilisant des documents de l'entreprise qu'il a choisie comme contexte de négociation ;
- les créant : il va laisser libre cours à sa créativité ou utiliser internet pour trouver des modèles vierges de documents, comme les certificats, les logos… ;
- les traduisant.

Pour se familiariser avec le vocabulaire étranger utile, il va concevoir un lexique.

	À utiliser	À créer
Entreprise	Plaquette.	Carte de visite complète et adaptée.
Produit	• Catalogue. • Fiches produits. • Fiches techniques. • Échantillons.	• Certificats. • Logos de qualité.
Conditions commerciales	Emballages.	
Conditions financières	Tarif export de l'entreprise.	Tarif export adapté : avec plusieurs incoterms, quantités, devise du pays.

	À utiliser	À créer
Conditions juridiques	• Modèles de contrats. • Bon de commande, facture proforma.	Conditions générales de vente (CGV).
Conditions logistiques	Documents logistiques fournis par des transitaires ou internet.	Modalités de transport spécifiques.

4 La préparation de l'argumentation

L'exportateur propose, le client dispose. Selon les attentes du client, son profil psychologique, il devra répondre à ses questions, ses objections, prouver les éléments présentés, le rassurer le cas échéant.

Pour cela, l'étudiant peut recourir à la méthode CAP (Caractéristiques, Avantages, Preuves) et l'adapter au produit qu'il commercialise.

Par exemple :

Caractéristiques	Avantages	Preuves
Produit bio	• Santé. • Traçabilité.	• Label AB. • Autres certifications spécifiques demandées par le pays ciblé. • Homologation obtenue.
Positionnement luxe…	• Orgueil. • Qualité.	• Innovation. • Fabrication artisanale : photographies, vidéos, récompenses…

5 Les objections et leur traitement

Selon les situations, l'exportateur doit convaincre, rassurer, séduire son client.

Il doit prévoir les objections que l'acheteur peut lui faire concernant son offre, afin de prévoir des contre-propositions. Cela va lui permettre de passer de l'offre adaptée à l'offre personnalisée et organiser l'approvisionnement.

L'étudiant va pouvoir utiliser la typologie SONCASE qui classe les attentes du client selon son profil psychologique :

Typologie	Objectifs et illustrations
Sécurité	Rassurer le client, notamment les sécurimaniaques (par ex. les Allemands).
Orgueil	Faire appel aux éléments de personnalité, psychologiques de l'acheteur, sa fierté : « vous serez le seul à distribuer notre produit dans votre zone géographique ».
Nouveauté	Valoriser l'innovation (monopole temporaire, rente de l'innovateur), la nouveauté (motivation de certains consommateurs qui aiment tester d'autres produits), mais rassurer aussi les méfiances.
Confort	Décharger l'acheteur de certaines tâches (jouer sur les incoterms…).
Argent	Mettre en avant le rapport qualité/prix, les économies potentielles, la valeur : « en avoir pour son argent ».
Sympathie	Séduire avec l'esthétique du produit, le côté amusant d'une marque, d'un logo, d'une étiquette.
Environnement	Protéger l'environnement (packaging recyclable, logos, matériaux spéciaux…

1) Réfléchir aux objections et aux contre-propositions

Elles varient selon les produits, leur positionnement, le statut de l'acheteur, le pays. L'étudiant peut réutiliser ses éléments d'argumentation, des facteurs clés de succès.

Thème de l'objection	Réponses
Comment puis-je être sûr de la qualité ?	• J'ai le logo adéquat sur mon packaging. • J'ai obtenu l'homologation pour pouvoir vendre mon produit dans votre pays. • Voici le certificat (OAV produit).
Vous me proposez un incoterm FCA Le Havre. Je souhaite un CIP Buenos Aires...	• Mon transporteur est OEA (Opérateur Economique Agréé) et certifié ISO 9001 (rassurer et confort). • Si vous voulez vraiment un incoterm CIP Buenos Aires, voici mon prix CIF (OAV liste de prix)...

2) Tableau méthodologique mêlant les typologies CAP et SONCASE

Caractéristiques	Avantages	S	O	N	C	A	S	E	PREUVES
Produit bio	Santé	x						x	Certificat AB.
CIP Buenos Aires	• Livraison au port ou à l'aéroport • Client déchargé du transport principal	x			x	x			• Liste des prix. • Fiche transporteur/transitaire. • Expérience export.

Conclusion

À présent, l'étudiant convient de rassembler tous ces éléments en fonction du déroulement de la négociation.

Le dossier peut être chronologique et suivre le déroulement classique d'une négociation ou alors, il peut être constitué de fiches détachables consacrées à chaque étape :

- La présentation de l'exportateur et de son offre adaptée.
- La présentation du client : justification de son choix et historique de la relation, fiche signalétique et le plan de découverte.
- La matérialisation de l'offre : les OAV (intégrant les aspects financiers et juridiques).
- Les objections et leur traitement, avec les typologies CAP/SONCASE.

Prise de contact	• Présentation succincte de l'exportateur. • Caractéristiques connues du client et historique de la relation. • les éléments culturels de communication. • Quelques OAV : carte de visite, plaquette de l'entreprise, échantillons.
Découverte du client	• Plan de découverte du client.
Argumentation	• L'offre adaptée. • Les OAV.
Objections et leur traitement	• CAP/SONCASE. • OAV : certificats, CGV, liste de prix.
Conclusion/prise de congé	• Offre personnalisée : conclusion du contrat, facture pro forma ou bon de commande remplis...

Crédits photographiques

Pages : 11 : Gettyimages/joakimbkk - p. 13 : Sipa/Fabiano - p. 16 : Réa/Pierre Gleizes - p. 19 : Fotolia/pyty - p. 22 : © Puressentiel - p. 23, 25 : © Meubles Gautier - p. 35, 37 : © Wiko - p. 43 : 123F/Alexander Podshivalov ; Fotolia/MoustacheGirl - p. 45 : © Fenwick-Linde - p. 50 : Jungheinrich - p. 58 : AFP/Sputnik/Ramil Sitdikov - p. 59 : Fotolia/industrieblick - p. 64, 68, 222 : © Coface - p. 72 : © Groupe Panther - p. 73 : © Provence Tradition - p. 74 : © INAO - p. 83 : Fotolia/volff - p. 85 : Fotolia/sriba3 - p. 95 : Fotolia/Dionisvera - p. 97 : © Ciat - p. 98 : Picturetank/ Joan Bardeletti - p. 99 : Sipa/Sipa USA - p. 105 : Fotolia/Rasulov - p. 107, 109 : © Transgourmet Services - p. 116 : Epicureans/Philippe Roy - p. 119 : © Swatch - p. 120, 271 : © Laporte - p. 121 : Igor Normann/Fotolia.com - p. 125 : Getty Images/Rawpixel - p. 127 : © Jeanneau - Photo : Billy Black - p. 130 : © British Marine & British Marine Boat Shows - p. 141 : Fotolia/tammykay photo - p. 143 : Réa/The New York Times - p. 146 : Sipa/AP - p. 147 : Aunège ; Jean-Pierre Delagarde - p. 154 : Matahjuice - p. 155 : Fotolia/Mizina - p. 157 : Réa/Stéphane Audras - p. 158 : Andia/Castelli ; AFP/Martin Bernetti - p. 168 : Réa/Ropi/Antonio Pisacreta - p. 171 : Fotolia/ Weyo - p. 183, 185 : Air France - p. 197 : © Hilfiger - p. 199 : Réa/Franck Morau - p. 201 : Réa/ Xavier Popy - p. 219 : © Brosserie Altesse-Isinis - p. 222 : © Bpifrance - p. 233 : Getty Images/ Vikrant_Chaudhary - p. 247 : Fotolia/rodimovpavel - p. 249 : Getty Images/Georges Doyle - p. 252 : Fotolia/vege - p. 258 : Fotolia/Photographee.eu - p. 259 : Fotolia/sarsmis - p. 260 : Fotolia/demerzel21 - p. 263 : Hemis/Christophe Boisvieux - p. 268 : Iconovox/Rémi MalinGrëyy - p. 270 : Osama Hajjaj - p. 283, 284 : Divergence Images/Christian Lionel-Dupont - p. 287 : © ManpowerGroup - p. 301 : Fotolia/only_kim - p. 303 : Divergence Images/Pascal Bastien - p. 305 : Getty Images/lisgagne - p. 308 : Collection Christophel pretty Woman, 1990 Gary Marshall ; Gettyimages/Milkos; Collection Christophel Indigènes, 2006 Rachid Bouchareb; Fotolia/ neillangan - p. 313 : Fotolia/Andrey Popov - p. 316 : Fotolia/BillionPhotos.com - p. 319 : Fotolia/ Jérôme Rommé - p. 322 : Kharbine-Tapabor/D.Bordet/Ed.Dabecom - p. 323 : Fotolia/Sergey Nivens - p. 334, 338 : Rieme Boisson - p. 335 : Getty Images/imtmphoto - p. 336 : Getty Images/ Pavliha - p. 345 : Getty Images/botamochi - p. 347 : Fotolia/agnessabelvede - p. 350 : Getty Images/Image Source - p. 358 : Getty Images/bill oxford - p. 359 : Jean-Pierre Delagarde - p. 365 : Fotolia/VILevi - p. 367 : Fotolia/pilipphoto.

Couverture : Nord Compo
Maquette intérieure : Graph'M et Nord Compo
Mise en pages : Nord Compo
Iconographie : Marie-Christine Petit

Vous utilisez un Manuel connecté Delagrave, qui propose des QR codes et/ou des liens hypertextes permettant d'accéder en ligne à des ressources numériques complémentaires.
Les éditions Delagrave font leurs meilleurs efforts pour sécuriser la consultation et l'utilisation des ressources en ligne qu'elles éditent, produisent ou hébergent, conformément aux règles d'usages de l'Internet. Delagrave ne saurait être tenu responsable des interruptions de services dues aux caractéristiques et limites du réseau Internet, notamment dans le cas d'interruptions quelle qu'en soit la cause, des performances techniques et des temps de réponse pour consulter ou interroger les ressources proposées. L'accès aux ressources associées au Manuel connecté Delagrave est garanti pour une période maximum de deux ans, à compter de la date de parution de cet ouvrage indiquée en page 2 (copyright). Au terme de cette période, l'utilisateur du Manuel connecté Delagrave ne saurait exiger le maintien du service proposé.
Dans le cas où les QR codes et liens hypertextes permettent d'accéder à des sites internet tiers, la responsabilité des éditions Delagrave n'est pas engagée, notamment quant à leur éventuel dysfonctionnement ou à leur indisponibilité d'accès.

Achevé d'imprimer en Septembre 2019 par Sepec Numérique en France
Éditions Delagrave – N° d'édition : 2019_0500 – Dépôt légal : Avril 2017